POSTMODERNISM
THE KEY FIGURES

Edited by Hans Bertens and Joseph Natoli

キーパーソンで読む
ポストモダニズム

ハンス・ベルテンス／ジョウゼフ・ナトーリ 編
土田知則・時実早苗・篠崎 実・須藤温子・竹内康史 訳

新曜社

POSTMODERNISM: The Key Figures

Edited by Hans Bertens and Joseph Natoli

Originally published in the English language by Blackwell Publishers Ltd.

This edition is published by arrangement with Blackwell Publishers Limited, Oxford through Tuttle-Mori Agency, Inc., Tokyo

キーパーソンで読むポストモダニズム——目次

装幀——虎尾隆・林恵子

序

「ポストモダン」、「ポストモダニズム」、「ポストモダニティ」――これらの言葉がなくなると支障をきたすことは明白だが、だからといって、それらに全面的な満足を感じているものはまずいない。さしあたってこれらの言葉が使われつづけることは間違いないが、それでもわれわれは、早晩生みだされることになる、より適切な、あるいはより説得力のある言葉ができるまでのその場しのぎだと思ってがまんしているのである。事実、程度の差こそあれ、ポストモダンというレッテルを貼られることに腹を立て――ありとあらゆる議論を用いて――拒絶する「ポストモダン」の作家や、芸術家、理論家の例は枚挙にいとまがない。同様に示唆的なのは、ポストモダニズムのおびただしい継承者のなかに括ることができるはずのポストコロニアリズムの批評家たちが、自分たちの批評姿勢はポストモダニズム批評の非政治性を払拭し、それとはまったく異なる政治的発言を行なっている、と論じて、ポストモダニズムとの差異を強調するのに躍起になってきたことだ。

たぶん、ポストモダニズムなるものがかかえる最大の問題は、この言葉があまりに多くの目的のために用いられすぎ、また、あまりに多くのものを指すのに使われすぎてきたように見え、そのために、そうでなかったらポストモダン的なものに共感を示してよい者たちが拒絶する少なくとも一つの用法がある、ということだ。それは、言ってみれば、文学と芸術における、徹頭徹尾自己照射的で、非指示的、非政治的な運動を指す用法である。だが、よく考えてみれば、ポストモダンという用語の、変幻自在とされるこうした性質は、見かけよりもずっと質のよいものである。三〇年前に流通するようになって以来、この語の基盤が変化しつづけてきたことは否定できない。また、この語がおびただしく多くの現象に用いられてきたことも間違いない。しかしながら、ポストモダニズムの政治性――あるいは政治性の欠如――などといったものは、ポストモダニズムそのもののみならず、それを論じる批評家の位置によっても規定されるものである。ある批評家が完全に非政治的な発言と見なすものを、他の批評家が、微妙にではあっても、刺激的な発言と考えることもあるのだ。つまり、皮肉にも、同時代の芸術や理論の政治化に大きく貢献してきたポストモダニズムが、それ自体の最初の犠牲の一つとなったのである。だが、当然のことながら、ふつうこれは革命によってもたらされる結果だ。

とすれば、ポストモダニズムをとりまく混乱は、ある程度は、政治的評価の根本的な相違に起因するものということになる。だが、それはまた、この用語がさまざまな現象を幅広く指すのに用いられているという、問題をはらんだ事実にも根ざしている。編者の一人は、数年前出版された、『ポストモダン概念の歴史』という壮大な標題の書物（Bertens 1995）のなかで、ポストモダニズムの数多くの姿を、その言葉が適用される具体的対象によって区別することが可能であることを指摘した。このような角度から「ポストモダン」や「ポストモダニズム」を見れば、これらの言葉がしばしば用いられる、さまざまな指示領域が立ち現われてくることになる。この序文では、そのうち三つの主要領域――この三つの領域の括り方はそれぞれ違っていると見えるかもしれない――を手短かに概観することにしよう。そうすることで、読者諸賢が、本書のカヴァーするもっとも広い意味におけるポストモダニズムの発展のなかに、ポストモダンの重要人物たちを位置づけることが可能になることを願ってのことだ。

もっとも具体的かつ実際的なレヴェルでは、ポストモダニズムとは、一九五〇年代に現われ、一九六〇年代に勢いを得、一九七〇年代と一九八〇年代――の少なくとも初頭――に芸術の諸分野を席捲した、文学と芸術の実践であると言える。ポストモダニズムは、舞踊や写真、文学などいくつかの領域では、最初は、モダニズムの自己照射的な傾向をさらに推し進めた新しい自己照射性を指すものであった。一方、絵画、彫刻、建築などの領域では、表象性を否定するモダニズムによって締め出されていた表象行為への回帰を示すものだった。この表象行為への回帰は、ほとんどの場合、政治的なものであったが、同時にアイロニーをともない、多くの場合、自己照射の要素をはらんでいた。のちの批評家たちは、戦後の数多い芸術分野をさまざまなかたちで特徴づける根本的な自己照射性を「ポストモダニズム」と呼ぶのをやめ、モダニズム本来の問題意識の徹底であることを根拠に、この自己言及性の復権には「モダニズム後期」という言葉のほうがふさわしいと論じてきた。

これよりも抽象的なレヴェルでは、ポストモダニズムとは、実在論的な認識論とそうした認識論に依拠する啓蒙主義思想の否定を中核とする一連の哲学的命題を指すものとなっている。こうした——ほとんどの場合、否定的な——命題には、デカルト的な、アイデンティティをもつ自律的主体の否定や、言語の透明性、現実なるものへの接近可能性、普遍的基盤の可能性などといったものの否定が含まれる。このタイプのポストモダニズムは、自明性や、客観性、超越性、普遍性を自認するあらゆるものと闘争しながら、(自己と意味の)他者による決定や欲望、偶発性、変化、差異、不在などといったものを強調する。このような理論上のポストモダニズムの主要な源泉は、フランスのポスト構造主義に見いだすことができる。初期の段階ではロラン・バルトやジャック・デリダの理論がさかんに借用され、のちになるとジャック・ラカン、ジャン゠フランソワ・リオタール、ジル・ドゥルーズ(ふつうフェリックス・ガタリとひと組みで)、そしてとくにミシェル・フーコーなどの著作(のさまざまな要素)が取り込まれることになる。後期の段階に入ると、この手のポストモダニズムは、権力と知にたいするフーコー的関心を共有し、この二つのものを分離するのは不可能で、分かちがたい力と知の結び目を構成しているとするフーコーの主張を受け容れるようになる。とくに、ポストモダンの理論は、「他者」なるものに焦点を当てることによって、一九八〇年代に形づくられたポストコロニアルの理論と区別がつけづらいものとなっている。ホミ・バーバやガヤトリ・スピヴァックなどのポストコロニアルの理論家たちは、その関心を主としてポストコロニアルの主体とポストコロニアル的状況に向けているが、ポストモダニズムの理論のみならず、ポスト構造主義に多くを負っているのだ。

もっとも野心にみちた形態のポストモダニズム――それをひっくるめてポストモダン的状況と呼んでおかしくないものであるが――は、多くの理論家たちが少なくとも欧米世界ではモダン的状況にとってかわったとする、新しい社会・文化的組成と／または経済行為を記述しようとしている。この領域では、刮目に価する多様性を示す、二十世紀後半と二十一世紀初頭の状況に関するさまざまな解釈を見いだすことができる。ジャン＝フランソワ・リオタールに言わせれば、こうした「ポストモダン的状況」はモダン的状況を補強し、正当化していた、いわば大きな物語の機能不全と急激な頓挫に起因して出来したものということになる。フレドリック・ジェイムソンにとってみれば、それは、攻撃的で企業家精神に富む資本主義の全世界における勝利と、それにともなってわれわれが悩まされている失見当識と「心情の衰退」、そして下部構造（生産様式）と上部構造（広い意味での文化）というマルクス主義的な区別の崩壊を意味する。疎外という古いマルクス主義的概念にひねりを加えたジャン・ボードリヤールは、われわれはあらゆる形の正統性の感覚を失い、擬態《シミュレーション》の世界に住んでそれを現実と受けとめるしかない、と考える。対照的に、社会科学者ロナルド・イングルハートによれば、ポストモダニズムは、唯物論的価値観から「ポスト唯物論」的価値観への移行を意味する――彼の議論は四三カ国（主として欧米の）の社会から集められた膨大な経験的データに依拠している――という。このポストモダン化は世代交代によって推し進められてきたものであるため、変わらぬ繁栄のなかで、二十一世紀に入ってもずっとつづき、「モダン的状況の中核にあった階層化と服従にかわって人間の自律性と多様性を強調する」（Inglehart 1997: 27）完全なポストモダン的状況をもたらすことになるという。

イングルハートに触れたことによって、われわれはいま一九六〇年代という時代に立ち帰っている。その時代に登場した第一世代のポストモダンの理論家たちにとって、それは――他のなによりもまず――自由、つまり一九五〇年代の窮屈な慣習や正統思想からの解放を意味するものだった。イングルハートが指摘する寛容化と差異の受け容れが（近年の）歴史的現実に確固とした基盤をもつものであれば、われわれは、現代の社会・文化的状況にたいする彼の分析とジェイムソンによる分析を結びつけて考え、ポストモダン社会というものを一九六〇年代に端を発する二つの関係しあう闘争――経済をめぐるものと文化をめぐるもの――の結果の、しばしば矛盾しあう居心地の悪い共存状態と見なさなければならない。この見方はアメリカよりも西欧によく当てはまることはたしかだが、昨今のアメリカ史に無関係とはけっして言えない。一九六〇年代の中頃と後半は、多くの若い欧米知識人たちには、政治上の進歩と解放をもたらす新時代の黎明を告げる時代と見えた。一九六〇年代の新左翼――彼らにとって、一九五〇年代の左翼は、右翼同様に、輝ける未来への障碍でしかなかった――は考えた、自分たちは、ヴェトナム戦争によって欧米全体にクローズアップで示された、保守勢力との英雄的な闘争に取り組んでいるのだ、と。一九六〇年代の若き左翼的知識人にとって、右翼が歴史の流れに呑みこまれるのは時間の問題でしかなかった。だが、現代史をどのように考えようとも、一九六〇年代の左翼が思い描いたユートピアが実現することはなかったということは衆目の一致するところだ。さらに、三〇年たって、左翼――一九六〇年代の新左翼のことだ――と右翼のあいだのこの闘争は、奇妙なパラドックスをはらんだ結末をもたらした、ということでもたぶん意見の一致を見ることができよう。右翼が経済の領域で勝利したということは疑いを容れない。ここ二〇年のあいだに、われわれは、資本主義の側の、他の経済体制にたいする覆されることのない勝利と、さしあたって見なすことができる状況を目のあたりにしてきたのだ。かくして、資本主義が現代社会のありとあらゆる領域に浸透して、経済と文化のあいだの、そして公的なものと私的なものとのあいだの伝統的な区別をなくしてしまったとするジェイムソンは、間違いなく正しいということになる。

だが、一九六〇年代の新左翼は、決定的な勝利をおさめている。左翼はけっして消滅しておらず、また、見くびってはならない抵抗を受けてきたにもかかわらず、文化――もっとも広い意味での文化――をめぐる闘争で勝利をおさめたのだ。多元文化主義や性の多元主義、少数者の権利主張、問題限定による一致の原則から、上位文化と下位文化の思いがけない結合などといったものにいたるまでの、左翼の文化政策上の目標が、われわれをとりまく現実をつくりあげているのである。モダンの社会は、一九五〇年代に見られた文化の階層化、序列化、排斥、厳粛性を、それらを補強していた倫理とともに背景に押しやってきた。この視座からみれば、ポストモダン的状況は、倫理を含む大きな秩序の欠如——リオタールの表現を少し意地悪くもじっていえば——に特徴づけられている（倫理の欠如という点に関しては、たとえば二〇〇一年初頭のオランダにおける安楽死の合法化を思い起こされたい）。とすれば、ポストモダン的状況とは、極度の資本主義的枠組みのなかでの差異の受け容れと異種混淆性の称揚ということになる。

一見したところ、こうした人文主義的な差異の受け容れとポストモダンの理論に見いだされるポスト人文主義の差延化（différance）のあいだにはなんの共通点もないように思える。しかしながら、この両者が、戦後欧米世界の苛烈な自省を構成しているのだ。フランスでは、非欧米世界——言いかえれば植民地的〈他者〉——との関係にたいする歴史的な罪悪感を中核にもつ、この自省は、アルジェリア戦争〔アルジェリアがフランス政府、入植者にたいして行なった独立戦争、一九五四年十一月から六二年三月まで〕が引き金となって行なわれた。アメリカでは、公民権運動の圧力ですでに始まっていたこの自省が、ヴェトナム戦争で決定的に勢いづけられる。現時点から振り返ってみると、それ以前は説明不能の歴史的逸脱と見なされてきたホロコーストが、こうした道徳的な内省の結果、現代の欧米世界と非欧米世界の関係という枠組みのなかで解釈されるようになり、そのためにより恐ろしいものと見えるようになった、ということがわかる。その結果として、作業工程の細分化によって大量生産と低コスト化を実現した二十世紀前半のフォード方式導入後の新しい資本主義の発展という、同時期に生じた事態に見られるのと同様に、かつて確固たる存在と思われたものがすべて跡形もなく消えてしまったのである。人文主義——大部分においてひどく縮小されてしまった——にしがみつく者たちにとって、こうした欧米世界の歴史的罪悪感の覚醒は、差異というものや、異種混淆的な社会の存在、さらには自分たちのものと比べて非理論的な社会運営方法の受け容れを指し示すものであった。一方、理論的根拠を欠き――さらにひどいことに――現代欧米世界の〈他者〉（内なるものも外なるものも）との関係の中核を構成する要素として、人文主義を拒絶するものたちにとって、差延《ディフェランス》こそが、欧米世界の領土外への干渉を歴史的に合法化してきた前提を脱構築する試みの中心概念となった。

とすれば、こうしたパノラマ的な一般化のレヴェルでは、ポストモダン的状況とは、攻撃的で企業家精神に富む資本主義と苛烈かつ持続的な自省の両者が、たがいにあい異なるものでありながら、連携して営々とつづけられてきたことに特徴づけられるということになる。とにもかくにも手に負えるかたちの――編者と出版者の手に負えるという意味だ――論文集が、こうした膨大な社会・文化的構成と見なさなければならないものを正当に扱えるということは、たとえそれが重要人物だけに的を絞っても、不可能だということはあまりに明白だ。だが、「重要」とはまずどういう意味だろうか。ポストモダニストなら誰でも問うだろう、いったいどのような奇妙な目的のために、こうしたポストモダン以前の視座からポストモダニズムあるいはポストモダン的状況を十把一絡げにすることになったのか、と。また、われわれがもし別の視点からポストモダニズムを扱ったなら、この本で扱われた者たちは、重要人物としての地位を失いはしないだろうか、と。こうした疑問が出てくるのはもっともなことで、われわれには、それにたいして現実主義的な回答を示すことしかできない。われわれは、折衷的なアプローチという、すぐれてポストモダン的な手法を用いて、ヴァラエティに富むポストモダンの――自他ともに認めるポストモダンの――主張と、かならずしも善意に満ちているわけではないが重要な、ポストモダンに論評を加えている者たちの主張を代弁しようと試みた。われわれは、他の編者なら他の選択をしたかもしれないということを承知しており、そのことで少なからず居心地の悪い思いをしている。なぜ、コーエン兄弟は入り、ウッディ・アレンは入らないのか。なぜ、あるポストモダンの論敵――フレドリック・ジェイムスンのことだ――は入り、他の者――ユルゲン・ハーバーマス――は入っていないのか。ならば、テリー・イーグルトンはどうだ、などといった声があるかもしれない。さらには、ローリー・アンダーソン、キャシー・アッカー〔米国のパンク小説家〕、ブルーノ・ラトゥール〔一九四七年─。フランスの哲学者〕、ギー・ドゥボール〔一九三一─九四年。フランスの思想家〕、リチャード・ブローティガン、デイヴィッド・サーレー〔一九五四年─。米国の画家〕、スラヴォイ・ジジェク〔一九四九年─。スロヴェニアの哲学者、小説家〕、リンダ・ハッチオン、ウィリアム・ギブソン、マドンナ、デイヴィッド・ハーヴェイ〔英国の社会学者〕、シェリー・レヴィン〔米国の写真家〕、エドワード・サイード、モーリス・ブランショ、スティーヴ・ライヒ、フィリップ・グラス、マーシャル・マクルーハン、ドナルド・バーセルミ、ジグムント・バウマン〔ドイツの社会学者〕、ヨーゼフ・ボイス、エレーヌ・シクスー、ジェフ・クーンズ〔一九五五年─。米国のコンセプチュアル・アーティスト〕、ブレット・イーストン・エリス〔一九六四年─。米国の小説家〕、リチャード・パワーズ、クリフォード・ギアーツや、さらにおびただしい数の名前が挙がることだろう。だが、書かれていない人たちのほうが書かれている人たちより重要だろうか、と問い直すこともできる。多様性はあるが結局のところ同じことになる角度からポストモダンを捉えることはできないのだろうか、とも。最後の問いにたいする答えがどうであれ、ポストモダン的営為の瞠目に価する豊穣さゆえに、われわれの選択が一致することはめったにない。だが、選択的であることは、なにもかならず短所となるとはかぎらない。何がほんとうの問題なのかということを示す近道となるからだ。われわれは、自分たちの選んだ重要人物たちが、他のどんな選択にも劣らず、ポストモダンの実態を示す代表例となると思っており、また、そうなることを期待している。

ハンス・ベルテンス
ジョウゼフ・ナトーリ

1 ピーター・アクロイド Peter Ackroyd 1949-

超越の可能性を提起

スザーナ・オネガ

ハル・フォスターは論考「(ポスト)モダン論争」で、ポストモダンの特徴を規定しようとする批評家たちが各種各様な視点を採用している点を指摘した後で、文学の領域で使われる「ポストモダニズム」という言葉はすっきりしない用語であり、二つの主要な、しかも非常にかけ離れた立場を指し示すのに用いられている、と示唆している(Foster 1984: 67-79)。一つはポスト構造主義に関係する立場であり、これはメタフィクション的な表象批判におけるように徹底して反人間主義的なものとなるだろう。一方、もう一つの立場は新保守主義の政略を持し、歴史への回帰を主張するもので、こちらは逆にきわめて人間主義的なものとなるだろう。ポストモダニズムへの序論的概要を、ハンス・ベルテンスもまた次のように結んでいる。ポストモダニズム作家たちの方法、識見、理論的立場にはそれぞれ重要な違いがあるが、彼らは例外なく二つの主要なポストモダニズム的な姿勢に応えている。「一つは対象指示性と意味を手放そうとする姿勢。そしてもう一つはなおも指示対象を追求し、ときには局所的・一時的・暫定的な真実を打ち立てようとする姿勢である」(Bertens 1993: 65)。フォスターやベルテンスの結論はパトリシア・ウォーの論点とも呼応している。彼女によるなら、現代芸術に向き合う際の基本的なジレンマは次のことを実感させられる点にある。「世界はあるがままに表象されえない。実際、文学的な虚構において可能なのは、世界の諸言説を「代理=表象《リプレゼント》する」ことだけなのである」。それ故、必然的に「言語はたちまちのうちに、そこから逃れることがほとんど不可能な「牢獄」と化してしまうのである」(1984: 3-4)。

ジョン・バースは、モダニズムを乗り超えジョイスやカフカによるエクリチュール変革の彼方にまで至ることを真摯に考えた希有な存在として二人の後期モダニズム作家、サミュエル・ベケットとホルヘ・ルイス・ボルヘスを選び出したが（Barth 1967: 29-34）、以上のような批評家たちの言葉は、この二人の作品に現出する根本的な緊張を思い起こさせるところがある。ベケットはオリジナルであることの不可能性から生じる不安に対処するために、書くことで自己を存在させようとする衝動と、それを打ち砕く沈黙に対する誘惑とのあいだでもがき苦しむ、自己産出的作者＝登場人物の登場するミニマリスト的なテクストを創造した。これにかわるボルヘスの方法は、すべてを内包するような自己産出的なテクスト世界、すなわち無数の螺旋状書棚や無限の鏡によって果てしなく映し出される階段をそなえた「バベルの図書館」に囚われた作者や読者を想像することであった。このような究極的世界・図書館には「二十の奇妙な綴り字記号による可能な組合わせのすべて、つまり、考えられうるすべてのもの」（Borges 1989: 467）が収められているのである。

ベケットやボルヘスより一世代後のジョン・ファウルズは、オリジナリティや終結（closure）に対するモダニスト的な強迫観念をその風刺的な小説『マンティッサ』（1982; Onega 1989: 123-36 を参照）においてパロディ化した。彼はこの作品に作家マイルズ・グリーンなる人物を登場させるが、この人物は記憶喪失の治療目的で入院している。エクリチュールには享楽（jouissance）の一形態である快楽がつきものであるというロラン・バルトの主張と歩調を合わせるように、デルフィー博士はグリーンに対しオルガズムを誘発する奇妙なショック療法を施す。このオルガズムは不意に一人の子供の配達便に変じるが、それを開けて読むと、それはファウルズの小説『マンティッサ』と同じ言葉で始まるテクストであることが判明する。読者はそのとき、ピンクとグレーの奇妙な病室が頭蓋骨——実際にはマイルズ・グリーンの頭蓋骨——の内部に酷似していること、そしてフラン・オブライエンの『スウィム・トゥ・バーズにて』やベケットの『マロウンは死ぬ』、『名づけえぬもの』、『ゲームの終わり』の主人公と同様、グリーンの活動範囲が頭の内部だけにかぎられたものであることに気づくのだ。これにつづく数章では、書くことにおける全知全能的な支配と自律をめぐって、マイルズ・グリーンが己れの医師／詩神を相手に繰り広げる無益な闘争がさまざまなかたちで叙述されている。グリーンは己れの詩神を無言の芸者に変えようとして再三失敗する。そして結果的に、テクストにはテクスト自体の生命があるということ、さらにはテクストは言語活動や脳の働きによって生み出されるものとしてではなく、むしろ一つの源泉として究極的な現実を構成するという事実を認めなければならなくなるのだ。換言するなら、テクストはグリーン自身のアイデンティティの源泉としての究極的な現実なのである。

ファウルズは別の小説において、ベケットのミニマリズムやボルヘスの言語の牢獄から脱する方法を真剣に見つけようとしている。そのやり口は、英文学の伝統から引き継いだリアリズム的な要素とオックスフォード大学時代に学んだフランス文学の伝統にそなわる実験的・神話的要素を融和させようというものである。『フランス軍中尉の女』(1969)では、メタフィクション的・写実的な要素が主人公の探索の神話的パターンと組み合わされているが、これは作者自身が認めているように、彼の小説・短編小説すべての基礎となっている（Foulke 1985-6: 370を参照)。ファウルズの最も力強い歴史叙述的メタフィクションである最新作の『気まぐれ』(1986)にもこのやり口は採用されている（Hutcheon 1988: 5を参照)。『気まぐれ』は表面的なレヴェルにおいては不可解なほどまとまりがなく、構造もはっきりしていないように見える。つまり、「意味の終わりなき差延」というデリダ的な主張に見事に適っているかに思える。だが、より深いレヴェルに目を移すなら、矛盾も完全に閉じた神話的パターンに統一されており、ユングの四位一体の図式を着実になぞっていることがわかる（Onega 1989: ch.6を参照)。ファウルズは歴史的な背景をもとに、常に基本的探索パターン——若い愚かな主人公が物理的・精神的な旅に乗り出し、成熟と自己完成を手にする——を展開しているのである。

イギリスとフランスの文学伝統を吸収したことが、ファウルズの小説作品における写実的な要素と実験的な要素との結合趣向を説明するように、アクロイドの伝記的事実もまた二つの著しく異なった特徴を示している。アクロイド自身の言によると、彼はケンブリッジ大学で——アクロイドはケンブリッジ大学での英語の卒業試験において二科目最優等生の栄に輝いている（一九六八—七一年）——「英国派の詩」（Onega 1996: 211）からきわめて大きな影響を受けている。こうした詩人たちにはJ・H・プリン、アンドルー・クロージャー、イアン・パターソン、ケヴィン・ストラットフォードらがいるが、彼らはジョン・アシュベリーやニューヨーク派の詩によるコスモポリタン的・実験的な方針にそってイギリス詩を再活性化しようとしていた。アクロイドはその後メロン特別研究員の身分を与えられ、イェール大学で大学院生として研究することになるが（一九七一—三年）、彼はそこでも「言葉に関わる詩」［language poetry］（Onega 1998: ch.1 を参照）を読んだり書いたりしつづける。彼の研究成果は『新しい文化のための覚書』として出版される。この書物はアクロイドがポスト・ソシュール的な言語学やポスト・バルト的な文学理論の基本的な立場に精通していること、そしてとりわけデリダ的な主張——言語はその起源から永遠に隔てられており、文学を「形式の戯れ」（le jeu de la forme）、起源なき言語形式の自由な戯れにしてしまう」（Ackroyd 1993［1976］: 144）——を理解し受け容れていることを明らかにしてくれるものである。

アクロイドは『ロンドンの大火』（1982）でこうした言語定義をテストしている。この『リトル・ドリット』の続編とも言うべき作品においては、さまざまな登場人物たちがディケンズの小説に関する自説を相手に押しつけようとして互いに争うが、彼らはそうした説明がすべて同じように主観的なものであり、オリジナル小説の歪んだ誤読であることに気づくことはない。このように、『ロンドンの大火』はみずからにそなわる自律的・自己産出的な言語宇宙という条件を明らかにしている。それはいわば、己れに関するあい異なった説明を際限なく提示し、そのテクスト＝壁の内部に派生的な登場人物たちを絶えず生み出し、そうした登場人物たちを作者ともども罠に陥れてしまうボルヘス的なバベルの図書館と言ってよいだろう。対照的に、『チャタトン偽書』（1987）では、詩人チャールズ・ウィッチウッドがチャタトンの創造的剽窃というアイディアに倣うことで、ベケット的な唯我論や影響の不安から自由になろうとする。死を迎える瞬間、ウィッチウッドは（『オスカー・ワイルド最後の遺言』〔1984〕の結末におけるオスカー・ワイルドや、『イングリッシュ・ミュージック』〔1992〕結末部のクレメント・ハークームのように）自分が非時間的で絶対的な〈芸術世界〉に入っていく光景を幻視する。その世界は過去の偉大な詩人たちや芸術家たちから成る混交的で広大な肉体と声（body-and-voice）〔の世界〕であり、ウィッチウッドはチャタトンとメレディスの助けを借り、喜々としてそこに加わろうとする。そして、ボルヘスの超個人的な〈精神の声〉（Worton and Still 1990: 13）に、さらにはあの世を亡き祖先の地下納骨堂と捉え、彼らの詩的な声は新しい詩人たちの作品と結合することで新たな生命を与えられるというモダニスト的な着想（Smith 1990: 3-4を参照）を強く喚起させる調和＝斉唱に、己れの声を付け加えようとするのである。

アクロイドの伝記において際立っているもう一つの特徴は、彼がカトリック教徒として教育を受けたロンドン子であったということである。作家自身も、彼の〈英国性〉とカトリック信仰は自身の初期形成期において最も影響力の大きい二要素であったことを認めている。カトリック信仰は、アクロイドが不可知論に陥った後でさえ消えることのなかった聖なるものの感覚を彼に与えた（Onega 1996a: 209）。また、彼はロンドンを「私の想像力の風景そのもの」（1998a: 4）と述べている。アクロイドは自分の作品を定義するよう求められるたびに、それは「イギリス的」であり、まさにイギリス的感性と言うべきもの――「いくぶん好古家的、そしていくぶん幻視的」（Onega 1996a: 217-18を参照）――をディケンズやシェイクスピアのような作家たちと共有しているのだと答えている。だが、彼は自身の立場をイギリス文学の伝統の余白に位置づけている――「私はイギリス小説の主流にはまったく属していない。私はいわばそこからちょっとはみ出したところにいるのだ」（Schüitze 1995: 172を参照）。また、「二十世紀末に生き、仕事をしていると、なんらかの精神潮流に感化されざるをえない」とは認めつつも、彼はポストモダニズムと歩調を合わせることを拒んでいる。「しかし、あなた方がそれをポストモダニズムと呼べるかどうかは、私にはわかりません。これは確かなことですが、私はポストモダニズムに関する理論的著作はなに一つ読みません。私はポストモダニズムについて書かれた文学的ないしは批評的テクストをこれまで読んだことがないのです」(Schütze 1995: 172を参照)。

アクロイドは「イギリス文学のイギリス性」(1995)と題された講演において、自作の「イギリス性」を力強く擁護するが、彼はそこで真のイギリス的感性の最も際立った特徴はカトリック信仰から引き継がれた慣習=儀礼への愛であり、それは〈宗教改革〉の後にも、民謡、寄席、パントマイム、軽喜歌劇のような民衆的芸術形式のなかに生きつづけている、と説明している。彼の主張は、イアン・シンクレアやマイケル・ムアコックのような現代のイギリス作家たちやダグラス・オリヴァーのような詩人が、彼が別の講演のなかで特異な「ロンドン風幻視的感性」と呼んだものをみずからと共有しているというものである。彼の定義によるなら、「ロンドン風幻視的感性」とは「場所の精神=聖霊や街の本性=活力すべてに関わり、ダン・リーノウ、チャールズ・マシューズのような寄席のコメディアンたち、ヘンリー・フィールディングやチャールズ・ディケンズのような小説家・劇作家たち、ターナーやホガースのような画家たち、そしてウィリアム・ブレイクのような詩人の芸術のなかに現前している生ある継承物」(1993b)のことである。こうした次第で、アクロイドの登場人物たちは、しばしばパンチとジュディ、ミス・ハヴィシャムといったパントマイムや寄席でよく知られた登場人物たちを真似て描かれている。ちなみに、アクロイドによるなら、ディケンズがミス・ハヴィシャムという登場人物を創造したのは、マシューズが全身白装束の婦人に扮したのを目撃した直後のことだという。

リアリズムに偏向した批評家たちはこうした登場人物たちのリアリティのなさに不快を覚えがちだが、彼らにはそうした登場人物たちのボール紙のような特質がアクロイドの公然たる虚構=テクスト世界の本質的な部分を形づくっていることが理解できていないのだ。『ロンドンの大火』や『原初の光』(1989)のような小説に見られるパントマイム的な過剰さは、ディケンズやシェイクスピア的な喜劇と同タイプの「イギリス的」創造能力を分かち持っている。このような創造能力はアンジェラ・カーターの『夜ごとのサーカス』(1984)、『ワイズ・チルドレン』(1991)といった小説で完成の域に達するが、それはまたチャールズ・パリサーの『五点形』(1989)やジャネット・ウィンターソンの『初心者のためのボート遊び』(1985)、『セクシング・ザ・チェリー』(1989)などにも確認することができる。

ファウルズの小説では、主人公の探求の終わりは彼のコレクターから芸術家/創造者への転身によって象徴されていたが、成熟を求めるアクロイドの小説の主人公の探求にしばしば生じるのは、彼が道化、〈愚者〉、放浪する物乞いから寄席の喜劇役者すなわち「専売的言語学者」(monopolylinguist)に変身するということである。これは『イングリッシュ・ミュージック』の結末で、父親から絶えず〈愚者〉扱いされ(1992: 15)、みずからも〈愚者〉と思いつづけてきた(23)ティム・ハークームの身に起こることである。『魔の聖堂』(1985)のニコラス・ダイアー、『オスカー・ワイルド最後の遺言』のオスカー・ワイルド、『ロンドンの大火』のリティーシャ・スペンダーは、放浪する物乞いと繰り返し結びつけられている。『原初の光』の農夫と少年ミントは、農夫というよりも肉体的にはむしろ道化師に似ている(1989: 19)。『原初の光』に登場する天文学者ダミアン・フォールは他の登場人物から〈愚者〉とみなされている(95)。『アメリカのミルトン』(1996)に登場するメアリー・マウントの王党派リーダー、ラルフ・ケンピスはミルトンの写字生グースクウィルのように、ミルトンから愚者(230)、道化師(231)呼ばわりされている(110)。エイプリル・フールの日に上梓された小説『プラトン・ペーパーズ』に登場するプラトンは、みずからを「道化師」として描写している(1999: 57)。そして、『ダン・リーノウとライムハウス地区のゴーレム』(1994)のダン・リーノウは、寄席の治療儀式に同化=吸収することで連続殺人を終結させてしまう。

ジャネット・ウィンターソンの『パッション』と同じく、『イングリッシュ・ミュージック』の構造は〈タロット〉の大秘密である二重螺旋的な配列を増殖させている。奇数番目の章にはティム・ハークーム自身が語る過去の生活エピソードが含まれている。一方、読者は偶数番目の章において、ティムのトランス状態あるいは夢幻めいた幻覚に直面させられる。こうした出来事と幻視との交互配列は、〈愚者〉の探求の肉体的ならびに精神的な諸相を反映するものであろう。『パッション』の場合と同様、ティムの探求の構造的なレヴェルにおける増殖は、『イングリッシュ・ミュージック』を探求者の道程をなぞる反復的なレプリカに変えてしまう。そして、読者は（ちょうど『天路歴程』や『神曲』の読者のように）この道程を類推的にたどり、彼（女）自身の自己－成熟や調和的完成を手にしようとするのである。

同じく『魔の聖堂』でも、小説の語り的な声・周期と循環的な時間を交互に配置することのなかに、一二カ月から成る宇宙創成的な循環構造が想起され、〈神〉の宇宙創造行為を再演しようとするニコラス・ダイアーの試みが模倣的に映し出されている。かくして、ダイアーの教会によってつくられる天国への超越的なはしごは構造的に再生され、自身の修徳を達成しようとする読者がそのはしごを類推的な形で登っていける可能性を差し出しているのである（Onega 1998: ch.3を参照）。しかし、テクスト的／超越論的迷宮として最も完成された書物の例は『ドクター・ディーの家』（1993a）である。この書物の章の配置はドクター・ジョン・ディーの象形文字的なモナド構造、人間（anthropos）についての秘教的な象徴を映し出し、人間と宇宙との複雑な調和を表現している（Onega 1998: ch.3; 1999: ch.3を参照）。

このように、アクロイドは二元的な形而上学を要請することなく、「幻視的」（ないしはブレイク的な）表現で超越の可能性を示唆しようとしている。別のところで指摘したように（Onega 1997）、こうして達成される逆説的な終結はイギリスの歴史叙述的メタフィクション作家たちの最も際立った特徴である。ニコラス・ダイアーの七面を有する天国へのはしご、ドクター・ディーの象形文字的モナド、そして〈タロット〉の二重螺旋的な構造。これらすべては曼陀羅的全体性を示す原型的な比喩表現であり、人間とコスモスとの象徴的な調和を表現している。こうしたものに加えられるものとしては他に、ローレンス・ダレルの『アヴィニョン五重奏』（すなわち『五点形』）を構造化する五点形やチャールズ・パリサーの『五点形』が考えられるだろう。後者は規則的パターンと不規則的なランダム性を妙技のごとく結合することによって、表面的なレヴェルでの、複雑ではあるが一見整っていると思われるプロット構造を読者に提示している。だが実際には、そこに精神を撹乱する両立不能な板挟み的状況が隠されているのである。読者が「庶出に関する隠された語り」のうちに「近親相姦についての忌わしい語り」(Onega 2000: 151-63) とでも呼ぶべきものを発見することは、この小説のテーマ的な中心に五点形的な中心に特徴的な無限後退 (regressus in infinitum) 的構造を与えるが、このことは同時にまた、小説全体に関わる中心幻想——単一的意味という幻想——や中心の不在——意味の際限ない変奏——を示唆してもいる。

要約しよう。超越性への信頼を失ったベケットのモロイ、マロウン、「名づけえぬもの」、ファウルズのマイルズ・グリーン(『マンティッサ』)、ウィンターソンのヘンリー(『パッション』)は唯我論的なテクストの空所に隠遁し、自身の自己知覚作用を際限なく書き直しつづけることを無期的に宣告されてしまった。また、『ロンドンの大火』におけるスペンサー・スペンダーや他の作家登場人物たちはボルヘス的な〈バベルの図書館〉に囚われ、そこから逃げ出すことができない。これに対し、後期の小説におけるアクロイドは(先に例として挙げたファウルズ、ウィンターソン、パリサーのように)、神話に訴えかけることで超越の可能性を提起しようとしている。ボルヘスをチャタトンやブレイクに照らして読み直すことで、彼はすべてを内包する言語の牢獄を紙とインクの超越的な迷宮、天国へ通じる神秘的なはしご(しかし、このはしごを類推的に登ることができるのは、想像力による意志的な行為だけである)に変形している。つまりアクロイドは、フォスター、ベルテンス、ウォー、ハッチオンらがポストモダン小説の基礎的特徴として選り出した矛盾撞着的な表現によって、自己と世界との調停を肯定すると同時に否定しようとしているのである。

＊ 本章はスペイン教育文化省後援による研究プロジェクトの一部をなすものである。

2　ルイ・アルチュセール Louis Althusser 1918-1990

理論は物質的である

リチャード・D・ウルフ

ルイ・アルチュセール（一九一八―九〇年）は二十世紀のポストモダニズムとマルクス主義の対決を演出するたくさんの著作を生み出した。彼の人生とテクストは、そのそれぞれの動きが他者に対して深遠かつ持続的な、そして異議を提出させるような効果を与えるような性質のものであった。彼は古典的マルクス主義のモダニスト的なコミットメントを批判するなかで、ポストモダン的なマルクス主義が必要かつ可能なものであるとしている。一九六〇年代、七〇年代にアルチュセールは、マルクス主義を絶対論者的な認識論（経験主義と合理主義）と決定論的な存在論（ヒューマニズムと構造主義）の双方から引き離そうと努めた。たいていの古典的マルクス主義の形態は、マルクス主義者たちが他の点では異議を呈しているブルジョワ的な社会理論とともに、こうした認識論や存在論を共有していたのだ。マルクス主義の内部に判然たるポストモダン的な断絶を現出させながら、アルチュセールはマルクス主義の内部に依然残されている未来について、モダン―ポストモダンの論争を開示したのである（Callari and Ruccio 1996）。

アルチュセールの仕事は同時にまた、ポストモダニストたちを同じような問題に直面させる。彼の仕事は党派心を剥き出しにして、マルクス主義的なポストモダニズムの性質や方向性と非‐マルクス主義的なポストモダニズムのそれとの違いを挑発的に提示している。複雑、不確か、決定不可能などという言葉を盾に社会闘争から距離を置くことを是認するようなポストモダニズムに対し、アルチュセールのポストモダン・マルクス主義は活発な社会闘争に賛意を示す。完全にモダニスト的なプロジェクトであるかのようにマルクス主義を批判し、片づけてしまうようなポストモダニズムに対し、アルチュセールはそうした批判に晒されないようなポストモダン・マルクス主義（彼の「重層的決定」という概念を中心に築き上げられたマルクス主義）を提起する。戦略的に見るなら彼の仕事は、まだ多くが微妙な社会レヴェルで作用していた思想の動きにすぎなかったポストモダニズムに、より広範な社会的・理論的変化への動きと連結させるような方法の一つを与えたのだ。二十一世紀を生き延び前進するためには、ポストモダニズムとマルクス主義の双方が効果的に連携することが有益であろう、とアルチュセールは暗黙のうちに示唆している。

哲学者として彼は、フランスで最高の地位（パリの高等師範学校の助教授）に登りつめ、同時代人たち——とりわけ、サルトル、フーコー、デリダ、そしてラカン——のまわりに渦巻く熱烈な論争を積極的に引き受けた（Kaplan and Sprinker 1993）。彼はまた、スピノザ、モンテスキュー、マキャヴェリ、ヘーゲル、バシュラールの仕事の複雑な再考と拡充に関与した（Callari and Ruccio 1998; Montag and Stolze 1997）。彼はマルクス主義者として一九四〇年代にフランス共産党に加わり、ついには経済的決定論、ヒューマニズム、スターリン主義、毛沢東主義といった中心的な問題に関する同党の最も有名かつ論争的な理論家となる。「党が労働者階級と連携しているという理由で」共産党内に留まろうと決意するが、彼は同時に同党の最も深遠な批判者にもなった。彼の内面的な私生活は哲学や政治（学）と同じく、彼の体系的な思想の対象として熱心に問い質された。彼が生涯を通じて理解しようともがき苦しんだのは、感情的には隔たっているが心を支配する人物であった彼の両親が、アルジェリアでの青年期以降、彼の人生にいかに大きな影響を与えたかということであった。彼はドイツの戦争捕虜収容所でのカタルシス体験と自分のコンプレックスや矛盾したセクシュアリティを、自身の哲学や政治学との関係において繰り返し考え抜こうとした。妻エレーヌとの関係に没入したことは、彼が哲学、政治、そして私的な出来事を混ぜ合わせるきっかけにもなったし、またその触媒にもなった。ポストモダニズムとアルチュセールの結びつきは、自分の生のこれら三つの側面すべてにそれぞれ独自な力学と相互的効果――彼の言葉でいうなら「重層的決定」――を認めようとする衝動に現われている。自伝的著作である『未来は永遠に続く』(1993)が示しているように、彼はいかなる側面であれ、ただ一つの側面だけが彼の生全体を本質的に決定づけるものとして機能したり、その支配的な物語の役割を演じたりすることを認めなかったのである。

アルチュセールとポストモダニズム――意味深いことに、この用語は彼の著作には一度も使われていない――の関係は、「重層的決定」という彼の反‐本質主義的、反‐根本主義的な概念のなかに明瞭に現われている。彼はこの概念をフロイトの『夢解釈』から借用し、古典的マルクス主義を特徴づける経済的決定論からだけではなく、決定論的な社会理論のすべてからの断絶を表現するために練り直した。すなわち、彼は社会条件やその変化の本質的原因――それを説明する支配的な物語――を仮定、追求し、それを見定めるといった論理のすべてと敵対したのである。そうした論理――社会的出来事を、それらを「重層的に決定している」無限の因果的影響のうちのわずかなものだけに還元すること――は、マルクス主義運動の多くの誤りや失敗に連座するものである、と彼は考えた。マルクス主義のうちにある本質主義あるいは決定論は、アルチュセールが拒絶していたマルクス解釈――「モダニスト的」解釈と名づけてもよいだろう――を映し出すものであった。彼の見方によるなら、マルクスは経済的なプロセスや利害全般のおよぼす社会的な効果――そしてとりわけ階級的搾取――を否定するブルジョワ的な理論を単に攻撃する以上にはるかに多くのことをしていた。つまり、マルクスは旧来の決定論から抉別するような新たな哲学と社会分析の方法論を開始していたのである。アルチュセールの最初の名高い論文集である『マルクスのために』(1969)は、決定論的な論理と手を携えたモダニズムから訣別した人としてマルクスを理解するための基盤的議論を提供している。

アルチュセールはマルクスのユニークな哲学、すなわち彼の著作が文字どおり告げ知らせてくれる「問題」を識別し説明する目的で、マルクスの再読(彼はそれを「徴候的」読解と呼ぶ)に着手した。マルクス円熟期の仕事（なかでも『資本論』）が新たな社会分析の様式を提示しているのに、いかにそれが明白に伝えられていないかを明らかにすることで、アルチュセールは同輩のマルクス主義者たちがなしている、前‐マルクス主義的でブルジョワ的な哲学および社会分析――つまりはまったく異なる問題提起――の無批判的で戦略に乏しい吸収のあり方を論難している。『資本論を読む』（1970）においては、ポストモダン的マルクス主義についての詳細な記述が開始されるが、このポストモダン的マルクス主義は、モダニズムの流れをくむ非‐マルクス主義的社会理論およびマルクス主義的社会理論の双方の伝統とは際立った対照を示している。

アルチュセールは、社会のすべての局面が重層的に決定されている――他のすべての局面の効果として構成されている――と考えていたので、各々の局面は他のすべての局面から発する複雑な押し合い引き合いのうちに／として存在するということになる。つまり、すべては錯綜した非常に多様な一連の矛盾のうちに／として存在するということであり、この場合の矛盾という概念は、通常ヘーゲルの名に帰される二元論的な考え方よりもずっと複雑なものと考えられているのだ。相互依存の関係にあるこの重層的決定と複雑な矛盾という概念は、アルチュセールのマルクス主義哲学に認識論的要素と存在論的要素の結合という独自の論争めいた形を与えるが、そこにこそポストモダニズムとの重要な類似性が見て取れるであろう。

認識論的にいうなら、あらゆる分析は特殊で、部分的で、党派的なものである、とアルチュセールは信じている。いかなる理論も無限の重層的決定を把捉することができない以上は、そうである他はないだろう。つまり、理論とは古典的な意味で修辞的なものなのである。ここでの彼は、文化は世界観相互の戦闘シーン――ブルジョワ 対 プロレタリア、唯物論者 対 観念論者、など――であるという古典的マルクス主義の洞察に依拠しているが、重要なのは彼がさらに先を指し示していることである。マルクス主義自体もイデオロギー的立場とは無縁ではない。それもまた、敵対者たちの説述と同じく、絶対的な真実などではありえないのだ。考えられうるあらゆる思考対象は複雑に重層決定されており、矛盾を抱えている――無限の次元は無限の重層決定に呼応している。

したがって、その対象に関するどんな説明、理論、分析、知識も「完璧」であるとか、「真実」であるとか、完全に「客観的」であると主張することなどできないのである。あらゆる人間の思考は部分的なものである。また、その思考そのものの対象を創出し、その対象のいくつかの局面に焦点合わせをする助けとなるような枠組みによって制限されている。マルクス主義を含めてすべての理論は、ちょうど暗い空間を切り抜けるのに使われる閃光灯のようなものなのだ。各々の航行者が投じる閃光灯は、それがどこでどう使われるかに応じて明瞭に何かを照らし出す(見えるものをつくりだす)。しかしまた、各々の閃光灯は必然的にその空間の他の部分を見えなくしてしまう。要するに、ある部分に光が当てられることによって、陰に委ねられる部分が決定されるということである。このように、マルクス主義が提起している問題——それによって光が当てられるものと隠されてしまうものとが特殊に混ぜ合わされている、ということ——と他の諸理論の問題提起とには重要な違いがあるのである。

こうした認識論的な立場は古典的マルクス主義を動揺させたし、今なお動揺させつづけている。それは歴史的不可避性という概念を払いのけ、資本主義社会の決定的な運動法則を把握するとか、特別な革命的戦法ないしは策略を保証するといった考え方を一掃してしまったのだ。フランス共産党内や左翼側におけるアルチュセール受容には国際的に厳しい雰囲気が立ち込めてきた。異なったかたちとはいえ、モダニズムが左翼、右翼、中道派のいずれのなかにも深く浸透していたからである。腐敗したイデオロギー——資本主義の特権視や神秘化——との闘いを語る支配的な物語とされるマルクス主義に抗して、アルチュセールが対置させたマルクス主義は思考の一つの形=種類、問題提起のための闘争を錬成する一つの形式であった。その他の思考=闘争の、あるものは敵、そしてあるものは味方であり、また別のあるものはマルクス主義との関係的立場に応じて随時決定されなければならなかった。哲学とは、社会に対してそれぞれの重大な影響をおよぼす問題提起をめぐって繰り広げられる終わりなき闘い——場所取り、陣地争奪戦——の場に他ならない。さらにいうなら、問題提起というものは、そのそれぞれが社会全体の、重層的に決定され矛盾をはらんだ要素であるように、互いに互いを変化させてしまうのである。

このようにアルチュセールは相対主義的な哲学者であったと言えるが、そこには重要な違いが存在している。つまり、彼は共産主義やマルクス主義へのコミットメントをけっしてやめることがなかったのである。彼の相対主義にはいかなる未決性、政治的中立性、あるいは政治的静寂主義も伴うことがなかった。それは逆に、彼の生涯にわたる強靭な党派性を示すものだったのである。あらゆる理論は、社会の一局面として、その社会の他のすべての局面——政治、文化、経済——を重層決定することに関与している。理論は肝心である。理論は物質的なものであり、その支持者と反対者の間に争闘を引き起こす。一人の個人がどう問題提起を繰り広げるかが、その人の行なうすべてのことに影響をおよぼす。人びとがマルクス主義的な問題提起を展開すればするほど、社会はますますそうした方向——ファシスト的あるいはリベラルな問題提起にコミットする人びとによって促進される方向とは掛け離れた方向——への影響をこうむることになるだろう。重要なのは問題提起の違い、つまり代替的になされる理論的問題提起のもたらす異なった社会効果なのだ。マルクス主義の内外を問わない哲学的・政治的闘争へのアルチュセールの熱烈な参加は、一つの問題提起が帯びる社会的立場を唱導し、他の立場に対してその希求効果を高めることを狙いとしていた。彼には絶対的真実といった概念も、「現実を説明している」という主張も必要なかった。彼はそうしたものを、絶対的真実（〈神〉）といった宗教的な概念に反動的に訴えかけることで支持者を仰ごうとしたブルジョワ哲学・科学（そのモダニズム）の虚飾として拒絶したのである。

存在論的にいうなら、アルチュセールの重層的決定は、彼が「射倖的唯物論」と呼ぶものを必然的に伴っている。社会構造は常に際限のない次元を有しているし、社会変化には常に無限の原因と結果がそなわっている。アルチュセールの議論によるなら、マルクスは他の者たちが見過ごしにした社会の一局面、すなわち階級を目に見えるものにした。つまりマルクス主義とは、社会生活の階級構造を照らし出し、当時の階級構造改変の動き——搾取的／資本主義的構造から共産主義的構造への改変運動——を鼓舞する社会理論だったのである。

アルチュセールにとって、階級はあらゆるものを決定づける本質的な要素ではない。彼の重層的決定へのこだわりもやはりそれを暗示している。マルクスとアルチュセールは哲学や社会理論を幅広く読んでいたので、はるか昔から他の人たちが社会内での階級について語ってきたという事実を知っていた。したがって、マルクスやマルクス主義が新たに提示したものは、階級についての異質な考え方であった。三巻の『資本論』を通じてマルクスの行なった分析は、階級の概念を余剰労働を生み出し分配するプロセスとして練り上げ定義づけている。マルクス以前には階級は、ふつう所有している財産、行使する権力、自意識などによって他の集団から区別される人びとの集合を意味していた。マルクスの仕事は――社会構造や社会変動に影響をおよぼす余剰労働プロセスとしての――階級を目に見えるものにしたが、その他の人たちの問題提起の仕方は（マルクスとは異なる階級概念を展開させたものも含めて）階級を取り逃がしたり、マージナルなものとみなしたり、隠蔽してしまったりした。アルチュセールの仕事はこの点に言及してはいるが、マルクスによる新しい階級概念について明示してはいない。それ以来、アルチュセールに影響されたマルクス主義者たちは――企業、家庭、国家といったさまざまな場で生じる多様で異なった階級プロセスに人びとがいかに関与するのかを示すことによって――、そうした明示の作業に計画的に乗り出し始めている（Resnick and Wolff 1987; Fraad, Resnick, and Wolff 1994; Gibson-Graham 1996）。

アルチュセールのマルクス主義は、社会全体の非‐階級的なプロセスと階級的なプロセスが相互に重層決定し合うような開かれた方法を不断に探し求める終わりなき探究を前提としている。アルチュセールにとってマルクス主義者的な活動（言説活動云々を問わず）は、一五〇年以上にわたる資本主義社会に対する、社会的に重層決定され、進化する自己‐批判の一部なのだ。マルクス主義的な活動が介入することによって、社会を包含する階級的・非‐階級的相互作用のプロセスの不断の変動に変化が生じる。階級的搾取の停止と共産主義社会の達成を目指すマルクス主義的な介入効果は、他のすべての言説的な介入およびそれらと相互作用し合うすべての非‐言説的な社会プロセスに依拠するものとなるであろう。こうした相互作用はいかなる根元的な因果性や最終目的にも縛られない。社会史は変わることなく開かれているのだ。アルチュセールのマルクス主義はそうした開かれのなかで闘争を展開しなければならない。つまり、モダニスト的な終結は望みえないのである（Resch 1992）。

アルチュセールが非常に特異な種類のポストモダン的マルクス主義（あるいはマルクス主義的ポストモダニズム）にコミットしていることは、彼自身の仕事の展開のなかにも見て取ることができる。実は、フランスの現代出版記録研究所はアルチュセールの膨大な未刊行資料を収集し、貴重なフランス語版と英語版のテクストを出版する作業を続行中である（たとえば、Althusser 1996, 1997）。フランス構造主義に対する初期の関心は、やがて『自己批判の諸要素』（1976）において厳しい批判へと発展する。国家を現代資本主義のイデオロギー装置として分析したアルチュセールは、次いで自分の家族の自伝的な思い出を通じて、家族をそうしたもう一つの「イデオロギー」装置と認め、それを考究するようになる。一九六八年に反-資本主義暴動が失敗したあと、フランスの非常に多くのマルクス主義者たちがそうしたように、彼はみずからのマルクス主義に立ち戻り、どうしてそれが失敗を引き寄せてしまったのかを問い質そうとした。他の多くの者たちとは違い、彼はマルクス主義を棄てたり、自身を「ポスト・マルクス主義者」であると想像したりせずに、マルクス主義の再考に着手したのである。つまり、マルクスならびにマルクス主義の批判的読み直しのなかに、マルクス主義を新しい方向へと展開させる道具を見つけたのだ。むろんそこには、自分のかつての説述のいくつかから自己批判的に距離をとることも含まれている。この新しい方向性には、依然命脈を保っていたスターリン主義に対する最も痛烈で洗練された批判のいくつかだけではなく、認識論的・存在論的命題としての重層的決定の概念をより深く練り上げようとする試みも内包されている。また、マルクスやマルクス主義を再読するかたわら、彼は「ポストモダンの条件」やその理論的な表現を――批判的に問い直し、改変を施しはしたが――次世紀のマルクス主義のための貴重な可能性として取り込んでいる。ポストモダン的マルクス主義を構築するための基礎を築き、その構築を刺激的に促したこと。これこそがアルチュセールの遺産であると言ってよいだろう。

3 ジョン・アシュベリー John Ashbery 1927-

詩の弁証法的運動

スティーヴン・モント

各時代の名称は、その時代を容易に理解するための枠組みを準備するという理由から流通したり、妥当性を持ったりするのではない。そうではなくて、こうした名称は風潮を示唆し、論争の場を指示し、興味深い読みを生み出し、諸々の展開についての展望を準備するものなのである。したがって、当の時代がいかなるレッテルでも十分に言い表わせないような幅広い諸様式を明らかにするものである以上、各時代の名称の基礎的な定義以上のものを要求することも、もしくはこうした名称を貶めることもかえって逆効果である。概念的な枠組みとしてのポストモダニズムは、この点でモダニズムやロマン主義以上にわかりやすくもわかりにくくもなく、ひょっとするとそれらと同じくらい生産的なのかもしれない――ここ二〇年にわたってポストモダニズムに対する賛否両論のなかで書かれてきた多くの批評をたどってみればなおさらそうであろう。こうしてみると、ポストモダニズムという名称が概念的な枠組みとして「成功している」か「失敗している」かを評価するためには、この概念の本質よりもむしろ、この名称を用いたことによる諸々の帰結をさぐるための一例が必要になってくる。まさにこうした見方から、ポストモダンの詩を率いるリーダー格の一人であるジョン・アシュベリーの作品は、ポストモダンの詩の典型ではないにせよ、ポストモダニティの外部から検討されることで逆説的にポストモダニティの枠組みを獲得するのである。

ポストモダニティは、アカデミックな批評において数多くの、ときに矛盾をはらんだ諸事象を指す。アシュベリーはポストモダンのレッテルが混乱していることを自覚しており、このレッテルを特異なやり方で彼自身の作品に応用してきた。

> 思うにポストモダニティを、建築や、あえて音楽において認めることはあっても、文学においてそう呼ぶに相応しいものを私はほとんど知りません。私はあらゆる表現の形式を民主化しようと考えています。この考えは私のなかに以前からあって、たぶんホイットマンの『民主主義の展望』に遡れるものです——そこでは、最も民主的な表現形式も最も格調高い表現形式も同じように説明されていっこうに差し支えありません。私にとって、ポストモダニズムはほんの少しですが、そういうものであるように思われるのです。(Bleikasten interview 1993: 7)

アシュベリーは、ポストモダニズムが表現の諸形式の民主化を含意しているという条件つきで、自分の作品がポストモダンだと容認する——とりわけ同じ文章のなかで、こうした考えが『民主主義の展望』に由来するかもしれないと述べるときに、民主化とはこの語の弱い意味とされるのだ(このインタヴューはフランス語でフランスの読者のために行なわれており、その背景は、ポーランドやイギリスで行なわれたアシュベリーのインタヴューでも話題に上っているような、アメリカ人であることという問題にあると思われるが、アシュベリーはごく気楽に『リリカル・バラッド』に寄せたワーズワースの序文のことを述べただけなのかもしれない)。アシュベリーは別のインタヴューですでに、『三つの詩』(1972)執筆時に彼特有の目的として持っていた言説の民主化について述べたことがあった。この散文詩集はジャンルの境界を曖昧にし、高級な言説と低級な言説を混交したものであり、そうした理由からハロルド・ブルームや〈言語《ランゲージ》〉詩人《ポエット》たちといった多彩な読者たちに擁護された(Labrie interview 1984: 34; Stitt interview 1983a: 55を参照)。こうしてみると、アシュベリーの詩、とりわけ彼の散文詩は、詩そのものが明らかに、概念枠としてのポストモダニズムに頼ることなく彼の総体的な目的を明確にさせるものだとしても、彼自身による最も縮小された捉え方に従えばポストモダンなのである。

これまでに、数人の批評家たちがより独自な見方を打ち出してきた。マルグリット・マーフィは、散文詩一般が「現前そのもののなかの現前不可能なもの」というリオタールによるポストモダンの定義に適っているとし、『三つの詩』がガートルード・スタインやウィリアム・カーロス・ウィリアムズの諸作品の後で出版されたという理由からだけでなく、ありふれた伝統的手法や言説を新しいやり方で転覆させているという理由からもまた、特にポストモダン的なのだと主張している（1992:170-2）。彼女はみずからの指摘を例証するために、代名詞の曖昧さやそれに関連した『三つの詩』の特徴を議論している。このとき強調されるのは、作品全体が「抒情詩Ｉ」を埋没させてしまっていることやこの散文体の多声的な特徴であり、そしてアシュベリーの詩全般に及ぶ「包み込みの詩作法」である。スティーヴン・フレッドマンもまた、アシュベリーが「包み込むことを選択した」と主張している。彼はロバート・クリーリーが『三つの詩』を「自我のポストモダン的なジレンマを抜け出す活路」であると評したのを支持し、なかでもこの詩がみずから宣言している選択という問題や、偶然的な人生のあり方を模倣する芸術の力に関するこの詩の深みを議論している。マージョリー・パーロフはアシュベリーを典型的なポストモダンだとし、彼の作品を「非決定性の詩作法」の伝統のなかに位置づける。マーフィと同様、パーロフもまた『三つの詩』の曖昧な代名詞に目を着け、この代名詞がロマン派的な「抒情詩Ｉ」に暗示されている自己という観念を粉砕していると述べている。しかしマーフィとは異なり、パーロフのポストモダニズムの見方はリオタール的ではなく、ジェイムソン的なものである。

このポストモダン詩人がかつて書いた詩の諸断片は、彼の意識の表層に浮上しているのだが、それは風刺を目的とするためではなく……、フレドリック・ジェイムソンがパスティーシュとして定義した「無表情なパロディ」としてなのである。つまりそれは、風刺やパロディの規範がもはや存在しない時代に発生するニュートラルな模倣なのである。アシュベリーの語り手が「私は目覚めているのか、それともこの眠りが続いているのか」と問うとき、彼はキーツの「夜鳴鳥《ナイチンゲール》のためのオード」を風刺しているわけではないのだ……。（1990: 282）

批評家たちのなかでもジョン・ショップトーの声は異質である。「新精神」の冒頭近くにある一節（「われわれが裁かないために、裁かれないために、それでもわれわれはつねに裁かれている」）に対する彼の分析によれば、「ジェイムソンが（パロディ、パスティーシュを）ひっくるめて一般化していることは、ポストモダンの詩のテクスト的な特性を曖昧にする」という。ショップトーはまた、『三つの詩』の詩がすべて等しく、あるいは同じように「民主的」なわけではない」とも指摘している。「「新精神」が私的でロマン派的な言説を強調しているのに対して、「システム」は公的な言説を前景化している。また、「リサイタル」はプラグマティックで個人的なエクリチュールを特徴としている」（1994: 133）。アンドリュー・ロスはまるっきり異なった見方から、アシュベリーの作品をモダニズムの文脈において議論している（1988）。

アシュベリーがポストモダンかどうかという問題はさておき、彼をポストモダン的とみなすことで生じる解釈上の効果を引き出すことは可能である。アシュベリーをポストモダンとみなす批評家たちは、彼のエクリチュールの特質を、非決定性、諸言説の民主化、詩全般の足かせの破壊、（とりわけ詩がみずからの権威を疑問視する場合、そして一般的にいえばみずからを脱構築する場合における）自己反省性、反モニュメント主義、多声性、対話性、開かれた結末といったようなものとして位置づけ特権化する傾向がある。こうした結果、描かれる肖像は、われわれが歴史的契機に立ち会っているはずだということをなんとなく誇らしく思ったり、そう信じ込んだりする結果生じる理想像となるかもしれない。しかしながら同時に、非決定性や反モニュメント主義といった類の解釈は、かりにそうした解釈が文学史になんらかのねじれを必然的に加えるものだとしても、アシュベリーの詩・散文詩についての重要な何かを示唆することにもなる。正真正銘のアメリカの散文詩という考え方に関してもそうであるように、ポストダン的なアシュベリーやポストモダンというジャンルという考え方は、この考え方がもたらすような、解釈が生み出す論点とその解釈のプロパガンダ的な意義という個々の組合せに関与することへの配慮を通しての読書経験を告げるものなのだ。ポストモダンという枠組みは、他の点でもまったく同様に、かりにある種のわずかな真実の論理によるわけでも否定的なかたちによるわけでもないにしても、「ポストモダニズム」というカテゴリーがそれ自体とともに持ち込む諸々の期待を克服するために要する努力を通じて、解釈に影響を与えているのである。

アシュベリーをポストモダンとすることで文学史の払う犠牲は、アシュベリーをモダニズムの藁人形とすることである。たとえば、散文的なものを詩に持ち込むことは、アシュベリーが『民主主義の展望』についての論評のなかでほのめかしているものと同程度に長い歴史をもつ近代詩の企てであるばかりでなく、エリオットのようなモダニストたちがとりわけ取り憑かれていた考えでもある。いうまでもなく、アシュベリーの詩はエリオットの詩とは異なっており、おそらくいくつかの点では対照的である。しかし両者の相違は、対話的 対 モノローグ的、開かれた結末 対 閉じられた結末、そしておそらく（ポストモダンという語がどんな意味においてであれ、時間的にモダンの後という意味において用いられるときには）ポストモダン 対 モダニストといったような還元的な対立とはほとんど関係がない。アシュベリーの詩の目的に関する彼自身のコメントがこの点について明らかにしてくれる。

誰もが民族の言語の純化を述べたマラルメの見解を知っています。私の場合、言語が純化を求めているなどとは感じません。私は言語を勇気づけようとしているのです。（Murphy interview, 1985: 20）

私は諸々の決まり文句にそれらの危機＝好機（chance）を与え、それらを明らかにし、ある点では民族の言語の純化に貢献したいと思っています。（Jackson interview, 1983b: 72）

アシュベリーの発言に見られるこうした矛盾を説明するのに、意図の混乱や失言があると述べる必要もなければ、意見の変化があると述べる必要さえない。エリオットと同じようにアシュベリーもまた、散文的なものを詩に持ち込むことに関心を向けている。実際、彼が引用しているマラルメの見解は暗に、「民族の言葉（mots）により純粋な意味を与えること」というフランス語原文よりもエリオットの『四つの四重奏』にある「民族の方言（dialect）を純化すること」により近いのである。しかしながら、「純化する」という語に含まれる意味は、アシュベリーの企てにとって適切ではないように思われる。マーフィとのインタヴューのなかで、アシュベリーははっきりと民族の言語が純化を求めているとは思われないと述べており、またジャクソンとのインタヴューのなかでは、「ある点では純化に貢献する」という言い方によってみずからの主張を婉曲化しているのである。アシュベリーがエリオットとオーデンの日常語の使用を比較しながら述べたように、単純にいって、エリオットの詩は散文的なものを詩に組み込むのに十分なところまで進んでいないのかもしれない。たとえばルイ・A・オスティとのインタヴューのなかで、アシュベリーは次のように述べている。「エリオットにおける「民族」の言語はつねに、初期の叙情的なオーデンにおいて見られるような詩の核心となる部分の何かというよりも、ある種の付属物なのだと思われます」（1974:93; 次も参照、Labrie interview 1984: 30; Stitt interview 1983a: 38-9; Murphy interview 1985: 23）。

しかしながら一般的にいえば、ポストモダニズムはみずからとモダニズムとの間に程度の差以上のものを示唆しているとされ、こうした見方に立つときにこそ、アシュベリーをポストモダニズムだと強調する解釈は、彼の作品が最も緊張感を生み出してしている部分のいくつかを見落とす危険を冒すのである。『三つの詩』の最初のページにある選択の問題はこの点を明らかにしている。

自分がそのすべてを書きとめることができるなら、それは一つの方法になるだろうと私は考えた。そして次に、すべてを消し去ることが新たなより真実に近い方法になるだろうという考えが閃いた。

綺麗に洗われた海

花々があった

これらが言葉を消し去ることの例である。しかし、われわれがやがてそうするように忘却せよ、そうすればそこにほどなく何かが立ち現われてくるだろう。それは真実ではないが、おそらく——あなた自身である。これをつくりだしたのはあなた自身であり、したがってあなたが真実なのである。しかし真実は死に絶え、すべてをばらばらにしてしまった。

(*Three Poems* 1927: 3)

たいていの批評家たちが注目しているように、ここでの選択の問題が美的・自伝的・哲学的な示唆をもっているということに着目することは重要である。また脱落と包括がそれぞれ、ある点において韻文と散文に結びついているということもまた非常に重要である(Bloom 1985: 74; Murphy 1992: 168-9; Shoptaw 1994: 126)。しかしながら、この問題に対するアシュベリーの答えは、とりわけかりに散文の選択がこの包み込みの詩作法を含意しているとされるならば、一切を包み込みたいという欲望(あらゆるものはその予兆なのかもしれない)と比べていっそう両義的である。ショップトーが指摘したように、『三つの詩』の冒頭にある文章は、「断片化された詩の「より真なる」方法の以後ではなくそれ以前において散文全体の方法を据え置くことで」(1994: 126)、期待されるような包括と脱落のつながりを反転させてしまう。さらにいえば、一切を包み込みたいという欲望が実際に選択に勝るものであるのかどうかも定かではない。『三つの詩』の語り手が故意にすべてを包み込むことを選択せず、またおそらくいかなる問題に関しても選択権をもっていないはずだと確信をもって主張することもできるだろう。

包括の美学やポストモダン的な見方は、アシュベリーの『三つの詩』の解釈にとってまったく不適切な枠組みをもたらすわけではなさそうである。『三つの詩』はそもそも専一的でモダニズム的な作品ではない。アシュベリーの詩において、感情に訴え、議論を巻き起こす諸運動はしばしば弁証法的である。たとえば、アシュベリーの詩はみずからが喚起するモニュメント主義から逸脱するかもしれない。しかしその逸脱の過程において、彼の詩は、それ自体が表面的には否定しているモニュメント的なものなどに対して誘惑を覚え、修辞的な否定をとおしてそれらを欲望しているという雰囲気さえつくりだすのである。別のところでは、モニュメント的なものを問題としている初期の詩のなかでアシュベリーが示唆しているように、詩人や読者はただ、詩という「この唯一のモニュメントに全身全霊を傾けること」によってのみ「山のように大きな何か」を築き上げるものなのである（"These Lacustrine Cities" *Rivers and Mountains*, 1966: 9）。言いかえれば、モニュメント主義、非民主的言説、そしてそれに関連する諸々の特性は、詩のレトリックにかかわらず、あるいは詩のレトリックによって、短期的には密かにアシュベリーの欲望対象であり、長期的には回避し難いものなのである。アシュベリーをポストモダニズムだとばかり強調することは、以上のような緊張を無視する傾向を生み、実際、彼の詩のエネルギーの重要な源泉を看過してしまうことになる。

しかしおそらく、彼の詩作の絶えざる転回と紆余曲折（高級な表現法と低級な表現法の間の唐突な移行、きれぎれになる議論や語り方、また、権威的でものわかりのよい応答に対する懐疑主義）を通じてこそ、われわれがアシュベリーの作品をポストモダニズムのなかに位置づけることができるのであり、少なくとも彼がわれわれのうちのポストモダン的な意識の一助となってきたある方法を指摘することができるのである。従来のポストモダンの詩と同程度に発明的で、これと結びついたいかなる形式上の特徴も、おそらく、それ以前の文学——アングロ＝アメリカ型のモダニズムではないにしても、未来主義やダダイズム――のなかに何がしかの手本を有しているにちがいない。けれどもわれわれは、アシュベリーの詩、特に彼の長編詩の弁証法的傾向と、先達のモダニストたちとを、程度や様式（そこにおいてモダニストたちはみずからの探究の構想や方針を顧みていない）において見分けることができるかもしれない。結局、「否定弁証法」へと向かう衝動は、詩とは対照をなす論理的な接続詞――「だが」（yet）、「しかし」（but）、「しかしながら」（however）――やこれと同類の表現を頻繁に用いることによって、詩の文法的なレヴェルにおいてさえみずからを印象づけるものなのである。

誰かの言うことが大切なものになるなどということはありえない。逆に（inversely）
あなたは目に見えない凧の深刻な欠如の犠牲になる
その凧に、あるいはいや（or yet）、あなた自身の炎にもまれることで
それは意味を持たず、しかし（yet）満足感を
その凧の裂け目から引き出し、
その炎の理想化された姿とその長らえのなかで生きていく。
ところが（whereas）この黒い凧／黒人のペテン師《ブラック・カイト》に襞を付けるという行為をとおして
石油まみれのあなたの周囲にある蜘蛛の巣は火を灯す……

（強調は引用者 "Fragment," *The Double Dream of Spring*, 1970: 81）

しかしながらここにおいてさえも、われわれは次のことに注意する必要がある。副詞と接続詞の対照は、たとえばウォーレス・スティーヴンズの長編詩においても、とりわけ連や節の間の転換を示すためにこれらの品詞が使

用されるときに現われるし、否定弁証法は、考え方の、あるいは啓蒙主義以後の考え方の一般的な典型の一つなのかもしれない。文の途中で考え方の方向を変えてしまうといったような、きわめて唐突な修辞の転換は、アシュベリーやポストモダンの詩にいっそう特有なものなのかもしれないが、たとえそうであっても、この修辞の転換はただ、ポストモダニズムがそれ以前の展開と、実質的にというより程度において異なっているにすぎないという疑いを追認するだけなのである。このような特徴をわれわれにより意識させることにおいて、アシュベリーの詩は少なくともポストモダニズムにある定義、方向づけ、機能を与えてきたとは言えよう。

アシュベリーの詩の弁証法的な運動は、なぜ彼の詩がポストモダニティの枠組みの外部から考察されることで何かを獲得するのかという問題を説明する助けとなるだけでなく、他の文学史上の枠組みのなかでポストモダニズムを理解し、位置づける方法を指し示す助けともなる。時代を表わす用語が成功したかどうかはこの用語を用いた結果によって判断されるべきだとするなら、ポストモダニズムはそれ自体、弁証法的な見方――それが何であるのかということとそのみずからの定義との関係――から考察されるべきだということになる。言いかえれば、ポストモダニズムはかつて、アシュベリーの詩を位置づけることのできるより生産的な枠組みだったのかもしれないし、やがて再びそのような枠組みとなるのかもしれない。そしてポストモダニズムは、いまやそれがなんらかの重要な解釈の要求に答えないからといって単純に軽視することはできないのである。ポストモダニズムはみずからをアシュベリーの作品にある方法で結びつけてきた。その方法は、別の方向性を探ろうとしている批評や、ポストモダニズムという概念にほとんど関心がないような読者たちにさえ影響を与えている。文学史上の諸々の枠組みは、そのあらゆる不適切さや不便さのために、すなわち、その枠組みが目指す展望を必要とする対話からしか生まれないために、必然的にその対話に参加せざるをえないし、したがってこの対話の一部とならざるをえなくなるのである。

4 ポール・オースター Paul Auster 1947-

根源的不確定性をもとめる探偵

マデリン・ソラピュア

ポール・オースターは過去三〇年間にわたって、詩、翻訳、エッセイ、小説、シナリオ、回想録、自伝など多様な作品を生み出してきた。オースターがわれわれのポストモダンの感覚にどのように貢献したかを規定する上で最も重要な作品は、彼の小説、シナリオ、回想録である。これらの作品には、他の同時代の作家たちと共鳴する、主題や形式における一定の関心が共通に見られる。オースターの著作のもつ特にポストモダン的性質を説明するために、私はアイデンティティ、偶然、物語、という繰り返し現われつつ相互に関連し合う三つの卑近な主題に注目する。実際オースターの作品において、これらは主題というより、彼の登場人物の行動の場である逆接や矛盾の集合に与えられた名前である。

ポストモダンはその顕著な特徴として、どちらかを選択しなければならない二分法（アイデンティティか多様性、偶然か因果律、虚構か現実）をしばしば拒絶し、かわりに両方とも認めるという論理を受け容れる。このようなポストモダンの論理は、たとえば境界線（男性と女性、公と私、大衆文化とエリート文化）の越境もしくは崩壊に、あるいはリンダ・ハッチオンを再び引用するならば、完全なポストモダン形式としてのパロディに見られる。パロディは「逆説的にパロディの対象となるものを内包すると同時に攻撃する」（Hutcheon 1988: 11）からである。しかしながら、人間存在の逆説性に関してこのように主張すると、行動は大きな問題となる。何が真実であるか、何が正しく最善であるか、という明確な感覚もなしに、どうやって人は決定し、行動をとるのか。しかしながらオースターの登場人物たちは、根元的不確実性と解決不能な矛盾に直面しつつも、行動し、彼らの選択に責任をとることを迫られる。不確実性も矛盾も受け容れる「両方とも」の論理から、そのような条件の下でもなお行動しなければならない「それでいて」の必要へと移行しながら、オースターはポストモダニズムの倫理的側面を探求するのである。そうするためには、自己省察、精神性、ある程度の心理的連続性が可能であるような、モダニストの主体が必要であり、このモダニスト的主体をポストモダン世界に据えることによって、オースターはポストモダン的状況について意見を述べることができるのである。ウィリアム・ダウ（Dow:1998）が論じているように、オースターは「えりぬきの価値を取り戻す義務を感じているが、ある意味でそれは、ポストモダンによって生じた裂け目を認識することなのである」（280）。

彼の作品を詳細に検討する前に、オースターのポストモダン倫理の簡潔な例を挙げることにしよう。彼の回想録『孤独の発明』（1982）のなかでオースターは、多くの表面がありながら中心というものがないように見える、情緒的にとらえどころのない人物としての彼の父親の性格を理解しようとする。彼は父親を「三人か四人の異なる人物であり、一人ひとり独特で、一人ひとりが他のすべてと矛盾している」と描写する（61）。オースターは、彼がしようとしていることが「そこにいない人物の内面に隠された人物」の探求であると設定し、「この計画の本質とは失敗である」（20）と言う。それでいて彼は、倫理的、道徳的性格をもつ理由によって、とにかくこの計画に着手するのである。すなわち負債を支払うために（父親が遺産を残してくれたおかげで、彼は作家でいつづけられた）。父親を「救い」、「生を与える」ために（彼はこう書いている。「ぼくの父は死んでしまった。もしぼくが素早く行動しないと、父の全人生が彼とともに消えてしまう」（6））。そして彼自身を作家として、父親を若い息子として創造するために（「一つの若い命に対する責任というものがある。彼はこの人生を存在させたことにおいて、絶望してはならないのである」（156））。要するにこれは伝記であるとともに自伝であり、それ自身の不毛さを明確に認識し、その主題となる人物の断片的で本質的に不可解な性質を受け容れながら、それでいて計画は試みられなければならなかったのである。

オースターの他の作品においても、アイデンティティの問題が繰り返し登場人物の深刻な闘争の場となっている。自己について、および世界におけるみずからの位置についての彼らのポストモダン的感覚は、移動し、増殖し、分解し、そしてたとえ暫定的にであれ再構成されなければならない。チャールズ・バクスター（1994）は、オースターが「アイデンティティを得たいというアメリカ的オブセッションと、アイデンティティはどのようにして、いかなる状況において盗まれたり失われたりするのかを問うヨーロッパ的能力」（41）とを結びつけていると見る。実際、彼の人物の多くは、彼らを完全に壊滅させるようなトラウマや分裂を経験している。彼らはしばしば肉体的欠如、飢え、孤独、疲弊といった極端な状況に置かれる。彼らは慣れ親しんだもの、かつて彼らを支えてきたものをはぎ取り、自己犠牲を追求する。それは救済へと導く（もしくはそれに失敗する）――か、少なくとも世界へ回帰する能力へと導くのである。パスカル・ブルックナー（1995）は、オースターの作品のこのような側面を「超越のない、神のいない、世俗的禁欲主義」（28）と説明している。みずから課したか、あるいは制御できない事情によるかにかかわらず、これらの状況は登場人物を強烈で命を脅かすほどの内省期間へと投げ込む効果をもつのである。

たとえば『ムーン・パレス』（1989）において、フォッグはニューヨークのセントラル・パークで何カ月も暮らし、外で眠り、食べ物をあさり、肉体の耐えられる極限まで自身を追いつめる。彼はその動機をこう説明する。「ぼくは世界の混沌に自分をゆだねれば、最終的には世界が何か秘密のハーモニー、自分が自分のなかに入っていく助けとなるなんらかの形や型を明らかにしてくれると思ったのだ」（80）。セントラル・パークは「自分の内的な生命へと回帰する機会、すなわち自分のなかで起こっていることを通じて純粋に自分に執着する機会を与えてくれた」（58）と彼は言う。しかし結局彼は、自身を完全に知ることを可能にしてくれる「秘密のハーモニー」も「形や型」も見いだすことはできない。それどころか彼はほとんど飢え死にしそうになり、友人に救出されるのである。しかしその苦難のおかげで、彼は自分が他人を必要としていることを認識する。「こんなふうに愛されるということですべてが変わる。それで転落の恐怖が減るというわけではないが、恐怖が意味するものについて新しい見方を与えてくれる」（50）。オースターの作品を通じて、孤立は逆説的に連結感を高め、関係の重要性は登場人物の孤独な内面闘争を通じて肯定されるのである。『最後の物たちの国で』（1987）のアンナはイザベルという老女を助ける。そしてイザベルと彼女の夫を世話するうちに、アンナは自身を救うことになる。「私の人生で初めて私を頼る人が現われたのであるが、彼らを失望させはしなかった」（58）。これがあまりに簡単な教訓のように見えるとしても、実際にはこの小説の後の方でことは複雑となり、アンナはホームレスを世話するウォバーン・ハウスで慈善活動をすることになる。資金は乏しく、極端に窮乏しているので、その家に来る人は一〇日しか留まることができず、その後は路上に戻るしかない。何人かが長くいさせてくれるようにと哀れっぽく嘆願し、なかにはホームレスと困窮の生活には戻りたくないと、自殺するものもいる。アンナはこう言う。「算術は圧倒的な力を持っていて、容赦なく荒廃を生み出す。どんなに一生懸命働いても、失敗しないということはありえない。要するにそういうことなのだ。この仕事がまったく無駄だということを受け容れないかぎり、続けていく意味はないのだ」（142）。善行は必ずしも善をなさず、それはときには害となる。しかし行動しないという選択は受け容れがたい。オースターの著作において、責任は明らかに美徳である。しかし彼の登場人物は絶えず疑問に直面する。選択は曖昧であるかまぎらわしく、取りかかる仕事は事前に必ず失敗するとわかっているような不毛な状況において、いかに責任をもって倫理的に行動できるであろうか。

ポストモダン的宇宙においてアイデンティティと目的の感覚を構成したいと努力するうちに、オースターの登場人物はしばしば他の人物のアイデンティティを身につけ、身代わりや代理になり、本質的に他人の人生を生きる。たとえば『ムーン・パレス』において、トーマス・エフィングは、砂漠でさまよい、死にかけて、洞窟のなかに死人がいるのを発見し、そして、この人物になりすます。「彼は世捨て人の人生を手に入れ、彼の代わりにその人生を生きた。この人物の魂が彼の所有するところとなったかのように振る舞ったのである」（167）。『シティ・オヴ・グラス』（1985）のなかでは、クウィンは「ポール・オースター」になる（語り手は皮肉にこう述べる。「ポール・オースターになる効果はまったく不快というわけでもないということがわかってきた」（82））。一方でこのアイデンティティの取り替えは、ポストモダン的な主体の流動性を喚起する。もしある人物があっさりと他の人物になることができるなら、アイデンティティの独自性、限定性、安定性とは何なのか？　しかしながら、いわば他人のなかに身を置くことによって、登場人物はしばしば自身に近づくことができる。自己とは他者を通じて規定されるものである。たとえ自己と他者はともに究極的には謎のままであってもである。ここにおいても責任という問題はおこる。ときに登場人物は、彼らが原因となった傷害を修復するために他人の身分をまとうからである。たとえば『リヴァイアサン』（1992）において、サックスは彼が殺した男、リード・ディマジオになる。彼はリードの家に引っ越し、リードの妻を養い、リードの娘の父親となり、最終的にはリードがいだいていたアナーキスト的計画まで引き受ける。サックスはこう述べる。「ぼくがディマジオに身を捧げるかぎり、彼を生かしつづけることになる。いわばぼくは彼にぼくの人生を与える。そうすれば、引き替えに、彼はぼくの人生を返してくれるだろう」（253）。同様に『鍵のかかった部屋』（1986）において、語り手はファンショーの身代わりとなり、ファンショーの妻ソフィーを恋し、ファンショーの息子のデイヴィッドの父親となる。「ソフィーに属することで、ぼくは他のすべての人にも属しているような気がしてきた。世界における自分の真の場所は、自分を超えたところにあることがわかった。そしてもしその場所が自分のなかにあるとしても、これまたどこにあるかわからない。これは自分と自分でないものの間にある小さな穴で、生まれて初めてぼくはこのどこにもない場所がまさに世界の中心であることがわかったのだ」（58-9）。小説の最後でこの語り手は、オースターの登場人物中のだれよりも満足のいく自己感覚を確立することに成功するが、彼が「まさに世界の中心」と名づけた場所が「どこにあるかわからない」「小さな穴」であり、「どこにもない」ことに注目することは重要である。

アイデンティティの謎を解き明かす、すなわち意味があり働きかけることのできる自己という感覚をつくりだす、というモダニズムに典型的な探求は、オースターの作品の登場人物が外界を眺め、彼らをとりまく事件や経験を理解しようとするのと、並行して進行する。彼らは遭遇する記号、経験する事件に型と意味を探すが、ポストモダン的な潜在的重要情報の過多と、運、偶然の一致、恣意的なもの、信じがたいものなどの力とによって挫折する。ここにおいてオースターが「真理の追究者、問題解決者」(262)と説明する探偵という比喩が重要性を帯びるのであり、ニューヨーク三部作などの作品においてオースターが行なった探偵小説の焼き直しをみれば、彼の全体的な方法が明らかになる。探偵はその特徴としてまず手がかりや糸口を集める。この初期段階においてはなにも意味をもたないが、最終的には偽りの糸口は偽りとわかり、ばらばらのデータが整理され、解決が見えてくる。『シティ・オヴ・グラス』でクウィンが言うように、探偵は「これらのすべてのものをまとめあげて意味を与えるある思考、ある観念を求めて、この泥沼のような物体や事件を進んでいくのである」(9)。しかし問題は、この小説あるいは他の作品においても、連結、可能性、選択肢などが増殖して制御不能となることであり、オースターの探偵たちは型を発見し解決に至ることが不可能だと知るのである。彼らは二つの相反する選択を迫られる。「人生は偶然の事実の総体、その示すところが自身の目的の欠如でしかないような偶然の交差、まぐれ当たり、でたらめの出来事などの記録にすぎない」(『鍵のかかった部屋』35)か、あるいは、『リヴァイアサン』でサックスが説明するように、「洞察が突然ひらめくときのように彼は思いついた。意味のあるものはなにもない、世界のすべてのものが他のものと結びついている」(231)。『偶然の音楽』(1990)のナッシュが、自分の運命をトランプの札を一回切って決めるときのように、みずからを全面的に偶然にゆだねるか、あるいは『シティ・オヴ・グラス』の最後でクウィンが謎の解決捜査を断念することを拒むときのように、一種のパラノイアを受け容れるか、のいずれかである。いずれの登場人物もハッピーエンドには至らない。そしてこの意味で、オースターの作品は根元的不確定性の結果を吟味しているのであり、登場人物は、もはや世界の偶発的な出来事に秩序や意味を押しつけることができないと認識するのである。

オースターの作品において偶然の破壊力はしばしば、暗示されることはあってもけっして具体化されない選択肢の形で姿を現わす。たとえば『シティ・オヴ・グラス』において、クウィンはピーター・スティルマンを尾行する役目を負う。スティルマンの写真を手に彼は電車の駅に行き、二人の男が電車を降りるのを見る。一人は体をかがめた、だらしのない格好で、もう一人は裕福そうで優雅であり、両方ともたぶん同じくらいスティルマンである可能性があった。「今彼が何をしても、それは間違いになりそうだった。彼がどんな選択をしても――そして彼は選択をしなければならなかったのだが――それは恣意的で、偶然に従うことだった。最後まで不確かさがついてまわった」(91)。最初のスティルマンである可能性が物語につきまとい、こう暗示する。クウィンの努力はすべて無意味である、そして実際のところ物語そのものが無意味である、なぜなら、終始間違った人間を追求しているという理由で失敗するに決まっている探偵に焦点を合わせているからである。同様に『幽霊たち』(1986)において、ブルー(青)はブラック(黒)が『ウォールデン』〔H・D・ソローによる同名の池のそばでの一人暮らしの記録。一八五四年〕を読んでいるのを見る。彼は自分でもその本を買って読もうとするが、最後にはあきらめる。「彼にはわかっていないが、もし彼がこの本に必要とされる精神で読むための忍耐をもっていたならば、彼の全人生が変わり始め、次第に自分の状況を完全に理解するようになったであろう。……しかし失った機会は得た機会とおなじくらい人生の一部であり、物語はそうであったかもしれないものにとどまっていることはできないのだ」(48-9)。ここにおいて、あるいはオースターの他の作品において、「そうであったかもしれないもの」が物語につきまとい、プロットの必然性を疑問視し、登場人物の行動も作者の権威も根底から覆す。

追求されなかった選択肢、偶然的な出来事、恣意的な連結、ありそうもないこと、不可能なこと――これらはオースターが物語を語るうえでの本質的要素である。これらおなじみのポストモダンの装置に加えて、オースターは内省的でメタフィクション的な様式を用いる。ロバート・クリーリー(Creely 1994)は、オースターの関心は「物語を語ることだけでなく、語りながら、物語の物語を語ることである」と述べている。それは「語ることの可能性、すなわち、われわれが他の形で知っている現実と融合しうる事実上の「現実」をつくる可能性への、知的な没頭」(37)である。オースターは彼の物語を通じて自伝的言及や逸話をまき散らし、作者を彼自身が創造した世界に引き入れ、フィクションと現実の区別をあいまいにする。オースターの登場人物の多くは作家や物語の語り手であり、言語を通じ、書き言葉を彼らの人生の秩序と意味に似たものをつくりだす手段として用いることによって、みずからを発見しようとするのである。しかし言語はきまって力不足であり、登場人物は世界が言葉の把握から逃げ出してしまうことに気づく。オースターが『孤独の発明』で述べているように、「私が語ろうとしている物語は、どういうわけか言語と相容れないのである……物語が言語に抵抗する程度こそが、私が重要なものをどこまで言いえたかということの正確な尺度である」(32)。意味されるものの捉え難さと抵抗、および意味するものの延期と不適切さが、オースターと彼の人物が物語を構成するコンテクストの特徴である。オースターの小説に出てくる作家たちは、伝達に成功する以上にしばしば(あるいは少なくともより明らかに)失敗する。たとえば『ティンブクトゥ』(1999)では、ウィリー・G・クリスマスは、「詩、物語、エッセイ、日記の記載事項、銘句、自伝的な瞑想、進行中の叙事詩」(9)を書いた七四冊のノートをバス・ターミナルのロッカーに隠したまま死ぬ。『鍵のかかった部屋』のファンショーによる名高い赤いノートは、ついに理解不能である。語り手はこう述べる。「すべてぼくのよく知っている単語だが、奇妙なやり方で組み合わされているように見える。まるでその最終目的はお互いを無効にすることのようである。……おのおのの文章がその前の文章を帳消しにし、おのおのの節が次の節をありえないものにしている。……ぼくは最初の単語で途方に暮れてしまった」(179)。

オースターの登場人物は、言語の不適切さを認識しつつ、物語を語りつづける。彼らは自分の行動が望んだような結果を達成するかどうか確信がもてないままに行動しつづける。要するに、彼らはポストモダン的状況の内部で、それにあらがって格闘するのである。その闘争をかきたてるものは倫理的な強制であり、それは一種の飢えと表現するのがもっともふさわしい。『空腹の技法（飢えの芸術）』（1992）と題された彼のエッセイ集の最初のエッセイのなかで、オースターはクヌート・ハムソンの芸術を、オースターにも同様にあてはまるような言い方で説明している。それは「飢えの芸術、欠乏、必要、欲望の芸術……みずからを表わしたいという努力の直接表現であるような芸術である。それは正しい答えというものが存在しないという認識から出発する芸術である。だからこそ、正しい質問をすることがもっとも重要である」（18）。オースターは、モダンの主体の観点から質問を投げかけつづける一方で、ポストモダンのコンテクストのなかに位置づけることによって、これらの質問を変形するのである。

5 ミハイル・バフチン Mikhail Bakhtin 1895-1975

対話、カーニヴァル、笑い

ガリン・チハーノフ

ミハイル・バフチンの仕事を〈西洋〉に真剣に取り入れようとする試みは、まさにポスト構造主義者たちの解釈によって一九六〇年代に開始された。バフチンは当初から意味、主体性、規範といったポストモダン的・ポスト構造主義的な関心事に一石を投じうる考えを示した思想家として紹介された。つまり、彼の仕事のうちにポストモダニズムやポスト構造主義といった急浮上中の話題と適合する可能性を探るものとしてバフチン研究は始まったのである。バフチンに対する歴史的なアプローチが初めてお目見えするのは後になってから、すなわち一九八〇年代後半のことである。こうしたアプローチは文学・文化理論における数多のモダン的趨勢の生みの親という彼の立場を問題視し、彼の仕事が常にポスト構造主義の理論的言説を包括するものであったとする期待を打ち砕いてしまった。そこで、以下においては、ポスト構造主義ならびにディコンストラクション〔脱構築〕というコンテクストと照らし合わせながら、バフチン思想との主だった関係の線を手短に概観してみたいと思う。最初の二つのセクションでは、バフチンをいかに「使う」かという論戦には欠かせないテクストを書いた二人の思想家に注意が向けられることになる。クリステヴァとド・マンは、前者がバフチンへの肯定的＝変形的アプローチの代表者、そして後者が懐疑的アプローチの代表者であるとされている。次いで残りのセクションでは、バフチンがポストモダニズム的・ポスト構造主義的に受容された数多くの重要な領域が探査されることになるだろう。そして、結論においては、再びバフチンの仕事の歴史的意味 対 現代的意義といった問題に立ち戻ってみることにしよう。

クリステヴァとバフチン

ジュリア・クリステヴァは、〈西洋〉の知の舞台にバフチンを紹介した当事者であっただけではない。彼女がバフチン理論の基礎と潜在力を提示する最も重要なテクストを書き、ポスト構造主義の思想に刺激を与えた張本人でもあったことは明らかである。

一九六六年に執筆され、最初は翌年の『クリティック』誌に掲載されたバフチンに関わるクリステヴァの最初のテクスト「バフチン、言葉、対話、小説」(Kristeva 1980［1967］)はバフチンの対話性という考えを、より個人的なニュアンスの少ない間テクスト性という概念に仕立て直した。間テクスト性は間主観性という曖昧で人間主義的すぎる観念に取って代わろうとするものだった。すなわち、テクストは主体というよりもむしろ脱個性的なテクストや言語の相互作用を反映する引用のモザイクとして立ち現われる、という考え方である。バフチンが小説の重要なプロトタイプとみなしているソクラテス的な対話を、クリステヴァは対話行為における個性の否定を証明する匿名的な構成物と捉えている。驚くにはあたらないが、彼女の興味はバフチンのカーニヴァルに対する関心から引き出されている。彼女の考えでは、カーニヴァルとは実質、因果性、精神の同一性といったカテゴリーでは解釈できないものだからである。カーニヴァルは反-目的論的である。究極的な目的によって導かれたり、固有の本質を具体化しようとするどころか、カーニヴァルは主体を消し去り、性と死という無意識的な自然力を暴露する。このように、クリステヴァはバフチンを一人の思想家——対話主義の原理やメニッポス的両義性を導入することで「アナロジー、関係、対立」といったカテゴリーを重視し、「アイデンティティ、実質、因果性、定義づけ」といったカテゴリーを廃棄する方法を身につけている思想家(Kristeva 1980［1967］: 86)——として読んでいるのである。

その後、バフチンの『ドストエフスキーの詩学の諸問題』に対する分析（Kristeva 1973［仏語版は1970］）のなかで、クリステヴァはバフチン、フロイト間に想定可能な相似性（および差異性）を追跡し、バフチンの小説理論に見られる脱個性化という局面をことさらに強調している。その場のクリステヴァの議論によるなら、ポリフォニー〔多声性〕とはさまざまな声が調和的に混合されることによって生じるものではなく、むしろ言語使用者が「みずからの他者」と化す、つまりは「多様で、捉えどころのない、多声的な」（Kristeva 1973: 109）存在となる結果立ち現われるものなのだ。こうして、間主観性という含みを除かれたポリフォニーという概念は開かれた未決定の間テクスト的空間と理解されることになるが、この空間における「「登場人物」とは、もう一つの別の「私」を通じて書いている「私」の言説的な視点以上の何ものでもない」（Kristeva 1973: 111）のである。

（ポスト）構造主義的思考が華やかなりし頃、クリステヴァが精神分析の重要性を訴えるみずからの立場を強調するような形でバフチンを読んだということは、既に触れた二つのテクストについてなされた彼女の回顧的なコメントからうかがい知ることができる。一九九五年、ヴィテブスク＝モスクワ発行のバフチン研究雑誌『対話・カーニヴァル・クロノトポス』に掲載されたインタヴューのなかで彼女は、バフチンと精神分析との距離は結局のところあまりに大きすぎて、どんな公平な解釈によってもその距離を埋めることはできない、と述べている。クリステヴァはまた次のようにも書いている。「そもそもの初めから、私は自分のバフチン理解に対して故意に「作業仮説的な」こじつけを許してしまっていたのです。バフチンの言う〈他者〉とは結局へーゲル的な意識における〈他者〉であって、けっして精神分析で言われる分裂した〈他者〉のことではないと思われます。私としては〈他者〉というものを「間主観的な〈他者〉」ではなく、むしろ意識的な現実内に別の現実をさらけ出すような次元のものとして捉えたかったのです。別の言い方をしますと、「へーゲル的な」バフチンは私によって歪められたかのような格好で、「フロイト的な」バフチンへと変換させられてしまったのです」（Kristeva 1995: 7）。

ポール・ド・マンとバフチン

バフチンの仕事に関するクリステヴァの解釈を読むと、彼女のテクストは一九七〇年代、八〇年代に明確化されることになるポストモダンの理論的な懸念をすべて予示していたと主張できるかもしれない。だが、バフチンをポストモダン的・ポスト構造主義的思想の主唱者たちと同列に置くことを妨げていると思われる彼の理論的諸相を熟慮することに対し、クリステヴァはかなり無関心なままであった。クリステヴァの二つ目のバフチン論が書かれてから一〇年以上のち、ポール・ド・マンは『ポエティックス・トゥデイ』誌（1983）初出の論考においてバフチンのジャンル論を詳細に検討した（de Man 1989）。だがド・マンが下した結論は、バフチンの言語・言説概念は「独話《モノローグ》的な逸脱」を内包し、自身の「対話的イデオロギー」を切り崩す可能性がある、というものであった。

ド・マンのバフチンへの問いかけは、詩の比喩的な多義性と散文の対話主義とを厳密に対立させているバフチンを批判することから始まった。ド・マンの議論によるなら、バフチンは比喩を「対象に向けられた意図的な構造」（de Man 1989: 112）と考えている。つまり、比喩が言語的事実ではなく、完全にエピステーメといった立場を背負わされているということである。このように比喩に意図性を付与し、比喩と言語を分離してしまうことは、詩的言説、散文的言説の双方から比喩を排除し、それを認識論の領域に位置づけることを意味するであろう。

対象‐指向的な言説に捉えられている比喩とは異なり、ド・マンが解釈するバフチンの対話主義は社会‐指向的なものと考えられている。もっぱらバフチンのドストエフスキー論に依拠しながら、「バフチンはメタ言語的（すなわち形式的）構造としての対話主義から〔社会・文化的な意味における〕外在性（exotopy）認識としての対話主義に至りうるという印象を時々われわれに与えることがある」（de Man 1989: 109）と、ド・マンは譲歩的に述べている。この意味で、ド・マンにとってドストエフスキー論は論考「小説の言葉」以上に生産的である。

そこで示される社会的モデルには階級構造や階級関係が含意されているからである。このように、ドストエフスキー論における対話主義は、虚構／事実という二項的な対立が消失し、もはやそうした二項図式が適合しなくなる状態を暗示するものと考えてよいだろう。

テクスト的に具現化される対話主義から、実際的な対話状況において生じる他者認識へという視点の移行がバフチンのなかでほんとうになされているのか否かという問いに対し、ド・マンはその結論を（常に懐疑的な調子をのぞかせながらも）保留したままである。重要なことは、真の対話が達成されているか否かに関係なく、バフチンが対話主義を社会－指向的な言説として提示している点にある。だが、もしもこれがほんとうだとすれば、比喩と対話主義（詩と小説）との対立は、「モノ 対 社会」という一段と深刻な対立を意味するものと考えねばならなくなる。しかし、これこそまさに理論的実践の物象化を思わせるものとしてド・マンが強く警戒していることなのである（de Man 1989: 112）。さらに気がかりなことに、ド・マンは、バフチンのテクストにおいては対話主義が問いと答えからなる解釈学的なシステムに還元されてしまうことがある、と考えている。そうしたシステムにおいては、本来的な意味「理解」への意志が、他者性を誠実に受け容れようとするあらゆる試みを帳消しにしてしまうのである。意味を解釈学的に充当する規範的な言説（Roberts 1989: 116 を参照）は、他者性に根ざす差異の言説を必然的に抑圧してしまうのだ。このように、バフチンの目論みは両義的である。したがって、それは二項対立を超克し他者性への還元主義的なアプローチに抵抗しようとする脱構築的な戦略に十全に資するものではありえないのである。

意味と規範性

前の二つのセクションでは、バフチンに対する二つの異なったアプローチが説明された。一つは、彼の思想を未決性、他者性、意味論的宙づり、自我の脱中心化といった意匠と適合するように「改変する」ことで、彼に留保なくポストモダン的・ポスト構造主義者的な理論指針を求めようとするやり方（クリステヴァ）。そして二つ目は、彼の主張原理を根気強く吟味し、それがポストモダニズムやディコンストラクションを支える哲学的原理と適合する可能性はごく限られたものであることを暴き出すやり方（ド・マン）である。バフチンとポストモダニズムとの歴史的な距離は、文化形式の意味が問題にされるとき明白な形で立ち現われる。大衆文化やさまざまな形式の「ライフ・イデオロギー」（zhiznennaia ideologiia）を賛美する一方で、バフチンは偉大な芸術規範とされるものに対する敬意をけっして手放すことがないからである。彼はいわば「偉大な時代」の試金石であり、人類の「偉大な経験」に参与する文学作品に対し、忠誠を保ったままなのだ。一九六〇年代、七〇年代のテクストに鮮明かつ熱烈に表明されている「偉大な」／「ささやかな」時代、「偉大な」／「ささやかな」経験といったバフチンの二元論は、既に論じられているように（Tihanov 2000: ch.1を参照）、混交された三つの哲学的伝統にその根を有している。一つは、事実と価値との新カント主義的な分裂、そしてバフチンの親友マトヴェイ・カーガンの論考が擁護する存在の潜在的無限性に対する信頼（Kagan 1922, 1997 を参照）。二つ目は、全体性および、世界-歴史的・脱個人的単位としての文化というヘーゲル的な発想。こうした発想は各々の感覚（smysl）が別のさまざまな感覚に触れる（そして触れられる）基盤を提供し、それらとの無限の対話を現出させることになる。三つ目は、ロシア終末論思想という厳粛な国内的伝統。この思想は、あらゆる意味は復活を享受でき、あらゆる言葉は「偉大な時代」によって第二の王国のうちに丁重に迎え入れられるという希望の支えとなっている。そしてこの王国では、新しい「偉大な経験」が「ささやかな時代」が続くあいだ忘れ去られていたものを正当に遇することになるだろう。こうした強力なキリスト教的ユートピアは、バフチンのテクストの持続的な魔力・魅力の主要な源泉の一つとなっている。それが表面的に示唆しているのは、すべては「偉大な時代」において救出されるということである。だが、現実的にみるなら、バフチンは既に偉大な文学の正典に属するとされているもの（ドストエフスキー、ゲーテ、ラブレー）以外は、意味の「帰郷フェスティヴァル」（Bakhtin 1986: 170）に受け容れられるに相応しい作品をなに一つ取り扱っていないのだ。このようなユートピア的救済のメカニズムは、バフチンの思想が何故ポスト構造主義の疑念を逸らし、(きわめて多数の解釈者たちに)それと共存しうるものと思わせてしまったのかという問題に答える手掛かりを与えるであろう。

バフチンが明確に要求しているように(Bakhtin 1986: 170を参照)、意味は「偉大な時代」の懐に迎え入れられるためには不安定で、かなり脱個人化されていなければならない。意味がその安定した同一性やそれを統御する作者によって生み出されたというステイタスを捨て去らないかぎり、救済を望むのは不可能である。「偉大な時代」の対話に加わる前には、まず作者の主張を放棄し、意味を——あらゆる変更が可能なように——〈時間〉の手へと引き渡すという行為が要求される。こうした終わりのない対話においては、もはや最初の意味も最後の意味も存在しえない。この意味の連鎖から浮上してくるのは変化をとおしての絶え間ない若返り、新しいコンテクストへの引き入れから生じる救済なのである。いわばバフチンが彼のファンたちにさせているのは、ケーキがなくなるのを嘆かずにそれを食べるということなのだ。つまり、意味の安定性を揺るがしたり、作者を慎ましく退場させることは、まさに「偉大な」時代において意味の永遠性や力動的なアイデンティティを獲得するための手段に他ならないのである。

笑い、身体、参加

最終セクションでは、バフチンのポストモダニズム的吸収のもう一つの焦点とされるカーニヴァルおよび参加型の文化について手短に触れておくとしよう。ちなみに、このような主張は、大衆文化やカーニヴァルに関するバフチンの考えを〈左翼的〉文化批評＝批判の視点(Brandist 1996を参照)や周到な歴史的比較作業(Humphrey 2000を参照)を通じて再評価しようとする実証的な試みから挑戦状を突きつけられることになるであろう。デイヴィッド・キャロルがバフチンとリオタールの潜在的な類似性を引き出した論考(Carroll 1987)のなかでおそらく最も鮮やかに示しているように、バフチンの『ラブレー』〔正確なタイトルは『フランソワ・ラブレーの作品と中世・ルネッサンスの民衆文化』〕において、笑いは「未解決かつ解決不可能な矛盾を肯定すること」、「差異、異種混交、他者性」（Carroll 1987: 88）に通路を開くものであると論じられてきた。笑いはさらに、社交性、共同体、そして「他者との非‐決定的な関係」（Carroll 1987:87）を指し示すものでもある。したがって、いわば笑いや非‐規範的な身体に加勢されたカーニヴァルは、「自由そのものの激変的な形式、非‐拘束性、柔軟性、多様性、他者性の実演・遂行化」（Carroll 1987: 90）だと言えるだろう。カーニヴァルは現体制を危うくするエネルギーをより重要な（政治）活動から逸らすために支配階級によって供給される「安全弁」に他ならないとする（マルクス主義者の）反論に対し、キャロルは「遊び以外では」実現不可能な社会現実の代替形式というカーニヴァルの性格を主張することで応じている。参加型のパフォーマンス、遊び、文化的他者性は解き難く織り合わされたものとして、ポストモダニスト的読解の好例ともいうべき『ラブレー』のなかに姿を現わす。しかし、これだけではバフチンの片面を読んだことにしかならないだろう。キャロル自身はそうした単純な解釈の危険性を強調している。こうした危険性の原因は、バフチンのカーニヴァル観が他者性の概念を集団主義的行為――他者性という前‐（あるいは後‐）言語的概念が身体的な強度のなかに表出するかと思われる行為――のうちに具現化されるものと決め込んでいる点にある（Carroll 1987: 91を参照）。さらにいうなら、バフチンの楽観的なカーニヴァル観においては、否定性や死が軽視され、人間の不朽性における否定的瞬間にすぎないものとして片づけられている。しかし、苦痛、否定性、死を人間条件の欠かせない要素として認めようとしないことは、これらの要素がその発生と厳密に関係している他者性というものの正確な認識を拒絶してしまうことになるだろう。バフチンは人びとの笑いが歴史意識を芽生えさせ、死や宇宙の激変に対する恐怖を次第に消し去る形式であると明確に信じている。こうした態度の具体的な根拠は、「人間という種の身体」（rodovoe telo）、すなわち生―死のジレンマを超えたところに位置づけられるヘーゲル的な構成概念に見ることができる。不滅で、歴史的変動の力に害されないこのような身体が知っているのは、「死と回生」［stirb und werde］（Bakhtin 1984: 250）の間に生じる強力な否定のリズムであり、これこそが人びとの永遠に尽きることのない力という大きな物語を保証しているのだ。

同様に、バフチンのラブレー論におけるカーニヴァルの参加型の本性も、大きな物語を否定し価値の偶然性の上に築かれた文化を示すものとして明確に捉えられるものではない。カーニヴァルは確かに見物人と参加者の境界を消し去る。カーニヴァル的出来事としての結婚披露宴に言及しながらバフチンは次のように主張している。「その間はいかなる舞台照明もないし、参列者と見物人の区別もない。誰もが参列者なのだ」（Bakhtin 1984: 265）。バフチンが、ギリシア悲劇に観客と役者の区別がないことを強調しているニーチェの『悲劇の誕生』（第八節）を、ここでそのまま踏襲していることは疑いない。しかし、『ラブレー』への序文のなかで、バフチンはカーニヴァルの参加型の本性を、以下のような明らかにヘーゲル的とわかる形で解釈している。「カーニヴァルには普遍的な次元がそなわっている。カーニヴァルとは世界全体の特別な条件、すなわちあらゆるものが関与する世界の回復と再生のための特別な条件なのである」（Bakhtin 1984: 7）。そして数ページ先でさらにこう続けている。「これは次のようにも表現できるだろう。カーニヴァルにおいては生自体が――舞台も照明も役者も観客もなく、つまりこれといった特別な芸術的・演劇的特徴もなく――生の実現化、生のよりよい再生と回復をもう一つの自由な形式で演じている。ここでは生の現実形式が同時にその復活させられた理想形式となっているのだ」（強調はチハーノフ）。ここでは生の普遍的統一性という生賛美の哲学が、合理的なものと現実的なものの等価というヘーゲル的な説明と混交されている。しかしながら、バフチンはヘーゲルの「合理的な」を「理想的な」に置き換え、どうみてもユートピア主義的と思われる調子をしばしばあからさまに自身のテクストに付与してしまっているのである。

結論としては、こう言っておくのが公平であろう。つまり、ここ二〇年以上にわたるバフチンの受容と解釈は、彼の思想を歴史的コンテクストのなかに位置づけるというよりも、彼を現今の議論のなかに組み入れようとする姿勢の強いものであった。バフチンにポストモダニズム的・ポスト構造主義的な理論指針を求めようとする試みは——依然として重要かつ刺激的ではあるが——、彼の仕事をそれ自身の歴史的に規定された条件によって分析するというやり方とはかけ離れた方向に進んでしまった。ポストモダニズム的・ポスト構造主義的思想の項目のなかにしっかりと組み入れられてはいるが、他者性、参加型文化、譲り渡された（弱められた）作者の意味支配能力といったバフチンの諸概念は、大きな物語に対する批判とか人間の条件を形成する不滅の文化原理への不信などとは少しも関係ない考え方に確たる同意のしるしを与えるという、知的コンテクストのなかから立ち現われてきたというのが実情なのである。

6 ジョン・バース John Barth 1930-

自己言及の宇宙へ

セオ・ダーエン

アメリカの作家ジョン・シモンズ・バース（一九三〇年五月二十七日にメリーランド州ケンブリッジに生まれる）は、ポストモダニズムをめぐる論争において中心的役割を果たしている。その作品は小説、短編、そして二編の重要な意味を含んだエッセイ、「疲弊の文学」（1967）と「補充の文学」（1979b）である。

バースは『浮かぶオペラ』（1956）と『道の終わり』（1958）によって、アメリカの文学界に突然現われた。二作とも、当時ヨーロッパとアメリカを席巻した思想である、実存主義を背景に読むのがもっともふさわしい。『浮かぶオペラ』のトッド・アンドリューズや『道の終わり』のジェイコブ・ホーナーといった主人公たちは、なぜ自分たちがこの世に存在するのか理解できず、自分たちの存在をどの方向に向けたらいいのかわからない。アンドリューズは、生きつづける正当な理由はないという論理的結論に到達する。しかし、みずからの命を絶とうとしたそのとき、彼の頭にはこうひらめいた。「生きることには（自殺をすることにも）究極的理由などないのだ！」ホーナーは、ただ単に彼が次に何をすべきか決めることができないという理由によって、緊張して麻痺状態になって動きがとれない。彼は自分の人生になんらかの形を与えるために、他人の態度や動機を借りる。その結果、彼は三角関係に巻き込まれてどうしようもなくなり、彼の恋人が——堕胎につづき——死に至ることになる。そして彼自身は、悲惨な堕胎を手がけた当のにせ医者が運営する私立診療所へ移っていくのである。その深刻な主題にもかかわらず、『浮かぶオペラ』と『道の終わり』はユーモアとウィットに満ちている。実際のところこれら初期の作品において、バースは実存主義を掲げるというよりは、それを微妙にではあるが全面的に皮肉っている。

『浮かぶオペラ』と『道の終わり』は同時代のアメリカに設定され、その主人公たちはいくらか奇抜であっても存在していそうな人物であり、バースの同時代の市民の標本である。一九四〇年代の終わりと五〇年代の初頭、アメリカ小説の主調はリアリズム主導であったので、バースの初期作品も当初はそれにしたがって解釈され、そのため、道徳観念がなくニヒリスティックであると非難された。しかし当時は事実上見過ごされていた、その蔓延するアイロニーと自己言及性によって、これらの小説はまさに初期ポストモダニズムの例になっている。バースの次作、『よいどれ草の仲買人』(1960)は、リアリズムの解釈をまるで受けつけない。この小説の中心人物、エブネザー・クックは、一七〇八年に風刺的な長詩「よいどれ草の仲買人」を書いた実在の人物の虚構的再生である。小説を表現する言語と、それに一致するジャンル上の——主としてピカレスクの——約束事は、物語が設定されている時代のものである。しかしバースは、これらの約束事を極端におし進める。起こりそうもない偶然の一致や互いによく似た人物にあふれ、異性装や人違いもたくさんある。バースがこのような手法をきわめて自意識的に用いた結果、物語を形づくるうえでの作者の役割が、強く前面に打ち出されることになる。

極端な偶然の一致や混沌と極端な筋立てやコントロールの間の緊張は、初期のポストモダニスト(ホークス、ギャディス〔一九二二年—。米国の作家〕、ピンチョン、クーヴァー、バース自身)が世界を見る見方に特徴的なものである。だからこそ多くのポストモダン小説はプロットや謀りごとをめぐって回転するが、それが主人公の想像力のでっち上げ以上のものであるかどうかは、けっして解明されない。『よいどれ草の仲買人』のエブネザー・クックについても同様である。もちろん世界が混沌によって支配されているのか、秩序によって支配されているのかということは、初期の作者にとっても問題であった。バースの十八世紀の先駆者は、物語-技術的手法を自在に用いてこの問題を解き、神の摂理、それゆえその時代の世界観やイデオロギーにしたがって最終的にはすべてが確実に正されるようにした。もちろんポストモダニストにとっては、そのような手品は考えられない。バースは反対に、みずからの作者としての恣意的介入を強調して、ポストモダニスト作家の、結果としてはポストモダンの人間のジレンマを前面に出す。それゆえ『よいどれ草の仲買人』は、パロディとパスティーシュによって、いかに世界観やイデオロギーが、言語を通じて、それゆえ同様に文学を通じて、世界に押しつけられているかを明らかにする。

『山羊少年ジャイルズ』（1966）においてバースは、再び特定の明確に規定された下位ジャンルに目をつける。それはサイエンス・フィクションとキャンパス小説である。そのような「弱小」ジャンルの「食いつぶし」は、それ自体ポストモダニズムの特徴である。一方でそれはモダニズムが「高踏」な文化を開拓したことに対する反逆のしるしである。他方、これら「定式ジャンル」におきまりのプロットや登場人物、使い古されたスタイルや語彙は、ポストモダニストが注意を惹きたいと思っている、表現の慣習性を明示する。『山羊少年ジャイルズ』の副題──「あるいは改訂版の新しいシラバス」──は、新約聖書を指し示している。人間の救済者と新しい信仰の創始者の物語は近未来に、そしてアメリカの大学キャンパスに設定が移行される。『山羊少年ジャイルズ』で自己言及的に使用される序文、あとがき、「添え書き」、「追録音」、「追記」は、指示先が信憑性をもち真実であることを読者がいかに要求しようと、それを無効にするのである。

『山羊少年ジャイルズ』は、一九五〇年代には不問にされた規範や価値を疑問視するそのやり方のゆえに、典型的な一九六〇年代作品である。聖書のパスティーシュとして、小説は一九五〇年代にアメリカの宗教的、道徳的主調をうち立てた強者WASP《ワスプ》〔White Anglo-Saxon Protestant 米国の支配層〕の信心ぶった敬虔さへの、真っ向からの攻撃である。それはまたアイゼンハワー〔第三六代大統領、任期一九五三―六一年〕時代の冷戦心理をからかっている。さらに『山羊少年ジャイルズ』は、技術・産業の自由放任の発展という当時の主要な思想を批判している。かわりにそれが提唱するのは、フラワー・パワー運動〔六〇年代末から七〇年代にかけてのヒッピーの平和運動」の「自然に帰れ」理想主義である――ただしこれも、アイロニーによって力を弱められているが。短いあいだではあるが、『山羊少年ジャイルズ』はカルト作品の地位におさまっていた。現在それは、バースの作品のなかでもっとも読まれることのないものの一つである。

バースの最初でいまだにもっとも重要な短編集である『お化け屋敷で迷って』(1968)については、事情は異なる。一九六七年にバースは「疲弊の文学」を出版している。このエッセイのなかで彼は、ある種の虚構技術、とりわけ通常リアリズムと関連する技術が、もはや現代の作家の役に立たないと論じた。さしあたっての仕事は、この種の文学の疲弊を新種の文学のためのインスピレーションの源にすることである。これこそ彼が、ベケット〔一九〇六―八九年。アイルランド生まれでフランス語で書いた劇作家〕、ナボコフ〔一八八九―一九八六年。ロシア生まれの米国の小説家〕、とりわけボルヘス〔一八八九―一九七七年。アルゼンチンの詩人・作家〕がやっていると考えたものである。それゆえ『お化け屋敷で迷って』が現われたとき、バースが、現代アメリカ小説が陥ったと見なされた苦境からの、逃避のレシピを提供していると受け取られたのも不思議ではない。後に、「ポストモダニズム」という語が、バースや同様の考えの作家たちが書いたこの種の小説の呼び名として次第に用いられるようになると、「疲弊の文学」は、もっとも早い時期のポストモダニズム綱領となる声明の一つであると考えられるようになった。

『お化け屋敷で迷って』のなかのすべての物語に共通しているのは、それらがきわめてメタフィクション的であり、自己言及的であるということである。言いかえれば、それらは何を語るかというよりいかに語るか、物語を語ることの可能性と不可能性に関心をもっている。実際にこれら「印刷、録音、生《なま》の声のためのフィクション」の多くは、語りの技術の革新的実験と見なされるべきである。たとえば最初の「物語」は、たった二ページの長さで、表と裏一ページずつである。「昔むかし、つぎのように始まる物語があった」と書かれた細長い幕が、両方のページの端まで長く広がっている。この細長い幕をメビウスの輪にし、それによってテクストが無限に続くようにするための方法の指示が、物語の本体をなすのである。本の最初にあるこの物語には、適切にも「枠の話」という題がついている。二番目の物語「夜の海の旅」は、受胎させようと卵子に向かって進行する人間の精子の一人称の語りである。同時にこの物語は、人間の歴史で最も重要な哲学的潮流、凝縮された世界史、あらゆる人間の人生の短縮版の、寓話的概観を提示している。「題」と「人生の物語」は、書くこと自体についての省察であり、同時にそのような省察の「物語」を語る。その他のテクストは、文字どおり「録音」や「生の声」のためのものであり、適切な媒体で演じられたときにのみ完全な効果を発揮する。

『お化け屋敷で迷って』と同じ題の物語は、アンブローズ・メンシュの人生の一つのエピソードを伝えてくれる。彼はひと目で「リアリスト」とわかる数少ない物語の主人公である。同時にこの特定の物語は、これまた書くこと自体について、そして作家の人生についての瞑想である。題になっている「お化け屋敷」は迷路のようにものを二重にする鏡の通路である。それは物語のなかに「実際に存在する」が、入れ子構造（mise-en-abîme）によって、みずからが主役である小説にとってのアレゴリーの役割を果たしている。それゆえ主人公がお化け屋敷で迷うと、これは物語そのもののレヴェルと、メタフィクションのレヴェルとの両方で意味をもつことになる。

『お化け屋敷で迷って』は、嵐のような一九六〇年代のまっただなかで書かれた。そしてバース自身、『金曜日の本——エッセイと他のノンフィクション』（1984）に再録された「疲弊の文学」の序文において、当のエッセイと同じ時期に彼が書いたテクストは、当時アメリカ合衆国に影響を与えていた社会的、政治的動揺に刺激を受けたものであると認めている。当時バースが教鞭をとっていたニューヨーク州立大学バッファロー校では、教員のなかに「急進主義者」が異常なほど多かった。それゆえ『お化け屋敷で迷って』の実験主義、語ることと書くことについての伝統的な形式に対する反抗は、その時代、そしてバースのまわりの直接の環境を特徴づけていたより一般的な社会的、政治的反逆の、文学的等価物と見なすことができる。

バースはその後の作品においても文学的実験をやめなかったが、『お化け屋敷で迷って』に内在する政治的急進性を追求することはなかった。この短編集の最後は「メネライアド」と「アノニミアド」で、この二作のためにバースは、古典的な主題、神話、登場人物に霊感を求めた。彼は『キマイラ』（1972）で同様の方針をとった。この作品はギリシア神話と『アラビアン・ナイト』によって触発され、互いに絡みあった三つの中編小説からなる。もちろん『お化け屋敷で迷って』においても『キマイラ』においても、バースは単純な再話にとどまっていない。ここでもまた、舞台の中心にあるのは物語の物語である。

一九七九年に登場したのは、大作『レターズ』と、エッセイ「補充の文学」である。後者はその先駆である「疲弊の文学」と同様、まず『アトランティック』誌に掲載され、その後『金曜日の本』に再録された。バースの後年のとりとめのない散文は『さらに金曜日——エッセイ、講演、その他のノンフィクション一八九四—一九九四』（1995）に納められている。「補充の文学」のなかでバースは、「ポストモダニズム」という用語を自分自身の作品、とりわけて『レターズ』に適用している。同じ場所で彼は、ボルヘス、ファウルズ〔一九二六年—〕。英国の小説家〕、ガルシア・マルケス〔一九二八年—〕。コロンビアの作家〕、カルヴィーノ〔一九二三—八五年。イタリアの作家〕を、伝統的な小説の完成、モダニズムの技術的熟達、さらにより最近の物語の実験の健全な「混合」に到達したとして、そして同時に語りの魔法を復活させたということによって、称讃している。

まさに文字どおりの意味で、『レターズ』はバース自身の初期作品の「書き直し」である。多くの登場人物は、もともとバースの以前の小説や短編に出てきた人物である。後の小説においては彼らは、彼らが主人公として中心的役割を果たしたそれら初期のテクストにおける経験の、もう一つの見方を提供してくれる。バース自身は「作者」として登場し、彼自身の初期のテクストをそれぞれの主人公に試みに「書き直し」させることによって、「現実に」彼自身の人生と作品をも書き直しにかかっているのである。『レターズ』はバースの一九七九年までの作品群を、見事に自己言及的な宇宙へと変換する。その直接のアクションに関するかぎり、小説は政治的、社会的に流動する一九六〇年代に設定されていて、アメリカ史を決定する一連の陰謀に焦点を当てている。しかしながらこの本は、かりの「登場人物＝作者」である「バース」の口を通じて、これらのプロットのいずれをも完結させせることを拒んでいる。「バース」は完結させたがらない自分の態度を、次のように説明する。「ほんとうの宝（そしてわれわれの物語の解決）は、おそらくは鍵そのものである。それはものごとの構図の啓発であって、解決ではない」。言いかえれば、われわれの知る世界がいかに言語による構造、すなわち物語、であるかを明らかにするほうが、「われわれの」世界の言語的性質を考えれば、どうせ「真の」解決にはけっしてなりえない解決を指示するより重要なのである。それゆえ『レターズ』は、バースがその著名な代表であるところのアメリカのポストモダニストの初期の世代が、いかに言語の牢獄に囚われているかを明白に表わしている。そこに暗に示されているのは、文学的実験と道徳的・社会的再生とを結びつけようとする試みが失敗したという認識でしかない。『レターズ』は、バースにとってのこの特定の「道」の「終わり」を意味する。

事実『レターズ』はその実践において、アメリカ文学における主要な系統としてのポストモダニズムの終焉を画している。一九七九年以降バースのような実験的な白人男性作家の世代は、批評においてはいまだに尊重すべきものであっても、圧倒的に女性で多文化的な作家たちからなる若い世代に、事実上文学的中心を譲ったのである。批評家は『レターズ』を傑作と称えたが、この本は実質的には幅広い大衆には読まれなかったようである。また、一九七九年以後の批評の議論で注目されることもほとんどない。この点は、バースの後期の作品についてはさらに当てはまる。『サバティカル』（1982）は、その明白に自伝的な要素のために一見しては『レターズ』より写実的に見えるが、今や使い古された主題によって、すぐに多くのバース作品の焼き直しだとわかる。それはまるでバースがこの本において、ある曲がり角を曲がり、自身の初期作品のパロディを始め、そして初期の実験主義を批判し始めたのだという自覚を指し示しているかのようである。『潮流の物語』（1987）にはもう一度書き換え行為が含まれていて、今回は『サバティカル』とバースの初期作品、そして西洋文学史の書き換えである。『船員、だれか、の最後の航海』（1991）と『昔むかし――浮かぶオペラ』（1994）も同じ道筋をたどっている。

二作とも『アラビアン・ナイト』を直接の母胎としている。しかしながら両方ともまた自伝的な要素を示し、それがさらに強まっている。

自伝的な傾向は『物語を続ける』(1996)で頂点に達する。この短編集は、もう一つの宇宙を創り出す物語の力を分析するという点で、『お化け屋敷で迷って』の主題を取り上げている。特にここにおいては、明らかに老いつつあってその一人が死に直面している夫婦の日常の恐怖に対抗するために、フィクションは笑いの世界を創造する。『レターズ』は、ポストモダニズム文学と大衆世界との結合を探求した仕事の総体を完成させた。『物語を続ける』は、バースが同じことを私的な世界についてこれまでにもまして熱心にやろうとした時期を締めくくる。この後期の作品は、それがいかに本質的には興味深いものであっても、初期作品が備えていた広範な読者に訴える力をもっていない。技術的実験についていえば、後者の業績に付け加えるものはほとんどない。主題に関していえば、この作品は一九八〇年代、九〇年代の多文化主義の主調からはずれている。それゆえバースがわれわれの記憶に残るのは、一九五六年の『浮かぶオペラ』から一九七九年の『レターズ』までの作品によってである。これらの作品こそが、その現われた時代、すなわち(アメリカの)ポストモダニズムの絶頂期において、アメリカ文学の道筋を形成する役割を果したのである。

7 ロラン・バルト Roland Barthes 1915-1980

〈テクスト〉の快楽をもとめて

デイヴィッド・ハーマン

ロラン・バルトはプロテスタントの母親〔アンリエット・バンジェ〕とカトリックの父親〔ルイ・バルト〕を両親として生まれた。フランスの海軍中尉であった父親は、息子誕生〔一九一五年〕の一年後に戦死している。十八歳のとき、最初のテクストであるプラトンのパスティーシュを執筆。翌年にはアンチ・ファシズム的な政治グループDRAFの創設に手を貸した。一九三五年から三九年まで、ソルボンヌ大学でフランス語と古典を勉強。肺結核の病歴のため兵役を免除されたバルトは、ファシズムに対する抗議運動に参加しつづける。ナチスによる占領期、バルトはパリで教師をしていたが、肺結核再発のために大学院での研究を断念し、フランスとスイスのサナトリウムで療養することを余儀なくされる。戦後、パリで職を得ることのできなかったバルトは、一九四七年から四九年までルーマニアのブカレストにあるフランス学院で司書助手、ついで教師の仕事を引き受け、その後アレクサンドリア大学に移った。彼はそこでA・J・グレマスから構造主義言語学の存在を教えられる。また、有名な左翼雑誌に記事を寄せている。

パリに戻ったバルトは、一九五〇年代、国立科学研究センターで仕事をした。最初は辞書編集研修員であり、その後は社会学セクションの研究員となる。一九五三年に『零度のエクリチュール』、五七年に『神話作用』を上梓。六〇年から六二年にかけては高等学術研修学院経済・社会科学部門の研究主任を務め、八〇年に亡くなるまで〔死因は交通事故による身体損傷〕、「記号とシンボルと表象の社会学」を担当する研究指導教授の地位にあった。バルトはまた、一九七六年に名誉あるコレージュ・ド・フランスの教授（「文学の記号学」講座）に任じられた。構造主義的な色合いの濃厚な著作――「構造主義的活動」（1992［1964］）、『記号学原理』（1967［1964］）、「物語の構造分析序説」（1977［1966］）、『モードの体系』（1990［1967］）――を世に出したあとの一九六八年、彼はセミナーで構造主義の自己批判に着手する。それは後に『S／Z』（1974［1970］）の刊行という形で結実することになるだろう。この影響力あるテクストはポストモダニズム的転回の帰結を示すものであるが、こうした転回はバルト自身の作品――「作者の死」（1977［1968］）、「〈作品〉から〈テクスト〉へ」（1997［1971］）、『テクストの快楽』（1975［1973］）、『彼自身によるロラン・バルト』（1977［1975］）、『作家ソレルス』（1984［1979］）――のうちにも、また『S／Z』以降の仕事が刺激を与えた批評‐理論的な言説のうちにも同様に確認することができる。ここで特に問題にしたいのは、バルトのポストモダニズム的転回の有する視野と性質、さらにはそれが文学・文化理論のその後の展開にとっていかなる意味をもつものであったかということである。以下の議論が前提することをガイド風に示すなら、次のようになるだろう。バルトの合わせもつ比類なき二重のアイデンティティ、つまり構造主義とポスト構造主義の双方において世界の先駆けをなした有力な実践者の一人であるという彼の役割は、彼のポストモダニズム的転回にとりわけ象徴的な位置を与え、ヴィトゲンシュタインやヘンリー・ジェイムズの場合のように、この途上での転回をバルトにとってきわめて重要なものにしているということである。

　バルトが転回をなした移行期（一九六八―七一年頃）に特に関心を絞りながら、一九七一年の論考「〈作品〉から〈テクスト〉へ」で述べられる「〈テクスト〉」〔という概念〕がその交差点に位置していると［バルトが考える］七つの「主要前提」に立ち戻ることによって――さらには、その歴史的なコンテクストのいくつかを素描することによって――この簡明な議論を組み立てることにしよう（バルトが既に存在するテクストを操作したり、結合し直したりする書き手だけでなく、〈テクスト〉の受動的な消費者ならぬ積極的な共同創造者である読者をも含めたプロセスとして描写しようとしているものを物《もの》化してしまう危険性はあるが、テクストという語がある特定のテクストではなく、「テクスト」といったものの概念、つまりはテクストのテクスト性とでも言うべきものを指し示すときには、バルトに倣い、この語を大文字［〈テクスト〉］で表記することにする［Barthes 1977［1968］; 1974［1970］を参照］。換言するなら、バルトのごとく〈テクスト〉を水や空間といった集合名詞のように、そしてテクストを猫や鉛筆といった可算名詞のように用いるということである）。この枢要かつ、部分的にはほとんど綱領的ともいえる論考を引き合いに出すのは、それがバルト後期の仕事を規定するのに役立つ諸概念を都合よく包摂しているからであり、次にそうした諸概念がポストモダニズムの諸言説を形づくるための手助けとなるからである。だが、それ以上に、この論考はバルトとの一種の内面化された対話もしくは討論として読むこともできるだろう。今やそこでのバルトは、たとえばデリダ的ポスト構造主義の主要原理を採用する人物という立場を持し、初期の自己のイメージ——忠実な構造主義者であり、文学・文化の分析に古典的な記号・言語学的アプローチ方法を用いる旗頭的人物——に論戦を仕掛けている。

もちろん、ポストモダニズムという用語の複雑な由来や多様な意味合い（Natoli and Hutcheon 1993）を考慮するなら、バルトの論考（さらには、彼の著作全体）における構造主義的なモティーフからポスト構造主義的なモティーフへのシフトを跡づけることは、彼のポストモダニズム的思想との提携をあまねく記述することと必ずしも同義ではありえない。しかし、バルトの七つのテーマと、彼がそれらを提出しているコンテクストを再検討することで、この理論家の転回に一条の光が投じられることは間違いないであろう。これらのテーマはまた、バルトの同僚たちや後継者たちがいかにして彼の仕事をもとに、ポストモダン理論——つまりは、ポストモダニズムの諸理論——と関連づけられることになる探究スタイルを展開したのかについても明らかにしてくれるであろう。

コンテクストのバルト的転回

バルトは七つの提言を述べるにあたり、それらは立論というよりも言明ないしは「タッチ」［touches］として解釈されねばならないと注意を促している（Barthes 1977［1971］: 156）。バルトの但し書きの有する自己言及性、遊戯性、反‐徹底解決的な精神は、彼の論考が略述しつづける新たなポストモダニスト的探究のパラダイムから直接的に発生したものと言ってよいだろう。バルトがこの論考の結末で述べているように、「メタ言語的な説明では〈テクスト理論〉は満足のいくものとはなりえない。何故なら、メタ言語の破壊は……理論そのものの一部でもあるからだ」（164）。明らかにポストモダン的相対主義と見られるもの――すなわち、説明や解釈といったものとは違った関係において向かい合う探究対象から、みずからの言説を引き離すことを拒否する姿勢――にもかかわらず（あるいはむしろ、その帰結と言うべきか）、バルトは通時的、共時的基準の双方を提示し、（ポストモダンないしはポストクラシカルな）〈テクスト〉と（前‐ポストモダンないしはクラシカルな）作品を区別している。作品 対〈テクスト〉という属性規定については次節において詳述することにし、ここでは差し当たり、バルトによるこのような区別化の試みがまさに彼のポストモダニスト的転回のコンテクストを探るうえで、その一助となるということを示唆しておきたいと思う。

論考の冒頭、バルトはまず通時的なパースペクティヴを採用し、ポストモダニズムのレッテルの一つであるあの徹底的な学際性の到来――それは〈テクスト〉を第一等の探究対象に押し上げることになった――とともに、作品という概念を適用できる限界が顔を見せ始めた、と論じている。言語学を文学的、さらに広くいえば記号学的分析の水先案内学と考えたバルト自身の構造主義的な研究（Dosse 1997; Herman 1997）は、（一九七一年当時のバルトにとって、〈テクスト〉という概念は構造主義的な表現では記述不可能になってしまってはいたが）〈テクスト〉という概念を産出した学際性という現象に対し、ひとかどの貢献をなしたと言えるだろう。バルトは自然科学の発展との類似性に言及しながら、作品が古典的なニュートン物理学で研究される現象に相当し、逆に〈テクスト〉はアインシュタイン的ないしはポストクラシカルな物理学――すなわち、「言及枠組みの相対性が研究対象のなかに包含されることを要求する」ような探究形態――で研究される現象に相当すると示唆している。バルトはまたこれとまったく同じ流儀で、「マルクス主義、フロイト主義、構造主義の合体した活動は、文学において作家、読者、観察者（批評家）の関係相対化を要求する」（156）と主張している。

〈テクスト〉を、〈テクスト〉に関する諸々のテクストを包囲する力の磁場と規定するバルトのやり口は、彼が以前に構造主義の実践者として鼓舞していた主張とは際立った断絶を示している。それはこの理論家がその後に執筆することになる他の著作と響き合っている。と同時に、理論構築に関する古典的・前‐ポストモダン的諸理論——現象研究の方法と研究される現象との区別を前提とする諸理論——への批判の一環としてやがて浮上することになるさまざまな言説の再帰＝反射的、相対的な側面を先取りしている。〈テクスト〉の継ぎ目のない連続性、すなわち、分析者がそのなかに自身の言説を位置づけることを余儀なくされるようなダイナミックなシニフィアンのネットワークとしての〈テクスト〉といった考えは、一九六四年当時のバルトが構造主義的分析の対象と方法の区別として述べていたこととは著しい対照を示している。「あらゆる構造主義的活動の目的は、それが再帰＝反射的なものであれ詩的なものであれ、ある「対象」の作用規則（「機能」）を明らかにするような方法で、当の対象を再構築することである」（1992［1964］: 1128）。同じように、一九六六年に書かれた「物語の構造分析序説」において、バルトは物語を「ディスクールの言語学」によって照らし出される「特有言語」の一つとして規定していたが、彼はその後こうした言語学をメタ言語——テクストや文を超えた言語的単位（行為項、機能、指標、情報項など）を記述・説明できるとされるもの——であるとして退けている。『S／Z』——彼はこの著作で、単一のテクストを分析することがいかにして〈テクスト〉に対する洞察を生じさせるのかという問題について考察している——にいたる頃には、バルトは方法と対象との境界を消し去ってしまっている。あるいはむしろ、対象を対象自体を探究するための最良の方法源として再解釈している。バルトは次のように主張している。

ただ一つのテクストは〈モデル〉への（帰納的な）入口ではなく、無数の入口をもった網目への入口なのである。この入口から入ることは、規範とか偏差とかいった法則的な構造や、物語や詩の〈法則〉を究極的に目指すのではなく、その収斂点が絶えず移動し、神秘的に口を開けているような一つの投影図（他のテクストやコードに由来する断片や声の投影図）を目指すのである。すなわち、それぞれ（ただ一つの）テクストは（単なる例ではなく）この収斂の理論そのものなのだ。（1974［1970］: 12）

こうした参照の枠組みの相対化——それにより、テクスト分析は個々のモデルの適用というよりも、むしろ〈テクスト〉分析モデルの可能性や限界についての考察の実践と化してしまう——はバルトの後の仕事の特徴となるだろう。それは考察される独自のテクストがマルキ・ド・サドの小説の言説であろうと（Barthes 1976［1971］）、写真映像、註、原稿、素描、出版物、討論、バルト自身の生というテクストを織り成す回想であろうと（1977［1975］）、はたまた恋する者の言説をちょっとずつ苦心しながら研究することで取り集められる「感情的な文化の百科事典」（Barthes 1978［1977］）であろうと変わりがない。さらに一般的にいうなら、ポストモダニズムの言説はこうした同種のシフトを理論化するとともに、それを上演的に遂行してもいる。ポストモダニズムの言説が目指す主要な目的は、もはやかくかくしかじかの説明ではなくて、競合するさまざまな説明モデルがはらむ適用可能性の限界を吟味することだからである。たとえば、ジャック・デリダの「閉止＝終結」（closure）という概念——〈西洋〉形而上学批判はいかなるものであれ、みずからが乗り超えようとする概念の遺産から何ものかを借用せねばならないという洞察（Derrida 1986［1966］: 86-8; 1981b［1972］: 17-36）——はバルトの新しい方法論的（あるいはメタ方法論的）焦点化と著しい家族的類似性を示すものである（先に引いたハーマンは、バルトはデリダの初期の著作と出会うことで、方法と対象との構造主義的な分離という考え方を部分的に放棄させられることになった、とより強硬に主張している）。また、〈社会科学研究〉として知られる領域——この領域自体がポストモダン的学際性にとって重要な場であるが——でも、研究のサブ領域はそのすべてが「反射＝再帰的命題」

（Ashmore 1989）を議論の中心に位置づけている。バルトのメタ方法論的転回と連動するこの命題によるなら、研究者たちは、程度の差はあれ、科学的主張の自己言及的なステイタスを暗黙のうちに暴露するために仕事をしなくてはならないのだ。こうした主張の形態がいかに暗黙的なものであろうと、それはそれが定式化される「実験舞台の教養＝文化」に特有であると同時にそれを反映＝反射する「局所的、偶然的な達成事項」（Woolgar 1988: 18）として研究されねばならないのである。

〈作品〉から〈テクスト〉への転回

「〈作品〉から〈テクスト〉へ」において提示された七つの命題あるいはテーマに焦点を合わせることで、バルトの方向転換というより幅広いコンテクストから、この転回自体の有するいくつかの特異性へと話題を転じることにしよう。作品という古典的な概念と〈テクスト〉というポストクラシカルな理念との区分基準を提供することを狙いとしたこれらの命題＝テーマは、バルトがその後、文学的・文化的な分析に対して示したアプローチ方法――振り返ってみるならば、ポストモダンの規範とも言いうるような方法――の略図的なスケッチにもなっている。バルトの命題＝テーマが規範的なものであることを示すために、それらの一つひとつを簡略に説明し、ついで、それらがポストモダニズムの言説において果たした生産的な役割について述べてみることにしよう。

方法――読むこと

バルトの最初の命題は「〈テクスト〉は数えられる対象として理解すべきではない」というものである。バルトはこう書いている。「作品は手のなかにあるが、テクストは言語活動のうちにある。テクストは言説の運動のうちにおいて初めて存在する」。また、「〈テクスト〉は作品の分解ではない。作品のほうこそ〈テクスト〉の想像的な尻尾なのである」（1977［1971］:156-7）。つまり、バルトが強調するように、「〈テクスト〉は生産行為のなかでしか経験されない」（157）ということである。こうした命題は『S／Z』においてバルトが読者を強調したこと、すなわち、読者は作品を前もって与えられている生気のない構造物としてもっぱら受け身的に認識するのではなく、テクストの活発な構造化作用に参加するために意味作用の諸コードを利用するという主張（1974［1970］: 18-21）と反響し合っている。手短にいうなら、読むことというテーマとオーヴァーラップしているバルトの方法というテーマは、読者反応理論や文学解釈に対するその他諸々のコンテクスト的なアプローチ方法（Fish 1980; Holland 1975; Iser 1978）を予告しているのだ。読むことに関するバルトの議論から、彼の意見を一つ引いてみよう。作品は消費の対象である。一方、「〈テクスト〉は（その頻繁な「読解不可能性」だけによるにしても）、作品を消費からすくい取り（といっても、作品がそれを許せばの話だが）、作品を遊戯、活動、生産、実践として回収する」（162）。したがって、「〈テクスト〉は、作品に対する読者の投影を強めるのではなく、書くことと読むことを同じ記号表現的実践のなかで結びつけることによって、両者の距離をなくす（あるいは少なくとも縮める）ように努めることを要求する」（162）のだ。要するに、方法というテーマも読むことというテーマも、アイデンティティ研究や文化詩学――個々のテクストとそれらの受容コンテクストとの間の（社会文化的に構造化された）境界面を取り扱うこと――といったポストモダニズム理論のサブ領域において中心的な関心事となるであろうものを予示していたわけである。

ジャンルと系譜

「〈作品〉から〈テクスト〉へ」で提示されているもう一つの命題は次のようなものである。「〈テクスト〉は（良い）〈文学〉だけにとどまらない。それはヒエラルキーによっても、単なるジャンル区分によっても捉えられない。〈テクスト〉を構成するのは、反対に（あるいは、まさしく）、古い分類を覆す力である」（157）。こうしたテーマについては小説言説の多属的な起源や対話的な側面を探究したM・M・バフチン（1981［1934-5］）にまで遡ることができるが、それは同時に、価値評価的なヒエラルキーに対するより広範な脱構築的批判から発したもの、あるいはそれを先取りするものとも言えよう（Derrida 1976［1967］）。また、ジャンルというテーマはポストモダン理論のターゲットとしての大衆文化への注目（Marcus 1989）、さらには〈新歴史主義者たち〉やカルチュラル・スダディーズの実践者たちによるテクスト／コンテクストの区別という問題（Greenblatt 1995）を予徴してもいる。こうした歴史・文化志向型のアプローチは既定のジャンル的カテゴリーに対するバルトの疑念に同調しつつ、個々の歴史的瞬間における（非）文学的テクストの循環＝流通を研究するものであるが、そこではテクストの弁別的な性格はまさに問題となるテクスト循環＝流通の様態によって獲得されるものであるとみなされている。

さらにいうなら、ジャンルというテーマはバルトが系譜（filiation）と名づけるものと密接な関係がある。作品は父系的な系譜＝相続ときわめてよく似た制度に囚われている。つまり、作品は作者から発し、他の諸作品に対しては連続関係にあるものとして位置づけられているのだ。一方、〈テクスト〉の支配的なメタファーは「ネットワークである。〈テクスト〉がみずから広がっていくとすれば、それは結合的な体系性によるものであり」、〈テクスト〉は「その父親の保証がなくても読む」ことが可能なのである（161）。因果的・年代順的な連続によって結ばれている個々の自律的作品といった考え方は、可逆的で非直線的な間テクスト的関係のネットワークとしてイメージされる〈テクスト〉という考え方にその場を譲り渡すことになる。「ジャンル」、「暗示」、「引用」といった古典的な概念ではこうした間テクスト的な関係はほとんど捉えることができないからである。バフチンやV・N・ヴォロシノフの仕事（1973［1929］）から生まれ、ジュリア・クリステヴァ（1980）やバルトなど、フランス語圏の理論家たちによって練り直された間テクスト性（intertextuality）という概念は、ポストモダニズム理論の合言葉になっただけでなく（Hebel 1989）、作者の死を告げる弔鐘を鳴り響かせた（Barthes 1977［1968］）。バルトの書き手（scriptor）は作品を新たに創造するのではなく、間テクスト的ネットワークの節目をつなぐ連結線を増やすだけなのである。したがって、彼（女）の書き手としてのアイデンティティは不可避的にそのネットワークのなかに再び吸収されてしまうことになるだろう。要するに、「[いかなる個別な] テクストを書く私もまた、紙の私以外のものではありえないのだ」。すなわち、「[私という] 記名はもはや特権的、父性的、真理論的なものではなく、遊戯的なものなのである」（161）。ミシェル・フーコーはバルトのこの最後の主張について議論するなかで（1984［1969］）、バルトとは違った新たなポストモダン的視点から作者という概念を回復させようとした。フーコーは歴史的に変化するものの、けっして些細なものではない作者の名前の役割を強調し、「作者機能」という仮説を提示した。それは諸言説を分類するのに有効なばかりではなく、言説をその生産・解釈と関わりのある物質的状況に結びつけるのにも役立つものなのである。

記号、複数性、そして快楽

バルトの論考はこの他に三つのテーマを探究している。すなわち、作品と〈テクスト〉が対照を示す他の三つの次元についてである。まず、作品は「シニフィエによって閉じられる」のに対し、〈テクスト〉は「シーニュへの反応としてアプローチされ経験されることが可能」（158）である。シニフィエを志向する意味作用の様態は明瞭な（あるいは、隠された）意味を必要とする。したがって、作品は場合によっては文献学や解釈学固有の領分となる。対照的に、「〈テクスト〉は……シニフィエを無限に後退させ、延期させるものとなる。〈テクスト〉の場はシニフィアンの場である」。つまり、〈テクスト〉の研究は「成熟という有機的過程、深化という解釈学的過程にしたがってではなく、むしろ、ずれ、一部重複、変異という系列運動にしたがって」（158; Deleuze and Guattari 1983［1972］, 1987［1980］を参照）展開される。結局、〈テクスト〉とは、デリダの考える言語のように、「構造化されてはいるが、中心をもたず、閉止＝終結を知らない」（159）ものなのだ。実際、バルトのこの論考にはデリダの「超越論的シニフィエ」（Derrida 1986［1966］: 83-6; 1976［1967］: 44-73）に関する議論の影響が見て取れる。デリダはこれらの議論においてソシュール言語学を拡張的に急進化し、言語を脱中心化されたシステム――すなわち、意味作用が言語外の指示対象を指し示す言語の力ではなく、むしろ差異の無限の戯れが引き起こす働きであるようなシステム――として捉えている。これと歩調を合わせるように、一九七〇年代後半や一九八〇年代のポストモダンの理論家たちによって研究された多くの芸術品は、明確なものあるいは認識可能なものを意味する作品としてではなく、むしろ意味作用の領野に属するものと考えられた。この時期、間テクスト性（intertextuality）とともに、決定不可能性（undecidability）、不確定性（indeterminacy）といった用語がポストモダニズムの合言葉となったのである。

　実際、バルトがこの論考で示唆しているように、〈テクスト〉におけるシニフィエの無限の後退＝延期について語ることは、その根本的な複数性について語ることに他ならない。〈テクスト〉が複数的であるのは、（作品の場合のように）それが曖昧である故に、いくつかの解釈を与えられる可能性があるからではなく、それが意味の炸裂あるいは散種（dissemination）をもたらすものだからである。〈テクスト〉の複数性は「それを織り成しているシニフィアンの立体画的複数性（stereographic plurality）［に由来する］（テクストとは語源的に織物のことである）」（159）。バルトは『S／Z』においても同じような議論を展開し、わずかに複数的であるにすぎない古典的作品――すなわち「読みうる」（readerly, lisible）作品――とポストクラシカルなテクスト――すなわち「書きうる」（writerly, scriptible）テクスト――という影響力のある区別を提起している。「書きうる」テクストは際限なく複数的であり、「読者をもはや消費者ではなく、テクストの生産者にしてしまう」（1974［1970］:4; Plotnitsky［1997］においては、バルトの読みうる／書きうるという区別とジョルジュ・バタイユの考え方の類縁性が探究されている）ようなものとして捉えられている。さらにいえば、テクストの還元不可能な複数性は「テクストに関するいかなる帰納的＝演繹的科学をも幻想に変えてしまい」（1977［1971］: 159-60）、（探究形態のなかでもとりわけ）特定のクラスに分類されるテクスト――すなわち、物語（narratives）――の「文法」を記述しようとするバルト自身の初期の試み（Barthes 1977［1966］）を否定するものとなる。また、複数性という概念は遡及的に系譜やジャンルといったテーマとも結びつけられる。複数性という概念が個々のテクストすべてに「他のテクストの中間テクスト（entre-texte）」という位置づけを与えるものである以上、テクスト的な複数性を強調することは作品の源泉や影響について研究することに対しても疑問符を突きつけることになるからである。「あるテクストを構成している引用は作者不詳、出典不明である。しかし、それらはかつて既に読まれたものなのである」（160）。

　バルトは締めくくりに新たな快楽主義的美学を希求し、作品と〈テクスト〉を区別する最後の一点について述べている。作品の快楽が消費のそれにとどまるのに対して、〈テクスト〉の快楽は享楽（jouissance）、すなわち「距離のない快楽」（164; Barthes 1975［1973］を参照）をともなう、と示唆することでこの論考は結ばれている。バルトはここで明らかに精神分析的（とりわけラカン的な）起源を有する考え方を取り入れている（Lacan 1977［1949］）。こうした考え方はバルトの論考においても略述されたり先取りされたりしているポスト構造主義的、読者反応〔理論〕的、社会コンテクスト的な諸概念と織り合わされて、ポストモダニズム理論という〈テクスト〉におけるもう一つの重要な要素として立ち現われてくることになるだろう。だが、そのこと以上に、バルトがなした消費という罪深い快楽と共同‐生産という享楽との区別は、彼自身の仕事の永続的な活力を説明するのに一役買っていると言えるだろう。おそらく真似することのできない明敏さと華々しさによって成し遂げられたバルトのポストモダニズム的転回がこれほどの生成力を発揮したのは、それがまさしく再生産不可能なものであったからに違いない。バルトはそうした転回を上演する――ともに創造する――戦略をみずからの言説を解釈するプロセスの一環として台本のように書き記したのである。

8 ジョルジュ・バタイユ Georges Bataille 1897-1962

西洋文明の「呪われた部分」を解読

ジャン゠フランソワ・フルニー

ブルトン、カミュ、サルトルらと時代を共にしたジョルジュ・バタイユ（一八九七―一九六二年）は、後世にまで立派に名を残し、依然ポストモダン的なものとの関係を取り沙汰される、同世代のメンバーのなかでは非常に数少ない人物の一人である。昼間は学究的な図書館員、そしては夜は売春宿やストリップ・ショーの常連客という最高に逆説めいた思想家であるバタイユは、シュルレアリスム、マルクス主義、実存主義を問わず、当時の主要な知的論争にことごとく加担したものの、彼を一つの思想流派に分類・還元することは不可能である。ブルトン、ついでサルトルの陰に常に留まりがちであったバタイユの思想は、一九六〇年代にポスト構造主義によって表舞台に押し立てられることになる。しかしながら、バタイユの死後に彼を押し立てようとするこうした行為は、彼の思想を専有し、その要素のうちのいくつかを――他を犠牲にして――選択的に強調した結果としてなされたものに他ならない。以下においては、ナトーリとハッチオン（1993）やジェイムソン（1991）が示唆しているように、「ポスト構造主義」および「ポストモダニズム」という二つの用語を、同一の歴史的瞬間を指示する、相互に交換可能なものとして使用することにしたい。

初期の著作からまさに最後の著作にいたるまで、バタイユ思想の中心的なカテゴリーは（瀆聖《とくせい》的なものに対する）「聖なるもの」であり、それはマルクス主義がフランスの知的舞台を支配していた時期には、人類学的な所与として取り扱われていた。しかしながら、バタイユのいう聖なるものとは多面的かつ転倒可能なものである。

つまり、エロティシズム、猥褻さ、そして通常はわれわれに嫌悪感を引き起こすようなほとんどの要素を内包するものなのである。

マルセル・モースやフランスの民俗学的伝統に関わる他の著作家たちを引き合いに出しながら、バタイユは供犠、エロティシズム、ポトラッチ、贅沢といったものを、過剰を消費あるいは破壊したいという人間の根源的な欲求の諸例として関連づけている。ヘーゲル主義やマルクス主義のような十九世紀の「大きな物語」によって無視され抑圧されてきた非理性、猥褻さ、供犠、純粋な否定性、「異質性」、不可能なもの、至高性（すべてが過剰〔ないしは「呪われた部分」〕を指し示す別の名称）をバタイユはこれら二つの思想体系〔ヘーゲル主義とマルクス主義〕のなかに再び導き入れている。

ここでいう異質なるもの、あるいは不可能なものとは、言語や理性を超えたもの、名指すことができないもの、と解すべきであり、そこには恐怖だけでなく神秘的あるいは性的な恍惚も含まれている。バタイユは言語を、エロティシズムや供犠のような暴力的、圧倒的な体験の直接性を歪め断片化する線状的な連続体とみなしている。暴力的で圧倒的な体験は通常の心理的、社会的規範を宙づりにし、われわれに「至高性」の体験を与えるものなのだ。この「至高性」という言葉はニーチェ的な言い方として理解されなければならない。つまり、社会的、道徳的な慣習が色あせるとき、われわれは未来にも有用性にもとらわれない直接性へと立ち戻るということである。

かくして、エロティシズムを介して、死は生の賛美と化するのである。

アンリ・ベルクソンから借りた二項対立を用いながら、バタイユは個々の人間を不連続という言葉で定義している。不連続とは、異なる世代を通じて連続したものである生に対立するものを指し示している。オーガズムとは死を試食することである。というのも、恋人たちは互いのなかで束の間我を失うからである。オーガズムが「小さな死」と表現される所以である。死についていうなら、それは個々の人間の不連続性を生という完全なる連続性に連れ戻すものである。供犠に伴う荘厳さや石化させられたような沈黙もまた、個人的なものを撤廃し、それを束の間、より大きな集団的実在、すなわち一つの同じコミュニティのなかへと没入させる。みずからが消滅し、神と一体になると感じているときの聖テレジアの恍惚、つまりはエロティックな断絶状態に生じているとバタイユが見て取ったものもこれと同じものである。要するに、数々の点において、バタイユが聖なるものと呼んでいるのは暴力を指示する別の名称であると言ってよいだろう。

シュルレアリスム世代が共有する言葉の暴力や戯れに対する好みに加えて、バタイユは全体主義体制とその武力行使の儀式的な表明・誇示に完全に魅入られつづけていた。彼はファシズムの台頭を、長い間抑圧されてきた古代的な諸要素の回帰であると解釈し、そうした回帰はその二つの極性に応じて聖なるものの再組織化に向かうと考えた。一方の極性は神聖で、公的で、安心を与えるもの、そしてもう一方の極性は悪意に満ち、暗く、人心に動揺を与えるものである。一九二〇年代末、彼はアンドレ・ブルトンと仲たがいする。シュルレアリスムがあまりにも「向こう見ず」で、純粋性や観念論に呪縛されすぎていたのに対して、バタイユ自身は唯物論や猥褻さを切望していたからである。別の言い方をするなら、小説『空の青』(1936)やいくつかのポルノグラフィックな小説において詳細に説明されているように、神聖さや純粋さは放蕩や犯罪や醜行のなかにも見いだせるものだったのである。こうした「聖性」へといたる別のやり方は、仏教的タントラ教のいくつかの流派と比較することが可能であり、またボードレールのいう「天国と地獄への二重の専心」を彷彿させるものでもある。

一九三〇年代、バタイユは異質学(heterology)と呼ばれる新たな逆説的な学を打ち立てようと思い描く。この学の使命は「他なるもの」についての知を築き上げること、つまりは、合理化に抗するという理由で科学的な知から駆逐されてしまい、社会や制度から締め出されてしまうものについての知を創設するということである。

同じ一九三〇年代、バタイユはボリス・スヴァーリンが率いる反スターリン主義の異分子的な左翼党派〈民主共産主義サークル〉に加入する。このグループは革命に対する考えが折り合わず、間もなく分裂する。メンバーのある者たちは革命を目的にいたるための手段とみなし(その一例がシモーヌ・ヴェイユだが、彼女は『空の青』

のなかで手ひどく戯画化されている）、他の者たちは目的そのものとみなしていた。また、バタイユにとって、革命は暴力と破壊の乱痴気騒ぎに他ならなかった。この後ほどなく、バタイユは秘密結社〔〈無頭人〉〕の創設を企てるが、この結社のメンバーたちは人間の実際的な犠牲行為が生み出す強烈な感情体験によって永遠に結びつき合うよう定められていたのである。

バタイユは暴力に大きな魅惑を覚えていたので、彼が定義するエロティシズムという一般的な枠組みのなかでは、美はまさしく常に堕落させられ、動物的な要素に還元されるものとして欲望されている。こうした意味で、性行為は常に一種の強姦である。何故なら、それはパートナーの肉体的な完全＝高潔さを破壊することを目指すからだ。バタイユにとっての根本的な侵犯（transgression）という概念は、まさにこうした地点において作動し始める。

タブーと侵犯はそれぞれ別々に、あるいは他方の存在を抜きに考えることはできない。つまり、それらは人間に固有のもう一つの人類学的な所与なのだ。法は破られるために存在している。まさに法の存在が法の侵害を要求しているのだ（この点については、後にミシェル・フーコーがもっとも生産的に取り上げることになるだろう）。こうした意味で、禁止、近親相姦という一対の概念は相補的であると同時に絶対的なものである。ほとんどの文化が共有する殺人や暴力に関するタブーは、まさしくこのタブーの儀礼化した侵犯として、罪ばかりか犠牲的行為をも要求する。エロティシズムも、たいていの社会が性行動に押しつける厳格なコントロールがなければ、おそらく無意味なものとなってしまうだろう。人類は実際、さまざまなタブー（や侵犯）の存在によって規定されている。というのも、動物性から人間性への移行は、一連の宗教的な禁止（たとえば、近親相姦や死姦の禁止）を設けることによって生じるものだからである。中世のジル・ド・レ（今日であれば、「連続殺人鬼」と呼ばれるような人たち）のような犯罪者の魅力はこうした経緯から発生する。このような犯罪者たちは侵犯を極限の域にまで推し進めたのであり、そこでは想像を絶する犯罪の恐怖、性的・宗教的恍惚、犠牲的行為、あるいは極度に崇高なものや極度に卑しいものといったものを言語によって正確に説明することはもはや不可能なのである。

かくして、本来的には人類学者・宗教史家であり、アレクサンドル・コジェーヴのヘーゲル読解や民俗学者たちの仕事から深い影響を受けたバタイユとは別のバタイユが、ポストモダンの時期にその姿を現わすことになるだろう。

『テル・ケル』グループを一九六〇年代における「理論」出現の焦点として捉えるなら、バタイユはアルトー、ダンテ、ジョイス、マラルメ、サドらとともに、「極限」（フィリップ・ソレルスの用語）を体験したとされる作家たち、あるいは言語における「革命」（ジュリア・クリステヴァの用語）に着手したとされる作家たちの列に並び置かれたことがわかるだろう。しかしながら、バタイユのインストゥルメンタルな言語観（「私は言語を古典的に使用する」）や主たる関心事だった感情的な強度は、彼の思想が書くこと（エクリチュール）の領域に再記入されるとき、立ち消えになってしまう。

詩的過剰さ、暴力、狂気、テクストのレヴェルでのこうしたあらゆることがらは、思考では思考できないものや論証的言語が表象できないものと同様に、時の流行のようなものとなっていた。『テル・ケル』グループは（主にソレルスを介して）、バタイユをブルジョワ的主体性の破壊を目論む一般的な傾向のうちに位置づけていた。一方、ミシェル・フーコーにとって、侵犯は否認や弁証法的思考に代わるものであり、言語の「過剰さ」は哲学そのものを侵犯するはずのものであった。彼の『狂気の歴史』（1961）は、過剰さ、極限、つまりは社会によって沈黙させられ排除された「呪われた部分」の歴史として読むことも可能である。身体や感情から遠ざけられてしまったものと感じていたために、バタイユは西洋哲学の伝統に違和感を覚えていたが、ジャック・デリダ（1978［1968］）は「現前性の形而上学」を脱構築する試みにおいて、バタイユをハイデガーと結びつけている。さらにデリダはみずからが「代理＝表象の終結」（clôture de la représentation）と呼ぶもの——すなわち、言語が言語自体の限界を経験するときが、ポスト構造主義の出現にとって決定的な瞬間となる、ということ——によって開かれる空間のうちに（アントナン・アルトーだけでなく）バタイユを位置づけている。

精神分析、なかでもとりわけラカン派の精神分析についていうなら、それは聖なるもの／卑俗なものという対立を意識／無意識という対立によって置き換える傾向があった。それはまた侵犯を欲望と結びつけ、無意識を言語学の用語で扱うことによって、バタイユの名を純粋にテクスト的／言語学的レヴェルに組み入れ直す仕上げをしたとも言えるのである（Guerlac 1997）。

ポストモダニズムはバタイユをその要求に見合うように仕立て上げることで、何故かこのポストモダニズムによる占有化を求めていた感のある彼の仕事の未完成のままに開かれた部分を重視している。形式的な面についていうなら、バタイユの「奥義的な」テクスト（『無神学大全』[1973]）はポストモダニズムが取り組む過剰という概念を映し出している。バタイユは旧来の線状的・弁証法的な論法を転覆するために、草案、余談、断片、ピリオドなどを多用するからである。しかしながら、有史以前からの人類発展の理解に革新的な枠組みを提供している彼の最も真面目で厳格なテクストのいくつか（『宗教の理論』[1992 / 1976]、『エロスの涙』[1989 / 1961]、そして『呪われた部分』[1988 / 1967] もそれにある程度該当する）は、バタイユの著作資料から除かれることは実際にはないものの、めったに引用されることはないのである。

最後に、ポストモダニズムは当然ながらバタイユの洗練されたパロディやパスティーシュに魅了されている。『空の青』はドストエフスキーの小説や、アンドレ・マルローによって書かれたような一九三〇年代のアンガジュマンの小説を滑稽かつ挑発的に戯画化したものである。『瞑想の方法』（1953）はこの上なく曖昧なやり口で、イグナティウス・デ・ロヨラの『精神実践』を模倣している。また、バタイユはシュルレアリストの美学からまったく手を引いたとも言えないし、どことなくアンドレ・ブルトンの暗いカーニヴァル版といった趣きを呈しているとも言えるのである。

こうした変幻極まりない作家の仕事は多くの問題を未回答のままに残している。同世代の多くのフランス知識人の例にもれず、バタイユはニーチェと我が身を重ね合わせるようにして、この哲学者と同様、若いころ信仰を失うという経験をしている。それ故、バタイユの著作がカトリシズムとのけっして終わることのない弁明解決であるとみなしても、それほど的外れとは言えないだろう。異なる視点から、ユルゲン・ハーバーマス（1987［1983］）は、ニーチェ、ハイデガー、バタイユを結びつけ、彼らに共通するのは、〈理性〉や個性(化）の原理を抹消し、むしろ幻想的なディオニュソス的要素を再発見するために、西洋文明に先立つ古代へと立ち戻る試みであるとしている。

9 ジャン・ボードリヤール Jean Baudrillard 1929-

史的唯物論のパロディ的反転

ダグラス・ケルナー

フランスの理論家ジャン・ボードリヤールは現代社会・現代文化に関する随一の批評家の一人であり、フランスのポストモダン理論の先導者《グル》としてしばしば目されている。ボードリヤールは一九六六年から八七年までパリ大学ナンテール校で社会学の教授をしていたが、一九七〇年代半ばにポストモダン的転回をし、近代社会理論の枠を踏み越えるような新種の社会分析を展開してきた。結局のところボードリヤールは、近代社会や近代理論に対する批判者として重要であり、近代という時代や古典的な社会理論の伝統が廃れてしまったということ、また、勃興してきたポストモダニティの時代に適した新しい様式の社会分析が要請されていることを主張する。ボードリヤールは二〇冊以上の本を書いてきた多産な書き手であるが、そこで彼は、現代という時代の最も顕著な文化的・社会的現象について論じ、ポストモダン理論の最も有力な様式の一つを展開させてきたのである。

マルクス主義からモダニティの終焉へ

一九六〇年代のボードリヤールは、一九六八年五月の騒然たる事件に参加し、革命的左翼やマルクス主義に接近していたが、一九七〇年代初めにはマルクス主義と袂を分かち、その後残りの一〇年間を、政治的には革新的なまま、しかしいかなる党派にも与しない姿勢を貫いた。左翼陣営にいた多くの人間たちと同様に、ボードリヤールはフランス共産党が一九六〇年代の革命運動を支援しなかったことに失望し、また、ルイ・アルチュセールのような理論家によって公認されていたマルクス主義を信用しなくなっていた。そうしたマルクス主義を教義的で還元的だとみなしたためである。その結果、ボードリヤールはマルクス主義の根本的な批判に着手し、こうした批判はやがて、彼と同様にポストモダン的転回を行なっていく多くの同時代人たちによってくり返し展開されることになる（Best and Kellner 1991, 1997を参照）。

　ボードリヤールはまず、マルクス主義が生産ではなく象徴交換をめぐって形成されていた近代以前の社会を適切に解明していないと主張する。彼はまた、マルクス主義が資本主義社会を十分に根本から論じていないと主張し、より徹底した破壊を要求する。そこで、ボードリヤールはそれに代わるより解放的な理論のヒントを求めて、近代以前の社会を扱う人類学的な視座を導入することになる。だが、こうしたマルクス主義批判が実は左翼からなされたものであるということを心得ておくことは重要である。彼らは、マルクス主義が、現代の生産主義者の見る社会、すなわち資本主義者や共産主義者に関する十分根本的な批判、あるいはそうした社会に代わる新たな選択肢を提示してこなかったと主張する。ボードリヤールは、一九六八年五月の運動を支えることにフランスの共産主義者が失敗したことの一因は、マルクス主義自体に起源をもつ保守主義に根ざしていると結論づけた。こうして、ボードリヤールや彼と同世代の多くの人びとはいっそう根本的な批判的立場を模索し始めることになったのである。

『生産の鏡』（1975［1973］）とこれにつづく著作『象徴交換と死』（1993［1976］）は、経済学的なマルクス主義の伝統がもつ限界を克服する超根本的《ウルトラディカル》な視座を提示しようとする試みである。『象徴交換と死』において、ボードリヤールは近代社会を形成してきた生産と功利性の論理と、彼が近代以後の社会の形成原理であると考えているシミュレーションの論理とを区別している。彼の仮定によるなら、近代社会《モダン》と近代以後《ポストモダン》の社会との間には大きな断絶があり、それはちょうど、古典的な社会理論の基盤となっているような、近代社会と近代以前の社会との間にある断絶と同じくらい大きなものである。モダニティとポストモダニティの時代的な断絶を理論化することにおいて、ボードリヤールは「政治経済学の終焉」と、生産が社会形成の論理であるような時代の終焉を唱えている。マルクスに倣ってボードリヤールは、この近代という時代が資本主義とブルジョワの時代だったと主張する。この時代において、労働者は資本によって搾取され、革命的な動乱力を有していた。しかしながらボードリヤールは、政治経済学の終焉、つまりはマルクス主義的な問題系やモダニティそのものの終焉を唱えたのである。

> 労働が終わり、生産が終わり、政治経済が終わる。知と意味の貯蓄、蓄積的な言説の線状的な統辞を促進したシニフィアン／シニフィエの弁証法が終わる。それと同時に、貯蓄と社会的生産を可能にした交換価値／使用価値の弁証法も終わる。言説の線状的な次元が終わり、商品の線状的な次元が終わる。記号の古典時代が終わり、生産の時代が終わる。（Baudrillard 1993［1976］: 8）

こうした「終焉」の言説は、歴史におけるポストモダン的な破壊や断絶をボードリヤールが告げていることを示している。ボードリヤールが主張するように、われわれは今やシミュレーションという新しい時代にいる。この時代においては、社会的再生産（情報処理、通信伝達、知識産業など）が社会形成の原理として生産の代わりとなる。そこでは、労働はもはや生産力ではなく、それ自体「数多くある記号のうちの一つ」にすぎない（1993［1976］: 10）。このような状況においては、労働は本来的に生産的なものではなく、われわれの社会的立場、生活様式、隷属様式の一つの記号なのである。賃金もまた、人の仕事や人が生産するものに対していかなる合理的な関係ももたず、システムにおける人の位置のみに関わるものとなる（1993［1976］: 19ff）。しかし決定的なことは、政治経済がもはや基盤でも社会的決定要素でもなく、さらには他の諸現象を解釈・説明しうるような場としての構造的な「現実」でさえないということである（31ff）。そうではなくて、われわれはシミュレーションという「ハイパーリアリティ」のなかに住んでいるのであり、そこでは諸々のイメージ、スペクタクル、記号の戯れが、現代社会の重要な構成要素として生産と階級闘争の論理の代わりとなるのである。

　これ以後、資本経済や政治経済はボードリヤールの物語から消えるか、でなければ根本的に新しい形式となって回帰することになる。以後、果てしなく拡散し、螺旋状に展開していく循環のなかで、記号とコードは他の記号や新しい記号機械を増殖させ、生産するのである。したがって、こうした物語や半生産技術においては、テクノロジーが資本の代わりとなり、イメージ・情報・記号の増殖が生産の代わりとなるのである。こうしてボードリヤールのいうポストモダン的転回は、テクノロジー的な決定論という形式、有効な説明原理としての政治経済の拒絶と結びついていく――そして、この拒絶こそが彼を批判する者の多くが拒絶する動きなのである（Kellner 1994の諸研究を参照）。

　『象徴交換と死』とこれにつづく『シミュラークルとシミュレーション』（1994［1981］）のなかに収められた諸論考は、近代社会と近代以後の社会との間にある根本的な断絶原理を明確化し、近代社会理論が抱える問題系からのボードリヤールの離脱を特徴づけるものとなっている。ボードリヤールにとって、近代社会が商品の生産と消費をめぐって形成されているのに対して、近代以後の社会はシミュレーションやイメージと記号の戯れをめぐって形成されている。つまり後者は、コード・モデル・記号がシミュレーションを規則とする新しい社会秩序の形成の原理となるような状況を指し示すのである。シミュレーションの社会において、アイデンティティはイメージの我有化によって構築され、コードやモデルは個人がいかにしてみずからを知覚するか、いかにして他の人間と関係するかを決定づける。経済・政治・社会生活・文化はすべてシミュレーションの論理によって支配される。したがって、商品がどのようにして消費され使用されるのか、どのように政治が展開するのか、どのようにして文化が生産され消費されるのか、そしてどのようにして日常生活が過ごされるのかという問題は、すべてコードやモデルによって決定されるのである。

　ボードリヤールのポストモダン世界はまた根本的な内破の一つでもある。そこでは社会階級、ジェンダー、政治的な差異、社会や文化のかつては自律的だった諸領域が、それ以前までは決まっていた境界や差異を消し去りながら、互いに崩壊をもたらしあう。古典的な社会理論にとっての近代社会が差異化を特徴とするものだとするなら、ボードリヤールにとっての近代以後の社会は脱差異化あるいは内破を特徴とする。ボードリヤールにとって、シミュレーションの社会では、経済、政治、文化、セクシュアリティ、そして社会的なものというこれらすべてが互いに内破をもたらしあう。たとえば経済は基本的に文化、政治、その他の領域によって形づくられるし、芸術というかつては潜在的にしか不和や対立関係を示さない領域にあったものは経済的かつ政治的なものに吸収され、またセクシュアリティはいたるところに存在するといった具合なのだ。こうした状況においては、個人と集団との差異は内破し、社会的なものや、社会理論によって従来注目されてきた既存の境界や構造が突然変異的に溶解するのである。

　さらにいえば、ボードリヤールのポストモダン的な宇宙とはハイパーリアリティの一つである。そこにおいて、娯楽、情報、コミュニケーションに関わる技術は、日常生活を構造化しているコードやモデルは言うに及ばず、退屈な日常生活の舞台以上に濃密で複雑な経験を与えてくれる。ハイパーリアルなものの領域（たとえばメディアによる現実のシミュレーション、ディズニーランドなどのアミューズメントパーク、ショッピングモールや消費者のファンタジーランド、テレビによるスポーツ観戦、その他理想世界へのさまざまな小旅行）が現実以上にリアルであるが故に、ハイパーリアルのモデル、イメージ、コードは思考や行動を管理するようになる。しかし、非線状的な世界のなかでは決定それ自体が偶然に依拠している。そのような世界において因果的なメカニズムや論理を図式化することは不可能である。なぜならそこでは、個人がイメージ・コード・モデルの圧倒的な奔流に直面し、そうした奔流のどれもこれもがその思考もしくは行動を形づくるかもしれないような状況に置かれているからである。

　こうしたポストモダン的世界においては、諸個人は「現実的なものの砂漠」から逃れ、ハイパーリアリティの快楽やコンピューター、メディア、テクノロジーの新しい経験領域を追い求める。この宇宙にあっては、主体性は断片化され失われてしまう。そしてボードリヤールにとって、従来の社会理論や政治学を、廃れたもの、不適切なものにしてしまうような新たな経験の場が出現する。ボードリヤールは現代社会における主体の変容をたどることで、現代的な主体がもはやヒステリーやパラノイアのような近代的な病理に苦しんではおらず、「精神分裂病者に特有なテロルの状態、すなわち、主体を取り巻き貫通しているあらゆることがらが過剰に近接し合い、乱雑に衝突し合う状態」のなかで生きていると述べ、さらにつづけて、「そうした主体はいかなる抵抗も、後光、アウラ、主体を保護する主体自身の身体のアウラさえも経験しない。精神分裂病患者は、その意に反して、すべてのものに対して開かれており、最も極限的な混乱のなかで生きている」と主張している（1988: 27）。ボードリヤールにとって、「通信伝達の快楽」とは、過剰に曝された透明な世界において、主体が瞬間的なイメージや情報と密接に近づくことである。こうした状況にあって、主体は「純粋なスクリーン、すなわち、垂れ流しのネットワークを純粋に吸収・再吸収する表層となるのである」（1988: 27）。

こうして、シミュレーション、内破、ハイパーリアリティといったボードリヤールのカテゴリー群は一つに統合し、新しいポストモダンの条件をつくりだしているのであり、そうした条件は、現代という時代の斬新さを図式化しそれに応答していくための、まったく新しい様式の社会理論や政治学を要請する。彼の文体やエクリチュールの戦略もまた内破的である。そこでは著しく異なった領域からの素材が結びつけられ、一切の学問的境界を消去するようなポストモダン理論の新しい様式において、マス・メディアや大衆文化からの諸例が散りばめられている。ボードリヤールのエクリチュールは、それ自体が新しい諸条件をシミュレーションし、言語や理論の創意に富んだ使用を通じて斬新さを獲得するのである。このように現代理論を根本的に問題化することと、新しい理論的戦略の必要性が、ボードリヤールにとって、今日における諸々の変化が根本的なものであるということによって正当化されることになるのである。

一九九〇年代へ

一九九〇年代のボードリヤールは、他のポストモダン的な理論とつねに距離をおきつつも、現代の出来事について論じたり、ポストモダン的切断の空間における歴史内の裂け目を指摘しつづけたりするような著作を次々に刊行した。これらの一九九〇年代のテクストは、短いエッセイ、アフォリズム、物語、梗概文といった断片的な文体で一貫しており、ボードリヤールはそういったやり方を一九八〇年代に展開させ始め、いくつかの同じ考えや物語をたびたびくり返し述べている。これらの著作は、マルクス主義とポスト構造主義的な理論との継続的な対話であるとともに、現代社会の諸条件についての持続的な論評として読むことができる。だが、こうしたボードリヤールによる理論との対話は、相競合する思考モデルに対する一九七〇年代の激しい論戦以後、いまやほぼその場その場の余談にすぎず、彼の分析様式は現代の出来事や動向をただ思いめぐらすものとなっている。

ボードリヤールはこれらの著作のなかで、「理論フィクション」、もしくは彼がまた「シミュレーション理論」や「予測理論」と呼ぶものを展開している。それは、彼があらゆる現代の理論の手に負えないと考えている歴史的な出来事をシミュレーションし、把握し、予測するためのものである。彼の主張によるなら、今日の状況は最も空想的なSFや未来派的な社会を理論的に投影したもの以上に空想的である。したがって理論は、進行形の現在を把握しようと試みたり、未来を予測しようとしたりすることしかできない。しかしながらボードリヤールは、社会や政治の分析家・予測者としては格別抜きん出た存在ではなかった。政治分析家としてのボードリヤールは、しばしば浅薄だったり、的外れだったりした。一九八九年に発表された「拒食症の廃墟」という論考のなかで、彼はベルリンの壁を、凍結した歴史、すなわち拒食症の歴史の兆候として読んでおり、そうした歴史のなかではこれ以上なにも起こりえないとした。なぜなら、ベルリンの壁は「出来事の欠如」と歴史の終焉を特徴とし、共産主義と資本主義との膠着状態の徴候とみなすことができるからだという。ほどなく、相次ぐ重要な出来事が、ボードリヤールによって永遠のものとみなされたその壁を崩壊させ、そして新しい歴史の時代の幕を開いたのである。

ある意味で、ボードリヤールには史的唯物論のパロディ的な反転がある。マルクスが政治経済や経済的なものの優位性を強調したのに対し、ボードリヤールにとっては、彼が「政治経済の終焉」と呼ぶ状況において現実を生み出すのはモデルであり、上部構造なのである（1993［1976］）。ボードリヤールにとっては、記号価値が使用価値や交換価値に先行する。欲求の物質性やそれに働きかける商品の使用価値はボードリヤールの記号論的な想像においては消失してしまうのであり、そこにおいては、記号が現実に先行し、人間の生活を再構築するのである。マルクス主義的なカテゴリーを逆用することで、大衆は階級を吸収し、実践《プラクシス》の主体は解体され、事物が人間を支配することになる。革命は批判対象に吸収され、歴史内の断絶を生み出すことにおいては、技術の内破が社会主義的な革命の代わりとなる。マルクスとは対照的に、ボードリヤールにとっては、モダニティの破局とポストモダニティの発生は技術革命の展開によって生み出されるのである。結果的にボードリヤールは、経済的次元、階級闘争、人間の実践を強調するマルクスのハードな経済・社会的決定論を、記号や事物が主体を支配するような記号論的な観念論と技術的な決定論の形式に置き換えてしまうのである。

ボードリヤールは、英語圏やその他の地域におけるほどフランスで影響力をもってきたわけではなかった。彼は「世界的に受けのよい人」の一例であり、世界中いたるところに彼の信奉者や読者をもつ思想家であるが、今までのところボードリヤール学派というものは出現していない。彼の影響力は社会理論から哲学、美術史など、多様な学問分野の隅ずみにまで広く及ぶものであり、したがって、社会理論の本流や個々の学問的な専門分野における彼の影響力を正確に推し量ることは難しい。ボードリヤールはおそらく、近代社会とそのアカデミックな学問分野に対抗するポストモダン的転回に与する者として最も重要な人物であるだろう。

このように振り返ってみるなら、ボードリヤールは二十世紀末の学際的な理論家として登場したのであり、ポストモダニティの新しい時代への道標を打ち立て、確かにかなり信用し難いにもかかわらず、この新しい時代の重要な案内役でもある、私の考えでは、ボードリヤールはモダンとポストモダンとの断裂を誇張し、未来の可能性を実際の現実と捉え、現在を未来的に見る視座を提示しており、そうした視座はハクスレーからサイバーパンクに及ぶ反ユートピア的SFの伝統と多くの類似点を有するものである。実際、私は一九七〇年代以降のボードリヤールの著作をSFとして読みたいと思うし、現在の動向を誇張することで未来を予想するが故に、かりに現在の流れが持続していけば起こるかもしれない可能性について早期に警告を与えてくれるものとして捉えたい。ボードリヤールが熱烈なSF愛読者であることは偶然ではないし、彼自身が数多くの現代のSF作家に影響を与えてきたのである。

しかしながら、モダニティとの断絶を彼が誇張しているという点を考えるならば、ボードリヤールの最近の著作がSFとして読まれる方がよいのか、それとも社会理論として読まれる方がよいのかを見分けることは困難である。ボードリヤールは明らかに、彼が現代社会の現実について傑出した視座を提供していると考えている社会理論家たちとともに、両方の読まれ方を望んでいるのである。しかし、より冷笑的な反‐社会学者たちは、ボードリヤールのフィクション、実験的な言説、そしてゲームや遊戯を楽しもうと考えている。また同様にボードリヤールはときどき、文化的形而上学者たちに自分の著作をわれわれの時代の現実に関する真剣な省察として読むように促す一方で、懐疑的な者たちには自分の著作は科学のパロディを目指す余談にすぎないとウィンクを投げかける。このように、ボードリヤールがSFや科学のパロディとして読まれる方がよいのか、社会理論や文化形而上学として読まれる方がよいのか、そして彼の一九七〇年代以降の著作が真実の記号のもとで読まれる方がよいのか、それとも虚構の記号のもとで読まれる方がよいのか、を決定することはできないのである。

10 ボルヘ・ルイス・ボルヘス Jorge Luis Borges 1899-1986

ポストモダニズムをも超える迷宮的思考

イーヴリン・フィシュバーン

ポストモダニズムとボルヘスとの関係で即座に思い浮かぶ共通点は、両者の「苛立たしいほどの摑みどころのなさ」である。その意味や理解を遮断されている論点についてポストモダニズムほど議論に晒される理論用語はめったにないが、ボルヘスほど多くの相矛盾する文学的立場をとった作家もほとんど例がないと言えるだろう。ボルヘスの仕事はさまざまに定義づけられてきた。まさに虚構の精髄であり、非現実なものだけに関わる完全に自己言及的な仕事と定義されるかと思いきや、クレオール主義的な仕事、歴史的コンテクストにリンクした仕事、ポストコロニアル的な先取り意識と重要なつながりを有する仕事などと定義されたりもするのだ。ボルヘスは古典的な作家とみなされる一方で、前衛の特徴をことごとく体現するモダニスト、そしてむろんのこと、ポストモダニストと捉えられてきた。ちなみに、彼をポストモダニストとみなした主な面々はハッチオン、ナトーリ、マックヘイルだが、この点についてとりわけ明確な見解を示したのはフォッケマ（1984: 38）である。フォッケマは次のように書いている。「〈ポストモダニズム〉はアメリカに発し、ヨーロッパ文学に影響を与えた最初の文学的コードであるという議論がなされうるのだが、実はこの新しいコードの発明と受容に対して最大の貢献をなした作家はホルヘ・ルイス・ボルヘスであると言えるだろう」。

主に一九三〇年代と一九四〇年代に創作活動を行なったボルヘスは、ポストモダニストになろうとしたわけではなかった。しかし、カフカがボルヘスの先達たちを生み出したように（Borges 1970: 234）、今ではボルヘスの作品全体のなかにポストモダニズムの面影を探知することができる。よく知られたことだが、フーコーは写実的な認識論を問い質す画期的な書物『言葉と物』を、ボルヘスによる「中国の百科事典」からの引用によって始めている。また、ボードリヤールはボルヘスの手ごわい一編「学問の厳密さについて」(Borges 1999: 325)に言及している。この一編で語られる〈帝国〉の地図は〈帝国〉と同じ寸法で、しまいにはその〈帝国〉の場所を奪ってしまうのだが、これこそまさにボードリヤールのシミュラークルという概念についての完璧な比喩だったのである。さらにジュネットは『パランプセスト』(1982)で展開された間テクスト性に関する研究のなかで、ボルヘスがこの用語を(『ドン・キホーテ』の著者、ピエール・メナール」において)使用していると明確に述べている。ボルヘスのポストモダニズムに関する議論では文学的な諸相に焦点が絞られることがほとんどだが、彼の仕事がその自伝的・歴史的・政治的な響きに留意する形で読まれることが増すにつれ、より広い範囲にまで焦点が拡大されたと見てよいだろう。

言うまでもないことだが、「ボルヘス的」と「ポストモダン的」という修飾語は同義語ではない。また、排他主義的な比較の手にかかると、この二つの用語は互いに非常に切り詰められたものになってしまうだろう。だが、これらの用語はかなりの部分でオーヴァーラップしているのだ。この論考では、本性的に明確化やジンテーゼ化に抵抗するような主題について決定的な議論を提供しようするのではなく、両者の接するより興味深い領域のいくつかを探索し、ボルヘスの小説をポストモダニズム的な視点から再読できるような方法について考察することに留めたいと思う。

後にリオタールが大きな物語に対するポストモダニト的な信仰喪失と呼ぶものを、ボルヘスは「もし私が豊富な何かを持っているとしても、それは確実なものではなく混乱したものである」と快活な調子で説明している。すべての知のシステムに対する信頼やグローバルな説明を絶えず切り崩そうとし、そのようなシステムの存在可能性をも疑問視しようとする彼の仕事を貫いているのは、根本的な懐疑主義である。ボルヘスなら、こうしたシステムの価値は、それらが正しいことにあるのではなく、それらがいわば「ファンタジー文学の文脈」(1999: 74)のように、人をびっくりさせる力にあると考えるだろう。「あたかも」という調子で仮説的に提供される物語、すなわち「戦術的に人を満足させる虚構以上でもなければ（またそれ以下でもない）」(1992: 24) ポストモダニズム的なメタ物語について語るとき、マックヘイルが繰り返していると思えるのはこうした考え方である。ボルヘスの小説はしばしば同種の仮定的な提言によって設定されている。いわく、ある「真実」やメタ物語がもし正しいとしたら、この世界を示すメタファーはどんなものになるだろうか。いわく、もしも形而上学的な観念論が現実に可能であるとしたら、この地球はトレーン（想像上の未知の惑星）（「トレーン、ウクバール、オルビス・テルティウス」）と同じくらい厳密に筋道の通ったものになるであろう。いわく、もしもクロノロジカルな時間が存在していなかったとしたら、フラディークの隠れた奇跡は「隠れたもの」である必要はなかっただろうし（「隠れた奇跡」を参照）、永遠に循環する時間のなかで、結局はわれわれの誰もが『オデュッセイア』を書いたことだろう（「不死の人」を参照）。しかし、まずは「トレーン」において提示され、今やポストモダニズム愛好の形式のなかで推し進められているこうした信念的システム（形而上学的観念論、主観的時間、永遠性）の虚構化は、その内部にみずからの真理価値を陽気に切り崩してしまうような反対論を内包しているのである。

　ポストモダニズムが関わっているのは、確認可能な客観的真実といった〈啓蒙主義〉的理念を除去したり、真実と虚偽を区別するといったこと（「エンマ・ツンツ」ではこの区別が想像的に曇らされている）だけではない。それはまた、多様な真実が非-階層的な状態において衝突し合っているという考え方、つまりは分散=逸脱的な現実という考え方を提起することでもある（Natoli 1997: 135-40）。一九四一年、第二次大戦中に執筆されたボルヘスの最もラディカルな小説の一つ「八岐《やまた》の園」はまさにこうした考え方に支えられている。この物語では、小説が象牙状の象徴の迷宮を形成しており、伝統的な小説にそなわる単声性はいくつかの相矛盾する声に分散されてしまっている。そして、時間や因果関係の流れ、さらには期待される論理も廃棄されてしまうのだ。各種のジャンル（歴史、スパイ物、小説理論、告白）を取り混ぜたこの物語は現実についてのさまざまな記述を並列することで、現実の多様性というみずからの主張＝命題を演じて見せるのである。ハッチオンの主張を先取りするかのようなこの物語は、過去について二つの別形の説明――英国の有名な軍事史家による説明と、「敵」の視点から与えられるきわめて複雑な「虚構的」説明の二つ――を与えられたとき、われわれはいかにしてその過去に接近できるのか、ということを問題にしている。ナショナリズムの総括的な主張を切り崩すかのように、英国側のことは反‐英国的なアイルランド人、そしてドイツ側のことは英国びいきの中国人スパイによって描き出されている。

歴史の言説と小説の言説を相互に結びつけることは、「裏切り者と英雄のテーマ」でも示唆されているが、再度ハッチオンの言葉を借用するなら、この作品は両ジャンルのつくられ方を問題化したものと言える。この物語では、裏切り者によって欺かれた大義を唱道するために、裏切り者に英雄的な死が与えられるのだ。一八二四年のナショナリスト的陰謀者たちは既存の虚構話（シェイクスピアが物語るような、シーザーの死や、魔女たちがマクベスに囁きかける警告）を借用し、歴史的事件（一八六五年のエイブラハム・リンカーンの銃撃暗殺）を予示する形で、歴史的なぺてんという筋書きをでっち上げたのである。むろん、ボルヘスに見られる懐旧の念を否定するわけではないが、「八岐の園」も「裏切り者と英雄のテーマ」も過去を懐旧する類いのものではない。これら二つの物語が例証しようとしているのは、過去の構築は常にイデオロギー的・言説的になされるということなのである。

普遍的な言明というものは必然的に部分的・相対的とならざるをえないというポストモダニティの論点は、宇宙の複数性を提示することで普遍性という概念をとことんおちょくっている物語「エル・アレフ」のなかで想像力たっぷりに練り上げられている。全宇宙をかいま見させてくれる直径およそ一インチほどの小さな（つくりものの）円筒〔万華鏡のこと〕を指し示しているこの「エル・アレフ」というタイトルは、ヘブライ語のアルファベットとされているものの最初の文字に当たるため、カバラにおいては他のすべての文字・数字を包囲するのに相応しいものと考えられている（ただし、ユーモラスにも、この物語はそれが包囲しているとされる同名タイトルの作品集『エル・アレフ』の冒頭ではなく末尾に配置されている）。またアレフは数学（カントールの集合論）においても他のすべての整数――敷衍的には、無限――を象徴する完全数として使用されている。物語にはあちこちに「普遍的な」鏡や「普遍的な」詩篇に対する指摘やほのめかしが出てくるが、それらは逆説的にも異なった「宇宙」を映し出している。つまり、単一の宇宙といった総括的な概念を相対化し疑問に付しているのだ。ボルヘスが全体性を包括しようとするあらゆる試みをあざ笑うために用いるもう一つのやり方は、グローバル化や分類化を主張する百科事典を洒落っ気たっぷりに攻撃するという形をとる。今やフーコーの議論（『言葉と物』を参照）によって有名なものとなっている一節において、ボルヘスは動物分類に関する「ある中国の百科辞典」の不均質な項目列挙の方法をからかってみせる――「（a）皇帝に属するもの、（b）香の匂いを放つもの、（c）飼いならされたもの、（d）乳飲み豚、（e）人魚、等々」――かと思うと、その一方でうっとりするほどエキゾティックな東洋の心的姿勢を教えようとして、われわれのポスト‐〈啓蒙主義〉的思考体系がつくりだした秩序をパロディ化し、そうした秩序のもとにある主観的な原理を暴き立ててみせるのだ（『続審問』所収の「ジョン・ウィルキンズの分析的言語」）。境界を突き崩すことは境界というものの主観的な性質を批判にさらすお馴染みの手段であるが、ボルヘスはその独創性、大胆さ、そして根本的に不同な概念を結び合わせる発想力――フーコーの言葉でいえば、「［おびただしい可能な秩序の諸断片を］法則も幾何学もない〈混在的なもの〉の次元できらめかせる混乱」（1973: xvii）――において断然際立っている。

　ボルヘスは一般に認められているカテゴリーの真理＝価値を、それらの言説とテーマの両レヴェルにおけるパラメーターを不明瞭にすることで切り崩そうとする。たとえば、「ザーヒル」における聖なるものと世俗的なもの。この物語では、衣服の完璧さを世俗的に追求する野心的な名士が、タルムード主義者たちの宗教的な仕事や孔子の弟子たちの行なう形而上学的な探究と同列に据えられている。また、「町はずれ」の一大衆詩人に材を得た初期の散漫なテクスト「エヴァリスト・カリエゴ」(この作品は「町はずれのセネカ」〔強調はフィッシュバーンによる〕と題されることになっていた)における教養人と大衆。さらには、「『ドン・キホーテ』の著者、ピエール・メナール」におけるつまらぬものと卓越したもの。この物語に登場する衒学的なマイナー詩人は、文学の読みに対してまさに驚天動地の結果をもたらすような洞察力を有している。あるいはまた「トレーン、ウクバール、オルビス・テルティウス」における現実的なものと観念的なもの、等々。

ポストモダニズム小説の著しい特徴は、その自己-反射性、そして現実――こちらもまた部分的にしか接近できない当てにならぬものであるが――を映し出すことができない不完全な道具である言語の問題に対する自意識的な関心にある。ボルヘスのテクストはみずからの虚構意識を「細工」とか「虚構」といったタイトル中の語のなかや、最もよく知られた有名な英語版の作品集『迷宮』のなかでこれみよがしに誇示している。「トレーン、ウクバール、オルビス・テルティウス」の想像世界においては、現実と虚構は異なる存在論的レヴェルに属していると言われている。つまり、ウクバールの国にはムレイナスおよびトレーンという二つの想像的領域があり、この小説はそれについて語っているのだ。しかしながら、ボルヘスの場合には常にそうであるように、そこにはいかなる閉じた二極化も存在しない。そこにあるのはあれか/これかといったデカルト的な思考ではなく、あれも/これもというポストモダン的な本質崩壊なのだ。したがって、虚構の惑星トレーンがフレニール(hrönir)という侵入物(言葉と思想からできているとされる熱く重たい物質)をわれわれの現実に送り込むとき、この侵入はジンテーゼの勝利を示唆しているのではなくて、現実的なものが非現実的なものに、あるいは客観性が主観性に滲み出す大きさを暗示しているのである。「トレーン、ウクバール、オルビス・テルティウス」は動詞と副詞のみで名詞が存在しないというまったく異質な構造を有する言語コードの可能性を示唆しているという意味で、言語に対するポストモダニズム的な関心を先取りしている。むろん、こうした名詞なき言語コードは惑星トレーンの観念論的な性格とそっくり符合するものである。したがって、もしもわれわれの世界のような現実的・名詞基本的世界にそうしたコードが侵入し受け容れられるという事態が最終的に生じなかったならば、それはただ単に言語と世界との伝統的な関係を強調するものと思われてしまったであろう。

「記憶の人、フネス」においてもまた、われわれの現実のさまざまな存在論的レヴェルに関わる重要なポストモダニスト的な問いが提示されている。語り手の精神世界をフネスなる登場人物の（いったん衰えた後に）増大した感受性と対照させながら、物語は現実接近の数ある可能性のレヴェルから二つのものを提起している。一つは現実を語ること、そしてもう一つはそれを思い出すことである。語り手は語ることの方を「標準的」とみなす。一方、思い出すことの方は主役の異常に発達した知覚力によって強調されている。一例を挙げよう。「一度ちらっと見ただけで、誰にでもテーブルの上に三つのワイングラスがあることはわかる。だが、フネスはワインに絞り込まれたブドウの一房一房や、ブドウ畑のすべての茎や蔓を知覚したのである。……フネスは腐敗や歯の腐食や倦怠の静かな進み具合を連続的に知覚することができたのである」（1999: 135-6）。

言語の恣意的で憶測的な限界は、午後三時十四分に横側から見た犬が午後三時十五分に正面から見た犬と同じ名詞によって示されなければならないことに苛立つフネスの態度に鮮明に現われている。「不必要に扱いにくい」数字のシステムを無数の固有名詞と取り替えようというフネスの遊戯めいた提案は、結局のところ、誇張混じりとはいえ、われわれにとって最も自然なものも含めたあらゆる言語システムが内包する偶然的な性質を強調しているのである。

言語と同じく記憶は抽象物に働きかける。そして「今や、彼の知覚と記憶は完璧であった（ため）」（1999: 135）、一日を思い出すためにフネスは丸一日を必要とした。彼の現実的視野が広がれば広がるほど、彼は細目に圧しつぶされ、次第に考えたり、概念を操ったり、生命を永らえさせる能力を失っていく。結局、フネスは二十一歳の年齢で老人として死ぬことになるのだ。他の多くの物語（「神の書跡」、「ユダについての三つの解釈」、「死とコンパス」）に見られるように、完全性はポストモダニスト的な精神からするなら否定的なものであり、人を麻痺状態、狂気、あるいは死へと導くものなのである。先に触れた「エル・アレフ」における啓示的なヴィジョンはボルヘスのすべての一節のなかで最も叙情詩的に表現されたものの一つであるが、この天啓的な体験は高揚感を与えるどころか、嫉妬深い語り手の卑しい復讐心に火を灯すことになってしまうだろう。

ポストモダニズム的な表象の危機が抱えるパラドックスの一つは、「〈作者〉の〈死〉」という構造主義者の宣言を超え、再び作者の声に重要性を付与してしまうことである。というのも、ベルテンス（1995）が説得的に論じているように、テクストが絶対的な真実ではなくむしろ相対的な真実を取り扱うものとみなされるのであれば、いったい誰の「真実」が主張されているのかを確認することが以前にも増して重要になるからである。『ドン・キホーテ』の著者、ピエール・メナール」はそのタイトルが示すように、作者であることの問題をユーモラスに伝える物語である。つまり、この物語はセルバンテスの傑作が別の時代に、別な場所で、他の誰かの手によって書き直されたかもしれないという驚愕的なことがらを暗示しているからである。「完璧なパスティーシュ」と宣言されてきたこの「ピエール・メナール」は、その同じ宣言に対して二つのまったく異なる読み方を提供している。「歴史の母である真実」という表現には対立する二つの解釈が与えられている。まず、セルバンテスの言説においては、真実と歴史のつながりは事実的かつ絶対的なものであるとされている。他方、ウィリアム・ジェイムズばりの書式で書き綴られた虚構上の人物ピエール・メナールの言説は、もっぱらプラグマティックな意味合いを帯びている。こうした主張は受容理論を支持するかに見えるが、実際は作者‐依存的なものでありつづけている。何故なら、先に挙げた二つの解釈の違いはテクストがいつ書かれたかだけではなく、それが誰によって書かれたかにもよる、という実に思わせぶりな暗示がなされているからである。すべてのテクストは、それが異なる作者を有すると単純に想定するだけで――たとえば、トマス・ア・ケンピスの『キリストに倣いて』をジェイムズ・ジョイスやセリーヌが書いたと想定するだけで――、別の形で読むことが可能になる。ボルヘスは作者の声にそなわる権威を再強調しているかに見えるが、復権させられているのは現実的な作者の声ではなく、無限の想像的作者たちなのである。こうした想像的作者たちによる同一テクストのさまざまな演出化は、デリダの差延(différance)を連想させると言えるだろう。かくして、「ピエール・メナール」はテクストとはすべてがパランプセストであり、果てしない間テクスト性の舞台であるという考えを立証している。リゾームというドゥルーズ／ガタリの概念を援用しながら、デ・トーロはボルヘスにおける非-階層的、反目的論的な引喩《アリュージョン》の使用を指摘し、源泉とテクストとの根本的な区別、出発点といったものを忘れ去ったところで「意味論的にはいっこうに影響はない」(1994: 41)と論じている。ボルヘスの引喩使用が規範的でないことには同意するが、私自身の読み方はオリジナルなもののなかで既に言われていることと、ボルヘスのテクストのなかで言われていることとの相互作用をめぐって解釈の新たな可能性を探るという方向で進められてきた。コラス(1994: 46-8)は引喩の議論をポストコロニアル的なコンテクストのなかに位置づけ、ボルヘスの引喩使用は「他の社会的実践から隔てられている」ため、文化の越境化には辿り着いていないと論じている。また、今日までのところ引喩に関する最も大がかりな著作を上梓しているバルダーストン(1993)は、ボルヘスの仕事に焦点を当て直し、小説=虚構にとっての非常に現実的で政治-歴史的な基礎を明らかにすることで、こうした見方をそれとなく問題化している。

　ここではポストモダニズムとポストコロニアリズムの関係を議論することはできないが、両者がともに差異や、中心をめぐる一枚岩的な表象の突き崩しに関わるものであるとするなら、ボルヘスの見方や彼の小説はそれらと関連するものとみなされてよいだろう。今ではポストコロニアル理論に関するほとんどの議論において必須のものとなっている論考「アルゼンチンの作家と伝統」のなかでボルヘスは、文化を解釈するための出発点となる特権的な場として、周縁の重要性を主張している。「私は、われわれアルゼンチン人たちが……ヨーロッパ的なあらゆるテーマを……迷信なく、不敬に、取り扱いうると信じています。……これは幸運な結果をもたらすことができますし、現に常にそうした結果をもたらしているのです」(1970: 218)。

このような考え方は「グアヤキル」において挑発的に劇化されている。中心としてのヨーロッパ、周縁としてのラテン・アメリカという通常の理念を裏返しにすることで、この作品は「中心的な」クレオールの歴史家と、彼の「周縁的」敵対者——最近〈中央ヨーロッパ〉からやって来た避難移民——との対立を取り扱っている。両者の争点は、二人のうちどちらがいったい新しく発見された歴史資料の解釈を委任されるに相応しい国家の代表であるかを決するというものである。ここでは言うまでもなく、アウトサイダーの方がより適当な志願者であると認められている。〈オリエンタリズム〉に関するサイードの画期的な仕事を先取りしている物語「アヴェロエスの探求」もまた文化的な差異を取り扱い、中心的なものが気づかないうちに「他なるもの」を専有してしまうあり方を暴き立てている。語り手はまず、アヴェロエスなるイスラムの哲学者が自分の文化の圏外にあるものを解釈しようとしているのを見てあざ笑う。だが、彼もまた結局は相手と同じ仕草を繰り返すはめになる。すなわち、語り手は〈西洋的な〉媒介を通じて知っているにすぎないような〈中東〉文化を背景にした物語を書こうとするのである。

要約しよう。ボルヘスは彼の小説を通じてポストモダンの条件を伝え、「ありそうだが提示できないものを暗示する引喩をつくりだした」（Lyotard 1985: 81）（つまり、審美的な現象を「生じることのない啓示の差し迫った可能性」[Borges 1970:223] として認識しようとした）。しかし、ボルヘスをポストモダニズムの作家と呼ぶことは、ポストモダニストの真相に関する主張を相対的かつ偏頗《へんぱ》なものにしてしまう。要するに（この論考の初めに挙げたような）真相に関する他の主張の数々と齟齬《そご》をきたしてしまうのだ。ボルヘスは体系的な思想家ではなかった。また、ポストモダニズムも、彼の立場であると同定されてきた他のいかなる「主義」も支持したことはなかった。この結果、彼は少なくとも体系の否定を体系化してしまうという（ポストモダニスト的な）罠にはまることを免れていると言えるだろう。

11 ジョン・ケイジ John Cage 1912-92

パフォーマンスと偶然性の音楽

ナンシー・パーロフ

一九七二年、「ポストモダニズム」という言葉が流通するようになったばかりの頃に、アメリカの作曲家ジョン・ケイジは、新しい音楽に関する次のような見解を発表している。テレビ映画用の録音の際に語られた彼の言葉は、のちに、年二回刊行の、文学、美術、音楽を扱うウィーンの雑誌『プロトコル』(1974)に収録され、その後『オクトーバー』(1997)に再録されている。

私が興味をもっている二種類の音楽のうち一方は、だれもが演奏に加わる音楽である。……私の演奏会では、聴衆と演奏者のあいだに隔たりのないような状況をもたらそうとすることがふえている。そして、私がいま言っているのは、作曲家が仕組んだ聴衆の参加などといったものではなく、演奏者といわゆる聴衆の両者の行動から生まれる音楽のことなのだ……。私の興味をそそる、いま一つの音楽とは、長い時代にわたって人びとの関心を引き寄せ、また楽しみをもたらしてきたもので、それは人が他の人を縛ることなく自分でつくるような音楽のことだ。自分で音楽をつくることができるならば、他人に指図する必要などないのだから。

(Cage and Helms 1997: 82-3)

ケイジの著作や、演奏のためのしばしば綿密な指示、作曲の手順に関する説明、楽譜などといったものは、長く多産なその生涯（一九一二年生まれ、一九九二年没）にわたって書きつづけられ、二十世紀のモダニストにしてポストモダン美学の源流としての彼の役割を示す、なみはずれて豊穣かつ多彩な証左となっている。それぞれの著作や楽譜、演奏の根底にある形式上の大きな違いは、また、ケイジにたいして「モダニスト」というレッテルを貼るか、それとも「ポストモダニスト」と呼ぶかという選択に内在するさまざまな問題を指し示すものである。一九七〇年代初期にケイジは、作曲者の意志が参加者の行動を拘束せずに、聴衆が演奏者と共同作業をすることによって音楽を環境に溶け込ませる共同上演を提唱した。この脱中心化された、共同的、異種混淆《ヘテロジーニアス》的な音楽演奏の原理は、すぐれてポストモダン的なものと見える。しかしながら、音楽の伝統にたいする彼の執着のみならず、彼の言動における自我の絶対性（「私は……が好きだ」、「私は……をもたらそうとする」等々）は、モダニズムのほうを向いている。彼は、どれだけ多くの観客が集まろうとも、演奏状況の企画や決定を自身で行ない、自分の選んだ過去の伝統にもとづく創作を信頼したのだ。

ケイジは「ポストモダニズム」よりも「モダニズム」への志向が強かったのだろうか。また、彼のラディカルな貢献をどう理解するのが最善なのだろうか。ケイジは、一九七〇年代、一九八〇年代のポストモダニズムと、とくに（ケイジが擁護した）エリック・サティやイタリアの未来主義、ドイツのダダなどといった一九二〇年代ヨーロッパのモダニズムという、一見して対立する文脈のあいだを行き来している。さらに、一九五〇年代初頭におけるケイジとピエール・ブーレーズの交友や知的交流が、第三の有効な視座を与えてくれる。この三つの文脈はスタイル上も時間的にもたがいに隔たりあっているが、それらが融合してケイジの作品群をかたちづくっているのである。

音楽評論家は、他の領域の批評家に比べて「ポストモダニズム」という言葉を使うことが少ない。引用やよそから持ちこんだ音を使う際でも、音楽は抽象言語だからである。だが、ケイジの場合、とりわけ複雑な様相が見いだされることになる。彼は、詩のテクストやメゾスティック〔各行冒頭の文字を並べるとある単語になるアクロスティックのように、各行の途中の文字を並べるとある単語となるような詩。ケイジはたとえば James Joyce という名を織り込んだ *Writing for the Second Time through Finnegans Wake* というテクストを書いている」を書き、楽譜を視覚作品に変え、踊りや劇とともに上演される音楽を創作した作曲家であるからだ。おそらく、ケイジが作曲という行為の意味に革命的変化をもたらしたために、批評家たちはケイジを二十世紀後半の前衛音楽の旗手と見なすことによって、ポストモダニズムの問題を回避したのだろう。では、ケイジに関するポストモダン的視座の議論を見直すことによって、彼の芸術を「ポストモダニズム」と定義することと前衛音楽と定義することのどちらが有効かという問題に、どのような結論が引き出せるだろうか。

　ケイジのポストモダニズムとの関係を扱う数少ない批評家たち（ヘンリー・セア、リチャード・C・ホッブズ、デイヴィッド・シャピロ、トマス・ハインズら）は、一九五二年のブラック・マウンテン・カレッジにおけるダダ的な「ハプニング」に始まる、ロバート・ラウシェンバーグとマース・カニンガムの二人との共同作業が一九七〇年代の前衛芸術にとって大きな意味をもつ刺激となったと考える。彼らは、ニューヨークにおけるケイジの「ハプニング」と実験舞踊に関する共同作業を、「劇場性《シアトリカリティ》」の一例と規定している。この「劇場性」とは、マイケル・フリートが一九八二年に「「現前性」をかもし出すために、観客との関係の演出、つまり観客との関係のあからさまな操作に頼る」現代絵画と現代彫刻にたいして使った言葉である。フリートが使用に先鞭をつけたのち、この「劇場性」という言葉は「ポストモダニズム」と同義語となり、利用する媒体が単一の芸術から、演者と観客の共同作業や、高踏的な媒体や音、イメージと日常的な媒体や音、イメージの協調によって展開する上演芸術に対象を移して用いられるようになった。こうして、ポストモダニズムにおいては、モダニズム的な枠組みが偶然性と断片化にとって代わられたのである。

　ケイジがブラック・マウンテン・カレッジで創作し、上演した実験的パフォーマンス、「ハプニング」では、演者たちは通路に配され、たがいに無関係なさまざまな行為を同時に行なっている。たとえば、ジョン・ケイジは梯子にのぼってマイスター・エックハルト〔ヨハネス・エックハルト、一二六〇頃――一三二七／二八年、ドイツのドミニコ会士、ドイツ神秘主義の創始者〕についての講話のテクストや、エックハルトの詩、禅についての講話、権利章典、独立宣言などの朗読を行なう。その一方で、マース・カニンガムは椅子のまわりで踊り、ラウシェンバーグは自分の描いた絵の前に立っていたり、雑音のはげしいエディット・ピアフのレコードを通常の倍の速さでかけたりする。デイヴィッド・テューダーは、弦にさまざまな物をはさんだプリペアード・ピアノを演奏したり、ラジオを鳴らしたりする。さらに、M・C・リチャーズとチャールズ・オルソンはそれぞれ別の梯子の上で自作の詩を朗読する、といった具合である。一貫した物語が展開するわけではない。だが、観客が目の当たりにするこれらの出来事は舞台で上演され、上演の過程で演者によって増幅されたり洗練の度を加えられたりすることもあった（Harris 1987: 226; 228）。その点でも、ケイジの「ハプニング」は新しい形の演劇だったのだ。

セアは、作曲という行為をこのような劇場性や上演に緊密に結びつけたことを根拠に、ケイジ、ラウシェンバーグ、カニンガムの三人をポストモダニズムの創始者と見なしている。彼は、一九六二年にヘンマー・プレス出版のケイジの楽譜カタログに掲載された「ロジャー・レノルズによるインタヴュー」やエッセイ「過程としての作曲」、さらには個々の楽曲などといった重要な資料についての議論によって自説を裏づけている。ケイジは、ロジャー・レノルズによるインタヴューで、作曲という行為のもつ性質についてあらたな定義を与えている、という。それによれば、楽曲とは、受動的な聴衆の前で演奏される、完成した静的な事物ではなく、演奏される空間でそれぞれの個人（演奏者と聴衆）次第で変容する聴覚体験ということになる。演奏という行為には始まりも、途中も、終わりもなく、それをはっきりと組織立てることはできないために、過程としての作曲は、聴衆によるさまざまな解釈や批評の可能性を拓くことになる。フランスの哲学者ロラン・バルトも、ケイジがまったく新しい音楽をもたらしたと考えている。バルトによるケイジの革新の分析は、ケイジが演奏に与えた新しい役割を、彼の音楽における記号表現の複数性という概念と、聴く側の音楽体験の過程における新しい記号表現の絶え間ない産出とに結びつけている。ここでバルトは、ケイジの音楽が上演につきまとうさまざまな条件に従うことが、その新しさとポストモダン的性格を規定している、とするセアの見解に暗黙裡に同意しているのである。

舞踊家のイヴォンヌ・レイナーと批評家にして哲学者のテオドール・アドルノの二人は、ケイジ的な諸概念がポストモダニズムと結びつくものであると論じ、その非政治性、反批評性を批判している。レイナーは、ケイジが自分に与えた影響を語るなかで、彼が新しい非階層的、不確定的構成の先例を確立したことを称讃しながら、この非階層性が、さしずめケイジなら「われわれが生きているすばらしい生に覚醒すること」とでも呼びそうなものの達成を不可能にしている、と述べている。彼女の主張によれば、それどころか、不確定の作曲と演奏という新しい方法から得られる批評的洞察は、われわれの送る生がそれほどすばらしく公正かつ正当なものか、また、いかにして、そしてなにゆえにわれわれはそう信じこまされてきたのか、という疑問をいだかせる、という(Sayre 1989: 8)。アドルノは、ケイジの、不確定の実践や、音をただそのまま音とする自由気ままさ、楽曲の環境への浸透という美学などといった点を批判している。哲学者アドルノは、逆に、作品が社会にたいして批評的機能を果たすためには作曲家の独立性、統御能力が必要であると確信して、芸術作品の社会的環境からの相対的自律を提唱しているのだ(Joseph 1997: 90, 95)。

リディア・ゲーアは、『音楽作品の想像の美術館』のなかで、ケイジにおける自我のラディカルなあり方について新しい見方を示している。彼女は、ケイジは演奏にたいする統御を放棄することに成功しておらず、したがって演奏にたいして距離をとることをやめることもできていない、と論じ、この「失敗」を彼の「理論」(彼の考えと願望)と実践のあいだの乖離に起因するものと見なしている。彼女の見るところでは、デイヴィッド・テューダーによって一九五二年に初演された「四分三三秒」のような偶然性に依存する音楽は、いまもなお演奏会場のしきたりのなかで機能していることになる。演奏会場のなかという状況が拍手喝采すべき頃合いや演奏中の振舞い方などのメッセージを聴衆に送っている、と彼女は考えているのである。演奏時間が決まっているために、聴衆はあらかじめ定められた時間のあいだ暗黙裡に定められた振舞いをつづけるよう要請されている、というのだ。ケイジは演奏を自身の手によって統御することをやめて、そのため聴衆のたてる物音や演奏会場の空間そのものを作品の内容とすることを意図した。だが、ゲーアの解釈では、時間の指定などの演奏上の具体的な指示によって偶発的な物音や出来事の範囲は制約を受けるため、その点でケイジの理論と実践は乖離しているということになる（Goehr 1992: 261-4）。レイナーとアドルノは、ケイジよりも強い自我の持ち主なら社会状況にたいする批判を提出することができた、と確信していたが、ゲーアは、ケイジの演奏は、本人の意図とは裏腹に作品という概念を掘り崩すどころか、逆に補強してしまう選択を強要する強い自我の産物だと主張しているのである。

批評家たちは、ケイジの劇場性を一九七〇年代のポストモダニズムの源流と見なすのに躍起になって、メディアを混淆させるこうした共同上演が一九一〇年代のヨーロッパで登場したものであることを見落としている（Sayre 1989: 9）。エリック・サティの「同一の紳士による舞踊音楽をともなう……一幕の抒情的喜劇」『メデューサの罠』は、ケイジがブラック・マウンテン・カレッジで一九四八年に主催したサティ音楽祭でリヴァイヴァル上演されている。この『メデューサの罠』（1913）は、完全な楽譜と台本をそなえており（つまり偶然性に依存する作品とはほど遠いものであり）ながら、荒唐無稽このうえない言葉遊びや、会話と所作の常軌を逸した乖離、（舞踊、演劇、音楽という）メディアの混淆の実験を行なうものであった（Whiting 1999: 449-60）。ケイジが四年後にブラック・マウンテン・カレッジでカニンガムとともに上演した「ハプニング」が、この影響を受けていることは疑いを容れない。『メデューサの罠』は、イタリア未来派による新しい音の実験やダダイストたちの新しい形態の詩の朗読と時期的に一致する。未来派音楽の魁《さきがけ》ルイジ・ルッソロは、騒音音楽《イントノルモーリ》のための楽曲を書くことによって「純粋な音のかぎられた範囲」を破壊した。彼は街や日常生活で聞こえてくる物音に似せた音を出す楽器を設計している。また、クルト・シュヴィッターズやラオウル・ハウスマンのようなドイツのダダイストたちにとって、新しいパフォーマンスの形態とは抽象詩という形をとり、言葉と文字の様式化された視覚的パターンが詩の朗読の際に楽譜のような役割を果たしている。

　ここにみたサティ、ルッソロ、シュヴィッタースのモダニズム的パフォーマンスは、ケイジに先行し、霊感を与えたパフォーマンス・ジャンルの三つの例にすぎない。彼は過去の美学を学び、独自の意見を生み出すために、自身の興味を惹いた音楽や哲学の伝統から借用を行なっているのだ（Pasler 1994: 125; 133）。われわれは、ケイジのポストモダニズムにたいする位置を見定めるに際して、このことを認識しておく必要がある。ポストモダニズムの芸術家たちが引用とブリコラージュの手法によって歴史的な実践に言及するのにたいして、ケイジは歴史を、現代という、あとの時代の有利な視座から回顧した伝統にたいする再解釈をともない、個人的なスタイルの発見に導く、真摯な研究の過程として利用しているのである。

　ケイジの過去にたいする真摯な研究は、彼の活動のきわめて早い時期の、ロサンジェルスにおけるアルノルト・シェーンベルクのもとでの対位法のレッスンと分析（一九三五年三月から一九三七年夏にかけて）と一九四九年における六カ月のヨーロッパ滞在から始まる。彼は、この滞在中多くの時間をパリですごし、国立図書館にかよってサティの生涯と作品を研究している――これはブラック・マウンテン・カレッジにおける有名なサティ上演の一年後のことである。この滞在のあいだ、彼はまた、ヴァージル・トムソンのアドヴァイスにしたがって、戦後前衛音楽のもっとも傑出したフランス人作曲家ブーレーズとの接触を試みている。その結果、二人は深い友情をはぐくみ、二人の交流はケイジが一九四九年十一月にニューヨークに戻ったのちも文通によってつづけられることになる（Nattiez 1993: 4-7）。二人が出会ったときケイジは三十六歳、ブーレーズは二十四歳であった。

　ブーレーズとの初対面を果たしたとき、ケイジは、自身の作品を、そしてとくにそのリズム構造を系統立てるための母型となるものを探し求めていた。彼が一九五一年にブーレーズから受け取った手紙が、パリにおける二人の会話がどのようなものだったかをうかがわせるものとなっている。ブーレーズは、音楽の専門用語を使いながら、十二音音列という概念を一般化して音階だけでなく、音の強度（音量）や声の発出法、さらには音質にまで適用できることを説明している（Nattiez 1993: 99ff.）。彼は、こうしたそれぞれの音楽上の要素が「連続的構造」をもつと論じ、それぞれの連続的構造を図解する図表を示しているのである。ケイジはこの手紙に感銘を受け、一九五二年に『変形《トランスフォーメイション》』誌にその大部分を訳出し、モートン・フェルドマンとクリスチャン・ウルフとともに註解をほどこしている。彼のほうは、フランスの十二音音楽の実践者であるブーレーズとアメリカの偶然性の音楽の作曲家である自身を結びつけることで、新しい音楽についての自身の立場を示しているのである。彼は、新しい音楽のつくり手の共通の目標は、あらたな組合せによって融合させるためにそれぞれの音楽上の要素をひとたび分解したのち構成し直すことだと主張しているのだ。

ブーレーズのケイジへの称讃は、西洋音楽の和声を葬り去り、音質と音階、発出法、長さの塊として音を定義づけるという共通の関心にもとづいている。ブーレーズは、（ケイジがパリにいた）一九四九年六月十七日にケイジに向けて行なったレクチャーで、「純粋な音」ではなく「複合体としての音を利用している」ことを理由に彼を称讃している。一九五二年に『音楽評論《ラ・レヴュー・ミュージカル》』に掲載されたこのレクチャーの記録（「たぶん《ポシブリー》」と題された）のなかでブーレーズは、この点について以下のように説明している。

> われわれはまた複合体としての音という概念に関してもケイジの恩恵を受けている。というのも、彼は、純粋な音を用いずに、本質的に音質と長さ、強度に結びつけられたいわば音の混合物となっており、協和音としての機能をもたない和音を使用した作品をつくっているからだ。（Nattiez 1993: 9）

ブーレーズはおそらく、ケイジのプリペアード・ピアノの音のことを考えているのだ。プリペアード・ピアノは、物（紐や輪ゴム、コイルなど）を弦の間にはさむことによって違った音質を出すことを可能にし、ピアノを打楽器に変えてしまう魔術的な手法だからだ。一九四〇年代にケイジは、数多くのプリペアード・ピアノのための作品を書いており、ブーレーズがそれらを熟知していたことは明らかだ。

二人の若い作曲家をつなぐ友情の基盤は強固だった。音楽上の要素のあいだの構造的関係や、諸要素の関係を示す数学的な図表、音集合、音列の概念などといったものへの関心が、二人の友情の根底にあったのだ。しかし、ケイジは次第に偶然性と新しい演奏状況というものに関心を向けるようになり、二人は袂を分かつことになる。それまでつねにモートン・フェルドマンの「不精確性」や「単純性」という概念に批判的だったブーレーズは、『変革の音楽』（1951）のなかで偶然性を重視するケイジに激しい攻撃を加えている。

> 赦してほしいのだが、私に耐えられない唯一のものは、（コインを投げて決める）絶対の偶然性に頼る手法だ。それどころか、私は、偶然性は徹底的に統御されなければならないと信じている。私は、さまざまな図表、というか一連の図表を用いることによって、書かれたものであれ書かれていないものであれ、偶然の自律性をもった現象を統御することが可能だと信じているのだ。……未知のことなどもうたくさんだ。
> （Nattiez 1993: 17）

ケイジは問題の『変革の音楽』のなかで、音調、長さ、強弱法の三つの音楽要素に対応する図表を作成する際に、中国の変化の書たる『易経』に依拠している。作曲する際に彼は、骰子を投げ（これがブーレーズの言う「コイン投げ」に当たる）、図表のマス目に対応する番号を得て、その結果決まる音階、長さ、強弱のマス目を選んで塊としての音をつくり、そしてまた次の音を組み立てるために骰子を振るといったことを繰り返すのだ。ブーレーズからすれば、ケイジは偶然性に頼りすぎているということになる。

西洋音楽の和声を拒絶し、シェーンベルクやウェーベルンの十二音音列の概念を音楽の構造のあらゆる側面に適用したブーレーズは、前衛音楽の旗手であった。しかしながら、ケイジの『変革の音楽』にたいする彼の反応から明らかないくつかの理由によって、彼はポストモダニストではない。彼の理論も実践も、自我を葬り去り、聴衆を中心化し、芸術を人生と融合させる意図を示していないからだ。ブーレーズとの関係でみれば、ケイジは、ブーレーズが実践した規律を、作曲と演奏を洗練し、偶然性の要素を導入するために利用したアメリカの実験者ということになる。ブーレーズの場合と違って、ケイジの実験は、ほかのジャンルの芸術家（舞踏家のカニンガム、画家、セット・デザイン担当のラウシェンバーグとジョーンズ、そのほかに映画監督、ヴィデオ・アーティストなど）との共同作業を伴う。ケイジは、サティのモダニズム、イタリアの未来主義、ダダやそのほかのモダニズム運動を焼き直して、聴衆に運動と参加の自由を与えることによって、また、一九六〇年代には演者による、音を伴うことも伴わないこともある秩序立てられた行為としての作品を構想することによって、日常的なものを自身の作曲のなかに取り込んでいるのである（Pritchett 1993: 146）。

だが、ブーレーズを前衛に、ケイジをポストモダニズムに、という位置づけは、事態をあまりに単純化しすぎている。二人のあいだには多くの共通点があるからだ。二人はともに伝統に依拠することを信奉していた。伝統とは、いまの場合、アルノルト・シェーンベルクとアントン・ウェーベルンの十二音音楽のことだ。また、二人とも、音列の構造をすべての音楽要素に当てはめることで、自分たちは、第二ウィーン学派が提唱した、機能的な和声に代わる、一人の音が次の音を予期させない厳格な対位法を導入する取組みを拡張し、再解釈していると信じていた。また、ブーレーズもケイジも、社会や政治の諷刺や批判に関わっていない。彼らには、社会・文化的な歴史、哲学、著作の断片を取り込んで組み合わせ、複数の声や模造物をつくる傾向はない。とくにケイジは、自身が論理的な継承者、あらたな代弁者となる伝統を生み出すために、「適切な過去」を見いだそうとしていた。ケイジは、過去に没頭し、「モダニズム音楽の主流」に合流し、ポストモダニズム特有の「薄れゆく歴史感覚」や「永遠の現在」から離れたところに身を置いていたのだ（Pasler 1994: 140; Connor 1989: 91）。

ポストモダニストというレッテルがケイジの作曲と美学を適切に定義するものであるかどうかを確かめるため

に、私は、演劇とメディアの混淆とにたいする彼の志向がポストモダニズムの魁《さきがけ》となっている可能性を主張し、彼の芸術を一九一〇年代、一九二〇年代ヨーロッパのモダニズムの文脈のなかに位置づけ、彼の業績をブーレーズのそれとの関係で論じてきた。われわれが見つけなければならない失われた環は、ケイジがどのような運動に先行あるいは追従、敵対したかということよりも、現今の世界にたいするわれわれの認識にどのように貢献したかということである。彼の作品は、時代ごとに劇的な変化を示している。一九五〇年代の彼は、演奏者による実演方法の可能性が無数にある、独特の図解的な楽譜を考案し、楽譜か(つねに一定しない)演奏のどちらかに依存する音楽作品の批評的評価にたいしてやっかいな問題を突きつけ、偶然性と不確定性の実現方法を模索した。ケイジは、たがいに貫入しあう音の世界を生み出し、こうした音どうしのあいだの階層性を排除しようとしていたのだ(Pritchett 1933: 139; 146)。しかし、一九六〇年代に入ると、彼の美学は変わる。楽曲を音からなる具体的な事物と見なすことをやめ、行為として、すなわち、作曲家が電子部品を組み立て、演奏者が細目を示さずに概略のみを示す楽譜を実現する過程として取り扱うのだ。たとえば、一九六二年につくられた『〇分〇〇秒』(『四分三三秒　第二部』)の楽譜には、「最大限の拡声装置がある状況のもとで、規律ある行動をするように」との指示がある。さらに、ジェイムズ・プリッチェットによれば、一九七〇年までに、ケイジの美学はふたたび変化しているという。一つの未来の音楽ではなく、スタイルの折衷に関心を示しているというのだ(Pritchett 1993: 146; 158; 173)。

ケイジの活動は多岐にわたるが、ポストモダニズムという言葉で括ることはできない目標に動機づけられている。ケイジは、モダニズムのユートピア幻想とアメリカ的な実験精神に導かれて、作曲家、演奏者、聴衆の伝統的役割を変容させ、社会を変革し、「アナーキーの実用性」を示す「規律ある人びとに許される自由」の幻想を提示したのだ(Cage and Helms 1997: 81)。ケイジは、主導権を作曲家から演奏者と聴衆一人ひとりに移すために、偶然性の実現方法を利用した。ケイジの自己表現からの離脱はポストモダニズムの声の多様性と共鳴するところがあるとはいえ、彼の場合、不確定性はあくまでも彼が選んだ音楽要素のなかでのものにすぎない。さらに、「ポストモダニズム」というレッテルは、作曲という行為にたいしてケイジが投げかけた挑戦を十全に説明するものとならない。彼は、一九五〇年代に、エクリチュール（楽譜）と音（演奏）のあいだに差異を確立することによって、革命をもたらしている。かくしてケイジは、完全に楽譜化されない、また固定されることもない作品の制作に道を拓いたのである。一九六〇年代と一九七〇年代には、芸術家集団フルクサスが、コンセプチュアル・アートの魁となる、この「開かれた作品」という概念の開拓を進めている（Pepper 1997: 37-8）。書かれた楽譜と不断に変化する演奏のあいだのこうしたケイジ的緊張関係や、そこから生じる、楽譜は固定された指示対象をもたない自律的実体であるというパラドックス、過程としての作曲の扱い、さらには、多様な記号表現と批評家による受容の可能性拡大などといった概念は、前衛音楽をあらたな領域に突き進ませた。それぞれそれ自体として突き詰めれば、こうした概念は、現代の聴衆にあらたな自由の可能性を生みだした独創力をもつ、驚嘆すべき挑発的な論客としてのケイジの独自性を示すものとなっている。

12 イタロ・カルヴィーノ Italo Calvino 1923-1985

遊び心に満ちた文学的冒険

ロッコ・カポッツィ

楽しませることは真面目な仕事だ。
（I・カルヴィーノ）

イタロ・カルヴィーノ（一九二三―八五年）はイタリア内外で最も読まれ、研究され、引用され、尊敬されている現代作家の一人である。彼はまた、二十世紀の最も複雑で、知的で、革新的で、学際的で、遊び心に富んだ想像力を発揮するメタフィクション創作者の一人でもある。この作家が英語圏で評判になったのは一九六〇年代、つまりは『レ・コスミコミケ』、『見えない都市』、『宿命の交わる城』が刊行されてからのことである。カルヴィーノの名声はジョン・バースの有名なエッセイ「枯渇の文学」（1967）と「充満の文学」（1979b）が発表されたことでさらに増大するが、バースはこれらのエッセイのなかでホルへ・ルイス・ボルヘスとイタロ・カルヴィーノの小説をポストモダニズムの完璧なモデルとみなしている。バースはこの二つ目のエッセイのなかで、カルヴィーノを「イタリア・ネオ－レアリスタとして出発し――『蜘蛛の巣の小道』［1998 / 1947］――、模範的ポストモダニストまでに円熟し――『レ・コスミコミケ』［1976 / 1965］、『宿命の交わる城』［1973］――、時折り沈んだり浮かび上がったり、まったくモダニズムにシフトしたりする――『見えない都市』［1974 / 1972］――作家」として紹介している（Barth 1979b: 66）。

『次の千年のための六つのメモ』（1988b）に収められた講演論文「多様性」のなかでカルヴィーノは、フロベールやボルヘスのような作家を称賛し、彼らの小説が「百科事典、知識の方法、そしてとりわけ関係のネットワークとしての現代小説」（1988: 105）という考え方を例証するものであるとしている。『見えない都市』、『宿命の交わる城』、そして『パロマー』（1983）は、そのすべてが対象やイメージ／概念——それが都市であれ、物語であれ、神話であれ、波であれ、動物であれ、写真であれ、商店のチーズの陳列であれ、小説であれ——を捉える優れた例となっている。そして、諸部分と全体を分析するプロセスにおいて絶えずこうした対象やイメージ／概念を構築したり脱構築したりすることにより、そうした考察対象についてのよりよい理解に到達する仕掛けになっている。しかしながら、われわれはその一方で、言葉というものが現実を捉えるうえだけでなく、自分の意図を明確化するうえでも、考えたり知覚したりすることを描写するうえでもきわめて無力な代物であるという事実に語り手（とりわけパロマー）がいかに悩まされているのかを、しばしば目撃するはめになる。

カルヴィーノがボルヘスや他の作家・批評家たちを精読していることを、批評家たちは時どき過度に重視してきた。カルヴィーノの幅広い関心、広大な百科事典的能力、全面的な「教え楽しませる」（docere et delectare）詩学、学際的な要素とマルチメディア的な要素の融合に寄せる情熱といった点を長い目で観察するなら、彼は当然ヨーロッパ・ポストモダニズムのパイオニアとみなされてよいだろう。カルヴィーノの仕事は古典的・学問的文化と大衆文化、文学テクストと理論的・哲学的テクスト、自然科学と人文科学、過去の歴史と最近の歴史、そして書かれたものと視覚的イメージとの結合を企てている。たとえば『レ・コスミコミケ』や『柔かい月』（1967）には映画や漫画の技巧がふんだんに使われているが、そこでは映画的な効果とSF、ロマンス、〈ウェスタン〉の諸技巧がきわめて巧妙な間テクスト的手法によって結び合わせられている。さらにいうなら、『冬の夜ひとりの旅人が』（1979）の冒頭にも映画的、間テクスト的遊び心が満ちあふれている。それはまるで白黒時代の古い探偵映画の一シーン（たとえば、『カサブランカ』の最終シーン）を彷彿させるのだ。

ハワード・カーターの『ファンタジーの変形』（1987）のような数多くのカルヴィーノ研究は、この作家のネオレアリズモからポストモダニズムへの発展と呼ばれるものについて全般的な見取り図を提示している。これらの研究からうかがい知れることは、この重要な時期に活躍したイタリアの批評家たちがより強い関心を示したのが、社会参加型「レアリスタ」としてのカルヴィーノだったということである。つまり彼らは、カルヴィーノが『テル・ケル』グループや、ロブ＝グリエら「ヌーヴォー・ロマン」の推進者たちが主唱する新しい小説と結びついたフランスの実験主義とすぐさま同化されることをあまり喜ばなかったのだ。しかし、カルヴィーノはけっして模倣者ではなかった。そうではなく、彼は文学にとっての新たな可能性を探ることに関心があったのだ。それは、クノーや「ウリポ」（グループ「潜在的文学工房」の略称。カルヴィーノは一九七四年にメンバーとなった）のメンバーたちが数学、科学、文学を結び合わせ、文学に新しい生命を吹き込むと同時に、その芸術的潜在力を増大させようとした試みとほとんど軌を一にしていた。カルヴィーノの仕事を通じて証明されるように、表面的な自由や諧謔の下には窮屈さや明晰なロジックが隠されているのだ。このことはとりわけ『見えない都市』、『宿命の交わる城』、『パロマー』といった作品の念入りに構築された構造（ボッカッチョの「額縁」〔cornice〕の流儀を継ぐ）において明らかとなる。

「サイバネティックスと幽霊」と題されたエッセイにおいては、他の文学を生み出す「機械」としての文学という考え、すなわち限られた数のユニット（あるいは要素）を用いて無数のテクストを生成するという考え方が検討されている。「結合的ゲームとしての文学」に関するこの重要な論考はいくぶん歴史的な性格を帯びている。というのも、この論考はわれわれをレイモン・リュリーの「結合術」（ars combinatoria）からソシュールの「チェス・ボード」上の駒とその動きといった概念へ、さらには『昔話の形態学』におけるプロップの機能に関する議論、グレマスの「行為項」（actants）、そして「ウリポ」が示唆したようなタイプの結合・変換へと導くからである。またこの論考は、記号論や構造主義とリンクした物語論的な諸問題についても検討し、「書く機械」としての作家・文学というカルヴィーノ自身の考え方を披露している。さらにこの論考は、『見えない都市』や『宿命の交わる城』を読み解くための鍵を差し出している。『宿命の交わる城』には、タロットやポピュラーなトランプのイメージが利用され、「語りの機械」が連想、結合、象徴解釈、神話、テクスト、物語、仕草、さらには沈黙をとおしていかにして始動し――可能とあれば際限なく――動きつづけるかが物語論的に見事に描出されている。

彼の時代の文学的風潮にカルヴィーノが周到な関心を寄せていたことは、『冬の夜ひとりの旅人が』――「読者受容理論」（エーコ、イーザー、ブルーム、デリダ）のパロディでもあり、見事な例解でもある探偵小説――を読めばよくわかる。カルヴィーノはエーコと同じく、作家やテクストの「権威」（auctoritas）から読者の自由な解釈への転換という考え方――とりわけ、ポスト構造主義やラディカルな脱構築主義者たちの発想――に馴染めなかった。現実の読者やテクスト中の読者をコントロールする作者の存在は、冒頭から最後のページにいたるまで感じ取ることができる。このことについては疑問の余地はないだろう。それぞれが序幕であるような一〇の章から成るこの小説において、カルヴィーノは多様な小説ジャンル（ロマンス、ミステリー、官能小説など）に属するさまざまなテクストを追いかける（ルドミッラ、ロターリア、イルネリオといった）相異なるタイプの読者たちをからかうことに打ち興じている。批評家、教授、翻訳者、出版編集者たちについても、作者は熱弁をふるっている。「入れ子構造化」（mise-en-abîme）、埋め込み、書き直し、無限の間テクスト性、そして（シェヘラザードやボッカッチョにまで遡る）その他の物語論的な戦術を驚くべき形で提示したことで、錯綜した物語を創造するだけでなく複雑な哲学的思想や文学理論を取り扱うカルヴィーノの類いまれな力量が確証されたのである。

「われわれの祖先」（1951-9）と題された三部作〔『まっぷたつの子爵』（1951）、『木のぼり男爵』（1957）、『不在の騎士』（1959）〕の刊行とともに、カルヴィーノはマルクス主義者たちが知識人に求めていた社会・政治参加の立場から距離を置くことになる。当時は、多くの作家・芸術家たちが依然として戦後の社会・政治参加型のやり口、ネオレアリズモ的な技巧に肩入れしていたのである。一九五六年、ソ連がハンガリーに侵攻したとき、カルヴィーノはイタリア共産党の沈黙に幻滅し、翌一九五七年には同党を脱党してしまう。だが、三部作や短編小説――とりわけ『むずかしい愛』――においてカルヴィーノがファンタジーやメタフィクション的な要素へますます熱中していくのを目撃していた読者にとって、それは驚くに当たらないことであったろう。『むずかしい愛』には「ある読者の冒険」と題された物語が収められているが、この物語は完全にポストモダン的な小説である『冬の夜ひとりの旅人が』の縮小版といった趣きを呈している。『むずかしい愛』がわれわれに提供しているのは、語り手によって織り成される、自然、他人、時間、自身の心といったものとの関わりについての広範な実存的・心理学的省察と言えるだろう。

だが、一九六〇年代末にいたるまで、批評家たちは依然としてカルヴィーノの仕事を主にレアリズモやエリオ・ヴィットリーニとの長期にわたる協調といった観点から考察しようとしていた。このような見方は最初の小説『蜘蛛の巣の小道』に関してはおおむね正鵠を得たものと言えるだろう。この小説は反－ファシズム的な〈レジスタンス〉を題材にしており、大人たちの世界からセックスと暴力を習い覚える若者ピンによって語られているからである。またこの見方は、以下のような作品群にも適用可能だろう。『最後に鴉がやってくる』(1949)所収の戦時中に書かれた短編群、『むずかしい愛』(1970. 一九四〇年代から一九五〇年代初期に執筆)、イタリアが農業経済から工業経済へと大きな発展的変化を遂げていた頃の短編集『アルゼンチン蟻』(1952)、『スモッグの雲』(1958)そして『建築的考察』(1963)。この最後の二つの短編集には、消費産業社会のなかでほとんど消失してしまった自然の運命を嘆くカルヴィーノの姿が見て取れる。それからむろん、政治的な短編小説『ある観察者の一日』(一九五〇年代末に執筆され、一九六三年に出版された)をそこに加えなくてはならないだろう。振り返ってみるならば、当時の保守的な読者たちは作者が言語、文体、テクストの物語的戦術について行なった実験を見逃していたと考えることもできる。実はテクストのなかでは、幻想的・物語論的要素や作者の文学理論に対する関心が、実存的・社会学的テーマと完璧に融合されていたのである。ほとんどの批評家たちは、カルヴィーノが既に新しい文学、すなわち政治的なイデオロギー以上に、思想、開かれた構造、知覚の問題、そして言葉・イメージ・思想・現実間の関係といったものがより大きな関心となるような文学に深く専心しているということを見落としてしまった。一九七三年以降に刊行された批評（たとえば、Calligaris 1973; Bernardini Napolitano 1977; Milanini 1990; そしてなかんずく、BelpolitiやRicciの傑出した論考）からも知れるように、こうした状況は一九七〇年代には一変してしまう。

カルヴィーノのメタフィクションに関わる実験は、一九六〇年代の度重なるパリ滞在以降（『テル・ケル』グループ、さらに詳しく述べるならバルト、グレマス、ロブ＝グリエ、クノー、ペレック、セールといった作家・批評家たちとの接触以降）いくぶん勢いを増したと言えるかもしれない。さらにいうなら、彼はボルヘス、スティーヴンソン、ナボコフ、バース、ピンチョンらを読むことで啓発された可能性もある。こうした可能性はもちろん、想定されうる別の筋（ヴァレリー、ポンジュ、モンターレ、ガッダ）からの影響も否定できないだろう。しかし、その一方で、カルヴィーノが一九六〇年代や一九七〇年代の新種の諸理論に対して懐疑的、さらには批判的にさえなっていたということも忘れてはならないであろう。

カルヴィーノが表象や社会問題の解決に関する新種の理論を特別に採用することに難色を示していたという事実は、彼の最もよく引かれる論考（特に、「客観性の海」、「迷宮への挑戦」、「サイバネティックスと幽霊」、「諸レヴェルにある現実性」を参照せよ。あとの二つの論考は英訳され、『文学の効用』［1987］に収録された）にきわめて鮮明に現われている。こうした論考を一読するなら、カルヴィーノには「ヌーヴォー・ロマン」も、当時のイタリア的文学趨勢（「文学と産業」）が後押ししたと思われる科学・テクノロジーに対する新たな信仰も、文学は本質的にすべて言語であるとする立場（デリダらのポスト構造主義）も進んで採用する気がないことが確認できる。「客観性の海」のなかで、カルヴィーノは「視線派」（ヌーヴォー・ロマンの作家たちのこと）が唱えているようなレヴェルでの客観性に対し、また主観性の海を離れ人を溺れさせる事物や客観性の海へと身を移すことに対して、作家たちに注意するよう警告している。「迷宮への挑戦」においては、文学の役割がずばり「迷宮への挑戦」（迷宮はカオス的現実を閉じ込めているものを指し示すために使用される、ボルヘスにお馴染みのメタファー）であると断言されている。彼の小説はこうした考えを、図書館、迷宮、牢獄的（あるいは万華鏡的、リゾーム的）構造、ネットワーク、ウェブといった見慣れたイメージを通じ、さまざまな方法で明らかにすることを目指していた。『見えない都市』の結末に現れる「地獄」のイメージや『柔かい月』の最後の一編「モンテ・クリスト伯」に登場する迷路／牢獄のイメージがその好個な例となっている。いずれの場合にも、人間はそこから逃げ出すことができない。しかし、己れの苦悩の原因や目的だけは少なくとも見定めることになるであろう。

独創的なポストモダン作家としてのカルヴィーノの技量は、『レ・コスミコミケ』に描かれる Qfwfq の銀河的ピカレスク・アドヴェンチャーや『柔かい月』によって完璧に例証されている。（科学と文学を見事に合体させた）ガリレオや（ファンタジーの巨匠としての）アリオスト、ボルヘスといった彼のお気に入りの作家たちの何人かを部分的に参考にしながら、カルヴィーノはさまざまな社会問題についての批評＝批判を伝える物語のなかで、科学、埋め込まれた枠組み、寓話、神話、探偵小説、歴史、ユーモア、論理問題の解明（ことに『柔かい月』を締めくくるいくつかの物語を参照せよ）といった要素を結び合わせている。またある物語は記号論や構造主義など、ポピュラーな文学理論についても言及している（ことに「宇宙にしるしを」、「鳥類の起源」を参照せよ）。言語記号の恣意性や、コンテクスト・文化に応じて異なる解釈が下せるという記号全般に関する問題は、カルヴィーノの作品にお馴染みのテーマである（とりわけ『見えない都市』、『宿命の交わる城』、『レ・コスミコミケ』を参照のこと）。さらに、カルヴィーノは無数の〈私—他者〉関係や欲望の不断の状態／衝突を記述するのにラカン的な精神分析を取り入れている。どちらから読んでも同じになる回文というよりも、半分に折り返すことができる名前（qfv-vfq）であるために、自己をまったく鏡のように反射している Qfwfq は謎めいた変幻自在のキャラクターである。Qfwfq は〈ビッグ・バン〉の時代から恐竜時代を経て今日のニューヨーク〈ティファニー〉でのショッピング）まで、時空のなかで状態や形を永久に変え続ける。そして Qfwfq はまた鋭敏な実地証人、ユーモラスなコメンテーターでもあるのだ。Qfwfqの遍在性を共有することは教育的とも言えるし、また娯楽的とも言えるであろう。空間、水、時間、歴史のなかで繰り広げられる彼の冒険はあらゆる種類の認識プロセスと関係するが、Qfwfq は今日の知識を有する者のように易々とそれらすべてを処理してしまう。さらにいうなら、Qfwfq の逸脱した自我、実存的苦悩、孤独、瞑想的性格、自己風刺といったものは、そのすべてが「時代との調子合わせ」（Capozzi 1989）を決意しつつも、当世はやりの文学的風潮とされるものから慎重に批判的・審美的距離を保っていた時期のカルヴィーノの困難な境遇を虚構的に映し出しているのである。

カルヴィーノの文学に対する学際的なアプローチ、および間テクスト的饗宴や大衆文化の皮肉／パロディめいたポストモダン的な一貫使用は、三部作にまで立ち戻って跡づけることが可能だろう。そこには彼が偽善、享楽主義、官僚政治、さらには資本主義や近代科学の危険性を痛烈に批判する際に用いる、メディア（とりわけ映画的技巧）と歴史、文学、寓話、アレゴリー、皮肉、風刺とを混合する技巧の最初の例を明確に見て取ることができる。

批評家たちは、『パロマー』の瞑想的・現象学的な実地証人である語り手のなかにたくさんの自伝的特徴を探し当ててきた。われわれもまた、『ある観察者の一日』のアメリゴ、『見えない都市』のマルコ・ポーロとフビライ汗の相補的コンビ、『レ・コスミコミケ』の Qfwfq 、『冬の夜ひとりの旅人が』のサイラス・フラナリーのような他我＝分身のなかにカルヴィーノの姿が映し出されていると考えている。そこにはまた『宿命の交わる城』所収の物語「私も自分の言い分を言ってみる」の語り手も含めなくてはならない。この語り手は自身の作家としての役割を、「市場にあるような台の上に何枚かの絵図を並べては置き換えたり、つなげたり、取り替えたりして数種類の効果をつくり出す手品師か奇術師」（105）のそれに譬えている。『パロマー』の場合には、語り手の心や描写が外界を映す鏡となるにつれて、焦点が内面化されていくような印象を受けることが時どきある。パロマー氏は言葉だけでなく沈黙も観察・分類・描写・解釈の対象とし、太陽光線について熟考したりする。それもこれもすべてが世界を映し出そうとするためなのだ。しかし、彼はけっして自分が世界と調和していると感じることがない。そこで、事物の表面しか捉えることができないことに苛立ちを覚えながらも、彼はひたすら観察し書きつづけることになるのである。

カルヴィーノの死後に刊行された『次の千年のための六つのメモ』は彼の文学に対する愛を明かす最後の証明書である。書くことと語ることとの問題を広範に論じる「軽さ」、「スピード」、そして「多様性」についての講演は、短い物語、百科事典的作家たちに対する好み、認識的なプロセスへの関心など、作家カルヴィーノについてたくさんのことを明らかにしてくれる。『六つのメモ』のなかで、われわれは再度オヴィディウス、ヴァレリー、ボルヘス、ガッダ、ペレックといった作家名に遭遇するが、このことはカルヴィーノが本質的に知性によって構築された世界であるような文学、カオスから精神的な秩序を創造する方法であるような文学に愛情を寄せていたという事実を証し立てていると言えるだろう。

カルヴィーノの小説世界は、それが純粋で複雑で知的・遊戯的な言語構築物（『見えない都市』、『宿命の交わる城』、『パロマー』）に見えようと、はたまた文学世界や間テクスト性から派生したもの（『レ・コスミコミケ』、『宿命の交わる城』、『冬の夜ひとりの旅人が』）と思われようと、依然として常に読者を読者が生きている世界へと連れ戻す。さらにいうなら、カオスや迷宮的な構造に直面してカルヴィーノの語り手の何人かが示す懐疑主義は、けっしてペシミズムとして解釈されてはならない。フビライ汗に向かって囁かれる次のようなマルコ・ポーロの言葉は、まさに鮮やかにカルヴィーノの哲学を要約していると言えるだろう。

生の地獄というものは、これから存在することになるようなものではありません。もし地獄があるとすれば、それは既にここにあるものなのです。それは私たちが日々生きている地獄であり、私たちが共にいることでつくりだす地獄なのです。この地獄の苦しみを逃れる方法は二つあります。最初の方法の方が多くの人たちにとっては簡単でしょう。それはつまり地獄を受け容れ、その一部となって、それがもはや目に入らなくなるようにすることです。二番目の方法は、危険で不断の慎重さと気遣いを要求されます。それはつまり、地獄のただなかにあって、誰が、そして何が地獄でないかを見極めようと努力し、次いでそうした者／物たちを生き永らえさせ、彼ら／それらに空間を確保してやるということです。(『見えない都市』165)

13 アンジェラ・カーター Angela Carter 1940-92

おとぎ話のなかに女性の声をとり戻す

ジョアン・ガス

「彼女は事実か、それとも虚構か」（1984: 7）。この問い（あるいはそれは異議申立てか）がジャック・ヴァルザーを迷わせるのは、彼が『夜ごとのサーカス』（1984）に登場する翼を持つ空中曲芸師のヒロイン、フェヴァーズについての真実を解き明かそうとするときである。そしてこの問いはまた、この小説の書き手、アンジェラ・カーターを型にはめ込もうとする批評家たちを惑わせる。カーターは、フェヴァーズという実に申し分のない彼女の創造物と同様に、型にはめ込まれることを拒む小説、短編、エッセイを書いた。カーターの作品についての批評の概略でさえ、その作品が二十世紀後半の批評の「流派」と同程度に多くの解釈を招いていることを明らかにしている。カーターが権力の諸言説を問題にするとき、彼女はフーコー主義者と見なされる。そしてカーターが権力の諸言説を粉砕するためにカーニヴァル的なものとグロテスクなものを統合するとき、彼女はバフチン主義者と見なされる。またカーターが資本主義や階級的特権、とりわけイギリスの資本主義や階級的特権に脚光を浴びせるとき、彼女は自分がマルクス主義の影響を受けていることを明らかにする。彼女は本質主義と主体性の神話を脱構築し、行為遂行性と戯れをその代わりとする。そして一人のフェミニストとして、カーターはあらゆる種類の父権制的な諸構造に異義申立てをする。リンジー・タッカーは彼女の作品について、「偉大であると同時に野蛮である」と述べている。つまり、「その間テクスト性の配置の仕方は果敢であるが、カーニヴァルのさまざまな臭気と多くの身体性の表象に耽っているにすぎない」としている（Tucker 1998: 2）。カーターとはこうした人物像のすべてであるが、そのうちの一つだけに限定することはできない。ちょうどフェヴァーズが信用詐欺の名手、すなわち、あらゆる女性性の神話を利用し、そこで得たものを貯える通俗的な天使であるように、アンジェラ・カーターもまた彼女の教養に根ざした言説的な実践を開拓し、そうした実践に熟達してきた。フェヴァーズと同様に、彼女もカタログ化、カテゴリー化されるのを拒んだ。というのも、何かと同一視されることは固定化されることであり、それゆえに管理に従わされることだからである。そうなってしまえば、『夜ごとのサーカス』に出てくる夢遊病者やパノプティコンの監獄の囚人たち、そして『魔法の玩具店』（1967）に出てくる指人形たちとまるで同じになる。カーターの作中人物たちはしばしば本質主義を推し進める諸言説の犠牲者であり、まさにその犠牲を拒否し、そうした言説を解体しようと試みる者たちである。そしてカーターは、彼女がつくった最も逞しい登場人物たちと同じように、あらゆる種類の本質主義化を拒否するのである。

アンジェラ・カーターはみずからの作家人生全体を通じて、女性と男性の生を決定している具体的な諸条件を暴露している。シモーヌ・ド・ボーヴォワールは女性に対して、女性自身になるために世界の「経済的・社会的構造を知ること」（Beauvoir 1952: 52）という方向性を示したが、カーターは、こうした方向性を、知性と知恵をもって、ボーヴォワールやわれわれの実存の真の諸条件に対する探究を企てるために取り上げたのだった。「真の」（real）という語によって、カーターはわれわれの生に関わる日常的・現世的で単独的・個人的な諸々の事実を意味した。『サド的女性』（1979b）のなかで、カーターはポルノグラフィについて批判している。なぜならポルノは個々の人間の性的経験を一様化し、われわれの実存を単独的たらしめる言語的、社会的、政治的、文化的な諸差異をないがしろにするからである。

しかし、どんなに予想外のものであるにせよ、どんなに表面的には無償のものであるにせよ、真の生の一様化を解体する事実をもたないベッドはない。われわれは単なる男と女という形ではベッドを共にしない。たとえこんなことを引合いに出さないにしても、われわれは依然として自分たちとともにベッドに、われわれの社会的階級、両親の生活、銀行預金残高、性的・感情的期待、全経歴――われわれ独自の人生の一切の欠片、一切の断片――という手荷物を引きずり込んでいる。(1979b: 9)

だからといってカーターがそこで、われわれは自分たちの生活の完全な管理下で各々独立した存在となるという瞬間を思い描いたと言いたいのではない。彼女は、ボーヴォワールが理解したように、われわれが自分たちを生産する具体的な諸条件の生産物であると理解したのである。ポルノは、「人間経験の一様化は信用詐欺であり、女性の経験の一様化という考え方は小利口な信用詐欺である」と断じる他のいずれの言説とも類似している(1979b: 12)。

一様化を行なうものとしてカーターが最も頻繁に取り上げる標的の一つは神話であり、形而上学的な真理と力に対する神話の言い分である。カーターの判断するところでは、神話の力は、その形而上学的・普遍的な力にあるのではなく、経済的、政治的、社会的言説や父権制による抑圧において表現しようとする具体的な力にある。カーターは、『サド的女性』に寄せた「論争的序文」のなかにある神話についての言及――彼女の文章のなかでも最も引用される一文――において、「神話は、個々の置かれた状況の痛みを和らげるために、偽の普遍的なものを扱う」と述べている。彼女はつづけて言う。

女性に関しての神話による一切の見解は、処女の純粋性を回復するような神話から治癒や和解をもたらす母親の神話にいたるまで、慰めを与える程度の無意味なものである。そしてこうした無意味さは、いずれにせよ私にとって、神話の正しい定義であると思われる。母なる女神たちはちょうど父なる神々と同じくらい馬鹿げた観念なのである。仮にこれらの信仰に関わる神話の再興が女性たちに感情的な満足を与えるとしても、生の真の諸条件をかすませるという犠牲を払ってなされているのである。これこそが、そうした神話がそもそも発明された理由である。（1979b: 5）

アンジェラ・カーターは神話の修辞的な力の解体を企て、ついにはその力を打ち倒そうとした。そして彼女がこのような革命を果たすために用いたのがパロディだった。彼女の長編・短編小説のほぼすべてが、大真面目な政治的目的のために広く受容されている文学形式や文化的神話をパロディ化している。そして彼女がこのような革命を果たすために用いたのがパロディだった。

リンダ・ハッチオンの問題意識と対応している。つまりハッチオンによれば、パロディは、カーター特有のパロディはあるテクストのなかに組み込まれたものであると同時に、既存のあり方に対して根本的に異議を唱えるものであるという点において逆説的であるがゆえに、まさにポストモダニズムに適した批評様式なのである」（Hutcheon 1988: 129）。このような特徴をもったパロディは、ハッチオンによれば、

「忘却の歴史」のひずみに直面した歴史や記憶を回復するためだけでなく……、無限に膨張していく間テクスト性のネットワークの内部に歴史とフィクション双方の言説を位置づけることによって、書くという行為の一切が有する権威を問題とするためにもまたパロディを用いるのである。そしてそうしたネットワークは、単一の起源や単純な因果関係に関わるいかなる観念をも愚弄するのである。（Hutcheon 1988: 129）

したがってパロディは、ハッチオンの図式によれば、二重の政治的目的のために役立つ。つまりパロディは、歴史やジャンルに焦点を当てたうえで、その一義的な権威を問題とするのである。「前線からの覚書」において、カーターは「言語とは力であり、生であり、文化の道具、すなわち支配と解放の道具である」（reprinted in Tucker 1998: 30）と述べている。『血染めの部屋』（1979a）から『サド的女性』、『夜ごとのサーカス』、『ワイズ・チルド

レン』（1991）にいたるまで、カーターはわれわれが人間、とりわけ女性を定義し確定するために用いる諸言説を探究するのだが、それは神話の修辞や形而上学的な真実と力に対する神話の言い分を明らかにするためなのである。

ハンス・ベルテンスによって、一九八〇年代という時代にはフーコーがポストモダンの理論と実践を支配していたと指摘されて以降（Bertens 1995: 8）、行きすぎた単純化という危険はあるにせよ、アンジェラ・カーターは「フーコー主義的ポストモダン（者）」として評するのが最適かもしれない。カーターは処女作『シャドウ・ダンス』を一九六六年に刊行し、遺作『ワイズ・チルドレン』を一九九一年に刊行しているが、フーコーを読むうちに、自分とよく似た精神を一目で見いだした。というのも彼女は、たびたびフーコーをほのめかしており、実際、『狂気の歴史』（1979b: 3）からの引用によって『サド的女性』に寄せた彼女の「論争的序文」を書き始めているからである。しかし、アンジェラ・カーターはフーコーの偉大な精神の低劣な模倣者などではけっしてないし、自分の作品のなかで再び父権制の神話学をつくりだすなどということを犯しているわけでもない。おそらくカーターは、理論的な言説においてではなく、事物の秩序を解体する笑いにおいてフーコーに酷似しているのだろう。フーコーがわれわれに語っているように、『言葉と物』の思想は、

> ボルヘスの一節から生まれたのであり、私の思考に馴染み深いことがらの一切を……揺さぶった笑いから生まれたのであり……、その笑いは、秩序づけられた一切の表層と、諸存在の野生の豊富さを飼い慣らすことに慣れるための一切の次元を粉砕し、……〈同一者〉と〈他者〉との間にある昔からわれわれがもっている区別を破壊的に脅かすものである。（Foucault 1973[1961]: xv）。

この笑いは父権制の言説の基盤を突き崩し、われわれの誰しもがその犠牲となるような諸々のアイデンティティ

のなかにわれわれを固定しつづけてきた信用詐欺へとわれわれの注意を向けさせる。強壮、強健、不敬、対峙といった形容が似合うカーターの散文は、彼女の時代に広く受容されている「真理」に挑み、文化的神話、すなわち、そうした神話の「永遠の真理」の鎖につながれた人びとを支配しつづけるような文化的神話のほぼすべてを突き崩した。カーターがゲリラ兵士の決意をもって爆破しようと企てているそうした神話のなかには、(とりわけブルーノ・ベッテルハイムによって不朽のものにされた)フロイト的な神話があり、それはつまり、男性起源の神話、固定的な主体性とアイデンティティの神話、ユダヤ＝キリスト教の正統によって語られてきた原罪の神話、そしてある人びとによっては「悲劇的展望」と呼ばれ、多くのフェミニストたちによってはタナトスの政治学と呼ばれている、死を中心に置く神話である。カーターがこれらの神話を別の神話で置き換えたりしないということは、私を当惑させない。つまり彼女の小説は、その読者たちが「永遠の真理」の鎖を断ち、しかも新たな鎖をつくらずにすむような素材を提供してくれるのである。ケイト・ウェッブは、カーターのゲリラ的でカーニヴァル的なものが不快な事実を無視しているとわれわれに考えさせないように、彼女が次のことにあまりに気づきすぎているだけだということを強調する。

そこには「笑いの力にとっての限界」がある――カーニヴァル的なものは歴史を書き換えることも、戦争の影響を無効にすることも、「ニュース」で起こっている出来事を改変させることもできない。そしてカーターがわれわれに語っているように、生においては、瞬間の物質性や抑圧と戦争の事実から踏み越えることのできるものはなにもない。しかしカーニヴァルは、もしわれわれがみずからを束縛している条件を変容させれば、事物がどのような形で未来の瞬間に存在するのかという興味深い約束をしてくれる。まさにカーニヴァルこそが、われわれにこのように思い描くことのできる可能性を与えてくれるのであり、なぜ生においてなされる創造的なことがら――笑い、セックス、芸術――が貴重であるのかということの理由なのである。

（Sage 1994: 307）

カーターもフーコーも、「事実」を陽気でカオス的なカーニヴァルで置き換えようとしたのではない。二人は秩序の必要性、秩序を形成する諸体系を支えている言説の必要性を理解していた。二人が問題にしたいと思ったのは、上記のような言説的な実践が普遍性・超越性・〈真理〉に対して行なう主張であり、このような実践の一切がその源泉や力を文化的な実践から引き出しているのだと指摘することなのである。

かりに、フーコーが示唆するように、笑いが事物の秩序づけられた表層を粉砕しようと脅かすものだとすれば、エディプス的葛藤、ペニス願望、去勢コンプレックスのようなフロイト的な神話のレトリックに対するカーターの取組みは、一九七五年に書かれた「ロレンゾ、隠れホモ」のなかでの彼女のD・H・ロレンスについての言及において最もよく要約されているかもしれない。「通常ファルスの優越性を説く人びとは、彼らの心理的な厄介物のなかのどこかに巨大な張形《はりがた》を隠し持っている」（1997: 499）。エディプス的葛藤の神話に対するカーターの攻撃はそれぞれの前線――ノンフィクションのエッセイ、短編、とりわけおとぎ話、小説――で行なわれた。彼女はみずからのエッセイのなかで読者たちに次のことを想起させている。「『オイディプス王』は、一様化の媒介となる性質を有した時空間という特殊な諸条件を含む文化的な生産物（である）」（1997: 74）。そして「エディプス的葛藤の理論全体は、たまたま生物的に父親であるということよりもむしろ父権制という文化的事象に根ざしている」（1997: 366）。カーターは同様に、女性が生まれつき去勢されたものだという前提に立った「心理小説」にも反論する。「女性の去勢とは想像的な事象であり、それは女性に対する男性の態度の全体と、われわれ女性自身に対するわれわれの態度にまで幅を利かせ、女性を人間から、出血しながら生まれてきた疵《きず》ものの生物へと変容させる」（1979b: 23）。

カーターのおとぎ話に対する関心は、なににもまして、女性が語り手やしばしばヒロインにもなるという彼女の見方に端を発している。フロイトとベッテルハイムは、そうした女性について語るとき、その女性たちの声を強奪し、そうした物語と女性たちに対して、彼ら自身の「すべてを自然に帰す（naturalizing）」ような父権的な権威を挿入する。カーターはグリムの童話を語り直すことで、語り手の声を取り返し、女性の声に力を取り戻させるのである。たとえば『血染めの部屋』のなかの「虎の花嫁」においては、われわれが「美女と野獣」として知っているグリム兄弟の場合とは異なり、ヒロインがみずからの物語を語る。シルヴィア・ブライアントは、語り手の声におけるこの決定的な変化について述べている。

この少女は語り手の声を取り戻すことによって、……自分の人生の物語を語ることに対して、そしてその結果、童話の語りの伝統に対して責任を負うばかりでなく、そこで割り振られるはずの責任がいかなるものであり、それが彼女の側ではなく支配的な体系の側にあるということをもまた、そもそもの発端から明らかにする。その体系にあっては、彼女は単に一枚の交渉の切り札にすぎない。……そしてこの少女の語りは、彼女自身の生の物語（life-story）を切り拓くことで、つまり、彼女の代わりに文学的・文化的伝統がパターンとしてつくり上げてきた物語に抵抗することで、女性の主体の欲望を表現する新たなモデルとなるのである。（Bryant 1998: 90-1）

カーターはまた、数多くの長編小説においても女性の語り手を用いている。特に例を挙げれば、『魔法の玩具店』、『英雄と悪魔』（1969）、『夜ごとのサーカス』、『ワイズ・チルドレン』である。それぞれの小説は異端のヒロインをもっており、彼女たちはみずからの語りを操り、「一般に受容されている女性性の小説」（Sage 1992: 170）に異議を試み、そしてそれぞれの多彩な成功の形によって、父権制的な管理体系の解体を企てるのである。

しかしながら、カーターはその代わりに無垢なヒロインを用意したりはしない。カーターによる女性の語り手はヒロインではあるが、けっして完璧ではない。カーターは、童話に出てくる（そして彼女の小説にも出てくる）多くの女性の登場人物たちが残忍で、悪意をもち、弱点を抱え、人心を巧みに操る者たちであるという明白な事実からけっして尻込みしない。彼女はそうした女性たちを、「自分の手許から送り出すような気持で、われわれの曾祖母がいかに賢明で、小利口で、鋭敏で、ときおり叙情的で、風変わりで、ときには紛れもなくどうかしていたということを思い出させてくれるものとして」（1990: xxii）、飾らずありのままの姿でわれわれに提示する。カーターのヒロインたちは、カーターが収集したおとぎ話に出てくる女性たちと同じように、ただ人生の残酷さにあまりに気づきすぎてしまっているだけである。しかし彼女たちは、あくまでも自分たちのために語るのであって、語られるのではない。

そして彼女たちは、自分自身のために語るとき、同時に女性についての、そして生そのものについての既存の神話学に異議を試みているのである。フェヴァーズとドーラ・チャンスは、アイデンティティ、作家性、本質主義に関わる既存の考え方に立ち向かう。『英雄と悪魔』に出てくるマリアンヌは、ユダヤ＝キリスト教的な罪が、ちょうど原罪の神話がジューウェルの背中に刺青されているように、われわれの心の中に刺青されていることをわれわれに想起させる（J. Gass 1995）。

結局のところ、カーター自身が悲劇的展望、すなわちタナトスの政治学に異議を試みてきたのである。この政治学は超越論的・形而上学的・父権制的であり、時間や死をめぐる苦悩に満ちている。カーターはこの政治学に代えて喜劇的展望を示す。それは諸々の社会構成に焦点を当ててそれらを切り開き、解体・変形・変容させるのである。

アンジェラ・カーターの作品は、まさにそれ自体が先取りしていたように、ポストモダン的な思考の多くの様相を含んでいる。ヘイドン・ホワイトはわれわれに次のように語っている。

ポストモダンの時代において、なぜよき精神をもった人びとが、実存の単独性を重んじようとすることで、思考を全体化する諸体系に対して反抗すべきなのかがよくわかる。これらの諸体系は全体を特権化し、その全体のために犠牲となるべきだとして生の諸部分をないがしろにするのである。(White 1999: viii)

アンジェラ・カーターは崇高なよき精神をもった作家であった。

14 ピン・チョン Ping Chong 1946-

アイデンティティ規範の消失

フィリップ・オースランダー

「ポストモダン」とその派生語がピン・チョンのパフォーマンス作品を論じる際に使われることはめったにないが、彼を傑出したポストモダニストと見なす強い根拠が存在している。彼のパフォーマンスが、クレイグ・オーエンが「流用、場所の特定性、一時性［これこそがライヴ・パフォーマンスの基本的特徴と言えるものだ］、蓄積、言説的特性、交雑」（1984a: 209）と要約するポストモダン芸術の顕著な特徴を示していることだ。さらに、彼のパフォーマンスの主題が、アイデンティティと主体の問題というポストモダンの概念を反映していることも挙げられる。

視覚芸術の領域におけるポストモダン的戦略の説明としてオーエンが列挙した右の特徴は、視覚芸術と映画に関わる前歴を経てパフォーマンスの世界にやってきたチョンを考える際に格好の評価基準となる。一九四六年にトロントで生まれたチョンは、ニューヨークのチャイナタウンで育ち、プラット学院でグラフィック・アートを、スクール・オヴ・ヴィジュアル・アーツで映画制作を学んでいる。舞踊に興味をもったチョンは、ポストモダン的な振付師にしてパフォーマンス芸術家のメレディス・モンクのワークショップに参加し、その劇団に入り、いくつかのパフォーマンスで共演するにいたる。彼は、その後一九七五年に、自身のパフォーマンス集団――当初フィジー・カンパニー、のちにピン・チョン・アンド・カンパニーと改称――を設立している。彼は、共作者たちと、『ラザルス』（1972）を皮切りに、『フンボルト海流』（1977）、『AM／AM――分節化された男』（1982）、

『スウェーデンボリの天使たち』(1985)、『象の記憶』(1990)、『シノワズリー』(1994)など、四〇を超えるパフォーマンス作品を制作している。

チョンが一九六〇年代のパフォーマンス界に興味をもった理由の一つは、実験演劇のほうが、伝統的な西洋演劇よりも、自分の両親が俳優として関わっていた中国演劇のもつ「視角性、儀式性、色彩」を共有するものだったことだ(Hong 1995: 55)。彼のパフォーマンス作品は中国演劇の絢爛たる視角性を反映し、ときとして表現に際して言葉よりイメージに依存し、つねに印象的なタブローを含んでいる。たとえば『ノスフェラトゥ』(1985)のプロローグでは、

> 灰色の衣裳を着、灰色のプラスチック製マスクをつけ、白い蓬髪(ラファエロ前派の墓石彫刻と歌舞伎に登場する侍を折衷したような髪型)をした二人の天使が、じゃれあいとも愛撫とも格闘ともつかぬことをしており、最後には一方がもう一方の胸から、心臓ではなく真っ暗闇のような黒いものをつかみ取る。(Banes 1998: 277)

チョンのイメージのほとんどと同様に、これは視覚上きわめて具体的だが、意味の面では多義的である。デザインと演出の重要性を強調するチョンのパフォーマンスの視覚的洗練性は、多くのポストモダニズム芸術がもつ、滑らかな表面とつながりをもつ、ポストモダニスト的な身振りとなっている。また、こうした視覚的洗練性は、一九六〇年代の「恍惚的」実験演劇に見られた飾り気を排した生の肉体的現前の強調にたいする反動としてポストモダニズム的パフォーマンスを理解する場合でも、ポストモダニズム的ということになる。

チョンはマルチメディア・アーティストだ――彼のパフォーマンスは、概して、演技、テクスト、舞踊、フィルムとスライドの映写、あやつり人形、絢爛たるセット、衣裳、小道具、照明効果、音楽、音響効果とさまざま

な要素を取り込んでいる。彼の舞台は分類困難な混成物である――あるときは舞踊、あるときは演劇、あるときは舞台芸術と呼ぶことができるものなのだ。チョンはもともと自身のパフォーマンスを、文化人類学者クロード・レヴィ＝ストロースのブリコラージュの概念を援用して「ブリコラージュ演劇作品」と呼び、「手もとにあるありとあらゆる素材からつくりだされた新しい世界」と規定していた。彼は、しばしば映画からの借用など、流用した素材を用いる。たとえば『ノスフェラトゥ』は、F・W・ムルナウによる一九二二年作の同名のサイレント映画からの抜粋や、字幕のスライドを使っている。チョンのパフォーマンスにあっては、レーガン政権下のアメリカの、滑らかな表面の裏に隠された闇を表わす寓意的存在となっている吸血鬼が、ムルナウの映画的イメージの肉体化された再生物となっているのだ。また、『ゴサムの恐怖と嫌悪』（1975）はフリッツ・ラングの『M』（1931）を下敷きにする一方で、演技や視覚的様式はフィルム・ノワール風となっている。しかし、チョンは、よく知られた映画や様式を引用しながらも、そのことによって観客がいだく期待を裏切る。たとえば『ゴサムの恐怖と嫌悪』に登場する子供殺しの男は、精神異常者ではなく、新しい文化に同化できなかったことによる挫折感が犯行に及ばせたアジア人移民である。チョンは、自身の扱う病理が個人に起因するものではなく社会的なものであることをほのめかすために、なじみ深い狂気の表象を利用しているのである。

　チョンは、すぐれたポストモダニストの例にもれず、流用を行なうにあたって、さまざまな境界――たとえば国民文化の境界、下層文化と上層文化の境界など――の内と外を行き来する。場面が地球中と歴史上のさまざまな時代におよぶパフォーマンス作品『白夜《ニュイ・ブランシュ》――俗物たちの光景抄』（1981）において、チョンは、新聞記事で見つけたカンボジアの儀式をステージ上で再現する前に、アポロ宇宙船による月着陸のヴィデオ映像を流している。また、友人たちのあいだにおける民族性、階級、趣味の違いにたいする理解という問題を扱ったパフォーマンス作品『やさしいネス《カインド・ネス》』（1986）では、オペラやシューベルトの音楽が、ジェリー・ロール・モートンのジャズ・ピアノや一九五〇年代のポップ・バラードとともに使われている。概してチョンの作品の会話には、月並みな決まり文句や、流行歌の一節、テレビ番組への言及が含まれている。こうした言葉の流用が過度に行なわれる作品もある。たとえば、『ノスフェラトゥ』の主たる登場人物であるヤッピーたちが話すのは、ほとんどがチョンがマンハッタンの裕福な人びとについての雑誌記事で見つけた言葉である。

チョンは、混成的なパフォーマンス作品で複数のメディアを組み合わせて使うだけでなく、利用する個々のメディア自体を混成物にしてしまう。『白夜』には道を歩く男のスライド・ショーが含まれるが、それはスティル写真の映像を連続的に見せることによって動きを伝えるものとなっている。こうすることによって、写真は、映画と混成化されているだけでなく、このスライド・ショーは一人の登場人物の出発を描いており舞台上で展開する劇行動の一部となっているため、演劇とも混成化されることになる。デザイナー、イシイ・ミツルと人形師ジョン・ラドウィクと共作したラフカディオ・ハーンの原作にもとづく『KWAIDAN——怪談』(1998)では、チョンは、演劇の道具立てを用いて映画的な映像構成をつくり上げている。たとえば、ある挿話のオープニングで、山道を歩く僧侶の背景には、ペン描きの背景画が用いられている。僧侶が目的地に近づくと、最初よりも大きな人形が使われ、ロング・ショットからミディアム・ショットへの切り替えの効果がかもし出される。僧侶が寝ずの番をしていた屍体を魔物がむさぼり喰うクライマックスの場面は、俯瞰撮影のように示される。このようにしてチョンは、モダニズム的な純粋性とは対照的に、どのメディアも特定の視覚言語を、あるいは特定の手法を独占していないことを示すように、メディアを混成化するのである。

チョンのパフォーマンス作品は、テクストとナレーションの使用によって、通常の演劇とは違う形で言説的なものとなっている。彼は、しばしば、場面設定を示したり、他の方法では告げられない情報を提示したりするために、テクストを映写する。ときとしてこうしたテクストは、曖昧でありながら、潜在的な意味をほのめかすものとなっている。たとえば『白夜』のオープニングで示されるスライドには、アビゲイル・スミスという名前——この名前が劇のなかでふたたび現われることはない——、その名前の下には生年月日につづいて出生地、さらには死亡年月日、そして最後に死因として天然痘という言葉が書かれている。(Chong 1990: 7)

観客は、アビゲイル・スミスとは誰なのか、そして彼女は作品とどう関係するのか、ということに関する結論を出すことをゆだねられる。『雪』(Chong 1989b) は、これとは違った形の言説性を示す一例となっている。ある部分で、すでにすんだ場面のト書きが朗読されるのである。こうして、この作品は、一つの場面を二つの異なる言説——演劇的言説と言語的なそれ——で示すのだ。このような趣向は、パフォーマンスにおける言説性とテクスト性の役割を前景化するものとなる。

チョンの作品は、また、もっとも言説的なパフォーマンス形態と言えるレクチャーをしばしば取り入れている。たとえば『やさしいネス』は、「何が似ていて、何が似ていないか」を示すものとされるいく対ものスライドを解説する、姿の見えないナレーターの語りで幕を開ける (Chong 1988: 39)。また、日本の歴史を題材にした「詩的ドキュメンタリー」とチョンが説明する『DESHIMA——出島』(1990) には、観客に日本の歴史に関する情報を伝えるナレーターが登場する。荒唐無稽な事物間の類似や相違を言い立てる『やさしいネス』のレクチャーが諷刺を込めて描かれていることは明らかだが、チョンの作品で提示されるテクストやナレーションは、多くの場合、むしろ、彼のパフォーマンス作品に資料提示の要素を導入し、事実と虚構の混成物をつくりだしている。そこでは、どれが虚構的要素でどれが事実なのか、また、事実と虚構のあいだにはどのような関係があるのかなどといったことが、しばしば不分明になっている。

たしかにチョンのパフォーマンス作品には台本があり、プロットとダイアローグの要素がもりこまれているが、それらは、ほとんど通常の劇作品のようには見えない。まず、多くの場合、場面どうしのあいだに因果関係がなく、連想的な関係がそれらを結びつけている。たとえば、『雪』は、時間的にも空間的にも隔たった九つの場面を「カットバック」の手法で行き来する。これらの場面で起こる出来事は、標題にある雪という気象現象以外、たがいになんの共通点ももたない。チョンのこうしたストーリーテリングがもたらす究極の効果は、因果関係によって構造化されたプロットではなく、人物や行動、イメージ、情報、文化的言及の積み重ねが意味を生成するということである。

たぶんチョンの作品の中心的主題は、これもまたポストモダニズムの哲学的解釈における要諦の一つである、アイデンティティの問題である。チョンはつねに、声明やインタヴューで、中国系アメリカ人という自身のアイデンティティを複雑なものと見ていると語っている。『ゴサムの恐怖と嫌悪』以降、彼は、明白にアジア的な題材にもとづいてパフォーマンス作品をつくり、移民問題と欧米とアジアの政治的関係に焦点を当ててきた。ところが、彼は、自分の作品の「アジア的美学」について語るときでさえも、アジア系アメリカ人芸術家というレッテルを拒絶する（Chong 1991: 91）。「アメリカ人であるという文化的問題のもつ複雑性」を強調して自身を「本物のアメリカ人芸術家」と規定しているのだ。チョンは、自分が芸術家として「溶けあわない坩堝《アンメルティング・ポット》」が与えてくれるもの」を利用していると見る（Chong 1989a: 65-6）。チョンにとって、「アメリカ人」という言葉は、一部のアイデンティティ論で信奉されている明確な文化的アイデンティティに還元することのできない、アイデンティティ構成の豊穣な複合体——東洋と西洋の文化的影響など——を表わすものなのだ。

こうしたチョンのアイデンティティ観は、ポストモダン的視座と共鳴しあう。哲学者リチャード・シャークトはポストモダンの世界を「支配的な文化や民族、社会的実体」なるものが「どれに加わるかの選択は自由で理想的には中立な、さまざまな社会・文化的構成の横溢」に取って代わられた世界だと考えている（Schacht 1996: 10）。ポストモダンの世界とは、「特定の個人が共鳴しなければならないものなどとくに決まっておらず、選びとることのできる座標点がさまざまあり、それらのどれも中心性も特権性もない」世界なのだ（Schacht 1996: 7）。チョンは、そのパフォーマンス作品で、『ゴサムの恐怖と嫌悪』に見られるような、規範的なアイデンティティが存在し、その規範にしたがうことができないものを苦しめているモダンの世界と、規範的なものが足場を失ったポストモダンの世界の両方を主題化している。『やさしいネス』の、一人の登場人物が仲間たちにクイズを出す、些末だが重要な場面が、ポストモダニズムにおける規範の喪失を示す実例となっている。

森を歩いていて、棒をもった大男の黒人に気づいたとしよう。その黒人は次のうちどれだろうか。（a）漁師――（アルヴィンが挙手する）、（b）強盗――（ドットが挙手する）、（c）神――（ダフネが挙手する）、（d）密猟者――（バズが挙手する）。ああ、上出来だ。（Chong 1988: 78）

「ああ、上出来だ」という肯定的な返答が、ここに「正しい」答えや、社会的に認知された規範的な見方、さらには規範的な偏見などといったものがないことを示している。それぞれの経験と信念にもとづいた反応は、どれも有効とされるのだ。

『白夜』は、シャークトが述べるポストモダンの世界への移行の過程を描いたものと見ることができる。最初の場面設定は一八〇〇年代の南米の大牧場エスタンシア・ラ・マリポーサとなっており、これが厳格な社会的規範とゆるぎない支配制度をもつ状況を描いたものであることは明らかだ。次の場面の最後の部分で、字幕が投影され、われわれが見ていた世界が瓦解したことを告げる。牧場は「ギャンブルで失われ」てしまったというのだ。「奴隷制は廃止され」、女中をしていたベレニスは解放されアメリカ合衆国に行けるようになる（Chong 1990: 12）。はっきりとした社会関係をもつ秩序ある世界は失われてしまったのだ。

『白夜』のそのあとの部分は、エスタンシア・ラ・マリポーサでの生活を支えていたもののような社会的規範がもはや通用しなくなった世界のさまざまな局面を描いている。アメリカでの場面には、同じベレニスという名の、クリーニング店を経営するムラット〔白人と黒人の第一代混血児〕女性が出てくる。彼女は貧乏暇なしの田舎暮らしに閉じこめられているが、自分が「いつも旅をしたいと思ってきた」ことに気づく（Chong 1990: 17）。それで彼女は、自分の置かれた状況に別れを告げる。次に登場するとき、彼女は、とある空港で飛行機旅行を楽しむ有閑階級の一員となっているのだ。こうした筋の運びは、アイデンティティがみずからによって定義され、あっという間に変わってしまうポストモダンの世界を描いている。『やさしいネス』のドットも、同様なアイデンティティ選択の自由を体現している。盲目のユダヤ人女性ドットは、「身内を訪れる」ためにメンフィスに行きたいと言う。この「身内」というのは、ブラインド・レモン・ジェファーソン〔一八九七―一九三〇年。米国のブルース歌手〕、ブラインド・ウィリー・マクテル〔一九五六年―。米国のブルース・ギタリスト〕、ブラインド・ボーイ・フラー〔一九〇七―四一年。本名フルトン・アレン、米国のブルース・ギタリスト〕、ビッグ・ママ・ソーントン〔一九二六―八四年。米国のブルース歌手〕、ベシー・スミス〔一八九四／九八―一九三七年。米国のブルース歌手〕、マ・レイニー〔一八八六―一九三九年。年本名ガートルード・マリッサ・ニックスレイニー。「ブルースの母」の異名をもつ米国の女性シンガー〕らであることがわかる。だが、ドットとこれらの黒人ブルース・ミュージシャンたちの関係についての説明は一切ない。チョンは、ブルース・ミュージシャンたちの並べ方によって、まず最初にドットのアイデンティティ定義の根底にあるのは盲目であるという考えをわれわれにいだかせ、そのあと、最初の三人だけしか盲目ではないことによってその考えを掘り崩すといういたずらを仕組んでいるのだ。ドットの考えに、われわれに理解可能な、伝統的なアイデンティティ定義に沿う根拠など存在しない。彼女はただ、自分が参加したいと望む文化的構成を選んだだけなのである。

スーザン・R・ウェストフォールは、チョンがステージ上に生みだす世界における規範の欠如は、登場人物たち同様に観客をも束縛から解放する、ということを指摘している。彼女は『ノスフェラトゥ』の吸血鬼を論じて、この人物を伝統的なおぞましいものと見なすことはできないとして、次のように言う。

この作品でノスフェラトゥは、優雅な人たちとともに高級マンションに住み、所作も衣裳も傑出している。……それに加えて、ステージ上の観客たるほかの登場人物たちは、化け物たちのことをまったく忘れ去っている。……その結果、客席にいるわれわれは、反応を示すための合図を与えられない、というか、矛盾しあういくつもの合図を与えられる、ということになる。（Westfall 1992: 367）

一九九二年以来、チョンは、長らく彼の作品が扱ってきたアイデンティティの問題を唯一の題材とするパフォーマンスの計画に取り組んでいる。『有害分子群』（東京版タイトルは『ガイジン』）と題された、これら「地域特定の」パフォーマンス作品は、ニューヨークや、シカゴ、ミネアポリス、東京、ロッテルダムをはじめとする、チョンがさまざまな都市の住民たちと行なったワークショップにもとづいてつくられている。実際の上演で、基本的に職業俳優ではないワークショップの参加者たちは、みずからの身の上を話す。用いられる言語は、英語以外のものである場合もある。参加者たちの物語は、歴史的背景に関する情報と織り交ぜられる。彼らのアイデンティティは、複雑かつ多層的で、単純な定義のカテゴリーに同化できないものとなっていく。一例だけ挙げると、一人の参加者は、白人の女性、フランス人のダブルベース奏者で、彼女はアフリカ系アメリカ人のジャズ・ミュージシャンと結婚しており、混血の娘を育て、ブルース・ミュージシャンになるためにシカゴにやって来たという経歴の持ち主である。この参加者だけでなく、『有害分子群』の繰り返し行なわれる上演のすべての参加者が、文化的規範を参照することでなく、（シャフトのいう）多様な座標点として扱うときのみ意味をもたらすアイデンティティの持ち主であるポストモダン的主体なのだ。その作品が上演される地域社会から抽出された「本物の」人たちを使うことによって、チョンは、ブリコラージュされた複雑なアイデンティティというものは、理論や虚構の世界にしか見られないものではないことを示している。ポストモダンの世界では、そうしたものはけっして例外ではなく、むしろ当たり前のものなのだ。

15 イーサン・コーエンとジョエル・コーエン

Ethan and Joel Coen 1957- ／1954-

遊戯的リアリズム

ジョウゼフ・ナトーリ

コーエン兄弟の最初のメジャー配給映画『ブラッド・シンプル』（1983）は、彼らが映画の世界で「一人前」になってはじめて撮った、いわゆる「出世作」としてだれもが立ち返る作品である。この作品は、『赤ちゃん泥棒』（1987）、『バートン・フィンク』（1991）、『ファーゴ』（1996）、『ビッグ・リボウスキ』（1998）、『オー・ブラザー』（2000）などから見て、あるいはそれらの作品との関係で意味をもつのである。そして、それらの作品にはいまポストモダニズムと関連づけられる特質があるので、われわれは、ポストモダン的特徴を探し求めて『ブラッド・シンプル』の世界におもむくことにしよう。この映画におけるそうした特質は、古典的なリアリズムや二十世紀モダニズムのトーンにまぎれて、まだ未発達で目にとまりにくいものだと予期できる。この映画は、テイ・ガーネット監督のフィルム・ノワール作品『郵便配達は二度ベルを鳴らす』（1946）を下敷きにして大恐慌時代の雰囲気を加えたもののように見える。なにしろ、醜い——あらゆる点で醜い——ギリシア系の夫と、彼にうんざりしている妻、彼女の愛人、夫の使用人が登場し、夫が殺され、愛人どうしの致命的な行き違いが起こる、といった具合に筋が運ぶのだから。この映画では、二十世紀モダニズムのかかえる不安がフィルム・ノワールの裂け目からかいま見えてくる。また、二十世紀の文学や絵画、音楽で表現されてきた緊張関係や不安には事欠かないが、その一方で悲劇のヴィジョンが古典的なハリウッド流リアリズムの意匠のなかに変換されている。この映画に見られるポストモダン的なフィルム・ノワールへの傾斜は、ナイーヴあるいは古典的リアリズムの一例とも、後期モダニズムのフィルム・ノワールの一例とも言える。ここでは、フィルム・ノワール特有の「死にいたる、恐怖と震え、むかつき」が、フィルム・ノワール的ムードの機知に富んだ巧みなパロディ化、嬉々としたフィルム・ノワール的雰囲気への没入、どこかにわずかでも光があればそこを安らぎの場所として、終わりにしなければならない存在論的必要性に駆られて戻ることを恐れないあらゆる可能性に飛びつくような姿勢と一緒くたにされている。それはおもしろ半分の旅――出かけなければならない、出かけているとは思わないかもしれないが実は出かけている旅――のようなものである。なにも解き明かさない、脱構築的な旅――始まりも終わりもないノマド的な放浪――なのだ。誰が誰よりましか、何が何よりましか、などといったことは、つねに流動的である。われわれはどこかに着地し、誰かと組になり、感覚の縒《よ》り糸をたぐっていく。だが同時に、われわれはふたたび動きだすよう駆り立てられるか、再度の飛躍を待っているかするのだ。

『ブラッド・シンプル』は『郵便配達は二度ベルを鳴らす』のすべてを反復する――しかも自意識的に。それゆえ、後者が前者の現実の枠組みとなる一方、後者の枠組みとなっているのは測定、理論化、説明が不可能な暗い現実である。モダニスト的なフィルム・ノワールの存在論的状況とはこうだ――暗闇はわれわれの資質から広がり、その暗黒がそれ自体のもつ暗闇かわれわれの暗闇かあるいはその両者を凝視する。一方、ポストモダニズムのフィルム・ノワールではこうなる――暗闇はフィルム・ノワールによって調合された現実から広がり、われわれはその隅ずみにまでさまざまな捻りを加え、古いモダニズムの恐怖をポストモダニズム的な恐怖の物語に置き換え、ますます暗くなる現実の体験をわれわれの現実対峙の方法とその現実の示す性質の両者のさまざまなパロディに置き換える。われわれの恐れは絶対主義的なものではなく、われわれの現実との対峙は普遍主義的なものではない。そうではなく、恐れは、登場人物が現われる物語に依存するものであり、特定の登場人物による現実の構成は、特定の文化独自の筋書きによる味つけがされており、けっして普遍主義的な意図をもつものではない。それは、けっしてわれわれになにも要求しない。われわれはドライヴに出かけるだけなのだ。すべての現実はノワール的なものに変えられているため、何が現実であるのかを把握するわれわれの能力が問われるわけではない。つまり、ノワールが中心にあるのだ。現実がノワール的だと語られるのだ。

われわれは『ブラッド・シンプル』のポストモダニズム的ノワールの暗闇から、『ファーゴ』の雪の白さへと話題を転ずる。『赤ちゃん泥棒』の遊戯性は『ファーゴ』ではポストモダニズムの枠組みに換えられ、コーエン兄弟は『ビッグ・リボウスキ』でこの遊戯的なポストモダニズムを再現することになる。われわれが現実を枠のなかに入れて語り、そしてこうした枠どりや語りの限界のなかで認識している、という問題に取り組んだ中間段階の映画となっているのは『バートン・フィンク』である。この作品は複数の現実の理論を語ることに焦点を当てているため、しばしばコーエン兄弟の作品のポストモダニズム性を示す例として引き合いに出される。興味深く、また皮肉なことに、『バートン・フィンク』にも、こうした、前衛映画を特徴づけ、デイヴィッド・リンチの『イレーザー・ヘッド』のような映画に見られる、身構えた抽象性がある。この二本の映画には共通して、喜劇的カーニヴァル性、つまり、用いられている求心的なスタイルによって隙間なくおおわれている、笑劇的ユーモアや遊戯性が見られる。そのため、両者とも、芸術性や実験性をもち、モダニズム後期の手法に見られる深遠な象徴性にみちたものと見える。しかし、リンチの、『イレーザー・ヘッド』の考え抜かれた仕掛けから『ブルー・ヴェルヴェット』の仕掛けどうしの衝突へといたる、前衛的モダニズムからポストモダニズムへの跳躍が前例のないものであるのに反して、コーエン兄弟の『バートン・フィンク』から『ファーゴ』と『ビッグ・リボウスキ』への跳躍は、リンチがすでに映画化していたポストモダニズム的映画世界から生まれたものなのだ。

われわれは、『ファーゴ』でまったく異質な二つの世界に旅立つことになる。まず最初に個人的な生活の場としての世界を考えれば、一方に警察署長をつとめる女性マージと鳥専門の絵描きノームのガンダーソン夫妻が、もう一方に誘拐と殺人を犯すカールとガーがいる。しかし、マージとノームは、巨人の樵《きこり》ポール・バニヤンと青牛ベイブの伝説の里ミネソタ州ブレイナードの文化・社交生活をともにしてもいる。悠長で音楽的なスカンディナヴィア語を連想させるリズムが示す、地方的特性がそこに見られる。われわれは、アメリカのなかの文化的飛び地にいるのだ。こうしたさまざまな文化的生活世界が多数存在して、アメリカの社会秩序を形成している。われわれは、雪と氷の世界『ブレイナード・ショウ』を見ているのである。テレビが過去五〇年にわたって見せてきた「主流」の「規範的」アメリカという見地から見れば、ブレイナードは、おかしな地方的習慣をもち、メイベリー〔アメリカのホーム・コメディ『アンディ・グリフィス・ショウ』の舞台であるノース＝カロライナ州の田舎町〕のようにテンポが遅く、時代遅れの異質な世界である。一九九〇年代とは思えない、グローバルな視点をもたず、地方的な反応しか示さない、ディジタル時計ではなく農事暦で時間を確かめる世界なのだ。たとえば、ノームがマージに「朝食を食べなきゃ。卵を料理するよ」と言って料理にとりかかる。しばらくしてマージは、所長代理にノームが卵料理をつくってくれたことを話す。ここでは、古い生活の習慣が幅をきかせており、それを脅かす新しい流行などありえないのだ。中西部の北に位置するこの寒冷地では、現実が模造物《シミュラクラ》に取って代わられただとか、超現実が現実を葬り去ったなどといったポストモダンの世界をめぐる哲学的談義など聞いたこともないかのようである。

『ファーゴ』でわれわれはプロット上いったいどこへたどり着くのかという問題は、この映画のなかでわれわれやほかの人たちがいったいどのようにして移動するのかという問題に比べて、興味をひかない。われわれは、われわれなりの現実の地図や、時間構造、社会・文化に浸された生活空間にしたがって生きていく。だが、殺人や誘拐犯を見つけて犯罪を解決する道筋で、われわれは、人びとが違った道筋を歩み、違った行程をたどる世界に入りこむ。夜十一時半に、マージの過去からの声マイク・ヤナギダが電話をかけてきてデートに誘う。マージとマイクの二人は、会おうとしているように見える。だが、実際には、二人はたがいに相手を追い抜いてしまう。マイクはマージにとって謎でありつづける。彼女には殺人事件の謎を解くことならできるが、マイクは謎のままでありつづけるのだ。彼女には、ブレイナードの現実から抜け出し、謎めいたヤナギダの現実に入りこむことができない。彼女と夫ノームのあいだには、なんの問題もない。彼の現実の積み重ねは、彼女にとって理解のできるものであるからだ。また、ブレイナードの住民たち全員にも、この点ではなんの問題もない。だれもが、同じ精神構造でつながっているからだ。だが、マイクがマージをしたたかに打ちのめす。彼女は、マイクの身の上話がどれ一つとして真実ではないとわかって驚く。だが、驚きは衝突ではない。彼女はマイクの世界に入っていきはしないからだ。彼女は、ブレイナードにとどまる。マイクの不可解さは、同様に観客をも打ちのめす。彼の登場場面は殺人のプロットにたいしてなんの意味もなさないからだ。謎めいており、驚きなのだ。この驚きを意味のないもの、二人の映画制作者の技術的な誤りとしてうっちゃって、見取り図のわかっている殺人事件に戻っていくようだと、『ファーゴ』のポストモダン的世界に入りこむことはできない。

コーエン兄弟の映画の遊戯性は、登場人物たちの現実にたいする理解や認識、提示の方法の多彩さと、予期どおりであったり意外であったりする登場人物たちの出会い方を、監督たちが面白がっていることに由来する。現実を形づくる枠組みどうしの衝突が予期できることが、われわれ観客の歓びの一部となる。しかし、遊戯性が、われわれのほうに向かってやってくる。遊戯性が、われわれの知覚や、見ることとの優先順位、視覚情報の知識への変換の方法、知識獲得の方法を確立し実現する現実産出の不可避性に向かってやってくるのだ。登場人物たちはその世界にパロディとして登場するが、われわれ自身はそうではない。登場人物たちはテレビやシリアルの箱からやってきた現実の物語を生きているが、われわれはそうではない。現実にじかに触れているのだ。そして、われわれは、コーエン兄弟が見せてくれる生き方や世界を自家薬籠中のものとして、「ありのままのものごと」にたいする自分だけの把握を試みる。これらの世界や、これらの映画の「意味」を意のままにあやつることができないとすれば、われわれは、現実におよばないと思える映画の世界のなかに投げこまれてしまうことになる。

こうして、コーエン兄弟の映画の遊戯性は、自分たちの人生を映画に描かれたものと区別するような防衛と、一貫性やつながり、結末のない映画的現実にたいする批判を動員するような攻撃へとわれわれを駆りたてるのである。

『ビッグ・リボウスキ』は、いったい自分たちは内容を理解しているのかどうかという疑問をわれわれに起こさせる。われわれが正しくて、この映画に内容などというものはなく、部屋全体を一つにまとめ上げる絨毯など存在しないのか、それとも、われわれが内容を理解できずに理由を知りたがっているという事実こそが映画の内容がわれわれを導くところにほからならないのか、そのどちらかだからだ。われわれはこの映画に「空虚感」を見いだし、「大人の現実」はどこに行ってしまったのか知りたくなる。だが、この空虚感こそがこの映画における実在物なのだ。この映画は、「大人の現実」から見て、筋がなく、目的意識が欠如し、断片的で、つながりに欠け、遊戯的、迷路的、調子はずれ、超現実的で、矛盾に満ち、ごたまぜの夾雑物なのである。

だが、この映画は、コーエン兄弟の目にはどう映っているのだろうか。『ファーゴ』からは、彼らが、中西部でつくりだされている「大人の現実」をしっかりと把握していることがわかる。しかも、彼らには、その現実の遊戯的で夾雑的な次元を見ずに、その全体像を見ることはできない。彼らには、大人の現実とは、つねにすでに抑制不能の狂気で縁まで満たされており、つねに正気さと統御を、大人の現実の冷たく硬い刃先が日光に照らされて溶けてしまうことになるクズ映画の吹きだまりまで押しやろうとしているものと見える。『ビッグ・リボウスキ』でデュードが巻きこまれるあらゆる大人の現実は、バズビー・バークリー〔一八九五—一九七六年。米国の映画監督・振付家、ウィリアム・バークリー・イーノス〕ばりのミュージカル・ナンバーに取って代わられる。頭を殴られ、あたりが暗転しても、デュードは、エドワード・ドミトリーク〔一九〇八年—。ウクライナ出身の米国の映画監督〕の『さらば愛しき女よ』（1944）のディック・パウエルのように、深い、暗い水のなかに落ち、誰ともわからないものに追われて扉のつづく長い廊下を駆けていくことになるわけではない。彼の場合は、スーパーマンのように腕を広げて光またたく夜のロサンジェルス上空を飛んでいくのである。彼は満面に笑みをたたえている。飛んで逃げていくことを夢見ているのである。その直後、彼はボウリングの球にしがみつき、驚きの表情を浮かべながら、まっさかさまに落下していく。飛んで逃げていく、というのは帳消しになったのだ。彼は現実の世界の重力によって落ちていくのである。

『ファーゴ』の場合と同様に、この映画でも、現実世界のあらゆる重力は人間の介入をこうむり、それによって「現実主義の感覚」が適当と見なすところに位置づけられ、なんらかの役割が与えられる。コーエン兄弟は、大人の現実に「空虚感」をもって対峙し、厳粛さをよそおわずに、あたかも自分たちは大人の現実の法則を守る必要がないかのようにしてものごとを見る。ボウリングの球の役割は、デュードのロサンジェルス上空の飛翔同様に、コーエン兄弟流の旅の隠喩、反論しても無駄な彼ら流の旅のあり方を示すことである。彼らの旅の仕方が許されるのは、大人というものは現実を一方向にしか移動することができないし、すべきでないし、現実は一方向の移動しか許容しないということに完全に納得しているのでなければの話だ。ひとたびコーエン兄弟流の旅行に加わる決心をしてしまえば、デュードだけでなく、彼のボウリング仲間も含め、登場人物すべてが、それぞれ違う道筋から現実のなかに入ってくることになる。逆にもし現実がわれわれのレーンの先にしかなく、われわれだけが正しいボウリングのフォームを身につけているのだとすれば、大人にふさわしい仕方でボウリングできるのはわれわれだけということになり、『ビッグ・リボウスキ』の五〇番レーンにまつわる筋とそこでデュードとわれわれの視野に入ってくるものは、なんの意味もないものとなってしまう。だが、もしポストモダンのものの見方をすれば――コーエン兄弟もそうしている――、われわれは横断的にボウリングをすることができるようになる。ゲームはより面白くなり、「現実感覚」が広がるかもしれない。空の枠は満たされ、「空虚感」は虚空へと戻っていくかもしれない。しかしながら、コーエン兄弟の遊戯的リアリズムは、逆のものも生成する。かつては満たすことができたがいまではできなくなった「空虚感」を体験するにつれ、「現実感覚」が縮小してしまうのだ。

16 ロバート・クーヴァー Robert Coover 1932-

つくられる認識論的物語

ロバート・L・マクラフリン

われわれが現在もっているポストモダニズムの概念に対するロバート・クーヴァーの貢献は、彼がその経歴を通じて行なってきた物語の探求、特に世界に対するわれわれの知識と経験を決定する物語力の探求である。彼の小説においてクーヴァーは、世界の互いに異質な現象から、首尾一貫した、意味を与えてくれる物語を創造したいという人間の欲求を認識し、これらの物語が獲得することのできる危険な力を誇示し、戯れにこれらの物語を転覆し、解放の可能性をためす。

初期の作品では、クーヴァーは混沌とした世界に型と意味を見いだそうとするパラノイア傾向に焦点を当てている。解釈したいという彼の登場人物の意志は、認識論的信条体系、すなわちそれらに刺激を与えた些末で世俗的な現象とまるでつりあわない力を蓄積する体系を、指示し表明する物語に結実する。『ブルーノ信者の起源』(1966)は、千年王国信仰宗教団体を、鉱山災害の結果として起こったその始まりから、世界宗教として制度化するまでたどり、その過程を説明し、批判する。この宗教団体が発生したのは、何十人もの鉱夫の命を奪い、その鉱山が恒久的に閉山になってさらに多くの人びとの仕事を奪った爆発に、意味を見いだしたいというウェスト・コンドンの町民の欲求からである。タバコに火をつけただけというのでは、そのような大惨事を招くにはあまりにつまらないものに思えたのである。さまざまな事象に焦点を当てて解釈が企てられる。鉱夫のヘッドランプの壁に映った像、死にゆく鉱夫の未完であいまいなメモ、鉱夫の死体からのびるすすけた手、そして奇跡的に救出されたが精神的に錯乱した鉱夫のジョヴァンニ・ブルーノの見解。

その無意味さを強調するために、小説は、これらの記号の選択のもとになっているのが、いかにうまく既存の信条体系に合致しうるか、広く認知されているか、奇抜であるかということであると示唆する。地元の原理主義的キリスト教徒、自動筆記の日誌をつけるエリノア・ノートン、世界中の災害地図をつくるラルフ・ハイムバウ、ジャスティン・ミラーが『クロニクル』誌に発表するさまざまな歴史的発見のテクスト、これらはみな鉱山災害後の記号と調和し、そこから黙示録的な意味を見いだす推論体系である。さらに、記号はこれら別々の体系が相互に維持するための手段を提供し（ノートンとハイムバウは「ともに自分たちの運命が結びつけられていると信じた、特定はできないが大変動を起こすある出来事に、彼らの運命を賭けた――それぞれが、相手にとっての主要な希望であるものに、信頼性を与えたのである」［260］）、これらの体系は強力な新しい信条体系へと統合されるのである。

このことが示すように、この意味生成過程は、物語られるようになるにしたがって安定し、正当化されていく。ブルーノ信者についての非公式の物語、ゴシップ、うわさが、その団体をメンバーにとっての団体であると規定する役割を果たす。それゆえ、『クロニクル』誌がブルーノ信者を明るみに出し全国的なメディアがこの話を取り上げたとき、この宗教団体の公式の物語がつくりだされ、その結果二つのことが起こる。第一に、この物語は、記号に型を、そして型に意味を見いだす過程を完結し、予期される結末や世界の終わりに向かう始まりと中《なか》（いまや物語によって結びつけられ因果関係をもつようになった事件）を提供することによって、ブルーノ信者の認識論体系を確立する。この時点にいたるまでには、ブルーノ信者は彼らの結末――黙示録的終末――を明言しており、いまや彼らの多様で相互維持的な推論体系は、集まって一つの首尾一貫した物語をつくる。第二の結果は、ブルーノ信者の認識論体系の正当化である。物語に対する反応が、解釈の型の意義をあらためて肯定する。ブルーノ信者の一人が言うように、「それは確かに私たちが正しい道筋にいるというしるしです……［それは］何かを意味しなければならない！」（398）。このことはこの団体のウェーバー〔一八六四―一九二〇年。ドイツの経済学者・社会学者〕的合理化へとつながる。そこでは彼らの存在意味、すなわち黙示録的終末は二義的になり、権威の階層を組織化し教義を明確にすることに重要性が移る。

クーヴァーの小説は、この過程全体の意味と内容を批判する。特に物語の焦点を多重にすることによって、小説はブルーノ信者がいだいているのとは別種の記号、型、意味を提供する。これら違った選択肢は、まさにその存在によって、ブルーノ信者の物語とそれが支持する認識論を無効にする。この批判は、ミラーが恋人から郵便で受け取る最後の審判のパロディ物語に反映されている。これらの物語はブルーノ信者の物語が予期する結末を笑い飛ばす。その意味するところは、物語のもつ力の認識と、全体を見通しているつもりの物語から知識が解放されるのはおそらく戯れによってである、という用心深い示唆である。

より最近になってクーヴァーの関心は、われわれの意識をむしばみ、われわれの世界経験を絶えず規制する、広範な文化的物語の検証へと移行している。『ジェラルドのパーティ』（1986）の一登場人物が述べているように、「私たちが愛についてのせりふを学んだのは……おとぎ話からです。それから世界に入っていき、それを実際にやってみました。なぜそうなのかさえわからず、私たちはそうしなければならなかったのです」（74）。クーヴァーの方法は、文化的物語を書き換えることによってその認識論的力を突き崩すことである。すなわちその約束事をパロディにし、失敗領域を明らかにする。彼の的になるのは、ときには特定の作品――『政治的寓話』（1980）の帽子の上の猫［子供の詩］、「これを忘れてはいけない」（1987b）の『カサブランカ』〔一九四二年、ハンフリー・ボガード主演の映画。上記は劇中歌の歌詞〕、『ベニスのピノキオ』（1991）の『ピノキオ』、『野イバラ』（1996a）の眠り姫――そしてときにはジャンル全体――『ゴースト・タウン』（1998）の西部劇、そして『ジェラルドのパーティ』の推理小説――である。

推理小説をパロディにするにあたって『ジェラルドのパーティ』は、このジャンルにとって、そしてわれわれ自身と世界についての知識にとって基本となる三つの論点を探求する。つまり、注意——まわりの現象を感知するためのものであり、手がかりを認知し理解するのに用いられる。記憶——過去を理解するためのもので、証言を引き出し、手がかりを復活させるのに用いられる。表現——過去の出来事を一貫した物語にかえるためのもので、謎に解決を提示するのに用いられる。小説はこれらすべてを問題にし、このジャンルと混沌とした世界を意味づけるためのこれらの論点への依拠をくつがえす。

この小説はほんの短い隙間をのぞいて全体がジェラルドの視点から語られていて、混み合ったパーティでの死体の発見から、みんながやっと帰宅したあとジェラルドが眠りにつくまでの、持続した行動をたどっている。こうしてジェラルドの注意の限界がたえず前面に出される。われわればばかげた放埒なパーティでジェラルドがいかに多くのことを見逃すか、注目しても誤解するか、を知る。ジェラルドが整理し理解すべき情報はあまりに多すぎるのである。読者は、数限りないように思えるパーティの参加者や手がかりの跡をたどろうとしているうちに、彼と同じように混乱する。最後にジェラルドが妻に向かって「愛してるよ」というかわりに「君は……ぼくの注意の的だ……」(315, 省略はクーヴァー)と言うとき、われわれは、自分の意識がそらされずに周囲のものに向けられるような瞬間が、いかにまれであったかに気づくのである。

記憶も同様に問題となる。それは当てにならない。ちょうどさまざまなパーティ参加者が最初の死体が発見された場所を異なって記憶しているときにわかるように。記憶もまた制御できないほど選択的である。ジェラルドはこう認識する。「ぼくは、まるで物語のなかの危険な隙間をさがすように、その夜の出来事のことを自分の心の中で考えているのに気づく(しかしぼくが覚えているらしいのは隙間であって、出来事はうすれてしまった)」(20)。もっとやっかいなことには、われわれの経験は常にわれわれの意識に蔓延する多くの文化的物語によって媒介されているので、記憶は必ずしも過去の出来事にさえ結びつけられていないのである。ジェラルドが考えるように、「記憶とは、ぼくは気づいたのだが……いつもぼくたちがそれとくっつけようとする経験より前に来る」

(13)。

推理小説における表現は、探偵が殺人のいきさつを表現する物語を提示するときに出てくる。この物語とは秩序づける過程であり、見かけはばらばらで無意味な出来事に一貫性と意味をもたらす。しかしながらこの推理小説においては、出来事を表現しようとするいくつかの試みは失敗する。殺人にいたるまでの出来事を再現するために警視と警察官がすることは、すべての目撃者の時計を没収することから、目撃者を拷問するためにぬいぐるみのうさぎをばらばらにこわすことまで、一つとして意味をなさないし——ましてや殺人に意味を与えない。さらに、警察は少なくともさらに二人の人物を死なせて、混沌を増大させる。警視が、殺人事件は解決し警察は何者かを投獄する、と発表するとき、その解決がどのようにもたらされたかを説明する物語はない。同様に、犠牲者の劇場仲間によって、犠牲者の遺体を登場人物にして居間で演じられる殺人についての劇は、参加者の異常な性格を顕わにするが、事件になんの意味も与えない。この夜の出来事を表現しようとするもう一つの試みは、ジェラルドと妻が見つけるたくさんのヴィデオカセットのなかにある。この当夜の録画は一貫性を与えることができないばかりではない(さまざまなラベルのついたカセットはこの一夜をばらばらのエピソードにしてしまう)。ジェラルドはその夜の記録からいろいろな形でぬけ落ちているのである。彼の妻は嘆く。「あなたは別のパーティに行っていたのよ」(312)。ジェラルドの経験は、人生を表現するにあたって芸術が現実の多様な版《ヴァージョン》を提供するということを示唆している。どれがほんとうの版であるかは、だれにもわからない。

それゆえクーヴァーは推理小説の約束事を、それらとそれらが示す意味生成過程を混乱させる目的で用いるのである。彼は注意、記憶、表現の間の境界をぼやかす。表現が(文化的物語の形で)記憶を形成し、記憶が感覚に先行する。クーヴァーのパロディは、物語が人生を秩序づけるために与える形式を批判する。パロディはこれらの物語の力を借りて、真理の恣意的で偶然的な性質を暴露するのである。

物語の認識論的力に対するクーヴァーの最も複雑な批判は、彼の傑作『公開火刑』(1977)で展開される。このジュリアス・ローゼンバーグとエセル・ローゼンバーグ〔冷戦期、原爆設計をめぐるスパイ嫌疑をかけられる〕の処刑にいたる出来事の高度に様式化された再話は、典型的なアメリカの物語に見いだされる言述の網を描き出し、それらが隠蔽する空白を明るみに出すために意外な候補者を提供する——副大統領リチャード・ニクソン〔アイゼンハワーの副大統領で後に三七代大統領。任期一九六八—七四年〕である。小説の構成——アメリカのイデオロギーの擬人化であるアンクル・サムに焦点を当てた章が、ニクソンによって語られる章と交互に現われ、一方で幕間やその他のところでは、歴史的な言述が実験的形式で提示される——は、アメリカの物語の背後に働く力を暴露し、探求し、批判している。

アンクル・サムの言述はアメリカ的な言回しや観念をごたまぜにしたパロディである。「年ごとに増大する何百万の人びとの自由な発展のために、神の摂理によって割り当てられたこの大陸中に広がっていくことは、われわれの目を曇らす雲目〔dust-in-yer-eye—運命（destiny）のもじり〕である。それゆえ魚雷などなんのその、全力で進め」(8)。彼の演説は象徴的なヒント——アメリカ史からのより長い物語を思い起こさせる言葉——をまき散らし、それらを無差別に結びつける。まるでそれぞれの言葉のもつ個別の歴史性は、それぞれがより大きな支配的物語、すなわち神より与えられたアメリカの権威と世界を支配する義務、の一事例であるという理由で意味がない、と示唆するかのように。ローゼンバーグの処刑は、彼らの罪が疑わしくても執行されねばならない。なぜならそれは、この支配的物語に見事に合致するからである。もっとも大きな意味——合衆国の明白な運命は永遠の敵と戦いつつ実現に努力する——と、もっとも身近な意味——ソヴィエトの朝鮮と東ベルリンへの侵略は原爆の所有によって、それゆえローゼンバーグの裏切りによって可能になった——の、両方の意味においてである。この物語は、事実に邪魔されるにはあまりにうまくできている。

ニクソンは彼の章において、自己を神話化してフランクリンのようなみずからの人生の物語を創造するかと思えば、ローゼンバーグに不利な主張を再構成し、その多くの欠点を発見する。奇妙なことに、ニクソンが調査をすればするほど、彼の物語とローゼンバーグの物語は融合するようになる。自分のアイデンティティについて不安に感じるようになればなるほど、ニクソンはますます、いかに小さな出来事が彼を違った人間にする可能性をもっていたか（クーヴァーが後に『シカゴ・ベアーズのグルーミー・ガスにいったい何が起こったのか？』［1987a］において追求する見解）と考えるようになる。この結果、彼は物語の力について驚くべき啓示に到達する。

あらゆる人間はあらゆる見方をもっている……そして人工的に――政治的といっていい――一貫性に専心することのみが、単一の立場を堅固に保持させてくれるのである。しかしながら、宇宙が首尾一貫していないとしたら、なぜ一貫する必要があるのか？　法の定めのない宇宙においてもなんらかの一貫性があった――しかし同様に断絶の力もあったのだ！……私はついに化け物に対する闘争の真の意味を理解した。それは目的のもつ嘘に反対する戦争であった。（363）

ニクソンはこの啓示を政治的な機会と見る。彼はローゼンバーグ事件をアメリカのイデオロギーの中心にある空白を顕わにする方法として利用し、自身を信ずべき対象として提供することができるのである。しかしエセル・ローゼンバーグが協力を拒むと、ニクソンはただちにアンクル・サムのもっとも忠実な侍者の地位を取り戻す。アメリカのイデオロギーの人為性を暴露することはまた、小説のヘテログロシア〔異なる注解／テクストの混在〕――クーヴァーが彼の物語に挿入する多くの歴史上のテクスト、『タイム』、『ニューヨーク・タイムズ』、ローゼンバーグ夫妻が互いに、あるいは息子に書いた手紙、大統領の演説、エセル・ローゼンバーグが出演した劇『勇気ある人』――の要点である。ヘテログロシアは二重に機能する。第一に、数そのものと様式化された提示法（詩やオペラの形で）によって、テクストは異化される。それらのテクスト性は強調され、権威は転覆され、関連するイデオロギーは疑わしくなる。第二に、その結果として起こるバフチン〔一八九五―一九七五年。ソ連の文芸理論家、『ドストエフスキー論』で「対話」を論じた〕的な対話が、公式のアメリカの物語とそこに内在するイデオロギーの、すべてを支配しようとする衝動をそらす。これがもっともよく表われているのは第二の幕間で、そこではエセル・ローゼンバーグの寛大な処置を求める嘆願が、アイゼンハワー大統領の回答との対話になっている。彼の決定と処刑を、法、正義、民主主義についての大アメリカ物語とつじつまが合うように合致させたいというアイゼンハワーの欲求は、それらの理想こそ彼女の論理の基本であるというエセルの主張によってそがれる。最終的な印象は、ローゼンバーグ夫妻はアメリカを裏切ったのではなく、アメリカが自身について語る物語の真実を無邪気に信じたために、裏切られたのだということである。

その結果が明らかに示しているのは、クーヴァーの作品の多くにおけるのと同様、認識論的な物語が構成される人為的な方法、これらの物語が獲得する危険な力、そして別のパロディ物語によるその力への挑戦の必要性、である。クーヴァーの作品に中心的なこれらの思想は、またわれわれのポストモダニズム理解にとっても中心的なものである。

17 ジル・ドゥルーズとフェリックス・ガタリ

Gilles Deleuze and Félix Guattari 1925-95／1930-92

マイノリティの方へ

ロナルド・ボウグ

ジル・ドゥルーズ（一九二五—九五年）は二〇冊以上の哲学書を世に出しているが、そのなかにはヒューム、ニーチェ、ベルクソン、カント、プルースト、ザッヘル＝マゾッホ、スピノザ、フーコー、ライプニッツに関する研究の他に、『差異と反復』（1969）、『意味の論理学』（1969）、『シネマ1』（1983）、『シネマ2』（1985）、『批評と臨床』（1993）といった著作が含まれている。精神分析学者で政治的活動家であるフェリックス・ガタリ（一九三〇—九二年）はいくつかの多岐にわたる著作を残しており、主なものには『精神分析と横断性』（1972）、『分子革命』（1977）、『三つのエコロジー』（1989）、『スキゾ分析的地図作成法』（1989）、『カオスモス』（1992）などがある。しかしながら、二人の名がたぶん最もよく知られているのは、『アンチ・オイディプス』（1972）、『カフカ——マイナー文学の方へ』（1975）、『千のプラトー』（1980）、『哲学とは何か』（1991）のような著作の共著者としてであろう。

ドゥルーズ／ガタリを「ポストモダン」と呼ばないということにはそれ相応の理由がある。ドゥルーズはこの用語をめったに使わない。またガタリは、論考「ポストモダンの袋小路」（1996［1986］）において簡潔ながらも辛辣なポストモダニズム批判を提示し、こう述べているからである。「［ポストモダニズムは］モダニズムの最後の喘ぎにすぎない。すなわち、モダニズムの形式主義的な行きすぎや還元化に対する反動、そしてある意味ではそれを反映するものにすぎないということだ。要するに、結局はモダニズムと大差はないのである」（109）。ドゥルーズ／ガタリの注釈者のなかにはこのような議論の線にしたがってきた者もいる。たとえばグッドチャイルドは、彼らの思想を『ポストモダニズム』という非生産的なブラックホール」(Goodchild 1996: 139) から引き離そうとしているし、マーフィは彼らを「非‐モダニズム」の主導者、すなわち「ポストモダニズムを継承するのではなく、戦後を通じ一貫してそれに異を唱えてきた」(Murphy 1997: 23) 存在として考えるべきであると示唆している。だがそれにもかかわらず、ドゥルーズ／ガタリはポストモダン的思想における重要な人物として頻繁に引き合いに出される。実際、ベストとケルナーは『ポストモダンの理論』(1991) において、ドゥルーズ／ガタリをフーコー、ボードリヤール、リオタール、ジェイムソンらとともにポストモダン理論の主要な唱導者として扱い、またニール・ルーシーは『ポストモダン文学理論』(1997) の一章全体をこの二人の議論に充てている。むろん、問題なのは「ポストモダン」という呼称を受け容れる人たちでさえ、自分たちを同じ呼ばれ方をする他の人たちから区別しなければならないといったように、「ポストモダン」という用語が多くの異なった——それもしばしば相矛盾する——使われ方をされてきたということである。ドゥルーズ／ガタリにきっちりと当てはまるポストモダンの定義づけは一つもないが、さまざまな定義づけのなかでポストモダン的とされているいくつかの特徴はまさに彼らの思想を特色づけるものである。たぶんわれわれは、ドゥルーズ／ガタリをポストモダン的思想のユニークな様式の創始者として取り扱うべきであろう。ユニークな様式とは、「ポストモダン的条件」の内部で創造的な選択を示し、「ポストモダン的袋小路」を超えるための小路を供給するような様式のことである。

ポストモダン的条件を考える多くの理論家たちにとってと同様、ドゥルーズ／ガタリにとっても発展した資本主義のメカニズムや働きが現代世界を理解するうえでの中心的な要素となる。しかしながら、資本主義を問題にするといっても、それはシミュラークルの戯れをボードリヤール流に受け身的に引き受けるのでもなければ、ローカル・レヴェルを除いて集団的政治活動を放棄するといった仕草（ガタリがリオタールの態度と考えているもの［Guattari 1996/1986: 110-11］）に訴えるのでもない。『アンチ・オイディプス』（1983［1972］）のなかでドゥルーズ／ガタリは、遍在的な「欲望する生産」の理論、すなわち、多様に分散した活動サーキットにおいて物質的世界の異質な諸要素を連結する情動的強度の流出／流入が不断かつ遍在的に生み出されるという考え方を展開している。彼らは欲望する生産に二つの極を見定めている。一つは、脱領土化というスキゾフレニックな動きであり、これによって安定した諸コードは脱コード化され、通常の（権）力関係は瓦解させられる。そしてもう一つは、再領土化というパラノイアックな動きであり、それによって諸コードや（権）力関係は組織化され制限された相互作用のサーキットのなかで再確立されることになるのだ（Deleuze and Guattari 1983［1972］: 366）。資本主義の歴史とは、未分化的・未決的な交換システムのなかで、世界のコード化され通約不可能な諸要素を互いに代替可能な有用商品に変換するという形によって、安定した社会的関係——親族関係の体系、宗教的慣習、階級的ヒエラルキー、タブーなど——を絶えず脱領土化してきた歴史であると言えよう。しかし、資本主義はまた絶えず社会的関係を再領土化することでみずからの規則立った働きを安定化させ、廃れたコードや制度を過去になされた実践のシニカルな模倣として再活性化しようとする。ポストモダンとみなされることの多い現代西洋文化の特徴——普遍的な商品化、シミュラークルや表面的イメージの支配、消費と生産との完全な一体化、感情の衰退化——は、脱領土化および再領土化という資本主義の同時的なプロセスが生み出した不可避的効果に他ならないのである。

だが、ドゥルーズ／ガタリは、商品消費文化におけるシミュラークルの増殖は必ずしも無力な黙従をもたらすものではないと主張している。欲望する生産において何よりも先にくるのは脱領土化である。つまり、社会的圏域にはいたるところに不均衡な点、不安定なゾーンがある。そしてそれらは激しさを募らせることで創造的変形の領域に変換されるかもしれないのだ。（権）力関係を脱コード化し、ぐらつかせるという資本主義の傾向にそなわっているのは、社会領野を横断する脱安定的な力の強化によって活性化されるかもしれない革命的な潜在力なのである。そして、そうした脱安定的な力の活性化は種々さまざまなサイズの集団グループによって着手される可能性があるだろう。ドゥルーズ／ガタリは『アンチ・オイディプス』のなかで一貫してモル的欲望と分子的欲望を対比しているが、彼らの権力分析の多くはフーコーの『監獄の誕生』（1977［1975］）のミクロ・ポリティックスを先取りしている。しかし、この対比は量的なものというよりもむしろ質的なものである。モルと分子は相対的な大きさではなくて関係様態を示すものなのだ。つまり、前者はヒエラルキー的・全体化的様態を、そして後者は非ヒエラルキー的・脱中心化的様態を指し示しているのである。ドゥルーズ／ガタリにとって決定的に重要なのは、アイデンティティが既存の権力構造によって規定されてしまう服従＝被支配的なグループ（subjected groups）と、権力布置の予測もできない変形によって新たな社会的関係を創出する主体＝支配的グループ（subject groups）との違いであろう（Deleuze and Guattari 1983［1972］: 348）。主体＝支配的グループの関係様態は分子的なものであるが、それは多様な量的次元においてその機能を果たすことになるだろう。要するに、革命的な政治活動は局所的な闘争やミクロな関係を必要とするものではあるが、それは同時にまた、大きな集団や同盟関係にも広がっていくものなのである。

このような資本主義の分析は基礎的存在論を含意するものと思われるが、この点について、ドゥルーズ／ガタリはただ多くのポストモダン的思想家たちが共有する戦略にしたがっているだけである（Hutcheon 1993）。すなわち、「支配的な物語」（master narratives）の主張と切り崩しを同時に行ない、自身のモデルの構築化された性格を皮肉に見つめつつ、旧来の説明を批判し新たなそれを創出するという戦略である。ドゥルーズ／ガタリの思想は断固として反根本主義的である。彼らの見解によるなら、「哲学とは常に諸概念の創出に関わるもの」（Deleuze 1995: 136）であり、真実の表象を問題にするものではないからである。「真実というものは確立された考え方なるものを「でっち上げてしまう」。「真実が創造された」と言うことは、真実の生成が原料＝物質の加工にも等しい一連の操作——厳密にいうなら、一連の偽造＝変造——を伴うものであることをほのめかしている」（Deleuze 1995: 126）。しかしながら、彼らの哲学はテクスト主義者的でもなければ構築主義者的でもない。それは、思想の生成における言語や主体の優先性を少しも前提にしてはいないからである。ドゥルーズ／ガタリにとって、言語とは活動の様態なのだ。言語は慣習的実践、制度、物質的実在物を結びつけ、別々の言説的／非言説的「集合物」（Deleuze and Guattari 1987［1980］: 88）にしてしまうような（権）力関係の不均質なパターンを通じて機能する。言葉はモノに干渉するが、モノは形をなし、相互作用し、言語生成のそれとは異なる分化＝微分化プロセスを通じてさまざまな慣習的実践を形づくる（この点についていうなら、ドゥルーズはフーコーの考えが彼自身のそれに類似していると考えている［Deleuze 1988: 47-69］）。したがって、いかなる意味においてもドゥルーズ／ガタリの反根本主義は、自由に漂うシニフィアンの普遍的な戯れからもたらされるものではないし、世界の展望を自由に構築する主体によってもたらされるものでもない。思想は問題を経由して進むが、問題は選択されるものではない。問題は思想に突き当たり、知らず知らずのうちに不均衡な瞬間を生じさせるのだ。思想も思想家も発展的、自己－分化的な差異の領野、すなわち、思想が多様な言説的／非言説的活動回路の特異な布置をはらむことを要求されるような問題において立ち現われてくるのだ。たとえば、物質的世界で成長し他者と相互的行動を行なう生物的存在としての思想家を、思想に衝突し、思想を活性化する問題と切り離して考えることはできないだろう。したがって、哲学による諸観念の創出は偶然的ではあるが、けっして恣意的ではない。何故なら、それは個々の世界の開かれの内部で――そしてその開かれの一部をなすものとして――開示される問題がこれまで追跡してきた方向性にそってなされるはずのものだからである。手短に述べよう。思想家が思想を選ぶのではない。むしろ、問題－世界の側が思想家と思想を選ぶのだ。

芸術にアプローチする際のドゥルーズ／ガタリは典型的にポストモダン的とおぼしきスタンスを採用してはいない。彼らはとりわけ『千のプラトー』に見られるように、ポピュラー・カルチャー（大衆文化）の作品とハイ・カルチャーの作品の間を――ポピュラー・カルチャー／ハイ・カルチャーという区別には無関心に――自由に往来している。彼らはこの点、ホイセンが根本的なポストモダン的感性として見定めたものを示しているが、フランスの他の多くのポスト構造主義者たちと同じように、彼らはハイ・モダニズムの規範的な作品に注意の多くを集中させている（ホイセンがポスト構造主義をポストモダニズムではなく、「モダニズム理論」と述べることになった所以はこうした傾向による［Huyssen 1993: 136］）。しかしながら、彼らがプルースト、カフカ、ウルフ、フィッツジェラルド、アルトー、ベケットのような作家たちを論じるやり方は、これらの作家たちに対する標準的、モダニスト的な読み方への挑戦となっている。たとえば、『カフカ――マイナー文学の方へ』のなかで、彼らはカフカの紋切り型なイメージ――オイディプス的な障害者、隠遁的な「作家の作家」（writer's writer）、禁欲的神秘主義者、現代的な疎外や苦悩を描くメランコリックな年代史家――を拒絶し、彼がまさに社会的・政治的な作家であり、喜びやユーモアに満ちあふれた非人称的な文学機械の創造者であると論じている。カフカは世の中から退却するどころか、当時のオーストリア＝ハンガリー帝国に巣くうファシスト的・ソヴィエト的・資本主義的な官僚制の「将来発揮される悪魔的な（権）力」（Deleuze and Guattari 1986［1975］: 83）を見抜いている。彼は当時の世の中で流布していた制度や社会関係を描き出す実験を行ない、最も親密な領域にも最も公共的な領域にも共通して作動している権力のネットワークを跡づけてみせている。彼はまたプラハのユダヤ人が話すドイツ語を実験的に用い、その変異点や不均質な点を発見しているが、この発見は彼が母語の内部で外国語をつくりだし、ドイツ語のなかに、言語やその社会的な使用に内在するどもるような奇怪さを出現させることを可能にしている。最後に、彼の書簡、日記、短編小説および小説は、家族的・社会的・政治的回路に差し込まれた文学機械として機能している。文学機械とはすなわち、その動き――封鎖と流出、発作と発動――だけによって規定されるような、脱中心化された非統一的・非単独的な機械のことである。

　ドゥルーズ／ガタリはこれと同じような文学機械をクライスト、メルヴィル、ロレンス、ミラーといった作家たちから、現代人であるゲラシム・リュカ、カルメロ・ベーネなど、幅広い人たちのうちに見いだし、〈モダニズム〉を経由し〈ロマン主義〉から現代にいたる選り抜きの系譜が存在することを示唆している。このような反伝統を告げ知らせる審美的な実験や政治的な参加を支える原理は、歴史的な前衛運動（ダダ、シュルレアリスムなど）のそれと瓜二つである。すなわち、分散、多様性、非主体性といった特徴は、ハル・フォスターが「抵抗のポストモダニズム」（Foster 1983: xii）と呼んだ歴史的な前衛運動を甦らせる多くの作品に共通しているのである。しかし、芸術へのアプローチに関するドゥルーズ／ガタリの最もポストモダン的な点は、彼らが差異、他者性、多様性といったテーマを関連づけ、ジェンダー、セクシュアリティ、人種、階級などの問題に適切に対応するそのやり方にある（Huyssen 1993: 148-9 を参照）。ドゥルーズ／ガタリが賛美する芸術家たちは、多数派的な規範や標準に異議を唱える「マイナーな」実践者たちである。その実際の数がどうであれ、マジョリティを形成するのは大人の白人〈西洋人〉男性であり、さまざまなマイノリティたち（非白人、非〈西洋人〉、女性、子供）は彼らによって評価、類別、規制される。支配的な社会コードが多数派の価値をつくり上げ、それを浸透させる。権力や支配＝制御の関係は言語、イメージ、実践、制度といったものの因習的な構造によって反復され、強化されるのだ。ドゥルーズ／ガタリにとっての抵抗は、他者（別のもの）になること、すなわち、男性／女性、白人／非白人、大人／子供、人間／非人間など、確立された〔二項的〕カテゴリー間を通り抜けることによって開始されなければならない。「女性になること」、「黒人になること」、「子供になること」、「動物になること」を実現する通り抜けは、社会コードにそなわる二項対立を転覆し、新しい形の思考や相互行為の創出を可能にするであろう。ドゥルーズ／ガタリが讃える作家・画家・音楽家の実験は、単に言葉・イメージ・音における形式的な革新ではない。それは潜在的な権力関係と組み合い、それを揺るがし、その切り替えの可能性を開示するような活動様式である。それ故、そうした芸術家たちが創造するさまざまな「生成変化＝なること」は、ジェンダー的・人種的・階級的マイノリティの政治闘争において重要な役割を演じることになる、女性になること、黒人になること、非〈西洋人〉になることといったプロセスを強化するものと言えるであろう。

しかしながら、ドゥルーズ／ガタリの最もポストモダン的な側面は、おそらく彼ら自身の哲学的著述家としての実践に求められるであろう。というのも、彼らの仕事はともに、生成変化、差異、多様性、不均質性といった思想を表明し、それを具体的に上演化しているからである。特に目をひくのは『千のプラトー』であるが、この一五の「高原《プラトー》」集は（最後に読まれるべき結論部を除いては）どのような順序でも読めるように書かれている。各々の高原はそれぞれの「存立平面」（plan de consistance / plane of consistency）を形成している。「存立平面」とは表面を満たす、生成変化・変動・変身の行程をとおして変わることのない不均質な諸要素からなる一種の表面のようなものである。もしも各々の高原に統一性があるとするなら、それは加えられた部分の統一性、すなわち、高原を占める諸要素によって生成される外的構成物（だが、逆説的にも、それらの諸要素によって前提されている部分）に他ならない。高原の諸要素間の関係は「離接的統合」関係、すなわち、差異化を通じてなされる背理的な結びつきであり、そこでは構成要素が量的というよりもむしろ質的な多様性――構成要素の数や性格にいかなる変化が生じても、性質が変わってしまうような多様性――をつくりだす。各高原の内部ではさまざまな概念が定式化されるが、それらはさまざまな領域・学問・言説のなかで追跡されるに応じて拡張されたり変形されたりするのだ。一四番目の高原では、平滑空間と条理空間という概念が、織物・音楽・海洋戦略・数学・物理学・芸術史の研究を通じて練り上げられている。一一番目の高原は、音楽と動物生態学の領域におけるリトルネロ（リフレイン）の概念を明らかにしている。一〇番目の高原は、ホラー映画・小説・シャーマニズム・戦士崇拝・音楽・芸術・哲学における生成変化を扱っている。さまざまな高原が互いに交差し、一致し、分岐するが、このことが示唆しているのは多様な相互連結の可能性と共鳴地帯の存在であろう。加えて、これらの高原は複合的な存立平面を描写しているが、それこそがまさに『千のプラトー』と呼ばれる離接的に統合された多様性を構成するものであると言えるだろう。

　だが、最も重要なのは、ドゥルーズ／ガタリの合成的な方法手続き（modus operandi）である。『千のプラトー』のなかで彼らは「「多様的なものよ万歳」と言うだけでは足りないのだ。確かにこの叫びを発するのは難しいのだが、活字組みの、語彙の、あるいは統辞法のいかなる巧妙さも、この叫びを聞こえるようにするには足りない。〈多様なもの〉、それはつくりださねばならないのだ［Le multiple, *il faut le faire*］」（Deleuze and Guattari 1987［1980］: 6）と彼らは指摘している。多様なものごとをつくりだしたり行なったりするドゥルーズ／ガタリの方法は、哲学において先例のないやり方で共同執筆することである。『千のプラトー』を創作するとき彼らは、異なる高原の今度は一文、今度は一節、そして今度は一ページというように、交替で書き上げたものを持ち寄り、先に進みながら手直ししていく。しかし、その際、テクストの生成を示す痕跡はいたるところに残しておくのだ。結果としてでき上がった作品は内容、形式ともにきわめて多様であり、単一の主体による創造物といった趣きはない。概念、構成的図式、語彙、リズム、調子は明瞭であると同時に複合的であり、すぐに見分けられる複数的な声や思想は個々の作者のスタイルにも、二つのスタイルの単なる並置にも還元することができない。読者がそこに読むことになるのは、先に開かれた散逸的な物語、すなわち複合的な用語と領域において自身を分散的に思考しつづける思想小説のようなものである。それはドゥルーズ、ガタリのどちらか一方が生み出したものでもないし、ドゥルーズ／ガタリが生み出したものでもない。それは混成的・多様的な――怪物的でさえある――産物、言いかえるなら、ドゥルーズ＝ガタリの生成に帰されるものなのである。

ドゥルーズ／ガタリのポストモダニズムは抵抗のポストモダニズムである。彼らは後期資本主義のシミュラークルの戯れを認めてはいるが、種々さまざまな社会参加の領域における政治的活動を通じて社会関係を創造的に変革するという豊かな可能性を見いだしてもいる。彼らはあらゆる形式の根本主義を拒絶するが、同時にまたテクスト主義的な言語の牢獄や構築主義的相対主義という盲目的な主意主義も避けている。彼らの思想は偶発的ではあるが必然＝必要なものである。また、(権)力や概念のプラグマティックな領野を横断して創造的な思想－行動を引き出す(非)言説的な差異の開示的な領域において、不意に姿を現わすものであると言えるだろう。彼らの審美観はハイ・カルチャーとロー・カルチャーの区別に囚われずに、形式的な実験と政治的な介在を融合するという前衛的なプロジェクトを受け容れる。彼らは脱中心化され、統一性がなく、非主体的で直に社会的であるもの、そしてさまざまなマイナー的生成変化——女性になること、黒人になること、子供になること、動物になること——においてマイノリティの闘争に参加しているものに真の芸術作品を見て取っている。彼らはまた、みずからの創作においては差異・多様性・不均質性・生成変化・多声的な性質を帯びた概念的な存立平面の生成という原理を固守している。要するに、ポストモダンなるものが解消不可能な条件あるいは逃れえない袋小路であると言うのなら、ドゥルーズ／ガタリは明らかにポストモダン的な理論家ではない。だが、それが変革力ある応答を鼓舞することができる特異な社会的・歴史的・哲学的・審美的状況のことであると言うのであれば、彼らはまさにポストモダン的時代のキーパーソンということになるであろう。

18　ドン・デリーロ　Don DeLillo 1936-

われわれの無歴史性を補塡する試み

クリストファー・ダグラス

「デリーロはポストモダンの作家だろうか、それともポストモダニズムの病理学者だろうか」。最近、一人の批評家が不安気にこう問いをなげかけた（Cantor 1991: 58）。このあまりにも単純に公式化された疑問に対する答えは、モダン的な「どちらか」ではなく、より適切にポストモダン的な「両方とも」である。一九三六年生まれのドン・デリーロは難解な思想小説の作家で、その作品は同時代的瞬間を執拗に分析している。彼の刺激的な主題――宣伝、ロック・ミュージック、スポーツから、数学、言語、カルト、群衆、災害、ケネディ大統領の暗殺まで――は、いくらかのおだやかな形式的革新を経てより複雑になり、彼の作品は最近まで大衆の読者よりは大学人や批評誌に評判がよかった。デリーロの「ポストモダン」作家という肩書きは、彼の作品が形式的、文学的ポストモダニズムという用語でかろうじて考察されるだけであったことを考えると、驚くべきものである。彼の最初の三作をメタフィクション的であると考えた批評家も数人いたが、ジョン・バースやロバート・クーヴァーといった同時代の作家に比較すると、その小説の自己言及性はわずかなものである。他方、多くの人びとは彼の一九八八年の小説『天秤座』を、リンダ・ハッチオン（Hutcheon 1988）が史料編纂的メタフィクションと名づけたものの例だと考えている。そこでは主人公・語り手が史料編纂のための思案をしているからであるが、ＣＩＡのためにケネディ大統領暗殺の秘史を書くという仕事を負っている彼は、歴史的情報が彼からさえ隠されていると不満を漏らしている。デリーロがポストモダンと見なされうるのはむしろ主題的な意味においてである。彼は一九七〇年代初期以来その作品において、レイモンド・ウィリアムズなら「感情の構造」と呼んだであろうもの、別名ポストモダニズム、の内部の、ある種の傾向を書き留めた作家である。

これらの傾向のうち四つが、作品においてデリーロが物語のなかで繰り返し戻っていく顕著な固定点である。第一は、彼の大衆文化への熱中であり、それを彼の小説に組み込むことである。そのやり方は、アンドレアス・ホイセン（Huyssen 1986）やフレドリック・ジェイムソン（Jameson 1991）が明らかに示しているように、ポストモダニズムをモダニズム最盛期の美学に対抗して特徴づけるものである。第二は、起源の感覚の喪失である。これはデリーロの作品では、ジャン・ボードリヤールを連想させる理論的言述にもとづく小説作法として現われる。第三は、無歴史性と歴史的背景の要求とが同時に存在する傾向である。われわれはデリーロの作品に「そもそも歴史的思考法を忘れてしまった時代において歴史的に現在を思考しようとする試み」（Jameson 1991: ix）を見いだすが、しかしおそらく、われわれが現在について思考する能力を欠いているという症状も見るのである。最後に、デリーロのポストモダニズムは、もう一人のポストモダニスト、トマス・ピンチョンと同じく、パラノイア気質と構図への疑いという特徴をもっている。

これら四つの傾向はデリーロの批評家の関心をも捉えている。デリーロは現代のメディアや大衆文化、そしてその日常的効果にたいする解説者として名高い。デリーロの大衆文化との関わりは、彼の小説が最初に世に出たときに、『アメリカーナ』（1971）の広告、『エンド・ゾーン』（1972）のスポーツ、『偉大なるジョーンズ通り』（1973）のロック・ミュージック、といった形で現われた。彼の作品に対する批評的反応をつねに支配しているものは、自身が描く文化にたいするデリーロの態度についての質問——文化評論家としてであるか、あるいはそのような現代的表現方法に熱狂するものとしてであるか——である。その答えは、個々の批評家が作家のテクストの皮肉に満ちた層のどこに「デリーロ」を位置づけるかによって異なってくる。たとえばデリーロの一九八五年の小説『ホワイト・ノイズ』に関しては、まさにそのような解釈過程が問題になる。『ホワイト・ノイズ』の問題とは、フランク・レントリッキアが述べているように、デリーロはスウィフト風の風刺を書いているが、スウィフトの場合のように読者が彼と同じ「適正行動基準」（Lentricchia 1991: 13）をもつことに依存していないか、あるいは依存できない、ということである。実際のところレントリッキアがこのような解釈論争を始めたとき、彼は明々白々のことを繰り返さなければならなかった。すなわち、『ホワイト・ノイズ』は一人称で語られ、その形式に付随するあらゆる認識論的不確実性をもっている（Lentricchia 1991: 87-113）と。もっとも明晰なデリーロ批評家の一人であるレントリッキアは、語り手が高尚な芸術の言及と低俗な言及とを混ぜ合わせるのを、アイロニーのもう一つの層として見ている。他の批評家の反応は、共通の適正行動基準の欠如という問題にたいするデリーロの興味深い解決——基準は存在しない——を強調する。彼はただ、われわれが自活できるようにわれわれを、漂わせているにすぎない。われわれはデリーロの描くポストモダン世界を航行するためには、そのような基準を調達しなければならない。

デリーロの大衆文化や消費者文化にたいする態度をどう解釈するかということのような問題の一因となっているのは、デリーロの登場人物の多くが、引用されることによって存在しているように見えることである。多くの人物が登場人物のシミュレーション——人間のシミュレーションのシミュレーション——に見えるのである。デリーロの小説においては、登場人物は自分が行動するのを見つめ、行動しているところを想像する。自省とイメージが、無邪気な意図、無意識の行動、動機を超越する。彼の登場人物は多くのメディアにどっぷりつかっている。彼らはしぐさ、まなざし、流行、言回しをすでに知っていて、それで間に合わせなければならない。そのようにつくり上げられた——ときには自意識的に——登場人物は、ポストモダンにおける真正性の不在の一部をなし、これにもとづいてデリーロのテクストは、しばしばシミュラークル（模像）の歳差運動についてのボードリヤールの見方と共鳴しているように読むことができる。しかし彼の批評家を混乱させているのは、デリーロが真正性や、模像以前の人間社会をなつかしんでいるようには見えないことである。彼の批評家はデリーロが現実的な

「血と肉を備えた」登場人物を創造することに失敗していると非難するが、それはこのようなやり方が原因である。彼の主人公たちは引用的存在論によって行動しているように見える。すなわち、彼らの言葉や思想やしぐさは外側から、言語、感情、行動の内容を提供する人間社会から、彼らのところにやってくる（彼らがわれわれのところにやってくるように、とデリーロの作品は暗に示している）。批評家が不満に思うところはこのようにデリーロの要点であって、彼の小説の想像力の傷ではない。この引用の実践がどのように展開するかは、『ホワイト・ノイズ』の最後の数ページで例証されている。そこでは妻を寝取られたジャック・グラドニーは妻の不貞にたいする反応を学ばねばならないが、それができるのは彼の妻と彼の友人マリイ・シスキンドを通じて彼に提供された、男の怒りの月並みなイメージを受け容れることによってでしかない。グラドニーのこのイメージの引用は、彼を殺人へと導く（『ホワイト・ノイズ』がその一種のパロディ的引用になっている小説、ノーマン・メイラーの『アメリカの夢』において男の怒りがそうであるように。殺人を犯すその主人公もまた、恐怖に対処する大学教授である）。しかしグラドニーが妻の愛人を撃った結末はばかばかしく、双方ともけがをするだけで、命にはかかわらない。ここでは意志と行動が模倣され、グラドニーがその役を演じようとする。そこに欠けているのは、そのような暴力を生み出すことのできる情熱である。このようにシミュレーションと引用によって支配された世界を表現することによって、デリーロは形式的なポストモダニズムに最も近づいているのである。彼のテクストの多くは言語のゲームを示している。ここでデリーロは、言語は現実を反映しないというポスト構造主義の感受性、あるいは少なくとも、言語は必ずしも合理性や論理の役に立たないというポストモダンの感覚を写し出している。このようなゲームには、登場人物がよそからとった言回しやイメージを繰り返すことも含まれるが、それはまるでデリーロが、小説が想像した場面を引用しているかのようである。しかしゲームはまた、たとえば『ホワイト・ノイズ』における会話の「提喩的ずれ」（Barthes 1974［1970］: 92）や、語りの流れに介入するテレビの声やコマーシャル（「有鉛、無鉛、スーパー無鉛」）といった形式で突発する。言語の無為性と現実世界との無関連という読者の感覚をさらに推し進めているのは、デリーロ的な無理な推論である──「球場のボックス席ではグリーソンにこう言わせようとしている。「みなさんは、ダン、ダン、ダンディなお客だ」」（『アンダーワールド』[26]）──それは、デリーロが経験の同時性と無関連性を記録しようとしている（そしておそらくこれらのものを縫い合わせようとしている）と読むことができる。

デリーロの作品はまた、フレドリック・ジェイムソンのポストモダニズム論を反映する。われわれはわれわれの歴史を忘れてしまった。現在の感覚を歴史的背景の内部にあるものとして形成することがますます困難になってきている。この点でデリーロの作品は、われわれの無歴史性の症状とそれを補塡しようとする試みと考えることができる。彼の作品はわれわれの現代性の記号を取り上げる。それらはわれわれの時代を過去の時代と区別するように見えるもの、すなわち高度なテクノロジー、宣伝、テロリズム、民主的政府と多国籍企業にたいする疑惑、宗教団体、スポーツに熱狂する群衆、宗教に熱狂する群衆、政治に熱狂する群衆、旅行に熱狂する群衆、テレビ、自然および人間の手による大惨事、核戦争などである。しかし彼の作品は現在の全体的説明を与えてくれるわけではない。それは現代を要約するような図を提供しないという点でポストモダンであると同時に、ジェイムソンが提唱する、そのような総合的な理解はもはや不可能であるという徴候的な意味においてもポストモダンである。かくしてデリーロの小説において、われわれの時代はテレビのコラージュとして現われる。われわれはメディアの報告、事件や驚くべき出来事、それほど驚くにあたらないCNNの「擬似事実」、とらえどころのない災害、そして大惨事を通じて現在を経験する。われわれは過去との関連のなさを体験する（フクヤマの考えでは、われわれは歴史の終焉以後に生きている）。それは『ホワイト・ノイズ』の登場人物が、自身の破局を、それが表現されて彼らに帰ってくるまで受け容れることができないのと同様である。感知できるものも、個人的であるはずのものも、シミュレーションなしにはわれわれは把握できないのである。デリーロにとって、このようなポストモダンの状況はケネディ大統領の暗殺で始まった。

その瞬間から年月が流れ出してしまい、それとともにわれわれはこの過去二五年間に失われたものは、管理可能な現実という感覚であると感じるようになってきたと思う。……それ以来われわれは、でたらめさ、あいまいさ、混沌といった要素をより意識しているように思われる。(DeCurtis 1991: 136より引用)

デリーロの作品は現在を歴史的なものとして考え、ポストモダンの現実を管理しようとする試みであるが、作品がそれが記録する問題の徴候を示しているかぎりにおいて、究極的には成功することのない、補塡的試みでもある。

たとえば『天秤座』のなかのリー・ハーヴェイ・オズワルド〔ケネディ大統領の暗殺容疑者、護送中に射殺される〕の虚構的な歴史において、デリーロは孤独な射撃者という仮説を拒否し、そのかわりにうまくいかない複雑な陰謀という形を採った。これこそがウォレン委員会〔ケネディ暗殺事件捜査機関〕がけっして明らかにすることのないたくらみであり、もう一人のデリーロの登場人物が述べているように、すべてのたくらみは死に至るのである。デリーロの虚構の歴史は、彼をアメリカ合衆国におけるパラノイアと陰謀にたいする疑惑というポストモダン的傾向のなかに位置づける。彼は、人間の悪意に満ちた意図のネットワークが社会秩序の縫い目において作用しているという、『Xファイル』〔不可解な事件を取り扱う政府職員の活躍するテレビドラマ〕と同じ感覚をもっている。ウォレン委員会は現代の合理性の道具として登場する。証拠、書類、録音、インタヴュー、資料、歯科治療記録、弾道と肉体や骨への衝撃についての科学的研究、多くの機関、このすべてが事件の説明に寄与している。委員会の結論――暗殺は綴りも知らないような、引っ込み思案で二度も脱走した元海兵隊員の単独犯である――は、暗殺の重みに反するものであり、ポストモダン的な疑惑と怖れの傾向を引き起こすような分裂である。『天秤座』は、自分たちの政府を疑いたいという戦後の民衆の意志にうまく合っている。この意志は部分的にはCI

ＡやＦＢＩの役割がきっかけになっている。彼らは自国の国民をスパイし、その信用を傷つけ、外国で違法な行動をし（暗殺や反コミュニストのグループに拷問技術を訓練する）、そして極端な場合にはロズウェル〔一九四七年にＵＦＯが到来したと噂されるニュージャージー州の町〕での隠蔽の可能性もある（デリーロが述べるのに最適の話題である。すべての月並みな話題が彼のために用意されている）。デリーロの陰謀についての関心は、この枠組みに入るどの作品をあげてもいいのだが、『天秤座』や『名前』に見られ、コラムニストのジョージ・ウィルの非難を招き、デリーロは『天秤座』で単独射撃犯仮説に反対する陰謀を推し進めた「悪い市民である」（Lentricchia 1991: 3における引用）ということになった。

このデリーロのポストモダニズムの最後の面――私が彼のグノーシス主義〔霊知を根本理念とする古代キリスト教〕と呼びたいもの――は、デリーロの作品がわれわれのもつ現在の感覚をうち崩す最大の要因となっている。アメリカ――あるいはむしろ世界――文学におけるデリーロの特殊な位置は、西洋思想において、モダンの合理化からポストモダンの非合理性の注目へという移行を記録する何人か作家の一人という地位である。デリーロの作品はポストモダニズムを新しいグノーシス（霊知）と認識する。繰り返すならば、モダンの合理的な思想の透明な力に対抗して、ポストモダンの秘密の知識が存在するのである。十九世紀にはドストエフスキーが、秘密の知識に対するモダンの否定を、「神は存在しないかもしれない」という懐疑的な不確実性として記録している。デリーロはこの懐疑主義を逆転する。つまり、それに答えて「神は存在するかもしれない」（それがコーマック・マッカーシー〔一九三三年―。米国の小説家〕の怖れである）と暗示するのではなく、自然界と人間界は、不安な構図、秘密、神秘的なグループ、知識ではないにしても意図を模倣しているように見える不可解ではあるが力のあるシステムなどの記号を示している、と示唆するのである。『天秤座』においてこれは、イデオロギー的には多様だが秘密性によって支配されている点では同一の構造をもつグループによる、大統領に向けられた多数の陰謀の形式をとる。『名前』では非合理性への注目は、言語信仰と、小説の暗示するところでは、言語そのものに内在する一種の霊知――テクストのグロッサラリア〔言語界〕への関心によって示される事実――の形式をとっている。『ラトナーの星』では数学そのもの――もう一つの言語――が、霊知の対象でもある。登場人物の一人が述べるように、「純粋数学は一種の秘密の知識である」。『プレイヤーズ』から『名前』、そして『マオ二世』にいたるデリーロの作品を特徴づけるテロリスト・グループは、自動的につきすすむ秘密によって機能しているが、隠されたデザインは暴力の形で突発するのである。『ホワイト・ノイズ』はいくつかのグノーシス・グループを描いているが、それはFührerbunker〔ヒットラーの地下壕〕（デリーロの『走る犬』の主題でもある）における最後の日々について雑談するグラドニー率いるヒットラー学の専門家集団から、よりテクノロジー的で技術者的な医療情報および災害対応プログラムのシステムにまでわたる。トム・ルクレア（LeClair 1987）は、ルートヴィッヒ・フォン・ベルタランフィのシステム理論を、デリーロの人間や自然の組織に見られる奇妙なデザインにたいするポストモダン的注目を最もよく説明する解釈パラダイムとして提示している。ポール・チヴェロ（Civello 1994）は、新しい物理学の「フィールドの概念」を適切な解説として提案する。デリーロの形而上学的な衝動は時に人間的、世俗的方向へと道をとる。デリーロの登場人物の、彼らが彼らからは隠されている知識のシステムの対象であるという自覚は、ある意味ではフレドリック・ジェイムソンが『名前』の書評でパラノイアの慰めと呼んだものである。

> 要するにパラノイア患者の世界は、「不条理」や無意味な世界の反対である。……世界はむしろ意味のありすぎるものであり、そこには疑いもなく形式的快楽へと転化される深い慰めが存在する。（Jameson 1984b: 118）

デリーロの小説にあるこの形式的快楽は、それによってわれわれの同時代の霊知的性質が得られるものであるが、それが生じるのは、われわれの日常生活の表面下の意味（モダニストの形而上的意味の深さのモデルがそれであるが）を示すことからではなく、表面の渦巻き模様にある意味を提示することからである。拡大しても縮小しても、フラクタルのシステムがもつ説明しがたい秩序はそこにデザインがあることを示している。この表面の空間にこそ、ドン・デリーロが繰り返しポストモダンの「謎」と呼んだものが内在するのである。

19 ジャック・デリダ Jacques Derrida 1930-2004

デリダがいなかったらポストモダンは

ヒュー・F・シルヴァーマン

脱構築がなかったら、ポストモダニズムはどうなっているだろうか。そしてジャック・デリダがいなかったら、脱構築はどうなっているだろうか。ポストモダニズムは――あるいは少なくともポストモダン的思考は――、その重要な理論的戦略としての脱構築と結びつくことで効力を発揮する。脱構築を抜きにしてポストモダニズムを考えることは、異種性、多文化的な場、並置、周縁性、そしてまさにポストモダンとモダンの関係を、ポストモダンなら「何でもあり」というお門違いの主張をするという危険を冒しながら考えることと同じである。ポストモダン（それは必ずしもポストモダニズムと同じではないが）の動機づけは注意深くなされているのだ。ポストモダンは、モダンがみずからの限界と周縁をどのように示しているのかを問うことによってモダンを問題化する。万が一こうしたモダンとポストモダンの関係が反転するようなことがあれば、ポストモダンとモダンとの差異が明らかにされることでポストモダンの新たな支配が生じてくるかもしれない。こうした戦略は脱構築的であるばかりか、明らかにデリダ的である。デリダ的、という言い方はすでに一つの形容詞に、つまり、ジャック・デリダの著作や活動のなかで最高度に精緻なものとなっている脱構築の形を描く形容詞になっているのである。

ジャック・デリダ（一九三〇年生まれ）が一九六七年に三つの主著を刊行したとき、彼はまだ三十七歳にすぎなかった。一九六二年に出されたエドムント・フッサール『幾何学の起源』の翻訳と序論を除けば、デリダはフランスの哲学界ではほとんど無名に等しかった。『声と現象』、『エクリチュールと差異』、『根源の彼方に――グラマトロジーについて』のほぼ同時期の出版はめざましい偉業だった——この偉業によって、二十世紀後半の最も重要な哲学者の一人の歩みが踏み出されたのである。ポストモダニズムの展開や脱構築との関係についていえば、ジャック・デリダの役割はきわめて重要でありつづけていることは疑いない。実際、デリダの理論的著作は——それらはつねに哲学的・文学的・批評的・政治的・知的なテクスト群に対する読みを通じて著わされてきた——、とりわけポストモダン的思考の展開という点で、二十世紀の最後の三分の一という時期に特異性を与えた。デリダを読むことで、哲学者・批評家・理論家たちは、テクストを読むこと、テクストの役割や重要性を考えること、そしてテクストがいかにして現代の批評的、理論的な舞台のテクスチャーを構成しているのかを証明することを目指す新たな戦略のすべてを手に入れた。デリダにとってのテクストは書かれているものだけでなく、より幅広くいえば、文化の内部で記述されているものでもある。そのため、哲学、文学、美術、政治などの多くの分野に対するデリダの関心や著作は、たとえテクストの外部にあるものがテクスト的に作成・表明・反覆されるにしても、テクストの内部と同様に外部にあるものに対するデリダの注目の高さを明らかにしている。

デリダの著作はどれも、なにもないところから現われたわけではない。それらは少なくともまさに二十世紀の前半を通じて発展してきた三つの異なった知の伝統、つまり現象学、構造主義、精神分析から生まれた。

現象学——二十世紀のはじめにエドムント・フッサールによって表明され始めた——は記述の哲学を提出し、人間経験とその経験の対象を説明する。フッサールは、われわれが事象に関するみずからの経験を純粋に、超越論的に、内的に記述することができるという前提のもとに、超越論的主体が経験的な意識の内容を省察できること、そして経験されたものの意味についての必要かつ必然的な知識に到達できることを主張する。現象学は、その後のドイツやフランスで隆盛する実存主義や解釈学にとって重要なものであったが、アルジェリア生まれのデリダがパリで送った数年間の学生時代にとっても背景となった。実際、デリダはフッサール哲学を取り上げた三つの著作を世に送り出している。修士論文『フッサール哲学における発生の問題』(1953-4)、『フッサール「幾何学の起源」序説』(1962)、そして『声と現象』(1967)である。

発生は、デリダが論文で指摘しているように、起源の問題でもあり、生成の問題でもありうる。この問題の中心はフッサール現象学の核心である。超越論的自我や超越論的主体といったフッサールの観念は一つの起源として表明され、その起源は意図的な行為のいっさいが由来する源泉であり条件である。しかし発生という概念はまた、それが諸々の契機の多様性において時間とともに発生するために、意識の時間的な経験とも関係している。意識は能動的・前進的であるが、同時に記憶的でもある。発生のこうした二つの考え方の間に、(起源と特異なものの多様な場、多様な結び目との間にある)一つの裂け目が刻まれるのであり、その裂け目こそがポストモダン的言説のなかで重要な役割を果たすようになってきているのだ。

発生の問題は『フッサール「幾何学の起源」序説』においていっそう精緻なものとなり、デリダはそこで歴史性についてさらなる関心を高めている。すなわち歴史性とは、(たとえば幾何学のような)ある特定の科学史における始まり(beginning)の諸契機とその起源(origin)との関係のことであり、要するに、歴史のなかに記録されている科学とこの科学の主題である(たとえば直角三角形のような)永遠の対象との関係のことである。ここで再び、一つの決定不可能性が科学の核心において、また「始まり」と「起源」との間の接点において記述される。そしてわれわれが理解してきたように、始まりと起源の散種こそがポストモダンの主要な表明の一つなのである。

『声と現象』では、デリダは意味の問題とフッサール現象学における記号に焦点を当てている。意味——ことがらは何を意味するのか、意味はいかにして現象学的記述にとって本質的となるのか——は表現の問題になりうるし、また内容の問題にもなりうる。記号は表現か内容か、または(フッサールの用語を使うなら)ノエシス的かノエマ的かになるとされる。記号はことがらについて述べる場合か、もしくはことがらを表現する場合に意味をもつことができる。この二つの場合は同じではない。そしてこの裂け目の内部に記述された決定不可能性こそが、デリダの問いかけをますます抜き差しならなくさせるのである。意味やセンス（Sinn）といった観念におけるこの裂け目は、ポストモダン的なものにとって重要である。というのも、ポストモダン的な意味は究極的には中核的な内容でも付随的な表現でもないからである。意味を多様な場で見いだす唯一の方法は、意味の表現が増殖すること、それゆえに意味の内容もまた同様に増殖することにある。

構造主義は、フッサールの同時代人であり、スイスの言語学者であるフェルディナン・ド・ソシュールの記号論にルーツがある。ソシュールの記号論、つまり、記号の一般科学は、ほぼ三〇年後の一九四〇年代に（ローマン・ヤコブソンとの対話のなかで）構造人類学者クロード・レヴィ＝ストロースによって再考案された。レヴィ＝ストロースは、みずからが人類学と言語学との間のつながりを構築しようとしているところで、親族、神話、およびトーテムとタブーに関する基本的な構造が原始的な問題のみならず、多様な社会・文化のいたるところにくまなく分布しているということを示そうとしている――こうした構造は個々に独特な変形をし、同一の構造の異なったあり方を形成するのだが、デリダが（一九六六年のジョンズ・ホプキンズ大学の起工式で行なわれた「構造主義者論争」会議で発表した）「人文諸科学における構造、記号、ゲーム」で示しているように、これらいかなる人間構造のあり方の内部であれ背後であれ、そこに位置づけられる中心的な自己・主体は存在しない。構造は多様な背景において反復・再発生するものだが、（フッサールなら主張するかもしれないような）中心的で超越論的な主体をもたないのだ。このような脱自己中心化という考え方は、その後もデリダの脱構築に通底する思考となっていった。

同様に、記号論の基礎である記号という考えは、（シニフィアンとシニフィエという）記号の二つの本質を書物の終焉とエクリチュールの始まりというデリダの見識のなかにもたらした（『根源の彼方に』）。シニフィアンは声のなかで、話し言葉（音素）と書き言葉（文字素）はロゴス（意味・シニフィエ・形而上学の歴史の支配）のなかで消えてしまう。書物は超越論的なシニフィエとしての作家による所産である。作品としての書物は、この書物の外部にいる作家によって生産され意味づけられるが、こうした想定がそもそも眉唾《まゆつば》なのである。テクストやエクリチュールの始まりがこの想定の代わりとなる。フーコーが『言葉と物』（1966）の末尾で述べた「主体の消滅」という考え方やロラン・バルトの「作者の死」（1968）とともに、作品としての書物を説明することは、フッサール現象学における中心的な認識論的主体という問題と結びつけられ、デリダはこうした主体を脱中心化・脱構築しようと企てるのである。

デリダにとって、エクリチュールは話すことと書くこととの対立から生じる。デリダは話すことに関してなにか悪しきものがあるとまでは言わないが、話し言葉が西洋の伝統のなかで特権的な地位を与えられ、書き言葉が軽視されていたことに関心をもちつづけてきた。脱構築的な戦略に沿っていうなら、書き言葉に対する話し言葉の特権は反転可能なのであるが、議論はこれだけで終わらない。興味深いものは、（いったんそれらの関係が転倒されるや否や）話し言葉と書き言葉との間で生じるものにある。デリダはエクリチュールに関する新しい観念が生まれると主張する――それは「原エクリチュール」（archi-écriture）と呼ばれ、パロールでもそれに対置されるエクリチュールでもないエクリチュールだとされる。この原エクリチュールはまた、ポストモダン空間を構成するともされ、この空間は近代の客体と近代の主体との並置からのみ形をとる閾的な空間なのである。

『根源の彼方に』において、デリダはソシュールの仕事とハイデガーの仕事を結びつけている。フッサール現象学の解釈学的継承者であるハイデガーに関していえば、存在的と存在論的との差異（存在と存在者との関係から生じている差異）という観念は、記号論における差異の観念とよく似た差異的な空間を打ち立てる。記号論においては、いかなる記号も他の記号との差異によってのみ一つの記号となる。この横関係の差異は、ハイデガーの存在的と存在論的との差異によって示される縦関係の差異と符合する。こうした二つの差異の交差こそが、デリダが「原エクリチュール」と呼ぶ空間、あるいはまさしく「エクリチュール」と呼ぶ空間を切り開く。「差延」（1966）という有名な論考がこのことを明らかにしてくれる。デリダは「差異」（difference）に対置するかたちで

「差延」（differance）という新しい語を発案する。（一定のやり方で）発話されるとき、「差異《ディフェランス》」と「差延《ディフェランス》」との相違は聞き分けられない。しかし、この相違は書かれればはっきりする。この例が示すのは、デリダが「エクリチュール」と呼んでいるものを示す——差異と差延との間に生じている——新しい差異が存在することに他ならない（ここでデリダのいう「エクリチュール」はパロールに対置されるエクリチュールではなく、むしろ二つの差異から生じている原エクリチュールのことである）。こうしてみると、『エクリチュールと差異《レクリチュール・エ・ラ・ディフェランス》』という表題も、フランス語では「エクリチュールとは差延である《レクリチュール・エ・ラ・ディフェランス》」というふうにもまた聞こえてくるのである。そして次のことが重要になってくる。つまりデリダにとって、原エクリチュールとは差異、すなわち、この脱構築的な差異なのであり、それこそが（作品と対置するような）テクストの空間を特徴づけるものなのだ。テクストは、作者、超越論的シニフィアン、中心的な主体、テクストに君臨する構成主体をけっして要請しない。このような考え方は当時、いかなる点においても——たとえば建築において定義されたように——一九九〇年代までのポストモダニズムと結びつけられなかったが、とりわけその戦略がエクリチュール・テクスト・空間のいたるところで主体の脱中心的な位置の増殖を理解している場合には、デリダのエクリチュールについての観念を、なんらかのポストモダン的戦略の背景にある差異として見なすこともできたのである。

精神分析は、二十世紀初頭、フッサールとソシュールのもう一人の同時代人、すなわち、ジグムント・フロイトによって生み出されたのだが、それはエス・自我・超自我という三つの精神的領域において主体の問題を立ち上げる。ここで中心的な主体は分割されている——つまり、絶えず現前的な抑圧的現実と意識的な生活に対する無意識的なものの接触不可能性によって、つねに分割されている。この分割は溝、亀裂、幕、マジック・メモを指し示し、意識的なものと無意識的なものを分離させると同時に収集する。記憶の痕跡はこの幕上に記述され、経験の痕跡は原則として意識的な生活に接触不可能である。意識的なものと無意識的なものとの差異がある場所は、消去期間がその象徴や痕跡に、フロイトの分析の場、すなわち、「エクリチュールの舞台」というある種の行為遂行をつくりださせているところにあるのだ（"Freud and the Scene of Writing"［1966］in *Writing and Difference*）。

フロイトに関するデリダの主な関心は、フロイトの弟子たち、とりわけジャック・ラカンを読むことを通じて引き継がれていく。「無意識は言語のように構築されている」というラカンの有名な言葉は、デリダの考えを発展させた。つまり無意識とは、それが何と呼ばれようとも、シニフィアンの連鎖を通じて、すなわち、患者の夢や恐怖や対人関係を語るような言葉を通じて増殖・散種されるものであるという考えに、デリダは到達したのである。ラカンはポーの「盗まれた手紙」を読んでいる。その物語のなかで、王妃宛ての暴露的で厄介な手紙が大臣によって盗まれる。警察は手紙を発見できず、その結果、オーギュスト・デュパンがそれを取り戻すように依頼される。デュパンは書斎の大臣机の上に（目立ちやすいように置かれた）紙束に目をつけ、翌日、この重要な手紙を代わりのものとすり替えるためにそこへ戻ってくる。こうして、王妃はみずからから奪われていたものを取り戻す。ラカンによるこの物語の読みは（シニフィエとしてではなく）シニフィアンとしての手紙の役割を強調している。ラカンにとって、手紙は真理を解明するものであると同時に覆い隠すものでもある。後に『絵葉書』（1980）に所収・再出版される「真理の配達人」（1975）のデリダにとって、手紙は女性のセクシュアリティを表わすシニフィアンとして機能するものである――王妃は彼女の股の間に手紙を持っているのだ。彼女は隠蔽すると同時に暴露しなくてはならない。手紙の盗難はややもすると相当の損害をもたらすものであり、彼女はこの盗難を夫に疑われることなく、手紙を取り戻さなければならない。手紙の真理はまた、語り手・エクリチュール・文字的なものの真理でもあり、この真理は手紙自体が述べることとけっして同じではない。同様にポストモダンは、言われたことと言われていないこと、文字的なものと隠喩的なもの、明らかにされているものと隠されているるもの、モダンとポストモダンといったものの間にある隙間を領有しているものとして理解されるようになってくる。

一九六〇年代後半と七〇年代のデリダの仕事の間には重要なつながりがある。このことは「真理の配達人」

（“Le Facteur de la vérité”）——真理の郵便運搬人あるいは真理の要因——においてはもとより、「Spurs——ニーチェの文体」（1979［1976］）と名づけられた論考においても明らかにされている。真理・女性・文体の問題はすべて、「真理とは女性である」というニーチェの有名な言葉を読むまさにここにおいて相互的に関係づけられる。デリダはここで再び（彼がたびたびそうするように）ハイデガーに回帰する。アレテイア（Aletheia）としての真理についてのハイデガーの説明によると、このギリシア語（a-LETHE-ia, ちなみにレーテー〔Lethe〕は架空の忘却の川）は隠匿されていないもの、隠蔽されていないもの、つまり、暴露を意味している。デリダはこうした真理の考え方を女性の生殖器に対する隠喩として読み、この隠喩が暴露するとともに隠匿・隠蔽するものとする。デリダは膣をペニス（ペン、筆記具、尖筆のような、長い長円の物体）と対比する。尖筆が文体やエクリチュールと結びつく反面、膣は真理・開示・反完結《ディス＝クロージャー》と結びつくとされる。真理という語のドイツ語（die Wahrheit）、フランス語（la vérité）、イタリア語（la verità）、スペイン語（la verdad）等々はいずれも女性名詞である。真理は女性的なのである。文体は男性的である。真理を書くことは文体とともに、そして真理の問題とともに立ち現われる。かりにポストモダンがまさに文体であるとすれば、それはいっさいの真理をもたらさないと述べることができる。しかしかりにポストモダンが暴露や隠蔽されたものの告白であるとすれば、それはまさしく真理と関係があることになる。だが、文体なき真理（たとえば、ポストモダン的文体）はまたその多様な場にとどまりさえしていれば、必ず暴露をともなった文体となるのである。

（一九六七年と同様）一九七二年にも、デリダは再び三冊の著作を出版した。『哲学の余白に』、『散種』、『ポジシオン』である。デリダはエコール・ノルマル・シュペリュールの講師のポストに何年もいて、哲学史を教えていたのだが、『哲学の余白に』は哲学史に対するこの深遠な取り組みについて省察している。アリストテレス、カント、ヘーゲル、ハイデガー、サルトル、フーコーへの読みがそこにはふんだんに盛り込まれている。しかしここでは周縁性、境界、尖端、限界について考えることがむしろ重要になっている。こうした概念はすべて内部と外部、包含的なものと排他的なもの、特権的なものと非特権的なものとの差異を示している。「人間の終末」（1968）は、終末の問題がいかにして尊厳（目的対手段）、目的（テロス）、終焉を有しているものとして理解されうるかを明らかにしている。カントにとって、人間は他の人間を手段としてではなくむしろ目的（end）として取り扱わなければならない。サルトルにとって、実存的人間はみずから根源的な企て・目的を決定するものである。そしてフーコーにとって、人間の終末《エンド》とは経験的主体および超越論的主体という概念が支配的となっている時代の終末《エンド》のことである。このとき、中心的で人間学的な近代の主体はみずからを舞台の中心から排除し、脱中心化・放逐・多様性としてのポストモダン的な主体が前面に出てくる。

同様に「ウーシアとグラメー」（1968）において、ハイデガーにおける時間が、現時点としての時間（アリストテレス）、いっさいを了解し記憶することとしての時間（ヘーゲル）、未来把持・過去把持の意識の網目の内部で現在を構成するものとしての時間と対比される。ハイデガーにとって時間性は、存在的と存在論的との差異としての、現前しているもの［Anwesendheit］の現前性［Anwesenheit］としての差異の記述である。この差異の契機は現前の契機でもなければ不在の契機でもなく、上記の時間の観念が記述されてきた形而上学の歴史全体を超えるエクリチュールの契機に他ならない。繰り返すならエクリチュールの問題とは、こうした形而上学の歴史とその歴史の外側にあるはずのもの——内部と外部との間にある差異を再記述する外部的な立場——との間の差異、すなわち余白を肯定し直す差異のことなのである。

『哲学の余白に』に入っている論考は、エクリチュールと中間的なものとしての差異という二つの役割を示している。鼓膜、（鼓膜のなかにあるものとしての）中耳、羊皮紙、処女膜、テクストは差異の場所を示しているのだが、そのことは単に、内部と外部、こことそこ等々といった対立によってのみ述べられるわけではない。というのも、『散種』に寄せている重要な序文もまたこの種の決定不可能な状態を領有している。ある作品に対する〈序文〉はその作品の内部に属しているのか、それとも外部に属しているのか。それは書物の一部なのだろうか、それともその書物にとって予備的なものなのだろうか。〈序文〉とは羊皮紙のようなもの、すなわち、内部と外部をつなぐ鼓膜のようなものなのである。"Hors-Livre"は（バーバラ・ジョンソンによって）出仕事、（食事以外に出されるもの、前菜という）オードヴルというふうに多様な形に訳されている。エクリチュールの散種は、内部と外部との、作家と作品との、内属しているものとそうでないものとの中間にある差異の場所に存在している——それは代補としてのエクリチュールなのである。

『ポジシオン』所収のデリダのインタヴューは脱構築的な戦略を反復している。差異、余白、痕跡、鼓膜、羊皮紙、処女膜、テクストに注目するために、対立を発見せよ、非特権的な側に向かってみよ、非特権的な側を肯定し直してみよ、非特権的な側によって差異を名づけよ。したがって、多くの議論を呼んだ「テクストの外にはなにもない」（『散種』所収）という一文は、テクストが存在するすべてであり、けっしてありえないようなテクスト主義をつくりだすことを意味しているのではない。それはむしろテクストの外部がテクストの内部によって特徴づけられ、そしてテクストの外部はテクストにおけるその排除によって記述されるということを意味しているのである。テクストはテクストの境界、余白、周縁という問題を抜きにしてはいかなる地位ももたないのであり、そうした問題も内部と外部との間の対立を抜きにしてはいかなる地位ももたないのである。したがって、「生き延びること——航海日誌」（1979）という論考のなかでは、（シェリー、すなわち「世俗の勝利」という最後の詩を完成させる前に溺死した、シェリーの場合のような）まさに生き残ること、生き延びることという問題において、生を超えること（sur-vivre）が書くことにおいて生き延びるということだけではなく、生きることが生と死との差異の契機において、テクストという場において、詩のなかに含まれているものと詩を超え出て生き延びるものとの境界線上で生まれているということもまた明らかにされている。

シェリーはもとより、ジュネ、ブランショ、アルトー、バタイユ、ポンジュ、カフカ、ジョイス、ツェランなどの作家たちの文学的テクストに対するデリダの読みは、数多くの異なった枠組みのなかで反復されている。こうした読みに関連して、脱構築的であるのと同様にポストモダン的なこととは、こうした読みが、さまざまな文脈から他のテクスト群、他の作品と特徴的に並置されていることである。ここで用いられている方法とは、間で生じる差異の場を際立たせることである。そこにおいて具体的に明記され、的確に明示されるのは、並置される諸テクストが別の新たな形をとった徴《しるし》だということである。『弔鐘』（1974）では、ジュネがヘーゲルと並行して論じられるが、これはまさに通常ではありえない二人の同衾を壮大に企てたものに他ならない。また、ブランショの『死の宣告』（*Arrêt de mort*――死の停止／死刑宣告）は、シェリー（「世俗の勝利《トライアムフ・オブ・ライフ》」――生《ライフ》に対する勝利、すなわち勝利を得た死／生、すなわち、生きること）と並行して論じられる。このことは並置的な戦略がどのようにして起動するのかを明らかにしている。

さらにデリダは、絵画についての言説へと転回していく。『絵画における真理』（1978）は、デリダをポストモダンの枠組みのなかに位置づけている。四つの思考、四つの声、額縁の四つの角。「パス＝パルトゥ」（簡易式額縁／合鍵）と題された序文は、「パス＝パルトゥ」が絵、絵画を囲うものだと指摘している。それはまた絵画から額縁を切り離す台紙や厚紙を構成するものである。しかし「パス＝パルトゥ」はまた「合鍵《スケルトン・キー》」ないしは「万能の鍵《ユニヴァーサル・キー》」でもあり、すべての扉を開く鍵でもある。だとすれば、いまや「序文」の位置にある「パス＝パルトゥ」はすべての扉を開き、絵画の課題を額にはめ込み、そして額縁を絵画と結びつけるのである。『絵画における真理』は四つの論考によって四角に仕切られる――（額縁に入れるという問題としての）カントにおける付属的なものについての読解、ヴァン・ゴッホの『靴』についてのハイデガーによる解説をメイヤー・シャピロが批判的に読む場合における骨組み、デリダの『弔鐘』についてのアダミの素描における空気への要求、もはやいかなる空気も存在しない密室のような柩《ひつぎ》の問題。こうした四つの角、隠喩についての隠喩は、絵画の縁《ふち》だけでなく近代そのものの縁を示している。額縁の外部にありうるものの問題は、ポストモダンの問題あるいは（デリダの友人ジャン＝フランソワ・リオタールがそう呼んでいるように）ポストモダンの条件なのである。

絵画へのデリダの関心から、建築はそう遠くにはなかった。パリのヴィレット公園のための建築計画の開発は、ベルナール・チュミとともに行なわれ、計画にあたってはアメリカのピーター・アイゼンマンとの提携があった（"Point de folie"—maintenant l'architecture"［1987］and "Why Peter Eisenman Writes Such Good Books"［1987］）。この開発は、脱構築が誇る一団をポストモダンが「始まった」領域そのもののなかに送り込む――それはフィリップ・ジョンソンの仕事においてなされ、フランク・ゲーリーによるビルバオ・グッゲンハイム美術館ができた二十世紀末にいたってもなお反復されている。デリダはこのときすでに、マリー＝フランソワーズ・プリサールの写真小説『視線の権利』（1987）を読んでおり、そこで写真の研究をしたいともちかけていた。このテクストは、見る者が何を見る権利を有しているのか、見ることとセクシュアリティとの関係にヌードの女性たちがどこで関わっているのかという問題を立ち上げている。そして見ることの権利は、盲目を描いた絵画の美術館カタログとして発表された『盲者の記憶』（1990）において追求された。デリダはそれ以前に、みずからジャック・デリダ役を演じた『ゴースト・ダンス』などの映画に参加さえしていた。

亡霊というトピックはデリダの文章のなかでたびたび現われるが、とりわけ『マルクスの亡霊たち』（1993）において主題化されている。東欧における共産主義の凋落にもかかわらず、マルクスの亡霊は依然として再来する。マルクス自身がかつて共産主義をヨーロッパ全土に君臨する亡霊と見なした。デリダはマルクスを、ハムレットの父親の亡霊と結びつけて読んでいる。ハムレットの父親の亡霊は、彼の兄（謀殺者であり、弟の代わりにその妻の新しい夫となった男）によってつくられた世界において、諸々の痕跡を通じてまさに現前するのであり、その痕跡はクローディアスの世界を示すものである。ハムレットの父親の亡霊が復讐のために回帰してくることは、共産主義以後の表現形式によって丸裸にされてしまったヨーロッパのために復讐すべく回帰したマルクスを類比的に説明したものとして読める。われわれはこうした諸形態を「ポストモダンの幽霊」と呼んでもよいのではないだろうか。『法の力』（1992）などにおいては政治的・倫理的な諸問題に取り組まねばならないという果てしなく増大する欲求があり、『他の岬』（1991）や『友愛のポリティクス』（1994）においては新しいヨーロッパの読み方が示され、より最近では歓待・赦し・偽証といったトピックが扱われた。これらは一九九〇年代および二十一世紀へとつづくデリダの仕事を先取りするものとなってきた。こうした重要な著作は、ポストモダンがいかにして今日の差し迫った政治的諸問題において記述されるようになってきたのかを明らかにしている。

　デリダは六十歳代に差しかかるにつれて、ますますインタヴューの保存に力を入れるようになった——ちょうどかつて彼が『ポジシオン』でそうしたように、そして『句点……インタヴュー集、一九七四—九四年』（1995）にまとめられたように。デリダはみずからの人生について書き始めた。ジェフリー・ベニントンとの共著のために準備された自伝的作品『割礼告白』（1991）は、伝記と自伝との境界線を指し示している——デリダはこの主題を、かつてニーチェが『この人を見よ』においてみずからの人生を語ったことに関連させて、『他者の耳』（1982）で探究している。そして予測されたことではあるが、デリダの師、友人、同時代人たちが世を去り始めた。したがってそこには、デリダがみずからの人生や過去について、そして自分がいかに「生き」、「生き残って」きたのかについて語ることとともに、彼にとって大切だった他者たちの記念碑と鎮魂歌がある。その他者たちはいまや枚挙に暇《いとま》がない。ポール・ド・マン、ロラン・バルト、ミシェル・フーコー、エマニュエル・レヴィナス、ジャン＝フランソワ・リオタール、そして他にも多くの人びとがいる。こうした記念碑的なエッセイは、マイケル・ネイスとパスカル＝アンヌ・ブローによって一冊の追悼の書物にまとめられる予定である（2001）。デリダは、死の問題を贈与についての研究——『死の贈り物』（1992）および死の黙示録的語調（1979）——と関係させながら主題化することによって、いまや与えることや回帰することに関して限界、周縁、目的＝終末《エンド》といった問題に立ち戻っている。実際、ニーチェのいう同じものの永劫回帰は、まさに人が生きつつある人生を生きようとする意志の隠喩である。デリダがその生涯を通じて、われわれの歴史、哲学、文学、文化、倫理、宗教、政治について書いたり読んだりしたことにおいて立ち戻ったこと以上に素晴らしい贈り物を、われわれは思い描くことができようか。デリダによって、ポストモダンは、われわれ（われわれ？）が乗り越えることのできない近代という時代に記述されているのである。

20 マルグリット・デュラス Marguerite Duras 1914-96

物語の不在を語る

マルティーヌ・アントル

マルグリット・デュラス（一九一四―九六年）は〔旧仏領〕インドシナのギアダンで生まれた。散文、戯曲、インタヴュー、映画シナリオ、映画といった数多の作品は二十世紀後半にわたって発表されているが、彼女がフランスで決定的に注目を集めるようになったのは、一九八四年に出版された『愛人』が引き起こした数々のスキャンダルによってであった。「ヌーヴォー・ロマン」、あるいは「ヌーヴェルバーグ・シネマ」の有するいくつかの性質を帯びるデュラスの作品ではあるが、それは他のあらゆる文学や芸術の潮流からは独立した展開を見せている。では、デュラスはどのように位置づけられるのだろうか。彼女の作品を一九八〇年代から一九九〇年代にかけての――この一〇年間、フランスでは自伝への回帰が多々生じている――告白体で作品が多く書かれた時期の著作に分類すべきだろうか。ポストモダン批評の視点からは、どのようにデュラスの作品は読まれるのだろうか。これからみていくように、デュラスの作品は確かにポストモダンのテクストに典型的なパスティーシュやアイロニーのプロセスを十分には利用していないものの、大きな物語（grand narratives）の幕引きに参加し、主体性の重大な危機を告げている。デュラスは、社会的な支配関係を根本的に問い直すことにより、特に権力のメカニズム――コロニアル権力、ファシズム、男性性――を脱構築しようとする。

デュラスを分析する際に立ちふさがる最も困難な問題の一つは、すでにミシェル・フーコーが指摘しているように、彼女の作品があらゆる総括的な解釈に異議を申し立てているという事実に由来する。それは、部分的には

「連続的なエクリチュール」と呼ばれるものを彼女が用いたことによる。「連続的なエクリチュール」とは、同一のテクストをあるジャンルから別のジャンルへと書き直すことによって、あるいは同一作品の内部でジャンルを混合することによって、最も頻繁に表明されるテクニックである。一例を挙げるとすれば、『ノルマンディの売春婦』（1986）は散文形式で書かれているが、これはまさしく戯曲と映画脚本の中間に位置する。同様に、『青い眼、黒い髪』（1988［1986］）は、散文テクストとしても演技指導的なテクストとしても読めてしまう。小説は時おり、俳優や読者に向けたコメントを配し、書くことの行為遂行的《パフォーマティヴ》な特性を主張する。テクストを読んだり、声に出したりすることへのデュラスの直接的な言及は、このエクリチュールが口述様式であるという事実を強調している。デュラスによると、書くとは「常道を、つまり話し言葉という一般道をとること」（1990［1987］: 16）なのである。こうした言語上演、すなわち「声の空間化」への関心は、デュラス作品のいたるところに見いだすことができる。彼女はさらに「私は書くように話す」と主張している。声として発せられたものを書かれたものに刻み込む試みは、話し言葉を書記言語に刻みつけるといったフランス語圏のポストコロニアル文学や、一九八〇年代、九〇年代のフランスにおける「ヌーヴォー・ロマン」作家たちの企てと並行するものである。

それゆえに、デュラスの著作はジャンルという概念に対する根本的な問題提起によって特徴づけられる。ジャンル間の境界は、ジャンルが区別できる形ではもはや存在しないようにみえるまでどんどん曖昧になっていく。デュラスにとって、統制化され組織化された物語は「自由」なものではない。したがって当然ながら、彼女の作品は開かれている。こうして、デュラスは芸術作品の錬成において今後重要な役割を果たすにちがいない読者の立場を特権視することになる。

デュラスの作品が構造的反復とテーマ的反復の双方のレヴェルで機能しているという事実は、読者の役割をさらに複雑なものにする。彼女の全作品に浸透するライトモチーフはもう一つの本質的で独特な特徴をなしており、すべてが一九五〇年代の初期の小説に発する、いくつかの根本的なテーマを受け継いでいる。デュラスの物語は、クロノロジーをすべて拒み、同じ地点へ何度も戻りながら絶えず同じ物語を繰り返す。やがて、それらの物語は小説から次の小説へと谺《こだま》する、実質的には同一の枠組みを形成することになる。デュラスは彼女のすべての本を要約してこう述べている。「「本」、それは警戒心なく……、互いに愛し合う二人の物語だ。このことは小説の外部で生じる……この愛は、書かれることの不可能性のうちに存在する」(1990［1987］: 97)。デュラスの絶え間ない変遷は、表象の危機を証言し、一九八〇年代、九〇年代のフランスにおける「ヌーヴォー・ロマン」に特徴的な「リサイクリング」のような技巧への道を用意する。彼女の作品で繰り返される多くのモチーフのなかで特に注目すべきものは、舞台設定と登場人物たちである。登場人物たちは放浪・漂泊を宣告された者であり、表象という束縛から逃れる主体性の、しばしば定義不能となる多様な側面を映し出すだけである。デュラスの登場人物たちはさまざまな場所や空間で発達をとげていくが、そうした場所や空間の地理的な照合は事実と一致しないことが多い。インドシナからインド、そして日本におよぶ地理でランドマークとなるものは、虚偽であれ架空のものであれ、ぼんやりとしていて確定不能なままである。そのうえ、デュラスの著作におけるいっさいが、消失、切望、欠乏、不可能性――話すことの不可能性、インドシナで過ごした幼年期の苦悩の物語を語ることの不可能性、切望を克服することの不可能性――を主軸のテーマとしている。『ロル・V・シュタインの歓喜』(1966［1964］)のロルは、言語の世界に近づくことができない。叫びや笑いといった表現を通じてデュラスの女性たちは言語へと近づく。ロル・シュタインの叫びは、『モデラート・カンタービレ』(1966［1958］)で恋人に殺される女性の叫び、そして映画『インディア・ソング』(1976［1973］)に登場する乞食の叫びに共鳴する。話すことに接近できず、沈黙の深淵に沈み、みずからの存在を語ることができない一連の女性登場人物たちの対極に、『ヴィオルヌの犯罪』(1968［1967］)のクレールがいる。クレールは絶えず話している。だが、彼女はある特殊な状況下――詰問や録音といった抑圧的な装置に縛られた状況下――においてしか話せない。それどころか、クレールが話せば話すほど、真相は彼女の物語からますます遠ざかっていく。つまり、犯行当時、彼女の従姉妹の頭部はどこに隠されていたのか、という真相から遠ざかっていくのである。デュラスのこの皮肉な手法は、私たちに言語の罠と誘惑に対して身構えさせ、言表行為のイデオロギー的状況について考えさせる。なぜなら、ここで問題になっているのはクレールの真相ではないからである。デュラスにとって、「書くことは物語を語ることではない。実は、書くことは物語を語ることとは反対のことなのだ。それはすべてのことを同時に語ることである。書くことは一つの物語を語ることであると同時に、その物語の不在を語ることでもあるのだ」。

映画製作においても、デュラスは相変わらず沈黙したままである。つまり、彼女はイメージをとおして物語を語るのではなく、動きと音を使って実験をするのである。彼女は映画的なイメージをカメラの固定性と静止ショットの表象によって脱構築する。たとえば映画『アガタ』（1981）では、声を空間化することによって、鑑賞者は近親相姦の再構築を試みる。映画『ガンジスの女』（1973）では、声が「見る、見える、忘れる、思い出す」と呟く。

デュラスの演劇は、言語の新たな概念の探究を通じて、もう一つの書き換えの形式を実現させている。たとえば戯曲『シャガ語』（1968）では、女性の登場人物が理解可能なものの極限に達する新たな言語を発明する。デュラスの登場人物たちはみな、情熱的に、さらには成功の見込みがないにもかかわらず、失われた愛、歴史、過去を再び獲得しようとしてしばしば彼らの過去の記憶のなかを旅する。これは、欲望のさまざまなレヴェルの表象が、記憶の諸次元に取り憑かれた一つの作品においてどれほど際限なく繰り返されているのかを示している。『ジブラルタルの水夫』（1966［1952］）以来、欲望の探究はつねに存在する。『ヒロシマ、私の恋人』（1966［1960］）においても、欲望は核兵器による大惨事を見たり語ったりすることの不可能性によって問題化されている。デュラスの著作においては、バタイユの場合と同様、エロティックな欲望に禁じられたものの侵犯がすべて含意されている——すなわち、兄弟との近親相姦的なエロティシズム、あるいは『愛人』における語り手のレズビアン的な欲望。『青い眼、黒い髪』では、欲望と愛とは見るという行為に永久にとどまりつづける。「契約」によって互いに結びつけられた男女は、偶発的な肉体の舞踏に身を委ねる。それは、シミュレーションという紛れもない儀式、すなわち登場人物たちが無力にも中断することのできない終わりなき儀式に似ている。性的関係の代理としての相互的な自慰行為は、それ自体が失敗を宣告されている。自慰行為を反復することで、テクストは二つの肉体の互いに対する連続的な前進と後退を記している。この欲望の力学には盲目のプロセスが伴っている。つまり、この場合の見るという行為は凝視の終結、あるいはデュラス自身が「盲目＝凝視」と呼ぶものを示唆しているのである。

盲目のプロセスは、すでに『太平洋の防波堤』（*The Sea-Wall*）（1967［1950］）において、植民地の官僚制とそれによるインドシナ領の支配とともにしっかりと配備されている。このテクストでは、権力とそのヒエラルキー的なミクロ構造は拡散し、散乱したままである。こうした権力は、自分の土地では作物が育たないことを認識しない、あるいは直視しようとしない母親の盲目性から生じている。まさにこの無視と盲目性こそが、彼女が官憲から耐え忍んでいるような不正をベトナム人に押しつけるよう、彼女を駆り立てるのだ。

広島の原爆投下に始まり、『太平洋の防波堤』の「植民地搾取主義」、『苦悩』（1986［1984］）の〈占領〉のドラマ、『イエス、たぶん』（1968）の「全面的破局」、そして今日のパリ郊外における文化的アイデンティティの脱中心化（『夏の雨』（1992［1990］））にいたるまで、デュラスの作品は権力のメカニズムを辛抱強く暴露しつづけている。

デュラスが身体への権力行使を探究するために用いる方法は、さらなる問い直し、すなわち今度は主体性の構築に対する再考に及んでいく。デュラスにとって主体性の危機とは、男性支配の因習的な方法に揺さぶりをかけることを含意している。男性支配の基盤をより巧みに告発するために、彼女は「あらゆる男たちはホモセクシュアルだ」とまで宣言する。デュラスは、サディスティックな男性たちを怠惰で無気力《インポテント》な男性たちに対立するものとして位置づける。弱い男性の多くは一冊の本を書こうと試みるが、その目標が達成されることはけっしてない。

そうした弱い男性たちのなかでも特筆すべき人物は、『青い眼、黒い髪』――ジャンルやジェンダーに関わるあらゆる概念を瓦解させるテクスト――のアンビヴァレントなホモセクシュアルの登場人物、そして『愛人』（1985［1984］）に登場する青二才の中国人――彼は支配され、女性化されている（「彼は嘆き、泣く」）――であろう。

デュラスの作品が権力のヒエラルキー的構築とその身体への行使について他の読みを提供する可能性があるとしても、彼女の書いたものやインタヴューは、彼女の政治的関与について部分的に光を当てているにすぎない。デュラスは〈解放〉ののちフランス共産党の党員となり、一九五〇年までは強硬な闘士だった。彼女は一生を通じて、社会的・政治的運動への忠誠と参加をはっきりと言明しつづけた。大衆文化のさまざまな要素、あるいはヴォージュ山脈での子供の殺害事件のような、克明なメディア報道が伝える犯罪に触発されることも幾度かあった。彼女が子供の母親、クリスティーヌ・ヴィユマンを公けに告発したことはフランスの世論を憤慨させ、ある人たちにとってはデュラス自身の政治的・社会的信念の正当性を危険にさらすものに思われた。

一九八〇年代より前には、デュラスは作家としてほとんど注目されていなかったが、その後彼女はまたたくまにメディア界へと進出していった。本の宣伝や販売のために多くのフランス作家が個人的な生活をメディアに曝していた当時、デュラスはその代わりに世界の不正に抗する立場を確立するために、そして特に一九八〇年代、九〇年代の多文化的なフランスにおける植民地化の経済的帰結を告発するためにメディアへと参入していったのである。レジスタンス運動以来の旧友、フランソワ・ミッテランとの一連のインタヴューにおいて、彼女は二十世紀末のネオ・リベラリズムを公然と非難した。一九八〇年代においてもなお、デュラスは国際政治犯釈放のために〈アムネスティ・インターナショナル〉に協力していた。デュラスの政治声明のすべてを額面どおりに受け取ることはできないにしても、彼女のインタヴューと演説は、世界の文化的多様性に対する彼女の少なからぬ知識と豊かな感受性を十分に証明している。この意味においてもまた、デュラスは、グローバル化と多文化主義という矛盾の時代に〈他者〉を重視し、文化的アイデンティティや他者性の問題を扱いながら、二十世紀末のポストモダンの議論に参加しているのだ。付言するなら、彼女はメディアとテレビがふりまくイメージの虚像性を攻撃することで、ポストモダンの議論に貢献しているのである。「フランスでは一日に三〇分……人びとはその日の出来事について情報を与えられる……テレビにほんとうのニュースなどない」。デュラスはこうして、彼女の同時代人のように、グローバル化時代のメディアを審問に付す。グローバル化の時代においては、セルジュ・アリミ（1997）が述べているように、彼らが私たちの経済システムの「新たな監視者」となったのである。

21 ウンベルト・エーコ Umberto Eco 1932-

書物はつねに別の書物を語る

ピーター・ボンダネッラ

一九三二年、アレッサンドリア（イタリア・ピエモンテ州）に生まれたエーコは、アカデミックな経歴と従来から考えられているものを、トリノ大学での、聖トマス・アクィナスと美学に関する論文によって開始した。これはルイジ・パレイゾン指導のもと、『聖トマスにおける美学問題』（1956［1988］）として刊行されるが、この書物はポストモダン的小説家という後のエーコの文学的経歴にとって決定的な役割を果たしている。処女作における独創的な議論のなかでも特に、エーコはスコラ哲学の仕事がそのころヨーロッパにおいて大評判になっていた批評＝批判理論への手引きとも言うべき構造主義的思想と多くのものを共有していることを明らかにしている。

イタリア国営放送とミラノのボンピアーニ出版社で働いたあと、エーコはフィレンツェ大学建築学部でヴィジュアル・コミュニケーションの講座を担当、その後一九七一年にボローニャ大学に転任、現在までこの大学の最も有名な教授の一人でありつづけている。エーコの最初の主著である『開かれた作品――現代詩学における形と不確定性』（1962［1989］）はこの年、エーコの名声を確立する（同時にまた、よく知られたことだが、ノーベル賞受賞者のエウジェニオ・モンターレやクロード・レヴィ＝ストロースから否定的な書評を突きつけられた）。彼の名を有名にしたのはその美学理論であるが、この理論は彼が旧来的に「閉ざされた」芸術作品と呼ぶものと、それに対置され、彼が真に前衛的と信じていた「開かれた」作品、つまりはジョイスの『フィネガンズ・ウェイク』、アレクサンダー・コールダーのモビールの作品、ルチアーノ・ベリオの音楽などを区別するものであった。

エーコはイタリアで盛んになっていたジョイス作品の批評を受け持つ第一人者となり、このアイルランドのモダニストに捧げられた『開かれた作品』の章は、一冊の独立した書物として英訳の形で刊行された（『カオスモスの美学――ジェイムズ・ジョイスの中世』[1989]）。自分自身がついにポストモダン作家になると決意したとき、ウンベルト・エーコはイタリアのどの批評家や小説家よりも、文学的モダニズムの限界をよく理解していたのである。

大衆文化の変動に常に敏感で、ハイ・カルチャー、ロー・カルチャーをともに扱いうるような批評理論を熱望していたエーコ（旧来のイタリア知識人たちはこうした願望をエーコと共有していなかった）は、『ささやかな日記』（1963［1993］）と題されたベストセラーによって非常に多くの読者を獲得した。この本は、そのころ彼自身の著作を書くのに助けとなったさまざまな思想流派（フランクフルト学派、精神分析学、ロラン・バルト、アントニオーニの映画、文化人類学）をパロディ化したウィットに富むエッセイ集であった。また、彼ならばおそらく「進歩的」と名づけたであろう社会・政治的な綱領を支持する左翼思想家たちにしばしば賛意を示すことはあったが、エーコは持ち前の独立＝無所属精神ゆえに、けっしてマルクス主義者――とりわけ、第二次大戦終結後の二〇年間、非常に多くのイタリア知識人の生に影を落とした独断的タイプのマルクス主義者――になることはなかった。

小説家、記号論者として国際的な名声を獲得する前から既に、エーコのここまでの足取りは、多様な文化や時代にわたるあらゆる種類の文化革新を実践的に同化・吸収するという彼の早熟で熱心な能力のうちに示されていた。漫画本から言語理論まで、あらゆるものに向けられるこうしたコスモポリタン的な関心は、エーコが自身の「前‐記号論的」と呼ぶ時期に、たくさんの生産的書物を生み出した。一九六四年に刊行された『黙示録派と統合派――マスコミュニケーションと大衆文化の諸理論』（『引き延ばされた黙示録』と題された英語の抄訳版［1994］がある）は、知識人たちが大衆文化についてなした種々さまざまなアプローチに関して才気あふれる議論を提示している。「黙示録派」の知識人たち、すなわち伝統派寄りのヨーロッパ知識人たちがしばしば「大衆文化」という概念そのものを攻撃するのに対して、大半はアングロ＝サクソン系の伝統に由来する「統合派」の知識人たちは大衆文化を進んで受け容れようとする、とエーコは述べている。彼はまた、チャールズ・シュルツの『ピーナッツ』、『スーパーマン』、『テリーと海賊たち』のようなアメリカ四コマ漫画について、何度も版を重ねるような質の高い議論を提示している。これにつづく、同様に独創的なエッセイ集――『大衆のスーパーマン――大衆小説におけるレトリックとイデオロギー』（1976.『読者の役割』と題された英語の抄訳版［1979］がある）――でも、大衆文化に関するエーコの探究は続けられる。なおこの本には、単独のものとしてはエーコの最も有名なエッセイ、「フレミングにおける物語構造」が含まれている。イアン・フレミングの処女小説（『カジノ・ロワイヤル』）と彼のスーパー・スパイ・ヒーロー、ジェイムズ・ボンドについての分析は、エーコを記号論という方法論へ導くことになるであろう。そしてこの方法論こそ、文化を高次や低次の形式に分割する必要なく、人間文化のあらゆる形式――落書きから哲学まで、あるいは漫画から映画まで――を包含する支配的な学問になるだろうと、エーコの望んでいるものなのである。

アメリカの哲学者チャールズ・S・パース（一八三九―一九一四年）と彼の使用する「記号論」（semiotics）という用語の影響が、フェルディナン・ド・ソシュールやロラン・バルトの「記号学」（semiology）に挑戦状を突きつけ始めたころ、この学問史上におけるエーコの記号論者としての名望は決定的なものとなる。『一般記号論』（1975［1976］）の刊行とともにエーコは学界のスーパースターとなる。そして、世界中を駆け巡り、多くの言語で講演し、聴衆たちを博識とウィットによって魅了するのである。

記号論という理論はエーコの気に入るが、それはこの理論が文学一辺倒でもなければ、またハイ・カルチャー的な古典の分析だけに限定されないような文化理論を志向していたからである。エーコが影響を受けたのはとりわけロラン・バルトであるが、バルトの『神話作用』と『記号学の原理』はソシュールによるまったく言語学的なモデルを出発点に、フランスの大衆文化（石鹸、レスリング、玩具、観光旅行）を研究しようとするものであった。さらに、エーコは大衆文化のあらゆる形式を攻撃する当時のマルクス主義的な傾向——マルクス主義者たちが公然と蔑み、駆除しようと考えていた資本主義的消費社会の一要素として大衆文化を片づけていた傾向——に反対したいと考えていた。そのような否定的態度は、大衆的なものとあらば何にでも疑念を抱く（マルクス主義者ではない）旧来の保守的知識人の態度と同じく盲目的なものであることを、エーコは正しく見抜いていたのである。

『一般記号論』では無限の記号過程（unlimited semiosis）というパース特有の概念が重視されている。これは意味作用というものが——一つの記号から現実の指示対象、主観的精神状態、あるいはプラトン的な一般概念へではなく——どのようにして一つの記号からもう一つの記号へという指示の連鎖によって生じるか、ということを説明しようとするものである。エーコは社会的・歴史的現実はこうした〔無限の記号過程という〕理論の発見によっても看過されることがないことを、この記号論のキー理論は保証してくれると信じた。彼は自分が先頃重視したあと、放棄することになった構造主義的方法論においては、それが看過されていると感じていたのである。さらにいうなら、パースの無限の記号過程の理論には、エーコ自身の「開かれた」作品の理論に堅固な哲学的根拠を提供するというおまけ的な魅力があった。パース特有の記号論の形をエーコが頼りにしたという事実が大いに与かって、このアメリカ人哲学者の仕事はヨーロッパにおいていっそう知られることになったのである。

イタリアで最も広く引き合いに出される知識人としての立場を自身の記号理論や大衆文化論によって着実なものにしようとしていたまさにその頃、エーコの全般的な関心は文学へと向けられることになる。外国からイタリアにしばしば持ち込まれる新種の思想の紹介者として、エーコは国内で最も購読者の多い新聞、『コッリエーレ・デッラ・セーラ』紙にエッセイを寄稿し、また毎週『エスプレッソ』紙のコラム欄を担当する。ちなみに、『エスプレッソ』紙の仕事は今日も続けられている。理論的なレヴェルでいうなら、エーコが小説執筆にむかう前の一〇年間に書かれたもののなかで最も重要な著作は、『物語における読者——物語テクストにおける解釈の共同作業』（1979. 英訳は抄訳しかなく、『読者の役割――テクスト記号論の探究』［1979］と題されている）である。この書物は物語における読者の存在について議論し、すべての作者が予想的に構成しなければならないある存在、すなわち〈モデル読者〉の存在を規定しようとしている。エーコの規定によるならば、〈作者〉とは具体的な人間ではなく、むしろ意味論的な相互関係を打ち立て、〈モデル読者〉を活性化するようなテクスト的な戦略ということになる。この本の多くの部分は、〈モデル読者〉、〈テクスト〉、そして〈作者〉の相互作用に関する魅力的な議論、ならびに、こうした諸概念が文学研究にとっていかなる意味をもつのかという問題と取り組んでいる。読者の役割に関するエーコの諸理論の重要性は、彼が他の数多のポストモダン作家たちと同じく、テクストにはたくさんのレヴェルの意味があり、それらは〈作者〉の「意図」によっては汲み尽くすことができない、と考えている点に求められるであろう。

一九八〇年、処女小説『薔薇の名前』の刊行により、エーコはそれまで抱いてきた知的関心をすべて結び合わせたように思えた。すなわち、大衆文化、中世趣味、探偵小説、記号論、文学理論である。彼はこの作品によって数多くの賞を与えられ、売上げは世界中で数千万部に達した。世紀を問わず、イタリアの作品がこれほどの商業的、批評的な成功を博したのは初めてのことであった。この作品の登場がイタリアにおけるポストモダン小説の存在を確固不動なものにしたと言ってもあながち言いすぎではないだろう。「『薔薇の名前』覚書」（1983［1994］）においてエーコ自身がこの作品について述べているところによるなら、この小説が完全にポストモダン的なパフォーマンスとして構想され、さらには「ポストモダン」という用語の最も有効で説得力のある定義づけの一つを提示しているのは明白である。覚書のなかでエーコは、ポストモダニズムの本質的な原理――書物は常に別の書物のことを語っている――として、パスティーシュやパロディ、文学的過去への再訪といった考え方を強調している。そこでは、ポストモダン的な姿勢は、女性に愛を表現するオリジナルな方法を見つけ出さなければならない恋する男の態度とユーモラスに引き比べられている。教養ある女性は既にそんな言葉を聞いてしまっているので、男には「貴女を愛しています」というような単純な言い方はできないとわかっている。そこで男はポストモダン的な解決策を思いつき、こう宣言するのだ――「バーバラ・カートランド流に言うなら、私は貴女を狂おしく愛しています」。このように、エーコはポストモダンのメンタリティを「アイロニー、メタ言語的遊戯、角張った言明」と要約している。彼の小説は、まだイタリア人小説家が当時誰一人として手にしていなかったポストモダン小説のスタイルを彼が既に身につけていたことを十全に物語っている。この小説はどんな人にとっても何かを備えもっているように見えた。エーコは大衆マーケットの読者たちに対しては、コナン・ドイルのシャーロック・ホームズを模し、不気味な修道院で起こる一連の忌まわしい殺人事件を解決しようとする中世の修道士＝探偵が登場する「推理小説」（whodunit）を提供した。また『薔薇の名前』は、アカデミックな批評家たちや知識人たちにとっては、秘められた歴史への言及や中世哲学、さらには現代批評理論（パース）、科学、文学（ボルヘス）に関する時代錯誤的な論及の宝庫だったのである。

エーコのつづく二つの小説は『薔薇の名前』ほど知られてはいないが、パスティーシュを多用し、きわめて博識な文学理論の作法や過去に関する秘教的な情報を、大衆マーケットのスリラー、冒険・ミステリー話の表現形式に結びつけているという意味で、処女作に劣らずポストモダン的である。したがって、ポストモダン小説への彼の最初の冒険的取り組み（＝『薔薇の名前』）と同じく、この二つの小説もエーコの文化・文学理論のなにがしかを体現化している。『フーコーの振り子』（1988）において、エーコはミラノの出版社で働く友人グループの冒険を物語っている。彼らは〈聖堂騎士団〉、〈薔薇十字軍〉、当今の黙示録的狂信者たちへとつづく世界制覇の陰謀を偶然発見するのである。『フーコーの振り子』は、絶対的真実の鍵を握ると確信している人びとの数世紀にわたる歴史をたどるといったきわめて該博な作品であると同時に、脱構築主義の文学理論を風刺してもいる。過剰解釈についての小説、さらにいうなら、狂信者たちが論理基準を無視して何でも他のすべてのものに関連づけてしまうようなパラノイア的解釈についての小説である『フーコーの振り子』は、解釈という主題を扱った二冊の理論的著作――『解釈の諸限界』（1989）、およびケンブリッジ大学で行なわれたタナー・レクチャー（その後、『エーコの読みと深読み』［1992］として出版された）――と併せて読まれるべきであろう。

　エーコは最初、「開かれた」作品についての文学理論家であるという名望ゆえに、読者の応答が文学解釈において積極的、さらには支配的とさえ言える役割を果たすことを強調することになった。一方、実践的小説家として経験を重ねるにつれ、彼は解釈者の権利が強調されすぎてきたことに気づくことになる。そこで、エーコはこの二冊の重要な著作において、テクストはたくさんの意味をもちうるが、テクストがあらゆる意味を体現することは理論的に不可能であると論じている。解釈に関するポストモダン的な諸理論（とりわけディコンストラクション）について議論するなかで、エーコはみずからの博識を利用し、いわゆる「ポストモダンの」理論とされているものの多くが、実際には前－古代的（pre-antique）なものであることを明らかにしている。それらは特に二世紀のヘルメス主義のようなものに近似している。そうしたヘルメス主義は古典的形式論のカテゴリーを拒絶し、エーコの二作目の小説に登場するパラノイア的人物のように、多くのことはたとえそれらがあからさまに矛盾していても同時に真実でありうる、と論じたのである。すべては互いに関連し合っている（Tout se tient）。これがエーコの小説のライトモティーフを織り成すものであるが、それは現代的な解釈理論の多くについても当てはまる。当節の解釈理論は、エーコが「ヘルメス的漂流」、あるいは「意味から意味、類似性から類似性、関連性から関連性へと漂流する制御不可能な能力」と呼ぶものをひけらかしている。『フーコーの振り子』の場合、世界制覇という悪魔的な陰謀を証明するかに思えた秘密資料も、実は洗濯屋の古びた伝票であると判明するのである。

　エーコの三番目の小説『前日島』（1994）は、彼が一九九二―九三年にハーヴァード大学で行なった有名なノートン・レクチャーズ（後に、『エーコの文学講義―小説の森散策』［1994］として刊行）に影響されベストセラーになった。この第三の小説においてエーコは、アレクサンドル・デュマの歴史ロマンス、『ロビンソン・クルーソー』、『宝島』といった作品のパスティーシュを提供している。そこでは十七世紀のバロック文化の説明が魅力たっぷりになされ、とりわけ経度を測定しようとする当時の試みが強調されている。経度の測定は時間の問題と関わるだけに、科学者だけでなく小説家にとっても重大な関心事と言える。この小説にそなわる魅力の多くは、十七世紀を代表する滑稽じみた風変わりな科学思想を次つぎと陽気に提示しているところにあるが、賢明な読者はやがてこうした多くの考え方がポストモダン思想の典型的な概念に酷似していることを理解することになるだろう。ボローニャ大学の同僚の一人、オマール・カラブレーゼの理論的仕事――彼の『ネオ・バロックの時代』(1987 [1992]) は、バロック期とポストモダン的経験との類似性を探究している――の影響を受けていることが明白なこのエーコの小説には、(驚くべき発見ばかりではなく)、ケプラー、ガリレオ、テザウロ、ダン、マリーノといった多くの科学者や文学理論家たちがバロック期になした馬鹿げた科学的誤りがしばしば書き連ねられている。そして、こうした気まぐれな考え方の数々は、この錯綜したテクストのなかで、現代のさまざまな批評的思想家たち――この小説に関係する何人かの作家・思想家だけにかぎっていうなら、たとえばバース、ハロルド・ブルーム、フーコー、パース、デリダといった面々――が信奉するポストモダン的な思想と暗黙のうちに関連づけられているのだ。

エーコのポストモダン小説を表現する一つのイメージが考えられるとするなら、それはきっとパランプセストのイメージであるだろう。パランプセストとは普通、皮紙あるいは羊皮紙上に書かれた資料のことだが、何度も重ね書きされるために、前に書いたものが完全には消えずに、まだその文字が見える状態のものをいう。エーコの文学的創造物とは、ポストモダン流のパランプセスト、現代小説の名職人がアイロニーを交えながら再訪したり、パロディ化したりする他の文学作品や批評理論のいわばパスティーシュなのだ。『エーコの文学講義』はみずからの小説家としての経験に照らし合わせ、いくつかの点において、(イアン・フレミングのような) 大衆作家に対する以前の否定的見解のいくばくかを修正している。さらにいうなら、この本のタイトル(原書のタイトルは『小説の森の六つの散歩』) が示唆するように、文学の本性に関する彼の議論は、イタロ・カルヴィーノが先に行なっていた一連のノートン・レクチャーズ（『次の千年のための六つのメモ』）に負うところが多い。カルヴィーノはエーコとともにイタリアの最も有名なポストモダン作家に位置づけられるが、エーコの書物が他の書物について語るものであるとすれば、彼の最良の作品の一つがまた、カルヴィーノについて語っていてもなんら驚くにはあたらないであろう。

エーコの文学的・哲学的生産は常に感嘆すべきものでありつづけてきた。最新刊の『カントとカモノハシ』（1997［2000］）は『一般記号論』の書き換えの試みを示すものである。それはとりわけ、人間の精神がどのようにして以前には知られていなかったものを取り扱うのかについて、たいへん興味深い議論を提示している。マルコ・ポーロが犀《サイ》について説明するのに苦労したというエピソード（むろんおぼつかないやり方だが、彼は犀を、かつて実際にはっきりと見たことのない一角獣のようなものに結びつけて説明するしかなかった）を出発点に、エーコはこの厄介な分類問題をカントとパースの理論に関連づけている。その当惑させられる形状ゆえに、人間の経験ではカテゴリー化困難と思われるカモノハシのようなつつましやかな動物にも、こうして誇るべき立場が確保されたわけである。

パロディ、パスティーシュ、そして他の文学・哲学テクストへのアイロニカルな再訪といったものに対するウンベルト・エーコの好みは、彼の複雑なパーソナリティの必須な部分をなすものである。エーコのパーソナリティとポストモダン文学理論・実践の志向性とが多くの一致点を有していることを考えるなら、彼の作品が二十世紀末の他のいかなるイタリア人作家の作品よりも幅広く読まれ、翻訳されていることはけっして驚くにはあたらないのである。

22 フランツ・ファノン Frantz Fanon 1925-61

脱植民地化とは新しい人間の創出だ

ロバート・ベルナスコーニ

フランツ・ファノン（一九二五―六一年）は暴力と脱植民地化の哲学者として、おそらく現在でもアメリカ合衆国で最も知られている存在であるが、死後の一九六〇年代後半に〈ブラック・パワー〉を鼓舞することになる人物でもある。ポストモダニズムの観点から見たファノンは、主体の形成について問い、現象学や精神分析による普遍化の波にさらされながらも、ラディカルな差異を奨励した思想家として評価することが可能だろう。なぜなら、ポストモダニズムと、それぞれの見解に応じたポストコロニアリズム、あるいはコロニアル的言説分析と呼ばれるものとの関係についての探求はすべて、彼の著作をスタート地点としているからだ。すなわち、ファノンは、ポストモダニズムの政治的な諸問題に関して長ながと続いてきた論争の舞台となっているのである。だが、彼がどれほどポストモダニズム的な読みを受け容れる存在であっても、彼の著作の実存主義的な構成要素を無視することはできないだろう。

フランツ・ファノンはマルティニック島で生まれた。リセ（高校）の先生のなかに、一九三〇年代にネグリチュード運動の創始者の一人エメ・セゼールがいた。短い生涯をとおしてファノンはネグリチュードという概念を、特にレオポルド・サンゴールが支持した政治色が弱くどちらかといえば文学的色彩の強いネグリチュードを痛烈に批判したが、セゼールからのその影響は最後まで続くものであった。とりわけファノンは、ヨーロッパ文明の最も優秀な代表者たちでさえ植民地的差別主義に責任があるということをセゼールから学ぶことで、健全な懐疑を抱きつつ西洋伝来の知に近づいたのである。ファノンはフランス自由軍に志願し、フランス、モロッコ、アルジェリアで従軍したが、職務中に負傷しマルティニック島に戻った。一九四七年、今度は勉強のためにフランスへ渡り、一九五一年にリヨン大学から医学の学位を授与された。リヨン大学に在学中、ファノンはメルロ゠ポンティの講義に足繁く通い、サルトルを精読した。彼は実存主義的現象学の最新の発展状況に精通することに加えて、ジャック・ラカンの初期の出版物を含む広範囲にわたる精神分析に関する知識も獲得していった。そして、こうしたことはすべて、一九五二年に発表された反‐黒人差別についての研究『黒い皮膚、白い仮面』に取り入れられたのである。

ファノンの『黒い皮膚、白い仮面』は、当時広く被植民地側に原因があるとされていた劣等コンプレックスに取り組む試みとして提出された。ファノンは冒頭でこうした診断について、『コロニアリズムについて』で劣等コンプレックスを提案していたエメ・セゼールに言及してみせた後、人類学者でかつラカンの後継者であるオクターヴ・マノーニによる診断の扱い方を論じるために、『黒い皮膚、白い仮面』の一章を費やしている。マノーニは『プロスペロとキャリバン――植民の心理学』(1950)で、マダガスカルの人びとが彼らを植民地化に好都合な存在にさせた依存コンプレックスに苦しんでいることについて論じた。マノーニによれば、特に教育を受けたマダガスカル人が「彼/彼女の場所を忘れる」とき、彼/彼女は劣等コンプレックスという代価を払うことになる。しかし、マノーニとは対照的にファノンは、彼が黒人の心理‐実存的コンプレックスと呼ぶものは植民地の状況がつくりだしたものであることを明らかにしようとした。つまり彼は、この劣等感という感情は経済的抑圧の内面化に起因するものと見なされなければならないと主張したのである。したがって、この問題を解決するには精神分析だけでは不十分であり、世界の構造改革が求められたのである。しかし、個人的なレヴェルであれ社会的なレヴェルであれ、一方的な解決は不可能でありながら、双方の自動的な相互依存もまた存在しない。なぜなら、「そのような体系的傾向は事実に反している」からだ(1952: 11)。

『黒い皮膚、白い仮面』で、ファノンは一貫して当時の支配的な学派の均質化傾向を批判した。明らかにサルトルとメルロ＝ポンティに触発されてはいたが、それと同時に彼は二人が黒人の存在という特殊性を無視していることにきわめて批判的であった。『黒い皮膚、白い仮面』の中心的な章である第五章は、実存主義の視野に立つ現象学的記述であり、「黒人の生体験」というタイトルはメルロ＝ポンティを意図的に想起させるものである。この章でファノンはサルトルを攻撃する。サルトルによる身体の現象学は、黒人が身体を白人とまったく異なるかたちで経験するという事実に気がついていないというのだ（1952: 138）。同様に、ファノンは第六章で、フロイトとアドラーの理論が黒人にまったく適していないと論じている（1952: 141）。カンギレムに同調しながらファノンは正常性という概念に問題があることを確認する一方で、白人は家庭生活と、黒人には与えられていない国民生活の相互関係を享受するが、〔家庭生活と自動的には連続しない〕白人世界との接触で異常になると主張する（1952: 143）。ファノンは、「正常な」黒人の子どもは、白人の精神分析が黒人に悪影響を及ぼす人種差別の構造をいかに無視してきたか（あるいは誤った解釈を与えてきたか）を明らかにすることで、古典的な精神分析もまたある種のマゾヒズム、すなわち特に合衆国の白人が人種差別に固執すると同時に、みずからを黒人と同一視することから生じるマゾヒズムを理解するのに失敗した経緯を証明するに至ったのである（1952: 176-8）。

ファノンは普遍的な真理を明示しようとしたのではなかった。白人の視線が黒人すべてにあてはめようとする画一性を強いるために、〈ニグロ〉のようなより広義のカテゴリーを導入せざるをえないとしても、彼の結論はあくまでもアンティル諸島の人たちに対してのみ有効であるということを、ファノンは繰り返し警告した。ファノンが黒人の魂は白人のつくった人工物であることを徹底して明らかにするとしても（1952: 11）――反ユダヤ主義者がユダヤ人をつくりだす、というサルトルの言葉が思い起こされる――、それは白人による人種差別の衝撃を示すためだけではなかった。ファノンは、反‐黒人差別が黒人のアイデンティティをつくりだすことになったが、そうしたアイデンティティこそが人種差別と闘うための政治的力や手段として用いられる必要があることを確認しようとしたのである。とはいえ、黒人のアイデンティティや白人のアイデンティティという概念は、結局のところ、ともに受け容れがたいということを、ファノンは明言しつづけた（1952: 197）。したがってこの点で彼の立場は、しばしば考えられているほどサルトルが「黒いオルフェウス」――そこでは、ネグリチュードは白人の優越性と来るべき普遍主義の弁証法における第二項に位置づけられている――で提示した立場と変わるものではない。ファノンがサルトルに反対するのは、サルトルが間違っているからではなく、そのような思考が黒人の熱意を殺《そ》いでしまうという理由からなのだ（1952: 135）。同時にファノンは、逸脱という観点から考察可能な普遍的人間のタイプといったものを措定しなかったと確信している（1952: 197）。彼のアプローチは、抽象的な自由主義的ヒューマニズムとは逆のものだった。彼はその代わりに、具体的でつねに新しい人間理解を主張したのである（1952: 22）。

『黒い皮膚、白い仮面』を完成させた後、ファノンはリチャード・ライト論の執筆というアイディアを温めていた。しかしその代わりに彼は、精神科医として行なったアルジェリアでの熱狂的な活動の産物として、英語版では一九五九年に出版され、『瀕死の植民地主義』（*A Dying Colonialism*）の表題で知られている『アルジェリア革命の第五年』というエッセイ集を書くことになった。ファノンの読みに見られる脱コンテクスト化への傾向が、あるフェミニストの読者たちにヴェールに関する彼のエッセイを手厳しく扱わせることになったとしても――この点に関するもっともらしい弁護は、シャープリー＝ホワイティング（1998）によって展開されている――、このエッセイ集がファノンの脱コンテクスト化された読みに対する有効な解毒剤であることは確かだ。

ファノンは自分が白血病に蝕まれつつあることを知りながら、『地に呪われたる者』（1991［1961］）を完成させた。この本は暴力論として最もよく知られており、そこにはいくつかの極端な記述が見られる。たとえば、ファノンは次のように書いている。「被植民地側の人間にとって、人生は入植者の腐敗していく死体からしか生じない」（1991［1961］: 93）。しかしながら、ファノンが入植者に抗して暴力を擁護する場合、サルトルがその序文で行なっているほど見境がないわけではない。たとえ別種の、より政治的な表現を用いているにせよ、『地に呪われたる者』のファノンは『黒い皮膚、白い仮面』でかつて取り組んでいたいくつかの問題を探求しつづけている。たとえば、彼はこう書いている。「個人のレヴェルでは、暴力は解毒作用をもつ。暴力は被植民地側の人間を劣等コンプレックスや絶望や行動から解放する。そして暴力は彼を大胆不敵にし、自尊心を回復させる」（1991 [1961]: 94）。ファノンは、主導者たちによって組織化された暴力が社会的真相に対する民衆の理解を促すと主張する（1991 [1961]: 147）。暴力は人びとの意識を啓発し、あらゆる武力鎮圧に抵抗させ、そして人びとを一つにする。このように、ある種の暴力は被植民地側の人たちを劣等コンプレックスから解放するだけではなく、『地に呪われたる者』にみなぎる新たな人間性というレトリックを正当化するものとして想定されている。こうしたレトリックは、アルジェリアでの革命行動の経験を記述するために、すでに『瀕死の植民地主義』でも導入されていたが、『地に呪われたる者』では普遍化され、不確定な未来にまで延長されている。

『地に呪われたる者』の最後の数行には素晴らしい言葉がある。「ヨーロッパのために、われわれ自身のために、そして人間性のために、同志よ、われわれは脱皮し、新しい諸概念をつくりだし、新しい人間を立ち上げようと試みなければならない」（1991 [1961]: 316）。ここで主張されているのは、入植者が被植民者をつくりだしたように、脱植民地化とはまさに新しい人間の創出だ、ということなのだ（1991 [1961]: 36）。したがって、脱植民地化は、入植者から彼らの権力を奪取する以上の意味をもつ。ファノンは、第三世界が既存の価値でみずからを定義するのに甘んじるべきではなく、第三世界そのものの価値、方法、スタイルを見つけだすべきだと主張する（1991 [1961]: 99）。しかし、『地に呪われたる者』の主旨が敵対であるにせよ、ファノンが以前のより懐柔的なアプローチをすっかりやめてしまったと考えるべきではない。ほんの数年前にはファノンは、すでに主権者である人びとと抑圧された人びとを団結させる世界を実現するヒューマニズムを希求していたからである（Fanon 1988: 114）。ファノンの著作は比較的少ないけれども、決定的な諸問題については、一つのテクストを他のきわめて異なるテクストと比較対照することがつねに可能なように思われる。彼の著作がポストモダニズムの重要な理論家たちによる読みも含め、多種多様な読みへと開かれているのはそのためである。

ファノンに対するポストモダンの評価は、ホミ・バーバを参照すると最もわかりやすい。『黒い皮膚、白い仮面』の英語版の序文（1986; Gibson 1999 において翻刻）で、バーバはファノンを「植民地的抑圧についての包括的な理論に対する野心をことごとく拒絶した人」（Fanon 1986: x）として描いている。それどころかバーバにとってのファノンとは、ベニータ・パリーの言葉を借りるなら、「早すぎたポスト構造主義者」（Parry 1987: 31）なのである。しかしバーバは、ファノンが期待していたような人物では必ずしもなかったことを認め、『黒い皮膚、白い仮面』をかなり公然と書き直そうとしている。バーバがファノンのテクストをポストモダニズムに適合するものに修正しようとして、凄まじい圧力をかけられている箇所を検討すると、ファノンのテクストとポストモダニズム（のある種のヴァージョン）との間にある緊張地点を容易に確定することができる。

周縁化された人びとの存在を回復する際に、実存主義的に「私」を喚起するというファノンの役割をバーバは最初から認識していたにもかかわらず、彼のラカン的な側面を強調するようなファノンの誤解――そのような読みはファノン自身がラカンと対立していた点を無視することになるのだが――を提示するために、そうした役割を進んで犠牲にしてしまっているように見える（Fanon 1986: 161 n.25）。バーバによれば、ファノンはあまりにも性急すぎて〈他者〉をはっきりと指示することができないし、またあまりに迅速すぎて〈他者〉を文化的に相容れない意識という、固定された現象学的な地点として扱うことができないという。さらにバーバは、「〈他者〉は――文化的であれ、精神的であれ――根源的なアイデンティティを必然的に否認するものとして見なされなければならないし、こうした否認こそが、「文化的」なものが言語的・象徴的・歴史的現実として意味をもつことを可能にする分化のシステムを導き入れるのだ」と言う（Bhabha, in Fanon 1986: xviii）。バーバに言わせるなら、アンビヴァレントな同一化に対するファノンの洞察は、敵対的なアイデンティティに訴えかけようとする彼の傾向によって相殺されてしまうことにもなるのだ。

ファノンは時おり入植者と被植民地側の人たちの対立を単純化しすぎていたとして批判されうる、というバーバの主張はおそらく正しいであろう。だが、ファノンの戦略を脱構築のそれと並べてみるとき、彼の戦略は少し違った様相を見せるだろう。デリダによれば、脱構築は西洋形而上学を支配する二項対立を捉え、それらに内在するヒエラルキーを転覆し、ついで二項対立自体を脱臼させるものである。ある種のポストモダニズムが試みているように、もし入植者と被植民地側の人たちの間にあるヒエラルキーをこの脱構築のモデルにあてはめようとするなら、とりわけ『地に呪われたる者』を根拠に、ファノンは単にヒエラルキーの二項を逆転したにすぎず、二項区分を永続化させているだけだと思われてしまうだろう。すでに指摘したように、ファノンの文章には、被抑圧者と抑圧者を団結させようとするヒューマニズムに対して明らかに賛成の意を表明している部分がある。ここからは、ファノンが二つの戦略の間で揺らいでいるというよりもむしろ、良質な脱構築的手法で双方の段階の必要性を認めているという可能性が浮上してくる。すなわち、彼は新たな人間性を構築することを思い描きつづけているのである。闘争は依然として続けられ、犠牲者は思い起こされねばならないのだ。

ファノンが対立する項目を無傷・完全なものと見なしすぎていると不満をもらすポストモダンの批評家たちは、ファノン自身に批判されたサルトルといくぶん似たかたちで議論を展開している。つまり、彼らには黒人の熱意を壊すきらいがあるのだ。この場合に問題なのは、ファノンが性急すぎて〈他者〉を名指しすることができなかったことではなく、バーバが性急すぎて〈他者〉としてあげた名前を放棄できなかったことだろう。実際このことは、セドリック・ロビンソン（1993）や、ロビンソンとは少々異なる立場をとるルイス・ゴードン（1995）によって、ファノンをポストモダン的に読むことに対する反論の一部とされている。

ヘンリー・ルイス・ゲイツ・ジュニアは、ポストモダニストとしてのファノンへの、ある異なった接近法を提供してくれる。彼は「批判的ファノン主義」（1991）で、エドワード・サイードやホミ・バーバといった批評家たちが、ファノンを不変的・固定的アイデンティティへの敵対者と見なすことで、いかに彼を「空虚で」グローバルな理論家に仕立て上げてしまったかを述べている。ゲイツは次のように主張する。ポストモダニズムによって引き起こされた大きな物語（grand narratives）やアイデンティティ理論の衰退についての論争に関係しうる、そんなファノン解釈を構築しようと批評家たちが躍起になっているうちに、彼らは逆説的にもファノンから彼のコンテクストを奪ってしまったのだ、と。このことはゲイツをファノンを再歴史化する議論へと導くだけではなく、われわれにわれわれ自身の暫定的・反動的・局所的な理論的考察への理解を促すのである。こうした議論は『地に呪われたる者』よりも『黒い皮膚、白い仮面』を読むことから、よりすみやかに導き出されるものと言えよう。

『黒い皮膚、白い仮面』は、白人にとっても黒人にとっても、そう簡単に読める本ではない。ファノンは彼の読者たち、とりわけ黒人の読者たちに鏡を掲げてみせたが、それは同時に、黒人たちに脱疎外化への途を約束すると想定された進歩的な下部構造という枠内でなされたことなのである（1952: 184）。こうした入り組んだ戦略は、この本の種々さまざまな読み方を促して、ポストモダン的な読み方を受け容れやすくした。しかし彼の戦略は、その実存的要素をなおざりにするならば、結局のところ不鮮明なものとしてありつづける。ファノンの政治学と、とりわけ彼の人種差別と植民地主義への敵対姿勢をきちんと前景化しつづけるならば、彼の著作はしばしば考えられているほど多孔的でも多声的でもないのである。

23 ミシェル・フーコー Michel Foucault 1926-1984

主体化の（権）力を抵抗への意志に

カーリス・ラシウスキス

　ポストモダニズムに関して自身の考えを尋ねられたとき、真に自分の関心をひかないような概念についてはほとんどなにもわからないというニュアンスの答え方を、ミシェル・フーコーはずっとしてきた。むろん、こんにち明らかなのは、フーコーの思想がポストモダン的批評意識と呼ばれうるようなものの形成と精錬に主要な役割を果たしたということである。つまり、フーコーが始動に手を貸したのは、「モダニティ」と呼ばれる精神体制に特有な性質を暴き出そうとする批評的なアプローチなのだ。系譜学的な視点に立つなら、それはある一時期について規定したり、その時期の終わりを告げたりするというよりも、むしろわれわれの歴史的思考のうちにある不連続性――われわれの時代を特徴づける性質となってしまっている不連続性――を検討するということである。それはフーコー自身の次のような考えと符合する。「「モダンの時代」を「プレモダン」や「ポストモダン」の時代と区別するというよりも、むしろ私〔フーコー〕にとってより有効なのは、モダニティの態勢がその形成以来、どのようにして「反モダニティ」の態勢と闘ってきたのかを明らかにしようとすることだと思う」（1984b: 39）。

　フーコーは、こうした闘いがモダニティの最も傑出した人物の一人であるカントの仕事に反映されていると見ている。カントが西洋の思想に及ぼした影響は間違いなく決定的なものであったけれど、フーコーによるなら、それはまたきわめて問題含みのものでもあった。何故なら、それは哲学の内部に二つの分岐路を生み出してしまったからである。

私には、カントが近代哲学を二分するような二つの偉大な批評的伝統を確立したように思われる。こう言うとしよう。カントはその偉大な批評的著作において、真実の知を可能にする諸条件について問う哲学的伝統を提示し打ち立てたのだ、と。したがって、近代哲学のすべては十九世紀以来、真実の分析法として立ち現われ、発展してきたと言えるだろう。（1984a; *Dits et écrits* 4: 687）

ところで、真実の知を打ち立てようとする試みは、これまで哲学者たちにもっぱら人類学的な眠りを誘発してきたし、フーコーの考え方にとっても本来的に欺瞞めいたものであった。一方、フーコーはフーコー自身が哲学的探求の最も啓発的で肥沃な源泉とみなした批評的伝統を確立したことに対して、カントの功を認めていた。「啓蒙とは何か」と題する小論考のなかに、フーコーはこのドイツ人哲学者の最も洞察力に満ちた貢献の一つを探り当てたのである。この論考の刊行とともに、「「現在の時＝契機」という問題が、もはや哲学とは切り離して考えることのできない問いかけとなる」（1985; *Dits et écrits* 4: 766）と、フーコーは認めている。つまり、カントの考察から得られたものは、哲学が歴史を読み解いたり、哲学自体を生み出す歴史的条件の解明手段を与えるような解釈システムとしてだけではなく、歴史的プロセス全体の一部分として捉えうるということを提起することだったのである。

フーコーはこうしてカントの〈啓蒙〉に関する省察を、二つめの重要な批評的伝統の源泉として見定めた。ドイツでは、このカントの論考で素描された考えが社会についての歴史的・政治的考察を呼び覚ます。そうした考察の流れは、「フォイエルバッハ、マルクス、ニーチェ、マックス・ウェーバーを経由し、ポスト・ヘーゲル派からフランクフルト学派へとたどることができる」。また、フランスにおいては〈啓蒙〉の問題に対する哲学的なアプローチは、何よりもまず科学史を通じて展開された。フーコーはコイレ、バシュラール、カヴァイエス、そしてカンギレムの著作を、「哲学的錬成の重要な中心として機能し、それぞれが異なった角度から現代哲学にとってきわめて本質的である〈啓蒙〉という問題を提示するに至っている」(1985; *Dits et écrits* 4: 767) 仕事として選び出している。

啓蒙の批評は不可避的に、まさに〈啓蒙〉という概念そのものを問題に付すことになる。それは一つの審問であり、そこでは科学史、とりわけジョルジュ・カンギレムが提示したような特異な形式のものが、フランスでの知的論争において中心的な枢要性をもつことになった、とフーコーは考えている。カンギレムの貢献が重要なのは、彼がカントによる真実の分析と真っ向から対立するようなアプローチを練り上げたからである。フーコーにとってカンギレムの思想の独創性は、「この合理性の歴史家が――彼自身きわめて「合理的」なのだが――誤りに関わる哲学者」であるという逆説めいた事実にある。カンギレムの哲学を強調することは、「人間の思考や歴史をつくり上げるものの根底にあるのは誤りである」と認識することに他ならない。人間の生や歴史は、偶然、予測不可能性、誤りを根本的に背負い込んでいるという条件をめぐって――また、それに応じて――展開するのだ。したがって概念的な図式や合理化は、誤りに対処する方法、人間的な出来事の核心にある偶然という現実を補うための戦略と見ることができるだろう。

> 真と偽との対立、両者に付与される価値、異なった社会や制度がこうした区分と関連づける(権)力の効果――たぶん、このようなことはすべて、生に内在するこうした誤りの可能性に対する最新の応答でしかないのである。科学史が不連続なものであるとするなら、すなわち、科学史が一連の「修正」、つまりは最終決定的なものとして究極的な真実の瞬間を解き放つことがけっしてないような真/偽の新たな配分としてしか分析されえないとするなら、その理由もまた、「誤り」が約束された完成・成就を忘却したり遅延させたりするものであるからではなく、それが人間生活に固有な、人類の時間に不可欠な次元をなすものだからであ

る。(1985; *Dits et écrits* 4: 775)

人間存在のこうした局面を認識することは、二つの重要な帰結をもたらす。第一に、知が「世界の真実」を開示するというよりも、「生の「誤り」に根ざしている」と認めるならば、主体に関する完全な理論をきちっと再定式化する必要性に気づくことになろう。第二に、こうした認識はまた、誤りと真実との関係について異なった理解を生じさせることにもなるだろう――「誤りは暗がりから少しずつ浮かび上がるような真実の覆い隠された力によってではなく、「真実を語る」[dire vrai] 新しい方法をつくりだすことによって取り除かれる」。たとえば、どんなときであれ、そのときに科学的真実とみなされているものは、ものごとの暫定的な状態を示すものにすぎないのだ。そして、現実的なものを説明する概念システムの暫定的なステイタスを認めることは、カントによってその重要性が初めて認識された自己再帰性を、今度は告げ知らせることになるのである。

逆説的なことに、こうして誤りという概念にそれが果たすべきポジティヴな役割が与えられることになる。つまり、真実の薄っぺらな本性を認識することが、主体の自由を思考する可能性を押し開くのだ。かくして、自分たちや自分たちの思考するものが事物の前もって定められた秩序に関わらない自分という存在の諸相であることに気づくなら、また、出来事、行動、思考＝思想といったものが法――神授のものであれ人為のものであれ――ではなく、偶発性や偶然性に左右されるものであることが理解されるなら、現在の時＝契機に内在する自由や可能性にも気づかされることになるであろう。カントの有名な定言命法が批評＝批判能力の行使を通じてみずからの自由を主張するための倫理的な命令になるのは、こうした意味においてである。フーコーもまた、われわれが〈啓蒙運動〉に多くを負っていると考えていた。何故なら、それは依然として「批評＝批判原理と、われわれ自身の自律的な永久創造、すなわち、〈啓蒙運動〉が抱いていた歴史的意識の核心にある原理」(1984b: 44) を評価する一助となっているからである。フーコーによるなら、こうした原理の適用はまた、彼が「〈啓蒙運動〉のゆすり」（フーコーはこの言葉を、〈啓蒙運動〉に対して賛否いずれかを迫る不文の道徳的強制義務、「ヒューマニズムというテーマを〈啓蒙運動〉の問題とない混ぜにしてしまう歴史的・道徳的混同主義」の蔓延が引き起こす強制と受け止めている）と呼ぶものからわれわれを自由にしてくれるであろう。言説の形成を人間本質の表明と思い込ませるような欺瞞的な考え方から解き放たれるに従い、批評の方法は考古学的なものとなる。

考古学的という意味は、この方法が全知識や可能な精神＝道徳的行動の普遍的構造を見定めようとするのではなく、われわれが考えたり、言ったり、したりすることの表現である言説の諸審級を、それと同数の歴史的出来事として取り扱おうとするということである。また、この批評＝批判は、われわれが為すことや知ることができないものを、われわれの現在の存在形式から推論することはないという意味で、系譜学的なものとなるだろう。つまりそれは、われわれの存在を可能にしてきた偶発性から、自分たちがもはや今のようには存在できず、今のように為したり考えたりできない可能性を識別しようとするだろう。（1984b: 46）

したがって、〈啓蒙運動〉がフーコーに与えた貴重な教えは自由の可能性という意識であり、ここで自由とはわれわれが為したり考えたりすることのなかに常に存在する可能性、つまり、それが現出するときにはいつでも追求し獲得することが可能なチャンスであるという認識なのだ。われわれの存在にも歴史にも潜在的な因果性などないし、それらを導く計画＝方法や、あらかじめ決まった真実なども存在しない。だが、これはなんでもかまわないということではないし、人間はなんでも好きなようにしたり考えたりできるという意味でもない。われわれが、まさに〈啓蒙運動〉のある種の遺産から生じた誤りを感知できないために抱いている数多の幻想や迷いから真に解放されることを願うなら、批評＝批判的なパースペクティヴの練り上げには用心深さと修養が要求されるだろう。したがって、たとえば、進歩、自由という二つのテーマは両立しえないことが明らかとなる。技術的能力の発達は、経済生産、社会統制、コミュニケーションといった領域で、制御・支配能力を増大させる結果になったのだ。そこで、われわれの時代にとっては、「諸能力の発達をいかにして（権）力関係の強化＝増大と切り離すことができるだろうか」（1984b: 48）ということが火急の問題となっているのである。

（権）力関係の今日的な性質を調べることには、政治的考察だけでなく、認識的、倫理的な考察が必然的にともなう。何故なら、それは言説や実践がわれわれの自己意識の形成におよぼす効果を暴き出そうとするからである。したがって、提起されるべき問題は三重の形を成すだろう、とフーコーは示唆している。「われわれはいかにして、われわれ自身の知の主体とされるのか。われわれはいかにして、（権）力関係を行使したり、それに屈服する主体とされるのか。われわれはいかにして、われわれ自身の行為の道徳的主体とされるのか」（1984b: 49）。何であれ、われわれの知、政治、倫理の価値づけを助長するものについては、われわれの考え方に内在する限界という観点から眺めてみなければならない。そして、そうした限界は明確な形で暴露され、最後には超克、再構成されなければならないのである。

このような努力は、同時にまた、試験的、実験的なものであり、それ自体が誤りに陥りやすいものであると常に考えておかなくてはならない。カント自身も気づいていたように、批評＝批判的な立場というものは、いかなるものであれ、そうした立場が形成される文化的、認識論的、政治的コンテクストの内部に位置するものとみなされねばならないのだ。したがって、批評＝批判家の使命は、「思想家、科学者、哲学者として語る者自身がどこまで、そしてどのような形でこうしたプロセスの一部と化しているのかを、（さらにいうならば）自身がこうしたプロセス——つまりはみずからが一要素兼、一俳優＝行為者の役柄を演じるプロセス——においていかなる役回りを担っているのかを示すこと」（1984a; *Dits et écrits* 4: 680）」にある。それゆえ、〈啓蒙運動〉の遺産のうちでフーコーに最も重要な部分と思えるのは、主体化の（権）力を抵抗への意志に変換させるという姿勢である。カントは〈啓蒙運動〉を未成年者＝マイノリティの状態から抜け出る努力として解釈している。そしてフーコーの場合は、カントの定義する未成年者＝マイノリティを過剰な権威＝権力に直面したときの勇気の欠如と関連づけている。つまり、「われわれは他人に指揮されること、他人によって完全に支配されるままになることを敢然と拒絶しなくてはならないのだ」（Fimiani 1998: 63）。

自分のために考える責任を引き受けようと決意することはまた、フーコーのある書評タイトルが示唆するように、「居心地の悪さのモラルのために」を受け容れることを必要とする。『ヌーヴェル・オプセルヴァトゥール』誌の初代編集長ジャン・ダニエルの『断絶の時代』に関して議論するなかで、フーコーはダニエルの本の動機となっているものが、まさにカントがその〈啓蒙〉についての論考で確認している姿勢に他ならないと断じている。その動機＝姿勢とはつまり「今日」という簡明で、浮動的で、不可思議な、きわめて単純な言葉の下に隠されているものを見つけ出したいという気持」（1979［1966］; *Dits et écrits* 3: 783）なのだ。実際のところ、まさにこの雑誌の創刊がすでにそうした姿勢、すなわち、現今の優勢な意識を明らかにしたいという気持の現われである、とフーコーは記している。そして、ダニエルの本は「不明瞭な意識を明るみに出す仕事や苦心が、最後にはそうした意識を生じさせた根拠をいかにして解明したのかを語っている」がゆえに、その時代を特徴づける意識化のありようを白日の下に晒すことに成功しているのである。結局、まず最初に解明すべき対象は「政治的アイデンティティの勇壮さ」を維持しようとするあらゆる試みだけではなく、大きな歴史的指示物——資本主義、ブルジョワジー、帝国主義、社会主義、プロレタリアート——であった。かつて確実であったものの根拠も、経験に照らしてみると消え失せてしまう。すなわち、不動の信念の恣意性は、そうした信念の確かさが消滅したずっと後になってから初めて明白になるのである。他方、自明とされていたすべての真実が、実はその自明性に反するような確証に支えられていたことが判明するにつれ、これまで見えなかったものが突然見えるようになる。結局、明らかになったことといえば、「あらゆる確実性というものは、未踏査のままである場所を維持することによってしか、保証されえない」（1979［1966］; *Dits et écrits* 3: 787）ということである。

フーコーによる考古学的・系譜学的な近代分析ののちに、われわれの文化的想像性に関する現代の批評＝批判によって生じた最も顕著なものは、この世界が調整・削減することができないほど複雑なものであるという意識である。こうした批評＝批判はまた、世界の意味を解したり、生きる規範をつくりだしたりするプロセスが、想像されていた近代性以上に強要的である理由を提示している。ポストモダンの批評＝批判的パースペクティヴは、そうした意味や規範が行為させられているわれわれには役立たないということ、そして、それらが恒久的・普遍的真実を収めた本のなかに最初から記されていたわけではないということを理解させてくれる。その一方で、いったん現実的なものとなってしまうと、われわれの生を形成する価値や意味といったものは再びわれわれの責任・義務と化してしまう。要するに、今われわれにわかっているのは、もしそうした規範や意味が存在すべきだとしても、それらは討論や交渉という不断のプロセスを通じて何度も確認や定式化を施され、新たにつくり上げられる必要があるということである。

24 ジョン・ファウルズ John Fowles 1926-

収集家から創作家へ

スザーナ・オネガ

ジョン・ファウルズの作家人生は、『三賢者たち』（1966）の執筆の合間を縫って書かれた短編小説『コレクター』（1963）に始まった。翌年、彼はあるインタヴュー記者に、現代のイギリス文学が「あまり健全ではな」く、「島国根性丸出しで、内輪もめにかまけすぎて」おり、「何人かの秀逸な若い国内作家たちがいる」「地方の」流派も自閉的になりすぎていると語った（Newquist 1964: 220）。ファウルズはここでブレイク・モリスン（1980）が後に「〈運動〉」と呼称したものから一線を画そうとしていた。「〈運動〉」とはつまり反実験的、反コスモポリタン的な思潮のことであり、フレデリック・R・カール、ジェイムズ・ギンディン、ルービン・ラビノウィッツのような一九六〇年代の大批評家によって戦後イギリスの主流と見なされた、キングズリー・エイミス、ジョン・ブレイン、アラン・シリトー、ジョン・ウェイン、デイヴィッド・ストーリー、フィリップ・ラーキン、D・J・エンライト、ロバート・コンクェスト、ジョン・ホロウェイ、エリザベス・ジェニングズ、トム・ガンといった小説家や詩人たちと結びつくものである。演劇界においては、この〈運動〉はJ・ラッセル・テイラーが『怒りの演劇——イギリス演劇の新しい波』（1962）のなかで編み出した言葉「怒れる若者たち」に対応しているが、テイラーはこの言葉をジョン・オズボーンの『怒りをこめてふり返れ』（1956）からとったのかもしれない。オズボーンとともに、この思潮に属している最も重要な劇作家たちにはシーラ・デレーニー、ジョン・アーデン、ブレンダン・ビーアンが含まれていた。「怒れる若者たち」という言葉はその後まもなく、コリン・ヘンリー・ウィルソン、ジョン・ジェラルド・ブレイン、デイヴィッド・ストーリー、アラン・シリトーや、キングズリー・エイミス、ジョン・ウェインのような〈運動〉に属する劇作家・小説家のために用いられていった。

数年後、ファウルズは、ローナ・セイジとのインタヴューのなかで（1974: 33）、自分の関心がフランス文学、とりわけ中世の騎士物語やヌーヴォー・ロマンにあると認めている。しかしながら、このコスモポリタン的で、極度に実験的な方向性とファウルズとの関係はけっしてわかりやすいものではなかった。ファウルズは「小説を書くことについての覚書」（1968: 88-97）と題されたエッセイのなかで、『フランス軍中尉の女』（1969）の執筆期間にみずから記した備忘録のいくつかについて述べているのだが、そこにおいて、「論争を呼んだアラン・ロブ゠グリエのエッセイ『ヌーヴォー・ロマンのために』（1963）が、作家という同業者たちに対してまさに全面的に非同意を示してはいるものの、同業者にとっての必読書である」（Fowles 1968: 89）と述べている。ファウルズが説明しているように、ロブ゠グリエの「重要な問題、すなわち、人智の及ばない大作家が用いるような形式で書こうと苦悩するのはなぜか」（89-90）という問いに対してロブ゠グリエ自身が出している答えの一つは、「この問いは小説の目的を新しい形式の発見に還元している」点で間違っているとする。「なぜなら実際、小説のその他の目的――娯楽の提供、風刺、新しい感受性の描写、人生の記録、人生の向上など――も、明らかに同程度に実現可能であり重要であるからである」（91）。

ファウルズは一九六八年にすでに、小説形式をわかりやすい形のまま保ち、そして古典的リアリズムがもつ古いヒューマニズム的な価値観を維持しながらも、小説形式の刷新に心を砕いていた。つまり、モダニスト的な「形式に慰めを求めること」と「語りにおける伝統的な味わいへの回帰願望」を和解させたいという気持を表現しようとしていたのである。これこそがリンダ・ハッチオンがポストモダン的なフィクションを決定づける特徴と見なした和解作業である。ハッチオンによれば、こうした矛盾した詩学を最も巧みに達成するようなタイプの小説が「歴史記述的メタフィクション」である。この言葉によってハッチオンが言おうとしているのは、強度に自己反省的であると同時に、しかしこれと矛盾する形で、歴史的な出来事や人物も扱おうとするような「よく知られた大衆向け小説」のことである。このようなタイプの小説において、歴史もフィクションも人間がつくったものとして理論的に自覚することは（歴史記述的なメタフィクション）、こうした小説が過去の形式や内容を再考しつくり直していく基盤となるのであり、（そしてこのようなタイプの小説は）伝統的手法を転覆させるためにこの手法の内部でつねに展開するものなのである。

小説自体の伝統的手法を転覆させながら小説を内部から刷新しようとする試みは、ファウルズの作品全体を理解するための鍵を与えてくれる。『フランス軍中尉の女』——おそらくイギリスでの最初の歴史記述的メタフィクション（Onega 1993a: 47-61）——のなかで、ファウルズは、一三章まではヴィクトリア朝的リアリズムの伝統的手法を模倣しようとしているように見える。しかしこの一三章を境にして、模倣は不意にパロディへと転じる。全知の語り手はそこで次第に、サラがどこの誰なのかも知らないし、自分が語っている物語が「すべて空想の産物である」（1969: 97）ということを茶目っ気たっぷりに白状する。その結果、読者の不信感を意図的に宙吊り状態にし、そこに揺さぶりをかけるのである。エリザベス・ランキン（1973: 193-207）は、『フランス軍中尉の女』について、後期ヴィクトリア時代の貴族がダーウィン的な変身を遂げて最初の実存主義者になるさまを主題的に小説化していると指摘した。このような見方に立つなら、語り手の当てにならなさと行き当たりばったりさの暴露は、構造的なレヴェルにおいて、チャールズの変身と反響し合っていると言えるかもしれない。この小説の結末において、主人公と読者は著しく類似した状況に置かれることになる。つまり、チャールズはヴィクトリア時代の人間から実存主義者に変わることで、ただちに主体へとアクセス可能な、巧みに秩序化された単一の宇宙を信じるという安息の信仰を失ってしまい、そして自分自身と世界を隔絶する深淵を見つめるにともなって、無という苦悩の光景を経験するのである。同様に読者も、語り手の信憑性と全知に寄せていた信頼を小説の結末で修復できないくらい打ち砕かれてしまい、この小説の世界が断片化し、直接的な知覚では到達不可能な様相を呈するにつれて、チャールズの困惑と疎外感を共有している自分に気づくのである。

チャールズと読者とのこの認知《アナグノリシス》が、『黒檀の塔』(Fowles 1974: 9-113) に登場する半盲の抽象画家デイヴィッド・ウィリアムズのそれと反響し合うのは、後者がヘンリー・ブリースリーの傑作の一つ『ムーン-ハント』に出会い、過去の意匠が描いた作品のほとんどでもこの作品でも、絵画とは数世紀以来つづく伝統への没入とパロディ的な拒絶から生まれてきたのだと認めるときだ。つまりこの『ムーン-ハント』の場合には、「ウッチェロの『ナイト・ハント』とその系譜に位置づけられる作品群が数世紀をかけて生まれたのである。実際、本質的な緊張感[がそこには付与されている]。要するに、この絵の謎と暗がりの背後には(猟犬も、馬も、獲物も……夜行性の動物たちは一匹としていないのだが、題名だけが必要とされていた)、古き伝統に対するオマージュとある種の軽蔑が存在していたのである」(23)。

デイヴィッドの発見、すなわち、現代芸術がその源泉にある畏敬すべき西洋の伝統とのパロディ的な関係に立脚することによってでしか真の独創性と創造性を達成できないという発見は、ジョン・バースが「枯渇の文学」のなかで述べた有名な主張と反響し合う。バースはこう述べている。「ヴェートーヴェンの第六交響曲が今日作曲されれば、それは当惑を巻き起こすだろう。しかしもしわれわれがどこからやって来て、どこにいるのかをはっきりと自覚している作曲家によってアイロニックな意図をもって作曲されれば、明らかに、必ずしも当惑を巻き起こすとは限らないだろう」(1967:31)。バースにとって、真に創造的な作家とは、新しい文学形式を、先行する「枯渇した」形式へのアイロニックな没入とその拒絶から産み出すことができる作家なのだ。後のエッセイ(1979b)で、バースは、単に一つの枯渇した形式だけではなく二つの形式――ファウルズがみずからの小説のなかで二、三度実験している組合せでは、たとえば古典的リアリズムとモダニズム――に没入し、そしてそれらを超越するために、ポストモダニズム文学を、二重の、矛盾した衝動を特徴とするものとして描いている。したがってバースが、ポストモダニズムの作家をながながと列挙するとき、このほとんどがアメリカと大陸ヨーロッパの作家――バーセルミ、ベロー、クーヴァー、エルキン、ピンチョン、ヴォネガット、メイラー、バース自身、ナボコフ、ビュートル、ロブ＝グリエ、コルタサル、カルヴィーノ――のリストのなかに、ただ一人イギリスの作家ジョン・ファウルズの名前が追加されているからといって、なんら驚くには当たらないのである。

『コレクター』のなかで、ファウルズがパロディ化しようとしているのは、〈運動〉の小説形式である。収集家フレデリック・クレッグは、みずからに課せられた社会規則の遵守を拒む、福祉国家の反抗的住人であるだけでなく、むしろ危険な精神病者であり、実に物騒で型破りな労働者階級の一家の所産であり、著しく抑圧的で反社会的な背景が生んだ犠牲者である。ロバート・ヒュファッカーが指摘しているように（1980: 75）、この臆病者の蝶の収集家は、アントニー・バージェスの『時計仕掛けのオレンジ』（1962）の精神病の連中のように、女性の収集家へと、さらには殺人者へと変貌することで、戦後の「怒れる若者たち」の究極的で冷血なパロディを構成する。しかしながらそれと同時に、『コレクター』はある原型的な状況を小説化している。〔グリム童話の〕青ひげのようなこの男性は、女性の詮索好きと不従順さを罰する（Newquist 1964: 219; Grace 1984: 245-62）。原型という視点から見ると、ミランダの死、クレッグが収集行為・窃視行為をやめられないこと、そして彼が監禁中のミランダから教わりつづけた芸術的言語を結果的に習得できなかったことは、この誘拐犯と人質各々の成長過程における総仕上げの二重の失敗として読めるかもしれない――クレッグの場合には収集家から創作家への転身の失敗であり、ミランダの場合には創作家の卵から創作家／魔術師への転身の失敗である（Mellors 1975: 65-72）。

『魔術師』のなかで、「女友達」の収集家であり、詩人志望の男でもあるニコラス・ウルフェは、実存主義的な自己欺瞞に苦しんでおり、謎めいた双子の姉妹の助力を借りながら、「魔術師」モーリス・コンチスによる一連の裁きを経験する。神話の主人公の探求行と同様に、この裁きは肉体的なものであるとともに心理的なものでもある。ニックは実存主義的な無に直面させられる際に、決定論的な絶望による苦悩の段階を経験する。しかし彼は、この苦悩を克服し、この無を受け容れた後で、譫妄（delirium vivens）という実存することの受難に囚われる。

この受難は、自分がみずからの人生を思いのままに形づくることにおいて自由であるということの了解とともに生じるものである。この人間的自由の了解こそが彼の成長、もしくは収集家から芸術家＝魔術師への転身をもたらすのである。

ジョン・ファウルズが書いたすべての小説において、収集と創造は、彼が自己と世界を関連づける二つの基本的な方法と考えているものを言い表わすための隠喩である。すでに『アリストテレス』（1980［1964］）――ファウルズの「思想における自画像」――において、この作家は、「事物の他性」に対する〈私〉の不断な自覚について言及する際に、自己と世界との暗黙の対立を描いている。ほぼ三十年後、ファウルズは『ザ・ネイチャー・オブ・ネイチャー』（1995）のなかで、似たような言葉で語りつづけている。このとき、彼は次のように読者に警告している。「世界はわれわれが現に考えているよりは未知ではなく、われわれが考えうるよりは未知なのかもしれない」（Fowles 1995: 95）。ファウルズは「言葉と自然との間には決定的な反目がある」（91）とするヴァージニア・ウルフの信念を自分のものとすることで、ある事物を分類し命名することは、この事物の「起源」、すなわち、D・H・ロレンスが「事物の実存性」と呼んだものを歪めることになると主張している。なぜなら、「花、木……といった名前や慣習の最も簡素な知識でさえも、われわれをこの現実全体から人間中心主義《アンスロポセントリズム》へと追い払うものとなる……この知識は、わかること、理解すること、経験することに関わるなんらかの可能性を打ち壊すか、さもなければ狭めるものなのである」（26-7）。

ファウルズが述べる言葉は、彼がジョイス、ベケット、ロブ＝グリエといった作家やロラン・バルト、ジャック・デリダといった批評家の立場を理解していることを示している。彼らにとって、言語は透明で実用的な媒介などではなく、むしろ意味や指示対象がなくても自己充足的・自律的に機能する記号体系なのである。言語がそれ自体を意味することしかできないと認めることは、アクセス可能な唯一の現実は自己認識という内的な現実だけだとする論理的な結論へとモダニストたちを導く。こうしてサミュエル・ベケットの作品は、自己認識の避けられなさを記録せざるをえない強迫観念との緊張から生まれるのだが、これはまさに言語が意味を伝達できないという確信に直面したためである。この偉大なアイルランド人作家は、モロイ、マロウン、あるいは「名づけえぬ者」のような書くことを職業とする作中人物たちをつくりだすことによって、この緊張を独特の形で表現している。これらの作中人物たちは、書くことでみずからを実存へと向かわせなければならないという欲求と、いっそのこと沈黙／死に我が身を引き渡したいという誘惑との間で葛藤しているのである。

言語についてのズのモダニストの定義もポストモダニストの定義も、自己と世界との間に溝をつくるものであるのに対して、ファウルファウルズは言語の創造的な力を回復しようとすることで、この溝の上に幾度となく架橋しようと試みている。『木』（1979）のなかで、彼は人間がつねに二つの方法で世界と折合いをつけようとしてきたと説明している。つまり一つは、事物を命名・分類し、外在的な世界が有する自然のカオスを合理的な秩序によって克服するために、論理的に言語を用いるという方法である。もう一つは、世界や自己自身についての個人的な感情を表現するために直観的に言語を用いるという方法である。前者は科学者たちの収集的な言語であり、後者はウィリアム・ワーズワースが個々の芸術家のためのものだと唱えた詩的言語である。ファウルズはワーズワースを認めたうえで、詩的言語が、人間の心に刻みつけられた自然の法則がもたらす諸衝動に耳を傾けることによって、自然の根源にあるいっさいの他性の本質を捉えようとする思いを実現できるはずだと考えている。結果的に、彼の描く主人公たちの成長過程は、必ずといってよいほど、収集家が扱う自然へと向かおうとする「科学的な」態度の放棄と、芸術による直観的で象徴的な言語の選択を伴っているのである。この後者の言語こそが、自然の複雑さと他性を表現し、自己と世界を和解させることのできる唯一の言語のあり方なのである。

ファウルズは、『ダニエル・マーティン』（1977）において、ベケット的な唯我論と「言語の牢獄」（Waugh 1984: 34）からの抜け道を見つけ出そうとする。この小説は、ダニエル・マーティンが映画脚本家としてそれまでの成功を収めた半生に終止符を打つ決意をするところから始まる。彼はこれから自伝小説を書き、ベケット風にいえば、書くことで自己を実存へと向かわせようと考えていた。この小説の結末で、ダニエルは、――『魔術師』の結末のニコラス・ウルフェのように――女性を収集するという捕食的傾向を克服し、真の愛の価値を学び、そして――『黒檀の塔』のデイヴィッド・ウィリアムズのように――真の現実の把握を可能にする芸術の力を発見する。「流行の文化なんて糞食らえ。エリート主義の罪悪感なんて糞食らえ。実存主義の嘔吐なんて糞食らえ。そして何より想像物なんて糞食らえ。それらはイメージや「現実」のなかでも、それらの向こう側でもなに一つ語りはしないのだ」(Fowles 1977: 454)。

しかしながらこの「ハッピー」エンドは、この小説の最後の一節、すなわちダニエル・マーティンが自伝小説をいまだ書き上げていないことを読者が発見するときに撹乱される。この撹乱はまた、読者が次の二つのことを認めることでもある。つまり一つは、ダニエルの筆名「シモン・ウルフ」がファウルズの名前をアナグラムしたものだということであり(Simon WOLFE)(Wolfe 1979: 182 ; Conradi 1982: 95)、もう一つは、「目に見えるものがすべてであり、あとはみな空しいものである」というダニエルが書かずじまいだった最後の一文が、実はジョン・ファウルズの小説『ダニエル・マーティン』の最初の一文だということである(7)。ファウルズが自由に対する主人公の幻想をメタフィクションによって打ち砕くとき、現実と想像との境界、書かれたものと書かれなかったものとの境界もまたなくなってしまう。この小説はボルヘスの描いたバベルの図書館となり、そしてこの図書館の内部において、作中人物、語り手、そして生身の作家に罠が仕掛けられるのである。つまり作中人物・語り手・作家は、ある単一の主体、すなわち、虚構と現実とに跨《また》がって立っているような、一個人を超えた形でつくりだされたボルヘス的な主体の断片的な諸相として暴露されるのである(Onega 1995: 93-105; 1996b: 29-56)。

ジャン・レルフとのインタヴューのなかで、ジョン・ファウルズは『フランス軍中尉の女』の最初の草稿から、結末部分をすべて削除したと説明した。その結末部分では、「作家役の人物は……実は逃亡中の気違い患者でした。それは実に面白いものでしたが、この本の調子に合わなかったのです」(Vipond 1999: 127)。精神病院にいる作家役の人物のこのようなイメージは、また別の偉大なアイルランド人モダニストのフラン・オブライエンへのオマージュとして書かれた風刺小説『蛇足』(1982)の源泉にあるイメージでもある。オブライエンは、『スウィム・トゥ・バーズにて』(1939)において、ダーモット・トレリスという作家をつくりだしている。トレリスは、「感性の自己増殖(aestho-autogamy)」という方法によって、一人の人間を創造するという考えに取り憑かれている。結局、彼は、ジョン・ファリスキーという人物を生みだすことに成功するのだが、しかしながら、それはなにもないところからつくられたのではない。なぜならトレリスも認めているように、彼の偉大な先達である小説作家、故ウィリアム・トレーシーの影響がそこにはあるからである。トレリスはナイーヴな作家の滑稽な事例であり、実際、みずからつくった作中人物が普段から彼の言うことをきかなかったり、彼を麻痺させてぐっすり寝入らせておいてこっそりと暮らそうとさえしたりするとしても、トレリスはみずからの主体的なテクストの宇宙を作家の権威を保ったまま創造できるはずだとおめでたくも当てにしている。『蛇足』において、記憶喪失の作家であるマイルズ・グリーンは、精神病院の一室で目を覚ます。この病室は(『マロウンは死ぬ』、『名づけえぬもの』、『勝負の終わり』のなかで描かれる部屋と同様に)頭蓋骨の内部によく似ている。読書が快楽(jouissance)を生み出すとするロラン・バルトの理論に従うなら、グリーンの医師であり詩人であるデルファイ博士は、オルガズムを人工的に発生させることによってグリーンが記憶喪失を克服するのを手助けする。この治療法は、思いがけなく、一つのテクストの出産に転じる。このテクストは、グリーンがこの医師を沈黙させ、自身の創作品と自分自身に対する支配権を回復しようとする奮闘の、滑稽かつ堂々めぐりな一連の説明によってできている。言うまでもなく、グリーンによって新たに生みだされたテクストは独創的なものではなく、——ダニエル・マーティンの場合と同様に——『蛇足』と題されたファウルズのテクストと同一のものである(Onega 1989: 123-36; Pifer 1986: 162-76)。

ファウルズは『マゴット——文学の冒険』(1986)において歴史記述的メタフィクションへと回帰するが、これはアウグストゥス時代のイングランドを舞台にした実に内容豊かな小説である。ファウルズはみずからこの小説を「南米の魔術的リアリズム」と関連づけたことがあるほどだ（Vipond 1999: 142）。主人公のミスター・バーソロミュー（ミスターB）は神秘主義の魔術師である。彼はロンドンからデヴォンにあるドーリング洞窟を目指す旅を企画する。お供には、聾唖の召使ディック・サーロウ、ほんとうはレベッカ・リーという名前でありながらルイーズと呼ばれているメイド、そして旅行中は偽名で通しているフランシス・レイシーとティモシー軍曹という二人の男が付き添う。この旅の終わりにおいて、ミスターBはいっさいの痕跡を残すことなく失踪し、ディク・サーロウは木から吊るされた死体で発見される。その口からはスミレの花々が伸びていた。トーリー党の弁護士であるヘンリー・アイスコフは合理的な手法を用いることによってこの謎を解決しようとするのだが、――リアリズムに慣れた読者と同様に――真実を暴くことがどうしてもできない。なぜならおのおのの証人が、それぞれに異なったわけのわからない説明をするからである。たとえばフランシス・レイシーにとって、洞窟での出来事は地獄だったが、レベッカにとっては天国だったという――こうした事態はちょうどピーター・アクロイドの『ディー博士の家』（1993a）とそっくりである。その小説のなかで、ロンドンはディー博士の想像次第で地獄にもなるし天国にもなる。

二元的な神話の論理に適したアリストテレス的な二者択一の論法を攻撃することによってのみ、アイスコフが収集した相矛盾するもろもろの証言は、一つの論破不可能な論法へと収斂できるのであり、そしてさまざまな名前や作中人物の役回りは全容を示す意味に到達できるのである。ユング的な見方からすれば、この旅は、主人公が一人前の人間となって心を深めることを目指す原型的な冒険である。ミスターBに関していえば、彼はキリスト的な人物であり、意識または自我を表象する父なる神と相争う者である。またこの場合、聾唖の召使であり、双子の兄弟ではないかと目されているサーロウは無意識を表象し、レベッカ・リーはアニマを表象している。原型を探る見方では、ミスターBの失踪とディッグの死は――ピーター・アクロイドの『ホークスムーア』（1985）

の結末に出てくる十八世紀の神秘主義者、ニコラス・ダイアーの失踪と同様に――、明らかに次のようにしか解釈できない。つまりミスターBは、みずからの無意識を葬り、みずからのアニマ〔ユング心理学の用語で、男性の心の奥底にある女性像〕と和解した後で、なんとかして人間からヒト（*anthropos*）になろうとしたのであり、克己によって心を深めようとしたのである（Onega 1989: 137-63）。

ミスターBは、終わりを知らない語り手であり、それ以前にも別の旅の仲間を募ったことがあった。彼らは一連の役割を果たしながらも、旅の真の目的についてはついに知らされなかった。この意味でミスターBは、ダニエル・マーティンやマイルズ・グリーンと同様に、自分の人生を管理し、この人生の筋書きを書いて自伝（comoedia vitae）（Fowles 1986: 22）にしようと意識していると言えるかもしれない。しかしながら、ミスターBは、その名前のリチャードソン的な響きが暗示しているように、『マゴット』と題された小説に仕掛けられた小説上の人物にすぎない。こうしてみると、ミスターBの結末での失踪は明らかに次のようにしか解釈できない。つまりミスターBは、――ダニエル・マーティンやマイルズ・グリーンとは異なり、短編「謎」（Fowles 185-239）に出てくるトーリー党のロンドン警察官、ジョン・マーカス・フィールディングや、アクロイドの小説に出てくるニコラス・ダイアーとむしろ同様に――ファウルズのテクストから外へと踏み出そうとした、それゆえに「言語の牢獄」からみずからを解放し、フィールディングと同様に、「隠れたる神（Deus absconditus）、すなわち、失踪した神」（235）になったのである。

したがってファウルズは、『マゴット』において、彼が初期の小説のなかで取り組んできた自己・世界・テクストをめぐる諸問題に対して最も微妙なニュアンスを含んだ答えを示している。彼はパロディやパスティーシュを使用し、リアリズムが積み上げてきたメカニズムをメタフィクションによって突き崩す。それは、自己の断片化や孤立化を表現し、同時にこうした孤立化や断片化を神話的な言葉によって乗り越えようとするためであり、それゆえに次のことを示唆するためでもある。つまり、世界は鏡の迫真性によって表象はできないが、象徴的に再現することはできる。古代文明は神話をとおしてこの再現を行なってきたし、ブレイクやワーズワースのような幻想的な作家たちもまた、経験の流れを意味の流れへと変えるために創造的な想像力を駆使することによって、同様の再現を行なおうと試みてきたのだ、ということを。

一九八〇年代および九〇年代におけるイギリス小説の状況から判断すると、そしてファウルズの作品にならって、すなわち、歴史の書き換えをともなうメタフィクションと神話の結合によって、イギリスの小説形式を刷新しようと試みている、ピーター・アクロイド、チャールズ・パリサー、ジャネット・ウィンターソン、サルマン・ラシュディ、A・S・バイアットのような歴史記述的メタフィクションを書く新しい作家たちの登場から判断すると、ファウルズという作家の重要性を認めないわけにはいかないのである。なぜなら彼が生み出したものこそが、われわれがいまや彼を、ここ三十年のイギリスにおいて現われてきた最も有望で真に創造的なポスモダンの流れとして描くことだからである。

＊　本章は、スペインの教育文化省が支援している研究プロジェクトの一部である。

25 カルロス・フェンテス Carlos Fuentes 1928-

歴史は現在においてつくられる

シェルドン・ペン

一九六〇年代から七〇年代にかけて隆盛を極めたラテンアメリカ文学「ブーム」の主な作家（ボルヘス、ガルシア＝マルケス、バルガス＝リョサなど）の一人が、小説家として国際的な評価を得たメキシコの作家カルロス・フェンテスである。彼はアメリカ合衆国やイギリスで客員講師を務め、学会や公開朗読会ではつねにお馴染みの顔、また欧米の新聞に多くの記事を寄せた。フェンテスが普遍的な文学への貢献者として評価されたいという願望をしばしば口にしていたことを考えるなら、彼がラテンアメリカ以外で名声を博したとしても驚くには当たらないだろう。こうした姿勢はまた、フェンテスの多くの著作の根本をなす文化横断的な欲求を反映している。彼の多くの小説や短編の中核となっているのは諸文化間の、そして旧世界と新世界の間の関係を探究することであり、その探究のルーツは三カ国語を話し、多国間を横断してきた彼自身の生い立ちのうちに認めることができる（フェンテスは外交官の息子としてパナマで生まれ、生後まもなくアメリカ合衆国へ移住し、その後ジュネーヴで過ごしている）。作家としての最初の数年間、彼は強硬なマルクス主義者の立場を維持していた。たとえば、彼は他の人びとが拒絶したあともなお、ラテンアメリカ文学「ブーム」の作家たちに政治的な力を奮い起こさせたキューバ革命を支持しつづけた。フェンテス自身は結局この運動への希望を断念するが、彼はそのときの状況を次のように記している。「キューバ人たちは熱帯の社会主義的リアリズムを発展させ、民衆を排除し始めた」（Fuentes 1981: 171）。以来、フェンテスは中道左派に留まるものの、次第に社会民主主義的な立場に賛同するようになる。

フェンテスは英語圏のポストモダン文学の理論家たちから多大な注目を集めた。一九八〇年代に、ポストモダニズム文学の定義に大きな影響を及ぼした二つのテクスト、ブライアン・マックヘイルの『ポストモダン小説』(1987)とリンダ・ハッチオンの『ポストモダニズムの政治学』(1988)はともにフェンテスの小説を説明のための事例として引用している。実際、マックヘイルは『テラ・ノストラ』(Fuentes 1976)について、次のように明言する。「この小説はピンチョンの『重力の虹』(1973)とともにポストモダニズムの範例的なテクストの一つだ。まさにポストモダニズム的テーマと趣向のアンソロジーである」(1987: 16)。マックヘイルとハッチオンのテーゼは体系的な立場を維持しようとするあまり、おそらく単純化に陥ってしまっている。致命的なのは、彼らがみずから選んだポストモダン的なテクスト生成に特有な、さまざまな文化的・社会経済的・政治的コンテクストを十分に熟慮し損なったことだ。この問題についてはこれから議論することにするが、特にハッチオンのポストモダニズム理論は、以上のような問題をはらんでいてもなお、フェンテスの著作の読み方に対する無視できない洞察力を有しているという点で十分追究してみる価値があるだろう。

ハッチオンは、ポストモダニズムをフレドリック・ジェイムソンのようなマルクス主義的な思想家たちに対抗する形で定義する。彼らはポストモダニズムという現象を、後期資本主義に固有な否定的状況と見なしてきたのだが、ハッチオンはポストモダニズムは「矛盾した、断固として歴史的な現象であり、政治的であることが不可避なもの」(Hutcheon 1988: 4)であると論じる。この姿勢は、ポストモダニズムが均質化であり、非歴史的かつ政治的に無関心であるとした、ジェイムソンをはじめとする思想家たちへの異議申立てと言えよう。ハッチオンは、ポストモダニズムについて、大衆消費文化の帰結かもしれないと認めながらも、それがみずからの社会経済的なコンテクストを賛美するのではなく、むしろそれに異議を唱え、批評しようとしているのだ、と断言する。ポストモダニズムの位置づけに関するハッチオンの分析は、たいていの場合、彼女が「歴史記述的メタフィクション」

と呼ぶタイプの小説に集中している。

ハッチオンは、そうした小説のポストモダニズムをモダニズムと相反するものではなく、モダニズムの内部で起きた変容として定義する。「ポスト」という接頭語は破壊的というよりも、むしろ転覆的な様式の、周縁的あるいは非‐中心的な複雑性を示しているのだ（1988: 5）。したがって、ポストモダニズムは自身の諸問題を宣伝するという傾向を示すことになる。ハッチオンがポストモダニズムの矛盾する性質を指摘するのもそのためだ。反ポストモダニストからの酷評を買う一方でハッチオンからの賛同を得るのは、まさにこうした小説のメタフィクション性なのである。彼女の言う「歴史記述的メタフィクション」は歴史的言説の生成が物語的な表象に依拠していることを明らかにしようとする。つまり、「歴史記述的メタフィクション」は、みずからの物語をみずからに絶え間なく照射し返すことで、そうした論点を例証しているのである。ハッチオンにとっては、この自己照射こそが反ポストモダニストたちを煩わせうるものなのだ。なぜなら、逆説的ではあるが、ポストモダン小説は概してほとんどのモダニズム文学よりも多く歴史に焦点を当てているからである。ハッチオンはポストモダン小説を歴史への回帰として捉え、この新たな探究がそれ自身に内在する諸問題を強調していることを力説するのである。歴史はもはや手つかずの、表象される以前の未加工の真実として接近可能なものではない。つまり、歴史は新たな表象によってそのつど意味を獲得するにすぎないのだ。この「メタフィクション」という商標はまた、モダニズムの「リベラル・ヒューマニズム」を批判している。ハッチオンはジャン＝フランソワ・リオタールに言及しながら、ポストモダニズムはモダニズム小説の「大きな（支配的・統合的）物語《マスター・ナラティヴ》」に対し、それに競合し対照的な視点を提供する多様で小さな無数の物語《ミクロ・ナラティヴ》でもって挑戦するのだと論じる。この切り替えが言説的なコントロールをテクストの方に向け直し、中心化する（かつエリート的な）作者の姿から離れるよう方向転換を迫るのだ。ポストモダン小説は大きな物語を完全に不要のものにするのではなく内包することで、それらの歴史的構築を浮き彫りにし、探究するのである。これこそが、ハッチオンが「歴史記述的メタフィクション」に認める、物語の典型的な「脱自然化」のプロセスと言ってよいだろう。

カルロス・フェンテスの『テラ・ノストラ』は、多くの点でハッチオンの「歴史記述的メタフィクション」の卓越した模範例であると言える。この小説は、ラテンアメリカの歴史的な創設に対するフェンテス独自のきわめて意欲的な取組みを示している。その果てしなく絡まり合った物語は、一九九九年のパリから、ハプスブルグ家のスペイン、征服時代期のテノチティトラン〔現メキシコ・シティ〕、ティベリウス帝政期のローマ、そして未来のメキシコへと飛び移っていく。『テラ・ノストラ』の目的と戦略は、リンダ・ハッチオンの議論で主張されたことがらを非常にはっきりと映し出している。フェンテスはあるインタヴューでこの小説に言及し、「地中海文化への、われわれが誕生してきたすべての世界への、そしてわれわれの社会のもつ力の創造への遠出」(Fuentes 1981: 162) なのだと述べている。この小説はスペイン系アメリカ文化の土台となる物語を寄せ集める試みであり、それらを「脱‐自然化」し、それらのもつイデオロギーを暴露することを目指している。それは、小説がみずからの物語の構築性を掲げて見せることによってなされている。ハッチオンの「歴史記述的メタフィクション」によるなら、『テラ・ノストラ』は歴史を物語っているのではない。そうではなくて、『テラ・ノストラ』は、スペイン系アメリカ文化を形成する相容れない物語群を公然と並列させ、相互に連携させることで、歴史という生成物を前景化しているのだ。最も重要なのは、歴史に対するこうした再度の取組みが小説の機能そのものであることが明らかになったことであり、露顕した「テラ・ノストラ」のイメージが虚構的であるよう、意識的になされていることである。文化的な物語はテクストという永遠の現在において書き直される。どのような読み直しも過去の再演である。それゆえ、読み直しは新たな、そして異なる未来の潜在的な構想なのだ。「テラ・ノストラ」は異なりながらも相互に連結する二つのレヴェルに同時に存在する。すなわち、ラテン世界という外部にある現実とテクストそれ自身に。歴史と物語は不可分なのだ。

特に『テラ・ノストラ』は矛盾だらけの小説である。首尾一貫した読み方をするのはまず不可能である。なぜなら、物語には中心となる時間軸も主要な語り手も存在しないからだ。性格描写は流動的で、ハッチオンの言葉を借りるなら、事実とフィクションが意図的に混ざり合わされている。小説に出てくるフィリップ王はフィリップ二世のようだ。けれども、フィリップ王はイギリスのエリザベス女王と結婚する。つまり、スペイン史上の実際の出来事であるフィリップ二世の生涯についての記述と、フィリップ王の生涯とでは百年以上も隔たりがあるのだ。歴史上の人物だけでなく、フェンテスはさまざまな文学上の登場人物を取り入れている。たとえば、中心的な女性登場人物が、フェルナンド・デ・ロハスのアンチ・ヒロイン、セレスティーナであったり、エズラ・パウンドのポロ・フォイビーやホルヘ・ルイス・ボルヘスのピエール・メナールが登場したりする。ハッチオンがフェンテスの『老いぼれグリンゴ』(1986［1985］)に出てくる、実在の人物でありながら虚構化された登場人物であるアンブローズ・ビアスに言及しながら述べているように(Hutcheon 1988: 155)、小説上の登場人物たちの存在論的な状況をぼやかすことは、われわれと歴史との関係を問題化するのに役立つ。この場合、読者はフィリップ二世が過去に実在したことを知っている。だが、小説の記述は、この人物に対するわれわれの理解が物語的なプロセスに依拠するものであり、そうしたプロセスが純粋な、物語に反映される以前の現実へとじかに接近する方法を持ち合わせていないということを明らかにするのだ。『テラ・ノストラ』はそのような認識が強力な力をもちうると主張している。逆説的ではあるが、『テラ・ノストラ』、すなわち物語が展開するごとにみずからのうえに折り重なっていく小説のポストモダン的な錬金術は、批判的な距離を備えてもいるのだ。

このことは、われわれが小説の最後のシーンまで読み進めたときはっきりする。最後のシーンは、ポロ・フォイビーとセレスティーナが贖罪として性的な融合を果たす描写のようだ。一見したところ、われわれには大きな物語への賛美が演じられている場面、つまり神話的・哲学的な終局の契機が差し出されているかに思える。そういった読みによって、フェンテスに対してたえず批判を浴びせてきた批評家たちもいた。だが、それでは小説の最後にあるポストモダン的なアイロニーを無視することになるだろう。性的な融合は終局を賛美するためというよりもむしろ、アイロニーの対象にするのに一役買っている。このシーンはいかに「歴史記述的メタフィクション」がモダニズム文学のメタ物語を内側から転覆しているかを証明しているのである。崇高なものについてのいかなる概念でさえも、テクストのラディカルな自己照射的・間テクスト的なスタイルによって無効化されてしまう。性的な遭遇はポルノグラフィとして書かれているし、最後の記述は聖書の一節の書き換えになっている。「汝は塵なれば塵に帰るべきなり――罪なくして、快楽とともに」(Fuentes 1976: 890)。このことは小説自身による、物語の最終的なテクスト化を示しているだけでなく、ポストモダン小説に共通した記述装置の意図的な並置を示してもいるのだ。『テラ・ノストラ』のオリジナルへの回帰は実際には反復であり、この反復は歴史的終結への欲望に対して皮肉めいたコメントを行ないつつ、始まりであれ、あるいはたどり着くべき目的、すなわち小説に与えられた終末論的な結末であれ、そういった決定的な地点への到達不可能性を強調しているのだ。『テラ・ノストラ』はみずからの物語行為を暴露しながら、歴史が現在においてつくられるものであることを明らかにする。こうした行為遂行的《パフォーマティヴ》な戦略は現代の中南米スペイン語諸国を悩ます二つの歴史的なイデオロギーに対する意図的な批判と言えよう。一つは、世界を死ぬ前に時間をつぶす場所と見なすカトリシズムであり、もう一つは、産業資本主義が進歩の名のもとに行なう未来への誤った目的論的行進である。

「歴史記述的メタフィクション」というハッチオンによるアウトラインは、明らかに多くの点で『テラ・ノストラ』に相応しい。しかしながらフェンテス特有のラテンアメリカ的コンテクストに内在する固有の諸問題を無視する危険をはらんでいる。マックヘイルとハッチオンによるポストモダニズムの読み方は、主にそれをモダニズムの美学に対する反応として見ているが、より広範な、政治的・社会経済的なコンテクストを既知のものとして捉える傾向にある。アメリカ合衆国やヨーロッパでポストモダニズムをめぐる議論が巻き起こった数年後、ラテンアメリカで学際的な議論が勢いを増した。それは、欧米の中心的な国ぐにとくらべて、きわめて不均質な近代化を経験した社会に特有のポストモダニズムの定義をめぐるものであった。フェンテスを含めた多くの小説家たちがしばしば次のように主張した。ラテンアメリカはみずからの近代化を今もなお模索する亜大陸である、と。また、ラテンアメリカにおける初期のよく知られたポストモダニティ批判は、経済であれ政治であれ美学であれ、外国から輸入した形式以外の近代化を経験したことのない社会にとって、ポストモダニズムはまったく不適切な様式であるとしていた。今や多くの批評家たちは、このような見解をあまりにも短絡的なものと見なすようになり、むしろ、これらの構造をハイブリッドな文化の諸形態として分析することを好んでいる（例として、Néstor García Canclini, *Hybrid Cultures: Strategies for Entering and Leaving Modernity* を参照）。

ラテンアメリカにおいて、モダニズムとポストモダニズムの間の緊張はそれ自体が特有の性質をもっている。フェンテスの著作、とりわけ一九八〇年代にいたるまでの小説においては、マックヘイルやハッチオンの分析が示すよりもずっと大きなモダニズム性が確認されることによって、こうした緊張が明らかになる。たとえば『テラ・ノストラ』はいくぶんか総体化への衝動を表わしているが、それは皮肉めいたポストモダン的な記述ではない。フェンテスはこの小説で、ヨーロッパの規範的な方向と同時に、英米系のポストモダニズムが認識し損なっているラテンアメリカ的な思考に固有なユートピア的衝動を紛れもなく示しているのだ。フェンテスの小説やエッセイには矛盾が表面化しているが、これはハッチオンの述べる、ポストモダニズムに内在する矛盾という性格にのみ帰せられるものではない。「ポスト」という接頭語はまったく新しいクロノロジーに向けられた美学を意味しているのではない、というハッチオンの主張にもかかわらず、ある種の文化的断絶の形式という考えを否定することは不可能である。この文化的断絶は、フェンテスが『新しいスペイン系アメリカ小説』（1969）以来、最新の批評集『小説の地勢学』（1993a）にいたるまで、ラテンアメリカ系文化の役割において維持しつづけている立場とはまったく相容れないものである。

フェンテスにとってのスペイン系アメリカ文化とは、非連続的で不法の社会に直面した際の、つねに積極的かつ潜在的な解放力であった。こうした文化的ヴィジョンはまた、ラテンアメリカ文学を超え、世界の文学をクリエイティヴな想像力を通じて、解放運動という普遍的なプロジェクトへと組み入れつつある。このヴィジョンはハッチオンのいうポストモダニズムという歴史的なコミットメントを有しながら、芸術家の力や伝統の重要性といったユートピア的な信念への共鳴や、モダニズムと結びつけられがちな姿勢以上のものを帯びてもいるのだ。フェンテスが、『やがて生まれるクリストファー』（1989［1987］）についてのインタヴューで、ポストモダニズムにおける自身の立場を問われたとき、みずからのアプローチをミハイル・バフチンとユルゲン・ハーバーマスとの融合に結びつけたことは（Ferman 1997: 99-100）、おそらく予想外であっただろう。つまり、彼の小説の多くの声は、ハーバーマスの世論の公共性というコンテクストの内部につねに見いだされる差異をともなう形で、バフチンの異言語混淆《ヘテログロシア》のうちに映し出されているのである。

フェンテスはポストモダンの議論に啓発された小説を書きつづけてきた。もっとも、近年の彼の著作は（ほぼ）古典となった『テラ・ノストラ』という「歴史記述的メタフィクション」とはいくぶん違いを見せているけれども。一九八〇年代末から現在にいたる彼の小説に共通するのは、周縁から語ろうとする、ラテンアメリカ的なポストモダニズム特有の意識である。それはまた権力の二極配分から、より多極的な配分への移行を見せてきたグローバルな社会的・経済的コンテクストへの加速的な意識化でもある。フェンテスの小説やエッセイはどちらもラテンアメリカに対して新たな秩序がはらむ矛盾した意味合いを認識してきた。『小説の地勢学』でフェンテスは、経済的・技術的革新の後に新たな権力の中心軸を提供するようなグローバルな未来の状況を楽観的に見据えているように思われる。だが、一九九二年の講演で、彼は代替可能なメタ物語がまったく存在しないように見えるという理由から、〈自由放任〉の自由市場的資本主義という北アメリカのイデオロギーを世界的に採択することに対して警告を唱えているのだ（Fuentes 1993a: 76-7）。もちろん、メキシコにとってこの問題はきわめて深刻である。『クリスタル・フロンティア――九つの短編小説』（1997）で、フェンテスは、根本的に異なった文化的アイデンティティをもち、不均衡な経済状況を抱えた二国間の矛盾した関係を探究している。この小説は人びとの間に横たわる現実的な境界と隠喩的な境界を考察しているが、それはますます越境可能なものとなると同時に、依然として架橋不能である。これらの物語は、経済上の必要性から生じた境界の急激な曖昧化が誤認から生じる悲惨な環境を生み出す一方で、相互連携の輝かしき契機も生じさせることを示している。このテクストの無数の小さな物語は、『テラ・ノストラ』よりもおそらくポストモダンの反根本＝基礎主義の精神により近いように見える。そこにはハイ・カルチャーとポップ・カルチャーに対する言及のより大規模な混合があるが、芸術的な決断という意味はない。理解の増大、経済的平等、そして社会的正義への希望は、物語自体を語る行為によって提供されていく。フェンテスの歴史的信念は変わっていない。過去と未来は依然として、現在においてつくられるのだ。

26 ウィリアム・H・ギャス William H. Gass 1924-

言語スタイルによる救済

トマス・B・ホウヴ

その様式の華々しさと物語形式の実験のゆえに、ウィリアム・H・ギャスはしばしばアメリカのポストモダニズムの中核グループの一員に数えられる。例をあげれば、そこにはジョン・バース、ドナルド・バーセルミ、ドン・デリーロ、スタンレー・エルキン、ウィリアム・ギャディス、ジョウゼフ・ヘラー、ジョウゼフ・マケルロイ、リチャード・パワーズ、トマス・ピンチョンが含まれる。ギャスの小説は、主としてアメリカ中西部と、意識の内部を舞台とする。しかしワシントン大学の国際作家センター理事としての彼の役割、彼の学識の幅広さと社会・政治的関心の広がりは、彼を真に国際的な人物にしている。彼は「ポストモダニズム」という用語を信用していないが、文学的ポストモダニズムとの親近性は、フィクション形式の実験や、現実から遊離して存在する天才芸術家というモダニスト的理想に対する両義的な対処に見てとることができる。

プラグマティズムの哲学者ウィリアム・ジェイムズや、形而上学に敵対する最近のヨーロッパのポストコロニアル思想をもった多くの人びとにとってと同様、ギャスにとって真理は、完成された作品や回答不能な議論にではなく、懐疑的探求や比喩的言語の探検のたえず展開していく過程に存在するのである。彼のノン・フィクションにおいて、ギャスは模倣的あるいは論理的真理ではなく、「エッセイストの」真理を探し求める。「エッセイは観念を語ることに——その展開に——関わっており、哲学や他の観点の間での葛藤はその範囲内でドラマとなる。体系はプロットと、概念は登場人物と見ることができる」(“Emerson” 23)。ギャスのエッセイを規定するこれらの特徴はまた、彼の小説にも見いだされる。どちらの場合もギャスの様式のもっとも重要な特徴は、メタファーが豊かで多様なことである。ギャスは、フィクションの目的は現実を模倣するのではなく、現実に付け加え、われわれの世界観を変えるような新しい意識の形式を創造することだと信じている。懐疑的探求、自由に流れるエッセイストの形式、メタファー群という道具を用いて、意識の可能性を広げようと試みるうえで、ギャスは、彼がその影響を繰り返し表明している、プラトン、トマス・ブラウン、エマーソン、ニーチェ、ヴァレリー、ジェイムズ兄弟、ヴィトゲンシュタイン、リルケ、スタインといった著述家たちの長い伝統に加わっている。彼のもっとも複雑なフィクションの声が彼自身の私的な意識探求について言っているように、「私の主題は学問にとっても歴史にとっても重すぎて、私の内部に捕らえられているものを解き放つには、私は他の形式を見いださなければならない。歴史は深刻さが足りず、因果論は喜劇的すぎ、年代記は十分に精密でない」(W. Gass 1995, 107)。この意見はギャスがリアリズムと仲が悪いことをほのめかしている。

彼のエッセイや小説、ジョン・ガードナーとの悪名高い一連の論争に現われているように、ギャスはリアリズムの伝統に関して、約束事に囚われているとみずから意識していない点に最大の不信をいだいている。さらにギャスは、リアリズムの本当らしさという約束事は、リアリズム様式が提供するものに劣らず「リアル」であるようなある種の意識を適切に描くことができない、と信じている。起こりうる出来事、状況、言語形式を真正面から描写しなければならないというリアリズム的要求は、ギャスが探求したいと思っている強調された言語様式や多様な情緒的効果を危険にさらす。彼の物語やエッセイは、さまざまな様式――説明的なものと虚構的なもの、模倣的なものと実験的なもの、能動的なものと受動的なもの、階層的なものと結合的なもの――が隣り合って存在する流動的混合体を提供するが、ギャスは、これらの対の一方が他方よりも直接現実や意識の手がかりとなると暗示するようなことはけっしてしない。ギャスの批評家の何人かが指摘したように、彼の物語は常にリアリズムの約束事や技法に大きく依存している。魅惑的な中編小説「ペダーソンの子供」は、とりわけそのサスペンスに満ちた効果を達成するために、リアリズムの慣習的技法である速度、場面設定、人物造形に執着する必要があった。ガードナーやリアリズムの約束事に論争を挑んだにもかかわらず、ギャスは文学的リアリズムは他のどんな様式とも同様に正当なものだと考えている。ギャスが反対するのは、人びとがリアリズムであれ他の様式であれ、唯一「真の」様式である、とか「最良の」様式であると主張し始めるときだけである。

モダニズムの伝統に合わせて、ギャスの登場人物は日常生活の混沌や失望から離れて、常に別の場所に想像世界をつくり上げようとしている。しかしギャスはこの伝統をポストモダン的に解釈し、彼の物語はこれら想像力の避難民がいかに侵略、汚染、消散、分解の犠牲になるかを示している。他の場合にはギャスは、想像力の構築がその自己言及性にもかかわらず現実世界に進入し、よい結果になることもあるが、しばしば悪い結果を招くことを示す。ギャスの主人公たちは、彼らの日常的存在に害をおよぼす状況を超越するような、モダニズム最盛期の自信にあふれた超人的人物ではない。むしろ彼らは、他の誰とも同じように人生につまづき混乱する、あまりにも人間的な存在である。したがって彼らの想像力の構築は、救済的であると同時に破壊的である。

一般的にギャスは彼の小説において、外部からの分裂的で問題をおこす力によって包囲される孤独な意識に焦点を当てる。この包囲された意識は、これらの力からみずから構築した想像力の領域へと逃げ込もうとする。しかしそうするうえで、それは必然的に世界を変えてしまう――ときには意図的に、通常は不注意に。ギャスがこの主題をもっとも広範にかつ深く扱ったものは、『トンネル』(1995)における、歴史家ウィリアム・コーラーの「心のファシズム」の探求である。コーラーによれば、ナチの歴史と反ユダヤ主義は、啓蒙主義の支配的な物語からだけでなく、失望し、その失望を支配、身代わりの犠牲、復讐の幻想で救いたいという欲求をもつ誰もが感じていた、普遍的で私的な衝動から生じたのである。ギャスのすべての小説を通じて、同様の潜在的に捕食的で破壊的な想像力の構築が、他の点では無色の現実にさまざまな形で、しかし普通は言語の媒介によって、侵入してきている。

同時代のポストモダニストと同様に、ギャスの作品においては言語が中心的位置を占め、言語のスタイルこそが、想像力の構築を築きそのエネルギーを伝える主要な媒体である。しかしながらギャスは、これらのエネルギーについてモダニズムの作家たちよりあいまいな態度をとっている。スタイルが救済的、解放的機能を果たす一方、ギャスはまた、それが支配と植民地化の企てに容易に組み込まれうることを示している。ギャスがこの主題を扱ったもっとも驚くべき例において、ウィリアム・コーラーの師であるドイツ史家メイガス・タボールは、言語表現と言語支配を明確に対比させる。タボールの理論の一つによると、言語はわれわれの意識の大部分を占めているのであるから、歴史家は征服者や占領軍と同等と見なされうる。なぜなら歴史家はある民族、社会、あるいは「人種」全体を自身の構築物に変えてしまうことができ、またこれら実体のあるものを、自分の想像でつくり上げた秩序の構図に従わせることができるからである。この仮説を一歩進めて、タボールはドイツ民族主義独特の支配計画を、以下のような忠告をそえて正当化する。「ある者があなたの国の歴史を別の母国語で書くときには、彼が征服を決意しているということがわからないのですか。……彼の歴史があなたの歴史になるのです。いいいいやおうなく！　私は他人の歴史をつくれ、と言いたい――どうしてつくられる方にまわるのですか」。

ホッブズ〔一五八八―一六七九年。イギリスの哲学者・政治学者。人間の自然状態は生存権をめぐる闘いであると説いた〕的な道筋にしたがって、タボールの弟子であるウィリアム・コーラーは、「ヒットラーのドイツにおける有罪と無罪」というナチズム、反ユダヤ主義、そしてファシズムの歴史的研究を著わす。コーラーはその歴史的研究の結果、すべてのものが争う戦争を生き抜くために「他人の歴史をつくりたい」という衝動の責任を人に問えるのか、また歴史を書く行為が、「明日の強盗、臆病、復讐、レイプ、あるいは他のすでに進行中の犯罪に対する、表面上もっともらしい弁明」には全然なりえないのか、と考える。『トンネル』の全六五二ページ――コーラーの、自身の主体性のための、逆転した記念碑――が、ホッブズ的衝動の人類一般への応用として機能している。彼は人類の普遍的な歴史を、彼の無慈悲な自己探求、失望人民党（ＰｄＰ）に対する証言、「心のファシズム」についての思索を通じて創造しようと試みるのである。タボールとコーラーの史料編纂の野心はこのように、不完全で規定されず混沌とした世界を支配したいという、モダニズムの衝動を反映している。しかしギャスのこのような衝動に対するポストモダン的両義性は、最近の歴史におけるその衝動と帝国主義や民族大虐殺の恐怖との不吉な関連を強調している。ブレイク〔一七五七―一八二七。ロマン派の詩人・画家〕は二世紀前にこの主題をユリゼンという人物を通して描写したが、この主題は最近の小説に非常に蔓延しているので、民族主義、帝国主義、自民族中心主義、そしてこれら社会的勢力の一神教的仮説についてのポストモダン的自意識を反映する常套手段になっている。

ギャスの小説においては、ジョージ・スタイナーの批評におけると同様にホロコーストが、首尾一貫した自己言及的な言語構築あるいは支配的物語にしたがって世界を形成しようとする試みから生まれうる、一つの産物（ただし必然的なものではないが）である。そのような産物はホロコーストほどの大変動ではないこともありうる。『オーメンセッターの運』（1997［1966］）におけるジェスロ・ファーバーのブラケット・オーメンセッターの人生に対する効果、または「秘密の復讐の名人」におけるルーサー・ペナーの執拗な「目には目を」の人生対処法などのように。しかしこれらまったく異なる企ての底にある衝動は、潜在的には同じものなのである。言語に内在する普遍的な支配衝動についての彼の思索は、ギャスが社会構築論者の言語と動機についての還元的な見方に不満をもっていることを示しているが、ギャスを彼が創造したコーラーと一緒くたにして、独断的自然主義者と分類するのは、間違いであり、単純化しすぎであろう。しかしながら言語の誤用に対する彼の警告が反映しているのは、言語についての彼の複雑な態度の一部にすぎない。言語のスタイルにおいては、ギャスはアイデンティティのもつ捕食的衝動や敵を感知して反応する力のみならず、より肯定的、生産的で、救済を秘めた力の形式をも突き止めている。彼がしばしば述べているように、彼の書の主人公たちは最も豊かな言語をそなえた登場人物であり、最上の文章につけられた名前なのである。

しかし豊かな言語と複雑な意識は一長一短である。エマーソンにとってと同様ギャスにとっても、言語によって媒介された自意識は、宗教的堕落の世俗版となる。そのような言語的自意識によって、われわれは不安をもたない動物界から分離し、不幸を運命づけられるのである。この主題はギャスの短い作品のいくつかで、また『トンネル』のルウという登場人物において、わずかに取り扱われているが、『オーメンセッターの運』でもっとも大規模に展開される。メルヴィルのビリー・バッド〔同名の中編の主人公である無垢な青年。言語障害がもとで人を殺し、処刑される〕のように、ギャスのブラケット・オーメンセッターは言語以前の存在状況にあり、そのため自己疑惑や自意識の身を苦しめる悲惨さから守られている。したがって、オーメンセッターの隣人、ヘンリー・ピンバーとジェスロ・ファーバーは、彼が自意識をもたないことをうらやみ、彼らもまたみずからの不安、限界、失望を忘れることができるような同じ言語以前の存在状況を渇望するのである。しかしギャスの物語はつねに、オーメンセッターの前言語的自意識欠如のような存在様式は維持不能であることを明らかにする。究極的には言語とそれがもたらす自意識こそ、われわれを完全に人間らしくしてくれるとギャスが信ずるものなのである。自意識の言語的領域を占めているのは、自制によって耐えなければならないもの——あるいはちょうど、ギャスが描く穏やかなジョン・クラガート〔ビリー・バッドに殺される悪役〕であるヘンリー・ピンバーの場合のように、耐え難いものである。彼は自分がオーメンセッターのものと考える存在状況にけっして到達できないことを理解したために、自殺するのである。

ただしギャスが「人間らしい」と見なすものが、啓蒙主義や文学的リアリズムに見られる一貫した自己でないことは確かである。またそれは、ロマン主義やモダニズムの自律的で「表現的」自己でもない。それはむしろ断片化され、中心からはずれた自己であり、みずからのアイデンティティを規定し自己規定の要求に見合うために、社会や物質的世界の絶えず変化する抑圧と格闘しなければならないのである。したがってその自己は中心から外れているばかりでなく、極端に流動的で、穴だらけである。自己のこのような側面は、ギャスが自省と自己言及性の間で絶えず揺れ動いていることに反映されている。ギャスにとっての意識は流れではなく、記号の密集、行進、コラージュである（1997［1995］: 212）。さらに自己を構成する声は、少なくとも話し手、聞き手、漏れ聞く人（「話すことについて」）を必要とする。自己であるためには、人はいつも、すでに、これら別々の三人の人物と広く多様な記号から構成されなければならないのである。

　したがってギャスの物語の多くは、言語のスタイルにおいて示される内面性の危機や危険を描いている。彼の登場人物たちは、意識の内面奥深くへ逃避すると、ほとんどいつも、悩み多く、有害で、ときには自己破滅的な自己中心主義へと至る。それはちょうど『オーメンセッターの運』のヘンリー・ピンバーとジェスロ・ファーバー、「ペダーセンの子供」のジョージ・セグレン、「ミーン夫人」の語り手、「つらら」のフェンダー、『国の中心の中心において』（1968）の詩人の語り手、そして『デカルト的ソナタ』に集められた中編小説のすべての中心人物たちのように。『トンネル』は、ウィリアム・コーラーがみずから完成させて公けにすることができなかった「ヒットラーのドイツにおける有罪と無罪」の研究に付した、意図的に未完のままにした序文であるが、ギャスの最も大部で入念な偏執的内面性の記録として作用している。コーラーは序文にとりつかれているが、自分の研究がみずから「心のファシズム」と呼ぶもののひそかな働きを捉えることができないと信じているために、著書を完成させることができない。しかしコーラーが執拗にみずからの心にトンネルを掘る一方で、公的な世界のことがらが彼に悪い結果をもたらす。彼の同僚は彼を出し抜き、彼の妻は彼の著作の背後にある復讐の衝動を正しく感知し、彼の著作そのものは、彼の母の自己破滅的アルコール中毒に似てくるのである。

　しかしときどきギャスの作品は、動機とか行動とかの問題について、それがわれわれに何を教えてくれるかを知るために内面を探求するという、避けがたい衝動を描き出す。たとえば『トンネル』の「水晶の夜《クリスタル・ナハト》」〔一九三八年にナチスが行なったユダヤ人一斉襲撃〕の章において、内面性の誘惑と危険についてのギャスの瞑想は、最近の小説でもっとも刺激的な動機・作用の研究である。アメリカ小説のなかで、内面描写の伝統の最高点に達したものとしては、メルヴィルの『ビリー・バッド』（1924）、フォークナーの『アブサロム、アブサロム！』（1936）、そしてフィリップ・ロスの『アメリカのパストラル』（1997）がある。ヘルシェル・グリュンシュパンによるナチ将校エルンスト・エドゥアルト・フォム・ラートの暗殺、水晶の夜の反ユダヤ主義の暴力への彼自身の参加、そして両方の出来事の混乱した動機と意図しない結果（おそらく『エルサレムのアイヒマン』（1963）におけるアーレント〔一九〇九―七五年。米国の政治哲学者〕のそれらについての議論によって）について省察しながら、コーラーはそれに応じて「軽率がわれわれを牛耳っている」歴史理論を展開する。非常に多くの相反する主張や関心に満ちた世界において動機と結果の多様な相違を探求しながら、コーラーの水晶の夜の瞑想はいくつか重要なポストモダンの関心事をも探求する。まず最初に、現代の社会的存在の逃れられない複雑さと、これらの複雑さがしばしば生み出す意図しない結果について考える。そして次に、モダニズムの希望に挑みかかる。それは、どちらかといえばフォークナーやマンによりはっきり表わされていた、もしわれわれが無意識がどのように作用するかを説明するに足る複雑な説明を思いつくことができるなら、われわれは究極的にはある行動にある動機を見いだすことができる、という希望である。第三に、水晶の夜の瞑想は、道徳的、宗教的、政治的、精神分析的な支配的物語の敬虔さやシステム構築衝動に挑戦するのである。いつものようにギャスは、そのようなシステム構築衝動や支配的物語への挑戦を、彼の複雑な比喩によって、そして懐疑的なエッセイ風の形式に固執することによって行なう。彼の大学あるいは文学における同時代の人びとと同様、ギャスは知識が現実に対して、あるいは思想が行動に対してもちうる微妙な影響について憂慮している。コーラーが、グリュンシュパンによるフォム・ラートの暗殺の社会政治的結果に関して「少なくとも引き出されるべき三つの結論があった」と述べるとき、彼はまた、そのなかでももっとも心悩ます結論を注意深く指摘する。それは苦しげに、ためらいがちに表現され、彼がいつもは自分にはないと否定している同情の衝動をあらわにする。「ユダヤ人にとっては問題ではなかった。正しい結論がいくつ引き出され（描かれ）ようと、色づけされようと」（333）。

コーラーの発言のなかからかすかではあるが聞こえてくる共感の調子は、想像上の内面領域への逃避によって生み出される落とし穴や失敗が、ギャスにおいて全体を占めているわけではないことを示している。たとえ彼があまりに懐疑的で、想像力の構築は現実を超越し、それゆえ現実を構築物のイメージにおいて形成するはずだというモダニズム最盛期の信条を、留保なしに受け容れることができなくても、彼の小説は、超越や救済を提供するという芸術の潜在的可能性を否定する最近のポストモダンの小説や批評の還元主義的傾向に、逆らっている。一方でギャスは、芸術と言語のスタイルが提供するかもしれない超越と救済が、われわれの行動を非常に深くしばんでいるホッブズ的な捕食衝動や、フレドリック・ジェイムソンが「歴史的必然性の疎外」と呼ぶものに対しては、歯が立たないことを示している。しかし他方では、ギャスは超越や救済が可能性でありつづけうることを示し、政治色の濃い批評のもつ、芸術をみずからの論争的で部分的な場あたり的方策の領域に吸収する傾向に抵抗する。おそらく芸術は、アルコール中毒や麻薬の濫用、あるいは他のあらゆる逃避形式と同様、われわれの注意をひこうとしている緊急の社会的責任や政治的・道徳的義務の自己破滅的回避になりうる。しかし芸術はまた、多様な義務の形態の可能性であふれる世界において、みずから「パラサイト」(寄生物)と告白するギャスのような人間が最も追求するに適した、唯一の義務形態でもある。この主題はコーラーが母親を描写するとき最も感動的に表現される。彼は母親のアルコール中毒から「彼女の時間を食いつぶす行動と……私が夜に行なっている走り書きとの間の、完全にロマンティックな関連」(631)を引き出すのである。

しかし小説家であり、エマーソンやリルケのようなエッセイストを尊敬するギャスにとっては、支配や逃避のみならず救済までもが言語のスタイルの美と複雑さのなかに存在する。そのような救済が仮りで臨時のものでしかないということは、けっしてその心理的現実と、肯定的な歴史的力として作用する潜在的可能性を無効にするものではない。ギャスがエマーソンについて言ったように、活気づけてくれるようなスタイルに出会うことで、聴衆は遠くまで行くことができるのである。「その心は、胸の少し高いところへ行き、ディオニュソスのように酔うのであるが、自分自身の力と可能性に酔うのであって、人工的なものの瓶詰め、麻薬、ギャンブルや戦争の偽り、さらに欺瞞的な儀式にではない」。たとえそのような高揚の瞬間の後、「新たに膨張した魂にはすぐに穴があく」（"Emerson" 37）のであっても、そしてジェスロ・ファーバーやウィリアム・コーラーのような登場人物の軽蔑すべき特徴が、彼らの言語スタイルの救済の可能性を上回るように思われても、ギャスは、エマーソンやウィリアム・ジェイムズにおいてより強くうたわれている希望に満ちた調子と同じ調子をもっているのである。「事実に直面して飛ぶことは、堅い壁につき当たることではなく、事実がほんのちょっとであれへこむことである」（"Emerson" 36）。

27 アントニオ・グラムシ Antonio Gramsci 1891-1937

重層決定的な知識人論

マーシャ・ランディ

一九四八年に出版された『獄中ノート』は、多くのイタリア〈左翼〉知識人たち、そしてとりわけ戦後ヨーロッパの映画制作者たちに多大な影響を及ぼした。この著作は当時の〈左翼〉政治にとって、イタリア・ファシズムの政治・文化について再考するための媒体として重要な役割を果たすものであった。〈左翼〉にとって、グラムシの著作はファシズム体制が戦争直後の「民主政治」へと切り替わる際、反ヘゲモニー体制確立の戦略を展開するための、いわば決定的な貯蔵庫だったのだ。当時、国内では意見を異にする数多くの知識人たちやグループが、戦争と〈レジスタンス〉闘争の空気が覚めやらぬなか、イタリア社会の新しいヴィジョンを創造しようと苦心していたのである。

一九四〇年代の終わりから五〇年代初頭にかけての〈キリスト教民主党〉の目のさめるような勝利の際も、グラムシの著作は、階級関係の改変と再構成化によってみずからの刷新を図ろうとする資本主義の傾向を見定めるためのよりどころとなっていた。彼の仕事はやがて一九六〇年代、七〇年代に、ヨーロッパ諸国やイギリスにさらに広範に散種され、優勢なマルクス主義的な分析や旧来型の〈左翼〉的政治組織形態の再考にも指し向けられるような新しい諸形式の文化分析を誕生させることになるであろう。ここでの議論では、私がポスト構造主義的・ポストモダニズム的理論化の核心にあるものと考えるグラムシ思想の三つの領域――歴史、知識人の役割、そして文化と政治の関係――に的を絞って考察してみたいと思う。

一九六〇年代以降に重要な影響を有することになるグラムシ思想のすぐれて偶像破壊的な次元には、彼が「エコノミズム」と呼ぶものに対する仮借ない闘争が伴っている。グラムシにとって、エコノミズムとは個人・グループ・出来事を「機械的な原因」、すなわち科学的マルクス主義と結びついた冷厳な経済決定論に還元することを意味していた。社会変化を純粋に量的な表現によって解釈することを痛烈に非難すると同時に、グラムシは「観念論」――彼は観念論を個人の意志・無類性の重視、文化的・政治的束縛からの自由と定義している――の有する還元的な性質もまた退けようとした。因果性の問題を検討しながら、彼はこう書いている。「[両者に]共通の誤りは……情勢的なものと根本的なものとの正確な関係を把握できないという点にあるのだ」(Gramsci 1978: 178)。

文化や政治を分析するグラムシの方法は、エコノミズムや観念論を超え、構成的な因果性という問題を克服することを目指している。これら二つの極論〔エコノミズムと観念論〕に挑戦するために、彼は国家や市民社会との関係における知識人たちの役割を検討しつつイタリアの歴史を再考し、国家と市民社会との相互関係に対する理解を深めようとしている。彼の思想は彼、およびルイ・アルチュセールのような彼の仕事に啓発された研究者がこの二つの極論の役割、すなわち圧政を断行したり、世論、国家からの自律という迷妄をつくりだすうえでこれら二つの極論が引き受ける相互貫入的な役割を吟味するよう誘うことになるだろう。とりわけ彼の分析は重層的決定という、より現代的な考え方と緊密なつながりを有している。つまり、彼が見定めようとしたのは決定の複雑多様な線分だったのである。

それゆえ、グラムシの著作は歴史的・哲学的分析に深く関与しており、彼によるイタリア史の検討は世界の他の場所や、より最近の政治的分析に移し替えることが可能な概念のいくつかを探し出すための実習となっている。彼が「受動的革命」とみなしたり、「革命/復興」と呼んだ〈リソルジメント〉〔近代国家形成〕についての分析は、差異と反復の見定めという問題を提起したことで、歴史化の諸形態に対してなされた主要な貢献であると言えるだろう。ジル・ドゥルーズならそれを次のような言葉で述べるであろう。

われわれが反復という言葉を正しく口にできるのは、正確に同じ観念を有する同一の要素に直面するときであろう。しかしながら、われわれはこうした不連続の要素、反復されるものを判然と区別しなければならない……。いかなる場合であれ、反復とは観念なき差異のことなのである。（Deleuze 1994a: 223）

〈リソルジメント〉の研究においてグラムシが提起しているのは過去のものとなってしまった時間的瞬間だけではなく、反復の徴し（signs）を帯びた瞬間でもある。彼が見定めようとしているのは「労働者階級運動という防衛区域がより伝統的な政治体制に呑み込まれることで、基本的社会関係を脅かすことのない政治的に無害な要素に変えられてしまう」（Sassoon 1987: 207）、そうしたプロセスなのだ。「受動的革命」について彼はこう書いている。

〈リソルジメント〉における一連の出来事は扇動的な大衆運動の由々しき重要性を暴露している。リーダーが偶然に祭り上げられたり、間に合わせ的に選ばれたりするが、彼らの力は実際のところ、伝統的な組織（権）力――換言するなら、長年存続している政党――に譲り渡されているのである。（1978: 112）

「革命」という用語のグラムシによる独特な使い方、すなわち、通常はサバルタン階級のためのラディカルな社会・政治変革を意味するとされるこの用語の使用法には、（マルクスの『ルイ・ボナパルトのブリュメール十八日』にも似た）アイロニーが込められている。というのも、グラムシは古い秩序の復興を国家改革主義を通じた新しい規定、新しいレトリックを用いて描き出しているからである。しかしながら、グラムシがみずからの分析をこうしたイタリアへの回顧的な一瞥に限定していないことは明白である。もっと一般的に、彼は十九世紀のヨーロッパを念頭においていたのだ。最も重要なことは、イタリアのファシズムが〈リソルジメント〉と同様に、彼が受動的革命と名づけたものの特徴を帯びていた、とグラムシが考えていたことである。つまり、ファシズムは「〈国家〉の立法的な介入や法人＝組合組織の手を借りて」（1978: 120）旧来型支配階級の利益を保証し（経済的特権を介した支持者・同盟者の組織化による）、一般民衆を犠牲にするような経済改革を断行することができるということである。グラムシが行なった支配的・旧来的な社会・経済的（権）力による再体制化についての分析は、現代においてもとりわけ説得力を有するものと思われるであろう。

二十世紀最後の数十年間における際立ってはいるが驚くにはあたらない特徴は、資本主義の再構造化と、福祉国家を見限り経済的な富を上層部において再分配することにある（たとえば、サッチャーリズムを受動的革命の一例として捉えたスチュアート・ホールの分析を見よ。ホールの議論はイギリスのみではなく、アメリカ合衆国や世界の他の多くの地域にも当てはまるものである）。上からの革命の有する完全に経済効率的・官僚主義的な傾向が著しい勢いで世を席捲していることが確認できるだろう。昨今の批判的分析の多くは方向を転換し、現在をむしろ新たなユートピア的あるいは非ユートピア的な可能性、過去の歴史の終焉とは言わないまでも、そこからの断絶として考えることを選んでいる。現在、歴史化という問題に焦点を合わせようとするなら、歴史的プロセスに関するグラムシのノートの精読が大いに役立つことだろう。「イタリア史に関するノート」、「現代の君主」で展開される過去の歴史についての彼の分析は直線的・総括的な思考形式に導くのではなく、過去や目的論的思想の執拗な持続性を正しく検討するのに欠かせない反復と差異という問題と深く関わっている。グラムシとポストモダニティとの関連性は、彼が哲学と歴史的分析との相互依存関係を認め、多様な因果的決定要因、そしてジュゼッペ・ディ・ランペドゥーサの表現を借りるなら、「すべてのものに見られる、同じままでいられるために変わる」という傾向を正しく認識できるようにした点に求められる。このように、同じもののなかに差異を認識する能力は、歴史的決定の査定においてきわめて重要な意味をもちつづけているのである。

歴史の査定は神が行なうのではなく人間がつくりだすものであるし、こうしてつくりだされたものもまた歴史的であるから、知識人の役割はグラムシの思想にとって不可欠なものとなる。一九六〇年代、七〇年代のグラムシはとりわけ熱心に教育を再定義化すること、および知識人の役割――特に、伝統的な知識人と有機的《オーガニック》な知識人との区別――に注意を傾注した。『獄中ノート』においてグラムシは次のように知識人を区別し、こう書いている。

> 知識人と非知識人との区別をする段になると、実際のところ、知識人の職業的なカテゴリーという直接的な機能のみに話が向いてしまう。つまり、人びとの心の中では知識人の特別な職業的活動が重視されるという嫌いがあるのだ……。このことは、知識人については語ることができるが、非知識人については語ることができないということを意味している。何故なら、非知識人なるものは存在しないからである……。知的な関心＝参加の形式からことごとく排除されてしまうような人間の活動はなに一つとして存在しえないのだ。
> (1978: 9)

このような言述は現代ではいささか場違いなものに思われるかもしれない。というのも、現代では経済的人間（Homo economicus）が優位にあり、われわれは意味が奪われ合理性が確実に姿を消した時代に生きていると言われているからである。それに最近では他の文化的創造物――映画、テレビ、ニュース・ルポおよび解説、アカデミックな学問、等々――と同様に日常化してしまった「大衆的知識人」の破産＝失墜という議論もある。では、伝統的知識人および有機的知識人の役割に関するグラムシのノート＝注釈にはいったいいかなる分析的説得力がそなわっているのだろうか。彼が行なった伝統的知識人と有機的知識人との区別はけっして単純なものではない。

この区別はいわば美化・稀釈された性質のものではない。つまり、国家的な知識人／異議を呈する知識人といった単純な二項対立的な区別ではないのである。

社会における知識人の役割に関する青写真を提供するというよりも、グラムシによる知的労働の研究はむしろ彼の歴史分析と同様、重層決定的な性格を秘めている。何よりもまず、彼の注釈は「新たな知識人層」、「世界全体の新たな礎となるような」(1978: 9) 知識人層の創出可能性を探求しようという、不可能であるが必要＝必然的なコンテクストにおいて開始されている。しかし、グラムシはミシェル・フーコーやジル・ドゥルーズと同じくユートピア的な思想家ではない。彼は国家権力の有害で持続的な効果を意識しているし、改革的な出来事の――不可能性とは言わないまでも――困難性に気づいている。さらにいうなら、彼は新たな知識人に対して明確なイメージを定めてはいない。彼の仕事は、イタリア・ルネサンスの時代から一九三〇年代のムッソリーニ体制にいたるまでに生じた知識人の役割の変化を探究している。そうしたものである以上、彼の考察は決定的・計画＝綱領的・非歴史的というよりも、むしろ試験的・調査的・歴史的なものであると言えるだろう。

彼は知識人の役割が優勢的な生産様式と不可分なものであると見ている。さらにいえば、資本主義的生産に伴う絶えざる変化があるかぎり、知識人の立場は安定したものでもないし、社会的な生産関係から切り離されたものでもないと考えている。だからこそ彼は「現代世界では、知識人というカテゴリーは先例のないほどにまで拡大してしまった」(1978: 13) と書くことができたわけである。彼がここで思い描いているのはプロの学者だけではない。そこには行政官、役所職員、軍人、技術専門家なども含まれている。つまり、グラムシは善意あるラディカルな社会批評＝批判家たちと、教育・研究・行政に携わる「伝統的な知識人たち」を単純に区別するというよりも、むしろみずからの分析目的のためにこうした〔知識人たちの〕役割に込み入った様相を与えているのである。彼は知的裏切り者としての支配権力に泥を投げつける代わりに、「歴史研究の概括的な諸問題やそれに可能な問いかけ」(1978: 115) について再考するという挑戦状を叩きつけたのだ。最も重要なことは、グラムシの知識人分析が「伝統的」と「有機的」な知識人双方の育成に与かってきた諸制度（たとえば、カトリック教会）の歴史的な検討と緊密にタイアップしている点にある。彼が提示しているのは、知識人育成をとりまく相矛盾した社会的・政治的諸要素についての錯綜した分析なのだ。つまり、伝統的な知識人がおしなべて階級の裏切り者というわけでもないし、有機的知識人がことごとく労働者階級の出身というわけでもないということである。

グラムシが思い描くような「政党」の役割は、異なった社会生活形態を創造するための方法を探求するという彼の行動参加と共鳴し合っている。換言するなら、知的労働について再考するというグラムシの挑戦は後期資本主義を理解するうえで枢要なばかりではなく、社会変革の可能性／不可能性を熟視するうえでも必須な課題なのである。いつものことながら、知識人の本性を見誤ることが変化を思い描く際の最大の障害となるのである。

ところで、社会における知識人の役割という問題と隣り合うもう一つの領域があるが、そこでのグラムシの思考はポストモダニティの理解という問題に収斂していく。文化の役割、とりわけ資本主義体制下の大衆文化の役割については既に多くのことが書かれてきた。グラムシの例に倣った学者たちは、一九六〇年代から二十世紀の終わりにかけてメディアの役割に焦点を合わせ、文化的生産にそなわる「共通感覚と民俗学」を暴き出そうとした。グラムシは人びとの欲求の一発露である「大衆文化」の創造という点について、事実上イタリアには大衆文化が存在せず、外国の文学モデル――とりわけフランスのそれ――に依存していた、と認識している。

サバルタン階級を支配階級に変えるための諸条件を整えるには文化が重要であると理解していたグラムシにとって、大衆文化の創出は重要な要素であった。文学についてのコメントにくらべ、彼が映画に言及することは稀であるが、彼は映画にまで広がる物語の支配力を暗黙のうちに認めていたようである。だが、オペラ的なものに対する彼のコメント――たとえば、ヴェルディのオペラに対するもの――はオペラが「人びとの生活に広く浸透している「不自然な」ポーズ、考え方、「話しぶり」の原因になっている」（1985: 373）と示唆している。オペラ的なものという題目でグラムシが考えているもののなかには、言葉の使い方、雄弁術、講演＝説教、法廷の劇場性、さらには「サウンド映画」なども含まれている。グラムシは真正な文化生産物の裁決者として名乗りを上げ、プロレタリアの関心に見合った文学的な傾向を促進させようとしているわけではない。彼の文化的生産に関する著作は、あくまでも探究的な性格のものなのだ。彼が関心を寄せているのは、文化生産物がいかに文化的価値や態度を決する残留的な原因であり、またそれがいかに「知的教化プロセス」（1985: 382）に深く浸透されたものであるかを吟味することなのである。

したがって、彼の探究は単に記述的性格のものでもないし、悪習をあげつらう体のものでもない。それは文化的な仕事を政治的な優先権と連動させて考えることの大切さを認めようとするものなのである。しかし、彼は文化と政治との間に単純な相互関係を提起しているのではない。問題ははるかに込み入っており、このことは彼が文化の多様な決定要因および変化のありようを理解しようとしている姿勢をあらためて浮き彫りにするものである。たとえば、印刷術の探究に関して彼はこう書いている。「この探究の暗黙的な前提は量的、質的双方の改変（大衆的拡大）であるが、それは文化編成の技術的・機械的発展によって考え出されるものである」。そして、「口頭のコミュニケーション」については次のように書いている。

（それは）イデオロギー普及の手段であり、文字によるコミュニケーションよりはるかに迅速で、広くいきとどき、感情を同時的に伝えることができる（演劇、映画、ラジオ、公共の広場に設置された拡声器は、書物、雑誌、新聞、壁に張られた新聞を含めた文字コミュニケーションの形態をことごとく粉砕してしまう）。しかし、それは表面的であり、けっして根底的なものではない。（1985: 382-3）

グラムシにつづく批評家たちは、大衆文化生産の変動的な性質を見定め、そのなかにそれ以前の諸文化の痕跡、すなわちその「共通感覚」を探し出そうとしてきた。先立つ諸文化の残滓的な局面である共通感覚をグラムシが新たなコミュニケーション形式と関連づける形でコメントしたことは、大衆文化の役割を意味を欠いた単なる「娯楽＝余興」以上のものとして評価し直すことに寄与することになったのだ。批評家たちはまた、そうした「大衆文化的な」作品のなかに抵抗のしるし、すなわち優勢的な社会・政治的諸条件に対する暗黙の、あるいは公然とした批判的反応を見て取ろうとしたのである。

ポストモダニティの文化を扱う現代の批評＝批判的文学が読みの焦点を当ててきたものが支配的文化とみずから共謀していることを暴き出したり、それに対する抵抗を追求している文化テクストであったとしても、そうした読みは依然としてそれらのテクストの洞察力が有する政治的な意味合いを分析するというような方法を見いだしてはいない。たいていは記述的であり、ときには診断的でさえあるカルチュラル・スタディーズはその性格上、文化と政治行為とを切り結ぶ方法を探究するという必須の仕事を見失っている。文化テクストに関するグラムシの著作は、単にサバルタン的諸条件の被害者性を記述したり、その心理的な去勢、叶わぬ欲望の錯綜状態を診断しようとするものではない。それは異なる行為形式に見合う思考のあり方を鍛える試みなのだ。彼の著作は今でもなおポストモダニティのジレンマと深く関わるものであると言えるだろう。

28 ジョン・ホークス John Hawkes 1925-98

アンチ・ヒューマニズムの前兆

ロイ・フラナガン

ある作家のポストモダン状況の尺度がときとして複雑になるのは、批評用語も問題の作家の経歴の軌道も、ともに変化する性質をもつからである。経歴が進んでいくにしたがって、ジョン・ホークスは小説にポストモダニズムおよびモダニズム技法の異なる様相を用いた。彼の親友ジョン・バースは「補充の文学」において、ホークスの小説が「すぐれた後期モダニズムの例」(Barth 1979b: 66)であると宣言した。この主題についてのエッセイ『現代文学』においてジョン・アンスワース(Unsworth 1991)は、ホークスの作品がポスト‐モダンであると説明したが、このハイフンはおそらくモダニズムの著作との親密性を表わしている。一方、ドナルド・グライナーは彼を「アメリカのポストモダニズムの巨匠」(Greiner 1991: 211)と表現した。これらの主張の正当性は、ホークスの経歴の弧のどこに焦点を合わせるか、また用いる用語をどう規定するかによっている。一九四〇年代と五〇年代の彼の仕事が、一九六〇年代のポストモダニズム文学の最盛期をもたらす役割を果たしたことは疑いがない。ホークスは、読者にいかなる認識論的確実性を与えることをも頑固に拒否し、大衆的なジャンルのパロディを行ない、プロットよりイメージを強調し、物語についてたえず実験することによって、アメリカのポストモダンの初期の改革者の位置を確立した。

ホークスの経歴の始まりは、ヘミングウェイをまねて第二次世界大戦において救護車を運転したことである。ハーヴァードのアルバート・ゲラードの指導のもと、彼は自分の第二次世界大戦の経験を、その記憶を呼び起こしてくれる散文に変えることができると気がついた。これら初期の試みにおいて、ホークスは自由に変動する細部、気味の悪いユーモア、首尾一貫しない物語といった文章スタイルを展開し、リアリズム小説に期待される約束事を拒絶する前衛的美学を創造した。彼は初期のインタヴューで、「プロット、登場人物、背景、主題」は「小説の真の敵」であると宣言した。そのかわりに彼は「構造」、「関連または対応する出来事、繰り返し出てくるイメージや行動」（Enck 1991: 65-6）を、彼の小説のもっとも重要な要素として強調する。彼は、誰が、何を、どこで、いつ、なぜといった通常の物語の関心事を、イメージやモティーフのあいまいさで置き換えようとした。その結果は混乱であり、読者は何が起こっているのか解読しようとするかと思えば、戦後の不潔な風景をつくり上げた一貫性のないしばしば暴力的で不安な細部の経験に、屈してしまうことにもなる。ホークスは謎と美を生みだすことに興味があったが、読者にそれをわからせることには関心がなかった。

内容に関しては、ホークスの作品は特別ポストモダンではない。フランス、イングランド、ルネッサンスのイタリア、ドイツなどのヨーロッパの地域を、想像力を駆使して再現するのがもっとも快適だと感じるホークスは、アメリカの大衆文化には夢中になれない。彼はハイテクや科学的な主題を避け、陰謀理論には訴えない。『アラスカの毛皮商売の冒険』（1985）の場合をのぞいて、彼はだいたいにおいて自伝的小説は毛嫌いしている。メディアがつくりだす模像について皮肉に思いめぐらすこともしない。実際彼は、テレビにも映画にもほとんど言及しない（ただし、『ホイッスルジャケット』［1998］はもっぱら写真を扱っている）。彼は馬、景色、性的なイメージ、戦争の結果、病的なユーモア、グロテスクな死に方などの、お気に入りのモティーフや主題に憑かれたように戻っていく。彼の初期作品の多くは、荒廃した風景をとおして精神がこなごなになった状態を表現しようとする試みにおいて、エリオットの『荒地』によく似ている。この点で、彼は方向としてはよりモダニストであるように思われる。

彼の主題の選択はでたらめに見えるが、小説のために半潜在意識的イメージを利用する彼の方法は、彼の著作に連続性を与えている。彼はインタヴューでこう述べている。「私は文学的にも現実にも心に浮かんでくる一連の絵をもとにして書いているのだが、それらを見たことは一度もない。私がその意味するところを知らないというのはまったく本当のことだが、それが意味をもっていることは感じており、知っているのである」(Graham 1966: 452)。ホークスは一連の心象から出発してそれを物語に縫い上げているかもしれないが、『鳥もちの枝』(1961)以後の小説の語り手たちは、それとわかる類似点をもっている。ポール・エメットが指摘しているように、「語り手は、次から次へとどんどん無意識の世界へ入り込んでいく。おのおのの語り手は、ある意味では自己についての知識をしだいに多くもつようになっていく同一人物の語り手である」(Emmet 1991: 191)。ホークスは技法や視点において変化することはあっても、無意識を探るという衝動に変わりはない。

最初の完成した小説『人食い人種』(1949)において、ホークスはドイツの小さな町、ダイン川沿いのシュピッツェンに関する一九一四年と一九四五年の二つの物語を並行させて、ドイツ人の国粋主義的幻想がいかに直接戦後の失望と絶望につながったかを示している。アルバート・ゲラードが初版の序文で指摘しているように、『人食い人種』はカフカの『アメリカ』の裏返しと読める(Guerard 1950: xi)。両方の場合とも、作家たちは他国の夢の風景のような表現を、本当らしさには無頓着に創造している。町の職員のいくらか自然主義的な性格づけと、ゆるやかなプロットがあるが、小説がもっとも効果を上げているのは、ジョージ・グロッス〔一八九三―一九五九年。米国の風刺素描家〕の絵画を思わせる荒れ地のパノラマ、すなわち同時代アメリカのベビー・ブーム世代の消費者文化とは正反対の文化描写を創造することにおいてである。

これら初期の小説において、物語の一貫性を無視したことで何を置き去りにしたかにかかわらず、ホークスは幻影のような強烈さを手に入れている。彼は読者が類推して読むこと、いかなる明確な意味でのコンテクストや説明もなくイメージを理解することを要求し、こうすることである特定のポストモダン傾向を予見する。『ポストモダニズムを実践し、モダニズムを読む』(1992)においてパトリシア・ウォーは、ニーチェにしたがって、ポストモダニズムの作家たちが「概念」より「明るい細部」を好む傾向があると述べている。彼女はこう書いている。「概念は現実の本質の反映ではなく、経験を成す感覚の混沌を組織するために用いられる、姿を変えた、あるいは「死んだ」メタファーである」(1992, 35)。ポストモダニストは「本来偶然的である細部の連続する流れとして世界を経験する」(Waugh 1992: 34) ことを望んでおり、これこそ、一九六〇年代のポストモダニズムの主要な実験にはるかに先行して書かれた、ホークスの初期の小説を特徴づけているのである。

『人食い人種』は衝撃的であった。批評家は激怒するか魅了された。しかしロバート・クーヴァー、ジョン・バース、ソール・ベロー、フラナリー・オコナーといった作家たちは、ホークスの経歴を興味をもって追い始めた。トニー・タナーが指摘しているように、ホークスの描く荒廃や戦後状況のエントロピー的風景はバロウズやピンチョンの前兆になっている (Tanner 1971: 203)。次作『カブトムシの足』(1951) で、ホークスはエントロピーをアメリカ西部に置き、ちょうど『人食い人種』が戦争小説の約束事を粉砕したように、西部劇のパロディにしている。『カブトムシの足』はその主要モティーフが大きな土手に埋まった人間と、人間が川から死体を釣り上げるというグロテスクな場面であるが、全体としてはホークスの方法の危険をいくつか示している。人物の性格づけがほとんどないので、登場人物は砂漠のヘビや土手の吹き溜まりと区別がつかない。さらにオートバイに乗った無法者が物語の途中でときどき現われるが、彼らの存在理由は与えられていない。彼らは『人食い人種』における戦争の裏切り者のように、偶然的な悪の勢力として作用している。すべてのものがいきなり象徴的に見えてしまい、十分に展開されない。

初期のポストモダニストの多く(ジョン・バース、ドナルド・バーセルミ、カート・ヴォネガット、トマス・ピンチョン)が彼らの主要な実験小説を一九六〇年代に書いているのに対して、ホークスは彼の小説を一九四〇年代や五〇年代に書き、比較すると一九六〇年代にはあまり制作していない。その間彼は一人称の語りを使用してよりリアリズム的な約束事へと移行していった。一九六一年にホークスは彼の最良の作品の一つである『鳥もちの枝』を完成させた。この小説はグレアム・グリーンの『ブライトン・ロック』(1938)のような陰鬱なイギリスの世界、犯罪の匂いのする、悪党だらけの風景を取り上げ、ちょうど鳥もちのついた枝が鳥を捉えることができるように、いかに夢が人を捉えることができるかを示している。ホークスは、ベケット風のヘンチャーという名の男の声で始める。ヘンチャーは大空襲の間、母親とロンドン中のさまざまな安アパートを移り住む。以前と同じく因果関係には意味がなく、スキャンダルを暴くレポーターのシドニー・スライターと何人かの刑事たちは、夢幻的でしばしば暴力的な場面から首尾一貫した物語をつくりだそうとする読者の試みをあざわらう。『カブトムシの足』の静止した西部劇の画面と比較すると、この作品の安っぽい小説の約束事はホークスの散文を活気づけ、まるで彼の静止したゴシック的効果におもしろさを持ち込むには、ギャングを必要としたかのようである。馬に蹴られてヘンチャーが死んでしまうと、マイケル・バンクスとその妻マーガレットという彼の中産階級の友人二人が、ロック・カースルという名の馬をレースに出そうとするギャングの企てに巻き込まれる。バンクスは自分が男っぽく、多くの女の子をひっかけられると想像しているが、単にギャングの隠れ蓑にさせられているにすぎず、彼らは彼の妻を襲い、結局殺してしまう。彼は冒険に生きるという欲望に目をくらまされたのである。そこで小説全体は、その小説自体が夢のような、暴力的なやり方で語られているにもかかわらず、夢の危険についての瞑想となる。ホークスはパロディを超えて、小説の幻想主義的な力を強く批判する一種のメタフィクションへと進んでいる。状況を構成する経験は、危険なほど誤った方向へ導くだけでなく、人を殺すことにもなりうるのである。

その後の小説において、ホークスの小説の緊張はディストピア(地獄郷)的なヴィジョンから驚くほど牧歌的な官能的愛の尊重へと移行する。『第二の皮膚』(1964)がいまだに興味深いのは、ディストピアの悪夢からより叙情的な人生賛美へと彼の強調が移ったことを示しているからである。小説はスキッパーというたえず困惑しだまされている語り手の視点のみから語られているが、彼は彼の娘をとりまく欲望と自殺の衝動をコントロールしようとしている。ホークスはこの物語をスキッパーの晩年の孤立した楽園に囲い込んでいるが、フラッシュバックで、彼が娘に対して惹かれるのをやっと抑えていながら、コントロールをたえず失っていたことを思い出させる。イメージは依然として自己反映的（緑の刺青は登場人物の胸に止まって動かないイグアナに変身する）であるが、風景は西部の砂漠から熱帯の島へと荒っぽく方向転換し、基本となる物語の筋は、スキッパーが彼のまわりの死と破壊の力を次第に支配するようになるところを描いている。これから後は、次の三つの小説、『ブラッド・オレンジ』（1971）、『死、眠り、旅人』（1974）、『戯画』（1976）からなる「三部作」を通じて、ホークスは彼の中心的登場人物の心理のなかへさらに深く入っていき、初期の作品に見られたポストモダンの分裂からますます遠ざかることになる。

『戯画』はその語りの枠組みの極端なばかばかしさと、物語を進めるためのよりポストモダン的なテクノロジー、この場合は自動車の使い方のゆえに、考慮に値する。J・G・バラード〔一九三〇年―。英国のSF作家〕の『衝突』のように、『戯画』は車の破損を性的に描く。この場合、名前のない語り手は、ある晩気の進まない娘と彼女の婚約者と一緒に車に乗って、車を壊そうと決心する。物語はカミュの『転落』と車の衝突によるカミュの死の両方を暗示しているが、自分の死と同乗する他の人間の死を一種の芸術作品に変えてしまおうとする常軌を逸した男の声に、一貫して固執する。彼が非常なスピードで運転し、他の人は止めることができないので、彼は物語を一人じめにし、性的な幻想、フランスの田舎、同乗者の差し迫った死、と彼の好きなことについてしゃべりまくる。ホークスはいかなる救済をも認めていないので、小説は愉快なまでにひねくれていて、絶滅の興奮の研究といったものになっている。語り手のとりとめのない病的なまでに美学的な声を通じて、ホークスは最近自分が叙情的で性的なものを賛美していることをさえ、パロディ化しているのである。

『戯画』の後、ホークスは一九七〇年代、八〇年代、九〇年代により多くの作品を書きつづけ、その多くはポストモダンの技法を用いているが、彼はけっして一九四〇年代、五〇年代にしたようなやり方で物語形式の基盤を破壊することはない。以前には彼は無意識からフィクションを創造したのに対して、後には過剰に自意識的であるように見える。『情熱の芸術家』（1979）においてはフロイトの精神分析に迎合し、『スイート・ウィリアム——老いた馬の回想』（1993）では馬に語らせることで、彼の馬への執着をみずからパロディ化し、『蛙』（1996）では、中心的な関心事として生きたカエルを語り手の胃のなかに住まわせる。かつては彼のスタイルは簡潔ではあるがイメージに満ちていたのに対して、今ではそれは甘い香りがし、なめらかで、退廃的である。『ヴィルジニー——彼女の二つの人生』（1981）では、フランスのポルノグラフィをパロディ化しようと決心した結果、その文章は過剰に感傷的になった。たとえば風呂場の場面を取り上げてみよう。

しかしかつてこんな石鹸はなかった！　ただの石鹸だが、シルヴィのてのひらでなんとつややかな禁断の卵となっていることか。彼女はどうして無邪気に彼に石鹸を差し出すことができるのだろうか。自分の不器用な指がすべりやすいかたまりをしっかり握ったと彼がいったん信じても、あわてていると再びすべり出てしまい、シルヴィと取引することになるということを、そしてその取引を決めるのは石鹸が実際は何であるかではなく、それが何を意味するかであることを、彼女は当然知っているにちがいないのに。それは明らかであった。彼ら二人はいっしょに風呂にはいっていたかもしれないのだ！（1981: 125）

ここでホークスは並行するわいせつな物語を無垢な八歳の少女の視点から語ろうとしている。彼はこれが不適切な主題についての大胆な実験と考えたのかもしれないが、その結果は、うれしい驚きを示す感嘆詞つきで、感傷的で、かまととぶったものになった。『ヴィルジニー——彼女の二つの人生』の問題は、彼の後期の作品の多くの特徴となっている。彼は実験しつづけているが、ゴシック的緊張はなくなっている。

全体として眺めると、ホークスの初期の小説が、われわれの考えるポストモダンの観念にもっとも適合するものであることがわかる。人びとよりは風景に興味をもち、自分のヴィジョンの説明を拒否することで、ホークスは一九六〇年代に問題を起こしたアンチ・ヒューマニズムの前兆となった。大衆は概して彼の作品を無視したが、批評家や同業の作家たちは、レズリー・フィードラーがかつてわれわれの「ポスト・フロイトの、ポスト・アインシュタインの世界」(Fiedler 1961: xiii)と呼んだものにおいて、ホークスが慣習的な解釈への迎合を拒否していることを評価している。ホークスが言ったように、「問題は、人生とはわれわれが創造し、「現実」として受け容れる一種の虚構であるということを、人びとが知らないことだ。われわれはそのような現実に常に挑戦する必要がある」(Coover 1996b: xi)。

29 ジェニー・ホルツァー Jenny Holzer 1950-

攪乱するマニフェスト

ポーラ・ガイ

一九七七年初頭、アルファベット順に配列された無記名のアフォリズムをオフセット印刷した何枚ものポスターが、マンハッタン島南部の通りのいたるところに貼られるようになった。それらは、塀や街灯、パーキング・メーター、公衆電話、ゴミ箱、マンホールなどといったものに貼られて、この街の奏でる視覚や言語の不協和音の一部となっていった。のちになってジェニー・ホルツァーの「自明の真理《トゥルーイズムズ》」と銘打たれた「言説的芸術《ディスカーシヴ・アート》」活動の一環であることがわかるこれらのメッセージは、街のあちこちに見られる標識や落書き、広告、政治運動や文化活動の告知に埋没し、どのような範疇に入るのかを見定めることがいちじるしく困難なものであった。目的ははっきりとせず、矛盾しあうイデオロギー的見地から書かれているものが並べられているようだ。

権力の濫用は当然
エリートは必要
余剰は不道徳
金が趣味をつくる
私的所有は災難への第一歩
利己主義がもっとも基本的な動機

すべてが同じ〔ローマン体大文字の〕活字で印刷され、同じ重みをもつように見える、これらの言葉は、不特定の受け手たちにどう受けとめたらよいのかを決めるヒントを与えない。見る者たちそれぞれが、自身の判断で、ホルツァーが「意見の宇宙」と呼ぶこれらを読み進んでいかなければならないのだ。

一九七〇年代後半から九〇年代初頭にかけて、ジェニー・ホルツァーはポストモダンの文化空間形成に一役買ってきた。ポストモダンの文化空間とは、情報技術の氾濫や相容れない世界観の並置、欧米近代思想の基礎の全面的見直し、統一的主体という理想的存在の解体、地球規模の消費資本主義のネットワークにおける主体の位置確定の困難さなどによって定義づけられるものである。ホルツァーの芸術は、こうしたポストモダン的な問題系列を表象すると同時にその解明に取り組み、われわれのそれらにたいする理解に影響をおよぼしている。

彼女は、「ある文化にあって支配的なものを用い、それを急激に変化させるのだ」という彼女の初期のアフォリズムの一つを実践し、放送や印刷というメディア、広告（発光ダイオード表示を含む）などを自身の芸術の「メディア」として利用してきた。ホルツァーの芸術は、二十世紀後半のコンセプチュアル・アートの一部と言える。それは、伝統的な意味での（つまりデッサンや絵画、彫刻などのような）「芸術作品」を生み出さず、その発想に価値をもつ芸術、つまり目の芸術ではなく、知性の芸術とでも言えるもののことだ。こうしたコンセプチュアル・アートのほとんどは、イデオロギー的な、あるいは政治的な批評として機能する。そこで焦点となるのは、人種、階級、ジェンダーなどといったものである。資本主義と商業文化、そしてとくに芸術と文化的諸制度（ギャラリーや美術館などのようなもの）にたいするそれらの関わりもしばしば標的とされる。かくして、こうした芸術が、それ自体の「芸術」としての地位や価値に関して、さらには批評や展示、売買、美術館による「正典化」のシステムに組み込まれていることに関して、一定の自己照射性をもつことは避けがたいこととなる。

コンセプチュアル・アートのなかに、主として言語とテクスト性を専門に扱う流派があり、哲学、文学、建築などの理論と実践に関するポスト構造主義的・「脱構築主義的」企図と関連づけられてきた。その一派は、立体派と未来派によるテクスト断片の絵画への流用を源流とし、もっとも最近の形態としては、さまざまな種類の言説の流用と「変容をもたらす戯れ」を行なうようになっている。ジェニー・ホルツァー、バーバラ・クルーガー、エイドリアン・パイパー、シンディ・シャーマンらは、コンセプチュアル・アートのこの流派に属すると見られる。

ホルツァーの「自明の真理」は、暗黙裡に、政治的スローガンや宣伝のキャッチフレーズ、見出し、説教、アフォリズム、決まり文句、禅の公案などといった類似する一連のものを想起させる。しかし、こうした形式は、それぞれ教化や販売、娯楽、指示、啓蒙、関連づけ（成功しているとは言いがたいが）、論破などといった目的をもつが、「自明の真理」の目的は明瞭ではない。表面的には、それらが、驚きとともに、あい矛盾する意見に関する思考を惹き起こすことを計算されていることは明らかだ。示されているもののうちどれか一つの「立場」に立つことを求めているのかもしれないし、矛盾を受け容れる能力を個人に——そして社会に——求めているのかもしれない。実際、「自明の真理」を見た者は、いくつかに×印をつけたり、いくつかに手を入れるなどして——つまり、会話に参加して——、自身の感想を示している。「自明の真理」は、ブレヒトの劇からフルクサスらパフォーマンス・アーティストたちの「ハプニング」にいたるまでの参加型芸術と同様の精神をもち、共同作業となっているのである。

「自明の真理」とそれにつづく「生きること」、「生存」などのシリーズに含まれるアフォリズムには、「私がほしいと思っているものから私を守って」、「私的所有が犯罪を生みだした」、「おまえが誰であれ、殺したい相手がいることはわかっている」などといったものがあるが、それらはふつうは広告だけに用いられてきたメディア——たとえばタイムズ・スクエアやラスヴェガスの巨大な電子式広告板など——に映し出されるようになり、周囲の統制された意味の場に大きな混乱をもたらしてきた。それらは、商業的な場で意見を示すことによって、われわれに語りかける宣伝広告などの声の性質や、それらが「公的」空間とされる場を独占していること、それらの伝えるメッセージの性質に疑問を投げかけるのである。

ホルツァーの一連の作品は、さまざまな「ゲリラ的芸術」運動の伝統に棹さして、公共圏に介入するものである。そうした系譜のなかには、ダダやシュルレアリスム、さらには政治性をもつことがより明瞭なシチュエーショニストが挙げられる。それらは、事物や言語を流用して新しい文化的コンテクストに当てはめ、本来の意味やイデオロギー的趣旨を転覆させ、さらに重要なことに、コンテクストそのものをつくり変えてしまう。しかし、こうしたモダニスト運動の前衛たちの時代が過ぎてから、資本主義と消費者文化こそが流用にもっとも熟達しており、もっともラディカルな着想や映像でさえも取り込みえることが明らかになってきた。ホルツァーの一連の作品は、消費者文化が発するメッセージと並置され——しかも、しばしば、まさにそうしたメッセージが発される場に置かれ——ることによって、ふたたび状況を逆転させ、あらたな転覆のためにこの戦術を取り戻すものとなっている。

ホルツァーの「煽動的評論」(「自明の真理」の次作)は、自己‐意識的にマニフェストの形式を用い、その熱のこもった修辞を模倣しながら、安易なカテゴリー分けを拒むものとなっている。政治や芸術上のマニフェストは伝統的に欠陥のある現在にたいする露骨な批評(しばしば現在を「危機」の時として提示する)と未来に向けたユートピア的規定を結びつけたものであるが、奇妙にもホルツァーの「煽動的評論」にはそのどちらも欠けている。批評家のジャネット・ライオンが言うように、それらは「骨抜きにされたマニフェストで、明示的なあるいは特定の指示対象をもたない」のだ(Lyon, 1991: 113)。

歓ぶのだ! われわれの時代は耐えがたい。
勇気をもて、最悪の出来事は最高の

出来事の魁《さきがけ》なのだから。恐ろしい状況のみが
圧制者の滅亡をもたらせるのだ。腐敗した古いものは、
正義が勝利するためには、破壊されなければならない……
矛盾は深化するだろう。
清算は早まるだろう……
終末が訪れるだろう。

「煽動的評論」でホルツァーは、「無印」の紋切り型という特質が画一性によってさらに強められている、典型的なマニフェストを生み出している。そのどれもが、精確に、一〇〇語で二〇行にわたって書かれており、タイムズ・ローマン体の肉太活字で印刷されているのである。見るものの傾倒に依存している「煽動的評論」は、公共的空間の「政治的」空間としての潜在性を肯定するものと理解することもできる。それゆえ、紛争や氾濫の勃発を可能にする、修辞上のプレースホールダー〔ある集合の任意の元の名称で置き換えうる数式内の記号を指す数学用語〕あるいはゼロの一形態として機能することがありうる。また同様に、熱烈な政治的言説にたいする皮肉なコメントやさらにはパロディ、ホルツァー自身の言葉を借りれば「人びとがむち打たれて狂乱状態におちいり、自分たちに与えられているものが何であるかを知らないときにどんなことが起こるかという警告」と理解することもできる（Flynn 1993: 33）。いずれにせよ、それらはその直接の言説内容にとどまらずに、マニフェストというものの形式と機能の検討をうながす。その意味で、ホルツァーの作品は、フィクションの条件や慣習を見直すフィクションである「メタフィクション」などのような、ほかのポストモダン的ジャンルと結びつくものとなっている。

「煽動的評論」の多義性は、想定された「われわれ」なるものの多義性によって倍加（あるいは補強）されて

いる。政治的マニフェストの「われわれ」はつねに明確であるとともに非限定的だ。マニフェストを作成したもののの身元がわからなくても、その信条は明らかだからだ。メッセージの送り手は、マニフェストを出すことによって、敵対勢力たる「彼ら」を分節化（かつ敵視）しながら、「われわれ」に含まれる範囲を広げようとしているのである。だが、「煽動的評論」の場合、メッセージの送り手が誰であるかも（ほかのすべてのホルツァー作品の場合同様に、「煽動的評論」も無署名である）、敵対する陣営が何であるかも明らかにされない。見るものは、自分と他の者たちの、明言されていない信条が何なのか、自分で考えなければならないのだ。

「煽動的評論」のうちいくつかは一人称で語られており、しかも集合的な「われわれ」ではなく単数の「私」の声となっている。

私を見下したような話し方はするな。私に
礼儀正しくするな。私をいい気持にさせるな。
くつろぐな。おまえの顔の微笑みをなくして
やる。おまえは、何が起こっているか私にはわからない
と思っている。私が反応するのを怖れていると思っている。
その罰が当たるぞ……

だが、この声も、ほかのもの同様にはっきりとしない。人に不服をいだいている誰のものであってもおかしくないし、われわれすべてがこの「私」であっても「おまえ」であってもおかしくないからだ。ホルツァーのテクストは、暗黙裡に、人間のアイデンティティが言語によって構成されていることにわれわれの注意を喚起する——この点こそが、ポストモダン的な「主体」検討の関心の中心にあるものだ。会話において、代名詞の指示対象は、

特定の時点に誰が話しているかということに全面的に依存している。「私」とはわれわれが話し手になることによって得る位置であるが、一瞬のちには、それに答える別の者がその位置を占めることになる。とすると、「私」（そしてそれだけでなく「あなた」も「われわれも」も「彼ら」も）とそれが示すアイデンティティは、顕著なまでにコンテクストに依存し、束縛されていることになる。

ホルツァーのアフォリズムの響きも、コンテクストによる束縛を受けている。「生きること」や「生存」などのシリーズのアフォリズムは、一九八〇年代のニューヨークにあって、レーガン政権下のひどい経済的不平等にたいするとりわけ適切で政治性をはらんだコメントとなっていた。

貧しい人びとが嫌いならどの国を選ぶか。

萎えた人びとの身体を踏み越え、したいと望んでいたことを進めるには、時間がかかる。

毎日同じところに食糧を置き、食べにやってくる人びとに語りかけ、彼らを組織せよ。

下層階級を監視するな将軍たちがおまえを殺してしまう可能性が高い。

「自明の真理」や「煽動的評論」の場合と違って、「生きること」と「生存」のシリーズでは、意見がホルツァー本人のもの、あるいは少なくとも彼女が自分を指して用いる「左翼的自由主義者」のものと考えやすくなっている（Howell 1988: 124）。これらの作品では、役所の名や、図書館や博物館などの施設で寄贈者名を示すために用いられているもののように、壁にはめ込まれたブロンズの銘板に刻まれ、ホルツァー自身の言葉を借りれば「権威や制度の見かけをもつ」不似合いな外観をしていることによって、政治的緊張がさらに高められている。これらにおいても、他のすべてのホルツァー作品においても、マクルーハンの言葉を借りれば、メディアが（少なくともその半分が）メッセージとなっている、ということになる。形式が同時に内容となっているのである。ほかの多くのポストモダンの芸術作品や文学作品と同様に、ホルツァー作品は、イデオロギーのさまざまな形式を見直すばかりでなく、形式のもつイデオロギー性を見直すものとなっている。

ホルツァーの初期作品は、建築物の外壁に寄生するように貼られ、紙という弱い素材に書かれた体制転覆的なメッセージとコンクリートの「ゆるぎない」壁とのコントラストを生みだすものであった。あるいは、いつのまにか建物の壁に忍び込み、並んでいるほかの銘板の「体制的な」形式とそれらの叛乱的な言葉のあいだに不協和音を奏でるものであった。だが、「岩翳」や「悲嘆」、ヴェニスでの試みなどの最近の作品では、彼女の標語は実質的に建築物となっている。こうした表示と建築の融合それ自体が、ポストモダン建築の顕著な特徴の一つである。建築はつねに記号論的なものだが、二十世紀後半に入って、アメリカ全土にわたって、広告表示と通俗《ヴァナキュラー》的建築の融合という現象が顕著なものとなってきたのである。ロバート・ヴェンチューリとデニーズ・スコット・ブラウン、スティーヴン・アイゼナーの三人の共著『ラスヴェガスに学ぶ』は、彼らが「装飾された小屋」と名づける建築形式が広まり、「空間に発信する建築」が次つぎと建ちつつある現状を歓迎している（Venturi, Brown and Izenour 1972: 8）。

ホルツァーの展覧会「岩翳」は、磨きあげられた黒大理石のベンチに刻み込まれたテクスト（使用されているのは記念碑などに用いられる草書体活字である）からなるものである。スポットライトを当てられた複数のベンチのまわりに発光ダイオードの表示が配され、その一つは部屋の手前に、ほかのものは四方の壁のベンチの高さのところに設置されていた。こうした空間配置は、教会内陣と墓地、映画館を組み合わせたものと見える。テクストは、テロやセックス、殺人などに関するもので、暗黒の犯罪（これが「岩翳」から這い出してくるものなのだ）の犯人や、傍観者、あるいは犠牲者の立場から書かれたものである。

胎盤をたたき割り、女を眠らせろ。だがこれは失敗だ。女が死んでしまえば、行為を繰り返すことはできない。骨がつながることはなく、人格は戻ってこない。女は深く苔のなかに沈み、白く、軽くなっていく。懇願にたいしても無反応で、自分のことでいっぱいになっている。

シリーズ「岩翳」は、主題論的に——そして建築学的にも——次の「悲嘆」と結びついている。「悲嘆」は、頭部に発光ダイオードの表示を設置した一三の石棺（嬰児用や幼児用のものを含めて、現実の棺桶の蓋に対応するサイズでつくられている）を並べて、スポットライトを当てたものである。この作品でホルツァーは、死者の最後の思いを声にし、「言えなかったことを言うチャンスを与え」ようとしている（Flynn 1993: 34）。制作の動機の一つはエイズによって不慮の死を遂げた人びとへの反応とのことだが、これらのテクストには政治的な力も込められている。こうした「まっとうでない理由で死んでいった人たち」の召喚のかげには、怒りがひそんでいるのだ（Auping 1992: 93）。「悲嘆」は、ホルツァーの作品中もっとも露骨な政治性——そして論争性——を呈する作品の一つとして挙げることができ、二十世紀後半のアメリカ芸術の大きな特徴となっている政治化の過程に大きく貢献しているのである。

一九九〇年のヴェネツィア・ビエンナーレにおけるホルツァーの作品展示は、実質上、彼女の芸術の回顧展、あるいは考古学的考察といった体《てい》のものであった。その展示は、アメリカ館の四室を用いて行なわれた。入口の両側には、真っ暗にしたロビーが設けられていた。その床には「自明の真理」（彼女の作品の「基礎」である）という言葉がヨーロッパ各国の言葉に翻訳されて刻みこまれており、そのまわりに石のベンチがとりまくように配されていた。一つの展示室ではベンチに「煽動的評論」で用いられたテクストが刻みこまれており、別の部屋では母性をめぐる思索が刻印されていた。この母性に関するものは、出産と育児という、ホルツァー自身の当時の経験をふまえたもので、彼女の作品中もっとも個人的――かつもっとも激烈――なものと言える。

私にとって自分のことなどどうでもよいが、子供のこととなるとそうはいかない。これまで私は、誰かにひどい目に遭わされるにきまっていると言って、危険を前にしても、なにもせず無頓着でいることを正当化してきた。やましい気持をもちながら、薄ら笑いを浮かべてなにもせずぐずぐずしてきた。けれどもいま、私はあの子を見守ってやらなければならない。私は、あの子の苦しみに耐えられるか試してみる。だが、けっして耐えられない……。

私は、権力をもち、人を殺し、人の悲しみに耳を貸さない人たちが怖い。彼らは、死に瀕した赤ん坊のいる部屋にいようとはしない。それにかかる日数を割《さ》きたくないのだ。

これらの文章は、残りの二つの展示室でも、違ったかたちで現われる。のちに「母と子」の部屋と呼ばれるようになったこの作品で、最初のテクスト（「私にとって自分のことなどどうでもよい」）は、磨き上げられた大理石の床にはめられた石版に刻みこまれていた。照明を落とした部屋の奥の壁では、何台もの縦長の発光ダイオードの表示装置が床面から天井までのびており、赤い流れのように見えるそれぞれのテクストが床に反射され、火が水のなかに流れこんでいるような視覚効果をかもしだしていた。ところどころで、テクストは裏返しに表示され、反射したものでしか読めないようになっていた。こうしたテクストの反転は、女性を保護者にして犯罪者、生命とともに死をもたらすものとして描くホルツァーの、受動的な（能動的な男性の対極に置かれた）もののみを女性に認める伝統的なジェンダーの二元論に挑戦を投げかける、二重性をはらんだ女性表象を反映している。さらに、暗闇と光、固体と「液体」、火と水などといった展示の構造的要素が、母と子、自己と他者、生と死、権力とその犠牲、愛情と憎悪などといったテクストに現われる二重性を補強するものとなっている。ホルツァー作品の例にもれず、この作品でも形式が最終的に内容と切り離せないものとなっているのである。

この展示では、部屋を移動していくとともにテクストの提示方法が変化し、それにつれて感情の強度が昂まっていくような仕組みになっている。最後の部屋にいたっては、いくつものテクストの流れが部屋中を駆けめぐり、見るものの身体の上を流れ、磨き上げられた床から反射され、直視できないほど強烈な炎の洪水を生み出している。こうした提示方法の力——そして攻撃性——は、テクストを感情のこもった逃れがたいものとして観客に突きつけるが、同時に、メッセージを崩壊させ、目を突きさす明滅する光の渾沌たる嵐に変えて、観客の目をそむけさせてしまうという結果をもたらす。こうして、最後の部屋は、関心の焦点を、テクストの内容から、それら——のみならずわれわれとわれわれをとりまく世界の言説のほとんど——を投げかける媒体に移している。特異なものとありきたりなもの、感情的なものと技術的なもの、個人的瞑想とマス・コミュニケーションなどといった、この作品が呈する、相容れないものの奇妙な結合は、情報の洪水とメディアの過剰負荷というポストモダン的な技術環境を想起させ、ポストモダン的な芸術・文化の眺望をつくりだすホルツァーの役割の頂点を示すものとして適切なものとなっている。

30 フレドリック・ジェイムソン Fredric Jameson 1934-

抽象化する世界の物質的条件を問う

ショーン・ホーマー

ポストモダンの理論が一貫して挑み、覆すと見なされているのは、マルクス主義思想の中心的主張、特にそれが歴史の推進力としての階級闘争に与えている重要性、「全体性」としての社会的なものの分析の必要、そして政治的、文化的関心より経済的関心の優先である。ジャン゠フランソワ・リオタールの影響力のある公式（1984）によれば、ポストモダニティは、あらゆる重要で、普遍的で、支配的な物語に対する懐疑によって特徴づけられる。それはすなわち、進歩し有用な理性という啓蒙主義の物語、エディプスの欲望という精神分析的物語、そしてとりわけ、人間の解放というマルクス主義の物語である。ポストモダニズムはそのうるさいほどの唯名論的、反基盤論的レトリックによって、あらゆる普遍的な説明体系や、労働者階級といった同質化されたグループの特権化を否定し、個々の微小な物語や特定のアイデンティティの分析を求める。要するにポストモダニズムは、古い説明形式がもはや適切でなくなる新時代の基盤の転移を表わしている。ジャン・ボードリヤールは、この議論をさらに推し進め、根元的断絶は資本主義それ自体の内部で起こり、それによってわれわれはいまやサイバー・スペース、自由に変動するイメージ、メディア化された出来事、といったハイパーリアルな世界に存在していると主張する。それゆえ、使用価値と交換価値といったマルクス主義の鍵となるカテゴリーはいまやすたれてしまった。それらが依存する人間の需要についての本質的に人類学的な概念が記号と模像の新しい経済によって失墜したからである。マルクス主義は、その歴史的な指示物と潜在する本質主義によって、このポストモダン世界の

「非現実」の現実においては余計なものでしかない。

マルクス主義とポストモダニズム

ポストモダニズムの概念に対する多くのマルクス主義者の反応は、当然敵意に満ちたものである（Callinicos 1989; Wood and Foster 1997）。たとえばテリー・イーグルトン（1996）は、ジェンダー、人種、エスニシティ、アイデンティティなどの問題を政治的協議事項に加えた点で、ポストモダニズムの価値を認めているが、同時にそれが根本的に資源を枯渇させたと見ている。彼の議論によると、ポストモダニズムは、一連のカリカチュアあるいは「わら人形」――啓蒙主義、マルクス主義、全体性、歴史主義（History のHが大文字の）、主体、本質主義、階層、アイデンティティ――を奨励しておいて、それから派手に、これみよがしに打倒することによって、自身の急進性を無効にする傾向がある。このゆえにポストモダニズムは政治的連帯と機能の基盤そのものを弱め、究極的には現実的、あるいは意味のある社会変革の可能性を否定するのである。残念ながら、イーグルトンはポストモダンの歴史条件を説明していない。そのため、われわれは北アメリカのマルクス主義理論家フレドリック・ジェイムソンに助けを請わねばならない。

一九八四年ジェイムソンは、ポストモダニズム論争から生じた最も際立った影響力をもつ論文となるものを出版した。実際ペリー・アンダーソンによれば、「ポストモダニズム、あるいは後期資本主義の文化論理」は「ポストモダンの地図全体を一筆で描き直す――その分野をそれ以来支配した感嘆すべき創始行為」（Anderson 1998: 54）の役割を果たした。この論文自体はジェイムソンの初期の二つの発言、「理論の政治学――ポストモダニズム論争におけるイデオロギー的立場」（1984a）と一九八二年のホイットニー美術館での演説「ポストモダニズムと消費者社会」（1985）の合成である。これらのうちの最初の論文において、ジェイムソンはポストモダニズムの概念をめぐって生じた相反するイデオロギー的立場を示し、ポストモダニズムについて肯定的、否定的、いずれの位置に立とうとも、それはある特定の歴史ヴィジョンを表明することと見なされる、と主張した。もし——リオタールやボードリヤールにしたがって——資本主義との構造的断絶が起こったと言うことが可能ならば、マルクス主義的批判とその解放の物語はたちまち無効になり、なんらかの形でのポスト・マルクス主義へと進むことは止めることができないように思われる。反対に、もしポストモダニズムが体系的な変化を表わすことが示され、それが同時に資本の本質的性格をすべて保持するならば、マルクス主義はその説明能力を保持する。それゆえジェイムソンにとって必要なことは、ポストモダン文化の安易な賛美でもかたくなな拒否でもなく、その出現と可能性の条件についての純粋に歴史的、弁証法的分析である。

「ポストモダニズムと消費者社会」はこの文化の主要な特徴を描こうとするジェイムソンの最初の試みを表わすものであるが、いくらか異質な名前、スタイル、形式のリストをあげており、その範囲はジョン・アシュベリーの詩からゴダールの映画まで、ロバート・ヴェンチューリの建築からザ・クラッシュのパンク・ロックまで、フィリップ・グラスの音楽からフランスの新しい小説まで広がっている。しかしながらこの論文の重要性は、この分類学に誰が含まれるか含まれないかではなく、ジェイムソンのポストモダニズム理論化の二つの本質的特質の展開にある。それは、ポストモダニズムは空間と時間について根本的に新しい経験を導入するという主張である。ジェイムソンによれば、われわれの歴史、物語、記憶の感覚には重要な衰退があり、同時に美的な深さと批評的距離も損なわれた。この経験はパスティーシュ（寄せ集め）と分裂症的時間性という関連する概念を通じて美学的に表現されることになる。

パスティーシュと分裂症

ジェイムソンはポストモダンのパスティーシュとモダニズムのパロディの概念とを比較した。パロディはスタイルのユニークさに戯れる、とジェイムソンは示唆する。それは「異質さと奇矯さに飛びつき、原文をからかう模倣を生み出す」(1985: 119)が、そうすることで、原文の判断基準として暗に存在する言語的基準を保持する。とりわけパロディは転覆的な「他者」の声を保持している。独特な個人や個性的スタイルの模倣としてのパロディは、また主体の性質についての、ポスト構造主義的主体の分解や周辺化以来もはや維持されなくなった想定に依存している。一方パスティーシュは、これらの特徴の多くをもってはいるが、中性的な行為である。それはパロディのもつ「言外の動機」、風刺の衝動、いかなる意味でも原文が比較されるべき基準、というものを欠いている。言語はいまや解体され、私的な言語や言述の増殖と化している。ポストモダン文学は、ジョイスのようなモダニストがしたかもしれないように単に大衆のテクストを「引用」するのではなく、むしろそれらのテクストをその境界が消えてしまうまで自身に組み込むのである。この、ジェイムソンが以前は明確であった文化的領域間、とりわけ「高級な芸術」と「大衆」もしくは「民衆」文化の間の「非差異化」と規定する過程は、しばしばポストモダニズムの民主主義化と大衆化の傾向として引き合いに出される。だからこそ根元的に政治的効果があるのである。ポストモダンのパスティーシュの美学的に完全な表現は、ジェイムソンが「ノスタルジア映画」と名づけたものに見いだされる。古典的なノスタルジア映画は「現在を完全に避け、特定の世代にとっての過去の豊かなイメージに催眠術にかかったように魅了されて我を失うことで、その歴史性の欠如を銘記する」(1991: 296)が、その特権的世代の時期とは一九三〇年代と一九五〇年代であると、ジェイムソンは書いている。ポストモダンのパスティーシュは、歴史性の全面的喪失と、われわれが「われわれ自身の現在の経験の表象」(1991: 21)を美学的に達成する能力を欠いていることの徴候である、というのがジェイムソンの主張である。

しかしながらそれは、われわれの歴史感覚が衰退したというだけではなく、われわれの時間感覚そのものが変化し、いまや本質的に分裂症的と特徴づけられるということなのである。分裂症の定義をラカンからとってきて、ジェイムソンはこのカテゴリーを治療的意味というより記述的意味で展開する。ラカンは分裂症とは主として言語障害、すなわち、象徴界つまり言語領域に完全に従うことができないことであると考えた。それゆえそれは意味の連鎖の断絶を表わす。ラカンによれば、分裂症患者が言語の明晰な発話を会得できないことで、彼または彼女の時間の経験が影響される、あるいはより正確には、彼または彼女は時間の連続性の欠如を経験することになる。それゆえ分裂症患者は永遠の現在、すなわち「連結して一貫した連続をつくることのできない、孤立し、分断され、非連続的、物質的シニフィアンの経験」（1985: 119）を運命づけられる。このような時間の連続性の欠如は、それに対応して現在がより強烈で生き生きしたものになる、という効果を生む。孤立したシニフィアンはいっそう物質的、もしくは「文字どおり」になる。これらパスティーシュと分裂症という一対の特徴の結果、ポストモダニズムは空間をまんべんなく平面化し、通時的時間を共時的内在性で置き換える。

ポストモダニズムの時代区分

しかしながらこれら二つの論文は、ジェイムソン自身が要求したポストモダン文化発生の歴史的前提条件の説明を依然として欠いている。「文化論理」論文がその特別な力業において提供しているのは、この分析である。マルクス主義経済学者エルンスト・マンデルの著作を参考に、ジェイムソンはポストモダン文化を資本の経済秩序そのものの客観的変化に原因づけようとした。多くのポストモダニズム理論家とは反対に、彼はポストモダニズムは歴史上の新時代の出現ではなく、資本主義の社会的、生産的関係の強調、再構築を示すものだと論じた。『後期資本主義』（1975）において、マンデルは資本主義発達の三つの明確な時期を特定した。市場資本主義、帝国主義または独占資本主義、そして、ポスト産業主義と誤って定義する者もいるが、より適切には多国的または後期資本主義と定義されるわれわれのいる現在の時代である。マンデルの時代区分は「長波」理論にもとづいている。資本主義は高揚期と低迷期の七年から一〇年の周期運動を通じて発達するが、資本の歴史の内部で約五〇年ごとに起こるより大きな周期運動もまた感知される。これら長い周期運動は生産・再生産の新しい技術の発展と結びつき、資本主義のより高次の段階、あるいは言いかえれば、生産の資本主義的関係の強化を示す（マンデルの著作の詳細な説明は Homer 1998 を参照)。
ジェイムソンにとってポストモダニズムという用語は、特定の美学的あるいは個別のスタイルではなく、「新しい形式的特徴の発生を、新しい型の社会生活や新しい経済の秩序の発生と結びつける」(1991: 113) 役割を果たす、時代区分概念である。この新しい経済秩序は第二次世界大戦後、アメリカでは一九四〇年代後期あるいは五〇年代初頭、ヨーロッパでは一九五〇年代後期に発生した。ただし重要な転換時期は一九六〇年代であると考えられる。ポストモダニズムはあきらかにモダニズム最盛期の特徴――たとえばその自意識、物語形式の分裂、文化折衷主義、パロディの感覚――を多く保持しているが、ポストモダニズムを単にモダニズムの延長と見るのでは、これらの特徴がこうむった変化を把握できないし、とりわけ古い方のモダニズムの社会的地位を考慮に入れていないことになる。ポストモダニズムとモダニズムは「その意味と社会的機能においてまったく別個のものである。それは後期資本主義の経済システムにおけるポストモダニズムの異なる位置と、それ以上に、現代社会における文化領域そのものの変化によるものである」(1991: 5) とジェイムソンは書いている。モダニズムに関しては、文化領域はある程度半自律性を保っていたと思われる。それは左からも右からも、資本に対して敵対し、批判的な位置を保っていた。ポストモダンの文化は商品生産一般に完全に組み込まれ、敵対し批判的な位置をなくしてしまった。それゆえポストモダニズムはジェイムソンが文化的優性と呼ぶものであり、それは「異なってはいるが副次的な一連の特徴」を考慮に入れた概念で、モダニズムの残余の特徴とポストモダン文化の新たに現われた特徴を前提とする。概念として、それは連続性と差異を含んでいる。

ジェイムソンの時代区分の批判

ジェイムソンの業績は素晴らしいものであり、ポストモダニズムの歴史的特殊性に初めて総合的な説明を与えたが、それはまた、適切に表明できていないいくつかの批評的問題を提起している。マイク・デイヴィス (1985)

が指摘したように、ジェイムソンとマンデルの時代区分には食違いがある。マンデルにとっては、「後期資本主義」という用語は明らかに経済史において第二次世界大戦後に始まった時代を示すものである。ジェイムソンのポストモダニズムの時代区分はいくらかあいまいであり、第二次世界大戦後の期間と、一九六〇年代後期と七〇年代初頭から始まる時期の両方として規定されている。ジェイムソンはこの事情を『ポストモダニズム』の序文で明確にしようとしている。

ポストモダニズムまたは後期資本主義の経済的準備段階は一九五〇年代に始まった。戦後消費者製品とスペアの部品の不足が補充され、新しい製品や新しいテクノロジー（もちろんメディアのテクノロジー）が開拓された。一方で、新しい時代の精神的傾向《ハビトゥス》は絶対的な分断を求めるものであったが、それは世代の断絶に力を得て、一九六〇年代に完全に達成された。（1991: xx）

ジェイムソンはさらに議論を進めて、経済的領域と文化的領域の両方において危機が具現した時期は一九七三年の石油危機だという。しかしながら、これでも彼とマンデルの時代区分の不一致を解決するようには見えない。たとえば、デイヴィッド・ハーヴェイ（Harvey 1989）とエドワード・ソヤ（Soja 1989）は、ジェイムソンのポストモダニズム分析の大部分に賛成し、彼が彼ら自身の著作に影響を与えたことを認めているが、この重要な一点で意見を異にする。

これら他の点では互いに同調するポストモダニズム分析を分けているのは、彼らが一九七〇年代中期の経済危機のどの面を、ポストモダニズムそれ自体の経済的前提条件と見ているかである。ジェイムソンは、それが一九七〇年以前の高揚期であると主張し、ハーヴェイとソヤは、ポストモダニズムの経済基盤をサッチャー的拝金主義やレーガン経済に位置づける。ポストモダニズムは一九七〇年代に発生したかもしれないが、一九八〇年代に最盛期を迎え、いまやその時期の顕著な消費と、言いかえれば新種の企業家と高収入の金融サービスで働く若者、いわゆるヤッピーと、救いがたく結びついている。これを受けて、フランク・ファイルは、ジェイムソンの後期資本主義の世界論理《グローバル・ロジック》の文化的表現としてのポストモダニズムという観念に反対し、ポストモダニズムはより地域的な現象であると論ずる。ファイルは、ポストモダニズムは「その集団的歴史における決定的時期に特定の社会的グループによって、彼らのために創造された文化‐美学的な快楽と行動の組合せ」（Pfeil 1990: 98）であると書いている。クリストファー・ノリス（Norris 1990）もポストモダニズムの発生をより最近の政治的挫折、とくにヨーロッパ内部での一九六八年五月危機の名残りとフランス知識人の政治からの全面的撤退という文脈に位置づける。とくにノリスは、アルチュセール的構造主義パラダイムの崩壊を、マルクス主義の信用を簡単に失墜させると同時に、蔓延する反リアリズムや認識論的相対主義の立場を正当化するもの、すなわち政治そのものの問題を美学や倫理学の問題で置き換えることであると考える。ジェイムソンはこのようなより限定されたポストモダニズム分析をある程度是認して、「さまざまな名前で……専門職―管理職―階級、あるいは簡潔に「ヤッピー」とよばれるまったく新しい階級断片の、エトスもしくは「生活スタイル」……「意識」の表現」（1991: 407）であると言っている。彼はまた、ポストモダニズムは「本質的に先進国の白人で男性優位のエリートに奉仕する、より狭い階級文化的作用である」（1991: 318）ということも認めているが、つねにそれが初めて真に「グローバル」になった北アメリカ的文化現象であると言い添えている。

空間の政治学

文化論理の理論の中心的問題は、それがあまりに高度に抽象化されていることである。ジェイムソンは一方では、方向を失ったグローバルな資本の世界における個別の主体の経験を、説得力をもって説明しているが、他方、システムそれ自体の構造的変遷の一般理論をも提示している。この仕事に欠けているもの、そして明らかに、記念碑的な『ポストモダニズム、あるいは後期資本主義の文化論理』(1991)において伝えられていないものは、個別の主体と世界システムの間の媒介の体系的説明である。ここで用いている媒介の主要なカテゴリーは、ジェイムソンの先行する著作に関しては、商品化と物象化である。ポストモダニティは、本質的にルカーチ〔一八八五―一九七一年。ハンガリーの哲学者・文学史家〕の物象化の概念の、さらなる拡張を示すと考えられ、それによって商品形態は、資本に対する最後の抵抗地域、すなわち美学、第三世界、精神などに浸透するのである。言いかえれば、資本主義は最初の真に普遍的なシステムとなり、ポストモダニズムはその文化的表現となったのである。この説明の一つの問題は、それが新しい世界市場に対するいかなる抵抗形態の可能性も、それゆえ歴史的変化の可能性をも除外しているように見えることである。われわれの現代の政治的想像力に向けて提起されたジレンマは、ジェイムソンの「認知地図形成」という新しいポストモダンの政治的美学の観念、あるいは前ポストモダン時代には「階級意識」とでも名付けられたかもしれないものにおいて、はっきりと現われている。

認知地図形成という観念は、一九六〇年代のケヴィン・リンチの都市研究から派生したものである。そこではそれは、戦後の北アメリカの都市の新しい都会の風景において、主体が認識的に自分自身を位置《マップ》づけることのできる能力をさしている。ジェイムソンはこの概念を拡張し、そこに主体が自分の経験を世界経済と関連して知的に表現したり位置づけることのできる能力を含める。ジェイムソンのポストモダンの空間性について自分が経験したことの説明、とくにボナヴェンチャー・ホテルの内部の読みは、著しい影響を与えたが、この経験がどの程度まで一般化されうるかは疑問である(Homer 1998: 128-51)。実際ジェイムソンにとって、ポストモダンの空間性は「不安にさせ」「方向を失わせる」ものに思われ、現代の空間の「多様性の恐怖」に直面して、彼はそれを超越あるいは否定する、いかなる形式も感知することができなかった。とりわけ、この直感と想像不能な全体性の弁証法に欠けているのは、それらに介在するかもしれない集団的、制度的、地域的、国家的な媒介形式、すなわち、個々のアイデンティティや主体を形成すると同時に、それがなければきわめて厳しいものとなる物象化の論理に対して政治的抵抗の空間を提供するような、媒介形式を分析し示すことである。

投機と金融資本

もっとも最近のポストモダニズムについての著作（1998）においてジェイムソンは、世界資本と個別の文化的所産の関係を、新しい地球規模の経済の内部での金融資本と投機の果たす構造的役割を通じて明らかにしようとしている。彼の初期の概念の場合と同様、ジェイムソンは、ジョヴァンニ・アリギの『長い二十世紀』（1994）が彼の考え方をわかりやすく確認させてくれると考える。ジェイムソンは、明らかに資本主義史であるアリギの書が、「これまで完全には解説されたことのない資本主義の特徴の新しい構造的理解」（Arrighi 1998: 136）、すなわち金融資本の理解、を提供すると論ずる。アリギの金融資本の性質と作用の説明は、一九八〇年代初期以降、特に経済と文化の関係において起こったあらゆる問題と疑問を明示するのに役立つ。金融資本は、初期の資本投資様式とのまったく新しいあるいは完全な断絶ではなく、資本そのものの弁証法的拡張を表わしているというのである。

> 投機、自国の産業からの利益の引き上げ、新しい市場（それも飽和している）ではなく新しい利益、つまり金融取引において、また金融取引そのものとして得ることのできる利益を求める熱の高まり——これらは、資本主義がその生産的段階の終わりに対応し補正するやり方である。資本そのものが自由変動になるのである。（Jameson 1998: 140-1）

ジェイムソンがここで「自由変動資本」と呼んでいるものは、商品やサービスの物質的生産や消費から完全に分離した金融というまったく虚構の領域ではなく、工場の床《フロア》の上での商品生産を通じてというより、世界の株式市場の証券取引立会所《フロア》の上での投機の形で存在する。以前にジェイムソンがマンデルを使用した場合より、アリギの著作のよい点は、それが古典的市場、独占、後期資本主義モデルの目的論的意味を先取りしながら、非連続で拡張的な資本主義発展概念を保持していることである。さらに、アリギの貨幣、資本、投機的金融の弁証法は、資本主義のあらゆる高次の段階における衰退と再生の過程としての、資本自体に内在する過程である。それゆえこの弁証法は、金から投資資本へ、投資資本から金融資本への抽象化の強まりという形で、文化における最近の変化を理解する鍵の一つを与えてくれる。言いかえれば、この抽象化理論はジェイムソンの初期のイメージや記号の物象化という概念、すなわちリアリズム（そこにおいてはイメージはまだ指示物と結びついている）からモダニズム（イメージは指示物から切断される）へ、そしてポストモダニズム（物象化がイメージそのものに浸透し、シニフィアンとシニフィエをばらばらにする）へ、という動きを厳密に引き継ぐものなのである。この過程は資本に内在するので、システムのレヴェル――連続する生産様式によって――あるいはその代わりより特定の分析レヴェル――特定の金融市場の活動におけるような――のいずれかに現われる。こうしてジェイムソンは、この抽象化という概念をシステムのレヴェルでも――上記のリアリズム、モダニズム、ポストモダニズムの弁証法におけるように――あるいは特定のジャンルあるいは文化形態のコンテクストにおいても――たとえば映画あるいは特定の音楽のスタイルの分析のように――展開することができる。

結論

建築と土地投機、および現代文化におけるイメージの変化についてのジェイムソンの最近の研究は、世界経済とポストモダンの文化的実践の関係を説明するこれまでのもっとも持続力があり刺激的な試みである。このような企てにも問題はある。もちろんアリギの理論はマンデルの長波理論に対抗して組み立てられたものであり、それゆえ特にマンデルの著作がジェイムソンのポストモダニズムの概念形成においてどこに位置づけられるかという問題が棚上げされている。さらに、アリギの著作は、非常に高いレヴェルの抽象作用によって理論化されているので、今日の市場の実際の働きをあまり理解させてくれないという批判がある。最後に、機能と社会変化の可能性の問題が残っている。これはわれわれが、ポストモダン世界における異なる形式の媒介と文化的実践をより綿密に調べなければならないということを意味している。結論として、ジェイムソンのポストモダニズムについての著作の疑いもない重要性は、やはりこのもっともとらえどころのないつかのまの現象に世界経済の客観的変化という根拠を与えようとしていることである。ポストモダン論争における他のだれよりも、彼はこの非歴史的と悪口を言われる概念を歴史化し、道徳的判断を避けて完全な弁証法的分析を選ぶ必要を、一貫して主張してきた。ジェイムソンは常にこのポストモダニティという、一見して非物質的世界の物質的条件を表面化させてきたのである。

31 チャールズ・ジェンクス Charles Jencks 1939-

ポストモダニズム建築の伝道師

ハンス・ベルテンス——

現代建築に関する、知名度、影響力ともにもっとも大きな批評家のうちの一人、チャールズ・ジェンクス（一九三九年—）には、しばしば、「ポストモダン」と「ポストモダニズム」という用語を流通させた功績が帰せられる。歴史的事実に照らし合わせてみるとこれには根拠がない——ジェンクス本人が、それらの用語の出所が文学批評家イーハブ・ハッサンであることを認めている——が、そのように言われることは、彼の著述、とりわけ彼のポストモダン建築論の影響力を示すものであるために、示唆的と言える。

とはいえ、ジェンクスがポストモダン建築の理論化を最初に行なったわけではない。建築家のロバート・ヴェンチューリは、一九六六年に著書『建築における複雑さと矛盾』のなかで、モダニズム建築の「画一化された安易な排除の論理」を批判する立場に立ち（Venturi 1972: 16）、新しい建築のもつ「要素」を次のように定式化している。

> 「純粋」であるよりも異種混淆的《ハイブリッド》、「潔癖」であるよりも妥協的、「直截」であるよりも歪曲的、「明快」であるよりも多義的、非人称的であるよりも倒錯的、「興味をそそる」ものよりも退屈、「設計された」ものよりも因襲的、排他的であるよりも寛容、簡潔であるよりも重複的、直接で潔癖であるよりも革新的で、無節操、曖昧かつ痕跡的。

ヴェンチューリは、自身の好みを列挙したこの挑発的な一節を、「私は、明白な画一性よりも乱雑な活力を好むのだ」という言葉で締めくくっている（16）。彼によれば、建築とは、モダニズム建築が示すような単一の意味や単一の焦点ではなく、「多層的な意味と複合的な焦点を……喚起するものでなければならない」という（16）。だが、このことは、かならずしも、ヴェンチューリの思い浮かべる新しい乱雑な活力をはらんだ建築からモダニズムの痕跡が完全に払拭されていなければならない、ということを意味するものではない。『建築における複雑さと矛盾』は、モダニズム以前の建築様式――とりわけマニエリスム建築とバロック建築――の復権を第一の目標とするものであったが、異種混淆性と多元主義を主張しつつも、モダニズムの要素を排除してはいないのだ。ヴェンチューリのモダニズム攻撃の鉾先が向けられているのは、現実のモダニズム建築ではなく、モダニズム建築を統べる純粋主義的・清教徒的――チャールズ・ジェンクスの言葉を借りれば「プロテスタント的」――イデオロギーなのである。ジェンクスが、禁書目録という本来カトリックのものを流用して宗教の隠喩を混乱させながら、のちに定式化したところによれば、モダニズム建築においては「装飾と、多彩さ、隠喩、ユーモア、象徴性、場、文化的アイデンティティ、都市的な文脈と慣習などがいわば禁書目録に載せられ、あらゆる形態の装飾と歴史的言及がタブーとされてしまった」ということになる（Jencks 1996: 22）。

こうしたイデオロギーとその具体的な産物――われわれが目にする建築物のことだ――の区別立ては、ヴェンチューリやジェンクスのような理論家にとって決定的な重要性をもつ。彼らは、モダニズムの建築物にたいして少なくとももときおりは敬意を払いながらも、自分たちがモダニズムの建築家の特性と見なしている純粋主義・排他主義的イデオロギーを拒絶するからだ。事実、ジェンクスにとって、のちに見るように、この区別はポストモダニズム建築を定義するにあたって決定的な役割をになうことになる。

一九八一年の時点でジェンクスの名はポストモダニズム建築――さらにはポストモダニズム一般――と結びつ

けられ、エイダ・ルイス・ハクスタブルのような批評家などは、彼を「だれもが認めるポスト‐モダニズムの伝道師《グル》」（Huxtable 1981: 10）と呼ぶまでになっていたが、ポストモダニズムと建築を結びつけたのは彼が最初ではない。ポストモダニズムという用語は、サー・ニコラウス・ペヴスナーとフィリップ・ジョンソンが一九六〇年代後半に散発的に用いたあと、すでに一九七四年に、ロバート・スターンやポール・ゴールドバーガー、ダグラス・デイヴィスをはじめとするニューヨークに活動拠点を置く数多くの建築家や批評家たちに用いられ、建築批評の語彙の仲間入りを果たしているのである。ジェンクスがこの言葉をはじめて用いたのは、翌年の「ポスト‐モダン建築の勃興」と題された論文のなかにおいてである。（一九七〇年代に用いられていた、「ポスト」と「モダン」のあいだのハイフンを使うものはもはやいないが、ジェンクス一人はなおも使用し、建築と文学、芸術上の同時代的運動を指す **Post-Modernism** と二十世紀後半から二十一世紀初頭にかけての社会・文化的状況を指す **post-modernism**、そして建築における脱構築主義的運動と他の芸術領域におけるそのポスト構造主義的対応物を指す **postmodernism** を区別している。）だが、ジェンクスはこの新しい用語の現代建築における重要性を認識した最初の者ではないにしても、彼が一九七七年の『ポスト‐モダン建築の用語』（一九七〇年代、一九八〇年代にたびたび改訂されている）と大きな影響力をふるったその他の著作によってこの用語を建築の地図に載せたということは疑いを容れない。

一九七五年の時点で、ジェンクスのポストモダニズム（彼自身の言い方ではポスト‐モダニズムだが）は、まず第一にモダニズムの単一主義に取って代わった新しい多元主義である。それには、彼が「代用《エアザッツ》」住宅と呼ぶものや消費者指向の建築、新しい「社会的リアリズム」、ラディカルな伝統主義などが含まれる。その幅広さは、その二年後に発表されることになる論攷「ポスト‐モダン建築の系譜」からの次の一節に現われている。一九七七年のジェンクスは、「強固なポストモダニスト」はイェアン・ウッツォン〔一九一八年―。デンマークの建築家、シドニー・オペラ・ハウスの設計者〕のようにさまざまなものを取り混ぜた隠喩を用い、ヴェンチューリのように歴史主義と折衷主義にふけり、新自由主義《ネオ＝リバティ》やバルセロナ派のように地域主義者で、ゴフやアースキン、クロールらのようにご都合主義で、エイロウ・サーリネン〔一九一〇―六一年。フィンランド生まれの米国の建築家〕や橘高《きつたか》義典のように仕事のたびにスタイルを変え、黒川〔紀章〕のように複数のスタイルを記号論的に用い、竹山実のようにさまざまなコードの織りなす多元主義を取り込み、ジェイン・ジェイコブズやレオン・クライアーのように都市的文脈に敏感で、毛綱《もづな》モン太やトマス・ゴードン・スミスのように皮肉のきいたパロディにふけり、マドンナ・インのマドンナたちと同様に伝統主義の模倣を行なうものでなければならない（Jencks 1977a: 269）

と書いている。だが、たとえこの時点でジェンクスが完全に気づいていないにしても、この一見してランダムと見える同時的状況の羅列のなかから、その寛容性にもかかわらず、一つのパターンが現われていることにわれわれは気づかされる。一九七八年の『ポスト－モダン建築の言語』第二版が出された頃には、このパターンははっきりとしたものとなっている。この第二版で、ジェンクスは、「二重のコード化」という画期的なポストモダニズム建築の定義を提出しているのである。それによれば、ポストモダニズム建築とは、次のようなものである。

ポスト－モダン建築は、同時に二つのレヴェルで語りかけるものである。建築固有の意味に興味をもつ同業の建築家をはじめとする少数の専門家たちと、快適さや伝統建築、生活様式などといった建築そのものとは別の問題に興味をもつ地域住民をはじめとする一般大衆の両者に向かって語りかけるものなのだ。そのために、ポスト－モダンの建築は異種混淆的なものと見えるのである……。（Jencks 1978: 6）

ポストモダン建築は、同時に二つ——あるいはそれ以上の——大きく違った階層にむかってコミュニケーションを図るものであるために、その結果すべからく二重のコード化を受けることとなるのだ。「かくして、二重のコード化がなされた、エリートと街の人びとの両者に語りかける建築がつくられることとなる」とジェンクスは言う(8)。

一九八一年出版の『ポスト-モダン建築の言語』第三版に添えられた「跋文」で、ジェンクスは、ポストモダニズムの定義にいっそうの洗練を加えている。すでに指摘したように、ジェンクスは、実際のモダニズム建築というよりはむしろ、そのイデオロギー——純粋性への希求や排他性、普遍主義の僭称など——にたいして論戦を挑んでいた。このことは驚くに当たらない。たとえモダニズム建築の到達点を示す少なくともいくつかの作品にたいしてジェンクスが心からの敬意を感じていないにしても、多元主義の信奉者である彼は、モダニズムを破門する(彼の用いた宗教の隠喩をさらにつづけることが許されるならばの話だが)立場にはいなかったはずである。だが彼は、モダニズムにたいして、単なる許容にとどまらない姿勢を示している。一九八一年に彼は、二重のコード化という、以前に提出したポストモダニズム定義を、コードの一方はつねにモダニズムのものであると考えるようになったことによって、根本的に改訂しているのである。いまや、ポストモダン建築とは、「二重のコード化を受け、伝統的あるいは地域的なコードを、モダニズムのコードと折衷的に混合したもの」ということになったのである(Jencks 1981: 133)。ポストモダンの建築はさまざまなかたちで二重のコード化を受けるだろうが、用いられる二つのコードのうち一方はかならずモダニズムに立ち返っているのである。

この点は、ジェンクスのそれ以前の立場にたいする、重要かつ重大な変更点である。たとえば、これは、以前の様式をただ単に模倣しただけでは、彼の規定するポストモダニズムに入らないということを意味する。ロバート・ヴェンチューリほかの『ラスヴェガスに学ぶ』(1972)などのような本はラスヴェガスにしばしば見られる多元主義が顕著な特徴である建築をポストモダンと見なす傾向があるが、この新しい定義はそうした郊外のかつ／あるいは商業的な建築物をも排除することになる。ジェンクスにとって、複数の様式が多元主義のもとに平和的に共存しているだけでは、もはやポストモダンと呼ぶことはできないのだ。彼は、ポストモダンの建築や芸術作品を構成する複数のコードのあいだに明白な緊張関係を求めているのである。彼によれば、ポストモダンの建築家は、「ポスト－モダニスト一般に当てはまることだが、受容と批判のない混ぜになったメッセージを発するもので、彼らの行なう二重のコード化は、つまり、肯定と転覆を同時に行なう」という（Jencks 1996: 30）。このない混ぜになったメッセージ、あるいは二重のコードのなかに、モダニズムがかならず顔を見せなければならない。かくしてジェンクスは、「ポスト＝モダンと言うことができる創作者はすべて、なにがしか、モダンの感受性を、彼らの作品を過去の様式の復興者と区別するなんらかの意図をもっていなければならない。……ポスト－モダニズムは、モダニズムの継承と超克という、根本的な意図の二重性をはらむものである」と言う（30）。

たったいま見たように、二重のコード化につきものの異種混淆性は、ジェンクスによる現代建築の分類に興味深い影響をおよぼしている。しかしながら、二重のコード化は、現代建築のうち、もっとも保守的なものばかりでなく、多くのものにもっとも革命的と見える建築をも排除することになる。パリのポンピドゥー・センター、ノーマン・フォスターによる香港の香港・上海銀行ビル、当時最新であったロンドンのロイズ・ビル、それほど衝撃的ではないがそれでも革新的なロサンジェルスのウェスティン・ボナヴェンチャー・ホテルなどである。フレドリック・ジェイムソンなどは、最後のウェスティン・ボナヴェンチャー・ホテルを数年後にポストモダンの典型と呼ぶことになる。だが、ジェンクスに言わせれば、それは、「ビルと、その流通、論理、構造のテクノロジー化されたイメージなどといった、いくつかのモダニズム的な関心を誇張したもの」にすぎないという（Jencks 1981: 133）。こうした「モダニズム」後期の建築は、「社会的イデオロギーにおいて実利主義的、技術主義的であり、一九六〇年頃からモダニズムの様式に関する考え方や価値観を、退屈な（あるいは紋切り型の）言語を復興するために極端にまで推し進めてきた」ものであるという（Jencks 1986: 32）。ジェンクスは、後期モダニズムの建築がポストモダンの方向性をもつ皮肉な身振りを示すことがある（たとえばフィリップ・ジョンソンのAT&Tビル）ことを認めるにやぶさかではないが、彼にとって、ハイテクによる問題解決の意図や、これ見よがしの技術導入を特徴とするそれらは、基本的に単一のコードしかもたず、自己言及的なものでしかないのだ。

一九八〇年代中盤以降、ジェンクスがポストモダニズムに関する議論の間口を広げて、絵画や文学、哲学まで論じるようになると、「後期モダニズム」という彼のカテゴリーは、言語や表象、アイデンティティなどといったものについてのモダニズム的関心にたいするデリダの脱構築をはじめとする新しい議論にふさわしい概念となって、有用性を増していく。事実、一九八〇年代中盤以降のジェンクスは、たとえばフォスターの香港ビルにたいする敬意をたびたび表明しながらも、「後期モダニズム」を強迫観念的で最終的には不毛な自己への埋没と見なす度合いを昂じさせていく。このことは、エスカレートする現代社会の断片化にたいするジェンクスのつのりゆく苛立ちと関連するものと見なさなければならない。一九八七年に『ポスト‐モダニズム——芸術と建築における新古典主義』と題された著作で、建築に関する新しいコンセンサスができ上がりつつある可能性を彼に示唆させているのはこの苛立ちである。彼はこう書いている。

本書における議論の眼目は、大雑把にいって一九七〇年頃にはじまり現今までつづいているポストモダニズム第三期の芸術と建築の両者の根底には、自由奔放な古典主義があると主張することである。その様式は国際様式がそうであったように多くの下位区分をもつが、この古典主義は多かれ少なかれコンセンサスとなっている……。こうしたことが起こった全般的な原因は、普遍的な言語、公共的な言語の必要性である。

（Jencks 1987: 45）

ジェンクスは、絵画の領域でもこうしたコンセンサスを求める動きがあると見る。彼は、現代絵画における「内容への興味の回帰」(1986: 25) に着目して、「この欧米文化全般の伝統への回帰に、われわれの文化の、(イェイツをもじっていえば)「持ちこたえることができない中心」にたいする、ゆっくりと立ち返る、いまや世界規模となった動きを見いだすことができる」と主張している (38)。

一つの建築設計や芸術作品に不安定に、そしてしばしば対立しながら共存する二つのコードまたは言語という、ジェンクスが最初に提出した定義によるポストモダニズムは、このコンセンサスを求める動きによって苛烈さを失ってしまう。ジェンクスは、アイロニーや二重のコード化ということを主張しつづけるが、このポストモダン的古典主義という概念にはアイロニーも緊張関係もほとんど残されていない。一九九〇年代に、彼はふたたび「普遍的」ポストモダン的古典主義から身を遠ざける身振りを示すが――その理由の一端には、間違いなく、彼の議論を支える事例となっていた絵画が酷評されるという事態がある――、それによってジェンクスのポストモダニズムはますます広い表象の目的にかなうものとなっていく。「そこには、現在を過去と対峙させる意図、支配的な文化の内側から疑義を呈し転覆を企てる意図、二重のコード化によって現代の生の複雑さを表象する意図がある」と彼は言う (Jencks 1996: 43 傍点引用者)。ポストモダニズムはいまや、かつては敵対した見方や態度が比較的おだやかに共存する現代社会の多元性を表わすものとなってしまったのだ。

このように見ると、ポストモダニズムは、本質的な社会・文化的変動の表層における現われということになる。「ポスト-モダニズムの深層にある動機は、世俗性や豊穣性、多様性、具現した精神性の存在の再度の言明である。つまり、それは現代科学にもとづく宇宙への方向づけである」(Jencks 1996: 9)。一九九〇年代にジェンクスのポストモダニズムは、強いユートピア的側面を獲得する。解放、自由、多様性、寛容性などといったもの――簡単にいえば生命と光の力――を表わすものとなるのだ。ジェンクスにとってポストモダニズムの自由と平等をめざす動き――そのなかにはフェミニズム運動や文化多元主義も含まれる――は、歴史の偶然ではなく、宇宙そのものの本質を反映したものである。「いずれにせよ、宇宙が語るのは、エスカレートする複雑さ……増大していく感覚や感受性、精神の力と組織力についての物語である」と彼は言う（71）。「望ましい状態が［最終的に］得られる」という保証はないが、多元主義や、モダン社会が許容できなかった多様性と複雑さへの寛容に向かう現今のわれわれの進化は、ジェンクスにとって、少なくとも当面のところ、われわれのポストモダン社会が宇宙と調和していることの現われなのだ。

32 バーバラ・クルーガー Barbara Kruger 1945-

衝突する言葉とイメージの生み出す記号的不協和音

ポーラ・ガイ

ポストモダンの時代は、芸術に対する数世紀来の姿勢が根本的に変化するのを目撃してきた。とりわけコンセプチュアル・アートは、芸術を大衆・商品文化の世界からエリート的に身を引いた個人的天才の「オリジナルな」生産物とする考え方に挑戦状を突きつけている。写真やグラフィック・アート——すなわち、オリジナルとコピー、手づくりと大量生産、そして究極的には「高級な」美学と「低級な」大衆芸術との区別を絶対的に切り崩してしまうような表現手段——は、バーバラ・クルーガー、ジェニー・ホルツァー、シンディ・シャーマン、シェリー・レヴィンといった多くのコンセプチュアル・アーティストたちが好んで利用してきたものである。

肉太な赤文字による枠づけスローガンの開口部に上塗りされたバーバラ・クルーガーの著しくハイ・コントラストな白黒のイメージは、最近のコンセプチュアル作品のなかでも最も目を惹くものである。ダダ的なモンタージュ写真、(ブルジョワ社会を外部から批判した)一九二〇年代のロシア・アヴァンギャルドによるグラフィック・アートの双方を思い起こさせるクルーガーの芸術は、慣習的な視覚・知覚形態を瓦解させることを狙いにしている。だが、彼女の批判は芸術世界の内と外から同時に仕掛けられている。こうした二重の姿勢はそれ自体が多様なアイロニーを醸し出すであろう。システィナ礼拝堂にあるミケランジェロのフレスコ画のアダムが〈神〉の手から生命を受け取る場面を白黒再生でフィーチャリングしたクルーガーの大作には、「あなたは〈傑作〉の〈神〉に投資します」という文句が重ね書きされているが、これはカントからハイ・モダニズムにいたる古典的美学を批判すると同時に、そうした美学に訴えることで作品のインパクトを引き出している。この作品がモダン・アート美術館によって購入されたことは、芸術の集中化や取引を批判するこの作品のアイロニーをいっそう深いものにしている。とはいえ、この作品がそこに展示されることが美術館を瓦解させるのか、はたまたその作品自体を瓦解させるのか、もしくは両者を瓦解させるのか、どちらも瓦解させないのか、その答えは依然として不確かなままであるのだが。

こうしたアイロニーは、クルーガーにおけるイメージとテクストとの対話的あるいは対位法的な融合に特有なものである。イメージを用いて言葉を説明したり、言葉を使ってイメージを規定する（言葉とイメージを結びつける二つの通例的な関係）のではなく、クルーガーの作品はむしろ衝突する言葉とイメージを並置することにより、強力な記号的不協和音を生み出そうとする。イメージは広告、写真年報、ハウツーもののハンドブック、ニュース・ドキュメンタリー写真などから流用される。言葉は彼女の自前であるが、それらは同時代的な決まり文句、広告スローガン、政治的宣伝のレトリックをしばしば反響・喚起させる。われわれは（とりわけ広告やニュース・イメージの場合）イメージの意味は当然明快であると理解するよう条件づけられ、「プログラム化されて」きた。これはそうしたイメージが提供する幻想やイデオロギーの無条件的な受容を促すための条件づけと言えるだろう。クルーガーの作品は、イメージのメッセージをさらけ出し、ずらし、ゆがめ、しりぞけるようなテクスト（イメージに上書きされるスローガンめいた文章）を通じて、見る人を「脱プログラム化」しようとする。つまり、こうしたプロセスによって彼女の作品はそのようなイメージを脱神秘化し、そうしたイメージのうちにいかに権力や欲望といったものが潜んでいるのかを暴き出すのだ。

クルーガーの作品が向けられる権力（支配抑制し、制御し、規定づけする権力）のありか、すなわち支配権を奪う「あなた」は、けっして明らかな形で同定されることはない。それは見る者が推断しなければならないのだ。イメージ／テクストと向かい合った鑑賞者は、クルーガーの直接的な語りかけという方法に強いられて、作品が訴えかけているとおぼしき「あなた」を同定し、その「あなた」、もしくは暗黙的に語りかけている「私」あるいは「われわれ」の立場を引き受けることによって、「あなた」との関係的な位置を選び取ろうとする。このように、作品によって生成されるシステム内で「立場＝位置」を選び取るというプロセスは、見る者に主体＝主観性、自己観念――ポストモダンの批評＝批判的思想や実践にとって中心的な関心事・ターゲットとなるもの――を構築する際に言説の働き＝戯れが果たす決定的な役割を思い起こさせる。こうした方法のもう一つの効果は、鑑賞者が芸術作品に対してとる審美的な距離をつぶしてしまうことである。「私はあの〈あなた〉を拒絶したり、受け容れたり、あるいはそれは私ではないけど、私にはそれが誰であるかがわかっている、と言えるようなアクティヴな鑑賞者をつくりだすことに関心があるのです」とクルーガーは語っている（Squiers 1987: 80）。

「あなた」はけっして名指されることはない。だが、たとえ暫定的ではあれ、そうした「あなた」のいくつかを同定することは可能だろう。クルーガーの一群の作品を見わたしてみると、その素材はしばしば男性で、しかもほとんど常に有害な存在――暴力的、強欲的、抑圧的、人種差別的、性差別的、ホモ恐怖症的――であることが明らかになる。これはいわば個人と政治・経済システムの双方で表出しているアメリカ的特徴の暗黒面を凝集したアマルガムのようなものと考えられよう。つまり、彼女の「あなた」は一人ひとりの個人となることもあれば、「システム」を支える「タイプ」あるいは集団といったより広い意味に解することもできる。「あなた」と「私」のこうした対立図式を理解するもう一つの方法は、批評家ケン・ジョンソンが示唆しているように、「一方を支配的権力の、そして他方を反逆的抵抗の想像的な擬人化とみなすことである……［両者の対立は］タイタン的な敵対者たちの間の――すなわち、革命的な息子（あるいは娘）と専制的な父親との間の――神話的闘争のようなものを儀式的に呼び覚ますものなのだ」（1991: 131）。

クルーガーの最も共鳴を引き起こした作品のいくつかは、〈ビッグ・ブラザー〉（警察国家の独裁者）のような抑圧的な力に向けられている。つばの反ったソフト帽をかぶり、指を口まで持ち上げて「しっ！」というジェスチャーをしているぼんやりとした人物のイメージ。そこには「あなたの慰めは私の沈黙です」という言明が重ねられている。髪を短く刈り、両眼にルーペをはめている男のイメージ。そこには「監視は〈あなたの義務的学習〉(Busywork)です」という言葉が重ねられている。さらには、口のないぼんやりとした二つの顔。二つの顔は間隙によって引き離され、そこに「あなたはあなたが差異と考えているものを破壊しています」という言葉が転がっている。むろん、この「あなた」について触れることさえもが、それによって規定されるルールに背くことになるのだが、それはそこに留まらず、支配そのものの秩序を転倒させることになる。つまり、ここには沈黙させられた言葉が立ち戻り、「私は告発する」(j'acuse)と公然と言明するのである。歴史を通じて沈黙させられてきたグループにポストモダンの時代ほど声を与えようと努めた時期はなかった。クルーガーの芸術は、「下からの歴史」――すなわち労働者、貧民、女性、その経験=来歴が歴史記録から伝統的に排除されてきたマージナルな民族・人種グループを考慮した視点からの歴史――を記録に留めるポストモダン的なテクストにぴったり符合するものとみなすことが可能であろう。権威的に語っているのは誰なのか。誰の物語が語られているのか。誰の言葉が大切なのか。こうした問いは「あなたの虚構は歴史になります」と刻まれたギリシア彫刻の粉砕された顔を描いた作品のように、クルーガーの作品にまといついている。「旗」の掲揚などを描いたいくつかの作品においては、次のような問いが(アメリカ国旗の形のなかに配されて)ずばり提示されている。「法の力は誰に及ばないのか。売り買いされているのは誰なのか。誰に選択する自由があるのか。誰が刑期をつとめるのか。誰が命令に従うのか。誰がいちばん大声で祈るのか。最初に死ぬのは誰なのか。最後に笑うのか誰なのか」。

クルーガーの批判の多くは国家権力に向けられているが、この場合の権力(power)というのは無数の「場」や制度(たとえば、家族、教会、学校、メディア、市場)のうちに散在する(権)力という、はるかに広い意味で理解される権力――すなわち、ルイ・アルチュセールがイデオロギー的国家装置といみじくも呼んだもの――、そしてそうした権力の作用媒体となる言説(たとえば、道徳、宗教、知識、ニュース、広告)の一部をなすものにすぎない。こうしたさまざまな場は、互いに強化し合い全体を補強する社会的統制・支配の連動的なネットワークの一要素としてみなされなければならないであろう。ポストモダン期のアメリカにおいては、われわれの生活のほとんどあらゆる部分に浸透し占拠するような比類なき力を帯びた市場こそがそうした強力な権力の最たるものと言えるかもしれない。「市場の外部にはなにもない」とか、自分は「権力と金《かね》の速度によって形づくられる瞬間から成る身体を通じて生き、語っている」というクルーガー自身の感覚は、彼女の作品の形式にも内容にも反映されている（Mitchell 1991: 435）。彼女の諸作品を取り囲む赤いフレームは、それらが商品＝日用品であることを告げ知らせる意図を有している。実際それらは商品梱包的な図案なのだ。芸術批評家アミーリア・ジョーンズが示唆しているように、「クルーガーの作品は「誘惑したり、混乱、躊躇させたり」という商品戦略を真似ることで機能している」（1991: 158）のである。

注目すべきことであるが、クルーガーの作品はまた消費者広告の空間――広告板、バス乗り場、ポスター、ブックマッチ〔二つ折りのはぎ取り式マッチ〕、帽子、Tシャツ――にもよく見かけられる。このような広告場所は不可避的に場《サイト》それ自体という問題に送り返され、「公共的な」空間とはどういう意味か（また、「公共的」と「商業的」は同義であらねばならないのか）、誰がそのような空間の配置を決定するのか、政治的闘争の空間はどこにあるのか、といった問いを提起する。このような問いはクルーガーの作品を理解するためばかりでなく、われわれのポストモダン的な空間性を理解し、それがグローバルな商品的資本主義の力によってどれほど変化をこうむっているかを見定めるためにも決定的な意味をもっている。商品的資本主義の（権）力の大きさは、クルーガーの爆発する家のイメージ（そこには「あなたのお金がものを言っています」というコメントが付されている）や、これもまたぼんやりしたズボンを履いた脚と男性用の礼装靴のイメージ（その上には「ビジネスをするあなたが歴史をつくります」という説明文が踊っている）によって暗示されている。

クルーガーの「反‐広告《アンチ・アッズ》」（anti-ads）は、市場メッセージの土台をなす仮定事項や隠された問題事項を暴露することで、われわれがそうしたメッセージを疑念なく受け容れてしまうことを阻止する狙いをもっている。見るもおぞましい不格好なドナルド・ダックのような縫いぐるみの写真には、「私を買ってくださるなら、私があなたの生活を変えてさし上げましょう」という説明文が添えられている。また、「われ買う、ゆえにわれあり」と書かれた業務用名刺を差し出す手のイメージは、デカルト的な自我の定式を思い起こさせ、消費する製品によって自己のアイデンティティを規定するようわれわれに仕向けるうえで広告がいかに大きな力をふるっているのかを暗示している。芸術の世界もまた、このような蔓延的表象のシステムに巻き込まれている。芸術作品は長い間、特定のイデオロギーやその考え方を「広告＝宣伝」したり、それに正当性を与えることに利用されてきた。つまり、芸術もまた日用品なのだ。クルーガーのスローガンの一つ（腹話術人形の顔を横切るようにして書かれたスローガン）には次のようなものがある。「私は文化という言葉を聞くと、私の小切手帳を取り出します」。そして、人形の口元には小さな文字でこう書かれている。「私たちはあなたの言葉を大声で口にします」。

表象の権力に対するポストモダン的な批判の一つにジャン・ボードリヤールの議論があるが、それによると、ポストモダンの時代は「シミュラークル」、すなわち現実的なものに取って代わる――現実的なものの代役となったり、現実的なものとして機能する――イメージの崇拝といったものをもたらしたことになる。クルーガーの多くの作品はそうした特異なイメージ形式、つまりはステレオタイプに対して向けられている。その機能はその他のイメージの場合と似ているが、ステレオタイプはわれわれを社会的主体として形成したり、われわれ自身および他者に対する思考・反応を構造化するうえでとりわけ強い影響力を有している。それは、既に決定されてしまっている主体の特異なあり方――自分のものとして「認識」し、受け容れることを要求（あるいは強要）されるというあり方――を示唆することで、ルイ・アルチュセールがイデオロギー的国家装置に関する分析のなかで言及した主体への社会秩序側からの「審問＝要求」（interpellation）、「呼びかけ」のプロセスに光を当てるものと言えるだろう。われわれはこうした「呼びかけ」ないしは話しかけに応じることで、社会秩序のなかで規定＝指令された役割——勤勉な労働者、従順な妻、法律を守る温厚な市民、敬虔な崇拝者、忠義な従者、等々——を引き受けているのである。

数多くのクルーガー作品のメッセージは、そうした「引き受け」のほとんどが誤った認識形態を現出させているとほのめかしている。たとえば、あるメッセージは「あなたは間違ったアイデンティティによって生かされています」と非難し、またあるメッセージは「私たちはありもしない人格たちのコーラスをつくりだしています」と主張している。つまり、これらの作品は見てもらいたいものを「提示」し、そうでないものを覆い隠してしまう権力の道具としてのステレオタイプやその機能に注意を促すことで、こうした審問＝要求のプロセスを阻止しようと試みているのだ。「クルーガーは鑑賞者の動員を提案している」と批評家のクレイグ・オーウェンズは述べている（1984b: 104）。こうして動員された鑑賞者は、意図的操作に操られたステレオタイプ的なメッセージやイメージの意味に「抗して読む」よう促されることになるであろう。クルーガーは初期の連作において、牧場主の家、しとやかに組まれた女性の手、ベッドの上で縮こまっている女性の写真に、それぞれ「容器」、「完璧」、「伝統」という言葉——いずれもこうした馴染みのイメージに対するわれわれのプログラム化された解釈を拒絶する言葉——を貼り付けることにより、そうした抵抗する読みのモデルを提示している。

われわれが自他のイメージを決する際に働く視覚的な表象の力は、ポストモダン的批評＝批判の重要な焦点でありつづけてきた。クルーガーはみずからの仕事が「ある種の表象を突き崩し、女性鑑賞者を男性鑑賞者のなかに受け容れるための一連の試み」（Squiers 1987: 79）であると幾度か述べている。クルーガーの仕事にはジェンダー的役割——社会によって与えられる、何が「男性的」であり、何が「女性的」であるかという規定づけ——という問題が絶えずつきまとっている。作品のなかには男性性の構築を批判しているものがいくつかある。たとえば、もっこりした二頭筋を見せびらかす少年に感心する少女のイメージには、「私たちには別のヒーローは必要ありません」というスローガンが重ね書きされている。クルーガーの批判は、男性性というものが男性集団の間でどのようにして取り決められているのかという問題にまで及んでいる。たとえば、友愛団体の抑圧された同性愛的欲望は、次のような言葉が添えられた大騒ぎをする友愛仲間たちのイメージによって暴露されている。「あなたは他の男たちの肌に触れることができるような複雑な儀式を編み出しています」。

しかしながら、ジェンダーの役割に関するクルーガー作品の大半は、女性の主体性構築に焦点を合わせてきた。彼女の最もよく知られている作品の一つは、二枚の葉っぱで完全に目を覆い隠された女性の顔のクローズアップである。そして、そこにはこう記されている――「私たちはあなたの文化に対し、自然をちらつかせるようなことはしないでしょう」。この作品は、〈西洋〉思想およびプラトン以後の哲学を構造化してきたジェンダー的二項対立――女性は自然と結びつき、男性は文化と結びつく、という考え――を喚起させるものの一つと言えるだろう。このような二項対立図式は女性を男性に従属するもの、男性的自己にとっての「他者」として位置づけ、現前／不在、思考／感情、主人／奴隷といったヒエラルキー的な対立においてより重要度の少ない否定的な側と結びつけてきた。動物の顔に変じようとしているクルーガーの女性の顔のイメージには「私は私があなたに意味しているものにはならないでしょう」という言葉が添えられているが、このイメージは長く続いてきた父権制の歴史に対するフェミニスト的な応答を示唆しているであろう。

とりわけ芸術において、そして最近では映画・写真・広告において目につく〈西洋的な〉視覚表象システムの内部では、「視線」(gaze)は一般的に男性的なものとしてコード化されてきた。女性は対象であり、視線の主体ではなかった。つまり、女性は観客ではなく見世物だったのだ。このような考察は、横臥した女性の顔を写し出したクルーガー作品の一つに反映されている。この女性は、一人の男に愛撫され見つめられながら目を閉じているのだが、その男の姿はちらっとしか見えない。そして、このイメージを横切る遮断棒のような平行線の間には「私たちは恥をさらされています」という言葉が覗いているのである。視線はそれ自体が一つの権力形式である。視線はある意味で見る者の参照枠内に対象を固定・凍結させる。これはクルーガーが坐り屈み込んだ女性の影絵イメージによって繰り返し打ち出す観点である。そこに登場する女性身体の輪郭線は背景となる強固な鉄格子に釘でしっかりと留められ、そこを横切るように「私たちは動かないようにという命令を受けました」という言葉が踊っている。クルーガーの芸術実践が生涯を通じ目指した最も重要な目的は、無数の形態をとるわれわれの表象がわれわれを形づくり、ついには幽閉してしまうことになる諸々のメカニズムを暴き出し、そうすることで、われわれをそうしたメカニズムの暴政から解放することであったと言えるだろう。

33 トマス・クーン Thomas Kuhn 1922-96

科学的認識論とポストモダニズム

アーカディ・プロトニツキー

トマス・クーン（一九二二—九六年）は、ポストモダニストだとしても、せいぜい、不承不承のポストモダニストといったところだろう。彼は、われわれが少なくともその思想をポストモダニズムと結びつけるが、（デリダ、フーコー、イリガライ、ドゥルーズ＝ガタリなどのように）本人が知ればその関連づけに反発を示すと思われる重要人物たちの一人なのだ。おそらくその主な原因は、これらの思想家たちがポストモダニズムという言葉を、ポストモダニズムそのものによって濫用されている（彼らから見て）者も含めて、自分たちの思想と違い、ときとして対立する多くの者に用いていることである。こうした考え方や彼らのときとして苛烈なポストモダニズム批判には、十分な理由がある。そのため、「ポストモダニスト」という用語を彼らの思想にたいして使用するにあたっては、細心の注意を払ってかかる必要があるのだが、現実に批評家たちはかならずしも十分な注意を払っているわけではない。だが、私は彼らをポストモダニストと呼ぶのはけっして見当違いでない、と主張したい。また、これらの思想家のなかには、自分たちの思想のポストモダニズム的な適用と意味合いをはじめとして、ポストモダニズムの思想や文化のなんらかの局面を十分に理解していない者がいる、ということも主張したい。とりわけ、クーンの場合のように、自分の思想がその思想と対立するかたちで用いられるときには、この傾向は顕著である。こうした事態は驚くにあたらず、また、これらの思想家の側の誤解や思想上の矛盾という問題でもない。そうではなく、事態は、ポストモダニズムやポストモダン的状況などと呼ばれるもの全般に見られる、根本的かつ修復不能の異種混淆性に固有の一貫性の不在――単一のあるいは全体化する統一性からの離脱――といったたぐいのものと見える。（さしあたってという断わりつきであるが、哲学や芸術、政治思想などに見られる哲学的思想を指して用いられる「ポストモダニズム」〔postmodernism〕とわれわれの生きる時代の文化の謂にほかならないポストモダンの文化を示す「ポストモダン的状況」〔postmodernity〕という語を、そして、それらから派生する「ポストモダニズムの」〔postmodernist〕と「ポストモダンの」〔postmodern〕という形容詞を区別することが有用となるかもしれない。）だが同時に、この手の異種混淆性は、ラディカルな哲学思想とポストモダニズムの関係を許容するものとなる。その明白な例が、明らかにポストモダニズムに属するとともに、哲学的にはクーンやいま触れた人たちに近いジャン゠フランソワ・リオタールだろう。

このように、クーンとポストモダニズムの関係はたしかに複雑かつ両価的だが、恣意的ではなく、論理的かつ不可避的なものである。そればかりか、クーンとポストモダニズムの中心的概念は、共通の系譜――（ポスト）ダーウィン生物学と量子物理学のラディカルな認識論の両者――にもとづいている。クーンが科学史・科学哲学の領域に鞍替えする前に物理学の博士号を取得しているという事実は措くにしても、彼において生物学と物理学の関係は偶発的なものではない。科学がもっとも決定的な役割を演じていることは間違いないにしても、現代の生物学と量子物理学のほとんどの重要人物の思想には、十九世紀から二十世紀初頭にかけての哲学や文学、その他の芸術の原型的ポストモダニズムの様相にその淵源を見いだすことができる（さらに、エルヴィン・シュレディンガー〔一八八七―一九六一年。オーストリアの物理学者〕やマックス・デルブリュック〔一九〇六―八一年。ドイツの生物学者、物理学者〕のように実際に両方の領域で活躍した科学者もいる）。逆に、進化論や遺伝学、量子物理学、現代の数学や科学における中心的新領域が、クーンや先述の人びとにたいする重要性は、新しい数学と科学の現代の知の歴史にとっての重要性を考えてみれば、驚くにあたらず、また疑いを容れない。クーンは、もっとも有名な著書『科学革命の構造』（1962）の出版と同時期に、オーゲ・ニールス・ボーア〔一九二二年―〕。デンマークの物理学者）をはじめとする量子力学の創始者たちと対話を行なっている。こうした対話は、クーンの思想やその後の著作に多大な影響を与え、それらをラディカルなポストモダニズムの認識論に近づけるのに一役買っていると思われる。だが、これらの領域のクーンの思想と著作にたいする関係を説明する前に、まず彼の思想と著作に見られる中心概念を概観しておくことにしよう。

クーンは、自身の領域である科学史・科学哲学においてさえも、革命的存在となるのを潔しとしなかったようだ。彼は、（いかに厳正にであれ）独自の革命的概念を提出しようという希求よりも厳正な研究によって、本人の意図とは裏腹に、科学史（進化したものであるにせよ、革命的なものであるにせよ）についての見解に到達したと思えるのだ。皮肉にも、事態は一九〇〇年に量子力学を発見したマックス・プランクの場合と酷似している。プランクも、本人の意図と裏腹に、それまで波動のように連続的なものと思われてきた光を不連続的な性質をもつものと考えることを余儀なくされたのである。さしあたって、彼の発見とそれに関わる経緯、さらには量子の挙動について単純化して説明するが、量子の挙動についての彼の量子力学的な理解は、彼自身にもその他の量子力学の創始者たち――アインシュタインやシュレディンガーも含めて――にも受け容れられるものではなかった。この問題は、クーンの名著『黒体理論と量子の不連続性、一八九四―一九一二年』（1978）にみごとに分析されている。同書には、科学史における連続性（進化）と不連続性（革命）の関係に関する重要な新しい洞察が含まれており、それによってクーンはますますポストモダニズムの認識論に近づいている。クーンの洞察とポストモダニズムの両者において連続性と不連続性の関係が問題となっているのは偶然のことではなく、両者のあいだに見られる共通の系譜の一部をなすものとなっている。

それでは、クーンの現代科学論を規定するものと、それを革命的にしているものは何か。彼が提出した概念のうちもっとも知られているのは、科学革命の過程における「パラダイムの転換」――科学における従来（「通常」）の発展を統御する概念の、根本的にして不連続的な変容――と、異なるパラダイムどうしの（両立不可能な）関係を規定する「比較不可能性」である。クーン自身が認めているように、彼の「パラダイム」という用語の用法は一定しない。彼の著作には「パラダイム」という用語の二〇を超える（異なった）用法が見られ、彼は、そしてわれわれの（つまりポストモダンの）文化もそうだと付け加えてもよいのだが、パラダイムという言葉を溺愛している、ということが指摘されている。だが、こうした多様な用法は矛盾しあうものでも恣意的なものでもなく、ある程度は必要なものだとさえ言える。そのいくつかを見てみよう。『科学革命の構造』の冒頭で、パラダイムとは「科学研究において一貫性ある特定の伝統を生みだすモデル」と定義されている（Kuhn 1996: 10）。だがそのあと、これは、はるかに広範な文化上の定義に拡張される。「専門科学者の共同体の成員が共有するもの」であると同時に、「逆に、専門科学者の共同体は一つのパラダイムを共有する男性たち《メン》［女性たちもということだろう］から構成される」というのだ（1996: 176）。しかしながら、この本のなかで「パラダイム」という用語は、もっと狭いが、クーンにとってはときとしてより重要な意味で使われている。たとえば、科学者の特定の領域における科学的（「パラダイム的」）な理解や実践を展開させる「集団の態度決定の布置」や「学問母型《マトリックス》」、「共通の模範」などといったものを指して用いられるのである。実際、クーンは、この狭いほうの意味の提出を、この本における、まったく理解されていないがもっとも意味深い貢献と考えている（1996: 187-91）。クーンはまた、両立不可能性という概念が説得の可能性や、一つのパラダイムから別のものへの（最終的な）移行などといったものにどの程度適用されるのかを明敏に察知している。この点で、彼の思想は、よりラディカルかつ包括的、そして最後に効果的な「両立不可能性」の概念に到達することができない。大雑把にいって、科学の過程そして／または進歩に関するクーン以前の見方は、（概してであるが）連続的発展という概念に依拠していた。この発展の過程にあって、科学的事実や理論、方法などは、「科学的な技術と知識を構成する、つねに増えつづける蓄積に、単独でまたは複合的に付け加えられる」とされる（1996: 2）。言いかえれば、この見方では、こうした発展は、たとえ多様性をもつにしても、同一のパラダイムのなかで、あるいは両立可能な複数のパラダイムの組合せのなかで、起こることになる。この過程にあって、理論も、理論の一部も、当然のことながら、実験によって「ポッパー的」な反証主義の概念どおりに修正あるいは破棄されることがある（カール・ポッパー自身の考え方はこれほど単純ではない）。この手の理解（もちろんさまざまなヴァリエーションがあるが）は、とくにリオタールが（たとえば、彼がモダン的状況の「メタ物語」と呼ぶものと関連させて）考えるような近代的な啓蒙の時代の思想の相関物にして産物である。それと対照的に、クーンの「パラダイム転換」論は、統一的な図式や唯一のゴールへの前進などといったものを求める啓蒙主義的なノスタルジアをもたずに、科学的知識の歴史に関するはるかに複雑で動的な視点を導入する（当然のことながら、進歩というものには地域的形態があるのだ）。われわれは、クーン思想との類似や共鳴を示す「ポストモダニズム」の重要概念として、フーコーの「認識論」やリオタールの「抗争《ディフェラン》」（たぶん両者ともクーンの影響を受けているのだろう）などを挙げることができる。

これらは、ポストモダニズムという文脈では、一般論としても個別論としてもきわめて重要な概念である。だが、クーンの洞察は、より本質的かつ安定的に彼をポストモダニズムの哲学と認識論に結びつける、より基本的なほかの二つの要素の、結果ではないにしても、それらと相関するものと見なければならない、と私は論じたい。

この二つの要素の一方は、科学の発見や実践における偶然性の役割という、ポストモダニズムの地勢のあらゆるところで決定的なものとなっている概念である。究極的には、偶然というものにたいするクーンの理解は、量子理論や、もっと目立たぬかたちでではあるが、ダーウィン以降の進化論と遺伝学において見いだされる偶然性の概念の根本的な限界にまでいたっているのである。

第二の要素は、より本質的なレヴェルで、科学の決定と、リオタールの（科学と科学的知識にたいする彼の理解にとって決定的なものとなっている）言葉を借りれば「科学の認知」ということに際して文化がはたす、補助的ではなく本質的な役割である。文化のこうした重要性の認識によって、クーン思想は、文化にはせいぜい補助的な役割しか認めずに、重要な役割は自然だけがもつとする実在論的な味方と対照的な、「構成主義的」思想と規定されることになる。クーンやその他の構成主義者たちの理論において文化がはたす重要な役割は、量子物理学の実験データの構成において観察や測定の技術に与えられた、これもまた補助的にはとどまらずに、無視しえない本質的な役割に対応するものだと言うことができるかもしれない。ボーアによれば、こうした文化の重要性にたいする認識が、究極的には、量子力学のそのほかの重要な（「奇妙な」）特徴と、そのラディカルな――原ポストモダニズム的な――認識論を生み出している、ということになる。こうした議論はクーンにとっておなじみのもので、私の主張では、彼の思想に大きな影響を与えている。

クーン的な偶然性の概念やそのほかの重要概念――不連続性、パラダイム転換、両立不可能性など――を生み出し、その科学的知識に関する先行理論との訣別を余儀なくしたのは、こうした文化の重要性の認識であったと論じることができるかもしれない。クーンがこの問題を極限まで推し進めたわけではないにしても、（上に見たように）たとえ狭めたものであれ、パラダイムや、パラダイム転換、パラダイムの両立不可能性などといったものは、文化という重要な枠組みの外では厳密に考慮することはできないものなのだ。しかしながら、究極的には、状況は、量子力学における観察技術や偶然性、文化などといったものの役割を含めたさまざまな要素のあいだの複雑な相互関係に規定されると考えるのが最善である。一くくりにして効果と見なされる、これらすべての要素の有効性とその相互関係は、それらのどれによっても、究極的には、現在あるいは今後われわれの手に入れることができるあらゆる手段によっても、わからない、ということは（ふたたび量子力学の技術の認識の場合と同様に）理解可能だ。こうした見方がもっともラディカルな状況認識ということになる。だが、クーンは、後期の思想でこの見方に近づいていたとはいえ、このように状況を見ていたわけではなかった。しかしながら、こうした見方は、ドゥルーズ、フーコー、リオタールには精確なところ当てはまらないにしても、たとえばニーチェやバタイユ、ボーア、デリダ、ド・マンのようなほかのラディカルな思想家たちに帰すことができる。

クーンはせいぜいのところ条件付きの実在論者であるにすぎなかった（とくに晩年には）が、その一方で、彼を構成主義者と呼ぶ場合にも留保条件をつけなければならない。彼は、科学の決定と認知における自然（つまり人間の知性）と文化の関係を、より複雑（従来の科学史に比してのことだ）だが、より相互的、対称的なものと想定することを余儀なくされているのだ。この複雑さは文化の重要性を減じるどころか、文化をより複雑な経済のなかに位置づけることになる。いくつかの点で、この見方は、たとえばデイヴィッド・ブルアの一派らによる伝統的な社会的構成主義や、クーン、ポール・ファイヤアーベント、イムレ・ラカトシュやそれ以前の思想家、とりわけルドウィク・フレックの仕事の影響で洗練された、関連分野の科学研究動向よりも、最近の構成主義の流れに近いものである。実のところ、これらの思想家たちの方法が厳密な意味で「構成主義的」（つまり、自然の役割を完全に棚上げするもの）であることはめったにない。だが、重要なのは、科学の決定と認知、社会的構成と社会外的構成、構成主義（社会的なものであるにせよ別タイプのものにせよ）と実在論をはじめとするさまざまなタイプ（よりラディカルなものを含む）の非構成主義、などといったもののあいだのバランスの違いである。クーン思想をはじめとするさまざまな思想の（認識論上の）ラディカルさを最終的に決定しているのは、このバランスなのだ。

クーンは、『科学革命の構造』の結末で、類比が「行きすぎとなる」可能性を指摘し（これは明察だ）ながらも、ダーウィンの進化論を「科学的概念の進化」の重要なモデルとして、いやそれどころか「ほぼ完璧な類似物」として提示している（1996: 172）。この類比にもとづく彼の議論は、重要な一九六九年の日本語版への「あとがき」における相対主義に関する議論の肝心なところにふたたび現われる（1996: 205-6）。クーンは、ダーウィンの説の「もっとも重要」で、かつ多くの者にとって「もっとも不愉快だった」点は「目的論的な進化観の放棄」であったとしている。というのも、『種の起源』は、神や自然によって定められた目標を認めなかった」からである（1996: 172）。ダーウィンの場合と同様に、クーンをはじめとするラディカルな科学史家たち（あるいはポストモダニズムの主要思想家たち）は、科学に進歩があること自体を否定してはいない。彼らは、この進歩が特定

（単一）の目標に向かってのものだということ、さらには一つの道筋に沿って進むものだという考え方に疑義を呈している――それどころか否定することもある――のである。だが、伝統的な科学観と知識観を信奉する者たちからすれば、この見方は、進歩なるものの全面的否定よりも不愉快かつ気に障るものであった。進歩などというものはないというのであれば反論は容易であり、また、さきほど概略を示したばかりのラディカルな視点からみて問題をはらんだものとなるからである。（この後者の論点は、批判者であれ称讃者であれ、ラディカルな思想について論じる者にしばしば見落とされている）。進化（生物学上のものであれ、科学全体のそれであれ）は連続性と非連続性の複雑な絡み合いによって起こるものであり、その過程で偶然性がはたす役割は過小評価することができない重要なもので、目的論の棚上げに大きく貢献するものとなっているのだ。同様の見方が、古典物理学のような因果論的あるいは実在論的な分析が不可能である量子物理学と、この両方の科学的理論の影響を受けているポストモダニズムの認識論の多くをも規定している。さらに、この見方は、統一的な「大きな物語」や「メタ物語」を信じないで棚上げするという、リオタールによるポストモダニズム（そしてポストモダン）の感受性の定義と同様に、進化の環を局所化し（「歴史的な」ものとし）、それによって同時に、われわれの知識の物語構造をも局所化する。

究極的には、この見方に含意されている偶然性にたいする理解は、新しい領域に達している。少なくとも、量子物理学と生物学、ポストモダニズム哲学のすべての分野におけるラディカルな方法論においては、そうなのである。実際、ここに含意されている偶然性の理解が、ニーチェや、ブランショ、ラカン、ドゥルーズ、ド・マン、デリダなどの仕事に見られる、二十世紀的な偶然性理解を規定していると言うことができる。われわれは、こうした理解をポスト古典主義とも非古典主義とも呼ぶことができる。（すべてのポストモダニズム的理論がこうした偶然性理解を支持するわけではない。とりわけ、同様の意味においてラディカルな非因果論とは言えない、カオス理論に依拠したり訴えたりする者は、この理解を支持しない。）

古典的な考え方では、偶然は、より精確にいえば偶然と見えるものは、関連する力の全体像と、そして、それゆえ、法則性をもたない偶然の出来事の陰にあると想定される法則性（さらには実際上は得られない）に関する知識が不十分であることから生じるものとされる。もしこの全体像が得られるようになれば、または理論上は得られるものと見なすことができるようになれば（実際にはどうしても得られないかもしれないから）、出来事の偶然性は消え去ることになる。そうすれば、偶然性とされたものは、原理的には人間、あるいは少なくとも神には計算できる、力の絡み合いの産物であるということになる。古典的な数学や科学の理論、さらには古典哲学の蓋然性理論のほとんどは、こうした考え方にもとづいている。実際上、われわれは偶然の出来事の部分的で不完全な情報しか得ることができないが、それでもそうした出来事は背後にある必然性の完全な構造によって決定されている、という考えがその前提となっているのだ。この完全な構造というものは、全体がというだけでなく部分的にも、認識可能かどうかはわからない。そのことによって、こうした理論は、関連するシステムの挙動に関して、精確な予測を、そしてカオス理論の場合には統計的な予測すらも、許容しえないという点で、非決定論的ということになる。しかしながら、必然性を前提とすることは、古典的、さらに特定すれば近代的な見方を因果論的、実在論的なものたらしめている必要不可欠な要素である。対象を理論上も実際上も記述したり近似的に示したりすることがわれわれにできるにせよ、できないにせよ、対象となるものは原理的に独立した存在としての特徴をそなえているという前提が、実在論的な諸理論のもっとも包括的な説明となる。量子物理学に先立つ、偶然性と蓋然性に関するあらゆる科学的議論と——さらに、量子物理学以降のそうした科学的議論の多くも——、偶然性に関する哲学的理論のほとんどは、いかに複雑かつ精緻であるにせよ、いま説明したタイプのものなのである。それらは、すみからすみまで決定論的というわけでないにしても、実在論的で因果論的なものなのだ。

偶然性や現実などといったものにたいする非古典的な理解（究極的にはこうした概念の使用が不可能であることを含意するものである）は、本質的に違っている。非古典的な偶然性とは、実践においても（この点ではすでに説明したように古典的な偶然性と同様かもしれない）、理論においても、還元不能なものである。その理解では、実際上も原理上も、われわれが入手できる知識で、偶然性を排除し、そのかわりに必然性を導入できるものはないということになるのだ。また、こうした（因果律的なあるいは法則的な）経済を（神にも人間の集団にも個人にも）知ることができないものと仮定することもできない。それ自体として、われわれの営為の外部に存在しているものと見なすほかないのだ。この留保条件は決定的な意味をもっている。というのも、先に説明したように、古典的な偶然性理解のいくつかの形態は、この手の（実在論的な）仮定を許容しているからだ。対照的に、われわれが量子物理学で出会うような非古典的偶然性は、認識可能のものであれ、認識不可能のものであれ、いかなる必然性にも還元することができない。ボーアによれば、「そうした状況のもとで蓋然性の法則に訴えることは、目的において、統計的所見を構造的にきわめて複雑な機械的システムの性質を説明する実際的な手段として適用するというおなじみの手続きとは、本質的に違うと理解することがこのうえなく重要だ」という。彼はこれにつづけて、ポストモダニズム認識論の極限的にラディカルな定義として採用できそうなすばらしい言葉を記しているが、クーンはそれをよく知っていたはずだ。「実際のところ、量子物理学において、われわれは、こうした複雑さではなく、古典的な概念の枠組みが基本的［つまり量子的］過程の……顕著な特徴を許容できないという事態に遭遇する」と書いているのだ（Bohr 1987, 2: 34）。だが、統計的予測がこうした条件のもとで可能である理由は（永遠に）説明不可能でありつづけるだろうが、間違いなくそれは可能であり、大きな有効性をもつのだ。究極的には、ボーアによれば、われわれはここで「従来の自然哲学的な視点の、量子力学で扱うタイプの物理的現象の合理的な説明としての不十分さ」に遭遇しているということになる。実際、量子力学は、「古典的な因果関係の概念の最終的放棄と、物理的現実の問題への態度の根本的転換」、そして最後に現実なるものの古典的概念と、のみならず、ありとあらゆる現実概念の放棄を余儀なくするものなのだ（Bohr 1983: 146）。このことが、ポストモダニズムの認識論にも、量子物理学とわれわれの科学と文化にたいする理解の両者にたいするクーンの見方にも当てはまるものである、と私は主張したい。実際クーンは、一九九二年のハーヴァード大学におけるロスチャイルド講演で、同様のことを述べている。「強調しておきたいのだが、私は科学が到達できない現実があると言っているのではない。私の論点は、科学哲学でふつうに通用してきた、現実の概念は意味をなさない、ということなのだ」。

クーンの考えるような科学の進化あるいは革命の場合、こうした認識論的状況は、すでに論じたように、科学における文化による決定や認知の絶対性や自然と文化の相互作用の複雑さと相関するものである。しかしながら、いままでは、物理学や生物学における「自然そのもの」(現今の状況のもとでそのような概念が可能であるかぎりにおいてのことだが)が、こうした複雑さの部分的なモデルを提示するにいたっている(生物学においては、量子レヴェルの構造にまでいかなくとも、そうしたものに遭遇できることは注目に価する)。物理学と生物学は、リオタールにとっても重要な参照枠である。実際、彼の『ポストモダンの条件』における批評的あるいは脱構築的議論は、次のようなものなのだ。自然や数学をモデルとして人間の文化を理解しようというなら、自然(あるいは科学)や数学がわれわれに教えてくれることにより注意深く耳を傾けたい気持になって当然である。すると、それら(とくに量子物理学やカオス理論、代数・幾何、ポスト-ゲーデルの数学論理)は、まったく違った——ポストモダン的、あるいはさらにラディカルな——メッセージを発するものと見えてくる、ということなのだ。

ここで、現実と構成主義の問題をもう一歩つっこんで論じておきたい。その問題に、クーンとふつう構成主義に関連づけられるほかの見解の両者を射程におさめることができる、広い構成主義の定義をもって臨むことにする。この定義によれば、ニュアンスの違いを忘れてはならないが、ほとんどのポストモダニズム的認識論が構成主義的ということになる。近年、構成主義的な諸概念がさまざまな領域で無視しえない影響力をふるってきたが、なかでもその影響はブルアからブルーノ・ラトゥールにいたる科学史、科学哲学(あるいは科学の社会学)の領域で顕著に見られる。こうした考え方が、ポストモダニズムとポストモダンの文化における重要な要素となってきたのである。

構成主義においても、ポストモダニズムにおいても、現実そのものの概念をはじめとする、現実についてわれわれがつくりあげるさまざまな概念がどれほど現実的であるか、ということが問題になっている。つまり、現実をめぐる諸概念が、実際に存在するものにたいして、ただ単に反映するということではなく、どの程度精確に対応するのか、ということが問題となっているのだ。こうした問題の提起は、われわれが、世界にたいするわれわれの関わりと見方とは独立であるはずの現実の世界についてなんらかの点を確証することができる、ということをなおも前提としている。このような仮説を実在論《リアリズム》と呼び、その仮説にたいして根本的な疑問を投げかけ、しばしば否定さえするのが構成主義である。しばしば後者は、相対主義と、つまり世界にたいするわれわれの理解はわれわれ独自の世界との関係のあり方に規定されるという（クーンにも見られる）考え方と手をたずさえている。われわれ独自の世界との関係のあり方や世界にたいする見方は、当然ながら、別の世界観をもつ人びととの、われわれ独自の関係のあり方や「交渉」に影響を受けている。こうした（相対主義的な）見方では、われわれが共有する（客観的に共有するということになるのだろうか）世界はこうした交渉の産物ということになる。しかしながら、この理解は、たがいに絶対的に両立不可能な見方の並存の余地を残すことになる。構成主義者も、ポストモダニストも、概して（実はもっとラディカルな見方もあるのだ）、世界が存在したり、実体をもち、その意味で客観的なものであることを否定しはしない。また、われわれが存在しなくなり関係をもたなくなってしまっても、世界は依然として存続することも否定しない。彼らが疑問を投げかけ（否定しさえする者もいる）のは、世界が、そうしたわれわれと世界のあいだの関係や交渉とは独立した性質をもつという（実在論的な）主張である。というのも、構成主義者たちの主張によれば、そうした定義そのものも不可避的にそうした関係と交渉の影響を受けているからだ。つまり、実在論における世界や現実が独立して自己完結性をもつものであるのにたいして、構成主義の世界、そう言ってよければ、構成主義の「現実」は、われわれとこの世界の関係と相互関係をもつものであるのだ。ニールス・ボーアの量子力学的認識論に関する構成主義的な発言によれば、「物理学における新しい状況は、われわれが存在の大いなる演劇の観客であるとともに出演者であるという古くからの真実をあらためて強く想起させずにはいない」ということになる（1987, 1: 119）。われわれは、ただ世界を傍観しているのではなく、つねに世界を形づくり、さらには、われわれがこの世界に存在することによって、われわれの世界にたいする見方や感じ方をも形づくっているのだ。

このように概略を見てきた構成主義的な見方は、クーンの認識論も影響を受けている、ボーアによる量子力学の哲学と細部まで一致する。ボーアの認識論は、また、究極的には人間の認識のおよばないものをこのうえなく本質的に扱っている。この点で、ボーアは、そして少なくとも潜在的にはクーンも、多くの構成主義者、とりわけファイヤアーベントと袂を分かっている。というのも、ボーアにあって、量子の世界そのものはわれわれの認識や経験のおよばないものと見なされ、またそういうものとして扱われているからである。こうした理解は、全体の枠組みを根本的にそして絶対的に非実在論的なものとするのに決定的な要素となっている。それによって、構想可能なあらゆる現実概念も、このレヴェル——自然の究極の構成要素というレヴェル——では、無意味とは言わないまでも、適用不能となる。つきつめていえば、クーンは、ボーアの助けを借りて、ポストモダニズムのように非古典的な認識論が提示するものと同様に、受け容れるのが困難で、ある者たち（アインシュタインもその一人だ）には不可能でさえある、この種の概念に到達しているのだ。こうしてクーンにとって、表象と認識には、古典的な知識の機能との比較において絶対的な「欠落」があることになる。というのも、この領域では、到達不能であるにしても先立って存在していたり、可能であったりする認識や表象可能性というかたちでものを考えることはできないからだ。こうした認識の不可能性は、量子理論において決定的な要素である。だが、それは同時に、ニーチェやボーア、バタイユ、デリダの認識論や、さらには大目に見て、ハイデガー、フーコー、リオタールをはじめとするポストモダニズムに結びつけられるラディカルにして厳格な認識論と一致するものと見ることができる。

　こうしてわれわれは、クーンとポストモダニズムを結ぶさまざまな傾向をまとめ上げて、クーンをポストモダニズムの理論とポストモダンの文化状況のなかにしっかりと定位することができるところまできた。（総和不可能な）現在の文化のすべての調いであるポストモダンの文化状況は言うまでもなく、一口にポストモダニズムの理論と言っても複雑さをはらんだ現象である。さらに、ポストモダンの理論と文化状況は、たとえ異質なものどうしであるにしても、たがいに不可避的にかつ絶対的に結びついている。「ポストモダンの条件」（現在の文化を指している）と「知識についての報告」（この条件のもとでの知識のあり方の理論的検討）というリオタールの著書の標題と副題が、多くのポストモダニズム思想の特徴となっているこうした関連づけを端的に示している。実際、その本自体が、（それを補う他の著作もそうだが）全面的にその問題を追究している。そして、クーンの著作、とりわけ『科学革命の構造』に、同様の試みの要素、あるいは少なくともその反響を見いだすことができる。紙数にかぎりがあるので、クーンの著述とポストモダンの文化の関係にはほとんど触れることができない。だが、それは、（浸透している）パラダイム転換のレトリックから、近代科学とその社会との関係に関する、学術的なものも一般的なものも含めたさまざまな議論にまでおよぶ広範で無視しえないものである。しかしながら、結論として、いずれにせよこの関係を検討する際にきわめて重要な、クーンの思想とポストモダニズムの理論の関係を要約することにしよう。

　こうした視座から見て、ポストモダニズムの理論は、モダン的状況下の思想や文化を伝統的に規定してきた知識や意味、真理、解釈、コミュニケーション、物語などといったものにたいする見方への根本的な批判と見なすことができる。この批判を極限状態にまで推し進めたものが、先に概略を記したラディカルな認識論である。クーンと数多くの主要なポストモダニストたちが、こうした見方に到達するか、あるいは接近してきた。たしかに「モダン的なものにおいて、表象そのもののなかに［絶対的に？］表象することができないものを前面に押し出すもの」（1984: 81）と見なすリオタールのポストモダンの定義は、この認識論に関連し、依存している。リオタールがどこまで行こうとしていたのかについてたしかなことを言うことは、それよりはるかに難しいにしても。私はまた、リオタールのこの「定義」のいくつかの点、とくに、単なる認識論というレヴェルでのことではなく、表象の「欠落」にたいするわれわれの態度というレヴェルでのモダンとポストモダンの区別立てに関しては、触れないことにする。もちろん、最終的には、モダンとポストモダンでは認識論も異なっている、と私は論じたい。だが、一方、物語あるいは（ヴィトゲンシュタイン流の）言語ゲームを用いたリオタールによるポストモダン的状況とポストモダニズムの分析は、現在の問題点にたやすく関連づけられる。たしかに、リオタールとここで触れた人たちが、提示（あるいは表象）上の根本的な欠落を、根本的な、あるいは根本的に脱中心化された（つまり「ポストモダン的な」）複数性や異種混淆性——あらゆるレヴェルにおける概念や認識、言語、物語、文化などといったものにおける複数性や異種混淆性——と関連づけたことは正しい（クーンの「比較不可能性」もまたこの視座から眺めるのがもっともよい）。ポストモダニズムもポストモダン的状況もまた、こうしたものと切り離せないばかりか、それなしでは考えることもできない。これらすべての理論における他の主要要素——非連続性や偶然性、比較不可能性、より精確に言い直せば、連続性と非連続性の、必然性と偶然性の、比較可能なものと比較不可能なものの還元不能な交錯などといったもの——はみなこの認識論の相関物であるのだ。

ざっと概略だけを示したこの輪郭は、ポストモダニズムの全貌を網羅的に示すものではない。だが、それは、少なくとも認識論のうえで、ポストモダニズムとクーンの仕事の根底にあるものと関係してはいるはずだ。実際、どちらも、古典的な因果関係ではなく、そうした相関関係——それぞれポストモダニズム（的認識論）とポストモダン的（文化）状況に対応する異種混淆的な相関性と相関的な異種混淆性という関連——という見地から見るのが最善なのだ。

34 ジャック・ラカン Jacques Lacan 1901-1981

無意識は文学の法にしたがって作用する

ジェイムズ・A・スタイントレーガー

ラカンの仕事の特徴の一つは諸説混交性《シンクレティズム》である。現象学、言語学、人類学、理論数学といった多様な領域が精神分析と混交され、複雑で斬新なアマルガムを現出させている。そして、これと関連するもう一つの特徴は、多くの人たちの読みを頓挫させるラカンの悪名高い晦渋で暗示的な個人言語《イディオレクト》の存在である。こうした言語が出現する理由のいくぶんかは疑いなく彼の一貫した修辞的自己‐様式化に求められるであろう。もしもポストモダニズムがバロック的、さらにはゴンゴラ的と特徴づけられるようなスタイルをそなえているとするなら、ラカンはまさにその突出した典型的人物の一人と言えよう。とはいえ、ラカンにとっての言語とはまさに人間主体に統一性を禁じるような構造を有し、けっして満たされることのない欲望の運動を始動させるものに他ならないのだ。こうしたことは、分析者の役割は治療、教室いずれの場所においても強調されるべきものであり、けっして客観的公平さというヴェールの背後に身を隠していることではないという彼の主張とあいまって、寛大な読者が彼の難解さや自己‐様式化を啓発的なものと考えるよう促している。

ジャック・ラカンは一九〇一年に生まれ、精神医学を専攻し、一九三二年にパラノイアに関する学位論文により博士号を取得した。相対的にみて、彼の仕事には書かれた形のものがあまり多くない。主要なテクストは一九六六年に出版された論文集に取りまとめられ、『エクリ』(「書かれたもの」の意)という単純なタイトルが与えられた。彼の基本的手段であった口頭発表を逆照射的に喚起させるタイトルである。彼の教えのほとんどは一九五三年から八〇年にかけてパリのさまざまな場所で行なわれたセミネール――このセミネールは後援団体から二度にわたり放逐された――において練り上げられた。実際、ラカンの生涯は論議に満ちあふれている。一九五二年、彼は一群の精神分析学者たちをパリ精神分析協会から脱退させるのに手を貸した。その結果、国際精神分析学会はその離反グループ――フランス精神分析協会――のメンバーたちを除名する。ラカンの革新的、非妥協的なアプローチに対する制度側の反応とはそのようなものだったのである。ラカンは一九八一年に死去する。以上のような説明は、ラカンの歴史的な位置づけを行なうのには役立つかもしれない。だが、こうした伝記的な情報の有する説明力は、それ自体がラカン的な分析によって疑念視されてしまうことになるだろう。というのも、ラカンの分析は、固有名詞――この場合にはラカンという名前――は人を具体的な実体――その支えに対して諸性格が形成され固定されうると考えられる実体――に差し向けるといった考え方をはねつけてしまうからだ。固有名詞とはむしろそれ自体があらゆるシニフィアンの横滑りをもたらすシニフィアンなのである。ラカンとは誰だったのか？　かかる質問に決定的な答えを与えようとすることは、ラカンの教えの精神のみならず、（こちらの方がより重要で決定的なことなのであるが）彼の教える文字という考えを損なってしまうことになるであろう。

鏡、言葉、そして他なる何か――ラカンの提示する人間の経験の三局面

ラカン初期の仕事における重要な貢献は鏡像段階論を練り上げたことである。周囲の環境世界も自分自身の身体もコントロールすることのできない幼児は鏡（ないしは他者の姿）に映し出された自分の姿を見て、そこに未来の身体的統一性を約束するゲシュタルト（全体像）を目撃する。精神が疎外的な外部性によって構造化されていることがわかるのはこの瞬間である。身体的統一性のイメージは主体の外部にある。だが、そのイメージはそれ自体の内面化された相関物としての自我を形成するのに手を貸すのである。つまり、「私」とは本質的な主体＝主観的核を名指すようなものではない。それは別の何かとの同一化によって生み出される機能に他ならないのだ。

鏡像段階はラカンが欲求のパラドックスと考えているものを要約的に示している。つまり、みずからを完全に統一的なものとみなしたいと思うなら、主体は別の者がそう認識してくれるよう求めなければならない。だが、そうした要求は他の者への依存を確認させることにしかならないのだ。このような理由で、鏡像段階の約束と結びついた喜びは不可避的な攻撃性によって調整されることになる。こうした定式化にヘーゲル的な響きがあるとすれば、その多くは疑いなく『精神現象学』の主人と奴隷の一節から来ている。だが、ヘーゲルとは対照的に、ラカンの描き出す自己と他者の弁証法はもとにあった矛盾を解消するようなジンテーゼを受けつけない。鏡像段階は幼児が通過してしまえば背後に追いやられるような局面として理解されてはならない、とラカンは主張している。むしろそれは〈想像界〉として知られる人間的な経験次元の核を形成する構造でありつづけるのだ。語源が暗示するように、〈想像界〉は何よりもまず視覚的なものとして理解される。ラカンの思想が展開されるにつれ、対象や自己同一化に重きを置いた〈想像界〉重視の形は、言語によりいっそう大きな関心を向ける姿勢へとシフトしていくことになるだろう。

〈想像界〉という発想は、現象学によって最も大きな屈折を加えられたラカンの仕事上の局面から生まれたものである。一九五三年、ラカンは「精神分析における言葉と言語活動の機能と領域」と題する講演〔いわゆる「ローマ講演」〕を行なっている。これはラカンが精神分析にもたらしたいと考えていた言語学的転回を宣言するものであった。鏡像段階と同じく、〈想像界〉はけっして後ろに取り残されたものではないが、その優位性はその後、精神分析的な教えにおいても被分析者の治療においても退行を示すことになるであろう。ラカンはたとえば被分析者の〈想像界〉への訴えを空虚な言葉（parole vide）と呼んでいる。言語とは一体化したシニフィアンとシニフィエを取り合わせることであり、その価値＝意味は実体的・本質的なものというより差異のシステム内におけるそれらの位置によって形成されるというフェルディナン・ド・ソシュールの見解を敷衍しながら、ラカンは主体とそうした差異によって編成される諸構造との関係を追究することに精神分析の方向を切り換えている。

ソシュールに加え、ローマン・ヤーコブソンやエミール・バンヴェニストの構造主義的言語学やレヴィ＝ストロースの構造主義的人類学が、ラカンが〈象徴界〉と呼ぶものを理論化する上での試金石となっている。〈想像界〉と結びつけられていた対象や自己同一化という概念は、今や〈象徴界〉というもう一つの次元に関係するものと見られるようになる。実際、ラカンは〈象徴界〉を〈他者〉の次元と称することが多いが、彼がそれによって示唆しているのは語る主体にとって言語というものは常に外部的・異質的なものでありつづけるということなのである。ちなみに、被分析者が言語の他者性に依存している状態をみずから認識することを、ラカンは満ちた言葉（**parole pleine**）という言い方で表現している。

実は、ラカンがしばしば「フロイトへの回帰」と呼ぶものは、まず第一にこの精神分析学の生みの親が言語に重きを置いているテクストを分析することから成り立っている。つまり、ラカンはそうしたテクストを構造主義の言葉に移し替えているのだ。彼はこのようにソシュール言語学を参照することでフロイトの中心的な発見である無意識の概念を練り直したわけだが、そこにはむろん決定的なひねりが加えられている。$\frac{\text{シニフィアン}}{\text{シニフィエ}}$ というソシュールの基本的な対概念を採用しながらも、ラカンはこの対の両側は異質なネットワークに属しており、両者の結びつきはすべてが暫定的なものであると主張している。この異質性は言語記号の二つの相〔シニフィアンとシニフィエ〕を隔てる棒線《バー》（—）によって図式的に象徴化されている。ラカンはシニフィエないしは概念を強調するのではなく、逆にシニフィアン——あるいは彼がしばしば「文字」と呼ぶもの——の方がその特殊な法則によってシニフィエを条件づけると主張する。彼はそう主張することで、シニフィアンを無意識を形成し特徴づけるものとして表面に押し立てるのだ。この点に関する規範的な表現を引いておこう——「無意識は言語のように構造化されている」、そして「無意識は〈他者〉の言説である」。これら二つの表現は相補的なものとみなされねばならない。まず第一に、（〈想像界〉的な機能としての自我が常に存在するということを盾に、このような真実に対してどんな抵抗が示されようと）無意識とは主体のなかで語るものである。第二に、この〈他者〉の言葉は言語学的――さらに的確にいうなら、修辞学的――分析によってしか把捉することができない。〈他者〉はメタファーおよびメトニミーという比喩（ラカンがフロイトの「圧縮」と「置換」に代えて用いた用語。なお、この「圧縮」、「置換」という用語はともに夢が無意識を表明する際のプロセスと関係づけられている）を通じてその声を聴き取らせるのだ。メトニミーが示しているのは言説というシニフィアンの連鎖のなかで生じている欲望の根源的な持続である。つまりシニフィアンの連鎖は、この連鎖にそって欲望が絶えずその表現を換えていくことを許しているのだ。メタファーは徴候の構造を示している。一つのシニフィアンがもう一つのシニフィアンの代わりに用いられると、もとのシニフィアンは代わりに用いられたシニフィアンの隠れたシニフィエの位置に場を占めることになるからである。いずれの場合にも、〈他者〉の言葉を聴取可能にしているのはシニフィアンの相対的な自律性――シニフィアンとシニフィエは決定的な結びつきを有するものではないという事実――ということになるであろう。

以上のような分析法と関連し、ラカンは内容（男児の性的欲望処理、去勢不安、母親への断念と父親との自己同一化といった物語）から構造・形式へと視点を移す形でオイディプスの物語を再定式化する。その結果、それまで現実的な父親と考えられていたものは、言語を獲得する以前から子供の位置定めをする――子供に名前、つまりは位置を与える――言語的・文化的なネットワークへと変じるのだ。去勢不安はペニスへの脅迫としてではなく、むしろ言語や文化によって要求される断念＝克己として理解される。統一性を志向する〈想像界〉的な探求を抑圧し、言語的な構造を受け容れること。今後、主体を制御＝決定する原理はこうした形のものとなるであろう。ラカンはこの二重行為――名前を与えることと否定すること――を語呂合せ的に「父の名前《ノン》／否《ノン》」と名づけている（ちなみに、フランス語では「父の名前」〔le nom-du-père〕と「父の否」〔le non-du-père〕の違いを耳で聞き分けることは不可能である）。このように、ラカンの言う主体は言語の主体（subject）――すなわち、言語に服従した（subjected）主体――としてしか、さらにはまた、分裂した主体としてしか成立しえない。主体はみずからの欲望を言語の方向に差し向けることしかできない。しかし、主体はまさにその言語によって、かつては存在し今は抑圧されている統一性の探求からますます遠くに引き離されることになるのである。

ラカンは言語を強調するが、それが対象指示とはまったく関係ないことは明らかである。言語の主体は意味作用の戯れに突入することで、「現実的な」対象世界に訴えかける可能性を実質的にはすべて手放すのだ。だが、ラカンはそう述べたうえで、精神分析的経験の第三の次元を〈現実界〉と名づけている。そこで、この用語に関する正確な意味づけが、彼の教えのなかでは議論百出の問題の一つになっている。ざっと間に合わせ的に答えておくなら、〈現実界〉とは〈想像界〉や〈象徴界〉の外側にありつつも、この両次元を支えているものということになろうか。〈現実界〉には直接的に近づくことができないが――それについていくら議論してもただ言葉を重ねることにしかならないように、それについてあれこれ想像してみても結局はそれを把捉し損ねるだけだろう――、その存在は避けがたい抵抗として感じられる。このように、言語は単純に心理的・外的な現実を表象するという考え方を遠ざけながら（これは明らかに、「現実」は見つけられるものではなくむしろ構成＝構築されるものである、というポストモダニズム的な主張を示している）、ラカンの構成＝構築主義はまさに言語やイメージを超えた何かを措定していると言える。この向こうにある何かは主体経験の本質的な構成要素でありながら、逆説的な定式化による以外それを分析に委ねることができない。ラカンが言うように、〈現実界〉とは「不可能なもの」なのである。

学問および科学としての精神分析

ラカンはその生涯を通じ、精神分析を生物学的決定論や行動主義に還元することを極力回避しようと努めた。生物学的言及に支えられている鏡像段階論でさえ、攻撃的本能の存在としては簡単に理解できない攻撃性という概念を提示している、と彼は明言している。生物学的なものと精神分析的なものの区別は、言語や構造が強調されることでいっそう厳密なものとなる。つまり、〈象徴界〉とは創発的な次元であり、その法則こそが人間主体のあり方を決定しているのだ。こうして、人間的なものは「語る主体」として、その他の生物学的世界から区別される。ラカンによるなら、精神分析は限られた研究対象を扱う学問である、とその立場を主張することができる。言語にともなう特異性は同時に無意識を生じさせるからである。しかし、精神分析一般、とりわけラカンの精神分析の科学的ステイタスは絶えず疑問視されてきた。ある者たちにとって、いたるところに出現する図式、特異な論理式、位相数学や確率論への言及はよくても与り知らぬもの、最悪の場合には詐欺に等しいものと見えるのだが、ラカンはこうしたものを彼の教えにとってまったく本質的なものとみなしてきたように思える。それらが精神分析の科学性を下支えしているからである。これは誤りを正しうるような主張を吟味するという意味での科学性ではない。それはむしろ、最初から内容–志向型の学問である言語学、人類学、文学研究が有するような形式的記述を提供するという構造主義的な夢と言った方がよいだろう。事実、形式化はウラジミール・プロップの文学形態学、ソシュールによるシニフィアンとシニフィエの共時的分析、レヴィ＝ストロースによる神話の構造的記述を結ぶ共通の糸である。ラカンもまた多くの人たちの例にもれず、みずからが「小文字」と呼ぶもの（彼のさまざまな図式において使用され、そのつど可変的なものを指示する）の使用を通じて精神分析を科学のレヴェルにまで高めようと望んでいたことは疑いない。

しかし、ラカンが構造主義の抱く高度にモダニズム的な夢を採用した最初の一人であったとしても、彼はまた検討対象であるシステムの外側に位置しうると主張する構造主義の立場を最初に疑問視した一人でもあった。たとえば、ラカンはこのことを四つの言説の図式において例証している。この図式においては意味作用に対する主体の特異な関係がそれぞれに異なった立場（大学、主人、分析家、ヒステリーの四つ）を規定する。精神分析家の立場を引き受けるということは、大学人や患者の場合と同様、人を意味作用の構造のなかに完全に巻き込むことを意味しているのだ。というわけで、ラカンは精神分析を、終結をもたらすことも、自己–言及のパラドックスを回避することもできない科学として構想している。モダニティ——すなわち、人間の相互作用を合理的に説明しようとする企て——と精神分析との関係は最初から曖昧な性格のものだったのだ。フロイトによる無意識の発見は理性の領域拡張に終止符を打つのだろうか。あるいは精神の最深領域にまで明かりが投じられることを意味するのであろうか。ジャン゠フランソワ・リオタールが言うように、ポストモダニズムを規定する特徴が大きな説明物語の拒絶であるとしたら、フロイト‐ラカン的な精神分析はまさにそうした物語の一つであった。だが、それは同時にまた意識的な主体を脱中心化することで、そのような物語の安定した言明目的を切り崩しているのである。ジャック・デリダらは精神分析を批判しているが、その理由は精神分析がどこにでもみずからの活動舞台を見いだしてしまうという点にある。だが、こうした批判が公正であるためには、特にラカンは精神分析の不可避的な反射性を取り除くのではなく、むしろそれを探究しようとしたという事実を言い添えておく必要があるだろう。

類縁性、批判、適用

両者の間には重要な違いがあるが、デリダによる脱構築の実践はソシュール言語学を道具として用い、自律的・自己‐現前的な主体という考え方を切り崩そうとしている点でラカンと軌を一にしている。同様に、メタファー、メトニミーという用語で意味作用の横滑りを探究しようとするラカンの姿勢は、言語にそなわる無化しえない修辞的側面が決定的な理解への妨げになるというポール・ド・マンの主張に引き比べられるだろう。脱構築はある意味でラカン的な考え方の急進化とみなすことができる。つまりそれは、言語とは分裂を統一に、欠如を完全に、そして不在を現前に転換するという約束を果たせない構造をもっている、という考え方に他ならない。

脱構築への方向はわれわれを実践という問題から遠ざけてしまうように見えるが——この点は議論に値する——、幾人かの傑出した理論家たちはラカンの企てに政治的な問題意識を探ろうと積極的に努めてきた。その顕著な例はラカンの考えを自身の構造主義的マルクス主義に取り込もうとしたルイ・アルチュセールである。教育システムのようなさまざまなイデオロギー的国家装置の象徴的ネットワークに「呼びかけられた」とき、われわれははじめて主体となる、とアルチュセールは示唆している。しかし、アルチュセールの「呼びかけ」理論の影響力がいかに大きなものであったにしても、これではラカンの経験という考え方を十分に把握することはできないだろう。ラカンによるなら、言語への立ち入りは主体をますます疎外する結果にしかならないからである。つまりそれは〈象徴界〉のなかで快適な位置を与えてくれるようなものではけっしてないのである。

マルクス主義的立場をとる他の批評家たちは、ラカンの仕事のいくつかの局面や解釈も含めて、精神分析は資本主義イデオロギーを隠蔽し根づかせることにしか役立たないという疑いを表明してきた。たとえば、ジル・ドゥルーズとフェリックス・ガタリはエディプス・コンプレックスを批判の的に据えている。彼らの考えによるなら、エディプス・コンプレックスという概念は資本主義的な生産関係の本質的な単位である核家族を標準視することで、搾取の永続化という機能を演じてしまうのだ。ここで彼らが示唆しているのは、ラカンが構造主義的な視点からエディプス・コンプレックスを鋳直すという作業は、科学的装いのもとにそのような機能をさらに隠蔽化する結果にしかならないということである。しかしながら、彼らはラカンの仕事の他の局面に対してはラディカルで革命的な批判への可能性を読み取っている。ラカンについて言うなら、彼は主体について確実な説明を与えるというマルクス主義の主張を拒絶している。また、言語は上部構造の一部に還元されるものではないと考えている。言語は歴史において偶発的に生じるイデオロギーの伝達手段といった単純なものではなく、それに固有の普遍的・形式的な形で記述されなければならないというわけだ。さらにまた、シニフィアン自体は物質的であると強調しているけれども、ラカンにとっての言語とはけっして物質的・経済的な基盤の一部ではないのである。

フェミニストたちの大部分はラカンの仕事に両義的なアプローチを試みがちであったが、フランス内外のフェミニズム思想に及ぼしたラカンの影響力には計り知れないものがある。たとえば、ジェーン・ギャロップはラカンの発表スタイルそのもの——男性的で主人顔のスタイル——が家父長的な態度を永続化させるのに手を貸しているとを示唆している。また、ジェンダーといったカテゴリーは本質的な属性としてではなくむしろ意味作用効果として理解されねばならないという、ラカンの主張を評価したフェミニストたちもいた。映画理論はしばしばフェミニズムやジェンダー研究と協調する形でラカンの多くの概念を取り上げ、カメラの「凝視＝視線」がいかにして見る者を位置づけ、生み出すのかを探究しようとした。「縫合」（sature）といった概念や、観客を主体の位置に差し入れるショット／カウンター・ショットのような技術操作は広く知られるようになった。だが、欠如というものが主体にとっていかに本質的な要素であるかを記述するために、「縫合」という用語を最初に案出したのは自身も精神分析学者であり、ラカンのセミネールの編集者であるジャック＝アラン・ミレールであったことは一言指摘しておかねばなるまい。つまり、この「縫合」という用語はそもそも見る者の〈想像界〉が映画の〈象徴界〉に縫い合わされる経緯を記述するためのものではなかったということである。こう考えると、ラカンの弟子たちが彼の解釈者・応用者たちの実践を異説・曲解として盛んに非難することにはかなり皮肉めいたものが感じられる。結局、精神分析の社会ではラカン本人も多くの者たちから異端とみなされたし、また彼自身はそうした非難を楽しんでいる様子だったからである。さらにいうなら、彼の不明瞭な文体はいささかも誤解（釈）を思い止まらせるようなものではない。自分の教えが教義＝学説と化してしまうことを防いでくれるのは曖昧性や言葉遊びである、とラカンは明確に考えていた。だが、さらに重要なことは、ラカンの文体が読者や聴者に彼が無意識の根本的な真実——すなわち、無意識は文字の法（掟）にしたがって作用するということ——として提示したものを再発見するよう促しているということであろう。

35 エルネスト・ラクラウとシャンタル・ムフ

Ernesto Laclau and Chantal Mouffe 1935-　／1943-

ラディカルな民主政治学

フィリップ・ゴールドスタイン

『ポストモダンの条件』のなかで、ジャン＝フランソワ・リオタールは〈神〉や階級闘争や社会の進歩によって歴史的変化を説明する「大きな物語」はもはや西洋のテクノクラシーを正当化することはできない、と主張している（1984: 60）。ポスト・マルクス主義理論はこの見解を受け容れ、社会は明白に異なる歴史的段階を経て発展し、予定されていた最終目標――共産主義社会――を実現すると主張していた伝統的・ヘーゲル的なマルクス主義を批判している。とりわけ、ラクラウとムフのポスト・マルクス主義理論は現代の文化的アイデンティティを構築する「ヘゲモニックな」イデオロギー実践について述べ、〈啓蒙主義〉的な伝統を深めることで、女性、アフリカ系アメリカ人、ポストコロニアル、ゲイ、労働者階級の協調や、他の「新しい社会運動」を育もうと努めている。アントニオ・グラムシに由来するこのイデオロギー的ヘゲモニーという概念は、伝統的なマルクス主義理論を拒絶する。アルチュセール的マルクス主義と同じく、旧来のマルクス主義は社会生活上での経済的コンテクストはあらかじめ決まっていると考え、社会の発展は目的論的なものであるとみなしていたのである。伝統的マルクス主義に対する批判は旧ソヴィエト連邦の悪夢のような経験を考慮し、〈啓蒙主義〉的伝統のラディカルな拡張を奨励する。だがアルチュセールに対する批判は、彼の主体なき科学ばかりか、ミシェル・フーコーが知識／権力の結託と呼んだ言説の制度的な決定作用をも看過していると言えるだろう。

ルイ・アルチュセールはポスト・マルクス主義理論への手引書ともいうべき『マルクスのために』のなかで、

マルクスが最初はヘーゲル的なヒューマニズムを採用したことを認めている。しかし、マルクスは結局はそうしたヒューマニズム的な見解を拒絶し、科学的なマルクス主義を確立したと主張している。アルチュセールの言うように、「あらゆる哲学的ヒューマニズム……との決裂は二次的な些事ではない。それは概してマルクスの科学的な発見なのである」（1969: 234）。アルチュセールはマルクスの科学的客観性と労働者階級の重要性を強調しているが、スターリン的マルクス主義、ヘーゲル的マルクス主義については、それらを双方とも厳しく批判しているのである。

またラクラウとムフは、あらかじめ決定されている歴史段階やコンテクストが社会的発展を説明するというヘーゲル的な信念を批判している。しかしながら、彼らの時代には既にソ連は崩壊一歩手前の状態にあり、西洋の労働者階級は保守化していた。そして、ポスト構造主義的な諸理論や女性、黒人、同性愛者、その他による解放運動が展開されていた。そこで、ラクラウとムフは、アルチュセールのイデオロギーという概念を受け容れる。しかし、アルチュセールの言う科学とイデオロギーの区別を許容することはなかった。

ラクラウとムフは、国家のイデオロギー装置が主体を尋問ないしは構築し、したがって、アルチュセールが主張するように、みずからを再生産するということを認めている。しかしながら、彼らはグラムシのイデオロギー的ヘゲモニーという概念を擁護する。彼らはマルクス主義的な科学がみずからのイデオロギー実践に抗し、客観的な真実を捉えることができるという考えを否定するからである。彼らはそれに加え、ポスト構造主義的な信念を採用している。つまり、事物はその社会・歴史的なコンテクストを単純ないしは文字どおりに映し出すものではないので、事物とコンテクスト、言説的実践と非言説的実践、あるいは「思想と現実」といった区別は崩れ去ってしまうという考えである。ラクラウとムフの言葉でいえば、「同義語、換喩《メトニミー》、隠喩《メタファー》は……社会が形成される最初の地勢の一部をなす」（1985: 110）ということになる。

ラクラウは、労働者階級が資本主義制度を転覆してしまえば十全な人間性を達成することができるというヘーゲル的な考え方を拒絶する。だが彼は、伝統的なマルクス主義が労働者階級を「透明な」共産主義社会において「十全な存在」を達成する特権的な作因として捉えていることを、アルチュセール以上に否定的に嘆いている。というのも、伝統的マルクス主義の「合理的ナチュラリズム」は、このマルクス主義と抵触するはずのキリスト教的イデオロギーである黙示録的な考え方を温存しているからである。つまり、キリスト教的イデオロギーは〈神〉の献身が悪を倒し、人類の罪を贖《あがな》うと言うのだが、救済の歴史的なプロセスに関しては人知の及ばないものとされているのだ。伝統的マルクス主義は、労働者階級を人類救済の作因とみなし、歴史的なプロセスの方は世俗の科学的な出来事と考える。しかしマルクス主義は、労働者階級が悪を倒し、人類の罪を贖《あがな》うことを依然として期待しているのである（Laclau 1993: 76-8; 1996: 9-15 を参照）。

対照的に、ポスト・マルクス主義は、ヘゲモニー的イデオロギー言説が安定してはいるが不完全もしくはずれた主体を築き上げると主張する。つまり、そうした主体の拮抗が、マルクス主義、キリスト教の双方が追求する「十全な存在」あるいは問題終結の実現を失敗させてしまうことを確認させるのである。伝統的な言い方をするなら、競い合う諸政党がみずからのヘゲモニーを押しつけるために用いる言説的な闘争は、支配階級の利害や社会構造よりも十全に価値やアイデンティティを説明しているのだ。何故なら、そうした不完全な——あるいは揺らいだ——構造は部分的なアイデンティティしか生み出すことがないからである。対立ないしは揺らぎは、肯定的な新しいコンテクスト、すなわち伝統的なマルクス主義者の言うような「止揚」といったものを予想させない。主体は分裂したままである。なぜなら、体系的な矛盾や前もって決定された構造といった伝統的な考え方以上に重要となるのは、さまざまな社会的コンテクストの拮抗、つまりは社会構造の揺らぎだからである（Laclau and Mouffe 1985: 122-34）。

ラクラウとムフはさらに、労働者階級、女性、マイノリティなどの反抗はヘゲモニー的イデオロギー実践が押しつける字義的意味や保守的なアイデンティティのうちにある裂け目を暴き出す、と示唆している。これらの社会運動の衝突・闘争は、そうした字義的意味や保守的なアイデンティティを危うくさせ、みずからに民主的な権利を付与することになる。ラクラウはしたがって、成功した政治は資本主義社会の革命的な変革を追求することはないと主張する。つまり、成功した政治が要求するのは戦略的な議論なのだ。とはいえ、そうした議論の成功は先決の労働者階級とか、その他の社会・経済的なコンテクストによってあらかじめ保証されているわけではない。社会運動がかたくなに守り抜こうとするのは個々の利害や政治的な独立である。しかし、アイデンティティを確立するものが本質や超越的な自己ではなく、コンテクスト的な対立、敵対、排除である以上、それぞれの運動もまたヘゲモニー的なブロックを打ち立てるようなものをつくり出さなければならない。そこでそれに匹敵するものを定めようとして、社会運動は「正義」とか「平等」といった言葉を使用する。だが、ラクラウのほうはそうした言葉を普遍的・超越的真実ではなく、浮遊するシニフィアンとみなしているのである。

ラカンの精神分析にヒントを与えられ、そこに政治的な趣旨を明白に加味した説明、つまり分裂した主体や浮遊するシニフィアンといった説明が、いかにエレガントに当のラカン派精神分析に寄与するものであったかは、多くの学者たちが指摘してきたとおりである。しかしながら、ラクラウの理論は自由企業が勝利し、ソヴィエト共産主義やマルクス主義がともに死に絶えたとする保守的な信念を反映するものだ、と異議を唱える批評家たちもいる。テリー・イーグルトンが言うように、伝統的なヘーゲル＝マルクス主義に対するポストモダン的な抵抗は、資本主義システムがかつてないほど強大になったときに、そのラディカルな反対者たちを封じ込めてしまうことになりかねないのである（Eagleton 1990: 381; Miklitsch1994: 169も併せて参照）。

ヘゲモニー的言説は揺らぐ社会・経済的な構造が認めるような不確かなアイデンティティしかつくり上げないというラクラウとムフの考え方は、革命的社会変革に対する伝統的な確信を根底から破壊してしまう。しかしながら、ソヴィエト共産主義についてのラクラウとムフの説明は彼らの考え方が正当であることを証明している。一方でラクラウとムフは、前衛政党に関するレーニン的な評価がソヴィエト共産主義のスターリン的特徴を説明することを認めている（たとえばBrzezinski and Friedrich 1956を参照）。ソヴィエトの〔前衛〕政党はどんどん専制化していった。レーニンの理論がこの政党に、科学的真実を掌握し、労働者階級ならびにその利害を定義・表象する独占的な権利を与えてしまったからである（Laclau and Mouffe 1985: 56-7）。他方、ラクラウとムフはマルクス主義理論よりも十九世紀末ロシアの独裁主義的性格や社会・経済的な難局の方が、スターリン的システムの増大をよりよく説明するというリベラルな歴史家たちの信念を許容している（Cohen 1985; Lewin 1988を参照）。彼らはまた、スターリン主義が封建的小作人階級、工業労働者階級、専制的官僚主義、そして非常に異なる歴史段階に属する他のさまざまな集団をいっせいに登場させることになったと想像している。しかしながら、ラクラウとムフは、封建的専制主義との文化的なつながりをはねつけ、レオン・トロツキーがロシアの「不揃いな発展」と呼んだものがスターリン主義を説明すると論じている。つまり、年代順の継起によるのではなく、同時的に現われたロシアのさまざまな集団によって変則的な状況がつくりだされたということであり、かかる状況において、虚弱なブルジョワジーは、確立された歴史図式が彼らに割り当てた近代化の仕事に着手することができなかったということである。そうした仕事――そこにはソヴィエト社会の教育・工業化、大規模な都市センター設立、さらには独立した民主的市民社会の創造という仕事さえもが含まれていた――は代わりにロシアの労働者階級に任されることになったのである（Laclau and Mouffe 1985: 50-4）。換言するなら、ソヴィエト共産主義者たちはさまざまな民主的要求や連立的な社会・経済構造を明示している。したがって、ソヴィエト的な経験を説明するのは、共産主義者の一定不変ではないイデオロギー的ヘゲモニー、階級のアイデンティティ、そして伝統的マルクス主義による区分された歴史段階といったものなのである。

さまざまなマルクス主義者たちに反しラクラウとムフは、ソヴィエト的な経験には認識論的にみて、転覆的な意味があると主張する。つまりこの経験が明らかにしているのは、目的論的歴史発展に対するヘーゲル的な思い入れは、偶然性、否定、敵対、揺らぎといったものを束の間の経験に還元してしまうということであり、結果的に、歴史の「不揃いな発展」ないしは「重層決定的な」出来事にそなわる多様な意味作用を盲目的に排除してしまうということなのである。

言説に「絶対的な自律性」ないしは「社会・政治生活における中心的な役割」を与えることで、ラクラウとムフには「偶然性、不確定性、無作為性といった要素がまったくないような代替物を見いだす」ことができない、と嘆く批評家たちもいる（Larrain 1994: 104を参照）。ラクラウとムフは「社会的なもの」を制度的実践によって再生される確立的構造ではなく、まさに不確定の縮約できない言説とみなしている。実際、彼らは制度的実践は確立された社会構造を再生するというフーコー的な考えを拒絶しているのである（だが、実をいえばミシェル・フーコーもまた、ヒューマニズム的、アルチュセール的見方を批判している）。

すなわち、ラクラウやムフのように、ミシェル・フーコーは理論的自意識というヒューマニズム的概念や自律的科学というアルチュセール流の考えを却下している。フーコーが議論しているのはマルクス主義的ヒューマニズムやスターリン主義的な限界ではなく、現象学的伝統の崩壊の方なのである。彼は確かに、グーラーグ〔旧ソ連の強制収容所〕の研究はマルクス主義の限界を示していると言っている（Foucault 1980: 134-7）。だがまた、科学を特権的な言説ではなく、「数多ある実践のうちの一つ」にすぎないとみなす故に、イデオロギーと科学のアルチュセール的な対立図式を拒んでもいるのだ。フーコーはまた、歴史的発展というヘーゲル的な理論も拒絶している。矛盾というものにはたくさんのレヴェルがあり、言説形成の内側やそれらの間で機能する。したがって、それは差異を解消したり根本的な説明原理を提示することはない、と彼は述べている（Foucault 1968: 149-56）。

フーコーは理論的自意識というヒューマニズム的概念や自律的科学というアルチュセール流の考えを却下する。だが、それにもかかわらず、イデオロギーや言説は一致符合を強要するが、支配階級の目的には抵抗を示す、と主張しているのである（Butler 1993: 9-11を参照）。国家のイデオロギー装置は支配階級の意図に抵抗を示すが、それは依然として国家を再生産する、と宣言するアルチュセールと同様、フーコーは権力や知の明確な歴史的形態が身体や制度、そして社会までも統制すると主張しているのだ。

ラクラウとムフは、知と権力のそうした標準＝統制化の形態をアルチュセール的な「再生論理」の「機能的要求」に還元し、理論的な批評＝批判の有する転覆的潜在力を強調している。彼らによる主体の説明は、芸術、倫理、科学、その他の公共圏（ユルゲン・ハーバーマスを参照）に正当性を与えるリベラル・コンセンサスを危うくするが、それはラクラウが〈啓蒙主義〉的伝統を拒絶しているからではない。ラクラウは政治をコンセンサスの強制的な追求ではなく、ヘゲモニー的明確化・議論の問題とみなしてはいるが、〈啓蒙主義〉的伝統のラディカルな拡張を奨励しているのだ。彼は「近代性」に関するこうした学問的区分を認めない。何故なら、ラクラウは科学とイデオロギーとのアルチュセール的区別ばかりでなく、知と権力に対するフーコー的な考え方も同時に棄却するからである。ラクラウとムフは理論的批判がそのような制度的一致・従順化に抵抗し、転覆的な力を発揮すると論じる。アンナ・マリー・スミスが述べるように、「彼らはしたがって、アルチュセールに抗してこう言うであろう。……支配権力がいくら強圧的なものとなりうるとしても、それが残りの人びとにみずからの世界観を完全に押しつけることができるような状況には、われわれはけっしてたどり着くことはない、と」（1998: 71）。スミスはアルチュセールの「機能主義」を誇張的に述べているが、ラクラウとムフの立場は正確に把握している。つまり彼らは、ポスト構造主義的理論が近代諸学問の区分やそれらの制度的コンテクストを超越し、敵対、揺らぎ、分裂といったものを暴き出すことができる、と想像しているのだ。なお、スミスなら、そうした敵対、揺らぎ、分裂が「進歩的な社会変化へ向けての具体的な闘争」（1998: 60）を生じさせると言うであろう。

結局、ラクラウのポスト・マルクス主義は、フーコーの系譜学的歴史よりも、ジャック・デリダのメシア的マルクス主義により近しいものとなっている。デリダは新しい社会運動と連携を育んだり、〈啓蒙主義〉的デモクラシーのラディカルな拡張に賛意を示すようなことはないが、伝統的マルクス主義の「存在－神学」を批判し、主体の制度的な再生産という考え方を拒絶しているのである。

デリダの議論に従うなら、マルクスはたとえば、亡霊として繰り返し立ち現われ、共産主義運動を瓦解させる精神＝幽霊的な〈他者〉を科学という名のもとに打ち捨てている。しかし、彼はこの幽霊的な〈他者〉を排除するのに失敗する。なぜならこの〈他者〉の存在はまさに革命の精神＝幽霊として——あるいは別のさまざまな形で——何度も浮上してしまうからである（Derrida 1994［1993］: 106-9）。精神＝幽霊だけでなくイデオロギーや商品フェティシズムをも内包するマルクスの批評＝批判はこれら二つのものを対立させるが、それらを排除することはできない。なぜなら、それらは既にマルクス主義のうちに存在しており、マルクスの革命精神や共産主義運動の一部と化しているからだ、とデリダは主張している。ラクラウはこうした幽霊の論理には全体主義へと向かう可能性がないかと恐れているが、この論理をヘゲモニー的な論理として受け止めている。彼の言を借りるなら、「私にはそれに異議を唱えることはなにもない」（Laclau 1995: 88）というわけである。

しかしながら、デリダはさらに進み、真の共産主義には正義のメシア的概念が必要とされると主張している。「あらゆるディコンストラクションの破壊しえない条件」、そしてマルクスの重大な「遺産」（Derrida 1994［1993］: 28）であるこうしたメシアニズムは〈他者〉の超越的な意味を肯定する。ラクラウは、デリダが〈他者〉への開かれを政治的あるいはヘゲモニー的な構成概念としてではなく、倫理的義務として取り扱っていることに異を唱えてはいるが（Laclau 1995: 95）、デリダがマルクス主義の肯定的・メシア的な解放の約束と称するものを認めている（1995: 75）。しかし、「社会的実践の沈殿層」を切り崩し、それを支えている決定理由を暴き出すことで、常に——そして既に——われわれの一部である宗教的・メシア的な〈他者〉に絶対的な厚遇を与えることは、超越的な「存在‐神学的」真実や「目的‐終末論的」な行為以上のものを転覆してしまうことになりかねない。付け加えていうなら、こうした絶対的な厚遇はまた、アカデミックな言説、科学的な言説、すなわち確立された言説にことごとく抵抗を示すものと言えるだろう。

ラクラウとムフは、イデオロギー的ヘゲモニーというポストモダンの概念が伝統的スターリン＝マルクス主義者のヘーゲル的なヒューマニズムを切り崩し、一九六〇年代以降登場した労働組合主義者、フェミニスト、マイノリティ、およびその他の「新種の社会運動」との幅広い民主的連携を正当化するものであることを力強く表明している。だが、ラクラウはデリダのメシア的マルクス主義という考え方も認めている。制度的な諸実践が理論的批評＝批判を否定し、機能主義的な一致・適合を強いるのではないかと危惧しているからである。したがって、彼のポスト・マルクス主義が実際に拒絶しているのはスターリン的共産主義や官僚的な労働者階級組織だけでなく、確立されたあらゆる進歩主義的グループであり、そのなかには労働組合、左翼政党、最近開始された人文諸科学の女性・アフリカ系アメリカ人・人種・ゲイなどに関する研究やプログラムも含まれている。いわゆる文化戦争と呼ばれるものが学問の世界をすさまじいばかりに分裂させ、その信用を失墜させた一九九〇年代、進歩的改新の途を確保しようとするポスト・マルクス主義理論が採用したのはラクラウとムフのラディカルな民主政治（学）という概念であった。アルチュセールによる科学とイデオロギーとの明瞭な区別も、制度的な決定というフーコー的な考え方も、また機能主義的な一致・適合に対する理論的な危惧も、注目されることはなかった。なぜなら、フーコー的な考え方は言説の方法論的な衝突や歴史的な変化を説明しながら、確立されたグループやプログラムを正当化してしまうと考えられたからである。

36 ロベール・ルパージュ Robert Lepage 1957-

開かれたパフォーマンス作品の政治性

ジェニファー・ハーヴィー

舞台演出家ロベール・ルパージュの仕事のポストモダニズム性は、その台本が開かれている――支配的な意味に挑戦を投げかけ、可能な意味と戯れてそれをめざましいまでに増殖させる――ことに見いだされる。さらに、ルパージュ作品を批評する者たちがもっともしきりに引き合いに出すポストモダンの議論は、ポストモダン的パフォーマンスは政治的有効性をもつとの主張である。たとえば、ルパージュの戯れにみちた――とはいえ、明白な政治性をもつとは言えない――ポストモダン的パフォーマンスは、政治化された観客反応を強要すると言われる。本稿は、批評家たちがいかにルパージュ作品をテクスト的に開かれたものと見なしているか、彼らがこの開放性にどのような価値を賦与しているかを検討し、政治的意味をになう脱構築的メタシアター性をもつものとしてルパージュ作品を擁護する幾人かの批評家の見解でその部分の議論を締めくくることにする。さらにそのあとで、ポストモダン的パフォーマンスの政治的有効性や、ルパージュ作品が示すとされる解釈上の開放性、不確定性のもつ価値、脱構築的メタシアター性というルパージュ作品の説明、ルパージュ自身のマルチメディア制作集団と、制作の場となることが増えてきた国際演劇祭などといったさまざまな機構や組織への彼の関与のもつ意味、などといった問題を掘りさげる。ルパージュ作品は、演劇制作や演劇的意味の伝統的ヒエラルキーに対して戯れと創造性にみちた挑戦を投げかけるものと見なすことによってもっとも積極的な評価がくだせるものである、というのが私の主張である。しかしながら、彼の作品は、ポストモダン芸術への批判としてしばしば言われる、政治的受動性、怠慢に堕しているという、より否定的な——だが、こちらのほうが信憑性がある——評価をもって、私は稿を締めくくることになる。

開かれたテクスト

批評家たちはルパージュ作品の多くを開かれたテクスト性をもつと見なし、多くは、テクストが開かれていることを表象上の確定性にたいする、そしてとくにイデオロギー的強制力をもつ（テクスト的に閉じた、イデオロギーの自然化を目的とする）二十世紀演劇の模倣的リアリズムへの挑戦として称讃する。彼らは、ルパージュ作品をイデオロギー的解放をもたらすものと見なすのである。彼の作品が、観客に、しっかりと書きこまれた強制的な意味に屈するのではなく、創造力をもって上演に向き合い自分なりの意味をつくり上げることをうながすものであるからだ。

この開放性は、台本の執筆からはじまる。台本はルパージュ一人が書きあげたものではなく、劇団のさまざまなメンバーによって作成されているのである。ショウは素材の発見にはじまり、即興を生み出し、台本の案出につながる、集団的な模索の過程をへてつくり上げられていくのだ。ルパージュの大作——『ドラゴンズ三部作』（テアトル・ルペール、1985）、『地殻構造プレート』（テアトル・ルペール、1988）、『太田川の七つの流れ』（エクス・マキナ、1994）、『奇跡の幾何学』（エクス・マキナ、1998）など——の脚本案出は、ルパージュとそのカンパニーによると明示されている（Charest 1997: 170-96）。さらに、既存の台本を使った上演——『夏の夜の夢』（シェイクスピア、ロンドン、英国国立劇場、1992）、『夢幻劇』（ストリンドベリ、ストックホルム、王立劇場、1994）など——やソロの作品——『ヴィンチ』（1986）、『針と阿片』（1991）、『エルシノア』（1995）など——においてさえも、ルパージュは、もっとも明白なのは出演者だが、それだけでなく舞台装置家、衣裳デザイナー、音響デザイナーなどさまざまな芸術家と積極的に共同作業を行なっており、彼の劇団における台本作成は分散的と言える。

ルパージュ作品の準備期間はしばしば長く公開のもとで行なわれることがよく知られており、開放された——あるいは不安定な——状態があまりに長くつづき、しかも公然のものとされる。ルパージュは、たとえ有名な演劇祭における世界初公開の場合でも、準備中の作品公開を躊躇しない。『太田川の七つの流れ』は一九九四年のエディンバラ・フェスティヴァルが初演だが、その八夜にわたる公演のあいだに芝居はまったく違ったものとなっていった（Wehle 1996: 30）。また、この作品が上演された三年間のあいだ（一九九四—九六年）、三時間版、五時間版、八時間版という三つの長さのものがあったことを含め、この作品にはさまざまな姿が与えられている（Lepage and Ex Machina 1996, n.p.）。彼の作品の台本は不断に変化するため、ほとんど出版されていない——『太田川の七つの流れ』と『ポリグラフ』（Lepage and Brassard 1997）の二作が例外である。さらに、ルパージュの劇形態は、演劇というメディアにおける位置づけにおいてもかならずしも一定しない。『告解』（1995）のあとに撮った二本の映画、『ル・ポリグラフ』（1996）と『ノー』（1998）は、それぞれ『ポリグラフ』と『太田川の七つの流れ』の舞台上演を外挿している。準備中の作品を公開するルパージュのプロ意識の欠如を批判する向きもあるが、演劇制作者と観客双方にたいする開放性と創造の潜在力ゆえに、ルパージュの創作過程を称讃する批評家のほうが多い。

ルパージュ作品の制作段階で導入されるテクストの開放性は、上演時に、とくに物語や、言語、映像、メディア、上演様式の使用によって強調される。批評家たちはしばしばルパージュ作品を断片的なものと断じ（Bunzli 1999: 91）、「複合的な謎めいたストーリー・ラインをもち、場面どうしが重なり合い」（McAlpine 1996: 130）、そのことによって、劇というものは支配的かつ直線的な筋——ありていに言えばあらすじのことだ——をもたなければならない、という観客の期待に挑戦を投げかけていると考える。彼らは、また、ルパージュ作品の言説は複合性をもち、通常の劇における話し言葉と書き言葉の他の記号体系にたいする優位に挑戦を投げかけるものだとしている。ルパージュの使う主な言語は英語とケベック地域のフランス語だが、作品の上演では、『ドラゴンズ三部作』における中国語や『地殻構造プレート』におけるジェスチュアと手旗信号、『太田川の七つの流れ』におけるドイツ語とチェコ語などのように、それ以外の言語も用いられる。一面では、ルパージュ作品の上演で用いられる複数の言語は、彼が描いている状況の文化的な多様性や異種混淆性を示す現実的な記号だと言うことができる。しかしながら、多言語の使用は、同時に、とりわけ部分的にしか翻訳されない場合や、あるいはまったく翻訳されない場合には、言語間の差異と矛盾を際立たせることによって、言語の見かけ上の一貫性と権威をゆるがせる潜在力をもつものとなる。さらに、ルパージュの用いる多様な言語はコミュニケーション・システムとしての言語そのものの地位を強調し、潜在的に心地よいメタシアター性を呈するものである。メタシアター性と言ったのは、彼の作品が、それ自体が用いている表象システムを前景化するものであるからで、心地よいと言ったのは、観客たちは自分たちが仲介という文化的状況に置かれていることに気づき、表象を読む自分たちの能力を思う存分味わうよう求められている、と感じることができるからだ。

ルパージュ作品では、言語のほかに、視覚をとおしての意味作用の産出や視覚的変容がおびただしく用いられる。実際、ルパージュ作品の知名度は、主として、視覚的な詐術や力業に依存している。その例として、『地殻構造プレート』における、グランドピアノ上に並んだ出演者たちが位置を変えるとグランドピアノがゴンドラに変わる場面や、『太田川の七つの流れ』における、一九八〇年代の日本の家々を囲む塀が照明の変化によって一九四〇年代のヨーロッパの強制収容所の廊下になる場面（Lepage and Ex Machina 1996: 45）があげられる。このような視覚性の強調によって、劇場における伝統的な言語的意味の支配に挑戦が投げかけられる。さらに、ルパージュ作品ではイメージそのものがしばしば不安定であったり、同時に多くのものが示されたりするため、視覚的な意味自体が流動的で多義性をはらみ、観客の能動的な解釈を要求するものとなっている（Girard 1995: 160）。たとえば、いま触れたばかりの『太田川の七つの流れ』の場面では、視覚的な記号は、過去と現在、日本とヨーロッパ、対立と一致の両方を同時に表現するものとなっている。映画やスライド、ヴィデオ映像の投影などを活用したマルチメディアの使用が、言語の支配をさらにゆるがせる。それと軌を一にして、ルパージュの作品は、用いる様式の面でも、メディアの面でも、折衷的なものとなっている――リアリズムと非リアリズム、人形劇、ダンスなどを併用しているのである（Garner 1994: 227）。こうした様式の氾濫は、そのショウ自体の様式構成を前景化する潜在性をもち、均質な一貫性をもつ様式と作品の読解方法に関する観客の期待を裏切り、さらに多様な読解をもたらすことになる。

ルパージュの作品は、多くの点で――主題のうえでも、様式のうえでも、表象媒体の使用のうえでも――、パスティーシュというおなじみのポストモダン用語によって理解することができる。パスティーシュの特徴である、無作為の抽出と組合せは、不必要――かつ非生産的――な創造の境界線にたいして生産的な破壊行為を行なうことであらたな予想外の意味を生み出し、遊戯的な観客の参加をうながすと見る批評家たちがいる。だが、それによって何が危険にさらされるかは別問題であり、そのことにはのちに立ち返ることとする。

ルパージュ作品の創作プロセスや形式上の特徴と私が見なした開放性と不確定性は、作品のテーマにも取り入れられている。まず第一に、彼の作品はしばしば自意識的に表象行為のもたらす効果――誰がどのような意味作用を行ない、それが他のものにどう影響をおよぼすか、ということ――を扱っており、そのことによって作品自体が行なっている表象行為とその効果を問題化している。たとえば『ポリグラフ』はなかば虚構の映画制作という題材を扱い、『奇跡の幾何学』は舞踏や建築をはじめとするさまざまな形態の空間デザインがもたらす効果を題材としている。次に、ルパージュの作品は、ジェイムズ・ブンズリのいわゆる転位《デカラージュ》（Bunzli 1999: 84ff.）に多大な関心を示している。旅行をよく扱うことが知れわたっているルパージュ作品に見られる転位は、地理的なものであることがしばしばだが、時間的なものであることもあり、いずれの場合も、それはつねに文化の問題に関わるものと言える。こうした物語と主題における転位の探求が手本となって、ルパージュ作品の開かれたテクスト的様態が可能にしている意味と主観の転位を観客にうながすこともあるだろう。

批評家たちは、私が「テクストの開放性」という言葉でくくったルパージュ作品の特徴がさまざまな積極的効果をもたらすものと考えている。このテクストの開放性がもたらす意味の多様性と流動性は、能動的に作品に対峙する観客による多様な解釈を許容し、さまざまな解釈条件や、さまざまな解釈者のさまざまな優先順位に対応するものであるため、民主的で文化的な生産性をもつものと見なされる。こうした多様な解釈のなかには矛盾をはらんでいるように見えるものや、奇矯に見えるものも混じっているため、論理的、単一的かつ支配的なものばかりが肯定されるわけではなく、通常の意味のヒエラルキーに疑問が投げかけられることになる。とくに、批評家たちはこうした開放性が生産的な差異の表現を許容すると考える。許容されるのがもっとも明白なのは言語的差異の表現であるが、ともに登場人物のジェンダーと性を曖昧なものとしている『地殻構造プレート』と『太田川の七つの流れ』では、文化的差異や性的差異の表現が見られる。彼らはこの開放性を、観客たちによる解釈の創造的な戯れと、「異なる」意味と——外挿によって——アイデンティティの探求を可能にする悦ばしいものと見なしている。そして最後に、彼らはテクストの開放性を、脱構築的なメタシアター性によって政治的な意味をはらむものとなっていると見る。脱構築的なメタシアター性とは、つまり、観客に、まず最初に表象方法自体にたいして、次いで自分たちとその方法との関係にたいして、そして最後に自分たちが理解する意味にたいして疑問をいだくことを余儀なくする表象方法への自意識の謂いである。

ポストモダン的パフォーマンスの政治学

だが、こうしたルパージュ作品の政治性にたいする称讃は、ポストモダン的パフォーマンス一般が政治的有効性をもつことは可能かという問題を提起することになる。フィリップ・オースランダーは、影響力のあった論攷「ポストモダン演劇における政治性の概念について」のなかで、ハル・フォスターの議論（Foster 1985）を受けて、いまや「多国籍資本主義の、無限の広がりをもつと見える地平」によって侵犯する境界が無限に増えてしまったため、ポストモダン的パフォーマンスは政治的侵犯性をもちえなくなったと論じている（Auslander 1997: 60）。さらに、あらゆる表象が潜在的に支配的文化にたいして共犯関係にあるために、支配的文化に挑戦を投げかける表象の力がそこなわれているということが、ポスト構造主義によって示されたことも、ポストモダン的パフォーマンスの分を悪くする要素となっている。しかしながら、ポストモダン的パフォーマンスは、政治的抵抗力をもち、「文化的支配のプロセスを白日のもとにさらし、支配的言説のなかの非ヘゲモニー的言説をその前提を超えることなく強調することによって、反ヘゲモニー的な抵抗の戦略」を示す可能性がある（Auslander 1997: 61）ことをオースランダーは指摘している。彼の論じるところによれば、こうした演劇は政治的な演劇ではなく、政治学の演劇であり、政治への関与は、「目的ではなく結果」にすぎないという（Auslander 1997: 71）。われわれは、こうして、このポストモダン演劇一般に関する議論が、その表象プロセスに光を当てながらそれを移ろいやすく問題的なままにしておき、政治的議論に直接関わることはけっしてないという、ルパージュ作品についての私の説明と一致することに気づかされる。バズ・カーショウによれば、オースランダーの議論は演劇制作者を政治的に受け身として描いているために、その有効性には制約があるという。政治的な行動が彼らのパフォーマンス作品の作用への反応として起こることがあっても、彼らの意志とは無関係なものとされているからだ（Kershaw 1996: 144）。それゆえカーショウは、政治的な意図と効果の所在を精確に見いだすためには、作品の上演と受容の文脈を検討することが重要だと主張する（Kershaw 1996: 149）。ルパージュのポストモダン的作品の政治的有効性に関する分析にたいして、こうした議論は次のような生産的な疑問を提起することになる。ルパージュ作品は実際に政治的な抵抗性をもつのか、そうであっても、その抵抗性は政治的に受動的なものなのか、そしてさらに、作品が上演された文脈の検討がその政治的効果に関する私の分析をいかに変えるか、という疑問だ。

　オースランダー自身も、ポストモダン的パフォーマンス作品のなかに「何が反ヘゲモニー的なイメージの流用となるのか、そして何が単なるイメージの再現となるのか」という問題を提起するものがあることは認めている

(Auslander 1997: 64)。「単なるイメージの再現」というのは、たぶん、観客に政治批判に向かうことを迫ることはない、という意味だろう。実際にルパージュの作品はこのように解釈され、さまざまな点で現実的な政治的抵抗性をもたないものと見なされてきた。こうした視座から見れば、ルパージュ作品のポストモダン性、開放性、非固定性は、さまざまな点で政治的意味をもたないものと見なせる。ルパージュ作品のそうした特徴は、地理的なものであれ歴史的なものであれ、文化的特定性を矮小化する。それらはまた、歴史的特定のものを示し、疑義に付したりせずに、曖昧で郷愁を誘うものに耽溺する。さらにそれらは、脱構築的なものであれなんであれ批評性の獲得を犠牲にして、快楽を優先する。ホッジドンは、たとえばルパージュが一九九二年に演出した『夏の夜の夢』はインドネシアの文化形態を非歴史化し、抽象化していると論じている(Hodgdon 1996: 84, Pavis 1992 に依拠)。別の機会に私自身も、『太田川の七つの流れ』の日本にたいする「極オリエンタリスト的」扱いについて同様の議論をしている(Harvie forthcoming, Morley and Robins 1995 に依拠)。このように分析すれば、ルパージュのポストモダン性は政治的抵抗性をもたず、非歴史的であることになる。こうした批判的な分析は、ルパージュ作品を自意識的で——脱構築的に——自己言及的、メタシアター的と見なさずに、自己満足的、自己中心的な遊戯性によって潜在的なアイロニーと批判を圧殺し、政治的反応ではなく政治批評の慢性的欠落を呈する堕落的な演劇性過剰の演劇と見なすことになる。たとえばジェイムズ・フリーズは、『太田川の七つの流れ』を評して「強烈だが奇妙にも空虚な経験」をもたらすものとしている(Frieze 1997: 137)。

さらに、ルパージュ作品の政治的有効性——というか政治的効果——、とくに民主的開放性を根本からゆるがせる状況的な問題がある。ここでは、彼の作品制作の組織に関わることだけに的をしぼって論じよう。まず最初に、彼が最近結成した劇団エクス・マキナの問題である。ルパージュが作品制作にあたって創作の作業分散に固執していると見ることが可能なのはたしかだが、それでもなお彼が制作の権限のほとんど——そしてクレジットのほとんど——を独占していると見ることも可能だ。ハントは、芸術へのアプローチに関して彼自身が使った

「全体的《グローバル》」という言葉を引いて、すべてを一手に引き受ける俳優兼創作者に彼をたとえている（Hunt 1989: 104）。ハーヴィーとハーリーは、結局のところルパージュが、一九九四年に結成された、多分野にわたる活動を行なうパフォーマンス集団エクス・マキナにおあつらえ向きの「神《デウス》」であることを強調している（Harvie and Hurley 1999: 299）〔「デウス・エクス・マキナ」は、古典演劇で宙乗りで登場し危機的状況を解決する「機械仕掛けの神」を意味する表現〕。昨今、ルパージュ作品が主要な国際的演劇祭のために制作されることが増えてきている。このように地理的に異なった状況のもとで公開されることは、さらに多様な異なる解釈を助長する民主的な要素と見えるかもしれない。だが一方、こうした解釈の多様性には、演劇祭の演目選定の均質性――一つの演劇祭における均質性と、国が違う演劇祭どうしのあいだに見られる均質性――と国際演劇祭のもつ高踏性の両者によってそこなわれる危険性もある。実際、ルパージュ作品がこうした国際演劇祭で巡回公演されることは、後期資本主義における地球規模の文化――ジェイムソンがポストモダンと緊密な連携を示すと考えるものだ――の不正を助長し、かつ利用するものと見ることができる。というのも、作品は、ふつうきわめて高額な演劇祭に来ることができる観客だけに向けて上演されているからだ（Harvie and Hurley 1999: 308）。最後に、ルパージュ作品は、地域への所属と国際社会への所属のあいだの、とりわけポストモダン的な分裂と見なしうるものを呈していることを指摘しておこう。ルパージュ作品は、州と国の助成金によってほとんど維持されている、ケベック市にあるエクス・マキナの専用上演施設カゼルンで制作準備されることが増えてきた。だが、それにもかかわらず、その作品は主としてカナダ国外で上演されつづけているのである。このことも、彼の作品の開放性（この場合は、国際的な市場と観客への）を示すものである。このことはさらに、ケベック州によって（つまりその資金援助によって）もたらされる文化的特定性の利用と、国際的な観客を求めてケベックの観客を無視することがもたらす文化的特定性の空洞化の危機を示すものである（Harvie and Hurley 1999: 309）。

観るものの目を見張らせるルパージュの革新的な演劇活動は、従来の演劇に見られるテクストの支配や物語の直線性、ジャンルの均質性に挑戦を投げかける。そして観客に、歓びと創造的な擬似的体験、多様な意味を理解する新しい——より民主的となる潜在性をもつ——方法を与えつづけている。だが、否定的な要素もあり、彼の作品がもつ開放性は、文化的な、あるいは歴史的な特定性を犠牲にする危険をはらんでいる。さらに、メタシアター性と演劇性過剰の紙一重のところを行くことによって、アイロニーのもつ批評性を犠牲にして、その快楽ばかりを強調してしまう危険性がある。最後に、彼の作品がその上演の経済的、文化的エリート性にたいして自己照射——自己批判は言うまでもなく——を示さないことは、民主的な意味の生成とヒエラルキーの不安定化というそれらが標榜しているはずのことを掘り崩す結果となっている。こうしたことはルパージュ作品がかかえる問題であるが、同時に——もっと全面的に——ポストモダン文化がかかえる問題であるのかもしれない。さらにそれは、ルパージュ作品の観客がかかえる問題であるとともに、彼らにつきつけられた問題であるのかもしれない。結局のところ、問題は、彼がどんなショウを制作するかということだけにとどまらず、観客が彼のショウをどう理解するかということでもあるのだ。

37 エマニュエル・レヴィナス Emmanuel Lévinas 1906-1995

〈他者〉の顔の倫理学

ピーター・アタートン

ユダヤ人哲学者エマニュエル・レヴィナス（一九〇六―一九九五年）は疑いなくポストモダニズムにおける最も独創的で重要な倫理思想家である。〈他者〉に対する彼の憐れみの倫理学、自由というよりもむしろ隣人の顔から開始される倫理学、普遍法則に則る形式主義よりも善良さと責任性を強調する倫理学は、それだけで、ポストモダニズムは真摯な道徳的趣意を欠いた華麗なテクスト的ニヒリズム以上の何ものでもないという主張が虚偽であることを証明してしまう。だが、レヴィナスには本質的に、フランス・ポストモダニズムの哲学者のイメージを思わせるものはほとんどない。彼の仕事には、ポストモダニズム運動の多くを特徴づける言葉遊びもパスティーシュもパロディも、一つとして見当たらないからである。倫理放棄の拒絶という点から見るなら、レヴィナスの思想は同時代の思想と抵触するとさえ言えるであろう。しかしながら、ポストモダニズムを主導する二人の代表的人物――すなわちジャック・デリダとジャン゠フランソワ・リオタール――がレヴィナスの倫理（学）のなかに彼らの〈西洋〉理性批判のための重要な方策を見いだしたという事実からすれば、レヴィナス自身が最初に疑念視した伝統のなかにレヴィナスをもう一度位置づけ直してみたいと考えたくなるのはやまやまである。最良のポストモダニズム理論に知的な基礎づけを与えただけでなく、批判者たちの大半から不当にも欠けていると非難された倫理という要素をポストモダニズム理論に付与した人物として、レヴィナスはまさにポストモダニズムの中心的な思想家と呼ばれうるであろう。

第一哲学としての倫理学

レヴィナス哲学の主導原理は、倫理学が第一哲学（prima philosophia）であるということである。こうした原理は彼の思想を包摂し、〈西洋の〉哲学伝統を初めて全体的に批判した書物『全体性と無限』（1961）の根幹として機能している。レヴィナスによるなら、真実を探求する哲学はそのほとんどが「存在論」でありつづけてきた。それは主題化や知識を特権視するあまり、倫理（学）の絶対的な優先性を無視し隠蔽してきたのである。このような特権視は、存在するものを全包囲的な理性構造すなわち「全体性」に従属させることで、現実の本性を理解しようとする哲学のあり方に現われている。全体性の内に囲い込まれるとき、個々の存在は他の存在と同一の属性を所持するものとみなされる。つまり、個性を剝奪され、概念的に「同一なもの」と化してしまうのだ。レヴィナスにとって、こうした全体化に抗することのできる唯一の存在は人間的な〈他者〉である。〈他者〉は哲学的な知の試みすべてに徹底的に抵抗し、存在論の暴力と不正に異議を唱える。この異議提起は「存在論に先立つ」〈他者〉との「直面的な」遭遇において生じる（Levinas 1969 [1961]: 42）。この場合、倫理と正義とは隣人と対面した際、そこに無産の困窮した人を認めることを意味する。そして、まさにその人の貧窮が私の羞恥を喚起し、私をみずからの責任性へと呼び戻すのだ。顔の防御できない裸性に晒されたとき、「私は無垢な自発性＝自然性ではなく、強奪者、殺人者なのだ」（1969: 84）。それ故、私は常に改心しなくてはならない。顔に対して責任ある応答をしようとすれば、あらゆる方策に随意訴えることを要求される。しかし、私は十分なことをしたという言い方はその際けっして許されないのである。これは英米系の倫理哲学者たちが非難するような憂慮すべき責任の「過剰負担」ではない。それは恣意的な自由を失い、〈他者〉への無限の責任性に引き渡された私というものの状況であり、そこでの責務はそれが果たされるやいなやますます大きなものとなっていくのだ（1969: 244）。私と〈他者〉との間には共通の尺度は存在しない。つまり、私が〈他者〉に対して要求できるものと、〈他者〉

が私に対して要求できるものとは通約不可能だということである（1969: 50）。このように、責任性というものは「普遍法則なる法の彼方に」（1969: 247）位置するものなのである。

このような省察の出発点となったのは現象学である。だが、いかなる地平においても姿を見せることのないものを記述する段になると直ちに明らかとなったのは、そうした記述が現象学の限界を超出してしまっているという事実であった。そこで、『全体性と無限』を刊行した直後、レヴィナスは顔を論じることに着手する。それは「顔によって阻止されてしまう現象学という視点から顔の位置づけを行なう」（1989［1963］:356）という形でなされることになった。その結果導入されたのが「痕跡」という概念であるが、レヴィナスはこの概念を一九七四年に刊行された二番目の主著――『存在するとは別の仕方で、あるいは存在することの彼方へ』――の中心に据え置くことになるだろう。この概念はまた他の哲学者たちの主要著作にも取り入れられる。最も重要なものとしては、この概念から形而上学を脱構築するための方策を与えられたデリダのケースを挙げることができるだろう。

デリダにおけるレヴィナスの痕跡

『グラマトロジーについて』（1967）においてデリダが自身の思想に取り込んだのは次のような観点である。

エマニュエル・レヴィナスの最近の仕事や彼の存在論批判の中心にある痕跡という概念。……存在論は存在の意味を現前性として、また言語の意味をパロールの完全な連続性として規定してきたのだ。（Derrida 1976［1967］: 70）

レヴィナスの痕跡という概念がデリダにとって重要であるのは、何よりもまず、この概念によって脱構築は形而上学的言語を乗り超えるために形而上学的言語を使用するというダブル・バインド状態――これは脱構築の問題のみならず、レヴィナス自身の倫理学の問題でもある——から解放されるからである。一九六四年に執筆された論考「暴力と形而上学——エマニュエル・レヴィナスの思考に関する試論」のなかで、デリダはレヴィナスが『全体性と無限』においてなした主張——倫理学の名にかけて存在論と絶縁した、という主張——を問題視している。当時のデリダは、存在論の言語や概念装置に依存している以上、レヴィナスの言う決定的な絶縁は不可能であると論じている（Derrida 1978［1968］: 143）。だが、こうした主張が示唆しているのは、デリダがやがて痕跡という概念をそのような依存化軽減の方法とみなすことになるという事実に他ならない。意味作用の特性が言語外的な実体と結びついた言語要素に属するような旧来的な意味でのシーニュとは異なり、痕跡という概念は、そこに誰あるいは何が現前しているのかを言明することを不可能にすることで、シニフィアン—シニフィエの関係を引き裂いてしまう。それはこの用語が指示しているものの確定を遅らせるようなある不在性の痕跡として、哲学のテクスト内に潜む差延（différance）の関係を明らかにし、哲学のロゴス中心主義的、音声中心主義的な主張を頓挫させてしまうのだ。

これはむろんデリダ的な言い方であり、脱構築の企てにみずからが加担していたという自覚がレヴィナス本人にあったのか否かという問いは当然提起されてしかるべきである。この問いに対しては、諾《イエス》でもあり否《ノー》でもあると答えなければならないだろう。デリダについて書かれた唯一の論考「まったく別の仕方で」（1976）のなかで、レヴィナスは自身が「交錯配列法のただなかでなされる接触の悦び」と称するものを強調的に表現している。しかしながら、彼は「デリダによって提起された諸問題の根源的な重要性」（Levinas 1991［1976］: 10）を認める一方で、これらの諸問題が暗黙のうちに切り崩しの対象であるべき存在論を回復させてしまう次第について述べている。「こうした［現前性の］欠如が依然として〈存在〉に属すると言うことは、〈存在〉と無との堂々巡りを意味している」（Levinas 1991: 7）。だが、たとえそうであっても、デリダ自身が明らかに見逃している倫理的な意味をレヴィナスが脱構築のうちに見いだしていることに変わりはないであろう。

> 脱構築的な分析それ自体に真に欠けていると思われるのは過剰なものではなく——過剰なものとは依然として……存在論の残滓であるだろう——、近さにそなわるより良きもの（le mieux）、すなわち、卓越性、気高さ、〈存在〉を前にしての倫理、あるいは〈存在〉を超えた〈善〉である。（Levinas 1991: 7）

この一節は脱構築そのものに特徴的な二重の読み方を行為遂行《パフォーム》している。哲学のテクスト内に見いだされる「過剰なもの」を現前性の欠損のようなものに転化しているかぎり、デリダの仕事は依然として存在論に規定されているように見える。つまり、それもまたレヴィナスが倫理的超越性の「破壊」（脱構築ではない！）と呼ぶものを続行しているという嫌疑を免れえないのだ（Bernasconi 1982: 37）。また、脱構築は存在論を超えた〈他者〉の近接性を明らかにしているという点においては、倫理を強調する意味合いのものとして解釈されなければならないであろう。

とりわけ、デリダがレヴィナスに対して最初に否定の論理を展開した一人であることを考慮に入れるなら、レヴィナスがこのようにして脱構築の大物〔デリダ〕にいわば「逆ねじを食わしている」のはいかにも皮肉に思える。しかし、これはデリダの思想の痕跡がレヴィナス自身の思想に刻みつけられたことを明確に示唆している。こうした言明によって私が単純に言おうとしているのは、レヴィナスはデリダから、さらにはデリダに先立つハイデガーから重要な教訓を学んだということである。その教訓とはつまり、ヘーゲルを否定することはヘーゲルを再確認するということに他ならない、というものである。現前性の欠如を指摘することでその主導権を論駁することは、そうした欠如をみずからの言い回しによって定義づけることで、その論駁された現前性の主導権を再度復権させてしまうのだ。それはむろん、ハイデガーやデリダが哲学の最高権威をヘーゲルに与えることを容認しているという意味ではない。ヘーゲルにとっての「哲学の終焉」とは思想家と思想との最終的な和解をもたらし、認知されるべきものはなに一つとして理性の外に取り残されることはない状態と考えられていたが、ハイデガーもデリダもヘーゲルとはまったく違った意味で「哲学の終焉」を告知しているのである。ポストモダニズムの論争を支配するまでになった「哲学の終焉」という言説に対し、レヴィナスはいったいいかなるスタンスをとっているのであろうか。

哲学とヒューマニズムの終焉

哲学が終焉を迎えているという考え——レヴィナスはこうした考えに潜む哲学の全体化・中立化への含みを『全体性と無限』（1969: 298）において問題視している——をレヴィナスがまったく受け容れていないことは、一九八一年に行なわれたインタヴューからも明らかである。

> ハイデガーやデリダの用語を使うなら、存在神論やロゴス中心主義といった伝統的形式の哲学が終焉に達したことは確かです。ですが、哲学を批判的思索・検討という別の意味で捉えた場合には、このことは妥当しません。理性というものは、理性自体を疑問視するときほど多才であることは絶対にないのです。哲学の現代的な終焉のなかに、哲学は新たな寿命を見いだしたと言えるでしょう。（1984: 69）

この最後にある主張は、これまで懐疑主義を照準としてなされてきた反駁を想起させる。ピロ〔BC三六五？—二七五年。古代ギリシアの哲学者〕の懐疑説がそれ自体の否定的な主張を疑問に付すという以上の構えを有するものであったとするなら、これは自己-反駁と捉えてもよい。同時代の多くの人たちとは異なり、レヴィナスが「哲学の終焉」という概念を熱烈に奉じることができないでいるとしても、この彼のためらいは懐疑的な勇気のないことを示すものでもなければ、彼が旧来型の思考法に無批判的に執着していることを示すものでもない。というのも、レヴィナスの懐疑主義を刺激しているのは、まさに「哲学の終焉」を唱える者たちが旧来の体質――全体化、中立化、教条主義――を払拭しきれないでいることだからである。

『存在するとは別の仕方で、あるいは存在することの彼方へ』のなかでレヴィナスはポストモダニズムのもう一つの合言葉であるヒューマニズムの終焉について語り、次のように書いている。「近代的な反ヒューマニズムは……みずからが提起する理由によっても、またそれを超えたものとしても正しいものである。それはみずからを意志に先立つ犠牲、代理として定立することで、主体性の場を切り開いたのだ」(1978: 127)。自分の考えを明確な倫理的表現で述べている反ヒューマニストたちがほとんどいないという事実に対して、レヴィナスは無頓着なように見える。だが、今のわれわれが作者の意図をそのまま信用するほど愚かではないとすれば、それがいったい何だというのだろうか。主体性に関するレヴィナスの考えは旧来のいかなる考えとも異なるものであり、したがって同じ批判に対して責任を負うべきものではない。確かにレヴィナスはそうした批判を共有してはいる。ただし、そうした批判は彼にとって、ハイデガーやフーコーらの仕事に見られるような批判とはかなり違った意味合いを帯びているのだ。「ヒューマニズムが非難されなければならないとするなら、それはヒューマニズムが十分に人間的でないからにすぎない」(Levinas 1978: 128)。ヒューマニズムは十分に人間的ではない。なぜなら、レヴィナスの言う真の主体性とは理性的な自立性によってではなく、〈他者〉への責任によって規定されるからである。ここでは、責任の仮定が責任の引き受けに先行している。「いかなる意味においてであれ、こうした責任を引き受けることは意のままである。だが、この責任そのものを拒むことは意のままにはならない。〈他者〉の顔が責任を招じ入れた意味深長な世界を無視することは意のままにならないのである」(Levinas 1969: 218-19)。明らかにレヴィナスの倫理(学)には意志と自発性――すなわち、倫理(学)の名に値するものであればけっして隠すことのできない自由の要素――が残されている。だが、少なくとも、レヴィナスにとっての倫理(学)は自由によってではなく、義務によって始まるものであると言えるだろう。「~すべきであるは~することができるを含意する」（カント）という旧来的な道徳観とは異なり、レヴィナスの倫理（学）は「～すべきである」を「～することができる」の必須条件として要求する。実践的理性の「～することができる」には、恣意性から解き放ち、非対称的な責任性という無限の要求に引き渡すという形で、意志を「備給する」（84）〈他者〉との関係が内包されている。相互的義務という旧来的な倫理観からすれば、こうした非対称性がスキャンダラスな性質のものであることはレヴィナスも十分承知している。実際、彼はそのことを公然と宣言しているとさえ思える。「私の生よりも重要な何かがある。それは他者の生である。これは理に合わない。人間とは理に合わない存在なのだ」（Levinas 1988［1976］: 172）。アリストテレス、そしてカントには失礼ながら。

レヴィナス、リオタール、そして正義

レヴィナスがデリダに差延（la différance）について熟考する手立てを提供したとするなら、彼〔レヴィナス〕はリオタールに対しては抗争（le différend）について思考する基盤を供給した。一九七九年に刊行された『ポストモダンの条件』のなかでリオタールは法規（「正義」）の言語ゲームの特異性と明示的陳述との通約不可能性を強調する際、繰り返しレヴィナスに言及している。「まさにこれこそが、私にとってレヴィナスの思想が非常に重要である所以なのです」（Lyotard 1985［1979］: 22）。「レヴィナスのような人が私の関心を大いに惹きつけるのは、懇請という独創的な品性に対する力強い配慮なのです」（Lyotard 1985: 25）。「利害なき法規ゲーム……これに関するレヴィナスの姿勢は断言的ですが、私は彼がまったく正しいと思います」（Lyotard 1985: 53）。

しかしながら、リオタールはレヴィナスの仕事の無批判的な称讃者ではない。それを判断するいかなる基礎的基準がないにもかかわらず――彼の大きな物語に対する懐疑によってそうした基準は排除されてしまう――、彼は自身の思考がレヴィナスの仕事と「背馳する」次第を告げ知らせている。

私が［レヴィナスの］教義を引き継ぐやり方が……彼自身のものと相容れないことは明白です。彼の見解によるなら……真実とは存在論的な真実ではありません。それは倫理的なものです。ですが、それはレヴィナス自身の視点から見た真実です。ところが、私にとってはそれは真実ではありえないのです。（Lyotard 1985: 60）

リオタールによるなら、レヴィナスの思考の重大な欠点は、一つの言語ゲームを他のすべての言語ゲームに対して特権視してしまうところにある。リオタールにとっては多様な言語ゲームが存在する。そして、その各々には一連の固有な規則があり、それらは明確に区別される言説の三つの「極」のまわりに実際的に編成されているのだ。三つの極とはまず、全体化への欲望を特徴とする「西洋的」ないしは認識論的な極、次いで、「ユダヤ的」ないしは規範的な極、そして残る一つは「異教的な」極――ここには芸術作品や伝統的文化における神話や民衆的物語の語り直しが含まれる。レヴィナスの思考は明らかに第二の極に結びついている。だが、第三の極を構成する他の（「異教的な」）多くの言語ゲームを無視しているかぎり、レヴィナスの思考はこのうえなく旧来的な仕草によって、第一の極を暗黙のうちに復権させてしまうだろう。換言するなら、レヴィナスは異質な諸ジャンルの間に普遍的な判断規則があるかのごとくにすべての言説に対して判決を下すことで、義務の抗争という問題を訴訟的に片づけてしまっているのだ。リオタールが否定するのはまさにそうした点である。

プラトン同様、レヴィナスが〈善〉に卓越性を付与し、芸術も含め、他のすべてのものを〈善〉に照らして判断していることは間違いない。「芸術的な愉悦には何かしら邪悪で利己的で卑劣なところがある。疫病流行の折りに祝宴に列することが恥とされたように、芸術が恥ずべきものとされた時代もあるのだ」（Levinas 1987: 12）。しかしながら、レヴィナスの芸術批判も、彼が「異教主義」と呼んでいるものの告発に比べれば別段大したものではない。異教主義とは、まさに「思弁的言説という意味ではいかなる真理価値も有しない」という理由で、リオタールが上位に位置づけたような言説なのである（Lyotard 1985: 38）。対照的に、レヴィナスにとって、異教主義とは、彼が嘲笑的に「聖なるもの」と呼ぶものを畏れはばかって、人類の初源的・発生的段階へと後戻りすることを意味している。

> ここにははるか昔に超克された偶像崇拝という幼稚症を凌ぐような、異教主義の不滅の誘惑がある。それはつまり、世界に染み出す〈聖なるもの〉だ。ユダヤ主義とはおそらくそうしたもののすべてを否定するものに他ならない。……事物の神秘は人間に対するあらゆる残酷さの源である。（Levinas 1990［1963］: 232）。

レヴィナスの思考に紛れもない偏りが存在するとすれば、それはたぶん彼がすべてに優先する形で倫理を特権視していることよりも、倫理の例として挙げられるユダヤ主義にそうした特権を付与しているということにあるだろう。しかしながら、リオタールはそのような偏りに異議を唱えることはない。彼もまた同様なやり方に頼っているからだ。「社会的組織体が存立しうる唯一の場としての受け手の極を絶対的に特権視する姿勢は、ユダヤ的思想のうちに見て取れる。ここで私が言おうとしているのは、レヴィナスの思想のことである」（Levinas 1985: 37）。

法規の言語ゲームをユダヤ的思想と同化するリオタールが正しいか否かは別にしても、義務の受け手を「絶対的に特権視すること」という言い方でレヴィナスの思想を特徴づけるときのリオタールは明らかに思い違いをしている。レヴィナスの場合、自己はけっして優先権をもつことはない。〈他者〉が自己を無限の責任性へと引き渡すのだ。だが、確実に言えるのは、レヴィナスは他のすべてを排除するようなやり方で〈他者〉に優先権を与えてはいないということである。というのも、レヴィナスの思考は社会主義的政治学を礎にしており、ややもすると他の人たちを顧みない二人だけのエゴイズムになりかねない差し向かいという状況に潜む偏向のうちに、同等性・平等性を取り込む必要性を意識しているからである。「第三者が〈他者〉の目で私を見つめている――言語とは正義である」（Levinas 1961: 213）。哲学への回帰を正当化し、存在論の存在理由を提供するのがこの第三者的な正義の必要性なのであり、レヴィナスによるなら、今後この第三者的な正義は基準なき内省判断と取り組むのに必須のものとなるであろう。リオタールの読みにはこうした根本的な洞察が欠けているのである。リオタール同様、レヴィナスもまた〈他者〉（送り手）、私（受け手）の双方を全体化してしまうような単一の判断規則が適用不可能であることを認めているという意味では、抗争の思想家であると言える。しかしながら、ことが第三者的な正義の問題に及ぶといかなるものにも満足しないという点で、レヴィナスはリオタールと明らかに異なっている。第三者的な正義の問題は存在論からではなく、逆説的にも倫理自体から生じる暴力を弱めるための様式規則を見いだすことを必要とするのである。正義を無視するという犠牲をはらって〈他者〉を特権視することは、全体化という訴訟的な実践が引き起こすダメージ以上に深刻で、おそらくはより致命的な過ちを生み出すことになるだろう。命令＝要請を発する潜在的な送り手のすべてに対する正義の名においてのみ、真実の追究はそれとして正当化されるのだ。リオタールが科学的な言語ゲームを拒絶したり、「小さな物語」――すなわち同意ではなく不同意（Lyotard 1984: 66）――を要求することを、レヴィナスが倫理的に不健全かつ不当とみなすのは、こうした理由によるのである。エチオピアにおいて一五〇万人もの死者を出した食料飢饉（一九七一―七三年）の直後に書かれた論考「世俗化と飢餓」のなかで、彼は次のように述べている。

> テクノロジーを非難すること――これはさらに、あらゆる放送技術の実現によって世論に浸透しているわけですが――は、それ自体が心地よいレトリックと化し、増えつづけている「発展途上国の」人たちが呼び起こす責任性、テクノロジーの発展なしには満たすことができない責任性を忘れ去っているのです。（Levinas 1998［1976］: 9）

レヴィナスが進歩という〈啓蒙主義〉的な考えを倫理的に不可欠なものとみなしているとしても、それは彼が科学やテクノロジーを人類の最終的な目標と考えているからではない。それらが〈第三世界〉の「発展」に必要とされているからなのだ。聖なるものは世俗化に取って代わられる必要がある。つまり、国土はもはやなんらかの崇拝すべき対象ではなく、目下のところ世界の半数に及ぶ十分食べることができない人びとのために、食料になるものを植えつけるべき場所なのだ。そのためには、これまで以上の科学的な同意や大規模な農業技術が必要とされる。〈第三世界〉が西洋の科学・技術を必要としているかぎり、われわれはおそらくこのポストモダンの時代のただなかにおいて科学・技術を疑念視することの権利について自問を迫られることになるであろう。

38 デイヴィッド・リンチ David Lynch 1946-

リアリズムをすり抜けるカルト・ムーヴィ

ジョウゼフ・ナトーリ

モダニズム的アヴァンギャルド・インディーズ・ムーヴィ寸前の奇妙な作品『イレーザーヘッド』(1970)とハリウッド主流の仲間入りに失敗した作品『デューン』(1984)の二作は別として、リンチの『ブルー・ヴェルヴェット』(1986)と『ワイルド・アット・ハート』(1990)、テレビ・シリーズ『ツイン・ピークス』(1990)に見られるのは、ポストモダン的見解の篩《ふる》い分けや、ポストモダン的態度の表明、ポストモダン的状況への入門などといったものだ。

ポストモダン的状況は、静止点や中心、安らぎの場などといったものをわれわれに与えてくれない。というか、中心は偏在しているのである。ほとんどあらゆるものに関して、現実の世界はつねに間違いなく動いている、現在においてだけでなく、過去においても、いまここでつくりだされている未来においても。人間の自我は、そうした動きの外に、あるいは静止した中心に存在しているのではない。また、意識が、離れたところから流動の源泉をのぞき見ているのでもない。意識は、事物や世界の基礎をのぞき見ているのではない。われわれは動きのなかにいるのだ。重要なことに——モダニストにとってはこのうえなく不幸なことに——われわれは、われわれの使う言語のただなかにおり、それゆえ言語がわれわれを使っていると見ることも同様に可能となる。

自我はまた自身の外にある。自我は世界のなかにあり、散布され、拡散させられ、交差しあう複数の自我から成り立っている。その結果、世界と言語、さまざまな偶然性の産物、文化などといったものが、連続性も一貫性も統一性ももたない、多様なアイデンティティの集塊化したさまざまな主題のなかに入りこんでいることになる。このことは何を意味するのだろうか。もしあなたが、クローゼットのなかからブルー・レディをのぞき見ている、『ブルー・ヴェルヴェット』のジェフ・ボーモントの立場にあるとしたら、あなたとブルー・レディのあいだには、クローゼット――これがさしずめあなたの生きる世界を囲う枠となる――のなかのあなたとその外の部屋のあいだには、主体と客体を隔てる空間――これはモダン的状況が愛し必要としたものだ――は存在しない。あなたには、外で起こっていると思うことを、また外の世界が自分にとってどのような意味をもつのかを内側から言明することはできる。しかし、あなたが見ていることを見ているもう一人の観察者がいれば、その人物には、あなたが行なっている、自我と世界の関連づけと、またあなたがいる世界の特権化された空間の特徴、さらには文化とあなたの観察によって特徴づけられたさまざまな偶発的出来事を見通すことができるということになる。『ブルー・ヴェルヴェット』は、いわば、距離化された私的な支配的主体というクローゼットのなかから、われわれが離れたところで支配していると夢想している現実のなかにわれわれを引きずり出しひざまづかせる。この映画は、主体／客体の入れ替えの戯れを見せ、「誰がここで現実を取りしきっているのか」というゲームを展開する。ジェフは、まごうかたない啓蒙期のスタイルで、切り取られた耳の謎を縫い合わせようとする。彼は、それまで自分にたいして伏せられていたことが何であったのかを探索しようとするのだ。彼は、データを蒐集する経験主義者たる探偵の役を演じる。その結果、自分の支配の物語には支配できない世界の混乱のなかに投げ込まれることになってしまう。ブルー・レディが、二人の立場を逆転させるのだ。彼女はナイフを彼の喉もとに押し当て、言うとおりにするよう命じる。彼女は声を荒らげて「私を見ないで！」と叫ぶ。われわれはこのとき、ジェフの立場に身を置きたいと思わない。こうして、古典的なリアリスト的捻りが捻り戻されてしまい、われわれはジェフでないとすれば誰なのかという問いをつきつけられることになる。そして、ここで支配しているのは誰なのか、という問いも。こうして、われわれの主体性は、この映画によって大きな危機にさらされることになる。

われわれは、みずからの視線にたいする統御能力を失ってしまい、またそうしたみずからの統御喪失という状況を目の当たりにしているのだ。このことはわれわれを動揺させる。そして今度は、フランク・ブースが登場し、ブルー・レディとのあいだで立場を逆転させる。彼は「俺を見るな」と彼女に怒鳴りつける。彼女は客体にすぎない。支配する主体となっているのは、彼女ではなく彼のほうで、彼女は客体にすぎない。女性は、死に絶えることのない悲惨な物語にからめとられている。女性は、男性の視線にさらされる客体であるという物語に閉じ込められているのだ。フランクは彼女に命じる、「それを見せるんだ」と。女性という性が、彼女の存在のすべてなのだ。彼女は生身の人間ではなく、切りとられた身体の一部にすぎない。

われわれはこの映画のなかで「ブルー・ヴェルヴェット」〔ポップス歌手ボビー・ヴィントンの一九六三年のヒット曲〕の歌詞を繰り返し聞かされ、そのたびごとにその歌が流れてくるコンテクスト――物語の展開――が変わっているため、歌は違ったものとして聞こえてくる。われわれは、歌詞と世界を、われわれ自身の現実の枠内で、つまり社会的なものと文化的なもの、さらには個人的なもののあいだのさまざまな組合せからつくりだされる枠組みのなかで結びつける。その組合せのあり方は、経験的な分析や合理的な推論を寄せつけない。そこでは、複数の世界が衝突を起こしてしまうことになる。ジェフの現実の枠組み――秩序立ったランバートンの街という現実――がフランクのどす黒い暴力的な現実と相交わることになるのだ。オールドミスの叔母はジェフに「リンカンに行っちゃだめ」と警告する。だが、いかにして、彼は、そうせずにすますことができるだろうか。同様に、人はどのようにすれば、現実解釈が切り捨てているものが、逆にその現実解釈にたいして妨害を加えることを回避できるだろうか。言ってみれば、自分が節制しているからといって、そのために世界からケーキとエールがなくなってしまうなどと考えることはできないのと同じことだ。なんのしるしもつけられていない世界の時が、ランバートンの伐採される木が倒れる時空間によって測られることは不可能なのだ。愛は清く、浄めの力をもっているとサンディは言うが、「愛」という記号は、別のまったく違ったものに関連づけられる可能性があり、事実そうなっているのだ。ブルー・レディはジェフに「私を殴って」と命じる。愛しているなら、殴ってほしいというのだ。また、フランクはジェフに「愛とは銃から発射された弾丸だ」と言う。「愛」とは、われわれが投げこまれている物語が規定するもの以外ではありえないのだ。

リンチ作品の登場人物たちは、同定可能な物語のなかに住んでおり、そうした物語のなかから世界を意味づけていく。そうした物語がわれわれにそれとわかるのは、大衆文化からとられたものであるからだ。それらは、われわれの頭を満たしており、われわれの現実の枠を形づくっているものなのである。現実を超える領域とは、プラトン的な不可知の領域を指すのではない。『ロジャーズさんの隣近所』〔フレッド・ロジャーズ牧師がホストをつとめる、米国の児童向けの長寿テレビ番組〕の世界こそが超現実の世界となるのだ。フランクは最初、ジェフに「やあ、お隣さん、ドライヴしないか」とおどけた挨拶の言葉をかけている。また、缶に石を投げつけるジェフは、ハック・フィン〔マーク・トウェインの小説『ハックルベリー・フィンの冒険』の、浮浪児で黒人ジムとともにミシシッピ川をいかだで下る主人公〕さながらである。さらに、犯罪を追うジェフの姿は、フランクとジョーのハーディ兄弟〔アメリカの作家エドワード・ストラテマイヤーがフランクリン・W・ディクソンの名で発表した児童向け推理小説に登場し、両親とともにつぎつぎと犯罪を解決する兄弟〕そのままである。こまどりは世界を愛でみたすとサンディが言うとき、通りの向こうから合唱の歌声が流れてくるが、それはキリストの復活を唄う昔ながらの歌声だ。また、サンディのママは『ビーヴァーにおまかせ』〔理想的な家族を描いた一九五〇年代米国のテレビ・ドラマ〕の世界から飛び出してきたような人物である。同様に、ジェフの家族も、アンディ・ハーディの世界から飛び出してきたような人たちだ。サンディとマイクは、アーチー・アンドリューズ〔一九四一年にはじまった米国の学園青春漫画『アーチー』の主人公〕の通うリヴァーデイル高校にいるような典型的な高校生カップルである。フランクは、エディプス・コンプレックスに囚われている。ランバートンの街は、ディズニーランドのメインストリートそのままである。さらに、セックスとヴァイオレンスにたいするリンチの耽溺は、ただ単に彼の個人的性癖に由来するだけのものでも、集客をねらったものでもない。それがアメリカ文化への惑溺――青いヴェルヴェットにたいするフェティシズムのような――であることは明らかである。われわれがどっぷりと漬かっているセックスとヴァイオレンスの物語は、われわれの物語がなにも手を加えていない状態にあるときにそれらの要素がとりうるあらゆる姿をカヴァーするものではない。そのことを、われわれのこの映画のなかにおけるそうした強烈な記号との出会い方が示している。リンチは、その空間に明確で肯定的なしるしをつけるだけでなく、セックスとヴァイオレンスの両者にたいするわれわれ自身の反応の深層の奇妙な部分にまでわれわれをいざなうのだ。これは、ポスト構造主義的な、捏造された意味作用の連鎖の再現と言える。

『ツイン・ピークス』がアメリカで毎週のように過去最高の視聴率を記録しつづけたとき、視聴者たちは、ポストモダン的生活の深い表層をさまよっていた。もっとも、リンチは、この作品をソープ・オペラと殺人ミステリーという二つの大衆的テレビ・シリーズのコンテクストのもとに制作したのだった。あたかもわれわれは、『われらの日々』〔一九六五年にはじまったNBCテレビのソープ・オペラで、大学病院の医長トマス・ホートンとその一家の日々を描く〕と『ジェシカおばさんの事件簿』〔一九八四年から一九九六年にかけてユニヴァーサル・テレビによって制作された、推理作家の女性を主人公とする事件もののテレビ・シリーズ〕を足して二で割ったものを観ているかのようだった。ところが、FBI捜査官デイル・クーパーのほうが、彼が解決に当たっていることになっている事件そのものよりも謎めいた存在であることにわれわれが気づき、ツイン・ピークスの住人たちがわれわれを通常のリアリズムをこえた不安をかき立てるような領域にいざなうにいたって、ソープ・オペラという見せかけも、殺人ものという見せかけも崩れさってしまう。ソープ・オペラは多様な現実に入りこむものであるが、観るものがいざなわれる現実の枠はすべて、すでに文化のなかで試運転が行なわれているために、すでになじみとなり、くつろぎ、たやすく理解できるようになっているものばかり――実際、ソープ・オペラは、テレビ・ニュースの主な項目や映画、トークショウなどで紡ぎ出されたプロットの糸を紡ぎ出すものなのだ。ところが、『ツイン・ピークス』は、未知の道程を経て、行ったこともなく、知りもせず、言うべきこともなく、それゆえわれわれの不安をかき立てるような場所にわれわれをつれていくのだ。われわれは見知らぬ道を走っているだけでなく、われわれの乗る車を運転しているのも見知らぬ者なのだ。ところが、リンチはわれわれをだまして、自分で運転していると信じこませる。そこでわれわれは、それに合わせないことによって、復讐を行なうことになる。

幕開けが殺人ミステリーであった——「誰がローラ・パーマーを殺したのか」という謎がつきつけられる——ため、『ツイン・ピークス』はテレビの連続もの殺人ミステリーと見なされた。毎週毎週、解決のヒントを集めていき、ときには偽のヒントに惑わされ、最後に犯人にたどり着く、殺人ミステリーと見えるのだ。だが、ここでもリンチはわれわれの期待を裏切る。この番組には、殺人ミステリーの枠組みがふんだんに用いられている。リンチは、偽のヒントをちりばめていくことに惑溺している。だが、それは、推理を間違った方向に導くためのものではない。それらは舞台の中心を占め、そのあと、最初は周辺的なものと思えたまた別のものによって脇に追いやられることになる。何週間ものあいだ、ローラ・パーマーの殺人は、丸太や、チェリー・パイ、カーテン・レールの発明、悪夢、近親相姦など——つまり殺人以外のあらゆるもの——のエピソードによって脇に押しやられている。われわれの理性的推論の体現者《エイジェント》のはずだったクーパー捜査官《エイジェント》は、事件とはおよそ無関係な些末なものに拘泥することによって、事件の捜査に穴をあけ、最後には夢の教示を捜査の中心に据えてしまう。クーパー捜査官の心はしまいに奇妙な夢のなかの廊下に迷い込み、その超現実の通路を若い女性の屍体と関わる「現実世界」に結びつけようとする努力は、テレビ・ミステリーのファンにも、ソープ・オペラのファン同様に、失望をもたらすことになる。

とするとリンチは、われわれを古典的なリアリズム的解釈から遠ざかる方向に導いていることになるが、その先にはいったい何があるのだろうか。テレビ局の経営陣は、ミステリー・ファンの期待を満足させるために、殺人事件を解決することをリンチに要求した。さらに、物語は簡潔に、登場人物を謎めいたものとしてはならない、意味不明の言葉を使ってはならない、夢と現実をごっちゃにしてはならない、一定の視点が示されなければならない、すべてを解決して番組に成功をもたらすヒーローを登場させなければならない、とさまざまなことを要求した。しかし、そうしたことはなに一つとして実現しなかった。その結果、『ツイン・ピークス』は視聴率ランクが急激に下がり、第二期で放送打切りとなってしまう。一年前に視聴率ランクでダントツの一位に輝いた番組としては、たぶんはじめてのことだろう。『ツイン・ピークス』は、『ブルー・ヴェルヴェット』や『ワイルド・アット・ハート』とともに、貸しヴィデオ屋では「カルト」（つまり「へんてこりんな」という意味だ）もののコーナーに置かれるようになった。これが意味するのは、この作品におけるポストモダン世界の描写がナイーヴなリアリズムや啓蒙の時代の近代主義、二十世紀的モダニズムの期待をすり抜けているということだ。リンチは、スクリーンとテレビで、現実を生み出す方法の変遷をわれわれに示したのだ。彼は、『ツイン・ピークス』のなかにポストモダンの世界を持ちこみ、われわれがそれを認識できる方法をつくりだしているのである。だが、われわれは伝統的な見方でそれを見、そのためエキセントリックだが才能ある映画監督の個人的なヴィジョンと見なしてしまうのである。押しも押されぬヒーローがいて、善悪が明快に分かれ、それとわかるメタ物語があり、障害を克服しての勝利を描き、安心できる自己完結性をもっていなければならないという図式がテレビを徹底的に支配していることを、リンチは学ばなければならなかったのだ。彼にそのことを教える出来事がふたたび起こることになる。一九九九年に、ＡＢＣ放送が、放映開始を待つばかりのテレビ・シリーズ『マルホランド・ドライヴ』の放送を、直前になって突然取りやめる、という事態が起こったのである。

『ワイルド・アット・ハート』はロード・ムーヴィだ。若いカップルが、とりたてて目的地もなしに、自分たちの若さや無謀さ、自由を求める気持の妨げとなるものから逃れようと必死になって西をめざす映画である。『ワイルド・アット・ハート』をアメリカ社会の価値観《ミュトス》のなかに組み込んでみよう。「この世界は狂っていて、おまけになんか変てこりんだわ」というルーラの言葉は、『ブルー・ヴェルヴェット』でサンディが一度ならず発する「世界は不思議なところね」という言葉のヴァリエーションといえる。ルーラは、すべての出来事を、エメラルド・シティへとつづく黄色い煉瓦の道や西の国の悪い魔女による禍、あらゆる厄災の解決、疑問への解答、心のありかである真の故郷の発見になぞらえて、自分を『オズの魔法使い』の物語のなかに組み入れようとする。だが、不幸にも、現実はハリウッド映画の筋のようにはいかない。ルーラの西への旅は、最初から父親の死や強姦、流産などといったものに呪われているのだ。そのうえ、カー・ラジオのダイアルを回すと悲惨で不気味なニュースが聞こえてくるばかりで、彼女はこらえきれず抗議の叫び声を上げる。こうしたニュースが不気味な世界を形づくっているのか、それとも不気味な世界がこうしたニュースを生み出しているのか。砂漠で激しく踊り、抱きあう彼女とセイラーの愛は世界の野蛮さを超越し、彼らの熱狂が世界の不気味さを粉砕する。だが、その先に控えているのは、まったく偶然の出来事だ。ルーラとセイラーの身代わりとして二人の恋人たちの生命を奪う衝突事故が待ちかまえているのである。偶然性の克服を僭称する啓蒙主義的な理性によっても、現実も偶然も把握するなどということは標榜しないポストモダンの物語によっても回避できない、偶然が、われわれに黄色い煉瓦の道を踏みはずさせることもあるのだ。行く手に待ちかまえているのは、野卑な男ボビー・ペルーで、彼がルーラの、セイラーへの「真実の愛」とは無関係と見える性的欲望を明るみに出し、真実の愛への確信をぐらつかせてしまう。その結果、「愛」は浮遊した、意味を曲げられた記号となる。『ブルー・ヴェルヴェット』でジェフは「いったいなぜフランク・ブースのような奴がこの世界にいるのだ」と問いかける。同様なことが、ボビー・ペルーにも言える。なぜ、このような不安をかき立てる人間がいるのだろうか、と。同様に、なぜ幸せな結末へと導く黄色い煉瓦道の物語は、デイヴィッド・リンチの紡ぎ出す物語によって台無しにされるのか。どうしてわれわれは、自分が現実にあてはめる現実の物語を生きることができないのか。なぜ人間の本性と行動は、ドロシーとブリキ男、臆病ライオン、かかしが知っているものと違うのだろうか。

セイラーは反逆児エルヴィス・プレスリーや「野生児」マーロン・ブランドがのし歩く世界を生きているが、

この物語は次第にほころびはじめ、しまいには自分が誰なのかを見失ってしまう。さまざまな物語が彼の違った素顔を映し出し、自我が断片化して、危機におちいったアイデンティティは、さまざまなイメージに分裂していくのだ。テネシー・ウィリアムズ原作『天使たちの戦い』の映画版〔シドニー・ルメット監督の『蛇皮の服を着た男』一九六〇年〕でマーロン・ブランドが着ていた、個性と自由を愛する気持を象徴する蛇皮のジャケットが、この映画ではセイラーのものとなっているが、それは彼になんの力も与えてくれはしない。個性と自由は、愛と同様に、同じ物語のなかに囚えられ、そうした物語は、また別の世界でのあり方を描いた別の物語との衝突を回避することができない。映画の結末で、セイラーは街のチンピラに打ちのめされ、意識朦朧として地面にはいつくばりながら、「真実の愛」の物語に戻るよう求める「よい魔女」の声を耳にする。渋滞している車の上をかけめぐる彼の姿は、ドリス・デイとロック・ハドソン主演の映画さながらである。エンド・クレジットが出るなか、鼻を打ち砕かれ、顔に痣をつくった彼はルーラに向かって「ラヴ・ミー・テンダー」を唄うが、観客はこのしらじらしいエンディングに失笑を禁じえない。そのときわれわれは、われわれ自身が現実をやさしい愛の物語にすることを嗤うことができる、われわれのひどく不気味な能力を嗤っているのである。こうして、われわれは、自分でつくった黄色い煉瓦道の物語をつき進んでいく。だが、『ワイルド・アット・ハート』のなかでリンチは、黄色い煉瓦道やディズニーランドのメインストリートへの訣別の先頭に立っている。そこには、複数の人生があり、複数の心があるのだ。

39 ジャン＝フランソワ・リオタール Jean-François Lyotard 1924-1998

意見の不一致を原理として

ハンス・ベルテンス

一九八三年と一九八四年には、ポストモダンをめぐる議論が数多くの大著の刊行によってその射程をいちだんと拡大した。ジャン・ボードリヤールの『沈黙する大衆の影のなかに』や『シミュレーション』（ともに 1983）、フレドリック・ジェイムソンの「ポストモダニズムと消費社会」（1983）およびその翌年に「ポストモダニズム、あるいは後期資本主義の文化論理」という表題で発表されたこの論考の大幅な改訂版、さらにはジャン＝フランソワ・リオタールの「ポストモダニズムとは何か、という質問に答える」（1983）や一九七九年にフランスで刊行された『ポストモダンの条件――知・社会・言語ゲーム』の英訳（1984）などがそうである。これらの発言はそれぞれ、概して――少なくともデリダの脱構築に比べて――比較的理論立ったものでなかったために大きな反響を呼んだ。とはいえ、それらは依然として現代文化に関する全般的な分析を施していると思われる。ボードリヤールの「ハイパーリアル」やジェイムソンの「後期資本主義の文化論理」といった用語は、左翼のリベラルな知識層が抱える根深い不安とレーガン主義をほぼ直接的に結びつける。これに対して、リオタールはポストモダンをより哲学的な視点から捉えており、あらゆる領域にまたがる現代の出来事や現象を的確に位置づけているように思われる。

リオタールの概要的な論考が及ぼす際立った影響力は、本来こうした解説能力にあるに違いなく、それは概してその独特の見方からくるものである。リオタールは、ポストモダン的な流れに沿って諸科学や西洋哲学の展開を分析する第一人者だった（リオタールはその頃すでに、イハブ・ハッサンから「ポストモダン」という用語を借用していた――一九七八年の『正確に』のなかでは、リオタールはまだ「異端」という用語を使っていた。つまりイハブ・ハッサンは、こうしたリオタールの方向性においてその序曲を用意していたのだが、けっしてこの序曲を最後まで奏できったわけではなかった）。そして一九八四年以来、たえずくり返し述べられてきた、簡明かつ全般的なポストモダンの定義を、リオタールが企てたということもおそらく同程度に重要であろう。「極端に単純化するなら、私はメタ物語に対する懐疑としてポストモダンを定義する」（Lyotard 1984: xiv）。

ところで、一九八〇年代にリオタールが突然に得た国際的な名声を見ていく前に、まず知識人リオタールの半生を概観しておこう。植民地アルジェリアでの二年間の滞在（一九五〇―五二年）で、リオタールは植民地主義の諸悪を鋭く見抜くようになり、そこにおいてマルクス主義へと転向し、一九五四年から六四年まで――同世代の多くの知識人とともに――社会主義あるいは現地人のグループの活動メンバーとなった。リオタールはそのグループから離脱したのち、敵対グループのなかで一九六六年まで活動することになる。このとき、リオタールはマルクス主義と決定的に訣別したのである。ほどなく、この決意が一九六八年五月の事件によって――あるいは少なくともそうした事件に対する共産党系のマルクス主義者の対応によって――正当性を与えられるのを、彼は目の当たりにした。

一九七一年、リオタールは『ディスクール、フィギュール』という表象に関する批評を刊行した。そこには、後期リオタールによるポストモダンの定義の骨格構造が認められよう。『ディスクール、フィギュール』は、言説による表象と――フロイト的な意味での――リビドーのエネルギーを対立させる。リビドーはみずからを言説的にではなく、イメージや出来事などを通じて明示し、それらは、まさにこのために言説よりも「真理」に近づくのに役立つのである。したがってこの著作は、近代西洋社会における言説的な活動（リオタールはその活動のなかに読むことを含める）の優勢的支配に対する「視覚の防衛戦」なのである（社会学者スコット・ラッシュは後にこの議論を発展させて、言説先行のモダニティと画像先行のポストモダニティとの根本的な対立について論じた——すなわちポストモダンの社会文化的な形成はイメージを通じた伝達によって支配されている。彼の一九九〇年の著作『ポストモダニズムの社会学』を参照せよ)。構造主義者たちと現象学者たちとの間で交わされた論争——決定をくだす構造と自己を決定されてしまう主体の対立——は、リオタールによれば、構造と主体の背後にあるもの、すなわち欲望を見過ごしてしまっている。この欲望という基礎的領域は、差異の領域であり、真の異種性の領域である。この異種性は通常の言説においてはみずからを明示できないのだが、予測不可能なもの、逸脱したものにおいて、つまり統合・調和・完璧を目指さない造形美術において垣間見られうるものなのである。

一九七四年に出た『リビドー経済』においては、こうした欲望についての関心は、とどまることのない欲望の顕現を根本的に擁護するものとなった。『ディスクール、フィギュール』は、画像的なものを欲望の直接的な表現として機能するかぎりにおいて重視したが、画像的なものを言説的なものとともにより大きな枠組みのなかに位置づけている。しかしながら『リビドー経済』は、リビドー的なものを終焉なき、自律的な「エネルギーの変形運動」として提示し、主体をそうした用語においてのみ見ようとする——言説的なものはいまや薄っぺらな、人工の見せかけにすぎない。「主体は表象機械の所産であり、主体はこの機械とともに消失する」。アルブレヒト・ウェルマーが述べたように、「リオタールにとって、主体、表象、意味、記号、真理は、全体としていつ断ち切れてもおかしくない一本の鎖でつながっている。……芸術も哲学も「意味」や「真理」とは無関係であり、ただ「エネルギーの変形運動」とのみ関係がある。そうした変形運動が「記憶、主体、アイデンティティ」に由来することはありえない」(Wellmer 1985: 340)。リオタールは、抑圧されない、直接表象されないリビドーのエネルギーを持ち上げることで、ジェラルド・グラフたちが一九六〇年代のアメリカのカウンターカルチャーのなかに見いだした非理性的な生気論を認める態度にいっそう近づいている。

ここで私の目的にとってより興味深いことは、『リビドー経済』が多元論と単独性についてのリオタール独特の関心を展開させ始めていることである。一神教と多神教――異教的な――に関する議論のなかで、リオタールは、古代ローマの宗教体系のような多神教的な宗教体系が一神教的な宗教よりも多くの利点をもつと主張している。数多くの神や女神たち――それぞれ異なった役割を果たす――によって、多神教は人間の経験が単一的ではないということを容認する。あらゆる場合や行為ごとに神や女神が存在し、そしてそれらの間の関係が必ずしも固定されていないために、人間経験の多様性は単に容認されるばかりでなく、厳格な分類学に従属することがない。多神教的な万神殿という異種性は経験の異種性を表わすのである。一神教――こうしてみると、それは西洋につきまとう祟りでもある――は、あらゆる多様性や差異を、一つの究極的な審級、一つの究極的な視点の下に置き、そうすることで根本的には多様性や差異を否定するものである。これに対して異教信仰――それぞれ自律的な諸カテゴリーにおいて経験を楽観的に編成することであり、こうした諸カテゴリーはそれぞれ、いわば一つの独特な（そしてたいていの場合誤りに陥りがちな）神的な存在によって守られている――は、異種性を特権視し、『ポストモダンの条件』以後のリオタールが、「ポストモダンの条件」の中心的な特性として見なすような通約不可能性（『リビドー経済』は「共存不可能性」というライプニッツの用語を用いている）を表わすものなのである。

われわれがすでに見てきたように、『ポストモダンの条件』――それこそが最終的に最も影響を及ぼしたリオタールの仕事になるのだが――において、その「条件」は「メタ物語に対する懐疑」として定義されている。リオタールはモダニティの企てをいわゆるメタ物語によって動機づけられているものと見ている。ここでいうメタ物語とは、近代の西洋文化を正当化し、また正当と見なすのに役立つような超越論的で普遍的なものであると仮定された真理のことである。モダニティが普遍的に抱いている野心は本性上、その正当性を、「〈精神〉の弁証法、意味の解釈学、合理的なあるいは労働する主体の解放、もしくは富の創造といった、なんらかの大きな物語に対する明白な訴え」（Lyotard 1984: xxiii）を通じて発見する。知の近代的な追求――広くいえば、科学の企て――は、たとえば、啓蒙主義からわれわれが継承してきた政治的なメタ物語によって、また、ドイツ観念論に由来する哲学的なメタ物語によって正当化される。政治的な場合、解放という観点で歴史を見る歴史的な視座によって、知の追求は正当化される。よりわかりやすくいうなら、知はわれわれを普遍的な自由にいっそう近づけるのに役立つのである。哲学的には、知の追求は「諸科学における〈理性〉の実現として歴史の流れを解釈する歴史哲学」(Honneth 1985: 151) のなかにその正当性を発見する。こう解釈することで結果的に、普遍的な知の原理はいっさいの正当化のための審級として機能するのである。私が先に引いた引用部分で言及されているもう一つのメタ物語——富の創造というメタ物語——は次のように主張する。つまり、自由市場、いいかえれば資本主義政策に則った経済編成は、究極的にわれわれ一人ひとり、そしてわれわれ全員に利益を与えるはずであり、通常ならまっ先に利益を回収する企業家のみに利益を与えるわけではないのである。

『ポストモダンの条件』は二つの主要な議論を提供している。第一の議論は、メタ物語という用語において示唆されている。リオタールにとって、モダニティの企てを最も根本的に正当化するものでさえも、経験的な基礎を有していない——それは文字どおり物語なのであり、われわれはこの物語が正しいと自分に言い聞かせるために、その物語をみずからに向けて語るのである。言語のこうした特権化において、リオタールは、『リビドー経済』のなかに見られるような、もっぱら欲望に焦点を当てる態度から離れ、みずからの考え方をデリダのいう脱構築や、とりわけフーコーのいう言説《ディスクール》に結びつけていく。第二に、リオタールにとって、モダニティのメタ物語はもはや信じるに足りないものである。つまり、「思弁的あるいはヒューマニズム的な哲学はその正当化の義務を放棄せざるをえない」(1984: 41)。モダニティの超越的、普遍主義的な正当化はもはやもろもろの事象を結合させる力を持ち合わせていない。われわれが今後そうした正当化に代えて提唱しうる最良の正当化は、行為遂行性——「インプットとアウトプットとの最良の均衡」——を通じての正当化であるが、こうした功利主義的、道具的な正当化は応用の幅を制限されてしまっている。本質的に、ポストモダンの正当化は非行為遂行的であり、内在的である。ナンシー・フレイザーとリンダ・ニコルソンが述べているように、ポストモダンの正当化は、「多元的、局所的、内在的である……。この正当化は俯瞰的な位置にとどまる代わりに、実践の次元まで目線を下げ、この次元の内側に入っていくのである」(Fraser and Nicholson 1988: 87)。

モダニティからポストモダニティへの転換にともなって、メタ物語あるいは大きな物語は、「小さな物語」、控えめな物語にその地位を明け渡すことになる。この後者の物語は、時空間的に有限な妥当性しか持ち合わせておらず、ときにリオタールが、後期ヴィトゲンシュタインから借用した、「言語ゲーム」と呼ぶものに対応する。もろもろの言語ゲームは、一つの支配的なあるいは普遍的な言語に従属することなく、われわれがポストモダニティと呼ぶような社会文化的な形成を果たしていく。言語ゲームは、ヴィトゲンシュタイン的な「言説モデル」、すなわち、それ独自の一連の規則にしたがっているような、さまざまな形の発話——表示的、行為遂行的、規定的等々——から、社会の諸制度や諸職種によって用いられている複数の言説を経由して、リオタールが小さな物語と呼ぶ物語にまで及ぶものである。こうした小さな物語を兼ねる言語ゲームは、ややもすると、文化全体を規定し、さらには暗に正当化することに一役買うのかもしれない——それは「親族、性の相違、子供、隣人、外国人等々といったものについて……何がなされるべきかを規定する義務的な言明」(20)を含んでいるかもしれない。しかし、そうした正当化はつねに内在的である。「物語は……当の文化のなかで、述べられるべき、なされるべき権利を何が所有しているのかを定義する。そして物語そのものがその文化の一部である以上、この物語は、それらがなされるべきことをなしているという事実によってのみ正当化されている」(23)。

リオタールにとって将来性のある政治を保証するものとは、しばしば幅広く多様であり、つねに内在的には正当化されているあらゆる種類の言語ゲームの共存であり、独自のゲームを形成する多様な声の相互結合である。したがって、けっして許されない唯一の運動とは「テロル」の運動である。「テロルという語によって私が言おうとしているものとは、ある人間が別の人間と共有している言語ゲームからその別の人間を粛清することないし粛清をちらつかすことによって得られる能率性に他ならない」(63)。「テロル」は強制的な意見の一致《コンセンサス》と結びつき、ゲームの自由な流れを阻害し、その流れの政治的な潜在能力を損なわせる。この潜在能力こそが、リオタールにとって多様性、不確実性、決定不可能性のなかに具体的な実現を見いだすものなのである。リオタールは一九八八年のインタヴューのなかで次のように述べている。

> 今日の真の政治課題とは、今日、少なくともそれがまた文化と関係している限りにおいて、……抵抗を前進させることです。書くということは、すでに確立した考え、すでになされてしまったもの、誰もが考えているもの、よく知られているもの、広く認知されているもの、「読みうる」もの、形を変えてはみずからを世論に受け容れられやすくしているすべてのものに対して、この抵抗の気勢を示すものなのです。(Van Reijen and Veerman 1988: 302)

解放的な政治を可能にするのは意見の不一致《ディセンサス》であり、意見の不一致は異種性の力によってのみ存在することができる。この異種性とは、言語ゲームの、そして複数の単独的なゲームの差異の果てしなき多様性なのである。

　このように意見の不一致を根本に据えて特権化することはまた、ポストモダンをめぐる議論に対するリオタールの第二の主要な貢献の背景で働いている駆動力でもある。この第二の貢献とは、リオタールがカントの崇高なものを書き直していう「ポストモダン的な崇高なもの」に他ならない。当初一九八二年に発表され、一九八三年にイハブ・ハッサンとサリー・ハッサンとの共著『イノヴェーション/リノヴェーション』に寄せられた論考のなかで、リオタールは、近代《モダン》の崇高なものが本質的には「郷愁的な」崇高なものであると主張している。なぜならそれは、その形式を通じて、「読者や視聴者に慰めや快楽の種を依然として与えつづける」にすぎないからである(Lyotard 1983: 340)。しかしながら、ポストモダン的な、つまり前衛的で崇高なものは、表現そのものにおいて表現不可能なものを表現しようとする。すなわちそれは、到達不可能なものへの郷愁を皆で分かち合うことを可能にするような、望ましい形式による慰め、趣向に関する意見の一致を否定することであり、人びとを楽しませるためではなく、表現不可能なもののいっそう強い意味を伝えるために、新しい表現のあり方を追求することである。(Lyotard 1983: 340)

意見の一致はけっしてわれわれを美的なものの彼方へ導くことはできない(美について語ることは、あらかじめある規範に訴えかけることである)。しかしながら意見の不一致は、崇高なものの王国へと向かうことができる。この王国こそが「互いに相容れない」諸感情を呼び覚ますのであり、その感情は、分かち合うことができないという意味において「深甚でかけがえのない」ものである(Lyotard 1986:11)。崇高なもの、表現不可能なものと直面することが、リオタールが何にもまして重視する根本的な開示へと導くのである。

　ポストモダンに関する議論にとっての、リオタールの多大で果てしない重要性は、彼が、デリダ的な脱構築が扱う微視的なアポリアをいっそう一般的な決定不可能性――一九八三年のリオタールの著書『文の抗争』の「抗争」(differends)――の次元へと移し換えることを強調していることにある。果てしなく増大する(資本主義的な)均質化と(自由主義的な)意見の一致《コンセンサス》の時代にあって、リオタールはわれわれに、差異や通約不可能性の価値、そして芸術家の表現によって示される重要な機能の価値について幾度となく想い起こさせてくれる。こうした芸術家の表現こそが、ポストモダン的な崇高なものに達することで、異種性と抗争のメッセージを今一度教えてくれるのである。

40 トリン・T・ミンハ Trinh T. Minh-ha 1953-

ポストモダニズムを実演する

E・アン・カプラン

ポストモダニズムについての混乱、そして熱狂的でときには激烈な論争の大部分は、批評家たちが学者、ジャーナリスト、政策決定者それぞれの声に含まれる、特定の活動分野を注意深く区別していないことによる。ポストモダンの文学および美学理論と、抽象的な哲学のカテゴリーとしてのポストモダニズムは別物である。国際資本主義に取り上げられ適用されたポストモダニズムも、精神分析学におけるポストモダンの主体も、また異なっている。

アメリカの学界においてポストモダニズム理論にたいする興味が大規模に展開された時期（一九八四年ごろ）から、人文科学のなかでもフェミニズムとマルクス主義は、この理論の潜在的に危険な政治的意味について危惧していた。しかし他の分野では、ポストモダニズムによって体制化された学問様式の転覆が可能になったこと、あるいはある種のテクスト（恐怖映画、風変わりなテレビ番組、パフォーマンス芸術、サブカルチャーの芸術など）が新たに導入されたことが、魅惑的、刺激的であると感じていた。多くの人びとが、アメリカ流に翻案されたポストモダン理論は、すでにある種の新しくかつおそらく不穏な文化的時代と感じられていたものを説明し解説する助けになる、と考えた。一方、声を上げて非難する人もいた。ポストモダニズムは単に最近の知的「流行」であって、まじめな意味がないか、望ましくない価値を広める点で、どちらかといえば「危険」である――人びとが常に秩序を求めて依拠してきたものを周辺化し、不安定にし、無効にする、と。これらの問題は解消されていない。それらは未解決のままで、ポストモダニズムは依然として異議を唱えられ、問題を含み、ポストモダンのパラダイムが、おそらくは私が別のところで「ミレニアム」と定義しようとしたものへと移行し始めたときでさえ、そうなのである（Kaplan 2000）。

私は一九八八年にこの危機を明快に説明するため、学界内部で人文科学におけるポストモダンの思想の二つの異なる要素を区別し、それを「共謀」と「ユートピア的」と呼んだ（Kaplan 1988）。「共謀」という言葉で私が意味しているのは、総括的物語の終焉についての黙示録的熱狂もしくは礼讃であるが、それはまたヒューマニズム的な（暗には白人男性の）主体の終焉でもあり、企業資本主義の（国際金融と多国籍の会社の時代において）周辺化され、断片化され、流動する主体に行きつくのである。私が考える「ユートピア的」という概念は、フランスのフェミニスト、ルース・イリガライ、エレーヌ・シクスー、初期のジュリア・クリステヴァによる、共謀に対抗する取組みであり、流動する主体や総括的物語の終焉とは、いつもすでに男性によって規定され、白人男性の必要に応じることを目的とする総括的物語のなかに位置づけられていた「女性的なもの」の束縛から、女性を自由にするものであると考えている。

私は当時はこの区別に意味があったと考えているが、今では「共謀」と「ユートピア的」の両方の種類のポストモダン理論化とも、ほとんどが白人である主体としての知識人の恐怖や幻想に反応するものであったことに気づいている。それは、永遠で安定しているように見えたがもはや意味をなさない、彼らの古いアメリカ観や世界観に訴えたのだ。ポストモダニズムは、白人知識人がマルクス主義特有の階級的制約や社会主義フェミニズムのジェンダーの制約なしに、解放者になる可能性を開いた――そしてそれによってマルクス主義とフェミニズムの双方との、問題を含んだ対決へと突入した。フェミニストといくつかの少数者集団は、女性と周辺化されたものが「主体」の地位を得たか得ないかというときに、主体の死を礼讃することを憂えた。男性の理論家がその死を礼讃していた主体とは、概して白人であり男性であるように思われたのだ。一方多くの人びとは、ポストモダンのデジタル・テクノロジー（それによって理論家はメディアや劇場芸術に夢中になった）が彼らの（モダニズム）世界をどのように変えるかということについて相反する考え方をもっていた。ジェイムズ・カデロの言葉では、テクノロジーをそれがかなえるはずの目的――人文科学、個性、社会性、道徳――と同列におかなければならないということも、恐怖であった。

知的な言説にたいするポストモダニズム理論の影響力が長く続いていることは疑いない――それは言説の観点が文化的政治的現実に基盤をおいているというしるしである。しかし、学者たちはその影響力をいろいろな方法で表明している。さまざまなフェミニストたちが、ポストモダニズムについて違った結論に達した。オーストラリア人メーガン・モリスは最初にポストモダニズムを受け容れた一人であり、フェミニズムは父権制文化を深く批判することによってすでにポストモダン、すなわち文学以後（avant la lettre）である、と論じた（Morris 1988）。バーバラ・クリード（同様にオーストラリア人）は、ハリウッド映画の解釈のためにポストモダン理論の重要性を見いだした最初のフェミニスト映画評論家であった（Creed 1987）。ナンシー・フレイザー、リンダ・ニコルソン、セイラ・ベンハビブといった政治哲学者は社会主義フェミニズムの、あるいはハーバーマス的立場から取り組んで、ポストモダニズムを政治的冷笑主義または快楽主義を助長するものと考えたが、クイア理論（ホモセクシュアリティ理論）の学者たちは、ポストモダン理論が切り拓いてくれた新しくジェンダー化された主体を自分のものとした。一方アフリカ系アメリカ人のメディア・アート理論家もまた、興味深く複雑な立場をとった。ミシェル・ウォーレスはポストモダニズムの可能性を認めたが、人種にたいする注意が欠けていることを憂慮し、ベル・フックスは、黒人の生活は――奴隷制のために断片化し分散化することを強いられ、みずからの足場をためることができなかったという点において――常にポストモダンであった（この点については Kaplan 2000 を参照）、と主張する。

人種についての問題を世界的なコンテクストに照らしてみると、おそらくもっとも論議を呼ぶのはポストモダニズムがどのようにポストコロニアリズムと関わるかということであろう。ポストコロニアリストは新しい多国籍資本主義に直面する。一九八〇年代に誰がアメリカ株式市場の急速な高騰を予見しただろうか。あるいは同様に進歩しつづけるデジタル・テクノロジーや、それに伴う新しいソフトウェアやハードウェアの狂ったような発達を。一九八五年にドナ・ハラウェイは（その科学的知識によって）新しいバイオテクノロジーを研究し、社会に対するその影響の強まりを検証した。フェミニストやマルクス主義者は、それを見逃していたようである。このようにテクノ・サイエンスが巨大な利益生成産業として非常に成長したことが、デジタル・テクノロジーの重大な発展とあいまって、一九八〇年代中期の新しい人文科学研究パラダイムの必要性の背後にある決定的要因となった。これらの産業は現在新しい主体――おもに若い男性――をつくりだしているが、彼らの活動は世界を変え、「市場」がグローバルなシニフィアンとして「国家」に置き換わろうとしているという考え方を、裏づけているように見える。

しかし男性理論家は、ポストモダン理論をインドのような国ぐに（Ahmad 1992）、アフリカのような大陸（Mudimbe 1988）に適用することについて、激論を戦わしている。（なかでも）エドワード・サイード、ガヤトリ・スピヴァック、ホミ・バーバ、アリフ・ディルリクによる帝国主義やポストコロニアリズムの先駆的研究にならって、アルジュン・アパデュライは近づくミレニアムの複雑さを議論するうえで、ポストコロニアリズムとポストモダニズムをより明白に結びつける――その時がくれば人間とテクノロジーの新しい流れによって、「地方」と「世界」の間の古い区分が問いなおされるというのである（Appadurai 1990）。

このすべてを見て、今度は発展途上国の女性学者たちが、ポストモダン理論にたいして複雑でかつ再び反対の立場をとった。彼らはこの理論が、彼らの研究や発展途上国における実践にとって意味をもつかどうかを問う。ジェンダーや開発の専門家がどのようにポストモダニズムを見ているか、についてのすぐれた概観を得ることができるのは、マリアン・H・マーチャンドとジェイン・L・パーパート編『フェミニズム、ポストモダニズム、開発』（1997）であろう。人文科学、社会科学におけるポストモダニズムの批評家、およびポストモダニズムとフェミニズムとの関係を再検討した後で、著者たちは、伝統的な「開発、モダニティ、西洋、の同一視」を無効にする必要があると示唆する（Marchand and Parpart 1997: 12）。彼らが引用している著者たちは、「モダニティが普遍的であるという中立てや、自由主義とマルクス主義双方の開発研究がヨーロッパ中心主義を確信していることに、疑問をもつ」。こうした著者たちは、「開発についての言説や実践の多くは、西洋が主張する知識を誇張し、南からの知識を無視したり沈黙させたりし、北の「熟達《エキスパティーズ》」への依存を永続させてきた」（12）と指摘する。しかしながらマーチャンドとパーパートは、ポストモダン思考の危険にもある程度気づいている。「差異や多重アイデンティティの礼讃はフェミニストの分析に望ましい複数性と豊かさをもたらしたが、その結果その極端な形において、女性のもつ互いに話しかけ、政治的行動をおこし、女性の権利の擁護を要求する能力を疑問視している」（18）。

しかしながら、芸術、人文科学においてあまり一般的でないフェミニズム・ポストコロニアリズムの観点から、ポストモダニズムをポストコロニアリズムの立場で（一九八三年までさかのぼって）扱う一人の芸術家／理論家が、ポストモダニズムはエリート主義的、西洋白人男性の現象ないしは関心事であるとして反対する意見の多くを論破している。それは映像学者／制作者のトリン・T・ミンハである。ポストモダニズムとポストコロニアリズムの観点の統合をとおしての多文化理論家、芸術家にたいするトリンの影響は、どれほど言っても言い尽くせるものではない。

トリンが述べているように、「ポストモダニズム」が西洋的発見、西洋的理論であるという考え方は間違いである。ポストモダニズムはすべてのものを巻き込み、他の文化と同様に非西洋文化も、ポストモダンの理論化に貢献し参加してきた。トリンの第一の寄与は、主体のレヴェルから働きかけることであって、前述の男性理論家たちがやったように幅広い抽象のレヴェルからではない。トリンが焦点を当てるのは、反国家闘争においていかに自身を「主体」となすか、女性の関心を中心的となすか、自分のコンテクストの特殊性と、民族、文化、地理的位置などの異なる女性たちとともに闘争することとをどのように結びつけるか、である（Kaplan 1997参照）。

第二の寄与は、トリンのきわめて美学的、芸術的な実践が、ポストモダニズムを実演していることである。というのも彼女は、おのおのの映画がそれ自身の戦術を必要とし、これらの戦術は映画製作の過程で生じてくる、と述べているからである。トリンは企画の段階で、映画がどのようにつくられていくかということを前もって考えない。それどころか自分が何を目的としているかという考えさえ持たないように見える。彼女が自分のすべきことを発見するのは、制作の過程においてである。トリンは自分がジャンルの間で、異なる表現様式、異なるコードの間で仕事をしていると言う――それはポストモダニズムの主要な様相と規定されるものである。彼女の実践は、それがつねに何が映画であって何が映画でないか、何が芸術であって何が芸術でないか、何が政治であって何が政治でないか、の限界を極めるような点に達している。おのおのの作品がさいころのひと振りである。おのおのの映画が境界であり、観客にその限界はどこにあるかをつねに問わせる出来事である。おのおのの映画形式に内容が存在する（Trinh 1995）。

第三に、多重で変化する「私」というポストモダン概念――通常ポストモダニズムの抽象的、決定的特徴として述べられている――が、トリンのテクストにおいて実現していることである。この概念はトリンの主要な先駆的関心であり、彼女の映画や著作において長年にわたって展開されている。映画と著作は多重の立場を、演じているのであって、ただ単にそれを説明するのではない。彼女のハイブリッド的テクストにおいては、そのテクストが映画であるか、書物であるか、それとも論文であるかにかかわらず、言語とイメージが共働して作用する。このポストモダン的概念をポストコロニアルの枠組みで展開させるうえで、トリンはすでにある人種間のまなざしの関係の構造、主体―客体構造にはじまり、有色の人びとを嘆かわしい「客体」、もしくはクリステヴァの「みじめなもの《アブジェクト》」として強調する構造に異議を唱える。この西洋的二項対立を解く――挑戦し、逆転し、抵抗する――ことは重要であったし、いまでも重要であるが、トリンはさらに、人種間のまなざしの関係の別の概念に移行する。彼女の映画は従来の主体／客体の西洋的二項対立の彼方の段階を実演し、多重の「私」を表明し、他者の「多重の私」に立ち向かう。彼女の映画は固定されたものという概念に挑戦する。主体性は客体性と対立するものではなく、それ自身の行動領域をもっている。まさにそのハイブリッド性において、トリンの仕事は、主流の映画が西洋的分類、範疇化、差異化習慣から生まれる利益や利便のためにうち立てたカテゴリーや境界を越境する。たとえば彼女の最初の映画『再集』（Reassemblage）において、トリンはすでに彼女の仕事に現われているこれらの面の多くを実践している。多重の「私」という考えにそって、トリンは『再集』において、映画の語り手を一人の統一した主体（語り手としての彼女自身）にすることを避けようとしている。彼女の声は多くの異なる言説の内部で話すのである。

トリンのようなポストコロニアルの女性芸術家は、ポストモダニズムの別の概念を実践しようとしている――その概念はコロニアリズムの総括的言説の崩壊を利用するが、ただし私が「商業的」ポストモダニズムと呼んだものにあるポストモダンの黙示録的、自殺的熱狂にも、あるいは反対のユートピア的解放の幻想にも、あるいは最後には現在の危機にたいする多くの白人フェミニストの反応の絶望的立場にも、陥らない。トリンはむしろ、まぎれもなくポストモダンでポストコロニアルの契機を彼女ら自身の目的、彼女ら自身の必要、彼女ら自身の未来に役立てることのできる、有色の女性の力と能力を誇示するのである。

41 トニ・モリスン Toni Morrison 1931-

この世界の瓦礫から美しいものを、一緒に

トマス・B・ホウヴ

トニ・モリスンは自分のことをまずなによりもアフリカ系アメリカ人作家と見なしているが、彼女の作品はポストモダン小説に多く見られる傾向のいくつかの特徴——レスリー・マーモン・シルコ、イシュメイル・リード、トマス・ピンチョンなど多様なアメリカ作家のもつ特徴——を同じようにもち、支配的な文化物語に対抗し、疑問を投げかけ、最終的にそれを補っている。モリスンの小説は、父権的、人種融合主義的、総括的基準によって規定される文化的伝統にくりかえし異議を唱える。モリスンの小説、一九六九年出版の『青い目がほしい』以来、彼女はヨーロッパ系アメリカ白人主流に反対する立場をとり、アメリカ史および現代のアメリカの生活から周辺に追いやられた女性の、独特で、力強い声を描き、礼讃している。

形式的には、総括的な物語を補いたいというモリスンの欲求は、現在と過去のアフリカ系アメリカ人のさまざまな声に自分の物語を語らせるという、特徴的な小説技法に反映されている。この技法はいくつかの重要な目的にかなっている。それは、われわれの世界とそのなかにいる人びとについて、とりわけアフリカ系アメリカ人について、単一で唯一の型にはめ込もうとする行動と結びついた帝国主義的欲求に抵抗し、多様な声に対して共感し寛容であることによって、読者が真実と意味の構築に参加するようしむけている。そしてそれによって浮き彫りになる事実は、モリスンの小説に出てくる主人公はただ一人の英雄的な人物ではなく、むしろ集団だということである。それは彼女の作品においては過去と現在のアフリカ系アメリカ人共同体のすべての住民を指している。

モリスンのヒューマニズムな関心は明らかにそれよりも広いものであるが、アフリカ系アメリカ人の共同体が彼女の焦点の中心となるのは、主流アメリカによる地球的規模の存亡に対する脅威に直面して、彼女がその共同体の成果、価値、伝統を回復し、礼讃し、保護したいと願っているからである。

このように人種問題にみちた社会を背景にすると、モリスンの作品は父権的、自集団中心主義的、白人版のモダニズムと文化政策に対する一連の反発として読むことができる。登場人物の人生にとってのアフリカ系アメリカ人文化の重要性を強調することによって、彼女はモダニズム最盛期の伝統的価値のみならず、その形式、特に言語形式にも異議を唱える。たとえば「語られない、語りがたいこと」（1989）という論文で、彼女はアフリカ系アメリカ人の聴衆のみが精通している特定の形式の黒人言語に、声を与えようとする意図的な試みに言及している。『青い目がほしい』の最初のフレーズ、「誰も言わなかったけれど」は、彼女の経歴におけるこの傾向の始まりである。この傾向の小さいが注目すべき例は、『ビラヴド』（1987）と『ジャズ』（1992）の両方において「スッ」（sth）という音の効果を用いていることである。この小さな例はまた、モリスンがしばしば試みていることを思い起こさせる。それは話し言葉の伝統から書き言葉の伝統へと言語形式を翻訳するうえで、話し言葉の伝統に特有の形式や表現を、正式な書き言葉の慣習が消し去ることがないようにするということである。

ポストモダンの理論や小説においてはあたりまえのことであるが、モリスンは言語の中心性を文化の容器としてだけでなく、社会的相互作用の主要な媒体として強調する。その形式と内容の両方において、彼女の小説は言語を制御し、それを解放、自己表現、認識、交流のための資源として用いることの重要性をドラマ化している。しかしながら同時に彼女の小説は、言語が支配、抑圧、非人間化、絶滅のためにさまざまに誤用されうるさまを記録する。モリスンがもっとも直接的にこれらの問題について述べているのは、一九九三年のノーベル賞受賞講演においてである。そこで彼女は盲目の黒人女性の語り部の寓話を語っている。この女性の文化的権威は、彼女が住んでいる文化の外の支配的文化出身の若者集団によって、あざけりをこめた挑戦を受ける。最初この女性は、謎めいた反応で彼らを退ける。言語を通じて他人を辱める社会行為を続けたいか、それとも言語を愛と尊敬の交換手段として用いたいかを、子供たちが決めるようにと挑むのである。言語のトリックで彼女を笑いものにするという残酷な衝動からではなく、彼女から学びたいという純粋な欲求から子供たちが近づいてきたことを見て取ると、彼女は自分と一緒に言語の交流に参加するよう彼らを招く。この寓話は、言語は、とくにその語りの形式によって、敵対する社会背景からきた人びとを創造を分かち合う行為において結びつけることができる、という希望の言葉で終わっている。「見なさい」と老女は言う。「なんて美しいのでしょう。私たちが——一緒に——成したことは」。そのような言語を通じての協力や和解の例は、モリスンの小説全体に、とくに彼女の登場人物が、彼らの共通の言語が白人主流の競合し抑圧する勢力によってひきおこされる分裂や争いに対抗して作用しなければならないことに気がつくとき、豊富に見いだされる。

しかしこのように協力や和解の瞬間があるにもかかわらず、モリスンの小説《フィクション》およびノンフィクションの作品は、希望と、言語を幽閉したり捕食的支配の道具として誤用する勢力があることを断固として見逃さないこと、とのバランスを注意深く保っている。この誤用のもっとも明白な例は、人間を肌の色や「人種」によって分類する企てである。最近の社会科学的、歴史資料編纂的な人種の考え方と同様、モリスンはそのような分類体系がいかに、奴隷制のような非人間的な行為を正当化するためのみならず、その持続のためのにせの根拠を提供することによって、そういった行為を永続させる役割を果たすためにも用いられてきたかを示す。この企ては『ビラヴド』の「学校教師」として知られる人物を通じてもっともあざやかに描き出されているが、彼の行動は言語による分類と非人間化する社会行為との間の関係を具現している。歴史的根拠によって明らかなように、これらの行為の最悪のものは白人が黒人に押しつけたものである。たとえば聖書や擬似科学による分類体系が、動産としての奴隷を正当化するために用いられた。モリスンはまた、アフリカ系アメリカ人共同体におけるこの体系の自己破滅的な遺産についても、彼女の登場人物たちが肌の色合いの違いによってお互いの接し方を誤るさまざまな例を示すことによって記録している。たとえば『パラダイス』(1998)の「真っ黒」(8-rocks)は、石炭の特別に黒い度合いから名づけられたのであるが、彼らがルビーの町をつくったのは、白人も、インディアンも、色の薄い黒人も、彼らを拒絶したからである。しかし自閉的な共同体内部で、黒い肌の「真っ黒」は自分たちを貴族階級と見なし、なかには肌の色の偽の基準を主張して、自分たちの権力濫用を正当化する者もいる。このようないくつかの場合においてモリスンは、社会的アイデンティティについて、より流動的な見方が必要であることを示唆している。それは擬似生物学的な分類体系にもとづいて社会を分断する行為に抗して武装した、現代の社会科学者が掲げているのと同じ目標である。

覇権的物語や抑圧的な言語誤用に対してエッセイではなく創作によって挑戦する場合には、モリスンはこれらの物語がその特性として無視し、価値をおとしめ、沈黙させてきた人びと、物語、声、生き方に、雄弁な表現を与えようとしている。これら伝統的に無視されてきた生き方の例は次のようなものである――拒絶され、性的虐待を受けた少女(『青い目がほしい』のピコーラ)、徹底的に独立した社会的追放者(『スーラ』〔1973〕のスーラ)、口承の衰退と地理的移動によって初めに失われてしまった民間伝承的な家族史(『ソロモンの歌』〔1977〕)、既存の人種アイデンティティにあてはまらない人びと(『タール・ベービイ』〔1981〕のジェイディーン、『ジャズ』のゴールデン・グレイ)、二人の孤独な孤児と聾唖の女性(「レシタティフ」のトゥウィラ、ロバータ、マギー)、前の奴隷所有者によって子供が捕らえられるのを防ぐためにその子を殺さざるをえなくなる女性(『ビラヴド』のセス)、中年の恋人に殺される十代の少女(『ジャズ』のドーカス)、追放された女性たちからなる交流の場(『パラダイス』の修道院の女性たち)。これら周辺に追いやられた人物に焦点を当てる物語のなかで、モリスンはほんの最近まで公式の歴史記録からは抜け落ちていた実際の歴史的事件にしばしば言及する。これは彼女が編集するアフリカ系アメリカ人の文化資料の広範なコラージュを提供する資料による歴史、『黒い本』の目的の一つである。しかし彼女の小説は、イシュメイル・リードの小説と同様に、勝者版の主流アメリカ史料編纂に挑戦するアフリカ系アメリカ人の歴史からさまざまな場面を組み込んでいる——マーガレット・ガーナーの絶望的な幼児殺し（『ビラヴド』）、東セントルイスにおける一九一七年の人種暴動（『ジャズ』）、二つの世界大戦の黒人退役兵に対する無視、ひどい扱い、非合理な敵意（『スーラ』、『ソロモンの歌』、『ジャズ』、『パラダイス』）、罰せられなかった一九五五年のエメット・ティルの殺害（『ソロモンの歌』）、バーミンガム教会で四人の少女を殺した一九六三年の爆弾（『ソロモンの歌』）。同様にモリスン唯一の長編文学批評である『白さと想像力』（1992）は、アメリカ文学史においてこれまで抑圧されてきた「アフリカ系人物の存在」に注意を向けている。

共同体への強い関心に合わせるように、モリスンの小説は共同体の限界を超越するような個人のヒーローや天才といった、エリート主義モダニズム最盛期の理想像に反発する。ほとんどの場合モリスンは、彼女の登場人物が自分だけが充足する道を探し求めたり、集団の利害を無視したりしたときには、彼らの正体を暴露する。それは彼女の、ミルクマンの黄金探し（『ソロモンの歌』）、セスとビラヴドのサド・マゾ的な関係（『ビラヴド』）、ジョー・トレイスの失われた若さへの渇望（『ジャズ』）、真っ黒の、世界的な社会変革勢力から「純粋な」共同体を守ろうとする努力（『パラダイス』）などの取扱い方に見られる。対照的に、モリスンの自己中心的だった登場人物がなんらかの形の利他的で共同体的な関心を示すとき、それは彼らの潜在的な救済のしるしである。それはしばしば、地理としてあるいは先祖としてのアフリカ系アメリカ人のルーツとのより密接な交流状態に見いだされる。この主題を彼女の作品をとおしてたどるとき、モリスンがなぜ自身のヨーロッパ系アメリカ的モダニズムの伝統との違いを、たえず表明するのかがわかる。そのような伝統の一部と考えるかわりに彼女は、自分が小説でしようとしていることは自分がそのなかで育ったジャズやアフリカ系アメリカ人の口承の伝統と共通点が多い、と主張する。これらが彼女の小説のためのインスピレーションであることは、つねに心に留めておくべきである。というのもそれらは、彼女をヨーロッパ系アメリカの文化的伝統に同化させようとする人びとに、彼女が自分のアフリカ系アメリカ人としての文化的アイデンティティこそ自分の芸術活動の最も重要な基盤だと見なしていることを、思い出させるからである。

それにもかかわらず、グローバルな社会における文学の普及の論理的結果として、モリスンの小説技法と非アフリカ系アメリカ人作家の技法とを比較するのは有意義なことである。それは特に彼女の語りの形式が、その生まれは違っても表面的には彼らと同じ特徴をもつからである。たとえば、彼女はしばしばウルフやフォークナーと比較されてきた。双方ともたまたま彼女が大学院で研究した作家である。それに加えて、彼女の作品には西洋芸術・文化に由来するヘレニズム的、ヘブライ的主題やモティーフが多く見られる。しかしながら、西洋の主題やモティーフを使用するとき、ミルクマンとギターの黄金探しにイアソンとアルゴ号の乗組員の道徳的に怪しげな黄金の羊毛探しが反映している場合のように、モリスンは彼女の登場人物が誤った行動をとっていることを示そうとしている。反対に、モリスンの登場人物が真理、価値、救済を見いだすのは、アフリカ系アメリカ人の民間伝承においてである。しかしモリスンは単にある文化的権威の体系を別の体系で置き換えているわけではない。なぜなら彼女は民間伝承であっても、とりわけそれらが父権的価値を表明するときには、批判的に検証するからである。このようなアフリカ系アメリカ人の民間伝承の使用と批判のもっとも記憶に残る例は、『ソロモンの歌』に現われる。そこにおいてソロモンの奴隷制から自由への逃避は、彼は家族の何人を奴隷状態に残してきたのだろうと問う一人の女性によって疑問視されるのである。この例は、モリスンの小説における道徳的規範、とでも名づけられるものを示している。よいものとは共同体全体にとってよいものであり、自分と他人との結びつきや他人にたいする義務を意識しないある孤立した構成員にとってよいものなのではない。

ときにモリスンのスタイルはモダニズムの壮大さに到達し、彼女の小説の社会的主題がのみこまれてしまうおそれがある。しかし彼女は、たえずアフリカ系アメリカ人共同体の共同の利害や政治的生存に焦点を当て、その共同体内部の個人の独特のアイデンティティを認めることによって、社会参加より美学的熟達の権威を重んじるモダニズムの傾向に逆らっている。彼女の芸術がみずからの限界を認める例が『ジャズ』の最後に現われる。そこでは語り手が、彼女が想像しようとする人びとを十分規定できないことを認めている。このような語りの態度は、ヘンリー・ジェイムズやフォークナーの作品において、登場人物がしばしば作家の特異なスタイルの統語法、調子、語彙にしたがって考えたり話したりすることが目につく場合のような、現実的なものが美的なものに吸収されるモダニズムの傾向からは、一歩引いていることを反映している。

モリスン自身にとっては、彼女の語りの技巧がアフリカの口承の物語の呼びかけ・応答の型と類似していることの方が、比較の方向として重要である。今日の批評で一致している考え方によると、「非西洋」の口承伝統は、語り部と主題と聴衆との間に協調的、民主的関係を求めている。モリスンが繰り返し用いる一人の語りの声から別の声への移動という技法は、一人の主要な声やスタイルが他の声をすべて吸収して包含し複雑な一貫性の達成を可能にするような、権威的な語りのモデルに反発している。モリスンの多重な視点の使用は、『アブサロム、アブサロム！』におけるフォークナーの、同じ出来事をさまざまな見方で、多様な解釈にしたがって描こうとする試みにある程度似ている。しかしフォークナーの主要な語り手であるクウェンティンとシュリーヴは、サトペン家の人びとの動機の秘密を解くことによって、彼らが再構築する材料を最終的には支配するように見えるのに対し、モリスンの語り手たちは彼らの知識の限界をより進んで認め、人間の動機とは、われわれがけっして完全には理解したり規定したりできない謎である、ということを受け容れるのである。この認識論的な袋小路は、モリスンの倫理の取扱いにも反映されている。もしモリスンの登場人物の動機が究極的に理解不能であるとすれば、倫理的決定や判断はつねに仮りであり、臨時であり、さまざまな度合いの不確実さにもとづいたものでなければならない。モリスンはこの倫理的問題を『ビラヴド』で生き生きと提示している。そこでは、セスが奴隷所有者につかまって奴隷に戻るよりはと彼女の子供たちを殺そうとしたことに対する、さまざまな反応の一つだけに味方することが避けられている。

モリスンの登場人物が謎でありつづけるのは、彼らのアイデンティティが伝統的な父権的あるいは主流の期待に応えるものではないという理由にもよる。彼女のもっとも興味深い登場人物たちは、中心から外れた主体をもつ。それは肯定的、否定的両方の理由によるもので、その結果は実になるものもあれば害をなすものもある。モリスンの女性主人公は特徴的に社会からの疎外者であり、なんら一貫したアイデンティティの感覚をもたない。その一貫性の欠如には少なくとも二つの原因がある。一方でモリソンの描くの強い女性たちは、彼らの共同体においで彼らが手に入れることのできる伝統的な役割に従うことを拒否する。それはたいていこれらの役割が、白人の、もしくは父権的利害によって押しつけられたものだからである。他方、いかなる満足すべき社会的伝統も頼りにならず、また彼女らの独特のアイデンティティを受け容れてくれる心の広い共同体もないと、モリスンの女性たちは自立し、彼ら自身の新しく非伝統的なアイデンティティを独力で創り出さなくてはならない。これらの女性たちの何人か――『青い目がほしい』のピコーラ、「レシタティーフ」のトゥイラとロバータ、『ジャズ』のヴァイオレット、『パラダイス』の修道院に来る女性たち――は、拒否され、無視され、虐待を受けた犠牲者であるゆえに、安定したアイデンティティ感覚をもてない。他の女性たち――スーラ、『ソロモンの歌』のパイラット、『タール・ベイビー』のジェイディーン、『ビラヴド』のセス、『ジャズ』のドーカス、『パラダイス』のコニー――は、彼女らの順応を要求し、彼女らの真正性の追求を脅かす人びとや伝統に、すすんで対峙する。最終的には両方の型の女性とも、即興のアイデンティティ探しを行なわなければならず、この探求の終わりには、成功する者もいればしない者もいる。

必然的にこれらの女性たちの探求は、並行して人種政策と遭遇し、そのなかを航行していく。人種政策とのもっとも興味深い遭遇の例は、スーラ（『スーラ』）とジェイディーン（『タール・ベイビー』）の物語である。モリスンはスーラを「本質的に黒く、形而上学的に黒く……選択のないところから選択を引き出し、ものごとの基礎をつくるために創意をもって反応する、新しい世界の黒人であり、新しい世界の女性である。即興的である。挑戦的で、破壊的で、想像力に富み、現代的で、家におさまらず、無法者で、他人を管理せず、抑制されず、抑制不能である。そして危険なほど女性である」(Morrison 1989: 25) と描写する。スーラは伝統的黒人社会であるメダリオンにおいて、彼女に期待される習慣やジェンダーの役割に抵抗しなければならない。一方、『タール・ベイビー』のジェイディーンは、ジェンダーの役割のみならず人種的不確定性の問題や自由と折合いをつけるアフリカ系アメリカ人女性を、モリスンがいかに広範囲に扱っているかを具体的に表わしている。ジェイディーンはパリやニューヨークの白人優勢のファッション業界に十分受け容れられるほど肌の色が薄いが、民族的に真正でないという思いと、自分の民族的伝統であるアフリカの側を裏切ったという思いにつきまとわれる。人種的曖昧さに関連した文化的、個人的問題を表現している他の登場人物には、モーリン・ピール（『青い目がほしい』）、ミルクマンの母ルースと彼女の父フォスター博士（『ソロモンの歌』）、ドーカス（『ジャズ』）、ゴールデン・グレイ（『ジャズ』）がいる。これらの物語の社会学的意義は、「一滴の血」の法にしたがって「黒さ」を規定し黒さを卑下されるものとして特徴づける単一思考で抑圧的なアメリカの慣行に対し、彼らがさまざまな方法で異議を唱えることにあるが、これはモリスンが『白さと想像力』の文学史的立場から表明している主題である。

支配的世界観に対する彼女の抵抗とあいまって、モリスンの小説はすべてセンチメンタルなほど開かれた終わり方をする。『青い目がほしい』でピコーラのアイデンティティは崩壊し、彼女の妊娠の結末は謎に包まれたままである。『ソロモンの歌』の最後で、ギターは殺意をこめてミルクマンを突くが、モリスンは二人が死んだのか、あるいはミルクマンが奇跡的に「風に乗る」ことになったのか、けっして明らかにしない。『タール・ベイビー』はジェイディーンがともかくもパリへと姿を消すことで終わっている。同時に彼女の元の恋人サンは、超自然的な含みのあるはっきりしない探求へと乗り出すのである。「レシタティーフ」は、登場人物の人種的アイデンティティ、お互いに対する態度、苦しめられたりあるいはみずから行なった残酷行為の記憶を、確定しないままにしておく。『ビラヴド』の最終章において、語り手は自己矛盾的に「これは伝えるべき物語りではない」と主張し、モリスンはビラヴドがほんとうのところ誰であるか、あるいは何であるかを、われわれにははっきり示してくれない。『ジャズ』の最後で、ジョーとヴァイオレット・トレイスはどうやってお互いを愛せばよいかがわかったように見えるが、語り手は、彼らの関係をどう理解すべきかはっきりしないと言うのである。最後に『パラダイス』は、ルビーの市民が修道院の女性たちの殺害について口をつぐむことで終わるが、この共同体が外界からの影響を永遠に遮断することはできないだろうということが匂わされている。そのような開かれた終わり方にすることで、一つの世界観を決定的なものと決めること、あるいは奴隷制、その遺産である抑圧や人種にもとづく敵意によって引き裂かれた世界において、すべてが筋が通るという満足を彼女の読者に与えることを、モリスンが拒否しているということが確実となる。それにもかかわらず、モリスンは彼女と彼女の登場人物とともに、この世界の瓦礫から何かしら、新しくて美しいかもしれないものを築き上げようと読者を誘っている――彼女のノーベル賞受賞講演の語り部が言っているように、「一緒に」。

42 トマス・ピンチョン Thomas Pynchon 1937-

正真正銘のポストモダン作家

ドミニク・ペットマン

いつか彼はすべてを知るが、それでいて前と同じように無力なままだ。

バルブのバイロン（Pynchon 1975: 654）

多くの文学者、文学批評家にとって、トマス・ピンチョンは正真正銘のポストモダン作家である。単なる隠遁者であることを超えて、「トマス・ピンチョン」は証明可能なシニフィエをもたないシニフィアンとして評判であり、個人の神話が彼の作品群と同じくらい複雑で、皮肉で、謎に満ちている作家である。一九六〇年代と七〇年代に、フーコーやバルトの論文が作者の死（あるいは少なくとも降格）を表明しているとき、ピンチョンは作者、伝記、天才、テクストという主要な座標の間に確立されたヒエラルキーを明白に解体していた。

学者のフェティッシュ〔物神〕としての作者——作者機能に対立するものとしての——は、ピンチョンの肖像を描いたり彼にインタヴューをしようとするとただちに破綻する。彼の住んでいるところや、彼がどんな顔かを知る者はいないようである。たった一枚の写真が彼が現実に存在することを証明しているが、これは彼の大学時代にさかのぼるのものである。実際ピンチョンを取り巻く謎は、一九七四年、全米図書賞の受賞式のために、彼が意味のないことをしゃべりまくる《ダブル・トーキング》コメディアンを送ることにしたことでさらに増加された。（このような原型的な「ポストモダン的不在」は、後にマルカム・ブラッドベリーによって彼の一九八七年の小説『マンソンジュ』

において風刺されている)。ピンチョンについての「真実」を暴露しようとする限りない試みは、奇妙にも彼の登場人物の稔りのない探求の鏡像になっている。「事実」を求める――認識論的確実性を求める――この明らかな欲求こそが、ピンチョンの作品すべてに物語の契機を与えているのである。

すでに最初の小説『V』(1963)において、われわれは彼がその後四〇年にわたる著作を特徴づけ、ポストモダンの殿堂における彼の地位を確定した、形式的・概念的青写真を手にしている。この本はビート〔一九五〇年代後半の、既成概念に反抗する若者の文化〕以後、ポップ・アート以前に開いたつかみどころのない文化的真空に駆け込み、前者のナルシズム的不安を超越し、後者の皮肉な遊び心を先取りしている。ポストモダニズムの三つのP――パロディ(parody)、パスティーシュ(pastiche 寄せ集め)、パラノイア(paranoia 偏執病)――をふんだんに用いながら、『V』は、一八九九年から一九四五年にかけてフィレンツェからパリ、マルタ島、南西アフリカ、スエズへと飛び回るただ「V」としか知られていない女性の探索について語っていた。この驚くべきデビューは、ベロー、ヘラー、ヴォネガットから、スウィフト〔一六六七―一七四五年。アイルランド生まれの風刺作家〕、スターン〔一七一三―六八年。英国の小説家〕、ジャリ〔一八七三―一九〇七年。フランスの詩人、劇作家〕、ジョイス〔一八八二―一九四一年。アイルランドの小説家〕までと比較されることになった。少なくとも一人の批評家は、小説のスタイルと範囲のネオ〔新〕もしくはネオンのビザンチン〔東ローマ帝国時代の複雑な美術・建築様式〕的(neo (n)-Byzantine)過剰に呼応して、「アメリカのピカレスク〔悪漢小説〕」という文句を造語した(Plimpton 1963)。

ピンチョンの二番目の小説、『競売ナンバー49の叫び』はよりまとまっていて、直線構造をもち、主婦エディパを追って、彼女の元恋人であるピアース・インヴェラリティの(疑わしい?)死に続いて起こる、興味をそそられる出来事をたどっていく。この小説は彼の他の作品よりずっと短いが、「ポストモダン」と名づけられることになった比喩と苦難の流れるような一覧表を表わしている。すなわち、自省、不確定性、浮遊するシニフィアン、高尚な文化の崩壊と低俗化、深みのない登場人物、ひらめきを与える多重性、歴史的混乱、増殖する極小物語および反物語、記号学的に飽和した現在を認知的に図示しようとする（失敗した）試み、である。

エディパは「トライステロ」と呼ばれる地下集団に巻き込まれる。彼らは秘密の郵便業と他にもいくつかの秘密社会組織を運営しているらしい。彼らのシンボルである消音器のついたラッパは、物語とエディパのまわりにちりばめられており、理解不能に思える謎に意味を与えるよう彼女を招いている。さらに、「エディパ」という名はそれ自体、精神分析学のようなあまりにもよく知られた解釈モデルによってテクストを解読するよう読者を誘って、注意をそらすものである。彼女はほんとうに父親を探しているのだろうか。このコンテクストでは、「父」が「神」と同じものなのだろうか。そして、もしそうだとしたら、両方とも死んだのか。しかしわれわれがこれらの疑問を物語に当てはめるまでもなく、ピンチョンは偉そうに自分の格言を思い出させる。「もし間違った質問をされたなら、答えに悩む必要はない」。

いかなるアルキメデス的視点も、安定した分析の枠組みも、すぐにピンチョンの過激な疑惑の表現によって動揺する。その結果、古典の訓練を受けた読者は、見たところ無意味な宇宙においてたちまち迷子になるが、その宇宙はそれでも発見の可能性があることを約束しているのである。テクストは、われわれを筋の外にいるエディパに変え、自分の流れへの潜入の説明となる手がかりを探すようにしむける。「ひとには自分の人生をそんなふうに無駄にして、そしてけっして真理に届かないということがあるの」とエディパは言う（Pynchon 1990: 80）。

この点は、いわゆるニヒリスティックな相対主義という「政治以後の時代」にかなっている。というのもピンチョンが、皮肉であるにしろ、ないにしろ、『Xファイル』の「真理はあそこにある」というスローガンを信じている現代のパラノイア患者や、陰謀理論家世代のゴッド・ファーザーであることには、疑いがないからである。しばしばフィリップ・K・ディック、サミュエル・ディレイニー、そして——もっと最近では——ニール・スティーヴンソンといったSFの作家たちと結びつけられるピンチョンのメタフィクション的な書き方は、いかなる記号学的確実性をも動揺させる。もちろんポストモダニストたちは、外見の背後にある現実に疑いをもった最初の人びとというわけではないし――そしてメタフィクションは、小説が誕生したときにローレンス・スターンによって実行されていた。しかしながらこの新しい世代の作家たちは、形式主義的「了解可能性の構造」（Bennet 1985: 32）を取り除くことによって、そのような不確実性のなかでのたちまわる先例をうち立てたのである。ベケット、サルトル、ドストエフスキーの登場人物の内面的不安は去り、モダニスト的無関心の皮肉なパロディにとって代わられた。

さらに、ピンチョンの特殊な存在は――全体にかかる「プロット」にたいする度重なる言及とともに――フィクション、メタフィクション、そしてこの混沌とした宇宙をある種の秩序あるものに造形しようとする欲望（そのような欲望にともなうあらゆる倫理的、政治的負担とともに）の間の共謀関係を強調する。それゆえ彼の作品は、認識論的証明の安定した基盤の欠如を嘆くと同時に祝うのである。そうするうえで、ピンチョンは純粋に現代的な陰謀理論熱、ジェイムソンが「現代の世界システムの不可能な全体性を思考しようとする……堕落した試み」（Jameson 1991）と説明した誘惑を、皮肉に先取りする。捜査官フォックス・マルダー〔『Xファイル』の登場人物〕は、それゆえピンチョン風美学の子供であり、本気で真理を求めているが、同時に偽の発見をほしがっている聴衆にウインクするという、ポップ・カルチャーの象徴である。この理由で、『競売ナンバー49の叫び』の最後には美学的に満足のいくような終結はなく、それは挑発的に物語の謎を説明しようとするいかなる試みも避けるのである。それは終わるのではない――単に止まるのである。

私はピンチョンのパロディの使用が読者とテクストとの関係のみならず、テクストのテクスト自体、そしていかなる種類の意味生成との関係をも不安定にすることを示してきた。したがってポストモダニズムの三つのPの残りの項目へ戻ることにしよう。パスティーシュとパラノイアのうち、まず前者から始める。ポストモダンのテクストは、書物であれ、芸術作品あるいは建築物であれ、しばしばリアリズムやモダニズムの表現様式から借りてきて、ひんぱんにある言語形態から別の言語形態へと恣意的な転換を行なう。それらのテクストがそのようなことをするのは、「あらゆる解釈構築のもつ錯覚をおこさせる性質を前景化するような、根元的に不確定なテクスト」(Bennet 1983: 32) を生産するためである〔ピンチョンの反-ゴルディオスの結び目〔不可解な問題〕的言語で言うなら、「漸進的に結び目をつくること」〕。

モダニストが「分離、自覚、観察」に依存するのに対して、ポストモダニストは「共謀、疑惑、参加」(McHale 1986) を活用する。同様に前者は多重視点の技術を用いて「現実」を明らかにするのに対して、後者は多重存在論を通じて共通の現実という観念そのものを否定する(異なる文脈においては、これらの観念をデリダの「差異《ディフェランス》」の観念やラカンの〈現実界〉の汚染と関連づけて説明することも有益であろう〔Berressem 1933 を参照〕)。

一九七三年にピンチョンは『重力の虹』を出版した。これは『モービィ・ディック』、『ドン・キホーテ』、『神曲』、『ガルガンチュアとパンタグリュエル』、『ユリシーズ』などの正典と認められてきたテクスト、および実際のところ文学(と文学批評)の自信過剰な意匠一般のパスティーシュとして読むことができる(Newman 1986 を参照)。この書は彼の先行小説の主題となる関心事を取り上げ、それらをふくらませて巨大で広範な風船ガム風バロック様式の大作、「新しい不確実性」(Pynchon 1975: 302) をぎりぎりまでつきつめたような作品につくり上げた。ジョイスがレオポルド・ブルーム〔ジョイスの『ユリシーズ』の主人公〕という文学上もっとも複雑で説得力のある登場人物を創造したのに対し、ピンチョンはタイロン・スロスロップ――その衣装と性質が非常にしばしば変化して、最終的には完全に蒸発してしまう人物――を創出した。ジョイスは、これまでヨーロッパ文化に一定量の首尾一貫性を与えてきたさまざまな偉大な物語の信用を失墜させるような物語宇宙を創造したが、ピンチョンは、支配という観念そのものを拒否する支配的テクストを生産した。

『重力の虹』は『V』が終わったところから続けて、ドイツのV2ロケットの象徴的、黙示録的軌道をたどり、性と死の技術的融合にとりつかれた時代へと入っていく。不吉な発射と「終着のオーガズム」への下降との間に、ピンチョンはディズニーとボッシュ〔一四六二―一五一六年。オランダの幻想画家〕が出会ったようにめくるめく展開するヨーロッパ政治、アメリカのエントロピー、産業史、リビドーのパニックなどをわれわれに提示し、読者の心に混沌とした渦をなすフラクタル型を残すのである。そのような技術の過剰に誘発されてある批評家は、ピンチョンが創造するのは、「美学的に一貫した文学構築」というより「つなぎあわされたジグソーパズル」であると述べている（Locke 1973）。しかしわれわれが見てきたように、形式的制御の地位を下げることはポストモダンのテクストのしるしであり、自分の材料を神のように制御したいというモダニストの欲求を喜んで捨てることである。ピンチョンは、前例のない感覚を表現する新しい言語を喚起したのではなく、文化的フィードバックの耳をつんざくような騒音をあいまいに繰り返し吐き出しているのである。

それでいて、『重力の虹』には驚くべき表面下のシンメトリーがある――その構造論理は、これまたたえず読者をからかいながら、事件が展開するにつれてなんらかの意味を与えてくれる。視点、語りの声、調子、ジャンルの突然の移動はすべて方向を失わせるべく意図されている。とはいえ、このような古文書への「パランプセスト」〔二重の書き物〕的脱線は、読者に緊急救助を約束する。というのも、それらは年代記を装ったおとりの救命ブイを提供するからである。しかしスウィフト、フォークナー、メルヴィル、リルケ、エリオットなどが、千年王国的叙事詩である『重力の虹』理解のための概念の枠組みを提供するよう呼び起こされているのに対し、物語の省略された軌道は、便利な象徴的等価物をたえず無効にするのである（たとえば、V2ロケットは偉大な白鯨と同じ機能を果たすとも、果たさないとも言える）。

この小説をその文学的祖先に照らしてポストモダンにしているのは、間テクスト性にたいする腹話術的アプローチである。実際ピンチョンのパスティーシュ好みは、彼の世代がもっている芸術上の先人を引用する衝動脅迫の、とりわけて先鋭な形式を示している（物語のある時点で人びとがスロロップに話しかけると、彼には引用符が聞こえ始めさえする〔241〕)。批評家はまた、この小説が模倣の技術を映画に借りていることを指摘しているが、それは映画への絶え間ない言及だけでなく、映画の技法の隠喩的使用(急激な場面転換、〔フィルムの〕重ね継ぎ、クローズアップ、静止画面など)にも現われている。『重力の虹』それ自体——すなわち読者がその手に持っている実際の書物——は、低度に技術的で高度に知性的なマルチメディアの実践である。

実際、この異なる言説の混淆は、ピンチョンが彼に先行するモダニストたちを超える地点である。文学史における前の時代のスタイル(ジェイムズ朝時代の劇、探偵小説、十八世紀のレトリック、擬似聖書的たとえ話など)のみならず、科学や産業の語彙(ピンチョンはコーネル大学で英文学に加えて物理学と工学を学んだ)まで融合することによって、『重力の虹』は人文学とテクノロジーの間のイデオロギー的区別さえ解消してしまう。批評家のピーター・クーパーは、ピンチョンにおける「科学の全面的で多様な使用は、彼の現代文学にたいするもっとも重要な貢献かもしれない」、そしてそれは、ピンチョンがサイバーパンク〔未来の超ハイテク社会をテーマにしたSF〕のようなポストモダン派の生産物や、自己や社会へのテクノロジーの浸透に対する他のパニック的反応の基調を決めることを可能にした、と主張している(Cooper 1983: 111)。

その結果——そしておそらく他のどの小説家よりも——ピンチョンは、ポストモダンの予言者であるジャン・ボードリヤールによって描かれた、ハイパーリアルな地平を徹底的に扱ったのである。ボードリヤールの全作品は、記号の不透明さが「悪の透明さ」に真っ向から衝突するときに起こる争いを表明している。実際、マーシャル・マクルーハン〔一九一一—八〇年。カナダの社会学者で、独自のメディア論を説いた〕の著作にたいするピンチョンの初期の情熱は、人間と機械の交流の描写に影響を与えた。それは、遍在するメディアの産業廃棄物に「現実」が似てくる時代の結果としておこりうる、指数関数的な急激な疎外の描写にも影響している。シミュラークル(模像)はピンチョンの小説のいたるところにあり、知識、表象、行為主体といったポストモダンの危機を誘発し、最終的にはエディパの唯我論への関心へと後退していく。「私が世界を投影しましょうか」(Pynchon

1990: 82)。

『V』では、人びとは彼らの脳をテレビにつなぎ、車とセックスし、補綴学〔菌の欠損を治療する学〕を性的なものに変え、バロウズ〔一九一四―九七年。米国の実験的な作家〕、バラード〔一九三〇年―。英国のSF作家〕、クローネンバーグ〔一九四三年―。カナダの映画監督〕などの技術と生物との過剰な融合を予見している。これら原サイバーパンク的文章の統一原理は、三つのPの最後、パラノイアであり、この語は永遠にトマス・ピンチョンと結びつけられることになる。彼の作品はすべて、主体が巻き込まれたと感じる官僚的な編み目を描写し、フーコーの査察、制御、パノプティコン〔刑務所、病院といった一望監視施設〕への洞察を劇化している。すなわち、「未来の都市では、すべての人が知られており、隠れるところがない」(Pynchon 1975: 566)。それゆえ『重力の虹』の教訓は、われわれはみなドゥルーズのいうパラノイアと分裂症の間の技術資本主義的インターフェイスに住んでいる、ということである。

パラノイアは、『重力の虹』の砲弾ショック美学にとっての入れ子(mise-en-abîme)であり、冷戦の抑止理論の神経を粉ごなにする宙づり状態、文化的熱力学の残酷な必然性である、ゾーン〔物語の「舞台」で、ドイツのある場所とされる超空間〕において、猛威をふるっている。それはまた、現代という時代、すなわち(ローベルト・ムージル〔一八八〇―一九四二年。ドイツの作家〕を引用すると)「擬似現実が広がる」時代の地図に描きこまれた超現実的領域であり、いまやかつては「普通」と思われていた生の領域に広がる、リンボ〔天国と地獄の中間〕と逆転との間の状態である。ここにおいてこそピンチョンは、「因果関係を完全に廃棄し、他の角度で進んでいく」(Pynchon 1975: 89)彼の意志を、もっとも柔軟に実行するのである。そしてここでこそ、エントロピー――ピンチョンの宇宙のもう一つの鍵――が影響力を発揮する。

ピンチョンについて語るときの誘惑は、これまで書いたことが示しているように、ポストモダン言語の専門用語づけになることであり、それは「大学院の学生懇談室のすりきれた長椅子のように快適でなじみのある」(Scott 2000: 42) ものになっている。しかしながら、ピンチョンの現代の混乱に対する徹底した疑問が、ポストモダン美学の明白な政治的拡張をも表わしているということには、注目しなければならない。すなわち、公式に認可された言説の拒絶、規範的行動モデルに順応するようにという倫理的命令にたいする疑惑、具体的事実とそれに呼応する道徳的教訓を指令する支配的シニフィアンとしての歴史の改訂、などである(彼が言うには、世俗的意味生成システムの因果関係は「陽動作戦」にすぎない[Pynchon 1975: 167])。これらの関心事——それはピンチョンにおける異端者による地下運動につねに存在しているものであるが——は、彼のもっとも最近の二作、『ヴァインランド』と『メイソンとディクソン』においてより顕著である。前者は、レーガン〔四〇代米国大統領。任期一九八〇—八九年〕的かつオーウェル〔一九〇三—五〇年。英国の作家、全体主義の恐怖を書いた〕的一九八〇年代において、一九六〇年代のカウンターカルチャーの遺産を探求し、後者はアメリカの中心を通って刻まれた地理歴史的断層をたどっている。双方とも日常の政治的現実に対する鋭い自覚を表現している。それは以前の初期作品では表面下に隠れていた自覚である。

それゆえ彼の作品の混沌と混乱をあまり強調することは、ピンチョンが口語性、皮肉、暗い不条理を熟知し賛美していることを無視することになる。もちろんこれらすべては彼の時代に主要な影響力をもったもの——ジャズ、ロックンロール、麻薬、増大する偉大なアメリカ的見せ物——を通って濾過されたものである。実際これまでの年月は、ピンチョンが単にしばしばそう認められているような自己満足で技術にたけた職人ではなく、ある種の魔法をもっとも繊細に駆使することのできる人間であることを証明している。彼自身の言葉でいうならば、ピンチョンが創造するのは「即興的な不協和音……とフーガのように競い合う秩序のアラベスク」(Wood 1984 から引用) である。

ゾーンを脅かす謎のV2ロケットのように、ピンチョンの未刊行の書はわれわれの頭上で脅迫的かつ誘惑的にうなっている――ときには何十年も。現在でさえ地球上のどこかに、小型テントのなかでパヴロフの犬の逆転で〔小型テントを犬のテントと呼ぶのにかけて〕無意識の衝動予感に唾液を流すカルト的ファンや文学批評家がいる。しかしながら、ピンチョンの次作が実際に爆発したのちにやっと、われわれはそれが近づく音を聞くであろう。

43 ロバート・ラウシェンバーグ Robert Rauschenberg 1925-

美術作品の「意味」への問いかけ

ジョン・G・ハッチ

一九五三年にロバート・ラウシェンバーグ（一九二五年生まれ）は、アメリカの抽象表現主義の画家ヴィレム・デ・クーニング（一九〇四―九七年。オランダ生まれで米国で活躍）のデッサンを入手した。彼は一月かけてそこに描かれた線をていねいに消し去り、『消されたデ・クーニングのデッサン』（1953: 本人所蔵）としてそれを公開し、悪評を浴びることになる。この作品は、一九五〇年代に美術界に君臨し、その支配ぶりが若い芸術家には耐えがたいものとなっていた、デ・クーニングをはじめとする抽象表現主義の画家たちの作品にたいする攻撃と一般には見られているが、直前の時代の消去や根絶ではなく、出発点として制作されたものであった。事実、デ・クーニングは、抽象表現主義の画家たちのなかでもラウシェンバーグにもっとも近い芸術上の目標をもつ画家として、ラウシェンバーグが尊敬していた人物である。作品を消してしまうという身振りは、視界をふたたび開き、「完成した」作品なるものが含意する完結した意味という約束事からの離脱を意味し、あらたに無限の可能性と行動の領域をもたらすものである。この場合、その「完成した」作品がデッサンであることは、アイロニーとなっている（Zweite 1994: 21-2）。さらに、「意味」は、画家の統御する手から観るものの心へと場所を移す。完成したそのデッサンはどうしても規範的なものとならざるをえず、観るものは、デ・クーニングが間違いなく彼が描いた線によって言おうとしたことを「言い当て」なければならなかった。だが、線が消された作品の場合は、「ラウシェンバーグ」作品と言うことができるだろうか。その絵のなかにいた「作者」は消去されてしまったのだから、この絵の作者について語ることができるのだろうか。彼は、画像の制作者としての彼の手の痕跡がもっているとは伝統的な意味では言えない作品を制作した、というよりは反制作《アンメイク》したのだ。その絵には画像はなく、残された画像の痕跡は観るものによって、デ・クーニングのデッサンがどのようなものであったかを想像しようとするか、あるいは、われわれにもできたかもしれないラウシェンバーグの行為を再現するか、どちらかのかたちで再構築されなければならない。事態をさらに複雑にしているのは、この作品をつくられた素材によって分類するのが困難なことだ。紙以外にこれをデッサンと分類することを可能にするものはなにもないのに、この作品をデッサンと呼ぶことはできるだろうか。この作品は、ラウシェンバーグ作品の例にもれず、クレメント・グリーンバーグ〔一九〇九―九四年。米国の美術評論家〕による新しいモダニズム美学のメルクマールの一つとなる素材の一貫性の概念を無視したものだったのだ。

『消されたデ・クーニングのデッサン』は、ラウシェンバーグの作品が取り組んでいるほとんどの問題をわれわれに提起するものとなっている。彼の創作活動の重要な側面は、規範的理想主義の領域を離脱し、現実にたいする、解釈という行為を排した、より直接的な関係に向かっていることである。ラウシェンバーグの「白い絵」連作は、カジミール・マレーヴィッチ〔一八七八―一九三五年。ロシアの画家〕が一九一七年から一八年にかけて制作した有名な連作「白のなかの白」に端を発する絶対的かつユートピア的な哲学的態度表明としての単色画法の遺産を題材としたものである。ロシア人画家マレーヴィッチが純白のキャンヴァスの使用を意識の純粋な霊的状態への展開の非具象的提示と考えるのにたいして、ラウシェンバーグは、キャンヴァスを作品に対峙している鑑賞者の影を記録する場として利用し、マレーヴィッチ作品のもつ重要な側面を根本的に逆転させている。レオ・スタインバーグ〔一九二〇年―。米国の美術史家・美術評論家〕の言葉を借りれば、「白い絵」は「受容体となる表面」として機能し、ラウシェンバーグがわれわれをとりまく世界のはかなさと混乱ぶりと見なすものを取りこんでいる、ということになる（Steinberg 1972: 84）。ここでもまた、作者の問題が見られる。というのも、キャンヴァスに絵具を塗ったのはラウシェンバーグだが、そこに見られる画像と／もしくは意味は画家ではなく鑑賞者によって生み出されたものだからだ。同様に、アメリカ人作曲家ジョン・ケイジにタイヤにペンキを塗ったA型フォードで二二フィートの紙を貼った上を走らせた、ラウシェンバーグの『自動車のタイヤ痕』（1953）でも作者の問題が疑義にふされることになる。だが、この場合も、ラウシェンバーグにとって重要なことは、あるべき世界の姿を規定することではなく、画家が自分をとりまく世界と対話するということなのだ。言いかえれば、彼は、現実の解釈をつくりあげるものという伝統的な作者像から、強調点を移そうとしているのである。われわれに、自分たちをとりまく世界と、その理解という行為への参加者としての役割にたいしてもっと自覚的になる機会を与えるものとして、芸術家像を定立しようとしているのだ。

日常的な事物を用いて構成され、大雑把にいえば彫刻と分類することができる、一九五〇年代中盤から着手された一連の作品、「コンバイン」には、現実がはっきりと目に見えるかたちで現われている。それらは、自分の作品を「窓の外で起こっていることに似たものと見えるように」したいというラウシェンバーグの願望の実現に近づくあらたなステップである（Taylor 1990: 146）。テーブルの脚やベッド、電球などのありふれたものを用いてつくられたコンバインは、鑑賞者によりいっそうの解釈の自由を許容し、ラウシェンバーグ自身の言葉によれば「鑑賞者にはるかに積極的な役割を与える」ものとなっている（Spector 1997: 233 に引用）。しかし、この場合「解釈」という言葉をかなり大雑把なものとして使わなければならない。というのも、こうしたありふれた日常的な事物は、芸術作品のなかに現われることによって意味を変えることになるからだ。たとえラウシェンバーグがときに、たとえばスウィッチで点灯できるようにした電球を取りつけるなどして、日常性を維持し意味の変化を妨げようとしたとしても、だ。

ラウシェンバーグのコンバインは鑑賞者を日常的なかたちで作品に向かうよう志向け、われわれは、一見してランダムと見えるその事物の組合せによって、ラウシェンバーグが何を言おうとしているのかを推測しようとするよりも、われわれ自身の解釈を俎上にあげるよううながされる。こうした傾向は、コンバイン以降の作品におけるラウシェンバーグによる意図的な自己の消去によって補強されている。用いられているものがありふれたものであるということが、作品の制作者と結びついた読解をすり抜けてしまうのである。同時に、それらの事物の配置が、なんらかの特定の物語を示唆するような階層的な関係をほのめかすことはない。奇妙なことに、コンバインでは絵具が用いられ、一見すると、作品にはすべからく芸術家の個性をとどめる、その身振りの痕跡がなければならないとする考え方に従うかのようにブラシで塗られているが、絵具の塗り方は、そうした考え方を否定するような、そっけなく平凡なものである。また、使われている色は、全体に地味なものである。たぶんそれは、ラウシェンバーグの初期作品がある鑑賞者たちに色をなんらかの心的状態と結びつけるように導いたことがたしかにあったことにたいする、画家自身の不満の現われで、彼はいかなる代価を払ってもそうした関連づけを避けたかったのだろう（Krauss 1997: 209; Brown 1997: 270）。だがそれなら、なぜまず最初に絵具を使うなどということをしたのだろうか。一つには、ラウシェンバーグは、絵具の痕を芸術的感性の記録媒体と見なすわれわれの期待を茶化し、彼の作品の意図を強化するようにわれわれの期待を掘り崩すことによって、芸術作品における絵具の役割に関するわれわれの月並みな理解の仕方を掘り崩し、自分自身に挑戦しているのである。さらに、絵具の痕は、作品に用いられているさまざまな要素を均一化する役割を担い、作品のなかに生まれる可能性がある潜在的な階層性や物語を消去または中和している（Feinstein 1990: 45-6）。ジョン・ケイジは、彼一流の簡潔な言葉で、コンバインのなかで起こっていることをみごとに要約している。彼は「新聞の一ページのなかに統一的な主題などというものが存在しないのと同様に、コンバインにも主題などない。なかにあるそれぞれのものが、一つひとつ主題となっているのだ。コンバインとは、多様性を生みだす状況なのだ」と書き、「たぶん、結局のところ、メッセージなどないのだ」と締めくくっている（Cage 1961: 102）。

一九六二年にラウシェンバーグは、アンディ・ウォーホールの刺激を受けて、シルクスクリーン作品の制作を始め、コンバインにおける事物そのものの使用からさまざまな出所の写真の加工へと移行する。こうした制作方法の変化の原因は、一つには印刷やテレビというメディアに吸収されたものであるにせよ、画像が現代社会ではたす重要性にたいするラウシェンバーグの意識である。作品を構成する素材が現実の事物から画像へ移行したことは、作品が現実を捉えていることを願い、現実を体現するものとして制作した作品からの移行であると論じることはできそうだが、ラウシェンバーグは、画像も事物同様にわれわれの生きる現実の一部となっていると感じていた。「テレビや雑誌を通じて私は世界の過剰性による砲撃を受けた。……真っ正直な作品はこれらの要素すべてを組み入れなければならない。そうしたものが現実で、過去においても現在においてもそうなのだから」(Kotz 1990: 99に引用)。しかし、彼がコンバインの制作をやめたもう一つの理由は、自分がその制作のプロセスに慣れっこになりすぎて、統御あるいは誘導を受けた意味がはからずも現われるということが起こりはじめている、と彼自身が感じたということである(Feinstein 1990: 21)。

シルクスクリーン作品は主として日常的な事物の画像を用いているので、依然としてありきたりのものを扱いつづけていると言える。事物ではなく画像の使用は、われわれの注意を現実そのものからわれわれの現実解釈へと移す。言いかえれば、それらにあっては、画像ではなく事物を用いたコンバインが不可避的に想起させた、画家の現実にたいする取り組みの問題よりも、われわれがどのように現実を理解するのかということに強調がおかれているのだ。画像の選択とその配置に際して、ラウシェンバーグは、できるかぎり開かれた解釈を許容するようにあらゆる努力を払っている。画像に関してラウシェンバーグは「誰にでも想像力をはたらかせる余地があるように、私は特別ではない画像を選ぶ」と言っている(Rauschenberg 1987: 77)。たとえばジョン・F・ケネディの写真のように単一の意味を示すものと見える画像もあるが、この手の画像でも、ラウシェンバーグ作品に対峙したときの鑑賞者の独自の経験を強調することになる。たとえば、ケネディ暗殺を覚えている者たちのほとんどがそのとき自分がどこで何をしていたかをまざまざと思い出すだろうが、それでも、その報せを聞いたときに自分が感じたことについての記憶が同じ人はいようはずもない。ある意味で、事件は共有されているかもしれないが、個人的な状況や反応はみな独自のものなのである。

ラウシェンバーグが選ぶ画像のもつ解釈の多様性は、キャンヴァス上におけるそれらの非階層性、彼自身の言葉を使えば「非連続性」によって補完されている。彼自身が一九六一年のインタヴューであかしたところによれば、この点で彼は、レオナルド・ダ・ヴィンチの作品を称讃しているという。

私に深い印象を与えた名画の一つに、フィレンツェにあるレオナルドの『受胎告知』が挙げられる。そのキャンヴァスのなかでは、岩も木も聖母マリアも、すべて同等の重要性をもっている。そこには等級づけなどないのだ。……私にいまのような絵を描かせることになる衝撃をもたらしたのは、レオナルド・ダ・ヴィンチの『受胎告知』だったのだ。（Feinstein 1990: 3 に引用）

ラウシェンバーグのシルクスクリーン作品がもつもっとも注目すべき特徴の一つに、描かれているそれぞれの要素のあいだに潜在的にある、固定した解釈または関係をさらに掘り崩していく画家の努力と能力が挙げられる。コンバインの場合と同様に、こちらでも絵具の使用が、シルクスクリーンの画像と、それが誘起することになるあらゆる階層的読解を平準化するものとして重要な役割をはたしている。また、シルクスクリーンで描かれた画像の読み取りやすさの度合いや、シルクスクリーン印刷における配色などといった、統御不能の要素も同様な役割をはたしている。さらには、カレンダーの使用も、こうした平準化に一役買っている。カレンダーを経験を組織する枠組みと見たいという気になるかもしれないが、ラウシェンバーグは、その年ではなく翌年に発表される作品にカレンダーを付けることによって、この可能性を掘り崩している。結局のところ、ラウシェンバーグは、複数の画像を提示する際に、そのあいだの因果関係を示そうといういかなる努力も払わない。彼が一九六三年に書いた「絵画についての覚書」からの言葉を借りれば、「私が……描こうとつとめている概念は……言語と……コミュニケーションに内在する……論理的連続性と対立するものである。私が画像に心惹かれるのは、……文法などにかかずらうことのない……ばらばらな視覚的事実の複雑な結合が見られるからだ」ということになる（Feinstein 1990: 76に引用）。

ラウシェンバーグの作品には始まりも終わりも、すべてをつなぎとめる統語論的な規則も、表現形式を導くいかなる規範もない。事実、ラウシェンバーグは、構成の規則が言語芸術に比べてはるかに少ないことを、視覚芸術の優位性と考えている。彼は、「絵画についての覚書」と「無作為の順序」という二つの発表された論攷（ともに1963）で、「テクスト」を画像コラージュの形式で生成させることによって、言語の提示と理解を解体している。ダダのコラージュや、フォトモンタージュ、視覚・音声詩のように、ラウシェンバーグは、示されたさまざまな細部のなかのどこから読みはじめ次にどこに行くかということ次第で、かなり多くの数の解釈可能性を用意しているのである。それぞれの部分の可能な意味は次に別の部分がくることによって変わり、さらに次の部分に進むことによって全体が変わっていく。ラウシェンバーグ自身が「無作為の順序」のなかで言うように、「一歩一歩が変化」なのである（Krauss 1997: 209-10）。

結局のところ、二人の人間がいれば、ラウシェンバーグのシルクスクリーン作品に関してかならず違った解釈が示されることになる。というのも、彼のシルクスクリーン作品は単一の解釈や意味を逃れようとするものであるからだ。しかしながら、ラウシェンバーグが、自身の作品のなかに意味を見いだすことは不可能だ、と主張しようとしているわけでないことはたしかだ。観るものが作品の意味を理解しようとする瞬間に、間違いなく意味が生みだされ、あるいはつくりだされているからである。だが、その意味というものは、その人自身の経験にもとづいた、完全に個人的なものにすぎない。彼の言を借りれば、私は、自分の行為の理由を説明するのが好きではない。そのようなことをすると、一度きりの経験というものをそこない、人が独自の反応を示すことを困難にしてしまうからだ。たとえば一九四九年に私は、ある人があるものの意味を知っているとすれば、観るものの肉体的実在や、現実性、責任などといったものが失われてしまう、と述べている。(Stuckley 1997: 32-3 に引用)

ということになる。ラウシェンバーグはものごとにたいする自身の感覚を押しつけない。少なくとも、押しつけないようにしようとつとめてはいる。彼は、観るものに解釈の営為の道具と場を提供するだけなのである。このような目的意識は、一九六〇年代にラウシェンバーグが協力したマース・カニンガム・ダンス・シアターの場合と類似している。この劇団のダンサーの一人スティーヴ・パクストンの説明によれば、

マース・カニンガム・ダンス・シアターの作品上演は、さまざまな要素をうまく配合しているが、共同作業ではない。音楽と踊り、舞台装置がそれぞれ独自のものとして存在し、それぞれの「手」が独自でありながら、観客の経験となるように混ぜあわされることが、その主旨である(Paxton 1997: 261)

という。ラウシェンバーグ自身も、一九六四年にシルクスクリーン作品の制作をやめた直後に、観客によって活性化されるような、重要な作品の制作を始めることになる。

アンドリュー・ツヴァイテが指摘しているように、ラウシェンバーグのシルクスクリーン作品制作がウンベルト・エーコの評論『開かれた作品』(ミラノ、1962)出版と時を同じくしていることは驚くに価しない。この評論のなかで示されている、多様な解釈許容性をもつ「開かれた作品」と、作品の共同制作者としての鑑賞者という概念は、ラウシェンバーグ自身の芸術作品制作に関する考え方と共鳴するものなのである(Zweite 1994: 42)。

こうした考え方は、ラウシェンバーグも直接あるいは間接的に知っている芸術家たちが、一九五〇年代末期に取り組みはじめたものである。ラウシェンバーグは、一九六一年に、友人のスウェーデン人画家オイヴィント・ファールシュトレーム〔一九二八—七六〕の作品に関する論攷を発表しているが、そこで述べたファールシュトレームの目的は、そのままラウシェンバーグ自身の創作上の目標ともなっている。そこにはこう書かれているのだ。

二つのもののあいだの関係が論理的であるとか非論理的であるということは、もはや芸術家にとって満足感をもたらす話題ではなくなっている。芸術家は、その創作のもっとも悲惨なときであれ、もっとも輝かしいときであれ、始まりにおいても終わりにおいても彼自身の意志とは無関係な、検閲を受けていない濃密な連続体の一部にすぎないという意識が大きくなってきているからだ。

その作品の一画に登場する人物たちが、自由なかたちでつくり上げられているピクチャー・マップの指示次第で、いかなる形にも変化するファールシュトレームの作品でも、この事実が受け容れられていることが認識できる。彼の絵に描かれた人物たちは、構図を決定するキャンヴァスの四辺にたいして落ち着きよくおさまることなく、つねに部分どうしの関係によって、融通無碍に機能、協調、合体、衝突、崩壊などといったことをしている。キャンヴァスは、いかなる情報もとどめるために必要な一枚の紙としての意味しかもたない。……見慣れたものの使用は意味がつかめず、変わったものの使用はなじみとなっている。だが、どちらもその出所を犠牲にすることはなく、目が焦点を合わせるために視線を動かさなければならないように、知性も意味を追って動きまわらなければならない。そして、結局のところ、絵は、観るものにたいして、命令を発するのではなく、誘いをかけてくるものだったのである。（Feinstein 1990: 76に引用）

44 イシュメール・リード Ishmael Reed 1938-

書簡を通じて中心的メディアを撃つ

デイヴィッド・G・ニコルズ

イシュメール・リードは、編集者に宛てて書く疲れ知らずの書簡作家である。アメリカ英語は彼のような人間を評するための多くの言葉をもっている。たとえば、「風変わりな」(crackpot)、「気難しい」(crank)、「変人」(kook)などの語がすぐに思い浮かぶだろう。この手の人間がパラノイア的幻想、誇大妄想、現実を扱う一般的能力の欠如といった理由で非難を受けることはたびたびある。リードもこうした批判の例外ではない。しかし、リードがみずからの作品のなかでしばしばトリックスター的な人物に呪術的なほどに託しているものを考えてみよう。すると、その風変わりな態度のなかに潜在している重要なものにリードがあまり熱心に耳を傾けていない、などとはとても考えられなくなってくる。自分という作家をつむじ曲がりの読者にたとえることがリードの作品全体に共通している、と言うことができるかもしれない。「月刊大西洋、一九七〇年」(編集者への書簡の形式をとった詩)のようなリードの作品のいくつかは、こうした役割をじかに担っている。九つの小説、五つの詩集、四つのエッセイ集、そしてその他のジャンルにおける多くの作品のなかで、リードは一つの作品総体を展開させてきたのであり、そのなかで彼はアメリカの神話や表現形式を粘り強く再読・再記述している。彼の作品はアメリカ合衆国が多文化社会であり、つねにそうありつづけてきたという想定から出発しており、そのうえで彼は、アメリカ文化の大衆的・民間伝承的・口語的な源泉に接近していくのである。リードはしばしば西部劇あるいは探偵小説のような大衆的なジャンルに取り組むが、そこでは、こうしたジャンルをパロディ的に自分のものとして取り込むことによって、このジャンルの定式を撹乱している。「パロディがオリジナルよりもよいものになるとき、オリジナルを陳腐にさせるようなある変化が生じる。リードの法則」（1989［1978］: 248）。リードはアイルランド人、チェロキー族、アフリカ系アメリカ人といった彼の祖先たちと自分を重ね合わせているが、合衆国においては黒人であることが最も過度な象徴的重圧をもっているということを承知している。そのためリードは、みずからの芸術や議論において黒人男性の問題にかなりの注意を払っている。しかしこのことは、リードが男性至上主義的な奴隷による語りのジャンルをパロディ化することを妨げはしないし、ちょうどリード自身がこうしたパロディ化を『カナダへの逃亡』（1976）のなかで実践している。リードは他の作家たちほどには黒人文学の伝統に依存しておらず、そのかわりにアメリカ文化の主流にある多文化的な「変化」を作品化するために、新しい領域の歴史的な参照事項を利用することを好む。リードの作品は、現代アメリカにおけるメディア制度への異議申立ての書簡として読むことができるのである。

リードの諸作品はそれ自体、ポストモダン文学がもつ特徴の大半のよい例である。それらはパロディ的、自己反省的であり、アイロニーに満ちており、しばしば大衆文化と高級文化の源泉とを混交させる。リードの作品は、他なるものの部分的・異質的な声を導き入れることで、モダニティの普遍主義的な言説を困惑させる。リードの多文化主義は西洋文化の合理主義的論理に挑むものであるが、それはとりわけヴードゥー教という混交主義的な宗教への取り組みを通じてなされる。だがわれわれがのちに見ていくように、ヴードゥー教の不可解な魔術は理性が要請するような完結への期待を完全に打ち壊すものとは限らない。今日にいたるまで西洋文化に抑圧されてきたリードのいう「ネオ・フードゥー主義」（Neo-HooDooism）のもろもろの力は、彼の作品の多くにおいて、彼の美学の自律的体系の内部で物語上の出来事を説明するものとして出現している。リードは至上の権威としての作家という観念を維持しており、その権威は反抗的ではあるが、にもかかわらず世界をすべからく見わたす視点を定義づけるものなのである。

リードの作家人生は出版界の周辺部で始まった。一九三八年、テネシー州チャタヌーガで生まれたリードは、三歳で母親とともにニューヨーク州バッファローへと移り住んだ。十四歳のとき、彼は『エンパイア・スティツ・ウィークリー』紙というアフリカ系アメリカ人向けの新聞にジャズ・コラムを寄稿した。リードはまず、バッファロー大学夜間部に通っている頃に書いた小説で注目を浴びた。彼の英語教師はリードに昼間部に移るように勧め、そこでリードは、大学を中退して新聞社に戻るまでの二年半のあいだ学習した。一九六二年、彼はニューヨーク市に転居し、実験的な作家とジャーナリストたちのサークルの一員になった。リードは『イースト・ヴィレッジ・アザー』紙という前衛的な新聞の基金を受けて最初の詩集を出版し、ボヴァリー街のマークス・ストリートで散文についての講習を開講した。一九六七年、処女小説が出版されたのを期に、リードはカリフォルニア州のバークレーに移る。そこで大学の教鞭をとり、みずからがニューヨークで感じたよりも大きな芸術的自由を発見した。以来、彼はこの湾岸地区に留まっている。商業的出版社（とりわけダブルディ、ランダム・ハウス、アセニーアム）での成功や主要大学との提携にもかかわらず、リードはオルタナティヴで小さな出版団体のなかで活動しつづけている。彼はいくつかの文学雑誌や出版社、そして多文化主義者によるビフォー・コロンブス財団も共同設立した。こうしてリードは主流派の枠組みや出版社を内部から批判し、他方ではまた周辺部において新しい制度や美的可能性を創造しているのである。

文学制度の中央と周辺とのリードの行き来は、ポストモダン的な作品の可能性に対する彼の批判的な取組みを理解するためのモデルとして読めるかもしれない。デイヴィッド・ミキックスが主張したように、

アフリカ系アメリカ人の伝統は一般的に――つねにではないが一般的に――その起源にある真の強度において人間や文化の生き残りを賭けた闘いを描こうとする。リードの作品はこうした伝統がいかにしてポストモダニズムと和解可能かを暗示している。（1991: 1）

リードは彼以前の黒人作家たちに配慮はするが、より一般的なアメリカ文学に比肩させるために、黒人救済の伝統をつくりだそうという企てへと引き寄せられたりはしない。彼は「ジャケット・ノート」のなかで次のように書いている。「有色人種の詩人であることは／樽／のなかのナイアガラの滝を／跳び越えるようなものである」。そして彼はこう結論づける。「真に痛切なのは／この樽／よりもあなたが大きいということである」（1989: 130）。「有色人種の詩人」になるという問題含みの束縛に抵抗するとき、リードは中央の制度的モデルを用いて、周辺から代補的な制度をつくりだしたりはしない。彼がレジナルド・マーティンとのインタヴューで述べたように、「私がアフリカ系アメリカ人の美学について話すとき、ご存知のように、私は自分たちについてのみ話しているのではありません。私はアメリカ人について話しているのです……。西海岸のアフリカ系アメリカ人の美学は多文化的なのであって——黒人的ではないのです」（Martin 1984: 180）。そのかわりに、リードはヴードゥーというアフリカ人ディアスポラの軽視されがちな信仰体系について考え、これを自分の美学的実践の源泉とし、「ネオ・フードゥー主義」と呼ぶ。リードはヴードゥーのなかに、アフリカ人に由来し、アメリカ人における転覆的存在としてありつづけている一連の宗教的実践をはっきりと見分けている。リードの初期の散文詩「ネオ・フードゥー宣言」はこう説明している。

フードゥーがアメリカ文化に対する影響においてみずからに相応しい信用を与えられていないのは、「地上的」かつ「地下的」な文化の探求者が互いに似かよった保守的なエホバの修正主義者たちにかぎられているためである。彼らは黒人的なものよりも前にアメリカ的、東インド的、中国的なものを肯定するだろう。彼らの精神的指導者であるエズラ・パウンドやT・S・エリオットはアフリカや「黒んぼ」が大嫌いなのだ。（Reed 1989: 20）

パウンドやエリオットによる高級なモダニズムに対して、リードは形式・比喩・時代性の変形が行なわれる場としての混淆主義の美学を企てる。ミキックスは「リードは批判的なポストモダニズムに関わるみずからのブランドを発明するために、特異なアフリカ系アメリカ人のサブカルチャーを創造的に、そして巧みに用いている」（Mikics 1991: 4）と述べている。「ブラック・パワーの詩」が暗示しているように、ネオ・フードゥーの美学の召喚はアフリカ系アメリカ人の変節をともなった抵抗的な実践を可能にするものなのである。

一つの亡霊がアメリカに取り憑こうとしている——ネオ・フードゥー主義という亡霊が。
古きアメリカのいっさいの権力はこの亡霊を追い払おうとして
聖なる密約を交わした。アレン・ギンズバーグやティモシー・リアリーや
リチャード・ニクソンやエドワード・テラーやビリー・グレアムやタイム・マガジンや
ニューヨーク・レヴュー・オブ・ブックスやアングラ出版たちの密約。

最も優れた教会が勝利を収めるのかもしれない。さあ握手せよ、そして
召喚を告白せよ。（Reed 1989: 19）

リードのネオ・フードゥーの美学は、彼の作品のなかでも最も頻繁に作品集に入れられる詩「私はラーの舟に乗ったカウボーイである」において実によく例証されている。この表題が指し示しているように、この詩の語り手は広大な範囲の歴史から多様な人物たちをつれてくる。カウボーイはアメリカ史において西部開拓の典型的な人物であるが、彼はまた（主として）エジプトのオシリスの息子であるホルスでもある。オシリスはエジプトに

民法と宗教法の尊重や農業をもたらした黒人の豊穣の神であり、彼の兄セトによって殺害された。ホルスは父の死の復讐をするために舞い戻り、秩序を回復する。リードはこの復讐者をカウボーイに喩え、また、アフリカの司祭でありギャングでもあるヴードゥー教の人物、ループ・ガルーにも喩えている。このように変化に富んだ人物たちはネオ・フードゥー主義の亡霊の面々であり、「ブラック・パワーの詩」でいう追い払われつつある者たちである。特にカウボーイは、「聖なる密約」によって抑圧されているもののいっさいを取り戻そうとする復讐者であり（Reed 1989: 19）、このことはカーディナル・スペルマンによって非常によく例証されている（悪魔払いについてのスペルマンの言及は詩のエピグラフで取り上げられている）。ジャズ・ミュージシャンのソニー・ロリンズのサクソフォンの形がヒエログリフの顎鬚に似ていることから、ロリンズのことを「彼の楽器の儀式的な顎鬚」と記しているように、リードは歴史上の記録をもじったり、ずらしたりする。そうすることで、古代エジプトと現代アメリカの黒人文化とのつながりが素描されるのである。こうしたつながりは、単独の血統としてというよりはむしろ新世界の混交主義という観点で描かれる。シャムーン・ザミールが言及しているように、「リードが文化的排他主義に対して精神的な戦い（Mental War）のための武器を発見するのは、新世界の宗教とアメリカ史のエマソン的神話との目まぐるしい混交においてなのだ」（1994: 1223）。多くの黒人作家がみずから受けた抑圧の歴史についての証言を表明するのに告白めいた叙情的な声を用いてきたが、リードはこうした声を避ける。そのかわりにリードの作中人物は、「風刺と予言との間での支配権をめぐる闘争」（Zamir 1994: 1206）を劇化するのであり、この闘争を通じて、より躍動的で、自己を生成していくようなヒーローが出現するかもしれないのである。

フードゥーという主題は処女作『フリーランサーの棺桶かつぎ』（1967）以来、リードの小説にいきわたっている。第二作『イエロー・バック・ラジオの崩壊』（1969: 邦題『ループ・ガルー・キッドの逆襲』）ではふたたび、リードはカウボーイのヒーロー的可能性に取り組んでいる。ここでのヒーローはループ・ガルー（文字どおりの狼人間）という黒人のカウボーイで、恭順を強いる力に歯向かうためにヴードゥーを用いる。こうした恭順を強いる力は、主としてドラッグ・ギブソンという斜陽の白人地主によって、また、ボー・シュモー（昔からある〈黒人美学〉を維持している黒人の社会的リアリスト）やローマ教皇によって表象されている。この小説の表題はリードがジャンルを提示する際のやり方を示唆している。つまり、三文小説（西部劇を表わす用語）は話す（ラジオ）という行為を通じて、すなわち、ここでは「民衆」（Folks）への呼びかけから始まるほら話を通じて破壊されるのだ（Reed 1988［1969］: 9）。リードは、自明の運命説（Manifest Destiny）を実演する開拓地のカウボーイ・ヒーローを典型的に特徴づける西部劇の定石を破壊するために、リアリズムによくある論理や時間の流れ方の限界を押し広げる。表面上は十九世紀の開拓地に設定されてはいるものの、リードはインディアンの首長ショーケースに巨大ヘリコプターでボー・シュモーのもとからループを救出させる。リードはこうしたアナクロニズムを超えて、さらに主人公の目的のためにヴードゥーの魔術的可能性を用いている。ループはドラッグの領地に入り、イエロー・バック・ラジオの地に起こった民主主義的な思想をもった子供たちによる反乱を鎮圧しようとする。一方、この暴力の渦巻く期間、慰問中のカーニヴァル一座ゾゾ・ラブリックにいたループの妻が殺害される。彼女はフードゥーの女司祭であり、死に際にループに狂犬の歯を託す。ループが彼女の死の復讐をするために、この歯とみずからの呪術の知識を用いることを読者は期待する。彼はそうすることができるのだが、それはもっぱらドラッグ・ギブソンにひどい疥癬をもたらす。その結果、教皇がこの難題を究明するために招かれる。教皇は、普通なら教会によって抑え込まれているはずのフードゥーの力がループの手中にあるのを認める。つまりこの意味で、ヴードゥーの破壊的な力は、かつてなら予測しえなかった小説中の出来事の原因として、理性の論理的な予測行為へと送り返されていく。リードの小説は、西部劇の筋書きがもつ前提の大半を破壊するが、それはまた最終的にカウボーイの主人公を救う。言いかえれば、こうした物語の予測される結末がパロディ化され、ループは教皇の乗った船を追いかけ、夕陽に向かって馬を駆っていく（そして泳いでいく）のだ。

凡百の予測を打ち破ることに対するリードの関心は、他の小説でも引き継がれていく。たとえば『マンボ・ジャンボ』はミステリー小説の探偵としてヴードゥーの司祭を描いており、また、『カナダへの逃亡』では奴隷の語りがパロディ化されている。しかしながら、ミシェル・ウォーレスが「イシュメール・リードの女性問題」という論考のなかで述べているように、

これらのジャンルはいずれも白人男性が中心であることを容認している。リードはただ中心の色をずらそうとしているにすぎず（雪から白という色を引き剝がそうとしているように！）、中心と周辺という概念を手つかずのまま残し、それを確固たるものにさえしているのだ。（1991: 149）

この意味で、リードの作品はポストモダン小説によくある問題に遭遇する。すなわち、批判の的とされがちなさまざまなかたちの合理性との共犯を回避する小説の方法を見いだすことの難しさである。ウォーレスの表題がほのめかしているように、リードにとってこの問題はジェンダー的差異の問題をめぐって顕著に現われてくる。特にノンフィクション作品において、リードは、フェミニズムのイデオロギーとともにアメリカにおける白人体制の民族的優位思想に反対している。黒人女性の作品のなかで、「黒人男性が甘やかされた自己陶酔的な野獣」（Reed 1982: 72）とされていることや、リードが黒人女性をしばしばレズビアンか貪欲な色情女として性格づけ、それによってフェミニズム批評家から非難を浴びていることに対して、リードは不満を抱いている。彼は単にみずからが属している集団、包囲されている集団を擁護しているだけだ、と主張することで応酬する。セルフ・インタヴューのなかでリードは、自分自身に「なぜあなたはそれほど卑しく、非情なのですか」と質問し、「なぜなら私はアフリカ系アメリカ人男性であり、この国で最も搾取され、最も恐れられている階級だからです」と答えている（1989［1978］: 144）。この擁護的な態度は、マスメディアが黒人男性を犯罪者として描きたがることを

批判した彼の多くのエッセイのなかでも明らかにされている。中心に対する彼の抵抗は、受賞エッセイ「アメリカの詩――そこに中心はあるのか」でも明白に示され、そこでは一人の友人とともに、「詩人たち一人一人の心」が唯一の中心であると結論づけている（1994: 265）。けれども、ウォーレスや他の批評家たちが主張しているように、リードの心の中にある中心的論理は、主流的な男性至上主義の中心がもつ構造的・政治的様相のいくつかを複製するものである。

つむじ曲がりの読者・作家として、リードは合衆国の支配的文化の神話や形式を改訂するために、パロディ、自己反省性、アイロニーといったポストモダン的な身振りを駆使している。そうすることで、彼は自分自身が抱える他者性やアメリカ文化の多文化的現実を理解することから生じる一つの声を導入していく。リードは高級および低級な文化形式・制度を粘り強く交叉させ、みずからの小説、詩、エッセイ、編集者との長きにわたる書簡のやりとりを通じて中心的なメディア体制を攻撃している。こうしたいっさいの努力を通じて、リードの声はみずからがいくつかの作品中において企て、パロディ化している躍動的なヒーロー、すなわち、カウボーイの声として立ち現われるのである。リードはこの躍動的なヒーローの周囲で黒人の男性至上主義を布置し直し、社会的リアリズムの美学的可能性か、告白調の作品か、というのっぴきならない二者択一をつくりだす。しかし、この種の比喩の周囲で作家としての主たる権威を保つことで、リードは、ウォーレスのいう女性問題を引き起こすような、中心の声の論理を引きずってしまっている。にもかかわらず、リードの作品は現代アメリカのさまざまな関心に対して力強く、創造的な応答を与えてくれているのだ。

45 リチャード・ローティ Richard Rorty 1931-

真理よりも意見の一致を

フランス・ルイター

ポストモダン的思考は、「表象」をにおわすいっさいを正面攻撃することを特徴とする。表象が可能だとする考えを、基盤づくり（foundation）や普遍主義を欲する形而上学的な欲望の最後のよりどころとして見なすのである。こうしたポストモダン的思考の反形而上学的な傾向は、究極的には自己反省性――主体の哲学がもつ自己反省性――の結果である。しかしながら、こうした妥協のない反表象主義、反基盤づくり主義、反普遍主義は結局、ポストモダンの理論化における過渡的な段階にすぎなかったらしく、この段階は近代および啓蒙主義的伝統からきっぱりと袂を分かつ必要性を感じていただけだったようである。ポストモダンの現段階では、真の完全な断絶という前衛的な身ぶり（ついでにいえばまた、徹底して近代的な観念）は次第にその魅力を失ってきたように思われる。これに代わって論争の当事者たちは、超越性と普遍主義への欲求と、啓蒙主義に欠かせない様相である自己反省性や恒常的批評に向かう傾向とを、ともに評価する可能性を探究している（Bertens 1995: 242-3）。

ポストモダン的思考の内部において次第に力点を移すべきだとするこうした考え方に何かしら根拠があるとすれば、われわれは最近の情況の決定的な先駆者としてアメリカの哲学者リチャード・ローティ（一九三一年―）を考えることができる。リチャード・ローティの哲学のアンビヴァレンス（人によっては矛盾と呼ぶかもしれない）は、新たな領域の探究が危険な仕事であることを示している。このことはまた、ローティの哲学がいかに受容されてきたかということによっても示されている。「専門的」哲学の主張に対する彼の批判は、それだけ暴力的な反発を巻き起こしてきたのだ（Malachowsky 1990; Farell 1994: 117: 46; Saatkamp 1995）。

ローティの政治的な立場は、新保守主義はもちろん、急進的なポストモダン「リベラル派」によっても攻撃されてきた。ジョナサン・カラーはローティを「レーガン時代に完全に迎合した自己満足」だと糾弾したし（Culler 1988: 55）、リチャード・バーンスタインはローティの哲学を「流行の「ポストモダン的言説」で着飾った、時代遅れの冷戦期リベラリズムのためのイデオロギー的弁明以外の何ものでもない」と評した（Bernstein 1991: 249）。とりわけこの「流行の」ポストモダン的言説は、政治の領域《スペクトル》の右翼側から実に胡散臭く見られている。つまりローティは、歴史主義や唯名論と関連づけられることで、リベラルな社会の道徳的基盤づくりを突き崩す、実に無責任な相対主義を散種するのに貢献していると見なされてきたのである。

（中道を志向する多くの人びとのパラドックス的な運命でもある）ローティの不本意な孤立がいくらか皮肉であるのは、ローティほど「われわれは」という言葉を好む哲学者もそう多くはいないからだ。ちなみに、ローティ自身は、進歩的なグループのなかにいるときのほうがくつろげると主張している（Rorty 1999: 3-20; 1998a: ch. 4）。したがってある意味では、彼は右翼から攻撃されることを歓迎している。「幸運にも、私は左翼からと同じくらい右翼からも激しい攻撃を受けてきた。……もしそうした攻撃を受けてこなかったら、私はグレゴール・ザムザのように、眠っている間に実は新保守主義になってしまったのではないかと恐れを抱き始めていたかもしれない」（1987: 575）。

ローティは、さまざまな哲学的伝統や学派の間にある溝の上にくり返し橋渡しを試みている哲学者である。しかしこのことを単に、普遍性を目指す情熱によって駆られたものと見なすのは誤りだろう。ローティは、まったくのところ互いに合流したがっていない諸流派をまとめることでせせら笑いたい欲望を感じているように思われる。ローティは、ハイデガーの難解な存在（Sein）哲学と同程度に、クワインとデイヴィッドソンのような合理主義的で論理的な哲学者を評価する。また彼は、遊戯的な脱構築主義者デリダと同程度に、くそ真面目な啓蒙主義哲学者ハーバーマスを評価する。そして彼は、オーウェルの文学作品を少なくともプルーストのそれと同じくらい魅力的だと見なすのである。時折りローティは、相容れない諸要素を融合させようとたゆまず試みる孤独な錬金術師のイメージを彷彿とさせる。

ローティの哲学の数多いアンビヴァレンスを明らかにするために、その歴史的な背景を素描しておこう。ローティはもともと分析論の伝統において評価が高かった。分析哲学は第二次大戦後の論理実証主義から発展し、一九六〇年代までには合衆国での最も有力な学派になっていた。ローティは分析哲学者として押しも押されもせぬ名声を得た。一九六七年、彼は『言語論的転回』を出版した。これは分析論のテクストを集成し、幅広く読まれている論文集である。それ以来ローティは、この「言語論的転回」、すなわち、言語こそが哲学的省察の始まりにして終わりであるという考え方に忠実でありつづけている。しかしながら、彼はこの転回にさらなる捩《ねじ》れを加えようとした。次の著書『哲学と自然の鏡』（1979）は論争を巻き起こしたが、そこでローティは、分析論の伝統が行なってきた形而上学的な原理化が科学を装っていることに対して根本的に批判した。しかし『哲学と自然の鏡』は、その反形而上学的なメッセージにもかかわらず、ローティを論理実証主義の価値ある後継者として位置づけることになる。とはいうものの、彼がいまやこうした見方と結びつけている反表象主義は、大陸哲学の解釈学的伝統との溝をのり越えるための橋となっている。ローティは、論理実証主義者と同様に、哲学が本来机上の問題に対する机上の解決策を見いだすことに手を貸してきたと考える。とりわけ認識論《エピステモロジー》は——デカルトが哲学の中心となって以来——迷走させられてきた。この問題はデカルトが精神の特別な領域を特定・識別し、精神の隠喩として鏡を導入したときに生じた。以来、精神は現実を鏡に映すものとされてきたのである。

事物に対するデカルトの見方は典型的な認識論的疑問を引き起こす。精神が実際、忠実に現実を表象しているのかどうかを、われわれはいったいどのようにすれば知ることができるのだろうか。精神は実際、現実のものを単に鏡のように映すのか、あるいは歪曲するのか。このような問題は分析哲学の認識論をもまた当惑させた。ただし、そこでは「言語」がデカルトの「精神」の代わりに導入され、「表象」がデカルトのいう「鏡」に置き換わっている。ローティはこうした一連の問いには答えることができないとする。現実と精神の鏡のなかのイメージを比較することができるようなアルキメデス的な視点、「神の視点」などといったものはいっさい存在しないというのだ。「整合性以外のなんらかの試金石を見いだすにあたって、われわれの考えやわれわれの言語の外側に脱け出るためのいかなる道もありはしない」(Rorty 1979: 178)。

ローティが提示する解決策は、ごく単純に鏡の隠喩を放棄することであり、そうすればこれを機に主体に関する哲学の諸問題は解決されてしまうという。この提案は挑発的である。なぜならそれはまた、われわれの究極の目的としての——知識と経験的事実との一致という——真理を放棄することにもなるからである。そうすれば、われわれが根本原則に抵触することはけっしてないだろうし、自分たちの知識が真に現実を表象すると述べられるとする見地に到達することもけっしてないだろう。「正確な表象という観念は、われわれがしたいことをできるようにしてくれるはずだという考えに対して贈られる、機械的で空疎な賛辞にすぎない」(Rorty1979: 10)。

『哲学と自然の鏡』の出版以後、ローティはみずからの批判の諸帰結をさらに探究し、アメリカ・プラグマティズムの伝統に向かってますます移行していった。この伝統は分析哲学の隆盛によって多かれ少なかれその当時まで周縁に追いやられていたものである。知識についてのプラグマティックで非表象的な理解を目指す見方からすると、知識は世界を表象する手段ではなく、世界とうまくわたりあうための道具となる。ローティによるプラグマティズムの選択は、ある程度まではまた、熱狂的なポストモダンの自己反省性のアポリアを回避しようとする大胆な試みなのである。

プラグマティストにとって、連帯(意見の一致《コンセンサス》)を打ち立てることは客観性(真理)に到達することよりもいっそう重要である。かりに客観性がなにかを意味するとしても、それは、事物に対する、最善の間主観的な同意にすぎない。「可能なかぎり、われわれの指示機能を拡張したいという欲望」。(客観的な)知識と(主観的な)

意見との差異――西洋哲学のなかにある構成的な対立――は、こうして種別の差異ではなく程度の差異になっていく。プラグマティストが放棄するのは、「知識と意見との伝統的な区別であり、この区別は、現実と一致している真理と、十分に正当化された考えを表わすのによいとされている用語としての真理との区別とみなされている」（Rorty1991a: 23-4）。ローティによれば、知識と意見との唯一の差異は必要に駆られて同意をつくりだそうと努力するかどうかにある。こうした観点はローティが知識の規範として「群衆心理学《モブ・サイコロジー》」をもちだしたとする非難を巻き起こしてきた。このような非難は必ずしも正当化されない。結局のところ、「正当化が究極的に、たとえば自明の洞察力の獲得ではなく、実践の共有という問題であったと認めたところで、通常の認識論的考察によって出される日常的な結論が恣意的な選択の問題になるわけではない」（Gutting 1999: 24）。

新しい見方が十分な支持を引きつけることに成功して社会に受け容れられたとき、その見方は成功したものとなるのであって、その見方が現実と一致するという理由からではない。こうした観点に立つと、フェミニズムのような社会運動も、男権主義者が女性を誤って表象していることを暴露したから成功したのではなかった。そうではなくて、こうした運動は、男性と女性との関係について新しい言説を導入し、支持グループ、すなわち、そうした言説を信じる共同体を文字どおりつくっていくことを通じて、その言説のために「規模を増す意味論的権威」を見いだすことに徐々に成功してきたからこそ成功したのである（Rorty 1998: 202-27）。

ふつう、論理的な推論や議論頼みになることは、観点の転換において二次的な役割を担うにすぎない。「論理的な議論というものは、それなりにまことに結構なものであり、解説的な装置として有効であるが、結局のところ、人びとがその実践を転換することに同意しないうちに人びとにその転換をさせようという方法にすぎないのである」（Rorty 1989: 79）。道徳的あるいは知的な進歩の触媒になっているものとは「言語の創造的誤用」であり、「記述のやり直し」であり、「思考の網目」の「編み直し」であり、新しい隠喩の導入なのである。詩人や預言者はこの点に関して科学者に見劣りしないし、この特殊な目的のためにはより有能でありさえするかもしれない。

ローティのこうした観点は、広範囲にわたってこのうえなく多様な非難を巻き起こしてきた。ローティが中傷されてきた理由は、観念論（現実とは言語の所産であり、われわれはその内部でたまたま生きているだけだ、とローティは述べていないだろうか）、相対主義（かりにわれわれが現実についてのさまざまな諸観念を照合しうる対象としての現実が存在しないのだとすれば、こうした諸概念はすべて等しく真理である）、政治的で道徳的なシニシズム（ローティの仮定を念頭に置くとすると、たとえばヒットラーの世界観に対して論駁することはいかにして可能であろうか）、非合理主義（ローティは理性が有しているとされる優れて規範的な力を拒否する）、徹底した主観主義、不道徳的な唯美主義、反動的な保守主義と多岐に及ぶ。ローティは「自分が独創的ではないことを示すために異議申立てをする」のだが、多大な忍耐とよきユーモアをもって、そして彼の基盤となる視点を放棄することなく、長きにわたる一連の論文のなかで、これらの非難や他の非難に対する論駁を試みてきたのである――こうした論文は、『哲学の脱構築――プラグマティズムの帰結』（1982）、『偶然性、アイロニー、連帯――リベラル・ユートピアの可能性』（1989）、『客観性、相対主義、真理』（1991）、『ハイデガー論ほか』（1991）、『真理と進歩』（1998）、『リベラル・ユートピアという希望』（1999）のなかに収められている。

こうした論争を通じて、より目につきにくい戦略的な調整が見いだせる。たとえば徹底した主観主義に向かいがちな初期の仕事の傾向を取り繕って（Saatkamp 1995: 191）、ローティは、彼の批判者たちに答えるなかで、精神それ自体が公平な現実のうえにイメージを投影するという考え方から距離をおく。こうした考え方は結局のところ、精神を現実の鏡として提示する不適切な隠喩の反転にすぎない。ローティはまた自分が言語的観念論であるという非難を拒否する。彼は「言語が現実を継ぎ目で切断するかどうか」についてわれわれは決定することができないという観点に自分が同意していることを認める。しかしそのことは、われわれが現実を描写するのに用いる言語を抜きにしては現実は存在しないということを示唆しているのではない。問題なのは「事実がもつ非言語的な暴力性」は単一で正確な表象をわれわれに押しつけることはなく、そして、ベーコンが生きていたらやはり信じていると思われるように、われわれは自然をだまして自然の秘密を明らかにさせる手段をもちあわせていないということである。われわれの知が自然と一致しているという考えは、「ただ単に、正しい言葉を唱えれば、神々を鎮めることができるという考えの一変種（にすぎない）」（Rorty 1991a: 80）。したがって、自然科学もまた現実の根底に取り組むことはできない。「言語のうちで人類が宇宙を扱うのに使用してきたものだけが、宇宙が好む言語、すなわち事物をその継ぎ目で切断するような言語であるという観念は、きわめて鼻持ちならない」（Rorty 1991a: 80）。ローティは、人文科学が自然科学よりも現代文化にとって不可欠であるとさえ主張する。

ローティ哲学の奇妙な側面は、ローティがポストモダニズムの根本にある多様性（反表象主義、反原理主義、反普遍主義、反合理主義、歴史的コンテクスト理論、唯名論など）を代表するように見えるにもかかわらず、この分裂的な哲学批判の最終結果として、たとえその土台が完全に失われるにしても、われわれの考え方や見方を適応させる必要がないということだ。ローティにとっての真の課題は、世俗化の次の（そしておそらくは最終）ラウンドである。神が死んだと宣言された後も（ドストエフスキーが神の死とともにいっさいが許されるかもしれないと恐れたにもかかわらず）、われわれはいまでも完璧に、超越論的な迷信（表象、普遍主義、諸原理を重んじる考え方）といった最後の残骸を剝奪されてしまった世界において生きることができるであろう。

左翼が「自己満足」と「静観主義」という観点からこうした立場を理解してきたことは言うまでもない。実際、ローティの「セラピー」は二重の目的をもっており、同時に二つの「痙攣」からわれわれを自由にしようとするのである。第一の「痙攣」は、相対主義によるリベラルな民主主義への侵食を回避することが望まれる場合において、そうした民主主義の諸価値が土台を必要としているという考え方から生じる。第二の「痙攣」は、われわれがよりよい、より公平な社会を実現するためには、根本的な社会変化が必要とされるという確信によって引き起こされる。

ローティにとっては、われわれがリベラリズム――たとえば、人間の条件に最適な形で対応する社会組織としての——をつくり上げることができないという事実は、けっして根底に触れることができない社会相対主義をわれわれが宣告されているのだということを必ずしも意味しない。どのように事物を見ようとも、相対主義とはありえない立場なのである。基盤づくりや普遍主義に見切りがつけられるとき、必然的に起こる歴史主義が、相対主義の無限の退行から脱する方法を提供する。結局のところ、われわれは、リベラルな近代社会をわれわれの参照の枠組み（寛容、開放、平等、正義、連帯）として採用することができる。こうした流れにしたがって、ローティは「われわれの伝統」、「われわれの実践」等々をくり返し参照する。そこでは、それ以上の正当化は必要とされない（そしてまた、そのような正当化はけっして見いだすことができないかもしれない）参照の枠組みが前提とされている。したがって自民族中心主義は、ローティにとってわれわれが是が非でも避けねばならないものではなく、自然な出発点なのである。さらにいえば、少なくともリベラリズムに関するかぎり、それはまた最終的な行き先でもある。徹底して歴史主義的な立場をとるにもかかわらず、ローティにとって、歴史はすでに終焉してしまっている（フクヤマのいう終焉とは異なっているかもしれないが）。フクヤマのいう終焉が諸思想の歴史の合理的で最適な終焉であるのに対して、ローティのいう終焉は純粋な偶然の結果なのである（Rorty 1998b: 228-43）。ローティにとって、リベラリズムの理想というものは「偏狭で、ここ最近の、エキセントリックな文化的展開」であるが、それはまた偶然にも人類にとって「最高の希望」となるものであり、「そのために戦う価値のある」ものである（Rorty 1991a: 208）。ローティは、こうした判断が（リベラルの価値観から、リベラルな社会がありとあらゆる社会のなかで最善であるという意味で）循環的推論にもとづいているかもしれないという可能性には承服しない。したがって、ローティのいう自民族中心主義は二つの主要な様相をもっている。つまり、被決定（ハイデガーの言葉で言いかえれば「被投存在」（geworfen sein）と自己決定という様相である。われわれはわれわれに決定を迫るある特定の伝統の所産であり、またわれわれはその持続を意識的に決定する者でもある。

ローティが優れて重要であると考えているアイロニーと、この自信たっぷりの自民族中心主義とはどのようにして結びつくのか。実際、――ローティが括弧つきで提示する――ローティ的な「アイロニスト」が抱いているのは、

目下使用中の最終用語（final vocabularies）について根本的かつ継続的な懐疑である。なぜならこのアイロニストは、出会った人物や書物によって最終的だとされている別の用語に感銘を受けてしまったからである。……このアイロニストは、現時点での自分の用語でつくられた議論がこの懐疑を裏書きすることも解消することもありえないと悟っている。［そして］彼女は、自身の状況について思索するかぎり、自分の用語が別の用語よりも現実に近いとか、なんらかの力をもっているとか、自分自身であるなどと思ったりはしない。（Rorty 1989: 73）

アイロニーがリベラルの希望をむしばむことを防ぐために、ローティは〈公〉と〈私〉を根本的に切り離す。〈私〉の領域はアイロニーの戯れる場であり、個人的な自己実現のための舞台である。〈公〉の場で、最小限のリベラルの価値――「人びとの私生活をそのままにし、危害を加えないこと」（Rorty 1989: 63）――が尊重されるかぎり、この〈私〉の領域は、どんな気まぐれをも、どんな崇高をも、あるいは反リベラル的でさえあるどんな観点をも考慮に入れることができる。ローティは〈公〉の場を、あらゆる種類の人びとが交易に従事している市場《バザール》と類比させる。市場にいる人は、値切り交渉をしている多くの相手たちがもつ信仰を共有するくらいならむしろ死んだほうがましだと思っている。市場は、「明らかに」アラスデア・マッキンタイアやチャールズ・テイラーのような共同体主義者によって用いられる「強い意味での共同体――ゲマインシャフト（Gemeinschaft）――ではない」（Rorty 1991a: 209）。その日の商取引が終わったら、人びとは〈私〉の場へと回帰する。そこに戻ると、彼

らは、たとえば同じ宗教徒たちのなかに再びいるのであり、他人や他人の見方について自由に自己表現できると感じる。換言すれば、ローティは〈私〉のナルシシズムや美学と結びついた〈公〉のプラグマティズムを選択するのだ。〈公〉とは、最善の〈私〉の自由を保証しなければならない保護的な「手続き上の」層である。ローティは、リベラルの希望について幾度となく口にするが、この希望――「生活がゆくゆくはより自由になり、厳しくなく、余暇も増え、物質的にも経験的にもいっそう豊かになるという希望、そしてそれが単にわれわれの子孫のためではなく、すべての人びとの子孫のための希望であるということ」(Rorty 1989: 86)――は、生活そのものの方法というよりは、むしろ〈私〉によって定義されるものとしての「よき生活」という点で最善の条件をつくりだすための道具なのである。

〈公〉と〈私〉とのこうした厳格な二分法は、これまでむしろ厳しく批判されてきた。〈私〉の場に対してリベラルな〈公〉の枠組みがもつとされる中立性について、複数の大真面目な懐疑が表明されてきたのである。リベラリズムは、他者を犠牲にしてまでも自己実現の諸形式を特権視しはしないだろうか(Gutting 1999: 60)。第二に、ローティが〈公〉の場に見いだしていると思われる、最小限のリベラルな意見の一致が実際に存在するとわれわれは想定できるだろうか。バーンスタインが指摘するように、「ローティは、よき生活とは何かという相争う考えについては意見の一致は存在しないと述べておきながら、なぜ正義やリベラルな民主主義ではいっそうの意見の一致があると考えるのか、その理由はいっさい明らかにされていない」(Bernstein 1991: 245)。フレイザーも似たような懐疑を抱いている。「ローティは、社会空間を均質化し、その偏った見方において、相争う複数の連帯や対立し合う複数の「われわれ」を生成しうるような、深い社会的裂け目などないと見なしている。こうして、社会のなかでの根本的な敵対関係などないと想定されることで、政治は、共通の諸問題を解決するために、すべての人びとがともに協調し合うということになる」(Fraser 1989: 104)。最終的にわれわれは当然ながら、〈私〉と〈公〉とのこうした厳格な分離はそもそも可能なのかどうかと問うことになる。〈私〉の観点は当然ながら〈公〉

の帰結をもち、(堕胎の場合のように)重大な問題へと導かれていくかもしれない。

概して、ローティはハッとさせるようなバランス技を提示し、そこにおいて、ニーチェ的な哲学者のようにものごとをこなごなにするのだが、実際にはさほどのダメージを引き起こしはしない。ローティの企てが目指すのは、いわゆる哲学的な差異が多くの現実的な差異をつくりだしはしないとわれわれに示すことだけではなく、彼自身の哲学が差異をつくりださないと提案することでもある(そこでは、哲学が差異をつくりだすことなどできないということだけが例証される)。

ローティは、現在のいかなる対立も、今はそれが最も重要だと考えられているが、次第にあっさりとその意義を失っていくだろうという陽気な考えを受け容れる。このことは、ローティ自身が推し進めてきた議論が差異や峻別を免れているということを意味しない。ローティは、脱構築主義者たちとはちがって、そうした差異や峻別を楽天的に(すなわちプラグマティックに)扱うすべを心得ているのである。彼は、ポスト構造主義者たちが将来的にけっして逃れることができず、ロゴス中心主義の罠を避ける永久に脱構築しつづけなければならない二項対立を追求する際にいだいているような、いかめしい強迫観念にはほとんど親近感をもっていない。ローティにとって「二項対立に対する彼らの紋切り型の懐疑」(Rorty 1991b: 111)は不可解であり、彼らのロゴス中心主義批判はあまりにも、別の固定化、すなわち、「サタンと闇の力」に対する固定化を思わせるのである。

ローティの哲学は独創的で興味深い実験として見ることができる。さらにいえば、この実験は、紛れもなく西洋世界に広がっている生活態度を明確に表わすものである。そしてそこにおいて、リベラルな社会に関わる政治上の基本的な意見の一致が、広く多様な個人的な企てに対する大いなる寛容と、多文化的かつポストコロニアル的なコンテクストに対する真の感受性とを連結するのである。この状況は単独性と普遍性との微妙なバランスを要求する。ローティは、「愛のエージェント」——他者が使う聞き慣れない、奇妙な言葉をわかりやすくさせるために貢献する「多様性の鑑定人たち」——と「普遍性の番人たち」と彼が呼ぶ「正義のエージェント」とを区別するとき、この両方を重んじている。前者のカテゴリーは、社会の内部に存在する周縁に追いやられ抑圧された集団にわれわれの注意を向けるように促し、後者は「（こうした人びとが）多様性の鑑定人たちによっていったん明るいところに導かれるや否や、まさにわれわれの一部として彼らが扱われるように」（Rorty 1991a: 206; また Hall 1994: 176も参照）取り計らう。

46 サルマン・ラシュディ Salman Rushdie 1947-

〈他者〉の声がつくる基盤のない基盤

イーヤル・アミラン

ポストモダンの思想には、芸術のための、あるいは伝統的に詩人の署名である声のための、基盤《グラウンド》ないしは超越論的基礎がない。モダニズムの芸術家——たとえばジョイスの小説のなかのスティーヴン・ディーダラス——は、ひたすら彼を捉える時代と土地の網から逃げることを夢見るが、ポストモダンの人間として、サルマン・ラシュディはこう言っている。「われわれは土地から離れただけではない。われわれは歴史、記憶、時間から離れて上空に浮遊したのだ」(1983: 91)。しかしポストモダニズムでは過去は失われたわけではない。むしろそれとの関係が変わったのだ。逆説的なことに、ラシュディは堅固な基盤をもたない世界というヴィジョンを明確に表わすために、声と基盤とを結びつける。彼はまた、ポストモダン芸術はモダンの芸術を実用的というより暫定的基盤とするのだと論ずる。ラシュディのポストモダン小説は、上昇、下降、秩序、年代記といったもののない世界を表現するが、むしろこれらの性質を備えているのである——ただそれらはモダンの世界にあったものとは異なっている。この主張を部分的に表わしているのが、ラシュディの作品において過去の反復に見える《エコー》ものである。ただし、ポストモダニズムにはほんとうの意味での反復はない。反復は、それ自身が反復でない起源を前提とするからである。しかしながら別の声の反復として現われるとき、唯一もつことが考えられる基礎とは、いつもすでに幽霊であるような基礎である。そもそも声は基盤がないからこそ、存在可能なのである。

ポストモダン言語の基盤のない基盤の形成を助けるのは、他者の声である。ラシュディにとってそのような父親の声として重要なのは、ジェイムズ・ジョイスの声である。とりわけ興味深いのはジョイスの基盤についての議論であり、それは新約聖書のなかの有名な捏造にもとづいている。「汝はペテロである」とイエスは言われた。「そしてこの岩の上に私は私の教会を建てるだろう」（「マタイ伝」16: 18）。この文章は、東方教会からの挑戦に対抗してローマ法王王朝を確固たるものにするため、八世紀に新約聖書に挿入された。このあやしげな基盤は二重の意味で疑わしい基礎の比喩となる。なぜならそれはラテン語の語呂合わせ（ペテロが岩を意味する）だからである。「初めに身振りありき」とジョイスは『フィネガンの通夜』で書いている（1976: 468）。最初にあったものがすでに二重だったのだ。『ユリシーズ』においては、捏造は芸術、想像力、信念の十分な基礎である。ペテロこのかた、神父の系列すなわち「使徒の連続は、唯一の父親から唯一の子へ」と現在まで続く、とスティーヴン・ディーダラスは言う。「その謎の上に教会が建ち、そしてその基礎は動くことがない。なぜなら世界、マクロコスモスとミクロコスモス、のように、虚無の上に建っているからだ」（Joyce 1961: 207）。この基礎が覆されることがないのは、父親というものが「合法のフィクション」であって、立つべき堅固な事実などないからである。

　モダンの基礎となる岩こそ、ラシュディが彼の作品をその上にうち立てる一種のフィクションである。彼の傑作『真夜中の子供たち』（一九八〇年に出版）は一種の「砕けた脱線」（144）、あるいは冗談に思えるほど「ばかげた割れ目」（194）に満ちた狂気である。小説の語り手であり作者だということになっているサリームは、物語を語っていくうちに砕けて、文字どおりばらばらになる（37）。モダニズムの小説は自身をフィクションと思っているわけではなくて、一種のより高き真理と見なしているのだが、ポストモダニズムにとっては真理がまさにフィクションなのである。モダニズムのフィクションはうまくつくられた世界であり、すべてが必要なものである。サミュエル・ベケットが言うには、ジョイスは彼のシラブルをすべて自分のものにしている。ラシュディは堅固な基盤《グラウンド》にたいする欲求をまだもっているが、その基盤は永遠に失われてしまった。ちょうど『彼女の足下の地面《グラウンド》』において語り手のウミードが認めるように（1999: 62, 351, 359, 388-9）。ラシュディが野心的にも『真夜中の子供たち』の計画に戻ったといえるその小説において、地震と断層が地面を揺るがす（130）。これは大部分ロック・ミュージックとミュージシャンについての小説である。ここで「ロック」はいくつかの意味をもっており、基盤もその一つである。ロック・スターのオルムス・カーマは見ず識らずのミュージシャンに自分の作品が「盗まれた」ことを知るが、盗んだのはおまえだ、と非難される。『若き芸術家の肖像』のスティーヴン・ディーダラスがアイルランドの意識を「捏造」するように、ラシュディは『真夜中の子供たち』において彼自身の人生を捏造しなければならない（394）。人の心を読める語り手であるサリームは、学校のテストにおいて「盗んだ本もの」を創作したことを告白する（204）が、このフレーズもいわば『ユリシーズ』から盗んできたものである。オルムス・カーマの父も彼の職歴を偽造文書にもとづいてつくり上げたことが明らかになる（Rushdie 1999: 132）。写真家であるウミードについても同じことが言える。『ユリシーズ』の有名な終わりの部分の模倣である楽しい一節――「そう、それは私でもいいし他の人でもいいのだから、そう、私はやる、そう私がやった、そう」（1999: 244）――の後、物語はみずからが盗んできた芸術を告白する。「さて、いま私は仮面を脱いだ。そしてあなたには私がほんとうは何者であるかがわかる。この揺れ動く、当てにならない時代に、私は自分の家を建てた――実際上――インドという流砂の上に。Terra infirma（弱い地盤）」（244）。ラシュディのポストモダン小説にとって、堅固な岩の基礎を拒否することは、規制に満ちた現代世界と世界の規制とを拒絶することである。小説はまた、その拒絶の上に建てられ、そこに戻る運命なのである。

もしラシュディのポストモダン的見解から「世界は調和しがたく、了解不能」（1999: 351; 1983: 267 を参照）であっても、われわれのフィクションは、なんらかの作業区分に依存しなければならない。われわれはカテゴリーが完全に崩壊することには耐えられない（1999: 388-9）。それゆえ、ラシュディの小説のように混沌を高度に洗練された構成で称讃するオルムスの「地震の歌」が、逆説に見えるのである（1999: 390）。あるいはまたラシュディにとって、歴史的事実は――ヘイドン・ホワイト（1974）と関連する立場だが――単なる物語の機能でもなく、語りの外側にも存在しないのである（Rushdie 1980: 529-30）。しかし、まさに基本《グラウンド》となるルールがないからこそ、すべての場所や出来事が独特なものになるのである（1999: 553-4）。正確さに対する欲求をつきつめれば、正常ではなく異常さこそがルールなのである（500）。問題は捏造やフィクションの累積ではなく、確固とした厳然たる事実があまりに多くありすぎるということである（1980: 404）。キャサリン・ヘイルズが論じているように、ポストモダニズムにとって事実は意味の場に存在し、与えられた体系によって真であると評価された別の事実との関係において真となる（Hayles 1984: 15-24）。実際のところその体系とは、ラシュディの小説の想像の体系であり、ばらばらの出来事が――ピンチョンの小説におけるように――逃れられないように見える論理によって結びつけられている（たとえば、Rushdie 1980: 334）。一連の因果関係が、物語が定義した出来事、原因、結果にしたがって推論される。根拠《グラウンド》のないことが明白な事実と相容れないわけではなく、そして同じ論理によって、いかなる事実も一つとは限らないのである。あらゆるポストモダンの事実は、ホルヘ・ルイ・ボルヘスが「八岐《やまた》の園」で示しているように、いくつかの平行する世界《パラレル・ワールド》に存在している。

『真夜中の子供たち』において芸術的想像力を規定している事実は、そのように多重に作用する。それらは比喩的に作用し、多重に意味する。たとえば芸術家のサリームは、子供の頃、ある日洗濯物かごに隠れていて自分の能力を発見する（191）。彼は鼻によってものごと――精神的かつ物質的な存在――を知ることができ、彼のようにインドが独立した一九四七年八月十五日の真夜中の時鐘とともに生まれた他の子供たちと、テレパシーによって会話することができるのである。しかしその洗濯物かごのイメージは彼の弱さも意味する。小説の後半で、彼の友達である魔女パルヴァティは、彼を見えなくし、体重もなくしてかごに隠す。かごは存在と不在両方の場である。小説におけるもう一つのそのようなイメージは、シーツのイメージである。それは小説の最初の部分で、サリームの祖母を医者から隠す目隠しとして現われる。ただし医者には、シーツの穴から彼女が断片的に見える。それは映画のスクリーンであり（197）、のぞき遊びの穴であり（83-4）、不透明な絵を写す窓であると同時に、絵の背後の現実世界への窓でもある。表象を不透明と見ること、世界図であって世界へ通ずる窓ではないと見ることは、モダンの発見である（Ortega 1961）が、ここにおいてスクリーンは、現実と表象を切り離してその一方のみを示すことはできない。サリームもまた二重である。一方で模範となる子供（インドの首相自身によって真夜中の子供と認められる）であるが、他方で自分の両親の父であるという独特な存在であり（309-10）、父親の系図を生み出すべく運命づけられている（348）。彼は新しいインドの体現であり、またイギリス人の父親とインド人の母親を持つ、「イギリス系」（136）であって、生まれたとき新しいインド人の両親の手に移されたのである。ラシュディが言うように、彼は彼自身であって彼自身ではない。彼は彼のまわりおよび内部の世界のように、ポストモダン的な事実なのである。

ラシュディの作品には、ポストモダニズムとその不安定なモダニズムの基盤との結合を示すもう一つの隠喩がある。それはへその緒《お》である。岩が基礎の空間的隠喩であるのに対し、このひもは現在と過去の結合に対する時間的比喩を提供する。『真夜中の子供たち』においてへその緒は、家が栄えるようにとその土台に埋められる習慣があると言われている（369-70）。しかしそれはいつもうまくいくわけではなく、実際サリームの両親の家は壊されてしまう（409）。この隠喩はそれ自体隠喩から引き出されたものである。スティーヴン・ディーダラスが『ユリシーズ』で考えるように、へその緒は世代間の肉体的結合であり、人間の起源にまでさかのぼる。「過去のすべてをつなぐひも、すべての肉体が撚り合わせられからみつくケーブル」（38）。このケーブルで最初の親に電話することができるかもしれない、とスティーヴンは考える。ペテロの岩でなくこれこそが最上の基礎なのである。ラシュディはへその緒と岩を結びつける——土台に埋められたへその緒——が、彼はまた電話線とへその緒も結びつける。「そうだ、電報《ケーブル》（ひも）から始めなくてはいけない」とサリームは言う（353）。小説の何度も繰り返される始まりの一つで、家族の使用人から電報が届く。

電文にはこうあった。「ハヤクコラレタシ　シナイ　シンゾウハク〔heartboot. heartbeat（心拍）のまちがい〕ビョウキオモシ　サヨウナラ　アリスペレイラ」

「もちろんすぐいきなさい」と叔母のエメラルドが彼女の妹に言った。「でも、まあ、このシンゾウハクって何かしら？」

私が、自身のまちがいなく例外的な人生と時代を記す、最初の歴史家にすぎないということはありうるし、ありそうなことでもある。しかし私に続く者は、手引きと霊感を求めて必然的にこの現在の作品、この資料に……行き着くであろう。私はこうした未来の解釈者に言う。「シンゾウハク電報」の後に続く出来事を調べることになったなら、私の上で爆発した台風の目には……一つの統合力があったということを思い出してもらいたい。私はテレコミュニケーションのことを言っているのだ。（355）

彼はさらに、電報と電話は彼の取消し行為（ひもを解くこと）であった、と言う（362も見よ）。これは『ユリシーズ』でスティーヴンをダブリンに呼び戻す電報、「ハハキトク　カエレ　チチ」（42）のことを言っているのである。サリームの「電報（ひも）」はスティーヴンのそれと同様、祖先を理由に彼を家へと呼び戻す。ただしこの場合、彼の新たに付け加わった祖先とは、資料であり霊感のもとである『ユリシーズ』である。ラシュディは小説のなかでしばしばジョイスの電報に言及している。ある場合には、彼はへその緒と電話と詩人の声を同じページで議論している（188）。ラシュディのポストモダン観はジョイスとの結びつきに依存しているが、歴史はそれ自身を繰り返すことができないことを示している。ジョイスにとって悲劇的なものが、ラシュディにとって笑劇である。ラシュディのポストモダニズムはモダニズム美学に依存しているが、そのレトリックは、構築された関係を前景化し、それを認知し、それによって取り消される効果をねらっている。取消しこそラシュディの作品がしていることである。ゆえにそれは現実の破壊ではなく、フィクションが取り消されないのはそれ自体のやっていることが部分的には取消しだからである、ということである。フィクションはけっして始まることができず、ただ初めを繰り返すだけであり、けっして基礎をもつことができない。なぜならつねに境界線上にいるからだ。モダニズムの著作は、あちこちでこうした見解を明らかにして、みずから崩壊に近づくのである。

ラシュディにとっては、ポストモダニズムは他者の声で語る。声は伝統的に真正性、詩人のアイデンティティの比喩である。人の足下の地面《グラウンド》もまた、詩人にとっては声である。ポストモダニズムは、詩人が「自身の」声を見いださねばならないという理念（創造的創作プログラムにとても大切なもの）に、芸術にとっての生物的基盤にたいするノスタルジア的欲求を発見する。『彼女の足下の地面』の語り手であるウミードは、カササギがそうであるように、他人の「言葉」を盗まずには歌うことができない。「ぼくはできるかぎり模倣するようにつとめる」と彼は言う（1999: 57）。彼の反対がオルムス・カーマで、この天与の声を持つロック歌手は、これまで最高の歌手と思われているエルヴィス・プレスリーのような人物で、自分が「われわれの血を流れている音楽の秘密の創始者であり、最高の革新者」（89）であると思っている。しかし彼が想像力を働かして歌を歌うと、それを他人が彼の知らないところで発表してしまい、彼は模倣者にされてしまう。彼はカササギではなく、他人の成功を「初めは喜び、後になってグロテスクなものにしてしまうような、ひとまね軍団の一人」（89）ではない。彼は本物であるが、何が本物かが定義しなおされてしまうのである。ちょうど引用のなかの「喜ぶ」（rejoice）という語自体が、ラシュディとジョイス（Joice）のつながりを反復しているように。声はロック（岩）である、とウミードは言う（157）、しかし地面は堅固な土地（terra firma）ではない。音楽の世界は「崩壊した自己の世界」であり、そこでは「損傷は普通の生活状態である。くずれ落ちる縁がすぐそばにあったり、地面の裂け目がそうであるように」（148）。

ラシュディは、先行するモダンの文化、歴史、文学からみずからを引き離すために、パスティーシュ（Jameson 1991）やパロディに頼らないポストモダニズムのヴィジョンを明言している。そのかわりに、基本《グラウンド》となる一群のルール、すなわち重要にも彼が発明した親であるジョイスから取ってきた両刃の隠喩関係が、基盤《グラウンド》の欠除と真正な非真正性というラシュディの全体状況を明確に説明している。彼にとって、基本となるルールはすべて少なくとも二重である。ラシュディにとってのポストモダン芸術は、みずからの私的な基盤の区画《プロット》をつくり上げた旧世界と結びつき、またそれにもとづいているのである。

47 シンディ・シャーマン Cindy Sherman 1954-

女性のステレオタイプ的役割を突き崩す

ジョン・G・ハッチ

シンディ・シャーマンが一九七七年に芸術家としてスタートを切るきっかけとなった最初の重要な作品集『アンタイトルド・フィルム・スチール』には、特にこれといって奇抜なところはない。それは、おもに一九五〇年、六〇年代のヨーロッパ映画に触発されてさまざまな女性のタイプをポートレートした六九点ほどのイメージ・シリーズである。すべて白黒写真で、イメージが時折り素朴《プアリー》に構成されているので、シーンを撮影する際に用いられた入念な技巧をいくらか垣間見ることができる。ところが、これらの写真は見る人の心を乱すようなアピールをはらんでいるのだ。そのため、制作に関わるさまざまな決定について問い始めれば、写真はその明らかな単純さを裏切るような多くの複雑さを顕わにする。『アンタイトルド・フィルム・スチール』(1977-80) を慎重に考察すれば、この作品がポストモダニズムの理論によって提起された、現代の数多くの根本的な諸問題に視覚的に関わるものであることが明らかになるだろう。

『アンタイトルド・フィルム・スチール』は、その大部分が無防備な親密性をもつ一瞬を捉えたものであることを暗示しながら、さまざまな筋書きや瞬間における女性たちのイメージ群を提示している。どの写真も閉所恐怖症的なセッティングのなかにいるただ一人の人物に焦点を合わせている。閉所恐怖症的なセッティングを暗示するのは、技術的にはクローズアップにして断ち切りにされたショット、あるいは物理的には圧迫感のある空間にいる人物や広々とした場所にいる孤立した人物であるといえる。これらの装置は一種の心理的な罠を示すメタファーの機能を負わされている。こうしたメタファーは、写真の強力な窃視症的アピールによって補強され大いに機能するが、それは、これらの写真がわれわれに他人の生活のプライベートな瞬間を提供しているからである。要するにこうしたアピールは、今まさに何が起こっているのかをもっと知りたいというわれわれの願望によって補強されるということだ。ほとんどのイメージに写し出された人物は、われわれには与えられていない何かに対して反応している。ほのめかされた物語のコンテクストは、写真のもつ特質そのものと、捉えられたものがこれから展開していくなんらかの物語の断片あるいは瞬間でしかない、という写真の暗示によって示唆される。そして、この効果は写真の人物の一瞥や凝視によりいっそう高められる。さらにいうなら、まさに『アンタイトルド・フィルム・スチール』というシリーズのタイトルが、これらのイメージがある物語から引き出されたものであることを示唆しているのだ。したがって、ここでは重要な時間的要素が作動しているといえる。この時間的要素は、絵画ではうまく処理することができなかったものだろう。ニューヨーク州立大学バッファロー校の学生だった頃、シャーマンは画家の道を歩もうとしていた。彼女の絵は、写真や雑誌からのイメージを再生産する、きわめてリアリズム的傾向が強いものであった（Siegel 1988: 270）。しかし、ロバート・ロンゴをはじめとする大学の仲間たちとの交流や、映画やパフォーマンス芸術に興味を惹かれたこと、扮装したり役を演じたりすることに心を奪われたこと（たいていは私的な楽しみであった）が、写真の技術面での習得が困難だったにもかかわらず、彼女に芸術的なメディアとして写真を採用させることになったのである（Siegel 1988: 270-2; Brittain 1991: 34-5）。彼女の初期の写真作品は主に切れ目のないフィルム・ストリップ〔スライド教材用の通例三五ミリフィルムのこと〕としてレイアウトされていたが、この形式はやがて放棄され、その後は単独のスチールが採用されることになる。フィルム・ストリップが物語の背景を構成しやすく特定の限定された解釈を示唆するのに対し、スチールははるかに曖昧で、人物の反応や記録された瞬間を示す一連の状況について鑑賞者にあれこれ考える余地を残すからである。

シャーマンが写真というメディアを選択したことはきわめて重要である。一九七〇年代、写真は絵画のように美術史の重圧に悩まされることはなかった。現代絵画が、シャーマンと同世代の多くの芸術家たちを挫折に追い込んだ極端で排他的なモダニズム的形式主義へと向かっていくかぎり、美術史の重圧に悩まされたことは言うまでもない（Crimp 1979: 76-7）。さらに重要なのは、シャーマンが作品で扱う素材の多くが主として雑誌のイメージや映画といった写真的なものだったことだ。また、彼女が写真を選択したのは、芸術教育を受けていない鑑賞者たちとより直接的なコミュニケーションをしたいという彼女の願望にもとづいている。一九八三年のインタヴューで彼女は次のように答えている。「私は芸術についてなにも知らない人たちが、写真や絵画の歴史を知らなければならないという前提なしに、それをじっと見ることができ、鑑賞できるという考えが気に入っています」（Danoff 1984: 195 からの引用）。この接しやすさという要素も、アメリカの映画スターよりヨーロッパの映画スターを素材にしようとする彼女の決心を説明している。なぜならば、ジャンヌ・モローやソフィア・ローレンといった女優たちがしばしば女性労働者に扮するのに対して、アメリカの映画スターたちはあまりにも美化されてしまいがちだからだ（Siegel 1988: 272）。当時のシャーマンにとって、写真が発するアピールは本質的にイメージと鑑賞者との同一化のレヴェルにかかっていた。シャーマンのイメージが広範な文化的諸相に由来するだけになおのこと、鑑賞者は「ハイ・アート」において遭遇するよりもかなり卑近なレヴェルでこれらの作品に感情移入できるのである。やがてシャーマンは、一九八九年から九〇年の彼女の有名な美術史シリーズ（「ヒストリー・ポートレート」シリーズ）で「ハイ・アート」そのものに取り組むことになる。

シャーマンは、彼女のイメージをつくるのに必要なあらゆる側面をコントロールする。彼女は照明の専門家であり、小道具方であり、写真家であり、俳優である。このことについては多くのことが言われてきたが、シャーマンがイメージを創造する際の決定の多くは、造形画家が試みるものと変わらない（Guimond 1994: 574-82）。基本的な違いは次のような事実にかかっている。つまり、どの人物もシャーマン自身によって演じられるので、彼女の作品には重要なパフォーマンス的側面が存在するということである。この側面はまったく新しいもので、彼女の写真を従来のような意味でセルフ・ポートレートとして読むことはできない。シャーマン自身が指摘するように、これらの作品では、彼女が何者なのか誰にもわからないし、彼女はことさら自伝的な読みをほのめかすような諸要素を投げ捨ててしまうからである。「それが成功するのは、イメージのなかで私が突然私自身についてなにも感じなくなる時である」とシャーマンは述べている（Brittain 1991: 37）。ある程度は自伝的な構成要素もあるだろう。だが、それは本質的自己を追求することに対立するものとして、文化的期待と社会における役割遂行をまとう形で示されているのだ。これから見ていくように、彼女は後期の作品で、個人のアイデンティティはどこにあるのかという問いに取り組み始める。

皮肉なことにシャーマンは、イメージの実演を完璧にコントロールしつづけている場所で受動＝消極的な作者という役割を引き受け、鑑賞者へ作品の読みを意識的かつ完全に引き渡してしまう。「私は写真が物語を語ることを望んでいるし、それをできるだけ曖昧なままにしておきたい。そうすることで、いろいろな人たちが異なった物語をもつことになるだろうから」（Nilson 1983: 77）。さらに、彼女が提示するさまざまな女性のステレオタイプに反映されている、彼女にとっては本質的に社会的構築物である振舞いを演出・構成するとき、シャーマンは細心の注意を払っているのである。つまり、彼女はすでに人為的な構築物であるものを人為的に表象するという立場をとっているのだ。こうしたことは、彼女の作品で提示されている女性らしさのステレオタイプを補強するだけだという議論もある。しかし、彼女のステレオタイプの使用は、これらのタイプを強化するために必要なコンテクストをもたない。言いかえれば、女性の人物たちは予測可能なタイプだが、彼女たちは当のタイプを型通りに表現するのに必要な、それに合致する予測可能な状況で提示されているわけではないのである（Purand 1996: 54）。そして、こうしたコンテクストを予測する作業は、ある意味で鑑賞者に託されている。そのため、シャーマンのいくつかのイメージに対する大部分の反応は、ある程度予測可能な何本かのシナリオの再現に行き着き、結果的には、芸術家よりもむしろ鑑賞者に関することを暴露することになるのだ（Williamson 1983: 103）。シャーマンはときどき、彼女が提示した女性のタイプに対して仮定された、いくつかの物語的コンテクストに驚きを示すことがあるが、それは仮定された物語のコンテクストがわれわれが抱えている偏見を根本的に暴き出すからである。実際のところ、さまざまな社会階層、世代、ジェンダーに属する人たちがシャーマンの作品に対して示すさまざまな反応を調査してみるのは、常に興味深い課題であろう（Kellein 1991: 6）。シャーマンの作品を論じていると思われる多くの文献がこの芸術家に賛辞を呈している。だが不幸にも、そのなかのあまりにも多くの論文が写真に写し出された人物に対する決定的な物語的コンテクストを明らかにしようとしすぎてきた。ほとんどモダニズム流に、まるでどの作品にも唯一の読みしかないかのように（Krauss and Bryson 1993: 41; Russo 1994: 9）。こうした仕草は、自分の作品解釈を可能なかぎり開かれたものにしようとするシャーマンの目的——それは、ポストモダニズムの散文フィクションに見られる目的に似ている——とはまさに正反対のものと言えるだろう（Guimond 1994: 586）。

シャーマンの『アンタイトルド・フィルム・スチール』に登場する人物たちにコンテクストが不在であることは、いかなる「シーン」についても特定の映画的な指示対象が存在しないことと共鳴している。シリーズの六九の写真の多くが〈デジャ・ヴュ〉の雰囲気を漂わせていても、それらは一つとして特定の映画から切り取られてきたものではない。むしろ、これらの写真は芸術家によって記憶から再構築された合成物なのである。確かにここにはたらいているのは「流用」（appropriation）という巧妙な要素であるが、もしシャーマンがある特定の映画からワンシーンをそのまま直接選び取り、それを再現していたならば、イメージのもつ物語の曖昧性は失われてしまっただろう。そうであれば、もとになった映画の物語でたやすくギャップを埋め合わせることができたであろう。ここでいうギャップとは、曖昧性の強度である（ルードヴィヒ・ヴィトゲンシュタインが『論理哲学論考』を刊行できそうな出版社へ送った短い手紙を思い起こしてみるといい。そこには、作品の最良の部分は作品の内部には見つからないものです、と記されている）。一つの物語に直接関係づけられたシャーマンの連作がある。グリム童話の「フィッチャーの鳥」に着想を得た写真である。しかし、多くの童話がそうであるように、物語のディテールが欠落していることはシャーマンにとってイメージを喚起するのに好都合である。このイメージは、彼女の他のイメージにも通底する魅惑的で苛立たしい、あの曖昧性を維持している（Sherman 1992）。『アンタイトルド・フィルム・スチール』のポイントは、女性のアイデンティティという文化的構築物は映画メディアの外部に存在するものであり、メディアは一般的に「自然」として受け容れられている文化的なステレオタイプを単に反映しているにすぎないということにある（Krauss and Bryson 1993: 25）。

シャーマンの『アンタイトルド・フィルム・スチール』の曖昧性は、それらの制作にいたるいくつかの動機と密接に結びついている。シャーマン自身、女性たちのそうしたイメージが自分を魅了したと指摘する。それどころか彼女は化粧やドレスアップをしたり、役柄を演じたりすることを楽しんでさえいた――彼女の子供時代にまでさかのぼるその魅力は、たいていの人が理解できるものだ。シャーマンの使命は、もちろん男性たちのそれも含めて、広義のアイデンティティという文化的構築物を暴露することだと指摘しておくべきだろう。彼女はフィルム・シリーズで数人の男性イメージも装ってみたが、自分が装いたかった役柄に落ち着くことができなかったことを主な理由に、それらを断念せざるをえなかった、と告白している（Danoff 1984: 195）。彼女の作品で表現された関心事は女性のアイデンティティ構築にとどまらないが、女性のアイデンティティ構築が今日の文化的な役割生産の最も顕著な実例であり、またそれこそシャーマンが最も簡単に関わりあうことのできるものであることは疑いようがない。しかしながら、シャーマンは、映画の女性たちの役柄＝役割に魅了されたのと同じぐらい、そうした役柄＝役割に拒絶されてもいた。「そうした種類の役柄＝役割のモデルのために、過ぎ去った時代への陶酔とそれらを憎むべきだという気持との間で、私は引き裂かれていた」（Brittain 1991: 36）。彼女は、容認可能ないくつかの規範を遵守するようしつけられたことへの欲求不満、そしてその規範が心理的性質や衝動と逆方向に向かいはじめるときに生じる確執からくる欲求不満に特に敏感だった――シャーマン自身が述べているように、それは「われわれがかくあるべきということと、われわれが欲望のままに行動する必要にせまられているときにほんとうに感じていること」との間の確執なのである（Carrillo 1999: 77）。

一九八〇年から八一年にかけて制作された「リア・スクリーン・プロダクション」シリーズは、驚くべき転換をとげる。作品はカラー写真で、素材は映画よりもむしろテレビのようだ。『アンタイトルド・フィルム・スチール』の場合とは全く逆に、今やセットが人為的な構築物の意味をもつようになったのである。これらのセットにおける登場人物たちはより純真で、ステレオタイプ化されていない。そしてその振舞いは反抗的である。このシリーズが大がかりなものでなかったのは、おそらく、メッセージがあまりにもシンプルで露骨だったからだろう。さらに巧妙なやり口は『アートフォーラム』誌（1981）から依頼されたいわゆる「センターフォールド」シリーズと呼ばれる作品のなかで提示されている。それらの写真は中央見開きページに配された女性の変遷史を仕掛けているが、男性が女性に抱く幻想的なイメージを提示しているというよりも、写真に写し出された人物たちと鑑賞者の双方の、やっかいな心の隙間や心理的不安の契機をさらけ出している。このシリーズでは、背景やコンテクストといったものがほとんどなく、被写体がクローズアップで提示されてきたシャーマンのこれまでのシリーズ以上に、人物たちに焦点が集中している。総じて、これらの写真は期待と感情的な葛藤との間の、また社会的期待と個人の欲望との間の衝突を扱っているように見える。これらも依然としてステレオタイプのままではあるが、さらに一般化された、感情的なステレオタイプなのだ（Siegel 1988: 273）。

シャーマンにとっての驚きは、「センターフォールド」シリーズが『アートフォーラム』誌に掲載を却下されたことだった。その主な理由は、「センターフォールド」シリーズが女性的な振舞いのステレオタイプをいくらか突き崩しているというよりも、むしろ単に強化しているにすぎない、と感じた人たちが少なからずいたからである。女性のステレオタイプ的な役割を突き崩すという意図は、「センターフォールド」シリーズの次に発表された「ピンク・ローブ」シリーズと「カラー・テスト」シリーズ（1981-2）として一般的に知られている二つのシリーズがより明らかにしていることであろう。この二つのシリーズで、シャーマンの女性キャラクターたちは、いっそう攻撃的で自己断定的な個人として、どのような役割をひきうけることも極力回避している（一九五〇年代の「怒れる若者」のような役割と同様に、今日では「不良娘」がステレオタイプになりつつあるが）。こうした役割を演じ《ロール・プレイング》るというアイディアから離脱し、いっそう「純真な」自己表現や主張へ移行することは、人物たちの服装やノーメークによって補強されている。シャーマンの視覚的な制作が進展するにつれ、「自己」とは何かを発見するために（文字通り、「ピンク・ローブ」シリーズではメークアップをしないことによって）文化的に構築されたアイデンティティという層を一枚ずつ剥ぎ取っていこうとする彼女の意識は強まっていく。「カラー・テスト」シリーズにつづく「無題」シリーズが発するイメージでは――そのなかのいくつかは童話に触発されている――壊れてばらばらになった物体、体液、そしてサングラスのような、自己を構成する際に用いられる装いの痕跡といったものの塊以外なにも残らない地点まで、自己の断片化が進んでいる。いくつかのイメージは、ほとんど破裂した身体の残骸に見える。一九八五年から八九年頃のこれらのイメージが示唆しているのは、個人のアイデンティティから文化的構築物という層を剥ぎ取っても、そこには純真な自己などは存在しないということだ。シャーマンの創作活動の大半を通じて作品の焦点であった身体そのものでさえ、最新の「セックス・ピクチャーズ」シリーズでは具象化され、人工補綴《ほてい》物が生身の呼吸する人間の代わりとなっている。シャーマンがノートに書き留めているように、セクシュアリティが多様な感情のシンボルとなっているのだ。ある意味では、自己の生物学的な構成要素さえもが文化的構築物なのである。これはぞっとするような結論だが、避けがたい結論のように思われる。そしてこの結論が、シャーマンが次にどこから作品に取りかかるべきかを思案させ、一九九四年の初めにはノートにこう書き記させているのだ。「私は新たに向かうべき方向を見つけるのに苦しい時を過ごしている」（Cruz and Smith 1997: 184）。

48 グレアム・スウィフト Graham Swift 1949-

モダニティの喪失を哀悼する

ウェンディ・ホイーラー

ブルジョワ階級は生きている限り生産器械に対してたえず革命を起こすものである。そして、この器械によって生産関係、さらには社会関係にたえず革命を起こさせるのである。……生産の不断の革命化、あらゆる社会関係の不断の妨害、永遠に続く不安と扇動、それらがブルジョワの時代をそれ以前のあらゆる時代から区別する。（マルクス『共産党宣言』）

（Berman 1983: 21）

私が相変わらず正しいと考えるのは、人びとがポストモダニズムについて考えるとき、彼らが、断片化、脱中心化、パスティーシュ、深みのなさ、歴史の意味の欠如という考え方、そして／あるいは、歴史的な物語（歴史が語られる方法）や、世界において人類が占めている領分について解説する大きな物語を根本的に問題とする考え方を思い浮かべているということだ――たとえばこうした物語は、ちょうどマルクスやヘーゲルによって語られている。これらの考え方のいくつかは「フランスの理論」と結びついており、それらは称讃されもするし、遺憾に思われもするだろう。フレドリック・ジェイムソンの論文「ポストモダニズム、あるいは後期資本主義の文化論理」（Jameson 1991）は遺憾に思う側の古典でありつづけており、他方で、リンダ・ハッチオンの仕事（Hutcheon 1988）はより肯定的であって、彼女が「歴史記述的なメタフィクション」と呼ぶもの（一種のフィクションとしての歴史を自覚し、それについて慎重に書くこと）に宿る既存状況を転倒させる可能性について認めている。パトリシア・ウォー（Waugh 1995）は、啓蒙主義的な思考の合理主義や実証主義をポストモダンが問題とすることに意義を見いだしている。

真に既存状況を転倒するものであろうとなかろうと（そしてもし転倒するものであるとするなら、まさにそのために――この章に寄せた題辞を見よ）、ポストモダニズムをモダニティに対する批判（内在的なものであるにせよそうでないにせよ）というよりもむしろモダニティの危機として理解することが最も有益だと思われる。というのも、この二つの語は互いに関係があるにせよ、「危機」はこの語が生み出すものにおいて「批判」よりもずっと無原則なものを示唆するからである。こうして見ると、モダニティの真の条件――その条件において「固定的で凝り固まった一切の関係は……一掃され……、［そして］固定的なものはすべて跡形もなく消えていく」――とは、たとえば異なったやり方ではあるが、ジャン＝フランソワ・リオタール（Lyotard 1984）やジグムント・バウマン（Bauman 1993）によって共有されているように、つまるところ、カオス的なもの、相対主義、ポストモダニティの不確実性に似た何かなのである。「モダニティ」、あるいは少なくとも十七世紀の科学革命以来、西洋文化に偶発的に生じたモダニティは、不確実性からの解放であると同時に、ますます無神論的、偶発的で意味をもたない世界に関する物語を、そこになんらかの意味を与えるようなもろもろの語りによってつくり上げようとする試みである。これらの語りのうちで最も強力なものは、従来、人間の解放と科学の発展にまつわる進歩の物語を語るものであった。われわれはいまやモダニティの危機に立っており、この危機をポストモダニティと呼ぶ。なぜならわれわれは、もはやこうした物語が真実であるという確信をもてないからである。したがって現代のカオスや相対主義等々は、継続中の危機の諸兆候であって、称讃されるべきなんらかの進歩ではないと理解されねばならない――まず間違いなく、危機の諸兆候は進歩ではないのである。

わけのわからない世界のなかで生きることは耐え難い。だからこそ人びとは意味をもちたがる。ある種の世界や意味を失う過程で、人びとは他者を求めるようになるだろう――このことはちょうど、十八世紀および十九世紀における西洋の知の歴史が立証している。したがって文化の病（dis-ease 安らぎのなさ）の諸兆候は同時に、自己治癒（self-cure）の試みとして理解されねばならない。たとえばスウィフトの『ウォーターランド』（1983）において、泥になることや沈殿することに関わるアレゴリーは――泥は水でもないし土でもない――、問題として示されているとともに（泥は物を堰き止め、水や物語の流れを止める）、不断の干拓作業が適切になされる際にはわれわれが常日頃から有することのできる唯一の地盤としてもまた示されている。われわれが開拓すべきものは固定的な真実の「リアルなもの」（Swift 1992）ではなく、沈澱した泥の蓄積である。その蓄積こそがフェンズ〔この小説の舞台〕の物語であり、小説の各章およびそこで語られる授業の課程となっているのである。

　科学が西洋世界の「真実の言語」としての地位を宗教から引き継ぐにつれて、大きな物語の一つは自然界にあるもろもろの謎を克服し、理解し尽くす物語となった。こうした科学の言語の中心にある論理は、分析的・経験的な方法を有する数学的な合理性だった。起こりうるすべてのことは、数学的な合理性を構成する部分要素に還元される運命にあり、その結果、数学的な合理性の作用が解明される――そしてすべては、物理学や化学の用語によって理解されることがより望ましいとされ、全容を扱うパラダイムは数学的なものとなった。こうしてジェレミー・ベンサムは、男女の性的欲求を最も単純な形に還元しようとし、その結果を快楽計算（felicific calculus）――最大多数の幸福の計算――と呼んだのである。

　しかし喪の戦略（というのもこれは、人びとが神や唯一の意味のような生の重要性に関わる事象を喪失するときに、行なわねばならないものだからである）として、厳密に合理性の観点から対象を分析することに焦点を当てると、実に不適切なものとなった。このような見方――そしてそこから生じる功利主義的な実践――は、人間経験の豊かさのなかに生きているものを除外したのである。レイモンド・ウィリアムズの『文化と社会』（1987）が示しているように、「科学的な」分析的・還元的な見方の不適切さを表明したのは主としてロマン派である。

にもかかわらず、われわれも知っているように、ロマン主義は、完結や完成が象徴的になされる瞬間へと向かう傾向をもっており、それ自体に問題がないわけではない。もちろん、モダニティの科学的および官僚主義的な方法とロマン派の「完結」の結合についての最も身の毛のよだつ事例が、ナチズムとその「最終解決」であるということは疑いえない。第二次大戦後、科学的な「進歩」にしろロマン派的な解決法にしろ、それらについて楽観的なままでいられることはますます困難になっており、まさにこうした背景において、モダニティの増大する危機が理解されねばならないのである。

私が別のところで論じたように（Wheeler 1999）、啓蒙主義時代のモダニティはいまや失敗した喪の形式――フロイトの言葉を用いるならメランコリー――として理解できる。現在のポストモダニズムは、こうした失敗と（分裂的、分析的かつ断片化しやすい特性によって）折合いをつけ合おうとする試みでできており、それはよりよい喪や、新たなあるいは第二のモダニティを生みだそうとするためである。功利主義や道具的な思考法（instrumental reasoning）に対するロマン派の批判の中心には、（人間を含む）自然界のもろもろの謎の重要性についての主張があり、そして人間が人間らしくあろうとするための手段である創造的な生命力をもっぱら重視する姿勢がある。こうして詩人であることは確かに創造的であるが、同様にパンを焼くことや椅子をつくることも創造的な行為となる。重要なのは、人間とは、世界においてみずからが行なっている労働――それがいかなるものであれ――をみずから所有せねばならないような一個人であるということだ。喪とメランコリーの違いは、メランコリーにおいては、喪われた「対象」（宗教的であれ恋愛的であれ――哀悼者のアイデンティティを「完成」あるいは理解するものが何であれ）が取り込みや内化作用によって哀悼者から「離れる」ことができないということである。しかしながらいったん内化されることによって、哀悼者がこの対象と離れようとすれば罰せられる。こうしてメランコリーは、自我が自我と超自我に分裂するのとよく似た分裂の形式をとり、喪われた対象はいわば恒久的に自我の「悪しき」部分となるのである。メランコリーは分裂と自己処罰を特徴とする。喪の作業の達成は、

「全き他者」が還元不可能な他者として認められ、そして自己の創造的なあり方の中心にあるものが生きることとして認められ、さらに自分とは他の場所からもたらされる「完成」の必要なしに生きつづけることを基礎とする。個人という観点からいえば、以上のような喪の作業は一種のナルシシズムの終わりを意味し、そこにおいて一人の人間は自己を完成するために、鏡映しのもう一人の人間（この人間はイメージでもあり実在の人間でもありうる）を求める。文化という観点からいえば、それは計算する理性に対する（規則に縛られない、計算不可能なものである）創造性の重要性を認めることを意味する。言いかえれば、哀悼者はそこで自分自身を、全体の一部分でもあるような一人の創造的な個人として認めるのである。喪の作業は全体論なのだ。

以上のような点において、グレアム・スウィフトの作品は徹底してポストモダン的なものとして理解できる。スウィフトの作品は、モダニティの喪失を真に哀悼することの可能性と困難を甘受し、表現しようとする芸術家の典型的な事例を示している。モダニティの喪失とは、たとえば、完全に新たなものの到来をともなうような伝統的な知の形態の喪失であり、個人の心の中で啓示される神による慰めの喪失である。スウィフトの小説は、終始、意味あるものというロマン派的な概念の失敗について探求している――この意味あるものという概念は、ヘーゲルの歴史的物語における、互いを承認し合って完璧な共同体へと向かう精神的な知が次第に明らかになっていくことかもしれないし、芸術的な知というロマン派芸術家の考え方にあるように、象徴的な統一という神秘のなかで超越者を救う瞬間を示すことかもしれない。

スウィフトが全作品にわたってみずからに課している使命は、モダニティの自己破壊的なメランコリーを、新たなモダニティの前提条件として理解されているいわゆるポストモダニティがなすべき健全な哀悼へと、いかにして転化していくかを思い描くことである。われわれがポストモダンと呼んでいるものが、メランコリーと喪との間の――過去への郷愁的な回帰や社会の断片となっていくようなマゾヒズム的な意識と、多様な形で再構成される共同体や自己を思い描く試みとの間の――葛藤でできていると思われる以上、かりにポストモダニズティが、たえず喪失や不安を抱えながら生きていこうとする試みと見なされるならば、その結果／出口（outcome）は、功利主義的なモダニティの非情な個人主義を超えて、人間の欲求を説明し価値を与える多様なあり方へと向かうような、世界のなかで存在するための方策の発見・発明となるだろうと言えるかもしれない。それは一つの芸術形式を発明するという問題であり、その芸術形式は、われわれに、スウィフトの作品を駆り立てるような新たな文化的・社会的・政治的形式――「新たなモダニティ」あるいは「第二の啓蒙主義」――の発明について語らせることのできるものなのだ。

スウィフトは『菓子屋の主人』（1980）において、ロマン主義的な歴史の理想的なあり方が、象徴的に完璧なものや唯一のものを目指すという目的や瞬間をもちうる特別な物語を語ることだということを問題にしている。すなわち、ウィリー・チャップマンは、別居中の娘を家に呼び寄せようとして、自分の誕生日を「死の舞台」（tableau mort）、死亡日として演出するのだが、自分が「歴史となろう」とするときに象徴的に唯一の存在となる瞬間に到達できると信じている。読者たるわれわれは、この到達がなされるかどうか知ることはないが（小説が暗示しているところでは不首尾に終わるようである）、スウィフトは、このようなロマン主義的な完結を問題とすることによって、物語内容を彼の関心事によりよく調和させることができるような芸術形式を発見するという使命をみずからに課しているのである。『ウォーターランド』の〔体裁としての〕課業《レッスン》〔この小説の語りは教師である語り手の授業という体裁をとっている〕や〔テーマとしての〕沈泥（siltation）において見られたように、スウィフトが発見するのはアレゴリーを多層的に積み重ねる形式であり、開かれた結末による形式である。したがって『エヴァーアフター』や、ピーター・アクロイド、A・S・バイアット、マリーナ・ワーナーのような他のイギリス現代作家も含めて、彼らのさまざまな小説や美しい文章は相互に浸透し合っているのであり、お互いをとおして読まれねばならない。こうしたスウィフトの技術が最高潮に達すると、過去はある種特別な意味合いをもちうることになる。たとえば『エヴァーアフター』において、過去に接近することは（たとえそれが、ビル・アーウィン個人が少年時代や大人になってからこうむった悲哀の数々という比較的最近の過去であっても）つねに、語られる物語に関わる問題である。物語内の物語——一八六〇年代におけるマシュー・ピアスの信仰の喪失にまつわる——に関していえば、それさえも回顧的に生成されるものなのである。この物語の真実は（それは確かに真実である。なぜならそれは真の信仰の危機だからである）、二つの出来事が時間的に隔たっているという理由と記憶の脆弱さとの関係によってのみ歴史に存している。一番目の出来事は二番目の出来事が生じるまでまったく重要ではない（重要な歴史の一部分ではない）。この二番目の出来事とはマシューの幼い愛児フェリックスの死であり、一番目の出来事はライムリージスの崖にはるか大昔に埋もれていた魚竜の化石とマシューとの遭遇である。これらの出来事はともにマシューの信仰心を大きく揺り動かす。もし歴史がそれを語る言葉や記憶と同様に脆弱なものであるとすれば、アイデンティティ（それは記憶と言葉そのものである）もまた同様に脆弱であろう。『エヴァーアフター』の外部にいる語り手は、ビル・アーウィンの自殺願望について執拗に触れる。彼の母親、妻、継父は同時にではないものの、いずれも最近亡くなっていた。この語り手は生《エロス》と死の間での恐るべきためらいに襲われつづける。ここで再び、この小説の結末は開かれたままとなるのである。ビルは最終的に自殺に成功するのだろうか、それともしないのだろうか。言いかえれば、彼はメランコリーのままなのか、それとも喪の作業を習得するのか。『エヴァーアフター』においてこうした問いに対する答えは、この小説を締め括る一文——「彼は自分の人生を取った、彼は自分の人生を取った（he took his life）」——が実に両義的であることによって、宙吊りにされる。肯定的かつエロス的に読めば——所有することとしての取ること——彼は生きているし、逆にみずからを罰する死の本能という観点から否定的に読めば、彼は死んでいる。

　スウィフトは、ブッカー賞受賞作品である『ラストオーダー』において、ついに喪の問題を発見・作品化し、この問題に真正面から取り組んでいる。『ラストオーダー』は、チョーサーの『カンタベリー物語』とフォークナーの『死の床に横たわりて』を下地にし、パスティーシュしながら、ある巡礼の物語を語っている——その目的地はカンタベリーではなく、アウグスティヌスの大聖堂がある都市を通り抜け、マーゲートにある英国ケント州の先端である。すなわち、貧相な海辺の町と故郷から、ドリームランドと呼ばれるかつては燦然としていたが いまや斜陽の遊園地を目指す巡礼なのである。サザーク出身のどこにでもいそうなロンドンの仲間たちによる巡礼の旅は、魂に対する平凡な喪の行為である（Wheeler 1999 参照）。スウィフトはこの小説によって、神聖であると同時に不敬なさまざまな実行法をアレゴリー化するすべを見いだしているのである。

グレアム・スウィフトの作品は、われわれがポストモダンと認めている多くの特徴を他の現代作家と共有しあっている。それはたとえば、歴史や語りに対する自己反省性（歴史記述的なメタフィクション）であり、パスティーシュの使用であり、過去と現在との相互浸透をそれぞれの時間点から知らせることであり、自己の脆弱さや、回顧的にしか意味をもたない記憶への自己の依存である。しかしながら、他の多くのポストモダン作家たちによって取り組まれていない方法において彼の作品は意義をもつようになっているのであり、そしてそこにおいてこそ彼は、完結というロマン主義的な象徴性に取って代わるものを追求しているのであり、モダニティ（と芸術的モダニズム）が悲哀や喪の健全な形式を発見する必要性に関わる問題において完全に行き詰まっていると自覚しているのである。かりに近代芸術や近代文学が悲哀以後（after grief）（Wheeler 1995）の創造の共同体（creative community）を象徴化する方法の発見に関わるものであり、ポストモダニティが新たなモダニティの発見に関わるものであるならば、グレアム・スウィフトはこの契機を理解した――そして主としてこの契機に象徴的な息吹を注ぎ込む方法を発見した――稀有な現代作家の一人なのである。

49 ジャンニ・ヴァッティモ Gianni Vattimo 1936-

世俗化の神学と弱さの存在論

ニコレッタ・ピレッドゥ

理論や実践を曖昧で不安定な研究対象に変えてしまうような不均質で厳密化不可能なポストモダン的空間のなかで、ジャンニ・ヴァッティモの思想は特別な場所を占めている。特別なと言ったのは、異なった見方からすれば彼の思想は十分に転覆的なものではないとして非難されるかもしれないからだ。イタリア知識人界のリーダー的人物であり、英語圏世界でもますますその名が知られるようになっているヴァッティモは、哲学のアイデンティティや操作価値をテクスト「言説」やシニフィアンの自由な戯れに還元することなく守り抜こうとし、ポストモダンについての首尾一貫した概念化を目指そうとしている。そして、その際彼が採用するのは、ポストモダンの人びとによって危篤状態にあると診断されたり、時代遅れとして廃棄されてしまっている分析手段なのである。

たとえばジャン＝フランソワ・リオタールが通約不可能な出来事という修辞的な力に訴えたのとは異なり、ヴァッティモ版のポストモダンは超時的なステイタスを規定するようなものではない。それはむしろ〈西洋〉思想における特定の瞬間を示すものである。すなわち、「単純にモダンであること自体が決定的な価値となった時代」(Vattimo 1992［1989］: 1)をモダニティ終焉の時としているのだ。それは刷新と独創性が至高の価値とされ、歴史が人間的完成という理想の実現に向けて単線的に進歩するものとみなされたような時代のことである。たとえ解放としての歴史が解消され、「差異の解放」(8)、つまりはわれわれの安定した現実感覚を崩壊させるような「ローカルな」合理性の孕む多様性」(9)に席が譲られることになっても、こうした新しい条件は合理的批判の可能性を見捨てようとはしないだろう。しかし、思想の腐食に屈したり形而上学的根拠という罠に陥ることなく、ポストモダンなるものはいったいいかにして今なおわれわれが理論や実証哲学を提起することを可能にしてくれるのであろうか。

ヴァッティモは二十世紀哲学が弁証法的な遺産を問題視しているあり方に検討を加えている。たとえば、ベンヤミンの語る統一的過去を再構築することの不可能性、アドルノの否定性のうちに暴露される全体なるものの欺瞞性、「まだ〜ない」というブロッホのユートピア的な存在論など。彼らの考えによるなら、歴史の合理性とはヘーゲルの言うように既に生起してしまっているのではなく、人間的経験のなかでみずからを告げ知らせるのである。しかしながら、ヴァッティモによるなら、こうした弁証法解消の傾向は「虚偽であることが明らかにされた存在の代わりに「真実の」存在を据える以上のことはしていない」(Vattimo 1984: 156)。すなわち、再占有化や全体性といった形而上学的な神話を根本的に問題視してはいないのである。ヴァッティモの意見では、より近年の見解＝命題——たとえば、リオタールの『ポストモダンの条件』(1984) に見られるメタ物語の崩壊というテーゼ——でさえ、アポリアを免れてはいない。リオタールがしているように、モダニティが現実説明の礎とした歴史的・合理的な正当化を論駁した結果、われわれは今新たな条件のもとにいると単純に憶断することで、われわれはまさにもう一つの支配的な物語をつくり上げている。つまりヴァッティモの議論によるなら、今や不適当であるとして放逐された旧来の真実に新たな真実を押しつけるという格好で、形而上学的な思考を延命させているのである (Vattimo 1980: 20-2)。ポストモダニティがこうした概念的な循環を逃れ、己れの立場を正当化するためには、モダニティの哲学的伝統をヘーゲル的な言回しによって超克しようとする姿勢を抜きに、それについて再考することが求められるだろう。ニーチェとハイデガーから引き出した「弱い思想」(Il pensiero debole) という概念を、ヴァッティモはまさに知の条件の際立った言説——存在論的な構造の力を復権させることもなければ、それと完全に縁を切ろうともしない言説——として描写している。

ニーチェのニヒリズムはヴァッティモに模範的な手引きを与えるが、それは真実や理性への主張は少しも実質的なものではなく、むしろ主観的な価値＝意味づけにすぎないことを暴露するものであった。それはものごとの根拠＝土台とともに、「現実」世界とされているものと象徴の世界とを比較・弁別する立場をすべて無効にしてしまったのである。したがって、それは合理的な形而上学的思想の論拠を単なる修辞に、中立＝客観性――これも実際には、説得や支配に対するイデオロギー的な欲望の表現と言える――という妄想に縮減してしまう。だが、「今日の哲学への理論的提言」（Vattimo 1989: 15）という視点からなされるヴァッティモのニヒリズムに関する議論の多くは、より特殊な形で、受動的ニヒリズム（至高の価値や意味の正体を暴露したり抹消したりすることの拒絶姿勢として、イデオロギー的なごまかしを工夫すること）から能動的ニヒリズム（「〈神〉の死」後も代償的な虚構をつくろうとせずに生きようとする意志の力を信じること）への転換可能性というニーチェ的な検討から開始されている。ヴァッティモの見解に従うなら、能動的ニヒリズムが新たな形而上学と化す危険性は、ニヒリズムを「〈存在〉「消失」の理論」（21）と捉えることで回避することができる。この理論によるなら、受動的ニヒリズムは〈存在〉消失の過程ということになるが、能動的ニヒリズムはこの出来事を「「客観的」事実」（21）として受け容れ、それに対し「危険を背負い込む覚悟」（20）で応じるのである。こうした覚悟は「穏和な」ものと規定されるだろう。というのも、それは「自己保存的な利害心と同時に、生存競争という暴力」（21）を超越したものだからである。

「弱さの存在論」（21）という言い方で〈存在〉の消失に言及するとき、ヴァッティモは明らかにニーチェのニヒリズムをハイデガーにおける〈存在〉の弱体化され衰弱化した特性と結びつけているが、こうした特性は形而上学的な主体を構成する時間性や遅延性を明らかにすることで、その自明性、同一性、安定した現前性を疑問視するものである。「強い」モデルとされるものと対したときの、ニーチェ＝ハイデガー的な態度の弱さを具体化するキー概念——すなわち、モダニティに対するポストモダン哲学のあり方を形容できる概念——は乗り超え（Verwindung）という用語である。ニーチェの『人間的、あまりに人間的』（1878）はその哀悼の哲学によって既にこうした含意を統合しているが、そのやり口は批判的な超克というカテゴリーに立ち戻ることなく、形而上学に対して運動を要求するという体のものであった。だが、『存在と時間』（1927）以来、乗り超えという用語を繰り返し採用し、弁証法的超克（あるいは克服［Überwindung］）といったカテゴリーの「衰退」や「ねじれ」だけではなく、形而上学からの「回復」とそれへの「忍従」を示唆しつづけたのはハイデガーである。こうして、モダニティの終焉は単純に放棄したり、受け容れたり、延長したりできない遺産の逸脱的な変化として、またわれわれのうちに拭い去れない痕跡を残す病からの回復として描写されることになるのである。安定した基盤から離れ、いかなる最終的な真実にも到達しないこうした逸脱路をたどるとき、伝統は反復されるのではなく、むしろ再考され、ハイデガーが《An-denken》という語に与えた意味によるなら、想起されるのだ。想起という用語は回想、すなわち再現表象といったプロセスを含意するものではない。そうしたプロセスは起源、現前、安定した構造といったものを再構築し、占有してしまうからだ。つまり、形而上学は依然われわれに話しかけてくるのだが、その話しかけは人を承服させるような権威的な方法によってなされるのではなく、むしろその「画期的な開かれ」（Vattimo 1980: 26）を開示するような一種の伝達を介してなされるのである。〈存在〉とは生起する一つの出来事であり、「常に既にすぎ去ったもの」（26）としてしか想起されえないものなのである。

ニーチェやハイデガーの哲学に対するヴァッティモの詳細で系譜的な分析にアプローチする際われわれが留意しておかなくてはならないのは、彼の再読が論述＝見取り図の解体を目指しているのでもなければ、パロディ的な反復もしくは曖昧かつ不遜なパスティーシュたろうとしているのでもないということである。むしろそれは一つの方法論的な動き、ポストモダン的思想の実践そのものとみなされなければならない。すなわち、ヴァッティモが述べているように、彼のハイデガー解釈は恣意的であるどころか、今度はこの解釈の方が批判的な乗り超えの実践、「ハイデガーの教義の歪められた引き受け」（Vattimo 1992: 38）となっているのだ。ヴァッティモの見解によれば、このような考えはポストモダン的な弱い思想が強い過去に対して採用することのできる態度のジンテーゼを提供している。つまり、ポストモダン的な条件とは、受け継がれたカテゴリーや価値をあっさりと放棄するのではなく、むしろそれらに対して忠順に――すなわち、まさに過去のものと化してしまったが故に、過去の記念碑や人物に対して尊敬や崇拝の念を失わずに――アプローチする限り、「物象化や疎外といったものとは無縁」（41）でいられるということである。形而上学的諸カテゴリーが死すべきものである――すなわち、それらは単に残骸、廃墟、痕跡にすぎない――と認めてしまうと、忠順さから懐旧の念が取り除かれてしまうことになる。歴史的意識の過剰性が新しいものの生成を妨げてしまうと考える点において、ポストモダニティとはまさに一つの後継者的な条件と言えるだろう。しかし、こうした後継者主義は父親的な源泉とも言える権威や正当＝嫡出性の喪失に対してなされる孝行息子の哀悼といった形で表明されるものでもなければ、ハロルド・ブルームにおける「影響の不安」のように、ポストモダン的な弱い「息子」を強力な先行者との闘争に駆り立てるようなものでもない。弱い思想は承服的な真実の熔融をすべて平静に受け容れるが、そうした熔融は限られた境界つきの地平のなかで暴き出され、他に選択肢がない運命として十全に生きられねばならないのである。

彼方へ

乗り超え、想起、忠順さといったキー概念をとおして、ヴァッティモは〔形而上学的〕基本思想からのポストモダン的な逸脱が弁証法的な止揚とはいかに異なるかを明らかにしている。形而上学の彼方への動きとは、この「彼方へ」という用語を発展、成就といった現実を支配しようとする暴力的な試みと切り離すことができない言葉で考えようとするやり口の彼方へと身を移すことを暗示してもいる。ポストモダン的弱さの存在論にとって、このことは必然的に真実の修辞的な本性を認めることをともなっている。つまり、真実は既に与えられている構造の暴露・再構築行為（論証の場合は除く）としてではなく、解釈学的なプロセスとして、つまりは定式的説術や解釈として再考される必要があるのだ。

認識論的、倫理的モデルとしての解釈学はまさにポストモダニティの弱い哲学にそなわるもう一つの顔とも言うべき存在であるが、たとえばそれは『差異の冒険』（1980）から『モダニティの終焉』（1985）、『解釈の倫理学』（1989）、『主体の彼方へ』（1991）、『解釈を超えて』（1994）へといたるヴァッティモの二〇年にわたる仕事に広く姿を現わしている。内在的批評の一形式としての解釈学という広くいきわたった議論に加わりはするが、ヴァッティモのアプローチの特異性は解釈学の哲学的意味を回復し、それをいっそう精巧なものに練り上げようとする点にある。ヴァッティモの見解によるなら、解釈学の哲学的な意味はまさに不均質な立場や広すぎる定義づけによって骨抜きにされてしまっているからである。

たとえば『解釈を超えて』のようなテクストは、解釈学がただ単に競合する諸解釈を解放する反‐根本思想的な理論ではないことを強調することで、以前の考察を洗練されたものにしている。それはむしろ――そしてヴァッティモにとって主たる問題となるのはこちらの方なのだが――「ニヒリスティックな使命」（Vattimo 1997: 2）を実演してもいる。こうした使命を鼓舞する原因は、今度もまた、後期ハイデガーの哲学（〈存在〉の意味を解釈するものとしての解釈学）、およびガダマーによるその発展的展開（人間の経験を言語への、そして言語を通じての「開かれ」という視点から定立する「言語性」としての解釈学）のうちに求めることができるだろう（3-4）。ヴァッティモは、解釈学のガダマー的な一般化が解釈としての真実という問題に対して陳腐な言説を増殖させ、逆説的にも、解釈学を「人間存在の（永続的な）「解釈構造」についての真に究極的な記述」（6）という形而上学的な立場にまで引き戻してしまったと述べている。ヴァッティモとしては、解釈学自体の根本的に歴史的な本性を強調したいと望んでいるのだ。つまり、理論としての解釈学はアプリオリな原理にもとづいて自己の正しさを確認することもできないし、みずからの真実を客観的明証性のうちに据え置くこともできない。それにできることといえば、むしろみずからの解釈を歴史を装って（出来事や物語行為として）確認するだけなのである。このような言葉で思い描かれる真実の解釈学的な本性はきわめてニヒリスティックなものである。なぜなら、それは手続き、言説、言語といったものに解消され、ハイデガーにおいては存在の責務であったものを語る物語、つまり伝統の弱々しい伝達という形で際限なく自己消費されるような物語を再生産することになるからである。したがって、解釈学のニヒリスティックな定式は、解釈的プロセスに沈黙を強い、息の根を止めてしまうような暴力に対しての、そして同時にまた形而上学的な基底にそなわる暴力に対しての、ポストモダン的な応答ともなっているのである。

こうした応答は、ヴァッティモがはっきりと説明しているように、非合理的、反‐知性的な態度と誤解されてはならない。逆にそれは、新たな合理性概念の創出を目指す積極的で構築的な姿勢——基礎的な枠組みによって与えられる真正さといったものには逆戻りせず、また審美的、詩的＝創造的な哲学形式の場合のように論証そのものを拒絶することのない姿勢（Vattimo 1997: 97）——とみなされることを要求しているのだ。解釈学が論戦的な拒絶ではなくむしろモダニティの帰結であり、ハイデガーの言い方に従うなら「それ自体がある伝統に属することを解釈的に明確化するものという以外にみずからの姿を思い描くことができないもの」（108）であるとするなら、ヴァッティモはわれわれが内部から自身の運命——すなわち、われわれが過去から譲り受けた弱い遺産に符合するような運命——のプロセスを方向づけ再構築することを手助けする単なる「導きの糸」（109）として、合理性を捉えていることになる。解釈学が差異性、不連続性、個的な地平を超え出ることができないということの背後には、解釈学の倫理観が控えている。倫理や責任が中枢的なものになるのは、ポストモダンの弱い思想の場合のように、われわれがもはや根拠＝基礎によって支えられたり命令＝要請によって導かれたりする瞬間ではなく、むしろ競合する多様な議論や局所的な共有意見のなかに取り残されるまさにそうした瞬間だからである。

戻る?

ヴァッティモのポストモダニティ哲学の解釈学的－ニヒリズム的転回が芸術や審美的経験といった概念、あるいは科学や政治学の立場に与えた重大な結果のすべてをわずか数行の文章で隈なく論じることは不可能である。しかしながら、ヴァッティモの思想の最新の展開はとりわけ注目に値する。というのも、それはむしろポストモダニティにとって興味深い場を切り拓くものだからである。『信じていると信じること』（1996）や共編著『宗教』（1998）のような著作は、モダニティの神話や客観的真実の危機と連動した覚醒から覚醒そのものの覚醒——すなわち、神話信仰（手短にいうなら信仰）の放逐はまさにそれ自体が神話であるというラディカルな認識——へのシフトを強調している（Vattimo 1996: 18）。ヴァッティモは、現代社会における宗教的関心の明白な回復や信仰問題の再生を検討することでこうした論点を発展させ、そこに形而上学的な客観＝対象化や神話化の憔悴に対する究極的な哲学的応答を見て取っている。しかし、彼は宗教の回復を新たな基礎探索の証拠、すなわちファンダメンタリズムの実例として解釈するのではなく、むしろそれを解釈学のニヒリスティックな衝動の現われ、と同時に、その源初的な霊感として捉えている（このことは、思想をニヒリズムの方向に向かわせるものはキリスト教的な霊感であることを暗示しているだろう）。

　ポストモダンな世界における宗教的なものの回帰は、ニヒリズムの最も忠実な遂行として説明することが可能だろう。何故なら、それはいったん放棄されたあと、歪められ、縮減された形で呼び戻された聖なる意味内容の核を再提示することにより、伝統に対する弱いアプローチの見本を提供しているからである。ヴァッティモの議論によるなら、「回帰」という用語は超自然的な充全性や理想的な確実性の回復を喚起するものではない（Vattimo 1998: 86; 89）。それが示しているのは世俗化のプロセスを通じて宗教から超越的・神秘的性質を取り除いてしまうようなユダヤ－キリスト教的遺産の乗り超えに他ならないのだ。それ故、世俗化——脱神聖化、すなわちキリストを聖書テクスト自体の起源ではなく、むしろその効果、伝導に還元してしまうこと——のうちにヴァッティモが認めようとしているのは、彼が先に提起した二つの主眼点にもとづいて、ポストモダン的な弱さの存在論と〈神〉の子の化身というキリスト教的教義が遭遇する地点なのである。まず最初に、〈神〉の人間レヴェルへの弱体化——「縮減」ないしは「神聖放棄」（kenosis）（Vattimo 1996: 30-1; 58）——と解釈される化身は、ポスト形而上学的〈存在〉の出来事的・偶然的な性格を生じさせ（Vattimo 1998: 89; 92）、弱さの存在論をキリストのメッセージ伝達に変えてしまう。第二に、ヴァッティモが弱い思想のうちに同定しているキリスト教的遺産が、聖なるものにそなわる暴力の解消、形而上学的・絶対的・権威的〈神〉——すなわち、化身したキリスト像によって否認される〈神〉——の終わりをまさしく暗示するものであるとすれば、ニヒリスティックなポストモダン哲学と世俗化としての宗教回帰との結びつきは、形而上学的暴力からの乖離の動きを前景化するものと考えられるであろう。

ヴァッティモが神聖放棄、世俗化という出来事のうちに〈存在〉の強い構造の終わりなき無限の消耗プロセス——先に述べたように、永遠的・客観的明証性としての真実という神話を解体し、解釈学の真実へと途を拓くもの——に相当するものを見るよう促しているとするなら、世俗化の神学と弱さの存在論に関する彼の議論は一周して元に戻っているかのように見える。実はこうすることで、ヴァッティモの考察は解釈の無尽蔵性にもとづき、解釈学的存在論と神学的解釈学との間の連続性を主張しているのである。宗教という観点から見るなら、歴史的・言説的・多声的なポスト形而上学的真実の発生・生起は〈神〉の出来事＝事象と符合する。そしてこの場合、〈神〉の超越性は聖書のメッセージに対する無限の解釈プロセスのうちにあると言えるだろう（Vattimo 1996: 58-61; D'Isanto 1994: 370-1）。存在の強い構造のニヒリスティックな侵食が充全な無（無も依然として客観的な現前性を構成するものであることをヴァッティモは強調している）（Vattimo 1996: 61）の完遂に至ることがないように、〈神〉という概念の世俗化も否定神学とではなく、むしろ明確＝実証性や事実性の経験と同等視されるべきである。ヴァッティモが説明しているように、宗教の回帰は同時にまた、「具体的で高度に規定された歴史性としての創造性ばかりでなく、逆に、起源からの到来としての歴史性（形而上学的な構造性や本質性とは無縁だが、偶然性［偶発的可能性（eventualità）］や自由の性質をすべて兼ね備えているような歴史性）」（Vattimo 1998: 85）を含意してもいるのである。

　ヴァッティモのポストモダン思想に見られるニヒリズムは、われわれをニーチェによる〈神〉の死の宣言——ここにおいて形而上学は絶頂に達すると同時に解体し、ヒューマニズムの危機をもたらす——から、化身した神の像の誕生へと導くことになるが、それはポスト形而上学的哲学の原点そのものがヘブライ的‐キリスト教的伝統にあることを暴き出すと同時に、そうした遺産を歪められた形で具現化するものであった。ヴァッティモが主張するように、〈化身〉という地平の内部ではニヒリズムの意味を的確に説明し、その構成的な破滅性を要約しているあの「縮減、減少、弱体化の不定形なプロセス」（93）が生起しているのだ。だが、われわれはまた、こうした宗教（へ）の回帰のなかに——そこには哲学的な思弁、作者の個人的な感性、そして大衆社会的な現象が織り合わされている——、先にはポストモダンの差異と局所的真実の世界という「相対的な「カオス」」（Vattimo 1992［1989］: 4）のうちにあるかと思われたあの解放的な関心事とはいくぶん異なった説述を認めることができる。こうした態度変化が現われるのは、たとえばヴァッティモが『新約聖書』のメッセージ解釈とその世俗化をわれわれの救済の本質的特徴として提示するとき（Vattimo 1996: 56-7）、あるいは〈化身〉という出来事のうちに歴史に贖罪的な意味を付与する力を探り当てるときである（Vattimo 1998: 92）。キリスト教的啓示についてこのような弱い読み方——それは悲劇的・黙示録的な宗教概念に抗して、理性や覚醒を武器に解剖したり暴露したりせずに、生のなかにいくぶんかの神話を見つけ、受け容れ、そして信じようとする欲望・希望を表現している——を突きつけられると、われわれはヴァッティモのポストモダン的言説の到着点が実際に示唆しているのは乗り超えの乗り超え、すなわち、ポストモダニズム自身の理論装置によって遂行されるポストモダニズムからの逸脱ではないのかと思案してしまうことであろう。

ヴァッティモ哲学の進化がポストモダンという概念を根底から改変してしまったにせよ、あるいはポストモダンの経験が彼の思想に作用し、このような究極的なねじれを生み出してしまったにせよ、われわれはヴァッティモの意義深い焦点変更のタイミングに当惑を覚えずにはいられない。これらの問題は既に初期の著作にも簡単に提示されてはいたが、新たな千年期の開始にあたってそれらを中心問題に据えることは、やはり新しい世界観（Weltanschauung）の表明であるように思われる。「（結局は、おそらく）人間的であることの」契機（Vattimo 1992［1989］: 11）を揺れ動きや方向逸脱といった解放的な経験のうちに位置づけたあと、われわれはたぶん感情的・精神的主体の回帰によって、ポストモダン的な「情動の衰弱」（Jameson 1991: 10）を超克することができるであろう。

50 ロバート・ヴェンチューリとデニーズ・スコット・ブラウン

ポストモダニズム建築と文化的記憶

Robert Venturi and Denise Scott Brown 1925- ／1931-

ジム・コリンズ

ロバート・ヴェンチューリとデニーズ・スコット・ブラウンは、「ポストモダニスト」というレッテルを貼られることを拒んできたが、ここ三〇年のあいだポストモダンの理論構築に大きな貢献をはたしている。建築され、解体されているヴェンチューリのデザインは、ポストモダン建築についてのどんな研究でも扱われる定番であり、そのなかでもとくにロンドンのナショナル・ギャラリーはモダニストとポストモダニストのあいだのもっとも大きな戦いの場となっている。こうしたプロジェクトの影響力は建築と都市計画の領域でもっとも強く感じられるものだが、ヴェンチューリとスコット・ブラウンの著述はそれを超える広い領域にわたるものとなっている。文学批評、美術史、記号論、社会理論などといった多岐にわたる領域の問題を追究するのが彼らの決意であるために、その影響力の大きさは驚くに当たらない。ヴェンチューリの『複雑さと矛盾』(1966)と二人の共著『ラスヴェガスに学ぶ』(1972)は、芸術とアカデミズムにおけるモダニズムの支配を徹底的に批判した最初の批評のなかに数えあげられるものとなっており、その意味でポストモダン研究の水準を示す著作と言える。この二著はモダニズムの次にくるもの——未来の美学といったものが金科玉条となっていたために着手されなければならなかったが、多くの人たちにとって実質上考えることができないものと見えた——を分節化してみせている。彼らの建築のうち一握りでさえ検討することは本項に与えられた紙数におさまらぬものであり、それゆえ、ここではこうした理論的著作にかぎって話を進めていく。本項における最大の関心は、ヴェンチューリとスコット・

ブラウンの著述が、いかなる点において、ポストモダン的状況における文化の再定義の壮大な試みとなっているかを示すことである。

『複雑さと矛盾』の序文のなかで建築史家のヴィンセント・スカリーは、この本は、「建築の成り立ちについて書いたものとしては、一九二三年に出版されたル・コルビュジエの『建築に向かって』以来の重要な著述である」と主張している。ル・コルビュジエの著作が現代建築の指標となったように、『複雑さと矛盾』も同様のパラダイム転換を画すものとなったというのである。その原理を宣言しているヴェンチューリの序文は、このパラダイム転換がどれほど根本的かつ攻撃的なものであるかを明らかにしている。

建築家たちが、型どおりの現代建築のピューリタン的な道徳的言語にひるむことはもはやありえない。「純粋な」ものよりも混淆的な要素が、「簡潔な」ものより折衷的なものが、「まっすぐな」ものより歪んだものが、「分節化された」ものよりも曖昧なものが、没個性的なものに負けずよこしまなものが、「興味深い」ものに負けず退屈な、「もくろみのある」ものよりも型どおりのものが、排除的なものよりも許容力のあるものが、単純なものよりも冗長なものが、刷新的なものよりも古いものの名残りが、直接的で明快なものよりも無節操で煮え切らないものが、私は好きである。私は、一目見てわかる統一性よりも、乱雑な活力を好むのだ……。私は、「どちらか一方」というより「両方とも」というのが、白か黒かというより白も黒も、そして灰色もというほうが好きなのである。」（Venturi 1966: 22）

ヴェンチューリ自身は「おだやかな宣言」と呼んでいるが、これはさまざまな点で反＝宣言、精確を期していえば「ポスト宣言」である。モダニズム的な宣言の絶対主義的な語調を拒絶し、偶発性と折衷主義を好む彼の姿勢ゆえに、この一節は際立ってポストモダン的な言説となっているからである。同様に重要なのは、ヴェンチューリが歴史的伝統の使用を唱道していることだ。この宣言には何百もの写真が欄外に添えられており、それらは、並べてみると、モダニズムを最終的に神聖化するような目的論的な美術史を拒絶し、それとは別の歴史の連続性を示すものとなっている。ヴェンチューリは、モダニズムの金科玉条であった「新しいものの衝撃」の価値を守る姿勢は見せず、先行する建築様式を徹底的に知ることによってのみ真の同時代性に到達できると主張しているのである。彼は、自身の計画のモデルとして、T・S・エリオットの伝統に関する見方を引き合いに出している。「伝統を財産のように引き継ぐことはできない。もし手に入れたければ、懸命な働きかけをしなければならない……。一時的なものにたいする感覚のみならず無時間的なものにたいする感覚と、そしてその両者を合わせたものにたいする感覚の調いである、この歴史的感覚があってこそ、書き手は伝統的になることができる。また、それがあってこそ、書き手は歴史における自身の位置や自身の同時代性に明敏な意識をもつことができるのだ」(19)と。

ヴェンチューリは、こうした伝統の批判的使用という考えをもっていたために、ポストモダン建築のもつある傾向に懐疑的になっているのである。たぶんそのことが、彼とスコット・ブラウンがポストモダニストを自任しない最大の理由となっている。歴史的流用を肯定する彼らの姿勢は、一握りの建築家とパトロンを超える広範な人びとに建築物を理解させるための象徴的な建築言語にたいする必要性と直接結びついている。しかし、ヴェンチューリの象徴言語にたいする考え方を複雑にしているのは、同時代文化の多様性である。この立場の微妙さは、ポストモダニズムの力と限界にたいする彼の評価にもっともよく現われている。彼は、「ポストモダニズムの理論的基盤におおむね賛成している」としながらも、その歴史の使い方にたいしては批判的であるのだ。

ヴェンチューリの「ポストモダニストたち」への批判は、チャールズ・ジェンクスがフリー－スタイルの古典主義と呼んだもの(Jencks 1981)や、チャールズ・ムーアが「パーティ・ハット」のようなポストモダニズムとあざけったものなどのような、一つのポストモダン観を要約したものとなっている。こうした傾向(その端的な例がニューヨークにある、チッペンデール風の高脚付き洋箪笥のような姿をした、フィリップ・ジョンソンのAT&Tビルである）は反動的なノスタルジア、あるいは無責任な歴史の盗用と言われてきた。しかしながら、それよりはるかに洗練された伝統の流用を特徴と見なす、これとは別のポストモダンの定義がある。そうしたポストモダンのほんの少数の例として、ジェイムズ・スターリングやチャールズ・ムーアの建築、グレアム・スウィフトとサルマン・ラシュディの小説、ローリー・アンダソンのパフォーマンス、ピーター・グリーナウェイの映画を挙げることができるだろう。こうしたポストモダンの作品には、よい趣味を示す失われた普遍言語へのノスタルジアではなく、歴史による、文化的記憶の多様な形態の形成の様態にたいする徹底的な検討が見られる。そうした文化的記憶の多様な形態とは、ヴェンチューリが今日的な設計の基礎となると見る複数性を形成する多様性そのものにほかならない。こうした観点から、ヴェンチューリとスコット・ブラウンは、ポストモダニズムに諸手をあげて賛成するというわけにはいかないのだ。彼らは、理論家としてポストモダニズムのもっとも影響力のある擁護者の一角をになっており、建築と都市計画によってポストモダニズムのもっとも成功した実践者の一翼をになっているにすぎないのだ。

たぶん、彼らの仕事のポストモダン的な次元を評価する（そして建築以外の領域にこれほど影響を与えた理由を理解する）最良の方法は、『ラスヴェガスに学ぶ』において彼らが同時代の建築設計の形態的側面とイデオロギー的側面の関連性をどのように分節化しているかを検討してみることである。『複雑さと矛盾』は折衷主義や混淆性、歴史の流用などを基盤とする新しい美学の可能性を述べたものであったが、スティーヴン・アイゼナーとの共同作業による彼らのラスヴェガス研究は、その設計が向けられている大衆に相対する建築家の地位にとくに関心を払いながら、都市建築の記号論的側面とイデオロギー的側面を追究するものとなっている。前作がオーソドックスなモダニストたちへの攻撃で幕を開けたように、『ラスヴェガスに学ぶ』はさらに本質的なレヴェルで建築の主流に挑戦を投げかけている。

> 建築家にとって、既存の風景から学ぶことは、革命的になるための一つの方法だ。ル・コルビュジエが一九二〇年代に考えたように、パリを解体して最初からつくり直すという明白なやり方ではなく、もっと寛容なやり方のことだ。つまり、われわれのものの見方を問い直すのだ。商業地域、とくにラスヴェガス・ストリップ——なかでも目を惹く例である——は、建築家を刺激し、批判ではなく肯定のまなざしを向けるようにしむける。オーソドックスなモダニズム建築は、革命的かつユートピア的、純粋主義的ではないにしても進歩的ではあるので、建築家たちは自身をとりまく環境を判断をくださず客観的に眺める習慣を失ってしまうのだ。モダニズムの建築は、既存の条件に不満を示しているのだ。（Venturi, Scott Brown, and Izenour 1972: 3）

開巻劈頭のこの宣言のなかでいったい何がもっとも論争の的となるものであったかを言い当てることは困難だ。ふつう悪趣味のきわめつけで、すぐれた設計の対極と見なされるラスヴェガスの目抜き通りが成功した建築の例として検討されるということなのか、「進歩的」という言葉が疑問の余地ない美徳として扱われていないということなのか、創造的な芸術家としての建築家の役割も徹底的に見直されなければならないということなのか、それとも建築の制作はこのうえなく本質的なレヴェルで別の見方をすることを必要とするということなのか。別の見方をするということは、建築は同時代の都市という環境のなかでどのような意味をもつのか、われわれはどのようにしてその意味をもちうるものを評価すべきか、という二つの問いを発することであった。

　とすれば、この試みのなかでもっともラディカルなのは、建築物の質は、建築家の自己表現という観点からではなく、建築家と大衆のコミュニケーションという観点から評価されなければならない、と主張している点であることになる。ヴェンチューリらは、「本書のなかでラスヴェガスは、建築的コミュニケーションという現象として分析されている。ゴシックの大聖堂の構造分析が中世の宗教の道徳性に関する議論を含んでいる必要がないように、本書のなかでラスヴェガスの価値観に疑問を投げかけることはしない……。そのうえ、本書で分析した、コマーシャルの手法と地平線を埋めつくす広告の群れが、都市生活と文化に寄与しないと考える理由はない」(1972: 4)。建築における意味の産出が個人的な想像の行為ではなく、建築美学の微細な点にわたるトレーニングを受けた者も受けていない者も合わせた数多くの参加者に関わる複雑な相互作用の結果であることを検討しようというこの欲求は、はるかに民俗誌的な文化の定義に依存しているものであった。主流の建築家たちによる、ラスヴェガスを悪魔の巣窟のように見なす見方は、文化をすぐれた芸術による達成と同一視する、排他主義的な文化理解に立脚していた。しかし、ヴェンチューリ、スコット・ブラウン、アイゼナーは、こうした偏狭な、際限なく自己肯定的な文化の定義を拒絶し、建築を意味作用として、その土地でのみ意味のある、地域住民の自己表象の数限りない方法の一つと見る、幅広い建築理解を試みている。

建築を大衆文化の一形態と見なし、さらには自分たちの建築に大衆文化の図像を流用することを唱道することが、彼らのラスヴェガス研究のなかでもっとも論争を呼んだ点である。というのもそうした姿勢は、建築批評そのものを支える基盤となっている文化観をゆるがせにするものだからだ。三人の著者たちは、そうした排他主義的な文化観にひそんでいる文化の政治学を暴露することにした。都市近郊の建築を理解しようという試みは「保守的な政策」の合法化につながるという批判にたいして、ヴェンチューリたちは、そうした批判自体がもつエリート主義を攻撃している。「中産階級の自分たち独自の建築美学にたいする権利を擁護するからといって、保守主義に賛同することにはつながらない。……このような、ニクソン的な声なき批判のなかに、……自由主義と時代遅れの階級的なスノビズムをへだてる微妙な一線があるのだ」(155)。スコット・ブラウンは、自分たちが大衆文化をとりこんだことはその全面的な肯定を意味するのではない、という重要な主張をしている。彼は、「一定の時間がたてば、このあらたな源泉から適切な評価基準が育つはずである。あとにくるものをより繊細なものとするために、価値判断の先送りが行なわれているのである」(Scott Brown 1984)と書いている。

ヴェンチューリとスコット・ブラウンは、建築理論の枠内で文化の影響力を再定義するにあたって、ポストモダニズム内部におけるポップ・アートと英国文化研究を融合させる架け橋の役割をはたしている。彼らはジャスパー・ジョーンズ〔一九三〇年―。抽象表現主義後の世代の米国の画家〕や、ラウシェンバーグ、アンディ・ウォーホールを評価し、スタニスラフ・フォン・ムースのように、ヴェンチューリの建築作品とロイ・リクテンシュタイン〔一九二三―九七年。米国のポップ・アート画家〕やリチャード・ハミルトン〔一九二二年―。英国のポップ・アート画家〕、クラース・オールデンバーグ〔一九二九年―。ストックホルム生まれの米国の彫刻家〕らのポップ・アート作品との共通点について説得力豊かに説いている批評家たちもいる。この関係は明白であるにしても、彼らの問題意識の相互関係をよりよく理解するためには、『ラスヴェガスに学ぶ』とバーミンガム大学現代文化研究センターの両者が標榜するカルチュラル・スタディーズの概略の類似性を追求してみる必要がある。ポストモダン建築が新古典主義の装いをもつ建築としか理解されなければ、この相互関係は過小評価されることになるからだ。使われている批評用語に共通のものはないにしても、『ラスヴェガスに学ぶ』に概略が示されているプロジェクトと英国大衆文化の研究の多くには共通点があり、そのなかでもとくに重要なものとして、両者とも、環境のなかで何が意味あるものかを決定する際に観るものがはたす大きな役割に着目することによって、意味の産出を民主化しようとしている、という点が挙げられる。

ポストモダニズムの展開を説明するためにさまざまな系譜が提出されてきたが、その歴史は分野ごとに違う（国ごとにも違い、メディアによっても、その他さまざまな要素によっても違うのだが）ために、批評がつくり上げたどの物語もポストモダニズムが示してきたいびつな発展を捉えるものとはなっていない。さまざまな説明の道筋がすぐれていることを示す、信憑性あるさまざまな議論が提出されてきた。ある者は、ポストモダニズムをもっともよく理解するためには、モダニズム美学の破産から生まれた広範な芸術運動と考えるべきだと主張する。またある者は、ポストモダニズムというのは哲学の文脈でこそ正しく理解できるもので、ポスト構造主義の延長上にある必然的な流れだと言う。さらには、われわれがポストモダニズムと呼びならわしてきたものは、実は発生したばかりの文化多元主義のことで、あらたな歴史的危機によって、差異や異種混淆性、偶発性などといったものを優先してそれまで通用してきた支配的な物語を拒絶するという事態が生じていることになる、という主張もある。ヴェンチューリとスコット・ブラウンの仕事は、これらとは別のポストモダンの系譜の主要要素となっている。それは、文化のヒエラルキーにたいする不満や、美術館や古文書館、学会などによる領域限定にたいする挑戦といったものを共通要素としてグループ分けする系譜である。この伝統が促進するのは、高踏芸術と大衆文化の混合だけではなく、文化という名のゲームでプレイヤーと見なされるのは誰かという問題の再考なのだ。

51 カート・ヴォネガット Kurt Vonnegut 1922-

ポストモダン・ヒューマニズムの伝道師

トッド・F・デイヴィス

カート・ヴォネガットの経歴を考えるには、境界線の浸透性、あるいはおそらくもっと正確には、あらゆる種類の境界線や限界線の完全な無視、という概念がいちばんあてはまるであろう。一九二二年インディアナ州インディアナポリスに生まれたヴォネガットは、ポストモダン小説作家でカウンターカルチャーの思想の象徴という名声からいちばん遠いように思われる人物である。建築家の息子であり孫であり、高名な科学者であるバーナード・ヴォネガットを兄にもつヴォネガットは、自身では「私が信じることはすべて、大恐慌時代、インディアナポリスの第四十三中学校の社会の時間に教育委員会の全面的承認のもとで教えられたものである。第四十三中学校は急進的な学校ではなかった。アメリカは当時理想主義的、平和主義的国家であった」(Allen 1988: 103)と述べている。平和主義への忠誠と人間状況の改善を目指すヴィジョンによって特徴づけられてはいるが、ヴォネガットの小説とノンフィクションは、メタフィクション形式の賛美とアメリカの最も神聖な偉大なる物語の解体に、まちがいなく寄与していることがわかる。形式主義批評家によってうちたてられたジャンルの境界を越えて運動するヴォネガットの作品群は、レッテルを貼られることを拒否し、形式の流動性と、文学上の教条的な約束事の不毛さを示している。彼が少年の頃第四十三中学校で学んだカリキュラムのように、ヴォネガットの作品が急進的であるのはその明言していることによってではなく、作者が自分の言ったことをまじめに考え、それらを革新的な小説形式に翻案しようとしながら、一方で、国粋主義とかキリスト教といった偉大な物語のレトリックによって、自身あるいは地球にたいする人間行動の恐ろしさが隠されることを認めないからである。

ポストモダニズムを、完全な相対主義という自己中心主義的運動――敵対者によってよくて非道徳的、むしろ反道徳的であると形容されるもの――として戯画化することに反対して、ヴォネガットはポストモダニズムと平和と正義の問題、より特定するならば社会変革の問題との関係について、興味深い疑問を呈している。晩年のマーク・トウェインのように、ヴォネガットはその経歴を通して自分の名声とジョークを語る趣味を利用して、自分の著作だけでなく、熱のこもった自分の見解をも売り込む。他国への援助はどのように分配されるのがよいか、武器所持の自由に関する権利章典第二条項はどう解釈すべきか、いかに女性のほうが男性に比べ健康な人類社会に導く能力を備えているかなど、多様で議論の的となる多くの倫理問題である。ヴォネガットにとって、われわれは言語を通じて、すなわちわれわれの創造するフィクションを通じてのみ世界を知ることができるというポストモダンの教義に従うことは、地球とその上に生きる人びとの精神的肉体的状況にとっての義務から免除されることにはならないのである。

ポストモダンのプラグマチストであるヴォネガットは、インタヴューで、われわれの手に入るものは「なぐさめとなる嘘」でしかなく、全能の神によって少数の文化的エリートの手にゆだねられたなにか本質的真理というものではない、と宣言する。しかしながらこの種の目もくらむほど不敬な断言を用いてまでヴォネガットが主張しているのは、われわれの語るなぐさめとなる嘘はわれわれの存在をいくらかは救済するはずであり、そのような小さな物語（petites histoires）は生きている人すべて、彼らが住んでいる場所すべてにとって、よりよい現実をつくりだす方向に導くはずである、ということである。彼は自身の生涯において、ヒットラー、ムッソリーニ、チャールズ・マンソン〔一九六九年に女優シャロン・テイトを殺した狂信者〕、ジム・ジョーンズ〔人民寺院という宗教団体を率い、一九七八年に集団自殺した〕といった「語り手」が語る物語が生み出す恥ずべき欺瞞、その「なぐさめとなる嘘」が、人類の最悪の特性につけこむのを目撃してきた。それゆえヴォネガットにとっての中心的疑問は依然として変わらない。中心を失った世界において人は何をすべきか？　ヴォネガットの若い頃にアメリカによって広められた理想主義そのものが、一種のポストモダン・ヒューマニズムと説明するしかないものへと彼をかりたてる。彼がメタフィクション形式を使用するのは、生来活動家だからであり、その結果彼はトマス・ピンチョンやジョン・バースといった他のポストモダン作家と区別され、トニ・モリスンやイシュメイル・リードのような現代作家と同列に加えられるのである。

ヴォネガットの特定の道徳観――ジェイムズ・M・メラードが爆発形式と呼ぶポストモダン技法と結びついているが――は、ドイツ、ドレスデンにおける兵士および戦争捕虜としての経験、そして後には戦後シカゴ大学人類学の学生としての訓練に根ざしている。ドレスデンの爆撃――彼の小説でもっとも名高い『スローターハウス５』（1969）の主題――は、ヴォネガットの精神に消しがたい傷あとを残した。人類の憎悪に奉仕する科学の恐るべき力を目撃した後、彼は本質的に信仰を失い、こう説明する。

> 私にとってそれは恐ろしいことであった。テクノロジーをあれほど信用し、夢の車、夢の飛行機、夢の住居といった多くのイメージを紡ぎだした後で、このテクノロジーが実際に町を破壊し、一三万五〇〇〇人の人びとを殺戮するために用いられるのを見、さらに高度に洗練されたテクノロジーが日本に対する核兵器の形で使用されるのを見るとは。私はあれほど大きな期待をかけたテクノロジーのこのような使い方に気分が悪くなった。わかると思うが、それはちょうど敬虔なキリスト教徒として、勝利の後にキリスト教徒によって行なわれた恐ろしい虐殺を目撃するようなものだ。それは私が今日までひきずる精神的恐怖であった。
> （Allen 1988: 232）

この失われた信仰のゆえにヴォネガットは、より月並みなモダニズムの物語と形容されるかもしれない作品――

代表作は『プレイヤー・ピアノ』（1952）や『母なる夜』（1966）――から、約束事の限界を見せつけ、ヴォネガットの経歴のその時点において形式的にもっともポストモダン的である小説、『スローターハウス5』へと移行する。この小説がいかなるモダニズムのジャンル概念からも急激な形式的変化をとげたのは、みずからのドレスデン経験に対する新しいパラダイムを見いだそうとした闘争の結果である。ドレスデンの事件は時間における大激変点であり、彼はその真実が、線的な本質主義者の方法では書き表わせないことを発見したのである。この小説はドレスデンの実際の経験についての本というよりは、そのとりついて離れない結果を証明するものとして、ヴォネガットの闘争と、そして究極的には彼が敗れて、そのような残虐行為を書けなかったことを描いている。ヴォネガットにとっては、第二次世界大戦とその結末としてのドイツ・ドレスデン爆撃は、彼が『猫のゆりかご』（1963）において撲滅しようとしている絶対主義の結果に見える。この初期の小説は、アイス・ナインという科学的物質の創造による世界の完全な破壊で終わる。『スローターハウス5』において、ヴォネガットは彼自身のドレスデンとの苦闘を明らかにするために、さまざまなメタフィクションの技法を用い、そうすることによって読者との開かれた関係を確立し、伝統的モダニズムのパラダイム以上のコミュニケーションを可能にする。『スローターハウス5』の第一章では、ヴォネガットは昔の戦友バーナード・オヘアを訪ねる。彼らの再会がドレスデンの爆撃の記憶を呼び起こしてくれると願ったからである。なんの説明もなく自分の創造した世界に入り込んでおきながら、ヴォネガットは「現実」と「フィクション」の区別をしようとはしない。訪問中に彼は、オヘアの妻メアリーに会う。小説は彼女に献呈されているのだが、彼女は明らかにヴォネガットが来たことに腹を立て、戦争についての別の偉大な物語を具現化する本を書こうとしている、とヴォネガットを非難する。

「ええ、わかっているわ」と彼女は言った。「あなたは赤ん坊でなく大人の男だというふりをするんでしょう。映画では、フランク・シナトラやジョン・ウェインのような魅力的で戦争好きで汚い大人の男が、あなたを演じることになるんだわ。そうすると戦争がすばらしいような気がして、だから私たちはますます戦争するんだわ。そしてその戦争をするのは二階にいる赤ちゃんのような赤ん坊なのよ。」(1969: 14)

彼女の祖国が戦争擁護あるいは賛美のために提供したメタナラティヴを受け容れることを拒否して、メアリー・オヘアはヴォネガットに、このドレスデンについての本には「フランク・シナトラやジョン・ウェインが演じるような役はない」ことを約束させる。シナトラやウェインのための役がないばかりでなく、実際のドレスデン爆撃はこの本の周辺に追いやられている。

ヴォネガットの最初の六編の小説は、人間に対する深い関与《コミットメント》を示しているが、信仰心にかりたてられたそのような関与は、彼の経歴においては稀薄なものでしかない。人間とはある神秘的な創造者の成し遂げた最高のものを表わしているとか、われわれの行動はなんらかの摂理による計画において特別に運命づけられたものであるという考え方に、ヴォネガットが満足しているとは思えない。そのかわり彼は、われわれの存在を意味づけよう、みずからの破壊にばかげたほど夢中になっている世界において自分がどう生きればいいかを理解しよう、と必死になっている。自分が目撃した荒廃というキャンバスの上に、ヴォネガットは小説を書く。彼の説明では「自身が今より世界を愛せるようになるために。……人びとはなんでも信じる。つまり、私だってなんでも信じる。人類学でそう習った。私は形のよさと調和をもったものを信じるようになりたい」(Allen 1988: 109)。しかしながらそのような急激な転換を行なう前に、彼は地球とその住民を破壊していると彼が考える勢力そのものに関わる。『チャンピオンたちの朝食』(1973)の序文でヴォネガットは、彼が「五〇年前この傷ついた惑星に生まれた」(5)ときと同じくらい、頭のなかを空っぽにしなければならない、と言う。そしてヴォネガットはそのような計画をわれわれすべてに主張する。「これは多くの白人アメリカ人、そして白人アメリカ人をまねる非白人アメリカ人がすべきことだと思う。他の人が私の頭のなかに入れたものは、何であれうまく適合しないし、往々にして役に立たず、醜く、お互いに釣り合いがとれない。……私の脳には文化も人間的調和もない」(5)。ヴォネガットの攻撃の鍵、あらゆる種類の精神的、肉体的虐待に反対するポストモダン運動の鍵は、彼の「人間的調和」への寄与に見いだされる。

ヴォネガットは『チャンピオンたちの朝食』を劇的緊張の上にうち立てたが、その緊張は人間精神の価値を描こうとする物語を再び手に入れたいという作者の努力から成っている。『スローターハウス5』におけるのと同様、ヴォネガットは自分自身を登場人物としてみずからの芸術的創造物に挿入する。『チャンピオンたちの朝食』でヴォネガットは、メタフィクション芸術の限界をおし広げる。単に最初と最後の章に現われて読者にこの本がしようと試みていることを説明するのではなく、ヴォネガットは自分自身の小説開眼を『チャンピオンたちの朝食』の物語の中心に据える。このようなやり方は、小説家によってはその作品を検討する際に問題にならないかもしれないが、ヴォネガットは人生そのものがフィクションであり、われわれの手にあるのはなぐさめとなる嘘だと断言しているので、どこで血肉を持った作者が終わり、どこで彼の小説上の分身が始まるかを区別するのが難しくなる。そのような虚構上の技巧を用いながらヴォネガットは、フィクションの世界と事実の世界の間の境界を区切ろうとするわれわれの努力をあざけっているように見える。『チャンピオンたちの朝食』の物語の図式においても、『母なる夜』の序文においてと同様、彼は見せかけがわれわれの実体となると断言する。その結果、ヴォネガットが小説の虚構上の語り手として話すとき、実際には彼は自分に向かって話していることになる。このため、ヴォネガットがインタヴューにおいて、自分の小説の登場人物としての彼が話すのと同じ話をしているのが見られるのは珍しいことではない。他の芸術家とは違い、彼は作品の中と外の現実を合成する。このような大胆なやり方は、ヴォネガットのようなポストモダンのハーレクイン(道化)にとっては論理にかなっているように思われる。それゆえヴォネガットが、自分が望んでいる希望の物語を自分が創り出した芸術作品そのものに見いだすのも、驚くには当たらない。そして『チャンピオンたちの朝食』において、すべての道はミッドランド・シティ芸術フェスティバルに行き着くのである。
しかしながら、ミッドランド・シティへ行く途中、ヴォネガットはアメリカ文化の歴史と実践を取り上げ、この惑星上の生命を非人間化し傷つけるような物語の数々を破壊しようとする。率直で正直な、子供のような声でアメリカ史を概説した後で、ヴォネガットはこれらの偉大な文化物語が民主主義につながったという考え方を破壊する。

何百万人もの人間が一四九二年には完全で想像力にみちた生活を送っていた。まさにこの年に、海賊が彼らをだまし、略奪し、殺し始めたのであった。(10)

ヴォネガットは、実際につくられたのは海賊が人間の奴隷を所有する国家であったと主張する。「彼らは人間を機械の代わりに使用し、そして奴隷制が廃止された後も、廃止されたことを恥じて、彼らと彼らの子孫は普通の人間も機械であると考えつづけたのである」(11)。そしてふたたび、ポストモダンのヒューマニズム説教者ヴォネガットは、人類の機械化を激しく非難する。実際『チャンピオンたちの朝食』は、土地と人びとの虐待に対しての、最終的には地球とそれが支えるすべてのものを消費することしかできない経済機械を建設するためにわれわれが払った犠牲に対しての、正当な嘆きとして見なすことができるだろう。ヴォネガットはそのような残酷な現実に直面して、人びとをこの破壊的アメリカの物語のおろかさを広める機械とはけっして見なさないための理由を探し求めるのである。
ヴォネガットの後期の小説においては、破滅の可能性についての終末論的な調子が、それぞれの作品の中心に位置する希望に暗い影を落とす。『ガラパゴス』(1985)において彼は、地球とそこに住む生き物はわれわれの知る人類がいないほうが幸せかもしれない、という思いつきを実験する。人類があざらしのような動物へと退化していく物語を幽霊に語らせることによって、彼はわれわれの種の（自己）破壊性を描き出す。しかしながら彼は、われわれのなかに同様に存在する潜在的善を無視することができない。小説の幽霊のような語り手であり、ヴォネガットの分身であるレオン・トロツキー・トラウトが、退化した状態の人類についてしばしば叫ぶように、「絶対にだれもベートーヴェンの第九を作曲しないだろう」（259）。人類の消滅についてのこの物語において、地球はより安全な場所になる。しかし、十分に自己実現した人間としての、創造し、思考し、感知する能力は失われ、そしてこの喪失によって人生は悲劇的に傷つくのである。

『ガラパゴス』と同様、『スラップスティック』（1976）、『ホーカス・ポーカス』（1990）、『タイムクウェイク（時震）』（1997）においても、ヴォネガットは起こりうる未来についての、ときには恐ろしく、ときには惨めなヴィジョンを提供する。しかしこれらのヴィジョンのなかに、われわれは再びヴォネガットのポストモダン的ヒューマニズムを見いだすのである。『スラップスティック』は、家族の共同体がわれわれを癒し、満たし、われわれの存在を他人にとって欠くべからざる、必要なものにすることでわれわれの目的の欠如を救ってくれる、と示唆する。『ホーカス・ポーカス』は、われわれが自身の「殺す力をもつつくり話」（ホーカス・ポーカス）を、ありのままに見ることを要求する。小説の語り手であるユージン・デブズ・ハートクは、われわれのヴェトナムにおける行動を正当化するようなレトリックなどありえない、と言いながら、ドイツ人無神論者であるヴォネガットの祖父のようにこう示唆する。「ある人にとってのもっとも素晴らしい人生の時間の活用法は、彼または彼女の共同体にいるすべての人の人生の質を高めることである」（176）。最後に、『タイムクエイク』では、ヴォネガットは混ぜ合わせの形式——一部は回想録、一部は失敗した小説——を、われわれの過去の検証を奨励するために用いている。彼は「タイムクエイク」のプロットによって、われわれがなしたことがいかに未来に影響を与えるかを説明し、一方では同時に、われわれの現在の行動の多くを修正することを提案するのである。「そして一九九六年においてさえ、私は口頭で以下のような憲法修正条項を提案する」とヴォネガットは『タイムクエイク』の終わり近くで述べる。「第二八条　すべての新生児はこころをこめて迎えられ、成人するまで世話をされる。第二九条　すべての成人は、必要であれば意味のある職業につき、生活可能な給料を与えられる」（152）。ヴォネガットの提案する憲法修正はけっして急進的には見えない。実際そのような修正は、彼が社会的になすべきと考える多くのことに関してと同様、常識的で、人道的で、最も重要なものである。そのような重要な忠告に従うことができなければ暗黒の終末にいたるだろう、とヴォネガットは警告する。

ヴォネガットが他の多くのポストモダニストと違うところは、彼が完全な相対主義を受け容れることを拒んでいることである。彼はわれわれが語らねばならないなぐさめとなる嘘のための唯一のルールを強く主張する。「汝は互いを敬わねばならない」（1991: 159）。このルールはヴォネガットの初期の作品にすでにいくらか違った形で現われている。そのときエリオット・ローズウォーターは、マーティ・ムーディの双子の洗礼式で言うことをリハーサルしながらこう叫ぶ。「なんてこった。親切にしなきゃならないとは」（1965: 110）。ヴォネガットは、ポストモダンに生きるための彼の唯一のルールは、まさに奇跡を信じることにもとづいている、と告白する。彼の小説世界を特徴づけるポストモダンの道徳性は、人間の生は価値があるということを前提としているが、その主張を実現させる方法はない。それにもかかわらず、ヴォネガットはこの主張によって立ち、彼自身が創作した小説を信じつづける。ヴォネガットのポストモダン・ヒューマニズムの中心には、人生は貴重なものであるという主張がある。彼は、言語がなんらかの形で現在の暗い現実を変革することができるという希望をもって自分の物語を語る、社会的予言者なのである。

52 ヘイドン・ホワイト Hayden White 1928-

過去を生産するものとして未来を捉える

エヴァ・ドマンスカ

ヘイドン・ホワイト（一九二八年生まれ）――アメリカの歴史叙述家・理論家、卓越した歴史・文化批評家――はみずからの出発点がヨーロッパの（芸術的）モダニズムの遺産のなかにあるとしばしば述べている。しかしながら、彼の立場は人文科学のポストモダニズム的な洗練化に関与するものとみなすことができるだろう。その理由としては、彼が以下の諸要素を重要視したことが挙げられる。まずは言語性（文化を理解する最良の方法はそれに言語のごとくアプローチすることである）。次に、テクスト性（現実にはテクストとの類似＝類推によって最良の解釈が与えられる。つまり、現実は発話、エクリチュール、視覚的イメージなどの解釈に用いられる戦略を通じて理解されるという意味である）。そして、構成主義（自然的・社会的・文化的現実は直接的な知覚行為によって与えられるのではなく、知覚の編成にとってはカント的なカテゴリーよりも重要な想像的構成によって把捉可能となる）。最後に、言説性（知識は人間的な意識の産物であるが、それは本性上、模倣的というよりも言説的なものである。それ故、われわれが「現実」として理解しているものは、実は言説的に生み出された「現実効果」なのである）。

伝統的な思考形態を組織するのによく使われる二項対立図式――出来事とコンテクスト、字義的なものと比喩的なもの、参照性と意味作用、等々――を疑念視しているという意味において、ホワイトはポストモダン的な脱構築思想と結びついている。ポストモダン的学問の特徴が「異種混交性」、折衷主義、「境界を不明瞭にする」傾向であるとするなら、ホワイトはまさにその完璧な模範例である。というのも、知や文化の歴史に対する彼の関心には、歴史叙述（historiography）の理論・歴史に関する理論的な考察が織り混ぜられているからである。彼の最大の功績は、歴史叙述と文学理論を社会・文化的現実の物語的な知覚という、より包括的な考察領域に融合したことである。ホワイトはみずからの折衷主義を自負し、自分に独創性があるとするなら、それは先達（ヴィーコ、ヘーゲルなど）、後輩（フーコー、デリダなど）を含めた広範な思想家たちから借用した概念や考え方を応用した結果であるとつねづね強調している。

歴史的言説についてのホワイトの見解は、モダニスト作家（スタイン、ジョイス、ウルフ）、実存主義者（カミュ、サルトル）、思弁的歴史哲学の確立者（ヴィーコ、カント、ヘルダー、ヘーゲル、トインビー、マルクス、シュペングラー、ウェーバー）、反実証主義的な歴史研究の理論家（ディルタイ、コリングウッド、クローチェ）、文学理論家・批評家・言語学者（アウエルバッハ、バルト、バーク、フライ、ヤーコブソン）、精神分析学者（フロイト、クライン、ラカン）、文化理論家（フーコー、ジェイムソン）などから得た知見を結び合わせている。彼の考え方は実証的な歴史研究に対する反抗から発している。それは、歴史叙述を素朴にも実在論的なものと理解し、（事実 対 虚構といった）二項対立図式でものを考え、真実と客観主義との符合理論を擁護したり、価値論と認識論を切り離して考えるそうした研究のあり方が、人文社会科学のなかでも歴史学だけを例外的に堅く防御された飛び地のようなものにしつづけていたからである。

ホワイトの考え方はしばしば修辞的構成主義と定義される。それは歴史的な事実は歴史家「に対して与えられる」のではなく、歴史家「によってつくられる」という確信にもとづくものである。ホワイトはダントやバルトに倣い「事実は叙述中の出来事」、すなわち純粋に言語的な現象であると強調している。出来事と事実は二つの異なる存在次元に属している。つまり、前者は現実＝実在に、そして後者は言説に属するということである。歴史家たちにはこうした区別をないがしろにする傾向がある。彼らはその実在が事実として確立されてきた出来事を調べると主張するのだが、実際に彼らが行なっているのは、これまでに「事実」として叙述してしまった出来事、つまりはそうすることで既に解釈してしまった出来事の説明・解釈に他ならない。「過去」について語ろうと言いながら、彼らは実際のところ過去のテクスト化について語っているにすぎないのだ。つまり、ホワイトの議論によるなら、過去は表象行為と離れて存在することはできない。歴史は歴史の叙述（historio-graphy）であり、歴史的テクストは「文学的な創作品」なのである。歴史研究においては、過去についての表象や解釈を唯一の「オリジナル」と比較対照させる形で確認することはできない。できるのは、過去についてのさまざまな叙述を比較対照し、最も説得的な叙述を受け容れることだけである。したがって、歴史理論の最も重要な目標は、異なった時空における歴史的著作の歴史的な語り、ルール、慣習、制度を研究し、そうしたものの生産に与かる修辞的な様態を暴き出すことであるだろう。

ホワイトはしばしば歴史を一種の「行為遂行的言語」、すなわち話すことや書くことが公然と何かを「為す」と考えられるような言説・文化生産の領域に属するものと規定する。歴史的にみるなら、歴史的言説はそれを生み出す社会の支配的グループを正当化する機能を果たしてきた。つまり、歴史は権力や現状に仕えるということである。歴史が説明の主要な手段として議論ではなくむしろ叙述を重視する傾向にあるのはこうした理由による。近代的、実在＝現実主義的な歴史家にとっては、歴史的現象の最良の叙述こそがその最良の説明となるのだ。たとえいかなるものであれ、歴史家たちが与える説明は彼らが叙述した形での現象の説明にすぎず、現象そのものの説明にはならない。それゆえ、歴史叙述ではホワイトが歴史叙述の「虚構性」を力説するための主だった形式としてまさに叙述（ekphrasis）が位置づけられることになるのだ。歴史的言説にイデオロギー色を付与するもの、それはそうした言説にそなわる虚構的な要素を排除・抑圧・隠蔽しようとする奮闘に他ならないのである。

虚構的要素が表面化するキー・ポイントを言説のうちに探ることで、知と権力が衝突したり重なり合ったりする経緯を観察することが可能になる。ホワイトもフーコーと同様、人間科学はいかなるものであれ政治的な関わりから自由ではないと考えている。歴史的言説のイデオロギー的な諸相にことのほか敏感な彼は、正常なものと異常なもの、事実と虚構、適切なものと不適切なもの、真実と虚偽などの違いを決定するのは言説であると指摘する。すなわち、本質的に重要なのは価値評価の基準を絶えず疑問視しつづけることであり、まさにそれこそが批判＝批評的思想の一助としての理論の使命なのである。「理論なくして活発な思考は生まれない」とホワイトは主張するが、理論にも良いものと悪いものがある。つまり「道徳的な責任力に資するような理論と、それから顔を背けてしまうような理論」である。理論の有用性はその目的と関係するが、その場合の目的とは、性質上、常に政治的であるか倫理的であるかのいずれかである。ホワイトにとっての目標は「良い理論」、すなわち究極的にみて人類のためになるような理論を鼓舞することにあると言えるだろう。

ホワイトはサルトル流の実存主義者であり、みずからが左翼的（社会主義的）意見にコミットしてきたと表明している。それ故、彼は自由意志、個人的責任、社会問題といった論点を強調する。また、彼はしばしば責任を担った相対主義者であると自称する。彼にとって相対主義とは「懐疑主義の必然的な帰結であり……寛容性を養うのに最も効果的な手段」なのだ。こうした戦略的な相対主義には、他者の考え方や解釈に対する寛容性への訴えが含意されている。相対主義にはあらゆる知にそなわる束の間の暫定的な性格、コンテクスト化・歴史的相対化の必要性、理論に対する絶え間ない批判的吟味への要請が伴っている。しかし同時にまた、ホワイトは「何でもよい」とは考えていない。むしろ彼の念頭にあるのは、社会・文化現象には唯一最終的な解釈はないということなのである。彼の信念によるなら、歴史家はできるかぎり数多くの異なった文化的契機や伝統を研究しながら、（普遍的・超越的な知ではなく）多元的な知を求めて研鑽を積まなくてはならない。歴史家はそうすることで、学問的な専門化に典型的な偏狭さや観念主義といったものから逃れることができるだろう。批判＝批評者たちとの積年の議論においてホワイトが目標としたのは、過去についての表象はすべてなんらかのイデオロギーに染められているということ、そして他人のイデオロギー化を咎める者たちは過去をより「客観的な」形で提示するためにそうするのではなく、自分たちが相異なる世界観を有しているためにそうするのだということを、歴史家たちに納得させることだったのである。

ホワイトの理論展開には四つの段階を区別することができるだろう。(1)一九五〇年代半ばから一九六〇年代半ばまで——知の歴史や思弁的な歴史哲学に対する関心が優勢な思弁的・観念的段階。(2)一九六〇年代半ばから一九七〇年代まで(「歴史の重荷」[1966]、『メタヒストリー』[1973]、『言説の喩法』[1978])——歴史的な語り構造や異なる言説タイプにおける比喩的要素に焦点が置かれた物語的・比喩的段階。(3)一九八〇年代(『形式の内容』[1987])——人間科学における表象、および物語言説と歴史的表象との関係が研究の主眼であった段階。(4)一九九〇年代(「歴史的構想化と真実の問題」[1992]、『修辞的リアリズム』[1999])——先立つすべての段階の総合である倫理的・修辞的段階。今やホワイトは(アウエルバッハによって論じられた)修辞という概念、および歴史的語りにおける修辞の役割へと再び関心を向けなおそうとしている。つまり、関心の対象となるのは西洋文化における歴史の使用および誤用に関する考察＝反省というコンテクストのなかで議論される修辞的な因果関係、歴史の重荷および歴史的回想における記憶と忘却の役割、そして歴史の公共的使用という問題である。

最初の段階でホワイトの諸理論の基本的な前提は定まっていた。注目すべき特徴は、実証主義的な歴史研究を攻撃した新‐観念主義者たち(ディルタイ、ドロイゼン、クローチェ、コリングウッド)への関心であろう。当時ホワイトは、自己‐認識を与える道徳的学というコリングウッドによる歴史定義を採用していたのである。

第二段階の幕開けを告げる論考「歴史の重荷」のなかには、それよりも初期の諸テクストに現われていたモティーフを発見することができる。たとえば、歴史の使用や現代世界における歴史の役割に関係したニーチェ的な問いがそれである。ホワイトはニーチェと同様、歴史家の使命は過去を蘇生させることではなく、過去が押しつけてくるあらゆる束縛からわれわれを解放することであると論じている。彼が後に書くことになるように、「問題はいかにして歴史に立ち入るかではなく、いかにしてそこから出てくるかであると言えるだろう」。論考「歴史の重荷」におけるホワイトは、みずからの知的先駆者たちの流儀に倣い、当時影響力の強かった雑誌『歴史と理論』で展開されていた分析的・初期物語論的な論争を出発点に、文学的解釈の方へと向かうことになる。歴史と文学に共通な足場を探求しようとする彼は、この両者の対立を基盤にしている歴史叙述のあり方を問題視するのだ。つまり、彼は歴史叙述の歴史化を試み、想像力が過去のイメージをつくり上げる際に果たす役割を強調したのである。

構造主義がまさにピークに達する頃刊行された『メタヒストリー』は、ホワイトが以前から抱いてきた知の歴史への関心から生まれたものであるが、それは同時にまた、構造主義をさまざまな言説の研究に応用しようとする彼のその後の関心が生み出した産物でもある。この著作は今日、歴史叙述の理論および歴史において、第二次世界大戦後――つまり、テクスト主義や構成主義へ向けてのターニング・ポイント――の最も重要な仕事であるとみなされている。

『メタヒストリー』は物語的歴史哲学という研究企図を明確に打ち出しているために、歴史著作の本質を議論するうえでの中心的なテクストとなっている。このテクストは事実と虚構との区別、現実的な出来事と想像的な出来事との相違を破棄するもの、つまりはアリストテレスによって確立され、十九世紀には「科学的」学としての歴史学を構想したランケによって確認された諸原則を踏みにじるものと思われたのだ。確かにホワイトのこの本は、実証的な歴史研究に反旗を翻した典型的な著作だと言える。だが、この本はまた多くの点で、歴史説明における法則論的（科学的）な研究と物語論的（文学的）な研究との連携を試みようともしているのである。

概していうなら、『メタヒストリー』は歴史を経験的なもの以上に構成的なものとして提示している。すなわち、説明を旨とする科学というよりも、むしろ解釈的な（芸）術として考えているのだ。そこでは、モデル、法則論的な説明、論理規則がそれぞれ比喩、言説の原理、修辞的な作用＝戯れに取って代わられている。この書物の与える歴史研究についての形式的理論は、歴史的著作の書かれ方を研究するうえでも有効な分析装置となる。

ホワイトは歴史叙述を多元レヴェル的な言説として取り扱ったが、彼はそうすることで、歴史叙述がいかに多くの点において、科学と（芸）術との区別が認識されなかった時代に特有な思考法に縛られつづけたままであるのかを証明してみせたのである。

ホワイトの歴史書法の詩学のなかで最もよく知られているのは、その比喩理論（比喩的解釈）である。バーク、ヤーコブソン、ヴィーコに倣い、さらにはポスト・ルネサンス期の修辞学から示唆を与えられ、ホワイトは四つの「主要な」比喩――隠喩、換喩、提喩、反語《アイロニー》――にもとづくモデルを提案した。ホワイトの比喩的解釈に見られる「思弁的な」要素はヴィーコから来ている。ホワイトはヴィーコと同じように、比喩（ギリシア語のtrópos）を転換、変化、言説における一つのイメージから別のイメージへの移行として考究している。ホワイトの比喩的解釈の特徴は四つの比喩間に設けられたヒエラルキーであり、そこでは反語《アイロニー》が支配的なメタ比喩（metatrope）と考えられている。隠喩、換喩、提喩は「素朴な」比喩と捉えられている。なぜなら、これら三つの比喩が用いられる際には、言語は比喩的表現によって事物の本質を把握することができるということが前提とされているからである。対照的に、反語の方は自己‐意識や自己自身の主張からの脱離と結びついている（アポリアが反語的言語の最良の道具である所以はこうした事情にある）。反語とは、意識展開のなかで言語自体の問題含みな本性が認識されるあの特別な舞台を表象する比喩なのである。

その後の論考や書物において（第三段階）、ホワイトは自身の理論を発展・修正するが、基本的な前提はそのまま維持されている。すなわち、物語＝語りはメタコード（metacode）、すなわち人間の普遍的な特質であり、世界について思考することは物語的性格を有している、ということである。現実とは意味を欠いた出来事の流れにすぎない。われわれの人生に生じる出来事は歴史家たちによって研究される歴史記録と同じように無定形なものであるし、過去も過去そのものとして理解されることはありえない。というのも、過去は意味のない事実、事態、出来事によって構成されているからである。歴史家の使命は歴史的過去という「散文」を歴史叙述という「詩」

に置き換えること――すなわち、過去を歴史へと翻訳すること――であり、この翻訳の際に便利な道具として役立つのが認識（anagnorisis）の四つの比喩なのである。

　第四段階におけるホワイトの主たる関心は、人文諸科学で現在議論されているキー・トピックスを考えることであるが、そこには主観＝主体性、倫理、知と権力の関係といったものが含まれている。はなばなしい議論を巻き起こした論考「歴史的構想化と真実の問題」は第三段階での議論を継承する形で、トラウマ的な歴史的出来事を表象する際の限界性という問題に取り組んでいる。このことは、分析や解釈の倫理とも緊密に関わるものと言えるだろう。

　一九九〇年代半ばから、いくつかの概念――修辞的表現、遂行＝成就、尺度（kairos）、変性ないしは変質と定義される変化、アイデンティティなど――が以前にもましてホワイトの語彙に頻繁に立ち現われるようになる。（アウエルバッハから採られた）修辞的表現という考え方に対する関心は既に『形式の内容』にも判然とうかがうことができるが、最近こうした関心はそれまでとは異なる転回を示している。修辞的表現を言説の根本的な要素として扱いながら、ホワイトはそれを言説がそこから発しそこへ帰っていく「一つのイメージ」と定義づけている。これは修辞的表現（figure）と、既にホワイトが「言説における一つのイメージから別のイメージへの移行」と定義していた比喩（trope）との明確な区別を意味している。つまりホワイトの言説観において、「修辞的な創造説」（figural creationism）が「比喩的進化説」（tropal evolutionism）に取って代わったと言うことができるであろう。

　ホワイトにとって修辞的表現という考えは新しいパラダイムへの途を拓くものであった。そうした考え方はフロイトやラカンの精神分析的視点から考究されることで、新しい解釈の可能性を開示したのである。修辞的表現は言説の意識から言説の無意識――こちらもまた修辞的に規定されている――への移行を示す出発点をなすものである。ホワイトはフロイトに倣い、修辞化（figuration）という概念を用いて意識に言説の基盤を回復させようとしているように思われる。フロイトは修辞化という考えを夢作用の顕在的な次元と潜在的な次元を仲介する数かずの異なった様態を説明するために用いた。他方ホワイトは、修辞化が詩的創造性や創意を理解するうえで根本的に重要であることを強調している。こうしたコンテクストにおいては、歴史的な知は常に事後的に作用するのだから、そこには不可避的に後方へと投影される一種の歴史的因果性が存在すると示唆してよいであろう。これは原因が結果に先立つことを常に前提としてきた旧来型の歴史的因果性に代わるものと考えられよう。それはつまり一種の回顧的・遡及的因果性であり、そこではあらゆる現在に先立つ数多くの過去を生産するものとして未来を捉えることが可能になるのである。このような観点から眺めるなら、修辞的表現の研究はこれまで言説的な無意識のうちに留まってきた研究・解釈の新領域を指向するものと言えるだろう。

53 ウースター・グループ The Wooster Group 1980-

リビドー的パフォーマンスの政治性

グレッグ・ギーゼカム

近年の演劇とポストモダニズムを語るに際して、ウースター・グループに関する議論はたびたび繰り返されるモティーフとなっている。手に入った素材や日常的活動の高踏的なものであれ大衆的なものであれさまざまな文化形態やテクストとのコラージュや、高度の間テクスト性をともなうパスティーシュや引用の使用、アイロニーを帯びた自意識的なパフォーマンス、統一的な意味の附与をこばむ断片的な行列のような構造などといったものは、彼らがポストモダン演劇の旗手と呼ばれる原因となった彼らの作品のほんの一面にすぎない。だが、ポストモダンの旗手という地位は、この二五年のあいだの公演回数や、ニューヨークや国際的な巡回公演での散発的な公演を目にした観客の数からすると、最初は破格なものと感じられるかもしれない。劇団のメンバーたちは理論にはたいして興味をもっていないと言うが、逆説的にも、彼らの作品上演はポストモダンの古典となっている。とくに、彼らの作品は、ポストモダン演劇が反体制的政治思想を表現できるかという問題をめぐる論争、とりわけオースランダー（Auslander 1987）、シェクナー（Schechner 1987）、ビリンガー（Birringer 1988）らの議論の重要な対象となっているのである。

興味深いことに、ウースター・グループは、別の劇団（リチャード・シェクナー・パフォーマンス・グループ）からできたものである。その際に、どのようなときに一つの劇団が別の劇団になることができるのか、とか、新しい劇団には古い劇団のどのような特徴が引き継がれることになるのか、などといった論争が交わされている。

エリザベス・ルコントとスポルディング・グレイほか数名が、ウースター・グループ作品として知られることになる四作（『ロード・アイランド三部作』と『ポイント・ジューディス』）の最初の作品となる『サカネット・ポイント』をシェクナーの手を借りずに上演したのは一九七五年のことだが、リチャード・シェクナー・パフォーマンス・グループが正式に解散しニューヨーク、ウースター街の劇場使用権がウースター・グループに移ったのは、一九八〇年のことである。彼らの作品は、一九六〇年代、七〇年代の実験演劇の作品の例にもれず、ポストモダン思想のある領域の知的系譜で大きな存在となっている、ブレヒトとアルトーの相反する影響のもとにあった。ブレヒトは、イリュージョン生成を目的とする自然主義演劇の装置の破壊をめざし、上演の歴史化を力を込めて主張し、俳優と台本、観客と俳優の同一化という演劇的伝統の転覆の必要性を説いた。アルトーは、文学的台本の支配を拒絶する、より本能的で、非理性的、非表象的な演劇を構想した。こうした要素が、発展途上にあったウースター・グループの上演にたいするアプローチにも影を落としているのだ。

『サカネット・ポイント』創作の原点となったのは、即興から——どのような作品となるかという見通しなしに——一つの作品をつくり上げたいというスポルディング・グレイの願望である。「演劇というよりはダンス作品」で「セザンヌの絵画に相当する形式を見いだそうとする」試み（Savran 1986: 59 に引用されたルコントの発言）である『サカネット・ポイント』は、作者の子供時代のイメージと回想をつきつめた作品である。作品の標題となっているのは、グレイが子供の頃に訪れたロード・アイランドの一角の地名であり、扱われている素材のなにがしかは彼の記憶から掘り起こされたものである。だが、リハーサルの際に持ちこまれた考えや事物にたいする他の出演者たちの反応も、それに劣らず重要な要素となっている。チャイコフスキーや、童謡、鳥笛の音などを組み合わせたコラージュ的な音楽と心理主義的アプローチを控えたタスク形式の演技を用いたこの「雰囲気の作品《ムード・ピース》」がロバート・ウィルソン〔一九四一年—。米国の演出家〕の影響下にあることは明らかである。グレイは彼のワークショップに参加したことがあり、ルコントは彼の『盲人の視線』を「論理よりも音楽の形態」ゆえに称讃している（Savran 1986: 4）。第二作『ラミスティック・ロード』は自伝的素材に依拠していることが前作よりもさらに明白な作品で、そのサウンドトラックは、主としてグレイが親戚や母親の精神科医とのあいだに交わした母親の自殺をめぐる議論の録音から構成されている（作曲されていると言うのは語弊があるだろう）。しかしながら、この作品でも三人の出演者（リビー・ハウズとロン・ヴォーター、グレイ）は、録音テープに出てくる三人の人物をそのまま演じているのではなく、テープにたいする彼ら三人の反応から現われる、録音内容と同時に進行する一連の身体所作を生み出している。これらの作品の制作のあいだに、共同作業による創作を組織するルコントの演出家としての役割が確立していく。

次の二作における重要な展開は、二十世紀の主要な演劇台本からの抜粋を批評的に味つけしたものを取り入れたことである。『ナイヤット・スクール』にはT・S・エリオットの『カクテル・パーティ』が全篇にわたって織りこまれており、『ポイント・ジューディス』には、グレイによる三〇分のユージーン・オニール『夜への長い旅路』上演が含まれている。ウースター・グループのそれ以降のほとんどの作品は、その創作の過程で「見つかった」素材の一部として古典的テクストを取りこんでいる。多くの場合、それらは、劇団が創作した筋の展開とともに、大衆文化から取られたテクストや所作とでコラージュされている。

これらの作品のなかで開拓されたその他のアプローチには、次のようなものが含まれる。作品ごとにかたちを変えて繰り返し現われる一連の舞台装置（赤いテントや、骨組みだけの家、長いテーブルなど）の使用や、登場人物になりきるというよりも役を演じているという感じを与える正面を向いた上演スタイルの採用、けっして「自分自身の役をしている」のではないのに行なわれる舞台における出演者の本名の使用、台本が前もって用意された（強制力のある）ものであることを示すための台本の読み上げ、自然主義的な演技にはつきものの抑揚を無視した早口の発声法、舞台上の出来事を導入、指示、解説する説明役または司会者の存在、観客に見えるところで蓄音機によって演奏され、しばしばテクストや所作と皮肉なコントラストをなすか、逆に皮肉なまでに過剰な合致を示す、クラシック、ポピュラーをとり混ぜた音楽の多用、脱線となる猥褻でポルノ的なテクストの使用、物語の展開と無関係に筋に割り込むように見えるダンスの使用、ライヴ・パフォーマンスにおけるヴィデオの使用、などである。

ルコントは、テクストを自由奔放に扱っているように見えるが、彼女自身の言によれば、使われているのは彼女が高く評価しているものであるという。もっとも、この発言は、それぞれの作品の性質にかんがみて留保をつけなければならないだろうが。彼女の言葉を額面どおりに受けとれば、彼女の作品は、グループのメンバーと問題のテクストの出会いという出来事を舞台にのせようとするものということになる。たとえば、『ルート・ワン・アンド・ナイン』（1981）の出発点となっているのは、ソーントン・ワイルダーの『わが町』にたいする彼女の心酔である。彼女はこの劇に見られるヒューマニズムと郷愁を誘うアメリカのイメージに心酔しているのだが、この劇がアメリカ人の想像力のなかで神聖化されていることに苛立ちを感じてもいる。このパフォーマンス作品は、『わが町』の主題を究明し、この劇を芸術のもつ癒やしと普遍化の力にたいするヒューマニスト的な見方のなかに位置づける、クリフトン・ファディマンによるレクチャーを再現する、ロン・ヴォーター出演の二〇分間のヴィデオではじまる。ヴォーターの無表情な演技と、この「レクチャー」の演じ方や写し方が、これからあとに出てくる『わが町』からの抜粋を見る際の、アイロニーをはらんだ枠を生み出している。このヴィデオ映像はソープ・オペラばりの「クローズアップ」でモニターに映し出されるが、モニターは、家を建てる手順を滑稽な身振りで演じ、乱痴気騒ぎを繰り広げ、ピッグミート・マーカムのヴォードヴィル・ショーのネタをいくつも演じる黒塗りの演者たちの上につり下げられている。

その後の作品で用いられた演劇のテクストには、『LSD（……まさに絶頂のとき……）』（1984）におけるアーサー・ミラーの『るつぼ』、『フランク・デルによる聖アントニウスの誘惑』（1987）におけるフロベールの『聖アントワーヌの誘惑』、『家／灯』（1997）におけるチェーホフの『三人姉妹』（『元気を出せ』［1990］と『魚物語』

［1993］）、オニールの『ジョーンズ皇帝』（1993）と『毛深い猿』（1997）、ガートルード・スタインの『灯りをともすファウスト博士』などがある。

どの場合も、さまざまな動きや他のテクストが最初のテクストにまとわりついていき、しばしば観客にはそれが無作為的なものと見えるが、多くの場合制作段階で生まれた連合的飛躍の産物なのである。（ウースター・グループのショウはふつう制作に長い時間がかけられ、制作途中にいくつもの違ったヴァージョンが公開される。作品は、最長で五年間レパートリーにとどまり――そして進化し――つづけ、最初の上演から最後の上演までのあいだに大きな変化を示す。）『LSD』の場合、メンバーの一人がティモシー・リアリーの演説の録音を持ち込んでいる。ルコントは、彼の声の音調と偏執狂的なところに惹かれ、（最初のヴァージョンでは）二〇分間のこの録音を『るつぼ』の前に入れることにし、『るつぼ』の背景にあるマッカーサーの魔女狩りと近年の麻薬取締りをめぐる魔女狩りを関連づけている。ウースター・グループが『るつぼ』を茶化していると感じたアーサー・ミラーが上演差し止め命令を裁判所に出させると、マイケル・カービーは『るつぼ』を下敷きにした台本を書き上げている。その間に、リアリーのベビーシッターが、リアリーのミルブルック・コミューンにおける生活の回想を劇団に寄せ、それが、リアリーの息子ジャッキーの回想とともに取り入れられることになる。『るつぼ』のテクストに一九六〇年代のカウンターカルチャーに関連するさまざまな素材が付け加えられていくなかで、劇団は、LSDを服用してリハーサルをする自分たちの姿を撮影しようと決める。こうして、彼らの振舞いを再現したものがショウの第三部となる。これに、ロン・ヴォーターがマイアミで撮った――テレビドラマ『マイアミ・ヴァイス』に出演した直後のことだ――映像が、リアリーとウォーターゲイト事件のこそ泥ゴードン・リディ（彼はマイアミのCIAで働いていた）の議論の再現とともに付け加えられる。そして今度はこれが、インチキなラテン・アメリカ風のダンス挿入のきっかけになる。作品は、こうしたさまざまな所作やテクストなどの縒《よ》り糸を、描かれた出来事の整然とした統一ある解釈にまとめ上げることを拒絶している。それどころか、この「雑然さ」が、劇団や社会における、扱われている問題や人物にたいする見解の対立を具現しているのである。

このようにさまざまな素材を取り合わせたものだと書くと、『ＬＳＤ』は混乱に満ちた作品と思えるかもしれないが、実際のところ、次作の『フランク・デルによる聖アントニウスの誘惑』に比べれば古めかしい「ウェルーメイドな」劇と言える。そちらのほうで利用されている素材は、イングマール・ベルイマンの『魔術師』、ギュスターヴ・フロベールの『聖アントワーヌの誘惑』、ピーター・セラーズとの共作で振付けられたダンス、ジェラルディーン・カミングズの『不死への道』、レニー・ブルース〔一九二五―六六年。米国のコメディアン〕の伝記と録音、ケーブル・テレビのチャンネルＪで放送されている裸のトーク・ショウをまねたヴィデオ、ケン・コブラント制作の映画『フロベールが旅を夢見るが、母親の病気で実現できない』、『ＬＳＤ』に出演していたスペインの舞踊団――ドナ・シエラとデル・フエゴス――、マーチン・スコセッシ監督の『キリスト最後の誘惑』にキリスト役として出演したウィレム・デフォーの姿やリハーサルの中断を余儀なくした事件などを含む、さまざまな映像などである。

ウースター・グループに好意的な者たちはこうした映像やテクストの並置の潜在的に脱構築的な効果を強調してきたが、敵意を示す批評家の陣営は彼らが古典的テクストを切りさいなんでいると言って批判し、そのコラージュ的手法を意図的に混乱をもたらすものとして攻撃してきた。彼らが開かれたテクストによるパフォーマンスを行なっているという主張は、あまりに多くの素材や上演スタイルを用い、しかもそれらがなにかに言及するものであることが、文化的なクロス・レファレンスや間テクスト性のゲームにつきあうことができるごく少数の「きわめて有能な」観客以外のものを排斥する作品につながりかねない、という批判によってひっくり返されてきたのである。ウースター・グループをブレヒト的な異化と歴史化を追究する劇団と見なそうとするのとは対照的に、フラムジ・ミンワラは、以下のように主張している。

> ブレヒト的な弁証法は、ウースター・グループの作品に見られるばらばらの分裂ぶりに比べて、はるかに効果的に概念の再検討を迫るものである。ブレヒトは、われわれに知識をもった視座からのみ判断することを要求する。だが、ウースター・グループは、吸収と同化をわれわれに求める。しかも、感情の鈍麻につながる感情の飽和状態でそうするよう迫るのである。（Minwalla 1992: 9）

一九八六年にウースター・グループの制作プロセスの理解にたいして大きな貢献となる研究を発表したデイヴィッド・サヴランでさえも、『聖アントニウス』を見て自分は「あまりにも微妙であまりにも際限なく懐疑的で、ほとんどそれ自体の脱構築をするだけの文化批評を行なう芸術家（と批評家）にたいして次第に懐疑的になってきた」と書いている（Savran 1991: 53）。

劇団は、作品によってだけでなく、議論の場でも、こうした批判に身をさらしてきた。ルコントらは、作品は、政治に関するものであれなんであれ、特定のメッセージや意味を示そうとするものではないと主張しているのである。リオタールの言う「これから行なわれることを示すルールを定めるためのルールなしに作業を行なう」（Lyotard 1984: 81）芸術家と同様に、ルコントは「なにかが明白になるのは以後のことで、けっして最初から明らかなものなどない」と論じている。彼女自身の言葉によれば、彼女にとっていちばん関心があるのは作品中のさまざまな要素に「意味をなすことを求めないで、一体となって空間のなかに存在させることであり、意味あるものをつくろうとなどしていない」という（Kaye 1996: 254, 256）。さらに、ウースター・グループのメンバーは芸術の論争性をたえず否定し、劇中で示される政治的姿勢を括弧でくくる誘惑に抗してきた。『ルート・ワン・アンド・ナイン』の、顔を黒塗りにして現われるピッグミート・マーカムのネタに見られる人種差別的ステレオタイプの使用によって、劇団は人種差別的であるとの批判を浴び、ニューヨーク市の芸術審議会からの助成金を失う羽目におちいった。また、『ポイント・ジューディス』におけるポルノ的で性差別的な会話の多用は、抗議する女性観客たちの退場という事態を惹き起こし、女性差別との批判をまねいている。さらに、『ルート・ワン・アンド・ナイン』掉尾のポルノ的映像は、女優の扱いがひどいとの理由で批判にさらされた。彼らは、こうした攻撃に臆することもなく、そのあとの『家／灯』と『ジョーンズ皇帝』でも黒塗りの顔やポルノ的イメージを引きつづき使用している。ウースター・グループは、劇中で示される姿勢にたいして距離をおいた解説役の言葉を加えたほうが「より安全」だったかもしれないということは認めつつも、そのようなことは欺瞞であり、また観客の苛立ちを抑えることにもつながらないとしている。というのも、自分たちが民族差別と性差別から完全に自由であると主張する気など彼らのほうにはさらになく、一方の観客たちは差別から完全に自由だという自己満足に浸っていられるからだ。

このように道徳的優位に立つことを拒絶する彼らの姿勢にたいして、擁護する側は概して次の二つのうちどちらかの道筋をとることになる。一つは、グループのパフォーマンス作品における意図の欠如や挑発的な要素の存在を認めながらも、進歩的な政治的解釈が適用できる側面を特権化する言説分析または主題論的分析を行なう道である。たとえば、『ルート・ワン・アンド・ナイン』における黒塗りの顔はワイルダーの劇の白人だけの世界をあからさまに批判し、『ＬＳＤ』第二部で男性はマイクに向かって話し女性はそうしないという事実は家父長制社会の抑圧を表現している、などといった解釈が示されている。そうした解釈の試みにはなるほどと思わせる点もあるものの、それらは、ウースター・グループの作品の実際の上演がさまざまな度合いの「強度」の変化によって観客に働きかけていることを過小評価している。そうした解釈が、ポストモダニズムの作品においては概して強度などといったものは明確に認識されないというジェイムソンの主張を念頭に置いて下されたものだから だ。一方、ケイやオースランダーなどの批評家たちは、グループの作品は「政治的なラディカルと反動の混同をおかす危険をはらんでおり」、「取りこんでいる素材と無意識のうちに共犯関係を結んでいるとの批判をまぬかれない」ことを認めている（Kaye 1994: 128）。しかしながら、グループの作品の政治的姿勢は、一石を投じるというまさにそのことや、完結に向かって進むことを拒絶する姿勢、さらにはパフォーマンスのスタイルが演者の存在と権威をなし崩しにし観客に判断を求めるものとなっていることにこそ存するのだ、と彼らは主張している。言うまでもなく、ポストモダニズム作品の反表象的要素を批判する者たちは、ウースター・グループの作品におけるポストモダニズムの抵抗的姿勢を詳述しようとすることは無意味だと考えてきた。

このように政治的擁護の必要性が叫ばれている以上、グループの作品をリビドー的快楽をもとに評価しようとする者がほとんどいないのは必然的な流れである。だが、ショウを思い起こし、同じショウを観たことがある者たちと論じ合うとき、まず頭に思い浮かぶのは、暗くグロテスクな要素よりも、パフォーマンスそのもののあふれんばかりの楽しさである。出演者たちがスタイルやトーン、役柄を次つぎと変えていくみごとな手さばきや、『ルート・ワン・アンド・ナイン』や『元気を出せ』におけるダンスの度を超した喜劇性や官能性（後者のグラスゴー公演の際、メンバー全員によるすばらしい振付けのポリネシア・ダンスが満場をうならせた）が、まず思い出されるのである。

スコット・ラッシュによる、「形象」形成の系譜――ニーチェを淵源としてシュール・レアリストたちやアルトーを経てソンタグや初期の（『リビドー経済』［1974］における）リオタールにいたる――としてのポストモダニズムの位置づけを熟知している者は、モダニズムにおける言説の主旨の強調と対照的な官能とリビドー的なものの重視をこの系譜に見いだすだろう。グループの作品はときとしてブレヒト流の言説的伝統に接近し、またルコントも自分の創作の形式主義的傾向について語っており、グループの作品にその特徴が見られることはたしかだ。だが、それらは概して形態への関心によってかたちづくられ、認識よりもリビドーによる反応を喚起するものとなっている。そうであるから、それらが政治的行動を要求するものであるとすれば、その要求は、この系譜に関連づけられる議論に依拠したものとなる。だが、この系譜に属する者たちは、ナイーヴで無責任であるとの批判につねにさらされている。そうした批判が、パフォーミング・ガレージや前衛的な巡回公演先にウースター・グループを観に集まる人たちよりももっと「一般的な」観客を求める、道徳的または政治的な姿勢をもっとはっきりと示す芸術を好む者たちから寄せられるのだ。

訳者あとがき

本書は *Postmodernism : The Key Figures*, edited by Hans Bertens and Joseph Natoli, Blackwell Publishers, 2002 の全訳である。翻訳にあたっては、邦訳のある文献については適宜参照し、訳文をそのまま採用するか、部分的に改変する形で利用させていただいた。

二人の編者たちも認識しているように、ポストモダニズム、ポストモダニスト、ポストモダニティ、ポストモダンといった用語の扱いについては、論者によって見解がさまざまであり、現在に至るまで必ずしも統一的なコンセプトが与えられているわけではない。編者によるなら、ポストモダニズムとは一九五〇年代に登場し、六〇年代に勢いを得、七〇—八〇年代に芸術・文化の諸分野を席捲した思潮を総称する用語ということになる。そして、おそらく現代もまた、このポストモダンな動きを継承する時代と考えてよいだろう。

ポストモダニストたちが共有する最も重要な関心事は、「大きな物語の終焉」（ジャン゠フランソワ・リオタール）、すなわち、普遍的・客観的・超越的真理゠価値観の崩壊、という問題に収斂される。彼らは、自己同一性、自律的主体性、言語の透明性、といった考え方を疑念視し、他者性、決定不可能性、差異（差延）、アポリア、といった問題を積極的に前景化しようとするのだ。

ところで、ポストモダニズムに関する入門書や研究書は数多く刊行されているが、本書の特筆すべき特徴は、次の三点にあると思われる。第一は、執筆対象に選ばれたキーパーソンたちの多様性である。全五三項目のなかには、ジャック・デリダ、ジャン゠フランソワ・リオタール、ジャン・ボードリヤールなど、類書でもお馴染みの面々に加え、おそらく読者が初めて知ることになるような思想家や芸術家たちの名前も数多く含まれている。

また、そのステイタスも、小説家、詩人、哲学者、文学理論家、音楽家、映画監督、建築家、科学思想家、舞台演出家、写真家、歴史家、コンセプチュアル・アーティスト、画家、など、極めて変化に富んでいる。第二点目の特徴としては、執筆陣の多様性＝国際性が挙げられる。ハンス・ベルテンス（オランダ・ユトレヒト大学）、ジョウゼフ・ナトーリ（アメリカ・ミシガン州立大学）を中心に、世界各地で活躍する総勢四七人の研究者たちが参加して編まれたこの本は、国際的な共同研究の優れたモデル例として読むこともできるであろう。そして、最後に是非指摘しておきたい本書の最も重要な特徴は、各執筆者の個性豊かな叙述スタイルにある。個々の文章は、それぞれのキーパーソンたちの略歴や仕事に関する紹介的な記述を提示すると同時に、執筆者各自の視点から為された分析や「読み」に多くの字数を割いている。一つひとつの項目は、入門的な情報をコンパクトな形で提供することに留まらず、学問的な議論を展開する小論文のようなものとして書かれているのだ。したがって、そのスタイル（形式や文体）や切り口は筆者によってさまざまであり、読者は論調の異なるエクリチュールの競演・饗宴をたっぷりと味わうことができる。どこから読み始めてもよいだろう。読者がそれぞれの関心に応じて一項目ずつ読み進め、やがて五三項目全体に目を通し終えたとき、執筆者たちが提示しようとしているポストモダニズムなるもののイメージが鮮やかな輪郭を具えて浮上してくることを期待したいと思う。

二人の編者について簡単に紹介しておこう。

ハンス・ベルテンスはオランダのユトレヒト大学教授で、アメリカ研究と比較文学研究を専門としている。ポストモダニズムや文学理論に関する著作も多く、主な著書に、*The Idea of the Postmodern: A History*（1995）、*Literary Theory: The Basics*（2001）がある。

ジョウゼフ・ナトーリはアメリカのミシガン州立大学に所属する研究者で、一九九〇年代のアメリカ文化史研究を中心に、ポストモダニズムに関する諸問題について精力的な発言を展開している。主な著書に、*Hauntings*（1994）、*A Primer to Postmodernity*（1997）、*Speeding to the Millennium*（1998）、*Postmodern Journeys*（2000）がある。

翻訳の作業にあたっては、五人の訳者がそれぞれ分担訳出した原稿を突き合わせて検討・推敲し、訳語、用語などの統一を行なった。この作業はほとんど新曜社編集部の渦岡謙一さんの手を煩わせる結果になってしまった。渦岡さんの並々ならぬ御尽力に対し、訳者一同、心より感謝したいと思います。巻末に付された膨大な「書誌」の邦訳文献調査は竹内君に、人名・事項索引の取りまとめ作業は渦岡さんと須藤さんにお願いした。

この本が少しでも多くの読者たちの手に委ねられ、現代の諸問題について考える際の有効なツールとなることを願いながら。

二〇〇五年四月二十四日

訳者を代表して　土田知則

人名索引

ア　行

アイゼナー Steven Izenour　286, 488, 490

アイゼンハワー Dwight D. Eisenhawer　65, 163, 165

アイゼンマン Peter Eisenman　196

アインシュタイン Albert Einstein　74, 278, 322, 332

アウエルバッハ Erich Auerbach　503, 506, 509

アヴェロエス Averroës　108

アクィナス St. Thomas Aquinas　206

アクロイド Peter Ackroyd　17-25, 240-242, 471

アシュベリー John Ashbery　20, 34-43

アースキン Raiph Erskine　305

アタートン Peter Atterton　364

アッカー Kathy Acker　16

アーデン John Arden　231

アドルノ Theodor Adorno　113, 114, 475

アパデュライ Arjun Appadurai　396

アミラン Eyal Amiran　450

アリオスト Ludovico Ariosto　127

アリギ Giovanni Arrighi　299-301

アリストテレス Aristote　192, 193, 236, 240, 371, 507

アリミ Serge Halimi　205

アルチュセール Louis Althusser　26-33, 90, 263, 297, 314, 316, 343, 345-347, 350, 351, 353

アルトー Antonin Artaud　87, 88, 171, 194, 512, 519

アレン Woody Allen　15

アーレント Arendt, Hanna　259

アンスワース John Unsworth　271

アンダーソン, ローリー Laurie Anderson　16, 488

アンダーソン, ペリー Perry Anderson　291

アントニオーニ Michelangelo Antonioni　207

アントル Martine Antle　199

イーグルトン Terry Eagleton　15, 291, 348

イーザー Wolfgang Iser　124

イシイ Ishii Mitsuru　144

イリガライ Luce Irigaray　320, 394

イングルハート Ronald Inglehart　12

ヴァッティモ Gianni Vattimo　474-484

ヴァルザー Jack Walser　131

ヴァレリー Paul Valéry　126, 129, 253

ヴィーコ Giambattista Vico　503, 508

ウィッチウッド Charles Wychwood　20, 21

ヴィットリーニ Elio Vittorini　125

ヴィトゲンシュタイン Ludwig Wittgenstein　72, 253, 334, 390, 462

ウィリアムズ, ウィリアム・カーロス William Carlos Williams　36

ウィリアムズ, テネシー Tennessee Williams　384

ウィリアムズ, レイモンド Raymond Williams　177, 468

ウィル George Will　182

ウィルソン, ヘンリー Collin Henry Wilson　232

ウィルソン, ロバート Robert Wilson　512

ウィンターソン Jeannette Winterson　23, 25, 242

ヴェイユ Simone Weil　85

ウェイン John Wain　231, 232

ウェストフォール Suzanne Westfall　148

ウェッブ Kate Webb　136

ウェーバー Max Weber　160, 224, 503

ウェーベルン Anton Webern　117, 118

ウェルマー Albrecht Wellmer　387

ヴェンチューリ Robert Venturi　286, 292, 302, 303, 305, 306, 485-492

ウォー Patricia Waugh　17, 273, 467
ヴォーター Ron Vawter　513-515
ヴォネガット Kurt Vonnegut　235, 274, 411, 493-501
ウォーホール Andy Warhol　423, 491
ウォーレス Michele Wallace　395, 436, 437
ヴォロシノフ V. N. Voloshinov　79
ウースター・グループ Wooster Group　511-519
ウッツォン J. Utzon　305
ウリポ Oulipo　123
ウルフ, ヴァージニア Virginia Woolf　171, 236, 405, 503
ウルフ, クリスチャン Christian Wolff　116
ウルフ, リチャード　Richard D. Wolff　26
エイミス Kingsley Amis　231, 232
エーコ Umberto Eco　124, 206-214, 427
エマーソン R. W. Emerson　253, 257, 260, 261
エメット Paul Emmet　273
エリオット T. S. Eliot　38, 39, 272, 415, 432, 433, 487, 513
エリス Bret Easton Ellis　16
エルキン Stanley Elkin　235, 252
エンライト D. J. Enright　231
オヴィディウス Ovid　129
オーウェル George Orwell　418, 440
オーウェンズ Craig Owens　317
オコナー Flannery O'Connor　274
オースター Paul Auster　44-52
オスティ Louis Osti　39
オズボーン John Osborne　231
オースランダー Philip Auslander　141, 359, 360, 511, 518
オーデン W. H. Auden　39
オニール Eugene O'Neill　513, 515
オネガ Susana Onega　17, 231
オブライエン Flann O'Brien　18, 239
オリヴァー Douglas Oliver　22
オルソン Charles Olson　112
オールデンバーグ Claus Oldenburg　491

カ　行

ガイ Paula Geyh　279, 311
カヴァイエス Jean Cavaillés　224
カーガン Matvei Kagan　58
カーショウ Baz Kershaw　360
ガス Joanne Gass　131
カーター, アンジェラ Angela Carter　22, 131-140
カーター, ハワード Howard Carter　123
ガダマー Hans Georg Gadamer　479
ガタリ Félix Guattari　11, 107, 166-175, 320, 343
ガッダ Carlo Emilio Gadda　126, 129
カデロ James Cadello　395
ガードナー John Gardner　253, 254
カニンガム Merce Cunningham　111, 112, 114, 118, 427
ガーネット Tay Garnett　151
カービー Michael Kirby　515
カフカ Franz Kafka　18, 99, 166, 171, 194, 273
カプラン E. Ann Kaplan　393
カポッツィ Rocco Capozzi　121
カミュ Albert Camus　276
カミングズ Garaldine Cummings　516
カラー Jonathan Culler　439
カラブレーゼ Omar Calabrese　213
ガリレオ Galileo Galilei　127, 213
カール Frederick R. Karl　231
カルヴィーノ Italo Calvino　68, 121-130, 213, 214, 235
カンギレム Georges Canguilhem　217, 225
カント Immanuel Kant　58, 103, 166, 192, 193, 195, 214, 223-226, 228, 229, 311, 371, 391, 502, 503
ガン Thom Gunn　231
ギアーツ Clifford Geertz　16
ギーゼカム Greg Giesekam　511
橘高義典　Kitsutaka Yoshinori　305
ギブソン William Gibson　16
ギャス William H. Gass　252-261

ギャディス William Gaddis　64, 252
ギャロップ Jane Gallop　343
キャロル David Carroll　59, 60
ギンディン James Gindin　231
クーヴァー Robert Coover　64, 158-165, 176, 235, 274
グッドチャイルド Philip Goodchild　167
クノー Raymond Queneau　123, 126
クーパー Peter Cooper　416
クライスト Heinlich von Kleist　171
グライナー Donald Greiner　271
クライン Melanie Klein　503
グラス Philip Glass　16, 292
グラムシ Antonio Gramsci　262-270, 345, 346
クリステヴァ Julia Kristeva　53-58, 79, 87, 394, 398
クリード Barbara Creed　395
グリーナウェイ Peter Greenaway　488
グリュンシュパン Herschel Grynzspan　259
クリーリー Robert Creeley　36, 50
グリーン Graham Greene　275
グリーンバーグ Clement Greenberg　421
クルーガー Barbara Kruger　281, 311-319
グレイ, ゴールディング Golden Gray　403, 408
グレイ, スポルディング Spalding Gray　512, 513
グレマス Algirdas Julien Greimas　71, 123, 126
クロージャー Andrew Crozier　20
クローチェ Benedetto Croce　503, 506
グロッス George Grosz　273
クローネンバーグ David Cronenberg　417
クロール Lucien Kroll　305
クワイン Willard van Orman Quine　439
クーン Thomas Kuhn　320-334
クーンズ Jeff Koons　16
ゲーア Lydia Goehr　113, 114
ケイ N. Kaye　518
ケイジ John Cage　109-120, 422, 423
ゲイツ Henry Louis Gates Jr. 221, 222
ゲーテ Johann Wolfgang von Goethe　58
ケプラー Johannes Kepler　213
ゲラード Albert Guerard　271, 273
ゲーリー Frank Gehry　196
ケルナー Douglas Kellner　90, 167
ケンピス, トマス・ア Thomas à Kempis 106
ケンピス, ラルフ Ralph Kempis　23
コイレ Alexandre Koyré　224
コーエン, イーサン Ethan Coen　15, 151-157
コーエン, ジョエル Joel Coen　15, 151-157
コジェーヴ Alexandre Kojéve　87
ゴダール Jean-Luc Godard　292
ゴッホ Vincent Van Gogh　195
ゴードン, ルイス Lewis Gordon　221
ゴフ Bruce Alonzo Goff　305
コブラント Ken Kobland　516
コラス S. Colás 107
コリングウッド R. G. Collingwood　503, 506
コールダー Alexander Colder　206
コルタサル Julio Cortázar　235
ゴールドスタイン Philip Goldstein　345
ゴールドバーガー Paul Goldberger　304
コンクェスト Robert Conquest　231

サ　行

サイード Edward Said　16, 108, 221, 396
ザッヘル＝マゾッホ Leopold von Sacher-Masoch　166
サティ Erik Satie　110, 114, 115, 118
サド Donatien Alphonse François, marquis de Sade　76, 87, 132-135, 404
ザミール Shamoon Zamir　434
サーリネン Eero Saarinen　305
サルトル Jean-Paul Sartre　27, 83, 192, 193, 216-218, 221, 413, 503, 505
サンゴール Léopold Senghor　215
シェイクスピア William Shakespeare　21,

22, 102, 355
ジェイムズ, ウィリアム William James 106, 252, 253, 261
ジェイムズ, ヘンリー Henry James 72, 253, 406
ジェイムソン Fredric Jameson 12, 13, 36, 37, 83, 167, 177, 180, 183, 244, 260, 290-301, 307, 362, 385, 413, 466, 503, 518
シェクナー Richard Schechner 511, 512
ジェニングズ Elizabeth Jennings 231
ジェファーソン Blind Lemon Jefferson 148
シェリー Percy Shelley 194, 195
ジェンクス Charles Jencks 302-310, 487
シェーンベルク Arnold Schoenberg 115, 117, 118
シクスー Hélène Cixous 16, 394
ジジェク Slavoj Žižek 16
シャークト Richard Schacht 146, 147
シャピロ, デイヴィッド David Shapiro 111
シャピロ, メイヤー Meyer Shapiro 195
シャープリー＝ホワイティング T. Denean Sharpley-Whiting 218
シャーマン Cindy Sherman 281, 311, 458-465
ジャリ Alfred Jarry 411
シュヴィッタース Kurt Schwitters 114, 115
ジュネ Jean Genet 194, 195
ジュネット Gérard Genette 100
シューベルト Franz Schubert 143
シュペングラー Oswald Spengler 503
シュルツ Charles Schulz 208
シュレディンガー Erwin Schrödinger 321, 322
ジョイス James Joyce 18, 87, 106, 194, 206, 207, 236, 293, 411, 414, 450, 451, 455-457, 503
ショップトー John Shoptaw 37, 40
ジョーンズ, アミーリア Amelia Jones 315
ジョーンズ, ジム Jim Jones 494
ジョーンズ, ジャスパー Jasper Johns 491
ジョンソン, ケン Ken Johnson 313
ジョンソン, フィリップ Philip Johnson 196, 304, 308, 488
シリトー Alan Sillitoe 231, 232
シルヴァーマン Hugh F. Silverman 185
シルコ Leslie Marmon Silko 400
シンクレア Ian Sinclair 22
スヴァーリン Boris Souvarine 85
スウィフト, グレアム Graham Swift 466-473, 488
スウィフト, ジョナサン Jonathan Swift 178, 411, 415
スカリー Vincent Scully 486
スコセッシ Martin Scorsese 516
スタイナー George Steiner 256
スタイン Gertrude Stein 36, 253, 503, 515
スタイントレーガー James A. Steintrager 335
スタインバーグ Leo Steinberg 421
スターリン Iosif Vissarionovich Stalin 27, 33, 85, 346, 348-350, 352, 353
スターリング James Stirling 488
スターン, ロバート Robert Stern 304
スターン, ロレンス Laurence Sterne 411, 413
スティーヴンズ Wallace Stevens 42
スティーヴンソン, ニール Neal Stephenson 412
スティーヴンソン, ロバート Robert Louis Stevenson 126
ストラットフォード Kevin Strutford 20
ストーリー David Storey 231, 232
スピヴァック Gayatri Spivak 11, 396
スピノザ Baruch de Spinoza 27, 166
スペルマン Cardinal Spellman 434
スミス, ゴードン Thomas Gordon Smith 305
スミス, ベシー Bessie Smith 148
スミス, マリー Anna Marie Smith 351
セア Henry Sayre 111
セイジ Lorna Sage 232

セゼール Aimé Césaire　215, 216
セラーズ Peter Sellars　516
セリーヌ Louis-Ferdinand Céline　106
セルバンテス Miguel de Cervantes　106
セール Michel Serres　126
ソシュール Ferdinand de Saussure　20, 81, 123, 188-190, 208, 337, 338, 341, 342
ソヤ Edward Soja　296
ソラピュア Madeleine Sorapure　44
ソレルス Philippe Sollers　72, 87
ソロー Henry David Thoreau　50
ソンタグ Susan Sontag　519
ソーントン Big Mama Thornton　148

タ　行

ダウ William Dow　45
ダ・ヴィンチ Leonardo da Vinci　425
ダーエン Theo D'haen　63
ダグラス Christopher Douglas　176
タッカー Lindsey Tucker　131
ターナー William Turner　22
タナー Tony Tanner 274
ダニエル Jean Daniel　229
ダレル Lawrence Durrell　24
ダン John Donne　213
ダンテ Dante Alighieri 87
ダント Arthur C. Danto　503
チヴェロ Paul Civello　183
チェーホフ Anton Chekhov　514
チハーノフ Galin Tihanov　53, 61
チャイコフスキー Pëtr Ilich Tchaikovsky 512
チャタトン Thomas Chatterton　20, 21, 25
チュミ Bernard Tschumi　196
チョーサー Geoffrey Chaucer　472
チョン Ping Chong　141-150
ツヴァイテ Andrew Zweite　427
ツェラン Paul Celan　194
デイヴィス, ダグラス Douglas Davis　304
デイヴィス, トッド Todd F. Davis　493
デイヴィス, マイク Mike Davis　295
デイヴィッドソン Donald Davidson　439
ディケンズ Charles Dickens　20-22
ディズニー Walt Disney　415
ディック Philip K. Dick　412
テイラー, チャールズ Charles Taylor　446
テイラー, ラッセル J. Russell Taylor　231
ディルリク Arif Dirlik　396
ディルタイ Wilheim Dilthey　503, 506
ディレイニー Samuel Delany　412
デカルト René Descartes　11, 104, 258, 316, 440, 441
デ・クーニング Willem De Kooning　420, 421
テザウロ Emanuele Tesauro　213
デ・トーロ A. de Toro　107
テューダー David Tudor　112, 113
デュマ Alexandre Dumas　212
デュラス Marguerite Duras　199-205
デリダ Jacques Derrida　11, 19, 20, 27, 73, 76, 80, 87, 107, 124, 126, 185-198, 213, 221, 236, 308, 320, 325, 327, 332, 342, 351-353, 364, 366-369, 371, 385, 389, 392, 414, 439, 503
デリーロ Don DeLillo　176-184, 252
デルブリュック Max Delbrück　321
ドイル Conan Doyle　211
トインビー Arnold Toynbee　503
トウェイン Mark Twain　379, 494
ドゥルーズ Gilles Deleuze　11, 107, 166-175, 264, 267, 320, 325, 327, 343, 417
ドストエフスキー Fyodor Dostoevsky　55, 56-58, 88, 165, 182, 413, 444
ドゥボール Guy Debord　16
ド・マン Paul de Man　53, 56-58, 197, 325, 327, 342
ドマンスカ Ewa Domańska　502
ドミトリーク Edward Dmytryk　156
トムソン Virgil Thomson　115
トリン・ミンハ Trinh T. Minh-ha　355, 393-399
ドロイゼン Johamn Gustav Droysen　506

トロツキー Leon Trotsky 349, 500

ナ 行

ナトーリ Joseph Natoli 16, 83, 99, 151, 376
ナボコフ Vladimir Nabakov 66, 126, 235
ニクソン Richard Nixon 163, 164, 433, 490
ニコルズ David G. Nicholls 429
ニコルソン Linda Nicholson 390, 395
ニーチェ Friedrich Nietzsche 61, 84, 89, 166, 192, 197, 224, 253, 273, 325, 327, 332, 448, 475-477, 483, 506, 519
ネイス Michael Naas 197
ノリス Christopher Norris 297

ハ 行

バイアット A. S. Byatt 242, 471
ハイデガー Martin Heidegger 87, 89, 189, 192, 193, 195, 332, 368-370, 439, 443, 445, 475-480
パイパー Adrian Piper 281
ハインズ Thomas Hines 111
ハーヴィー Jennifer Harvie 354
ハーヴェイ David Harvey 16, 296
ハウズ Libby Howes 513
ハウスマン Raoul Hausmann 114
バウマン Zygmunt Bauman 16, 467
パウンド Ezra Pound 247
バーク Kenneth Burke 503, 508
ハクスタブル Ada Louise Huxtable 304
バクスター Charles Baxter 46
パクストン Steve Paxton 427
ハクスレー Aldous Huxley 98
バークリー Busby Berkeley 156
バージェス Anthony Burgess 235
バシュラール Gaston Bachelard 27, 224
バース John Barth 18, 63-70, 121, 126, 176, 213, 234, 235, 252, 271, 274, 495
パース Charles S. Peirce 208, 209, 211, 213, 214
バーセルミ Donald Barthelme 16, 235, 252, 274
バタイユ Georges Bataille 81, 83-89, 194, 202, 325, 332
パターソン Ian Patterson 20
ハッサン, イハブ Ihab Hassan 302, 386, 391
ハッサン, サリー Sally Hassan 391
ハッチ John G. Hatch 420, 458
ハッチオン Linda Hutcheon 16, 25, 44, 83, 99, 102, 134, 176, 232, 244-250, 466
パーパート Jane L. Parpart 396, 397
バーバ Homi Bhabha 11, 220, 221, 396
ハーバーマス Jürgen Habermas 15, 89, 250, 351, 395, 440
バフチン Mikhail Bakhtin 53-62, 78, 79, 131, 165, 250
ハーマン David Herman 71
ハミルトン Richard Hamilton 491
ハムソン Knut Hamson 52
ハラウェイ Donna Haraway 396
バラード J. G. Ballard 276, 417
ハーリー Erin Hurley 362
パリー Benita Parry 220
パリサー Charles Palliser 22, 24, 25, 242
バルダーストン D. Balderston 107
バルト Roland Barthes 11, 18, 20, 71-82, 112, 113, 126, 189, 197, 207, 208, 236, 239, 410, 503
パレイゾン Luigi Pareyson 206
バロウズ William Burroughs 274, 417
パーロフ, ナンシー Nancy Perloff 109
パーロフ, マージョリー Marjorie Perloff 36
パワーズ Richard Powers 16, 252
バンヴェニスト Émile Benveniste 338
バーンスタイン Richard Bernstein 439, 447
ハント Nisel Hunt 361
ハーン Lafcadio Hearn 144
ピアフ Edith Piaf 112
ビーアン Brendan Behan 231
ヒットラー Adorf Hitler 183, 255, 258, 443, 494
ヒュファッカー Robert Huffaker 235

ビリンガー J. Birringer　511
ピレッドゥ Nicoletta Pireddu　474
ピロ Pyrrho　369
ピンチョン Thomas Pynchon　64, 126, 177, 235, 244, 252, 274, 400, 410-419, 453, 495
ファイヤアーベント Paul Feyerabend　326, 332
ファイル Frank Pfeil　297
ファウルズ John Fowles　18, 19, 23, 25, 68, 231-242
ファディマン Clifton Fadiman　514
ファノン Frantz Fanon　215-222
ファールシュトレーム Öyvind Fahlström　428
フィシュバーン Evelyn Fishburn　99
フィッツジェラルド F. Scott Fitzgerald　171
フィードラー Leslie Fiedler　278
フィールディング, ジョン John Marcus Fielding　241
フィールディング, ヘンリー Henry Fielding　22
フェルドマン Morton Feldman　116, 117
フェンテス Carlos Fuentes　243-251
フォイエルバッハ Ludwig Feuerbach　224
フォークナー William Faulkner　259, 405, 406, 415, 472
フォスター, ハル Hal Foster　17, 172, 359
フォスター, ノーマン Norman Foster　17, 25, 307, 308, 408
フォッケマ Douwe Fokkema　99
フォム・ラート Ernst Eduard vom Rath　259
フォン・ムース Stanisiaus von Moos　491
フクヤマ Francis Fukuyama　180, 445
フーコー Michel Foucault　11, 27, 80, 86, 87, 100, 103, 131, 135, 137, 166, 167, 169, 170, 189, 192, 193, 197, 199, 211-213, 223-230, 267, 320, 324, 325, 332, 345, 350, 351, 353, 370, 389, 410, 417, 503, 504
フックス bell hooks　395
フッサール Edmund Husserl　185-190
フラー Blind Boy Fuller　148
フライ Northrop Frye　503
ブライアント Sylvia Bryant　138
ブラウン, スコット Denise Scott Brown　286, 485-492
ブラウン, トマス Thomas Browne　253
ブラッドベリー Malcolm Bradbury　410
プラトン Plato　23, 71, 209, 253, 318, 372, 379
フラナガン Roy C. Flannagan　271
プランク Max Planck　322
ブランショ Maurice Blanchot　16, 194, 195, 327
プリサール Marie-Françoise Plissart　196
フリーズ James Frieze　361
プリッチェット James Pritchett　119
フリート Michael Fried　111
プリン J. H. Prynne　20
ブルア David Bloor　326, 330
フルクサス Fluxus　120, 281
ブルース Lenny Bruce　516
プルースト Marcel Proust　166, 171, 440
ブルックナー Pascal Bruckner　46
ブルトン André Breton　83, 85, 88
フルニー Jean-François Fourny　83
ブルーム Harold Bloom　35, 124, 213, 414, 478
ブレイク William Blake　22, 24, 25, 231, 242, 256
フレイザー Nancy Fraser　390, 395, 447
ブレイン, ジョン John Braine　231
ブレイン, ジェラルド John Gerard Braine　232
ブーレーズ Pierre Boulez　110, 115-119
プレスリー Elvis Presley 383, 456
フレック Ludwik Fleck　326
フレッドマン Stephen Fredman　36
ブレヒト Bertolt Brecht　281, 387, 512, 516, 517, 519

フレミング Ian Fleming　208, 213
ブロー Pascale-Anne Brault　197
フロイト Sigmund Freud　28, 55, 75, 136, 138, 190, 191, 217, 277, 278, 338, 339, 342, 386, 469, 503, 509, 510
プロップ Vladimir Propp　123, 341
プロトニツキー Arkady Plotnitsky　320
フロベール Gustave Flaubert　122, 514, 516
ブンズリ James Bunzli　358
ヘイルズ Katherine Hayles　453
ペヴスナー Niklaus Pevsner　304
ベケット Samuel Beckett　18-20, 25, 66, 171, 236, 237, 275, 413, 451
ヘーゲル G. W. F. Hegel　27, 29, 55, 58, 60, 61, 84, 87, 192, 193, 195, 224, 337, 345, 346, 348-350, 353, 368, 369, 466, 470, 475, 503
ベスト Steven Best　167
ベッテルハイム Bruno Bettelheim　136, 138
ペットマン Dominic Pettman　410
ベニントン Geoffrey Bennington　197
ベーネ Carmelo Bene　171
ヘミングウェイ Ernest Hemingway　271
ヘラー Joseph Heller　252, 411
ベリオ Luciano Berio　206
ベルイマン Ingmar Bergman　516
ベルクソン Henri Bergson　84, 166
ヘルダー Johann Gottfried Herder　503
ベルタランフィ Ludwig von Bertalanffy　183
ベルテンス Hans Bertens　16, 17, 25, 106, 135, 302, 385
ベルナスコーニ Robert Bernasconi　215
ペレック Perec　126, 129
ベロー Saul Bellow　235, 274, 411
ペン Sheldon Penn　243
ベンサム Jeremy Bentham　468
ベンハビブ Seyla Benhabib　395
ベンヤミン Walter Benjamin　475
ポー Edgar Allan Poe　191
ボーア Niels Bohr　321, 325, 329, 332
ボイス Joseph Beuys　16
ホイセン Andreas Huyssen　170, 171, 177
ホイーラー Wendy Wheeler　466
ホウヴ　Thomas B. Hove　252, 400
ボーヴォワール Simone de Beauvoir　132, 133
ボウグ Ronald Bogue　166
ホガース William Hogarth　22
ホークス John Hawkes　64, 271-278, 271
ボッカッチョ Giovanni Boccaccio　123, 124
ホッジドン Barbara Hodgdon　361
ボッシュ Hieronymus Bosch　415
ポッパー Karl Popper　324
ホッブズ, トマス Thomas Hobbs　255, 260
ホッブズ, リチャード　Richard C. Hobbs　111
ボードリヤール Jean Baudrillard　12, 90-98, 100, 167, 177, 178, 290, 292, 316, 385, 416
ボードレール Charles Baudelaire　85
ホーマー Sean Homer　290
ホール Stuart Hall　265
ホルツァー Jenny Holzer　279-289, 311
ボルヘス Jorge Luis Borges　18-21, 25, 66, 68, 99-108, 121, 122, 126, 127, 129, 135, 211, 238, 247, 453
ホロウェイ John Holloway　231
ホワイト Hayden White　139, 452, 502-510
ポンジュ Francis Ponge　126, 194
ボンダネッラ Peter Bondanella　206

マ　行

マーカム Pigmeat Markham　514, 517
マキャヴェリ Niccolò Machiavelli　27
マクテル Blind Willie McTell　148
マクラフリン Robert L. McLaughlin　158
マクルーハン Marshall McLuhan　16, 286, 416
マケルロイ Joseph McElroy　252
マシューズ Charles Mathews　22
マーチャンド Marianne H. Marchand　396, 397

マッカーシー Cormac McCarthy 182
マッキンタイア Alasdair MacIntyre 446
マックヘイル Brian McHale 99, 101, 244, 248, 249
マーティン Reginald Martin 432
マノーニ Octave Mannoni 216
マーフィ Marguerritte Murphy 36, 39, 167
マラルメ Stéphane Mallarmé 38, 39, 87
マリーノ Giambattista Marino 213
マルクス Karl Marx 12, 26-33, 60, 75, 83, 84, 90-92, 96, 97, 124, 131, 196, 207, 209, 224, 243, 244, 262-264, 290-292, 294, 297, 343, 345-353, 386, 393, 394, 396, 397, 466, 503
マルケス García Márquez 68
マルロー André Malraux 88
マレーヴィッチ Kazimir Malevich 421
マン Thomas Mann 259
マンソン Charles Manson 494
マンデル Ernest Mandel 294, 296, 300
ミキックス David Mikics 431, 433
ミケランジェロ Michelangelo Buonarroti 311
ミッテラン François Mitterrand 204
ミラー, アーサー Arthur Miller 514, 515
ミラー, ジャスティン Justin Miller 159, 160, 171
ミラー, ヘンリー Henry Miller 171
ミレール Jacques-Alain Miller 344
ミンハ→トリン・ミンハ
ミンワラ Framji Minwalla 516
ムアコック Michael Moorcock 22
ムーア Charles Moore 487, 488
ムージル Robert Musil 417
ムース Stanislaus von Moos 491
ムッソリーニ Benito Mussolini 267, 494
ムフ Chantal Mouffe 345-353
ムルナウ F. W. Murnau 143
メイラー Norman Mailer 179, 235
メラード James M. Mellard 495
メルヴィル Herman Melville 171, 257, 259, 415
メルロ＝ポンティ Maurice Merleau-Ponty 216, 217
モース Marcel Mauss 84
毛綱モン太 Mozuna Monta 305
モートン Jelly Roll Morton 143
モリス Meaghan Morris 395
モリスン, トニ Toni Morrison 400-409, 495
モリスン, ブレイク Blake Morrison 231
モンターレ Eugenio Montale 126, 206
モンテスキュー Charles de Montesquieu 27
モント Steven Monte 34

ヤ・ラ 行

ヤーコブソン Roman Jakobson 188, 338, 503, 508
ライオン Janet Lyon 282
ライト Richard Wright 218
ライプニッツ Gottfried Wilheim Leibniz 166, 388
ラウシェンバーグ Robert Rauschenberg 111, 112, 118, 420-428, 491
ラカトシュ Imure Lakatos 326
ラカン Jacques Lacan 11, 27, 82, 88, 127, 191, 216, 220, 293, 294, 327, 335-344, 348, 414, 503, 509
ラーキン Philip Larkin 231
ラクラウ Ernesto Laclau 345-353
ラシウスキス Karlis Racevskis 223
ラシュディ Salman Rushdie 242, 450-457, 488
ラッシュ Scott Lash 386, 519
ラドウィク Jon Ludwig 144
ラトゥール Bruno Latour 16, 330
ラビノウィッツ Rubin Rabinowitz 231
ラブレー François Rabelais 58, 60, 61
ランキン Elizabeth Rankin 233
ラング Fritz Lang 143
ランディ Marcia Landy 262
ランペドゥーサ Giuseppe di Lampedusa 265

リオタール Jean-François Lyotard 11, 12, 14, 36, 59, 100, 167, 195, 197, 245, 290, 292, 321, 324, 325, 327, 330, 332-334, 342, 345, 364, 371-374, 385-392, 467, 474, 475, 517, 519
リクテンシュタイン Roy Lichtenstein 491
リチャーズ M. C. Richards 112
リード Ischmael Reed 400, 403, 429-437, 495
リーノウ Dan Leno 22, 23
リュカ Gherasim Luca 171
リュリー Raymond Lully 123
リルケ Rainer Maria Rilke 253, 260, 415
リンチ, ケヴィン Kevin Lynch 298
リンチ, デイヴィッド David Lynch 153, 376-384
ルイター Frans Ruiter 438
ルカーチ Lukács Georg 298
ルクレア Tom LeClair 183
ルコント Elizabeth LeCompte 512-515, 517, 519
ルーシー Niall Lucy 167
ルッソロ Luigi Russolo 114, 115
ルパージュ Robert Lepage 354-363
レイナー Yvonne Rainer 113
レイニー Ma Lainy 148
レヴィ=ストロース Claude Lévi-Strauss 143, 188, 206, 338, 341
レヴィナス Emmanuel Lévinas 197, 364-375
レヴィン Sherrie Levine 16, 311
レーガン Ronald Reagan 143, 285, 296, 385, 418, 439
レノルズ Roger Reynolds 112
レルフ Jan Relf 238
レントリッキア Frank Lentricchia 178
ロス Philip Roth 259
ローゼンバーグ, エセル Ethel Rosenberg 163-165
ローゼンバーグ, ジュリアス Julius Rosenberg 163-165
ローティ Richard Rorty 16, 438-449
ロビンソン Cedric Robinson 221
ロブ=グリエ Alain Robbe-Grillet 123, 126, 232, 235, 236
ロヨラ Ignatius de Loyola 88
ロリンズ Sonny Rollins 434
ロレンス David Herbert Lawrence 137, 171, 236

ワ 行

ワイルダー Thornton Wilder 514, 518
ワイルド Oscar Wilde 20, 21, 23
ワーズワース William Wordsworth 35, 237, 242
ワーナー Marina Warner 471

事項索引

さ　行

た　行

な　行

は　行

ま　行

や　行

ら　行

わ　行

参考文献

Ackroyd, Peter.（1982）. *The Great Fire of London*. London: Hamish Hamilton.

—.（1983）. *The Last Testament of Oscar Wilde*. London: Hamish Hamilton.〔アクロイド『オスカー・ワイルドの遺言』三国宣子訳，晶文社，1990年〕

—.（1985）. *Hawksmoor*. London: Hamish Hamilton.〔アクロイド『魔の聖堂』矢野浩三郎訳，新潮社，1997年〕

—.（1987）. *Chatterton*. London: Hamish Hamilton.〔アクロイド『チャタトン偽書』真野明裕訳，文藝春秋，1990年〕

—.（1989）. *First Light*. London: Hamish Hamilton.〔アクロイド『原初の光』井手弘之訳，新潮社，2000年〕

—.（1992）. *English Music*. London: Hamish Hamilton.

—.（1993［1976］）. *Notes for a New Culture*. London: Alkin Books.

—.（1993a）. *The House of Doctor Dee*. London: Hamish Hamilton.

—.（1993b）. London Luminaries and Cockney Visionaries. The LWT London Lecture. Victoria and Albert Museum, December 7.

—.（1995）. *The Englishness of English Literature*. In Javier Pérez Guerra（ed.）, *Proceedings of the XIXth International Conference of AEDEAN*. Vigo: Universidade de Vigo, pp. 11-19.

—.（1996）. *Milton in America*. London: Sinclair Stevenson.

—.（1998a）. *An Interview with Peter Ackroyd*. http://boldtype.com/1998/ackroyd/interview.html.

—.（1998b）. *The Life of Thomas More*. London: Chatto and Windus.

—.（1999）. *The Plato Papers*. London: Chatto and Windus.

Ahmad, Aijaz.（1992）. *In Theory: Classes, Nations, Literatures*. London: Verso.

Allen, William Rodney.（ed.）.（1988）. *Conversations with Kurt Vonnegut*. Jackson: University Press of Mississippi.

Althusser, Louis.（1969）. *For Marx*. Trans. Ben Brewster. London: Verso.〔アルチュセール『マルクスのために』河野健二ほか訳，平凡社ライブラリー，1994年〕

—.（1971a）. *Lenin and Philosophy*. Trans. Ben Brewster. New York: Monthly Review Press.〔アルチュセール『レーニンと哲学』西川長夫訳，人文書院，1970年〕

—.（1971b）. “Ideology and Ideological State Apparatuses.” In *Lenin and Philosophy, and Other Essays*. Trans. Ben Brewster. London: New Left Books.

—.（1976）. *Essays in Self-criticism*. Trans. G. Lock. London: New Left Books.〔アルチュセール『自己批判――マルクス主義と階級闘争』西川長夫訳，福村出版，1978年〕

—.（1993）. *The Future Lasts Forever*. Trans. R. Veasey. New York: The New Press.〔アルチ

ュセール『未来は長く続く――アルチュセール自伝』宮林寛訳，河出書房新社，2002年〕
—.（1996）. *Writings on Psychoanalysis: Freud and Lacan*. Ed. Olivier Corpet and François Matheron. Trans. Jeffrey Mehlman. New York: Columbia University Press.〔アルチュセール『フロイトとラカン――精神分析論集』石田靖夫・小倉孝誠・菅野賢治訳，人文書院，2001年〕
—.（1997）. *The Spectre of Hegel: Early Writings*. Ed. François Matheron. Trans. G. M. Goshgarian. London: Verso.
— and Balibar, Etienne.（1970）. *Reading Capital*. Trans. Ben Brewster. London: New Left Books.〔アルチュセール，バリバール『資本論を読む』（上・下）今村仁司訳，ちくま学芸文庫，1996-97年〕
Anderson, Perry.（1998）. *The Origins of Postmodernity*. London: Verso.〔アンダーソン『ポストモダニティの起源』角田史幸・浅見政江・田中人訳，こぶし書房，2002年〕
Appadurai, Arjun.（1990）. Disjuncture and Difference in the Global Cultural Economy. *Public Culture* 2.2（Spring）, 1-17.〔アパデュライ『さまよえる近代――グローバル化の文化研究』門田健一訳，平凡社，2004年〕
Arnell, Peter, Pickford, Ted, and Bergart, Catherine（eds.）.（1984）. *A View from Campodoglio: Selected Essays, 1953-1982*. New York: Harper and Row.
Arrighi, Giovanni.（1994）. *The Long Twentieth Century*. London: Verso.
Ashbery, John.（1966）. *Rivers and Mountains*. New York: Ecco.
—.（1970）. *The Double Dream of Spring*. New York: Ecco.
—.（1972）. *Three Poems*. New York: Viking.
—.（1974）. The Craft of John Ashbery. Interview with Louis A. Osti. *Confrontations* 9.3. 84-96.
—.（1983a）. The Art of Poetry XXXIII. Interview with Peter Stitt. *Paris Review* 25.90, 30-76.
—.（1983b）. The Imminence of a Revelation. Interview with Richard Jackson. In Richard Jackson, *Acts of Mind: Conversations with Contemporary Poets*. University, Alabama: University of Alabama Press, pp. 69-76.
—.（1984）. John Ashbery. Interview with Ross Labrie. *American Poetry Review* 13.3, 29-33.
—.（1985）. John Ashbery: Interview with John Murphy. *Poetry Review* 75.2, 20-5.
—.（1993）. Entretien avec John Ashbery. Interview with André Bleikasten. *La Quinzaine Littéraire* 16.28, 7-8.〔アッシュベリー『ジョン・アッシュベリー詩集』大岡信・飯野友幸訳，思潮社，1993年〕
Ashmore, M.（1989）. *The Reflexive Thesis: Wrighting Sociology of Scientific Knowledge*. Chicago: University of Chicago Press.
Auping, Michael.（1992）. *Jenny Holzer*. New York: Universe Publishing.
Auslander, Philip.（1982）. *Presence and Resistance*. Ann Arbor: University of Michigan Press.
—.（1987）. Toward a Concept of the Political in Post-Modern Theatre. *Theater Journal* 39.1, 20-34.

—.（1992）. *Presence and Resistance: Postmodernism and Cultural Politics in Contemporary American Performance*. Ann Arbor: University of Michigan Press.
—.（1997）. *From Acting to Performance: Essays in Modernism and Postmodernism*. London: Routledge.
Auster, Paul.（1982）. *The Invention of Solitude*. New York: Penguin.〔オースター『孤独の発明』柴田元幸訳，新潮文庫，1996年〕
—.（1985）. *City of Glass*. New York: Penguin.〔オースター『シティ・オヴ・グラス』山本楡美子・郷原宏訳，角川文庫，1993年〕
—.（1986a）. *Ghosts*. New York: Penguin.〔オースター『幽霊たち』柴田元幸訳，新潮文庫，1995年〕
—.（1986b）. *The Locked Room*. New York: Penguin.〔オースター『鍵のかかった部屋』柴田元幸訳，白水Uブックス，1993年〕
—.（1987）. *In the Country of Last Things*. New York: Viking Press.〔オースター『最後の物たちの国で』柴田元幸訳，白水社（白水Uブックス），1999年〕
—.（1989）. *Moon Palace*. New York: Penguin.〔オースター『ムーン・パレス』柴田元幸訳，新潮文庫，1997年〕
—.（1990）. *The Music of Chance*. New York: Viking Press.〔オースター『偶然の音楽』柴田元幸訳，新潮文庫，2001年〕
—.（1992a）. *The Art of Hunger*. Los Angeles: Sun and Moon Press.〔オースター『空腹の技法』柴田元幸・畔柳和代訳，新潮文庫，2004年〕
—.（1992b）. *Leviathan*. New York: Penguin.〔オースター『リヴァイアサン』柴田元幸訳，新潮文庫，2002年〕
—.（1999）. *Timbuktu*. New York: Henry Holt.
Bachman, I.（1998）. Material and the Promise of the Immaterial. In I. Bachman and R. Scheuing（eds.）, *Material Matters: The Art and Culture of Contemporary Textiles*. Canada: YYZ Books, pp. 23-34.
Bailey, J.（1996）. *After Thought: The Computer Challenge to Human Intelligence*. New York: Basic Books / Harper Collins.
Bakhtin, Mikhail.（1981［1934-5］）. Discourse in the Novel. In M. Holquist（ed.）, *The Dialogic Imagination*. Trans. C. Emerson and M. Holquist. Austin: University of Texas Press, pp. 259-422.
—.（1965）. *Rabelais and His World*. Trans. Helene Iswolsky. Bloomington: Indiana University Press.〔バフチーン『フランソワ・ラブレーの作品と中世・ルネッサンスの民衆文化』川端香男里訳，せりか書房，1974年〕
—.（1986）. Towards a Methodology for the Human Sciences. In C. Emerson and M. Holquist（eds.）, *Speech: Genres and Other Late Essays*. Trans. V. McGee. Austin: University of Texas Press.
Balderston, D.（1993）. *Out of Context: Historical Reference and the Representation of Reality*

in Borges. Durham, NC and London: Duke University Press.
Banes, Sally.（1998）. *Subversive Expectations: Performance Art and Paratheater in New York 1976-85*. Ann Arbor: University of Michigan Press.
Barker, James R.（1989）. An Interview with John Fowles. *Michigan Quarterly Review* 25.4（Autumn）, 661-83.
Barth, John.（1956）. *The Floating Opera*. New York: Appleton Century Crofts.〔バース『フローティング・オペラ』岩元巌訳，講談社，1980年〕
—.（1958）. *The End of the Road*. New York: Doubleday.〔バース『旅路の果て』志村正雄訳，白水社，1984年〕
—.（1960）. *The Sot-Weed Factor*. New York: Doubleday.
—.（1966）. *Giles Goat-Boy*. New York: Doubleday.〔バース『やぎ少年ジャイルズ』（1・2）渋谷雄三郎・上村宗平訳，国書刊行会，1992年〕
—.（1967）. The Literature of Exhaustion. *Atlantic Monthly* 220.2, 9-34.
—.（1968）. *Lost in the Funhouse*. New York: Doubleday.
—.（1972）. *Chimera*. New York: Doubleday.〔バース『キマイラ』国重純二訳，新潮社，1980年〕
—.（1979a）. *LETTERS: A Novel*. New York: G. P. Putnam's Sons.〔バース『レターズ』（1・2）岩元巌・竹村和子・林史子・幡山秀明訳，国書刊行会，2000年〕
—.（1979b）. The Literature of Replenishment: Postmodernist Fiction. *Atlantic Monthly* 245.1, 65-71.
—.（1982）. *Sabbatical: A Romance*. New York: G. P. Putnam's Sons.〔バース『サバティカル――あるロマンス』志村正雄訳，筑摩書房，1994年〕
—.（1984）. *The Friday Book: Essays and Other Nonfiction*. New York: Perigee Books.〔バース『金曜日の本――エッセイとその他のノンフィクション』志村正雄訳，筑摩書房，1989年〕
—.（1987）. *The Tidewater Tales*. New York: G. P. Putnam's Sons.
—.（1991）. *The Last Voyage of Somebody the Sailor*. Boston: Little, Brown.〔バース『船乗りサムボディ最後の船旅』（上・下）志村正雄訳，講談社，1995年〕
—.（1994）. *Once Upon a Time: A Floating Opera*. Boston: Little, Brown.〔バース『ストーリーを続けよう』志村正雄訳，みすず書房，2003年〕
—.（1995）. *Further Fridays: Essays, Lectures, and Other Nonfiction, 1984-1994*. Boston: Little, Brown.
—.（1996）. *On with the Story*. Boston: Little, Brown.
Barthes, Roland.（1967［1953］）. *Writing Degree Zero*. Trans. A. Lavers and C. Smith. New York: Noonday Press.〔バルト『零度のエクリチュール』渡辺淳・沢村昂一訳，みすず書房，1971年〕
—.（1967［1964］）. *Elements of Semiology*. Trans. A. Lavers and C. Smith. New York: Hill and Wang.〔バルト『文学の記号学――コレージュ・ド・フランス開講講義』花輪光訳，

みすず書房，1981年〕
—.（1972［1957］）. *Mythologies*. Trans. A. Lavers. New York: Hill and Wang.〔バルト『神話作用』篠沢秀夫訳，現代思潮社，1967年〕
—.（1974［1970］）. *S / Z*. Trans. R. Howard. New York: Hill and Wang.〔バルト『S／Z——バルザック「サラジーヌ」の構造分析』沢崎浩平訳，みすず書房，1973年〕
—.（1975［1973］）. *The Pleasure of the Text*. Trans. R. Miller. New York: Hill and Wang.〔ロラン・バルト『テクストの快楽』沢崎浩平訳，みすず書房，1977年〕
—.（1976［1971］）. *Sade, Fourier, Loyola*. Trans. R. Miller. Baltimore: Johns Hopkins University Press.〔バルト『サド，フーリエ，ロヨラ』篠田浩一郎訳，みすず書房，1975年〕
—.（1977［1966］）. Introduction to the Structural Analysis of Narratives. In *Image / Music / Text*. Trans. Stephen Heath. New York: Hill and Wang, pp. 79-124.〔バルト「物語の構造分析序説」『物語の構造分析』花輪光訳，みすず書房，1979年〕
—.（1977［1968］）. The Death of the Author. In *Image / Music / Text*. Trans. Stephen Heath. New York: Hill and Wang, pp. 142-8.〔バルト「作者の死」『物語の構造分析』所収〕
—.（1977［1971］）. From Work to Text. In *Image / Music / Text*. Trans. Stephen Heath. New York: Hill and Wang, pp. 155-64.〔バルト「作者からテクストへ」『物語の構造分析』所収〕
—.（1977［1975］）. *Roland Barthes by Roland Barthes*. Trans. R. Howard. New York: Hill and Wang.〔バルト『彼自身によるロラン・バルト』佐藤信夫訳，みすず書房，1979年〕
—.（1977）. *Image / Music / Text*. Trans. Stephen Heath. New York: Hill and Wang.
—.（1978［1977］）. *A Lover's Discourse: Fragments*. Trans. R. Howard. New York: Hill and Wang.〔バルト『恋愛のディスクール・断章』三好郁朗訳，みすず書房，1980年〕
—.（1984［1979］）. *Sollers Writer*. Trans. P. Thody. London: Athlone Press.〔バルト『作家ソレルス』岩崎力・二宮正之訳，みすず書房，1985年〕
—.（1985）. *The Responsibility of Forms: Essays on Music, Art, and Representation*. Trans. Richard Howard. New York: Hill and Wang.
—.（1990［1967］）. *The Fashion System*. Trans. M. Ward and R. Howard. Berkeley: University of California Press.〔バルト『モードの体系——その言語表現による記号学的分析』佐藤信夫訳，みすず書房，1972年〕
—.（1992［1964］）. The Structuralist Activity. In H. Adams（ed.）, *Critical Theory Since Plato*. Rev. ed. San Diego: Harcourt Brace Jovanovich, pp. 128-30.
Bataille, Georges.（1953）. *Méthode de méditation*. Paris: Gallimard.
—.（1962［1957］）. *Eroticism*. Trans. M. Dalwood. London: Calder and Boyars.〔バタイユ『エロティシズム』酒井健訳，ちくま学芸文庫，2004年〕
—.（1973）. *La Somme athéologique*. Paris: Galllimard.〔バタイユ『内的体験——無神学大全』出口裕弘訳，平凡社ライブラリー，1998年〕
—.（1986［1936］）. *Blue of Noon*. Trans. H. Mathews. New York: M. Boyars.〔バタイユ『青

空』天沢退二郎訳，晶文社，1998年〕
—.（1988［1967］）. *The Accursed Share*. Trans. R. Hurley. New York: Zone Books.〔バタイユ『呪われた部分——有用性の限界』中山元訳，ちくま学芸文庫，2003年〕
—.（1989［1961］）. *The Tears of Eros*. Trans. P. Connor. San Francisco: City Lights.〔バタイユ『エロスの涙』森本和夫訳，ちくま学芸文庫，2001年〕
—.（1992［1976］）. *Theory of Religion*. Trans. R. Hurley. New York: Zone Books.〔バタイユ『宗教の理論』湯浅博雄訳，ちくま学芸文庫，2002年〕
Baudrillard, Jean.（1975［1973］）. *The Mirror of Production*. St. Louis: Telos Press.〔ボードリヤール『生産の鏡』宇波彰・今村仁司訳，法政大学出版局，1981年〕
—.（1981［1973］）. *For a Critique of the Political Economy of the Sign*. St. Louis: Telos Press.〔ボードリヤール『記号の経済学批判』今村仁司ほか訳，法政大学出版局，1982年〕
—.（1983a）. The Ecstasy of Communication. In Hal Foster（ed.）, *The Anti-Aesthetic*. Washington: Bay Press.
—.（1983b）. *In the Shadow of the Silent Majorities*. New York: Semiotext(e).
—.（1983c）. *Simulations*. New York: Semiotext(e).
—（1988）. *America*. London: Verso.〔ボードリヤール『アメリカ——砂漠よ永遠に』田中正人訳，法政大学出版局，1988年〕
—.（1990a）. *Cool Memories*. London: Verso.
—.（1990b）. *Fatal Strategies*. New York: Semiotext(e).〔ボードリヤール『宿命の戦略』竹原あき子訳，法政大学出版局，1990年〕
—.（1993［1976］）. *Symbolic Exchange and Death*. London: Sage.〔ボードリヤール『象徴交換と死』今村仁司・塚原史訳，ちくま学芸文庫，1992年〕
—.（1993a）. The Precession of Simulacra. Trans. P. Foss, P. Patton, and P. Beitchman. In Joseph Natoli and Linda Hutcheon（eds.）, *A Postmodern Reader*. Albany, NY: SUNY Press, pp. 342-75.
—.（1993b）. *The Transparency of Evil*. London: Verso.〔ボードリヤール『透きとおった悪』塚原史訳，紀伊國屋書店，1991年〕
—.（1994［1981］）. *Simulacra and Simulation*. Ann Arbor: University of Michigan Press.〔ボードリヤール『シミュラークルとシミュレーション』竹原あき子訳，法政大学出版局，1984年〕
—.（1994）. *The Illusion of the End*. Oxford: Polity.
—.（1995）. *The Gulf War Never Happened*. Oxford: Polity.〔ボードリヤール『湾岸戦争は起こらなかった』塚原史訳，紀伊國屋書店，1991年〕
—.（1996［1968］）. *The System of Objects*. London: Verso.〔ボードリヤール『物の体系——記号の消費』宇波彰訳，法政大学出版局，1980年〕
—.（1996a）. *Cool Memories II*. Oxford: Polity.
—.（1996b）. *The Perfect Crime*. London and New York: Verso Books.〔ボードリヤール『完全犯罪』塚原史訳，紀伊國屋書店，1998年〕

—.（1998［1970］）. The Consumer Society. Paris: Gallimard.〔ボードリヤール『消費社会の神話と構造』今村仁司・塚原史訳，紀伊國屋書店，1979年〕

Bauman, Zygmunt.（1993）. *Postmodern Ethics*. Oxford: Blackwell.

Bawer, Bruce.（1991）. Reading Don DeLillo. In Frank Lentricchia（ed.）, *Introducing Don DeLillo*. Durham, NC: Duke University Press, pp. 7-42.

Baxter, Charles.（1994）. The Bureau of Missing Persons: Notes on Paul Auster's Fiction. *Review of Contemporary Fiction* 14, 40-4.

Beauvoir, Simone de.（1952）. *The Second Sex*. New York: Modern Library.〔ボーヴォワール『決定版　第二の性１――事実と神話』『第二の性』を原文で読み直す会訳，新潮文庫，2001年；『決定版　第二の性２――体験』（上・下）『第二の性』を原文で読み直す会訳，新潮文庫，2001年〕

Belpoliti, Marco.（1996）. *L'occhio di Calvino*. Turin: Einaudi.〔ベルポリーティ『カルヴィーノの眼』多木陽介訳，青土社，1999年〕

—.（1991）. *Italo Calvino. Enciclopedia: arte, scienza e letteratura*. Milan: Marcos y Marcos.

Benhabib, Seyla et al.（eds.）.（1995）. *Feminist Contentions*: A Philosophical Exchange. New York: Routledge.

Bennett, David.（1985）. Parody, Postmodernism, and the Politics of Reading. *Critical Quarterly* 27.4（Winter）.

Berman, M.（1983）. *All That is Solid Melts into Air: The Experience of Modernity*. London and New York: Verso.

Bernardini, Francesca Napoletano.（1977）. *I segni nuovi di Italo Calvino*. Rome: Bulzoni.

Bernasconi, Robert.（1982）. The Trace of Levinas in Derrida. In R. Bernasconi and D. Wood（eds.）, *Derrida and Difference*. Coventry: Parousia Press, pp. 17-44.

Bernstein, R. J.（1991）. *The New Constellation: The Ethical-Political Horizons of Modernity / Postmodernity*. Cambridge: Polity.〔バーンスタイン『手すりなき思考――現代思想の倫理‐政治的地平』谷徹・谷優訳，産業図書，1997年〕

Berressem, Hanjo.（1993）. *Pynchon's Poetics: Interfacing Theory and Text*. Urbana and Chicago: University of Illinois Press.

Bertens, Hans.（1993［1986］）. The Postmodern Weltanschauung and its Relation to Modernism: An Introductory Survey. In Joseph Natoli and Linda Hutcheon（eds.）, *A Postmodern Reader*. Albany NY: SUNY Press, pp. 25-70.

—.（1995）. *The Idea of the Postmodern: A History*. London and New York: Routledge.

Best, Steven and Kellner, Douglas.（1991）. *Postmodern Theory: Critical Interrogations*. London and New York: Macmillan and Guilford Press.

— and —.（1997）. *The Postmodern Turn*. New York: Guilford Press.

Birringer, J.（1988）. Debating "Ways of Speaking, Loci of Cognition." *Drama Review* 32.1, 4-13.

—.（1991）. *Theatre, Theory, Post-Modernism*. Bloomington: University of Indiana Press.

Bloom, Harold（ed.）.（1985）. *John Ashbery*. New York: Chelsea House.
Bogue, Ronald.（1989）. *Deleuze and Guattari*. London and New York: Routledge.
Bohr, Niels.（1983）. Can Quantum-Mechanical Description of Physical Reality be Considered Complete? In John Archibald Wheeler and Wojciech Hubert Zurek（eds.）, *Quantum Theory and Measurement*. Princeton, NJ: Princeton University Press.
—.（1987）. *The Philosophical Writings of Niels Bohr*. 3 vols. Woodbridge, CT: Ox Box Press.
Bondanella, Peter.（1997）. *Umberto Eco and the Open Text: Semiotics, Fiction, Popular Culture*. Cambridge: Cambridge University Press.
Borges, Jorge Luis.（1970）. *Labyrinths*. Harmondsworth: Penguin.
—.（1989）. La Biblioteca de Babel. In María Kodama y Emecé（ed.）, *Obras Completas*. Vol. I. Barcelona.〔ボルヘス「バベルの図書館」『伝奇集』鼓直訳，岩波文庫，1993年〕
—.（1999）. *Collected Fiction*. London: Penguin.
Bouchard, Norma and Pravadelli, Veronica.（eds）.（1998）. *Umberto Eco's Alternative: The Politics of Culture and the Ambiguities of Interpretation*. New York: Peter Lang.
Bradbury, Malcolm.（1984）. Postmoderns and Others: The 1960s and 1970s. *The Modern American Novel*. Oxford: Oxford University Press.〔ブラッドベリ『現代アメリカ小説——1945年から現代まで』英米文化学会訳，彩流社，1997年の第2章〕
Brandist, Craig.（1996）. The Official and the Popular in Gramsci and Bakhtin. *Theory, Culture and Society* 13.2, 59-74.
Brittain, D.（1991）. True Confessions: Interview with Cindy Sherman. *Creative Camera* 308, 34-8.
Brown, T.（1997）. Collaboration: Life and Death in the Aesthetic Zone. In W. Hopps and S. Davidson（eds.）, *Robert Rauschenberg: A Retrospective*. New York: Guggenheim Museum, pp. 268-74.
Bruckner, Pascal.（1995）. Paul Auster, Or the Heir Intestate. In D. Barone（ed.）, *Beyond the Red Notebook: Essays on Paul Auster*. Philadelphia: University of Pennsylvania Press, pp. 27-33.
Bryant, Sylvia.（1998）. Re-constructing Oedipus through Beauty and the Beast. In Lindsay Tucker（ed.）, *Critical Essays on Angela Carter*. New York: G. K. Hall, pp. 83-95.
Brzezinski, Zbigniew and Friedrich, Carl J.（1956）. *Totalitarian Dictatorship and Autocracy*. Cambridge, MA: Harvard University Press.
Bunzli, James.（1999）. The Geography of Creation: *Décalage* as Impulse, Process, and Outcome in the Theatre of Robert Lepage. *Drama Review* 43. I（T161）, 79-103.
Butler, Judith.（1993）. Poststructuralism and Postmarxism. *Diacritics: A Review of Contemporary Criticism* 23.4（Winter）, 3-11.
Caesar, Michael.（1999）. *Umberto Eco: Philosophy, Semiotics, and the Work of Fiction*. Cambridge: Polity.
Cage, John.（1961）. *Silence: Lectures and Writings by John Cage*. Middletown, CT: Wesleyan

University Press.〔ケージ『サイレンス』柿沼敏江訳，水声社，1996年〕
—. and Helms, Hans G.（1997）. Reflections of a Progressive Composer on a Damaged Society. *October* 82, 77-93.
Calabrese, Omar.（1992［1987］）. Neo-Baroque: *A Sign of the Times*. Trans. C. Lambert. Princeton, NJ: Princeton University Press.
Callari, Antonio and Ruccio, David.（eds.）.（1996）. *Postmodern Materialism and the Future of Marxist Theory*. Hanover: Wesleyan University Press.
—.（eds.）.（1998）. "Rereading Althusser." Special Issue of *Rethinking Marxism*, 10.3.
Calligaris, Contardo.（1973）. *Italo Calvino*. Milan: Mursia.
Callinicos, A.（1989）. *Against Postmodernism: A Marxist Critique*. Cambridge: Polity.〔カリニコス『アゲインスト・ポストモダニズム――マルクス主義からの批判』角田史幸監訳，田中人・梁田英麿訳，こぶし書房，2001年〕
Calvino, Italo.（1952）. *Il visconte dimezzato*. Turin: Einaudi.〔カルヴィーノ『まっぷたつの子爵』河島英昭訳，晶文社，1997年〕
—.（1959［1956］）. *The Baron in the Trees*. Trans. A. Colquhoun. New York: Random House.〔イタロ・カルヴィーノ『木のぼり男爵』米川良夫訳，白水Uブックス，1995年〕
—.（1959）. *Il cavaliere inesistente*. Turin: Einaudi.〔カルヴィーノ『不在の騎士』米川良夫訳，国書刊行会，1989年〕
—.（1963［1957］）. *La speculazione edilizia*. Turin: Einaudi.〔カルヴィーノ『遠ざかる家――建築投機』和田忠彦訳，松籟社，1985年〕
—.（1963）. *La giornata di uno scrutatore*. Turin: Einaudi.
—.（1970）. *Difficult Loves*. Trans. W. Weaver. London: Picador.〔カルヴィーノ『むずかしい愛』和田忠彦訳，岩波文庫，1995年〕
—.（1973）. *The Castle of Crossed Destinies*. Trans. W. Weaver. San Diego, New York, and London: Harcourt Brace Jovanovich.〔カルヴィーノ『宿命の交わる城』河島英昭訳，河出文庫，2004年〕
—.（1974［1972］）. *Invisible Cities*. Trans. W. Weaver. New York and London: Harcourt Brace Jovanovich.〔カルヴィーノ『見えない都市』米川良夫訳，河出文庫，2003年〕
—.（1976［1965］）. *Cosmicomics*. Trans. W. Weaver. New York: Harcourt Brace Jovanovich.〔カルヴィーノ『レ・コスミコケ』米川良夫訳，ハヤカワepi文庫，2004年〕
—.（1976［1967］）. *Tzero*. Trans. W. Weaver. New York and London: Harcourt Brace Jovanovich.〔カルヴィーノ『柔かい月』脇功訳，河出文庫，2003年〕
—.（1977）. *The Nonexistent Knight and The Cloven Viscount*. Trans. A. Colquhoun. New York and London: Harcourt Brace Jovanovich.
—.（1979）. *If on a Winter's Night a Traveler*. Trans. W. Weaver. New York and London. Harcourt Brace Jovanovich.〔カルヴィーノ『冬の夜ひとりの旅人が』脇功訳，ちくま文庫，1995年〕
—.（1980）. *Una pietra sopra*. Turin: Einaudi.〔カルヴィーノ『水に流して――カルヴィー

ノ文学・社会評論集』和田忠彦・大辻康子・橋本勝雄訳，朝日新聞社，2000年〕
—.（1983）. *Mr. Palomar*. Trans. W. Weaver. San Diego, New York, and London: Harcourt Brace Jovanovich.〔カルヴィーノ『パロマー』和田忠彦訳，岩波文庫，2001年〕
—.（1984）. *Collezione di sabbia*. Milan: Garzanti.〔イタロ・カルヴィーノ『砂のコレクション』脇功訳，松籟社，1988年〕
—.（1985［1970］）. *Difficult Loves. Smog. A Plunge into Real Estate*. Trans. W. Weaver. London: Picador.
—.（1987）. *The Uses of Literature*. Trans. Patrick Creagh. San Diego, New York, and London: Harcourt Brace Jovanovich.
—.（1988a）. *Lezioni Americane*. Milan: Garzanti.
—.（1988b）. *Six Memos for the Next Millennium*. Cambridge, MA: Harvard University Press.〔カルヴィーノ『カルヴィーノの文学講義――新たな千年紀のための六つのメモ』米川良夫訳，朝日新聞社，1999年〕
—.（1991）. *Perché leggere i classici*. Milan: Mondadori.〔カルヴィーノ『なぜ古典を読むのか』須賀敦子訳，みすず書房，1997年〕
—.（1998［1947］）. *The Path to the Spiders' Nest*. Trans. A. Colquhoun（1957）. Revised by M. McLaughlin. London: Jonathan Cape.〔カルヴィーノ『くもの巣の小道』米川良夫訳，福武文庫，1994年〕
Cannon, Joann.（1981）. *Italo Calvino: Writer and Critic*. Ravenna: Longo.
—.（1989）. *Postmodern Italian Fiction: The Crisis of Reason in Calvino, Eco*, Sciascia, *Malerba*. Rutherford: Fairleigh Dickinson University Press.
Cantor, Paul.（1991）. "Adolf, We Hardly Knew You." In Frank Lentricchia（ed.）, *New Essays on White Noise*. Cambridge: Cambridge University Press, pp. 39-62.
Capozzi, Rocco.（1989）. Keeping in Tune with the Times. In Franco Ricci（ed.）, *Calvino Revisited*. Ottawa: Dove House Press, pp. 65-84.
—.（ed.）.（1997）. *Reading Eco: An Anthology*. Bloomington: Indiana University Press.
Carrillo, C.（1999）. Cindy Sherman: la femme aux mille visages. *Oeil-Revue d'Art* 504, 74-9.
Carroll, David.（1987）. Narrative, Heterogeneity, and the Question of the Political: Bakhtin and Lyotard. In Murray Krieger（ed.）, *The Aims of Representation*. New York: Columbia University Press, pp. 69-106.
Carter, Angela.（1966）. *Shadow Dance*. London: Virago.
—.（1967）. *The Magic Toyshop*. London: Virago.〔カーター『魔法の玩具店』植松みどり訳，河出書房新社，1988年〕
—.（1969）. *Heroes and Villains*. London: Penguin.
—.（1971）. *Love*. New York: Penguin.〔カーター『ラブ』伊藤欣二訳，講談社，1974年〕
—.（1972）. *The Infernal Desire Machines of Doctor Hoffman*. Harmondsworth: Penguin.
—.（1974）. *Fireworks: Nine Profane Pieces*. New York: Penguin.
—.（1977）. *The Passion of New Eve*. London: Virago.

—.（1979a）. *The Bloody Chamber*. New York: Harper and Row.〔カーター『血染めの部屋——大人のための幻想童話』富士川義之訳，ちくま文庫，1999年〕
—.（1979b）. *The Sadeian Woman: An Exercise in Cultural History*. London: Virago.
—.（1982）. *Nothing Sacred*. London: Virago.
—.（1984）. *Nights at the Circus*. New York: Viking.〔カーター『夜ごとのサーカス』加藤光也訳，国書刊行会，2000年〕
—.（1985）. *Saints and Strangers*. New York: Viking.
—.（ed.）.（1986）. *Wayward Girls and Wicked Women*. New York: Penguin.
—.（ed.）.（1990）. *The Old Wives' Fairy Tale Book*. New York: Pantheon.
—.（1991）. *Wise Children*. New York: Farrar, Straus, Giroux.〔カーター『ワイズ・チルドレン』太田良子訳，ハヤカワepi文庫，2001年〕
—.（1992）. *Expletives Deleted*. New York: Vintage.
—.（1993a）. *American Ghosts and Old World Wonders*. London: Chatto and Windus.〔カーター『シンデレラあるいは母親の霊魂』富士川義之・兼武道子訳，筑摩書房，2000年〕
—.（ed.）.（1993b）. *Strange Things Sometimes Still Happen*. Boston: Faber and Faber.
—.（1995a）. *Black Venus*. London: Chatto and Windus.〔カーター『ブラック・ヴィーナス』植松みどり訳，河出書房新社，2004年〕
—.（1995b）. *Burning Your Boats*. New York: Henry Holt.
—.（1997）. *Shaking a Leg*. New York: Penguin.
Carter, Howard J.（1987）. *I. Calvino: Metamorphoses of Fantasy*. Ann Arbor, MI: UMI Research Press.
Césaire, Aimé.（1972）. *Discourse on Colonialism*. Trans. Joan Pinkham. New York: Monthly Review Press.〔セゼール『帰郷ノート　植民地主義論』砂野幸稔訳，平凡社ライブラリー，2004年〕
Champagne, L.（1981）. Always Starting New: Elizabeth Lecompte. *Drama Review* 25.3, 19-28.
Charest, Rémy.（1997）. *Robert Lepage: Connecting Flights*. Trans. Wanda Romer Taylor. London: Methuen.
Chong, Ping.（1988）. *Kind Ness*. In J. Leverett and G. Richards（eds.）, *New Plays USA 4*. New York: Theatre Communications Group, pp. 53-94.
—.（1989a）. Notes for Mumblings and Digressions: Some Thoughts on Being an Artist, Being an American, Being a Witness.... *Melus* 16, 62-7.
—.（1989b）. Snow. *Plays in Process*. Vol. 10. New York: Theatre Communications Group.
—.（1990）. *Nuit Blanche: A Select View of Earthlings*. In M. Berson（ed.）, *Between Worlds: Contemporary Asian-American Plays*. New York: Theatre Communications Group, pp. 1-28.
—.（1991）. Untitled Statement. *American Theatre* 8, 40-2.
Civello, Paul.（1994）. *American Literary Naturalism and its Twentieth-century Trans-formations: Frank Norris, Ernest Hemingway, Don DeLillo*. Athens: University of Georgia Press.
Cohen, Stephen F.（1985）. *Rethinking the Soviet Experience: Politics and History Since l917.*

New York: Oxford University Press.

Colás, S.（1994）. *Postmodernity in Latin America: The Argentine Paradigm*. Durham, NC and London: Duke University Press.

Cole, S. L.（1992）. *Directors in Rehearsal*. New York and London: Routledge.

Coletti, Teresa.（1988）. *Naming the Rose: Eco, Medieval Signs, and Modern Theory*. Ithaca, NY: Cornell University Press.

Connor, Steven.（1989）. *Postmodernist Culture: An Introduction to Theories of the Contemporary*. London: Blackwell.

Conradi, Peter.（1982）. *John Fowles*. London: Methuen.

Cooper, Peter L.（1983）. *Signs and Symptoms: Thomas Pynchon and the Contemporary World*. Berkeley: University of California Press.

Coover, Robert.（1966）. *The Origin of the Brunists*. New York: Putnam.

—.（1977）. *The Public Burning*. New York: Viking.

—.（1980）. *A Political Fable*. New York: Viking.

—.（1986）. *Gerald's Party*. New York: Linden Press / Simon and Schuster.〔クーヴァー『ジェラルドのパーティ』越川良明訳，講談社，1999年〕

—.（1987a）. *Whatever Happened to Gloomy Gus of the Chicago Bears?* New York: Linden Press / Simon and Schuster.

—.（1987b）. *"You Must Remember This." A Night at the Movies, Or You Must Remember This*. New York: Linden Press / Simon and Schuster.

—.（1991）. *Pinocchio in Venice*. New York: Linden Press / Simon and Schuster.

—.（1996a）. *Briar Rose*. New York: Grove.

—.（1996b）. Preface. In John Hawkes, *The Lime Twig: Second Skin: Travesty*. New York: Viking Penguin.

—.（1998）. *Ghost Town*. New York: Holt.

Creed, Barbara.（1987）. From Here to Modernity: Feminism and Postmodernism. *Screen* 28.2, 47-68.

Creeley, Robert.（1994）. Austerities. *Review of Contemporary Fiction* 14, 35-40.

Crimp, D.（1979）. Pictures. *October* 8, 75-88.

Crowther, Hal.（1991）. Clinging to the Rock: A Novelist's Choices in the New Mediocracy. In Frank Lentricchia（ed.）, *Introducing Don DeLillo*. Durham, NC: Duke University Press, pp. 83-98.

Cruz, A. and Smith, E. A. T.（eds.）.（1997）. *Cindy Sherman: Retrospective*. Chicago and New York: Museum of Contemporary Art and Thames and Hudson.

Culler, J.（1998）. *Framing the Sign: Criticism and its Institutions*. Oklahoma City: University of Oklahoma Press.

Danoff, I. M.（1984）. Cindy Sherman: Guises and Revelations. In *Cindy Sherman*. New York: Pantheon Books, pp. 193-7.

Davis, M.（1985）. Urban Renaissance and the Spirit of Postmodernism. *New Left Review* 151, 67-72.
De Lauretis, Teresa.（1978）. Semiotic Models: Invisible Cities. *Yale Italian Studies*（January）, 13-37.
—.（1989）. Reading the（Post）Modern Text: *If On A Winter's Night A Traveler*, in Franco Ricci（ed.）, *Calvino Revisited*. Ottawa: Dove House Press, pp. 131-45.
De Man, Paul.（1989［1983］）. Dialogue and Dialogism. In Gary Morson and Caryl Emerson（eds.）, *Rethinking Bakhtin*. Evanston, IL: Northwestern University Press, pp. 105-14.〔ド・マン「ダイアローグとダイアローグ性」『理論への抵抗』大河内昌・富山太佳夫訳，国文社，1992年〕
De Toro, A.（1994）. The Epistemological Foundations of the Contemporary Condition. In R. A. Young（ed.）, *Latin American Postmodernisms*. Amsterdam and Atlanta, GA: Editions Rodopi, pp. 29-51.
Debord, Guy.（1970）. *The Society of the Spectacle*. Detroit: Black and Red.〔ドゥボール『スペクタクルの社会』木下誠訳，ちくま学芸文庫，2003年〕
DeCurtis, Anthony.（1991）. An Outsider in this Society: An Interview with Don DeLillo. In Frank Lentricchia（ed.）, *Introducing Don DeLillo*. Durham, NC: Duke University Press, pp. 131-41.
Deleuze, Gilles.（1990）. Gilles Deleuze: Postmodern Philosopher? *Criticism* 32.4（Fall）, 401-18.
—.（1994a）. *Difference and Repetition*. Trans. Paul Patton. New York: Columbia University Press.〔ドゥルーズ『差異と反復』財津理訳，河出書房新社，1992年〕
—.（1994b）. *What Is Philosophy?* Trans. Hugh Tomlinson and Graham Burchell. New York: Columbia University Press.〔ドゥルーズ，ガタリ『哲学とは何か』財津理訳，河出書房新社，1997年〕
—.（1995）. *Negotiations, 1972-1990*. Trans. Martin Joughin. New York: Columbia University Press.〔ドゥルーズ『記号と事件——1972-1990年の対話』宮林寛訳，河出書房新社，1992年〕
—.（1996）. *Gilles Deleuze and the Question of Philosophy*. Madison, NJ: Fairleigh Dickinson University Press.
—.（1997）. *Wising Up the Marks: The Amodern William Burroughs*. Berkeley: University of California Press.
— and Guattari, Félix.（1983［1972］）. *Anti-Oedipus: Capitalism and Schizophrenia I*. Trans. Robert Hurley, Mark Seem, and Helen R. Lane. Minneapolis: University of Minnesota Press.〔ドゥルーズ，ガタリ『アンチ・オイディプス——資本主義と分裂症』市倉宏祐訳，河出書房新社，1986年〕
— and —.（1986［1975］）. *Kafka: Towards A Minor Literature*. Trans. Dana Polan. Minneapolis: University of Minnesota Press.〔ドゥルーズ，ガタリ『カフカ——マイナー

文学のために』宇波彰・岩田行一訳，法政大学出版局，1978年〕
— and —.（1987［1980］）. *A Thousand Plateaus: Capitalism and Schizophrenia II*. Trans. B. Massumi. Minneapolis: University of Minnesota Press.〔ドゥルーズ，ガタリ『千のプラトー――資本主義と分裂症』宇野邦一ほか訳，河出書房新社，1994年〕
Derrida, Jacques.（1962）. *Edmund Husserl's Origin of Geometry: An Introduction*. Trans. John Leavey. Lincoln: University of Nebraska Press.〔フッサール，デリダ『幾何学の起源』（新版）田島節夫・矢島忠夫・鈴木修一訳，青土社，2003年〕
—.（1973［1967］）. *Speech and Phenomena, and Other Essays On Husserl's Theory of Signs*. Trans. David B. Allison. Evanston, IL: Northwestern University Press.〔デリダ『声と現象――フッサール現象学における記号の問題への序論』高橋允昭訳，理想社，1970年〕
—.（1975）. The Purveyor of Truth. Trans. Willis Domingo et al. *Yale French Studies* 51, 31-113.〔デリダ「真実の配達人」清水正・豊崎光一訳，『デリダ読本』（『現代思想』1982年2月臨時増刊）〕
—.（1976［1967］）. *Of Grammatology*. Trans. G. C. Spivak. Baltimore: Johns Hopkins University Press.〔デリダ『根源の彼方に――グラマトロジーについて』（上・下）足立和浩訳，現代思潮社，1972-6年〕
—.（1978［1968］）. *Writing and Difference*. Trans. A. Bass. Chicago: University of Chicago Press.〔デリダ『エクリチュールと差異』（上・下）若桑毅・野村英夫ほか訳，法政大学出版局，1977-83年〕
—.（1978［1964］）. *VIOLENCE and Metaphysics*. Trans. A. Bass. In *Writing and Difference*. Chicago: Chicago University Press, pp. 79-153.〔デリダ「暴力と形而上学――E・レヴィナスの思考に関する試論」『エクリチュールと差異』（上）川久保輝興訳，法政大学出版局，1977年，151-300頁〕
—.（1979［1967］）. Living On: Border-Lines. Trans. J. Hulbert. In Harold Bloom et al.（eds.）, *Deconstruction and Criticism*. New York: Seabury Press.
—.（1979［1976］）. *Spurs: Nietzsche's Styles. Trans.* Barbara Harlow. Chicago: University of Chicago Press.〔デリダ『尖筆とエクリチュール――ニーチェ・女・真理』白井健三郎訳，朝日出版社，1979年〕
—.（1980［1973］）. *The Archeology of the Frivolous: Reading Condillac*. Trans. John P. Leavey. Pittsburgh: Duquesne University Press.
—.（198la［1972］）. *Dissemination*. Trans. Barbara Johnson. Chicago: University of Chicago Press.
—.（198lb［1972］）. *Positions*. Trans. A. Bass. Chicago: University of Chicago Press.〔デリダ『ポジシオン』（増補新版）高橋允昭訳，青土社，1981年〕
—.（1982［1972］）. *Margins of Philosophy*. Trans. Alan Bass. Chicago: University of Chicago Press.
—.（1982a）. Of an Apocalyptic Tone Recently Adopted in Philosophy. Trans. John P. Leavey. *Semeia* 23（1982）and *Oxford Literary Review* 6.2（1984）, 3-37.〔デリダ『哲学における

最近の黙示録的語調について』白井健三郎訳，朝日出版社，1984年〕
—.（1982b）. The Time of a Thesis: Punctuations. In Alan Montefiore（ed.）, *Philosophy in France Today*. Cambridge: Cambridge University Press.
—.（1984a）. Deconstruction and the Other. Interview with Richard Kearney. In Richard Kearney（ed）., *Dialogues with Contemporary Continental Thinkers*. Manchester: Manchester University Press.
—.（1984b）. *Signéponge / Signsponge*. Trans. Richard Rand. New York: Columbia University Press.（Parallel French and English translation.）
—.（1985［1982］）. *The Ear of the Other: Otobiography, Transference, Translation: Texts and Discussions with Jacques Derrida*. Trans. Peggy Kamuf. New York: Schocken Books.〔デリダ『他者の耳——デリダ「ニーチェの耳伝」・自伝・翻訳』レヴェック，マクドナルド編，浜名優美・庄田常勝訳，産業図書，1988年〕
—.（1985）. *Droits de Regards*. Photographs by M. F. Plissart, with an essay by Jacques Derrida. Paris: Minuit.〔デリダ，プリサール『視線の権利（哲学vol.II-3）』鈴村和成訳，哲学書房，1988年〕
—.（1986［1966］）. Structure, Sign and Play in the Discourse of the Human Sciences. In H. Adams and L. Searle（eds.）, *Critical Theory since l965*. Tallahassee: University Presses of Florida, pp. 83-94.〔デリダ「人文諸科学の言語表現における構造と記号とゲーム」『エクリチュールと差異』（下）川久保輝興訳，法政大学出版局，1977年〕
—.（1986［1974］）. *Glas*. Trans. John Leavey and Richard Rand. Lincoln: University of Nebraska Press.〔デリダ「弔鐘」（部分訳）鵜飼哲訳，『批評空間』第2期15，20，22-24，第3期1-4号，1997-2002年など〕
—.（1986）. *Memoires: For Paul de Man*. Trans. Cecile Lindsay et al. New York: Columbia University Press.
—.（1987［1978］）. *The Truth in Painting*. Trans. G. Bennington and I. McLeod. Chicago: University of Chicago Press.〔デリダ『絵画における真理』（上・下）上：高橋允昭・阿部宏慈訳，下：阿部宏慈訳，法政大学出版局，1997-98年〕
—.（1987［1980］）. *The Postcard: From Socrates to Freud and Beyond.* Trans. Alan Bass. Chicago: University of Chicago Press.
—.（1988［1981］）. The Deaths of Roland Barthes. Trans. Pascale-Anne Brault and Michael B. Naas. In Hugh J. Silverman（ed.）, *Philosophy and Non-philosophy since Merleau-Ponty. Continental Philosophy-I.* London and New York: Northwestern University Press.〔「ロラン・バルトの複数の死（者）」千葉文夫訳，『ＧＳ』第1号，1984年〕
—.（1992［1991］）. *The Other Heading*. Bloomington: Indiana University Press.〔デリダ『他の岬——ヨーロッパと民主主義』高橋哲哉・鵜飼哲訳，みすず書房，1993年〕
—.（1993［1990］）. *Memoirs of the Blind*. Chicago: University of Chicago Press.〔デリダ『盲者の記憶——自画像およびその他の廃墟』鵜飼哲訳，みすず書房，1998年〕
—.（1994［1993］）. *Specters of Marx*. New York: Routledge.

—. (1995). *Points ... Interviews, 1974-1994*. Stanford: Stanford University Press.
—. (1997 [1994]). *The Politics of Friendship*. London: Verso. 〔デリダ『友愛のポリティックス1-2』鵜飼哲・大西雅一郎・松葉祥一訳，みすず書房，2003年〕
— and Vattimo, Gianni (eds.). (1998). *Religion*. Stanford, CA: Stanford University Press.
D'Isanto, L. (1994). Gianni Vattimo's Hermeneutics and the Trace of Divinity. *Modern Theology* 10.4, 361-81.
Donato, Eugenio and Macksey, Richard (eds.). (1972). *The Structuralist Controversy*. Baltimore: Johns Hopkins University Press.
Dosse, F. (1997). *History of Structuralism*. Vols. I and 2. Trans. D. Glassman. Minneapolis: University of Minnesota Press. 〔ドッス『構造主義の歴史』（上・下）上：清水正・佐山一訳，下：仲澤紀雄訳，国文社，1999年〕
Douglas, Alfred. (1972). *The Tarot: The Origins, Meaning and Uses of the Cards*.
Penguin: Harmondsworth. 〔ダグラス『タロット——その歴史・意味・読解法』栂正行訳，河出書房新社，1995年〕
Dow, William. (1998). Paul Auster's *The Invention of Solitude*: Glimmers in a Reach to Authenticity. *Critique: Studies in Contemporary Fiction* 39, 272-82.
Duras, Marguerite. (1966 [1952]). *The Sailor from Gibraltar*. Trans. Barbara Bray. London: Calder and Boyars. 〔デュラス『ジブラルタルの水夫』三輪秀彦訳，ハヤカワNV文庫，1972年〕
—. (1966 [1958]). *Moderato Cantabile*. Trans. Richard Seaver. London: John Calder. 〔デュラス『モデラート・カンタービレ』田中倫郎訳，河出文庫，1985年〕
—. (1966 [1960]). *Hiroshima, mon amour*. Trans. Richard Seaver and Barbara Wright. London: Calder and Boyars. 〔デュラス『ヒロシマ私の恋人』清岡卓行訳，ちくま文庫，1990年〕
—. (1966 [1964]). *The Ravishing of Lol Stein*. Trans. Richard Seaver. New York: Grove Press. 〔デュラス『ロル・V・シュタインの歓喜』平岡篤頼訳，河出書房新社，1997年〕
—. (1967 [1950]). *The Sea-Wall*. Trans. Herma Briffault. New York: Farrar, Straus and Giroux. 〔デュラス『太平洋の防波堤』田中倫郎訳，河出文庫，1992年〕
—. (1968 [1967]). *L'Amante Anglaise*. Trans. Barbara Bray. London: Hamish Hamilton. 〔デュラス『ヴィオルヌの犯罪』田中倫郎訳，河出文庫，1996年〕
—. (1968). Yes, *peut-être and Le Shaga*. In *Théâtre II*. Paris: Éditions de Minuit. 〔デュラス「イエス，たぶん」「シャガ語」『デュラス戯曲全集2』安堂信也訳，竹内書店，1969年〕
—. (1973). *La Femme du Gange*. Paris: Benoît-Jacob.
—. (1976 [1973]). *India Song*. Trans. Barbara Bray. New York: Grove Press. 〔デュラス『インディア・ソング』田中倫郎訳，河出文庫，1997年〕
—. (1981). *Agatha*. Paris: Éditions de Minuit. 〔デュラス『死の病い・アガタ』小林康夫・吉田加南子訳，朝日出版社，1984年〕

—.（1985［1984］）. *The Lover*. Trans. Barbara Bray. New York: Pantheon.〔デュラス『愛人』清水徹訳，河出文庫，1992年〕
—.（1986［1984］）. *La Douleur*（also published as *The War: A Memoir*）. Trans. Barbara Bray. London: Collins.〔デュラス『苦悩』田中倫郎訳，河出書房新社，1985年〕
—.（1986）. *La Pute de la côte normande*. Paris: Éditions de Minuit.
—.（1988［1986］）. *Blue Eyes, Black Hair*. Trans. Barbara Bray. London: Collins.〔デュラス『青い眼，黒い髪』田中倫郎訳，河出書房新社，1987年〕
—.（1990［1987］）. *Practicalities*. Trans. Barbara Bray. London: Collins.
—.（1992［1990］）. *Summer Rain*. Trans. Barbara Bray. New York: Scribner's.〔デュラス『夏の雨』田中倫郎訳，河出書房新社，1990年〕
Eagleton, Terry.（1990）. *The Ideology of the Aesthetic*. Cambridge, MA: Blackwell.〔イーグルトン『美のイデオロギー』鈴木聡ほか訳，紀伊國屋書店，1996年〕
—.（1996）. *The Illusions of Postmodernism*. Oxford: Blackwell.〔イーグルトン『ポストモダニズムの幻想』森田典正訳，大月書店，1998年〕
Eco, Umberto.（1976［1975］）. *A Theory of Semiotics*. Bloomington: Indiana University Press.〔エーコ『記号論』（1・2）池上嘉彦訳，岩波書店・同時代ライブラリー，1996年〕
—.（1979）. *The Role of the Reader: Explorations in the Semiotics of Texts*. Bloomington: Indiana University Press.〔エーコ『物語における読者』篠原資明訳，青土社，1993年，内容は異なる部分もある〕
—.（1988［1956］）. *The Aesthetics of Thomas Aquinas*. Trans. H. Bredin. Cambridge, MA: Harvard University Press.
—.（1988）. *Foucault's Pendulum*. Trans. W. Weaver. New York: Harcourt Brace Jovanovich.〔エーコ『フーコーの振り子』（上・下）藤村昌昭訳，文春文庫，1999年〕
—.（1989［1962］）. *The Open Work*. Trans. A. Cancogni. Cambridge, MA: Harvard University Press.〔エーコ『開かれた作品』篠原資明・和田忠彦訳，青土社，1984年〕
—.（1989）. *The Aesthetics of Chaosmos: The Middle Ages of James Joyce*. Cambridge, MA: Harvard University Press.
—.（1993［1963］）. *Misreadings*. Trans. W. Weaver. New York: Harcourt Brace.〔エーコ『ウンベルト・エーコの文体練習』和田忠彦訳，新潮社，1992年〕
—.（1994［1964］）. *Apocalypse Postponed*. Ed. R. Lumley. Bloomington: Indiana University Press.
—.（1994a）. *The Name of the Rose including the Author's Postscript*. Trans. W. Weaver. New York: Harvest Books.〔エーコ『薔薇の名前』（上・下）河島英昭訳，東京創元社，1990年；エーコ『「バラの名前」覚書』谷口勇訳，而立書房，1991年〕
—.（1994b）. *The Island of the Day Before*. Trans. W. Weaver. New York: Harcourt Brace Jovanovich.〔エーコ『前日島』（上・下）藤村昌昭訳，文春文庫，2003年〕
—.（1994c）. *Six Walks in the Fictional Woods*. Cambridge, MA: Harvard University Press.〔エーコ『エーコの文学講義——小説の森散策』和田忠彦訳，岩波書店，1996年〕

—.（2000［1997］）. *Kant and the Platypus: Essays on Language and Cognition*. Trans. A. McEwen. New York: Harcourt Brace.〔エーコ『カントとカモノハシ』（上・下）和田忠彦監訳，柱本元彦ほか訳，岩波書店，2003年〕

Ellis, John M.（1997）. *Literature Lost*. New Haven, CT: Yale University Press.

Emmet, Paul.（1991）. *The Cannibal to The Passion Artist*: Hawkes' Journey toward the Depths of the Unconscious. In Stanley Trachtenberg（ed.）, *Critical Essays on John Hawkes*. Boston: G. K. Hall, pp. 186-200.

Enck, John.（1991）. John Hawkes: An Interview, 20 March 1964. In Stanley Trachtenberg（ed.）, *Critical Essays on John Hawkes*. Boston: G. K. Hall, pp. 59-70.

Fanon, Frantz.（1965［1959］）. *Studies in a Dying Colonialism*. Trans. Haakon Chevalier. New York: Monthly Review Press.

—.（1986［1952］）. *Black Skin, White Masks*. Trans. Charles Lam Markmann. London: Pluto Press.〔ファノン『黒い皮膚・白い仮面』海老坂武・加藤晴久訳，みすず書房，1998年〕

—.（1988［1964］）. *Toward the African Revolution*. Trans. Haakon Chevalier. New York: Grove Press.〔ファノン『フランツ・ファノン著作集4　アフリカ革命に向けて』北山晴一訳，みすず書房，1984[1969］年〕

—.（1991［1961］）. *The Wretched of the Earth*. Trans. Constance Farrington. New York: Grove Weidenfeld.〔ファノン『地に呪われたる者』 鈴木道彦・浦野衣子訳，みすず書房，1996年〕

Farell, F. B.（1994）. *Subjectivity, Realism, and Postmodernism: The Recovery of the World*. Cambridge: Cambridge University Press.

Federman, Raymond.（1993）. *Critifiction. Postmodern Essays*. Albany, NY: SUNY Press.

Feingold, M.（1998）. Review of *The Emperor Jones. Village Voice*, March 24.

Feinstein, R.（1990）. *Robert Rauschenberg: The Silkscreen Paintings, l962-1964*. New York: Whitney Museum of American Art.

Ferman, Claudia.（1997）. Carlos Fuentes y *Cristóbal Nonato:* Entre la modernidad y la posmodernidad. *Antipodas: Journal of Hispanic Studies of Australia and New Zealand*（special number）, *Specular Narratives: Critical Persectives on Carlos Fuentes, Juan Goytisolo, Mario Vargas Llosa*, 8-9, 97-107.

Fiedler, Leslie A.（1961）. The Pleasures of John Hawkes. Introduction to *The Lime Twig*. New York: New Directions.

—.（1971）. Cross the Border-Close the Gap. In *The Collected Essays of L. Fiedler*. Vol. 2. New York: Simon and Schuster.

Fimiani, Mariapaola.（1998）. Critique, clinique, esthétique de l'existence. In Lucio d'Alessandro and Adolfo Marino（eds.）, *Michel Foucault: Trajectoires au coeur du présent*. Paris: L'Harmattan.

Fish, Stanley.（1980）. *Is There a Text in This Class? The Authority of Interpretive Communities.*

Cambridge, MA: Harvard University Press.〔フィッシュ『このクラスにテクストはありますか』（抄訳）小林昌夫訳，みすず書房，1992年〕
Fishburn, E.（1998）. Hidden Pleasures in Borges's Allusions. In E. Fishburn（ed.）, *Borges and Europe Revisited*. London: Institute of Latin American Studies, pp. 49-59.
Flynn, Patrick.（1993）. Jenny Holzer. *Progressive* 57.4, 30-5.
Fokkema, Douwe.（1984）. *Literary History, Modernism, and Postmodernism*. Amsterdam and Philadelphia: John Benjamins.
— and Bertens, H.（eds.）.（1986）. *Approaching Postmodernism*. Amsterdam and Philadelphia: John Benjamins.
Foster, Hal.（ed.）.（1983）. *The Anti-Aesthetic: Essays on Postmodern Culture*. Seattle: Bay Press.〔フォスター編『反美学——ポストモダンの諸相』室井尚・吉岡洋訳，勁草書房，1987年〕
—.（1984）.（Post）Modern Polemics. *New German Critique* 33, 67-79.
—.（1985）. *Recodings: Art, Spectacle, Cultural Politics*. Port Townsend, WA: Bay Press .
Foucault, Michel.（1968）. *The Archaeology of Knowledge*. Trans. Alan Sheridan. New York: Pantheon.〔フーコー『知の考古学』（改訳版新装）中村雄二郎訳，河出書房新社，1995年〕
—.（1973［1961］）. *Madness and Civilization*. Trans. R. Howard. New York: Vintage Books.〔フーコー『狂気の歴史——古典主義時代における』田村俶訳，新潮社，1975年〕
—.（1973［1966］）. *The Order of Things*. London: Tavistock Publications.〔フーコー『言葉と物——人文科学の考古学』渡辺一民・佐々木明訳，新潮社，1974年〕
—.（1977［1975］）. *Discipline and Punish: The Birth of the Prison*. Trans. Alan Sheridan. New York: Pantheon.〔フーコー『監獄の誕生——監視と処罰』田村俶訳，新潮社，1977年〕
—.（1979［1966］）. Pour une morale de l'inconfort. *Nouvel Observateur* 754（April 23-9, 1979）, 82-3. In *Dits et écrits*, ed. Daniel Defert and François Ewald. Vol. 3. Paris: Gallimard（1994）, pp. 783-87.〔フーコー「居心地の悪さのモラルのために」『ミシェル・フーコー思考集成Ⅷ』阿部崇訳，筑摩書房，2001年〕
—.（1980）. *Power / Knowledge: Selected Interviews and Other Writings, 1972-l977*. New York: Pantheon.
—.（1984［1969］）. What Is An Author? In *The Foucault Reader*, ed. P. Rabinow. New York: Pantheon Books, pp. 101-20.〔フーコー『ミシェル・フーコー文学論集1　作者とは何か？』清水徹・豊崎光一訳，哲学書房，1990年〕
—.（1984a）. Un cours inédit. *Magazine Littéraire* 207（May 1984）, 35-9. Qu'est-ce que les lumières. In *Dits et écrits*, ed. Daniel Defert and François Ewald. Vol. 4. Paris: Gallimard（1994）, pp. 679-88.〔フーコー「啓蒙とは何か」『ミシェル・フーコー思考集成Ⅹ』石田英敬訳，筑摩書房，2002年〕
—.（1984b）. What is Enlightenment? In *The Foucault Reader*, ed. P. Rabinow. New York: Pantheon Books, pp. 32-50. Qu'est-ce que les lumières. In *Dits et écrits*, ed. Daniel Defert and

François Ewald. Vol. 4. Paris: Gallimard（1994）, pp. 562-78.
—.（1985）. La vie: L'expérience et la science. *Revue de Métaphysique et de Morale* 90.1（January-March）, 3-14. In *Dits et écrits*, ed. Daniel Defert and François Ewald. Vol. 4. Paris: Gallimard（1994）, pp. 763-76.〔フーコー「生命――経験と科学」『ミシェル・フーコー思考集成Ｘ』，廣瀬浩司訳，筑摩書房，2002年〕
Foulke, Robert.（1985-86）. A Conversation With John Fowles, *Salmagundi*, 367-84.
Fowles, John.（1963）. *The Collector*. London: Jonathan Cape.〔ファウルズ『コレクター』小笠原豊樹訳，白水Uブックス，1984年〕
—.（1965; rev. ed. 1977）. *The Magus*. London: Jonathan Cape; Boston: Little, Brown（1966）.〔ファウルズ『魔術師』（上・下）小笠原豊樹訳，河出書房新社，1991年〕
—.（1968）. Notes on Writing a Novel. *Harper Magazine*, 88-97.
—.（1969）. *The French Lieutenant's Woman*. London: Jonathan Cape.〔ファウルズ『フランス軍中尉の女』沢村灌訳，サンリオ，1982年〕
—.（1974）. *The Ebony Tower*. London: Jonathan Cape.〔ファウルズ『黒檀の塔』北山克彦訳，サンリオ，1986年〕
—.（1977）. *Daniel Martin*. London: Jonathan Cape.
—.（1979）. *The Tree*. New York: Ecco Press.
—.（1980［1964］）. *The Aristos*. Tiptree, Essex: Anchor Press.
—.（1982）. *Mantissa*. London: Jonathan Cape.
—.（1986）. *A Maggot*. London: Jonathan Cape.〔ファウルズ『マゴット』植松みどり訳，国書刊行会，1997年〕
—.（1995）. *The Nature of Nature*. Covelo, CA: Yolla Bolly Press.
Fraad, Harriet, Resnick, Stephen, and Wolff, Richard.（1994）. *Bringing It All Back Home: Class, Gender, and Power in the Modern Household*. London: Pluto.
Frankovits, Alan.（ed.）.（1984）. *Seduced and Abandoned: The Baudrillard Scene*. Glebe, NSW: Stonemoss.
Fraser, Nancy.（1989）. *Unruly Practices: Power, Discourse and Gender in Contemporary Social Theory*. Cambridge: Cambridge University Press.
—, and Nicholson, Linda.（1988）. Social Criticism without Philosophy: An Encounter between Feminism and Postmodernism. In Andrew Ross（ed.）, *Universal Abandon? The Politics of Postmodernism*. Minneapolis: University of Minnesota Press, pp. 83-105.
Fredman, Stephen.（1990）. *Poet's Prose: The Crisis in American Verse*. Cambridge: Cambridge University Press.
Fried, Michael.（1982）. How Modernism Works: A Response To T. J. Clark. *Critical Inquiry* 9, 217-34.
Frieze, James.（1997）. Channelling Rubble: *Seven Streams of the River Ota* and *After Sorrow*. *Journal of Dramatic Theory and Criticism* 12, 133-42.
Frow, John.（1991）. The Last Things Before the Last: Notes on *White Noise*. In Frank

Lentricchia（ed.）, *Introducing Don DeLillo*. Durham, NC: Duke University Press, pp. 175-91.
Fuentes, Carlos.（1969）. *La nueva novela hispanoamericana*. México, DF: Joaquín Mortiz.
—.（1976）. *Terra Nostra*. Trans. Margaret Sayers Peden. London: Penguin.
—.（1981）. The Art of Fiction（Interview）. *Paris Review* 82, 140-75.
—.（1986［1985］）. *The Old Gringo*. Trans. Margaret Sayers Peden and Carlos Fuentes. London: André Deutsch.〔フェンテス『老いぼれグリンゴ』（『私が愛したグリンゴ』）安藤哲行訳，集英社文庫，1994年〕
—.（1989［1987］）. *Christopher Unborn*. Trans. Alfred MacAdam and Carlos Fuentes. London: André Deutsch.
—.（1993a）. *La geografía de la novela*. México, DF: Alfaguara.
—.（1993b）. *Tres discursos para dos aldeas*. Buenos Aires: Fondo de Cultura Económica.
—.（1997）. *The Crystal Frontier: A Novel in Nine Stories*. New York: Farrar Straus Giroux.
Gaggi, Silvio.（1989）. *Modern / Postmodern: A Study in Twentieth-century Arts and Ideas*. Philadelphia: University of Pennsylvania Press.
Gallop, Jane.（1984）. *The Daughter's Seduction: Feminism and Psychoanalysis*. Ithaca, NY: Cornell University Press.〔ギャロップ『娘の誘惑——フェミニズムと精神分析』渡部桃子訳，勁草書房，2000年〕
Gane, Mike.（1991）. *Baudrillard. Critical and Fatal Theory*. London: Routledge.
—.（ed.）.（1993）. *Baudrillard Live. Selected Interviews*. London: Routledge.
García Canclini, Néstor.（1995［1990］）. *Hybrid Cultures: Strategies for Entering and Leaving Modernity*. Minneapolis: University of Minnesota Press.
Garner, Stanton B., Jr.（1994）. *Bodied Spaces: Phenomenology and Performance in Contemporary Drama*. Ithaca, NY: Cornell University Press.
Gasché, Rodolphe（1979）. Deconstruction as Criticism. *Glyph* 6, 177-215.
—.（1986）. *The Tain of the Mirror: Deconstruction and the Philosophy of Reflection*. Cambridge, MA: Harvard University Press.
Gass, Joanne.（1995）. Written on the Body: The Materiality of Myth in Angela Carter's *Heroes and Villains*. *Arkansas Review* 1, 12-30.
Gass, William.（1968）. *In the Heart of the Heart of the Country*. New York: Harper and Row.〔ギャス『アメリカの果ての果て』杉浦銀策訳，富山房，1979年〕
—.（1970）. *Fiction and the Figures of Life*. New York: Knopf.
—.（1976）. *On Being Blue: A Philosophical Inquiry*. Boston: Godine.〔ギャス『ブルーについての哲学的考察』須山静夫・大崎ふみ子訳，論創社，1995年〕
—.（1978）. *The World Within the Word*. New York: Knopf.
—.（1995）. *The Tunnel*. New York: Knopf.
—.（1996）. *Finding a Form*. New York: Knopf.
—.（1997［1966］）. *Omensetter's Luck*. New York: Penguin.
—.（1997［1985］）. *Habitations of the Word*. Ithaca: Cornell University Press.

—.（1998）. *Cartesian Sonata and Other Novellas*. New York: Knopf.

—.（1999［1968］）. *Willie Masters' Lonesome Wife*. Normal, OK: Dalkey Archive Press.

Gates, Henry Louis, Jr.（1991）. Critical Fanonism. *Critical Inquiry* 17, 457-70.

Genette, G.（1982）. *Palimpsestes: La littérature au second degré*. Paris: Éditions du Seuil.〔ジュネット『パランプセスト――第二次の文学』和泉涼一訳，水声社，1995年〕

Genosko, Gary.（1994）. *Baudrillard and Signs*. London: Routledge.

—.（ed.）.（1996）. *The Guattari Reader*. Oxford: Blackwell.

Gibson, Nigel.（ed.）.（1999）. *Rethinking Fanon*. Amherst, NY: Humanity Books.

Gibson-Graham, J. K.（1996）. *The End of Capitalism*（*As We Knew It*）. Oxford and Cambridge, MA: Blackwell.

Girard, Gilles.（1995）. Experimental Theater in Quebec: Some Descriptive Terms. In Joseph I. Donohoe, Jr. and Jonathan M. Weiss（eds.）, *Essays on Modern Quebec Theater*. East Lansing: Michigan State University Press, pp. 151-63.

Goehr, Lydia.（1992）. *The Imaginary Museum of Musical Works: An Essay in the Philosophy of Music*. Oxford: Clarendon Press.

Goodchild, Philip.（1996）. *Deleuze and Guattari: An Introduction to the Politics of Desire*. London: Sage Publications.

Gordon, Lewis R.（1995）. *Fanon and the Crisis of European Man*. New York: Routledge.

—, Sharpley-Whiting, T. Denean, & White, Renée T.（eds.）.（1996）. *Fanon: A Critical Reader*. Oxford: Blackwell.

Grabar, O.（1992）. *The Mediation of Ornament*. Princeton, NJ: Princeton University Press.

Grace, Sherrill E.（1984）. Courting Bluebeard with Bartók, Atwood, and Fowles: Modern Treatment of the Bluebeard Theme. *Journal of Modern Literature* 21.2, 245-62.

Graham, John.（1966）. John Hawkes on his Novels: An Interview with John Graham. *Massachusetts Review* 7, 449-61.

Gramsci, Antonio.（1978）. *Selections from the Prison Notebooks*. Ed. Quintin Hoare and Geoffrey Nowell -Smith. New York: International Publishers.〔グラムシ『グラムシ獄中ノート』石堂清倫訳，三一書房，1978年〕

—.（1985）. *Selections from the Cultural Writings*. Ed. David Forgacs. Cambridge, MA: Harvard University Press.〔グラムシ『グラムシ選集』全6巻，山崎功監修，合同出版社, 1961-65年〕

Gray, S.（1978）. Playwright's Notes. *Performing Arts Journal* 3.2, 87-91.

—.（1979）. About Three Places in Rhode Island. *Drama Review* 23. 1, 31-42.

Greenblatt, S.（1995）. Culture. In F. Lentricchia and T. McLaughlin（eds.）, *Critical Terms for Literary Study*. Chicago: University of Chicago Press, pp. 225-32.〔レントリッキア，マクローリン編『現代批評理論――22の基本概念』大橋洋一ほか訳，平凡社，1994年〕

Greiner, Donald.（1991）. The Photographer's Sight and the Painter's Sign in *Whistlejacket*. In Stanley Trachtenberg（ed.）, *Critical Essays on John Hawkes*. Boston: G. K. Hall, pp. 211-19.

Guattari, Pierre-Félix（1996［1986］）. The Postmodern Impasse. Trans. Todd Dufresne. In Gary Genosk（ed.）, *The Guattari Reader*. Oxford: Blackwell, pp. 109-13.

Guerard, Albert. J.（1950）. Introduction. *The Cannibal*. New York: New Directions.

Guerlac, Suzanne.（1997）. *Literary Polemics: Bataille, Sartre, Valéry, Breton*. Stanford: Stanford University Press.

Guimond, J.（1994）. Auteurs as Autobiographers: Images by Jo Spence and Cindy Sherman. *Modern Fiction Studies* 40.3, 573-92.

Gutting, G.（1999）. *Pragmatic Liberalism and the Critique of Modernity*. Cambridge: Cambridge University Press.

Habermas, Jürgen.（1987［1983］）. *The Philosophical Discourse of Modernity*. Trans. F. Lawrence. Cambridge, MA: MIT Press.〔ハーバマス『近代の哲学的ディスクルス』（1・2）三島憲一ほか訳，岩波書店，1999年〕

—.（1999）. *Wahrheit Und Rechtfertigung. Philosophische Aufsätze*. Frankfurt am Main: Suhrkamp.

Haft, Adele J., White, Jane G., and White, Robert J.（eds.）（1987）. *The Key to The Name of the Rose*. Harrington Park: Ampersand Associates.〔ハフトほか『「バラの名前」便覧』谷口勇訳，而立書房，1990年〕

Halimi, Serge.（1997）. *Les Nouveaux Chiens de Garde*. Paris: Liber-Raisons d'Agir.

Hall, D. L.（1994）. *Richard Rorty: Prophet and Poet of the New Pragmatism*. Albany, NY: SUNY Press.

Hall, Stuart.（1988）. *The Hard Road to Renewal: Thatcherism and the Crisis of the Left*. London: Verso.

Hardt, Michael.（1993）. *Gilles Deleuze: An Apprenticeship in Philosophy*. Minneapolis: University of Minnesota Press.〔ハート『ドゥルーズの哲学』田代真ほか訳，法政大学出版局，1996年〕

Harlan, D.（1997）. The Return of the Moral Imagination. In *The Degradation of American History*. Chicago: University of Chicago Press, pp. 105-26.

Harris, Mary Emma.（1987）. *The Arts at Black Mountain College*. Cambridge, MA: MIT Press.

Harvey, David.（1989）. *The Condition of Postmodernity*. Oxford: Blackwell.〔ハーヴェイ『ポストモダニティの条件』吉原直樹監訳，青木書店，1999年〕

Harvie, Jennifer.（forthcoming）. Transnationalism, Orientalism, and Cultural Tourism: *La Trilogie des dragons and The Seven Streams of the River Ota*. In Joseph I. Donohoe and Jane Koustas（eds.）, *Robert Lepage: Theater sans frontiéres*. East Lansing: Michigan State University Press.

— and Hurley, Erin.（1999）. States of Play: Locating Québec in the Performances of Robert Lepage, Ex Machina, and the Cirque du Soleil. *Theatre Journal* 51.3, 299-315.

Hawkes, John.（1950［1949］）. *The Cannibal*. Norfolk, CT: New Directions.〔ホークス『ジョン・ホークス作品集1　人食い』飛田茂雄訳，彩流社，1997年〕

―.（1951）. *The Beetle Leg*. New York: New Directions.
―.（1961）. *The Lime Twig*. Introduction by Leslie A. Fiedler. New York: New Directions.〔ホークス『ジョン・ホークス作品集2　罠――ライム・トゥイッグ』田中啓史訳，彩流社，1997年〕
―.（1964）. *Second Skin*. New York: New Directions.〔ホークス『もうひとつの肌』吉田誠一・関桂子訳，国書刊行会，1983年〕
―.（1971）. *The Blood Oranges*. New York: New Directions.〔ホークス『ジョン・ホークス作品集3　ブラッド・オレンジ』迫光訳，彩流社，2001年〕
―.（1974）. *Death, Sleep, and the Traveler*. New York: New Directions.〔ホークス『ジョン・ホークス作品集5　死，眠り，そして旅人』柴田裕之訳，彩流社，1998年〕
―.（1976）. *Travesty*. New York: New Directions.〔ホークス『ジョン・ホークス作品集4　激突』飛田茂雄訳，彩流社，1997年〕
―.（1979）. *The Passion Artist*. New York: Harper and Row.
―.（1981）. *Virginie: Her Two Lives*. New York: Harper and Row.
―.（1985）. *Adventures in the Alaskan Skin Trade*. New York: Simon and Schuster.
―.（1993）. *Sweet William: A Memoir of Old Horse*. New York: Simon and Schuster.
―.（1996）. *The Frog*. New York: Viking Penguin.
―.（1998）. *Whistlejacket*. New York: Weidenfeld and Nicolson.
Hayles, N. Katherine.（1984）. *The Cosmic Web: Scientific Field Models and Literary Strategies in the 20th Century*. Ithaca, NY: Cornell University Press.
Hebel, U. J.（ed.）.（1989）. *Intertextuality, Allusion, and Quotation: An International Bibliography of Critical Studies*. New York: Greenwood Press.
Heidegger, Martin.（1962［1927］）. *Being and Time*. Trans. J. Macquarrie and E. Robinson. New York: Harper and Row.〔ハイデッガー『存在と時間』（上・下），細谷貞雄訳，ちくま学芸文庫, 1994年〕
―.（1996）. The Age of the World Picture. In T. Drucker (ed.), *Electronic Culture and Visual Representation: Technology and Visual Representation*. New York: Aperture, pp. 47-61.
Herman, David.（1997）. “Structuralism’s Fortunate Fall.” *Postmodern Culture* 8.1. <http://jefferson.village.Virginia.edu/pmc/text-only/issue.997/review-1.997>.
―.（under review）. Sciences of the Text.
Hodgdon, Barbara.（1996）. Looking for Mr. Shakespeare after “the Revolution”: Robert Lepage’s Intercultural Dream Machine. In James C. Bulman (ed.), *Shakespeare, Theory, and Performance*. London: Routledge, pp. 68-91.
Holland, Eugene W.,（1999）. *Deleuze and Guattari’s Anti-Oedipus: Introduction To Schizoanalysis*. London and New York: Routledge.
Holland, Norman.（1975）. *5 Readers Reading*. New Haven, CT: Yale University Press.
Homer, Sean.（1998）. *Fredric Jameson: Marxism, Hermeneutics, Postmodernism*. Cambridge: Polity.

Hong, T. (1995). Ping Chong. In H. Zia and S. B. Gall (eds.), *Notable Asian-Americans*. Detroit: Gale Research, pp. 54-6.

Honneth, Axel. (1985). An Aversion against the Universal: A Commentary on Lyotard's *Postmodern Condition. Theory, Culture and Society* 2.3, 147-57.

Hooks, Bell. (1991). *Yearning: Race, Class and Gender*. Boston: South End Press.

Howell, John. (1988). Jenny Holzer: The Message is the Medium. *ARTNews* (September), 122-7.

Hoyningen-Huene, Paul. (1994). *Reconstructing Scientific Revolutions: Thomas S. Kuhn's Philosophy of Science*. Trans. Alexander J. Levine. Chicago: University of Chicago Press.

Huffaker, Robert. (1980). *John Fowles*. Boston: Twayne.

Hume, Kathryn. (1992). *Calvino's Fictions: Cogito and Cosmos*. New York: Oxford University Press.

Humphrey, Chris. (2000). Bakhtin and the Study of Popular Culture: Re-Thinking Carnival as a Historical and Analytical Concept. In Craig Brandist and Galin Tihanov (eds.), *Materializing Bakhtin*. London: Macmillan, pp. 164-72.

Hunt, Nigel. (1989). The Global Voyage of Robert Lepage. Drama Review 33, 104-18.

Husserl, Edmund. (1970). The Origin of Geometry. In *The Crisis of the European Sciences and Transcendental Phenomenology*. Trans. David Carr. Evanston, IL: Northwestern University Press.〔フッサール，デリダ『幾何学の起源』(新版) 田島節夫・矢島忠夫・鈴木修一訳，青土社，2003年〕

Hutcheon, Linda. (1988). *A Poetics of Postmodernism: History, Theory, Fiction*. New York and London: Routledge.

—. (1989). *The Politics of Postmodernism*. London and New York: Routledge.〔ハッチオン『ポストモダニズムの政治学』川口喬一訳，法政大学出版局，1991年〕

—. (1993). Beginning to Theorize Postmodernism. In Joseph Natoli and Linda Hutcheon (eds.), *A Postmodern Reader*. Albany, NY: SUNY Press, pp. 243-72.

Huxtable, Ada Louise. (1981). The Troubled State of Modern Architecture. *Architectural Design* 51, 1-2, 8-17.

Huyssen, Andreas. (1986). *After the Great Divide. Modernism, Mass Culture, Postmodernism*. Bloomington: Indiana University Press.

—. (1993). Mapping the Postmodern. In Joseph Natoli and Linda Hutcheon (eds.), *A Postmodern Reader*. Albany, NY: SUNY Press, pp. 105-56.

Inglehart, Ronald. (1997). *Modernization and Postmodernization: Cultural, Economic, and Political Change in 43 Societies*. Princeton, NJ: Princeton University Press.

Iser, W. (1978). *The Act of Reading: A Theory of Aesthetic Response*. Baltimore: Johns Hopkins University Press.〔イーザー『行為としての読書』轡田収訳，岩波書店，1982年〕

Jameson, Fredric. (1984a). The Politics of Theory: Ideological Positions in the Postmodernism Debate. *New German Critique* 33, 53-5.

—.（1984b）. Reviews. *Minnesota Review* 22, 116-22.
—.（1985［1983］）. Postmodernism and Consumer Society. In H. Foster (ed.), *Postmodern Culture*. London: Pluto Press, pp. 111-25.
—.（1991［1984］）. *Postmodernism, or, The Cultural Logic of Late Capitalism*. London: Verso.
—.（1998）. *The Cultural Turn: Selected Writings on Postmodernism, 1983-1998*. London: Verso.
Jarry, Alfred.（1963［1911］）. What is Pataphysics? *Evergreen Review* 13, 131-51.
Jencks, Charles.（1975）. The Rise of Post-Modern Architecture. *Architecture Association Quarterly* 7.4, 3-14.
—.（1977a）. A Genealogy of Post-Modern Architecture. *Architectural Design* 47.4, 269-71 .
—.（1977b）. *The Language of Post-Modern Architecture*. London: Academy.
—.（1978）. *The Language of Post-Modern Architecture*. 2nd ed. London: Academy.
—.（1981）. *The Language of Post-Modern Architecture*. 3rd ed. London: Academy.
—.（1986）. *What Is Post-Modernism?* London: Academy.
—.（1987）. *Post-Modernism: The New Classicism in Art and Architecture*. London: Academy.
—.（1996）. *What Is Post-Modernism?* 4th, rev. ed. London: Academy.
Jenkins, K.（1999）. On Hayden White. In *Why History?: Ethics and Postmodernity*. London and New York: Routledge, pp. 89-158.
—.（1995）. On *"What is History" from Carr and Elton to Rorty and White*. London and New York: Routledge.
Johnson, Barbara.（1980）. The Frame of Reference: Poe, Lacan, Derrida. In *The Critical Difference: Essays in the Contemporary Rhetoric of Reading*. Baltimore: Johns Hopkins University Press.〔ジョンソン「参照の枠組み――ポー，ラカン，デリダ」大橋洋一訳，『現代思想臨時増刊号』特集・ラカン，1982年〕
Johnson, Ken.（1991）. Theater of Dissent. *Art in America* 79.3, 128-31.
Jones Amelia.（1991）. Modernist Logic in Feminist Histories of Art *Camera Obscura* 27, 149-64.
Joseph, Branden W.（1997）. John Cage and the Architecture of Silence. *October* 81, 85-104.
Joyce, James.（1961［1922］）. *Ulysses*. New York: Random House.〔ジョイス『ユリシーズ』（1-6）柳瀬尚紀訳，河出書房新社，1997年；ジョイス『ユリシーズ』（1-4）丸谷才一・永川玲二・高松雄一訳，集英社文庫，2003年〕
—.（1976［1939］）. *Finnegans Wake*. Harmondsworth: Penguin.〔ジョイス『フィネガンズ・ウェイク』（1-4）柳瀬尚紀訳，河出文庫，2004年〕
Kagan, Matvei.（1922）. Kak Vozmozhna Istoriia? *Zapiski Orlovskogo Gosudarstvennogo Universiteta* l, 137-92.
—.（1997［1922-3］）. Two Aspirations in Art. Trans. F. Goodwin. *Experiment* 3, 251-64.
Kansteiner, W.（1993）. Hayden White's Critique of the Writing of History. *History and Theory*, 32, 273-95.

Kaplan, E. Ann.（1988）. Introduction. In E. Ann Kaplan（ed.）, *Postmodernism and its Discontents: Theories and Practices*. London: Verso, pp. 1-9.
—.（1997）. *Looking for the Other: Feminism, Film and the Imperial Gaze*. London: Routledge.
—.（2000）. Postmodernism and Women's Studies. In Victor Taylor and Charles Edsvik（eds.）, *The Routledge Encyclopedia on Postmodernism*. London: Routledge.
—, and Sprinker, M.（eds.）.（1993）. *The Althusserian Legacy*. London: Verso.
Kaye, N.（1994）. *Postmodernism and Performance*. Basingstoke: Macmillan.
—.（1996）. *Art into Theatre: Performance Interviews and Documents*. London: Harwood Academic Press.
Kellein, T.（1991）. Wie schwierig sind Porträts / Wie schwierig sind die Menschen! In *Cindy Sherman*. Basel and Stuttgart: Kunsthalle and Editions Cantz, pp. 5-10.
Kellner, Douglas.（ed.）.（1994）. *Jean Baudrillard: A Critical Reader*. Oxford: Blackwell.
—.（1989）. *Jean Baudrillard: From Marxism to Postmodernism and Beyond*. Cambridge and Palo Alto, CA: Polity and Stanford University Press.
Kershaw, Baz.（1996）. The Politics of Performance in a Postmodern Age. In Patrick Campbell（ed.）, *Analysing Performance*. Manchester: Manchester University Press, pp. 133-52.
Kotz, M. L.（1990）. *Rauschenberg: Art and Life*. New York: Harry N. Abrams.
Krauss, R.（1997）. Perpetual Inventory. In W. Hopps and S. Davidson（eds.）, *Robert Rauschenberg: A Retrospective*. New York: Guggenheim Museum, pp. 206-23.
—, and Bryson, N.（1993）. *Cindy Sherman, 1979-1993*. New York: Rizzoli International Publications.
Kristeva, Julia.（1973）. The Ruin of a Poetics. In Stephan Bann and John E. Bowlt（eds.）, *Russian Formalism: A Collection of Articles and Texts in Translation*. Edinburgh: Scottish Academic Press, pp. 102-19.
—.（1980［1967］）. Word, Dialogue, and Novel. In *Desire in Language: A Semiotic Approach to Literature and Art*. Ed. L. S. Roudiez. New York: Columbia University Press, pp. 64-91.
—.（1980）. *Desire in Language: A Semiotic Approach to Literature and Art*. Ed. L. S. Roudiez. Trans. T. Gora, A. Jardine, and L. Roudiez. New York: Columbia University Press.
—.（1995）. Beseda S Iuliei Kristevoi. *Dialog. Karnaval. Khronotop* 2, 5-17.
Kuehl, John.（1975）. Interview. In *John Hawkes and the Craft of Conflict*. New Brunswick, NJ: Rutgers University Press, pp. 155-183.
Kuhn, Thomas S.（1985）. *The Essential Tension: Selected Studies in Scientific Tradition and Change*. Chicago: University of Chicago Press.〔クーン『科学革命における本質的緊張』安孫子誠也・佐野正博訳，みすず書房，1998年〕
—.（1987［1978］）. *Black-Body Theory and the Quantum Discontinuity, 1894-1912*. Chicago: University of Chicago Press.
—.（1990［1957］）. *The Copernican Revolution: Planetary Astronomy and the Development of Western Thought*. Cambridge, MA: Harvard University Press.〔クーン『コペルニクス革命

――科学思想史序説』常石敬一訳，講談社学術文庫，1989年〕
―.（1996［1962］）. *The Structure of Scientific Revolutions*. Chicago: University of Chicago Press.〔クーン『科学革命の構造』中山茂訳，みすず書房，1971年〕
― et al.（2000）. *The Road since Structure: Philosophical Essays and an Autobiographical Interview*, 1970-1997.
Lacan, Jacques（1977［1966］）. *Écrits*. Trans. Alan Sheridan. New York: W. W. Norton.
―.（1977［1949］）. The Mirror Stage as Formative of the Function of the I as Revealed in Psychoanalytic Experience. In *Écrits: A Selection*. Trans. A. Sheridan. New York: W. W. Norton.〔ラカン『エクリ』(1-3) 1の訳者：宮本忠雄ほか訳，2の訳者：佐々木孝次ほか訳，3の訳者：佐々木孝次ほか訳，弘文堂，1972-81年〕
―.（1982）. *Feminine Sexuality: Jacques Lacan and the École freudienne*. Trans. Jacqueline Rose. New York: W. W. Norton.
Laclau, Ernesto.（1988）. Politics and the Limits of Modernity. In Andrew Ross（ed.）, *Universal Abandon? The Politics of Postmodernism*. Minneapolis: University of Minnesota Press, pp. 63-82.
―.（1993）. *New Reflections on the Revolution of Our Time*. London: Verso.
―.（1995）. "The Time is out of Joint." *Diacritics* 25.2（Summer）, 86-97.
―.（1996）. *Emancipation*（s）. London: Verso.
― and Mouffe, Chantal.（1985）. *Hegemony and Socialist Strategy*. London: Verso.〔ラクラウ，ムフ『ポスト・マルクス主義と政治――根源的民主主義のために』山崎カヲル・石澤武訳，大村書店，1992年〕
Landry, Donna, and MacLean, Gerald.（1991）. Rereading Laclau and Mouffe. *Rethinking Marxism* 4.4（Winter）, 40-60.
Landy, Marcia.（1994）. *Film, Politics, and Gramsci*. Minneapolis: University of Minnesota Press.
Larrain, Jorge.（1994）. *Ideology and Cultural Identity: Modernity and the Third World Presence*. Cambridge: Polity.
LeClair, Tom.（1987）. *In the Loop: Don DeLillo and the Systems Novel*. Urbana: University of Illinois Press.
Lecompte, E.（1978）. The Making of A Trilogy. *Performing Arts Journal* 3.2, 81-91.
Lefebvre, Henri.（1971［1968］）. *Everyday Life in the Modern World*. New Brunswick, NJ: Transaction Books.
―.（1991［1947］）. *Critique of Everyday Life*. London: Verso.
Lentricchia, Frank.（ed.）.（1991）. *New Essays on White Noise*. Cambridge: Cambridge University Press.
Lepage, Robert, and Ex Machina（1996）. *The Seven Streams of the River Ota*. London: Methuen.
― and Brassard, Marie（1997）. *Polygraph*. Trans. Gyllian Raby. London: Methuen.

Lévinas, Emmanuel. (1969 [1961]). *Totality and Infinity*. Trans. A. Lingis. Pittsburgh: Duquesne University Press.〔レヴィナス『全体性と無限――外部性についての試論』合田正人訳，国文社, 1989年〕

—. (1978 [1974]). *Otherwise Than Being or Beyond Essence*. Trans. A. Lingis. The Hague: Martinus Nijhoff.〔レヴィナス『存在するとは別の仕方で　あるいは存在することの彼方へ』合田正人訳, 朝日出版社, 1990年〕

—. (1984). Ethics of the Infinite Interview. In R. Kearney (ed.), *Dialogues with Contemporary Continental Thinkers*. Manchester: Manchester University Press, pp. 47-70.

—. (1987). *Collected Philosophical Papers*. Trans. A. Lingis. The Hague: Martinus Nijhoff.

—. (1988 [1976]). *The Paradox of Morality*. Trans. A. Benjamin and T. Wright. In R. Bernasconi and D. Wood (eds.), *The Provocation of Levinas*. London: Routledge.

—. (1989 [1963]). The Trace of the Other. Trans. A. Lingis. In M. Taylor (ed.), *Deconstruction in Context*. Chicago: Chicago University Press.

—. (1990 [1963]). *Difficult Freedom*. Trans. S. Hand. Baltimore: Johns Hopkins University Press.〔レヴィナス『困難な自由――ユダヤ教についての試論』内田樹訳，国文社，1985年〕

—. (1991 [1976]). *Wholly Otherwise*. Trans S. Critchley. In R. Bernasconi and S. Critchley (eds.), *Re- Reading Levinas*. Bloomington: Indiana University Press.

—. (1998 [1976]). Secularization and Hunger. Trans. B. Bergo. *Graduate Faculty Philosophy Journal* 20, 3-12.

Lévi-Strauss, Claude. (1963). *Structural Anthropology*. Trans. Claire Jacobson and Brooke Grundfest Schoepf. New York: Basic Books.〔レヴィ＝ストロース『構造人類学』荒川幾男ほか訳，みすず書房，1972年〕

Lewin, Moshe. (1988). *The Gorbachev Phenomenon: A Historical Phenomenon*. Berkeley: University of California Press.〔レヴィン『歴史としてのゴルバチョフ』荒田洋訳，平凡社，1988年〕

Linker, Kate. (1990). *Love For Sale: The Words and Pictures of Barbara Kruger*. New York: Harry N. Abrams.

Locke, Richard. (1973). One of the Longest, Most Difficult, Most Ambitious Novels in Years. *New York Times*, March 11.

Lucy, Niall. (1997). *Postmodern Literary Theory: An Introduction*. Oxford: Blackwell.

Lyon, Janet. (1991). Transforming Manifestos: A Second-wave Problematic. *Yale Journal of Criticism* 5.1, 101-27.

Lyotard, Jean-François. (1971). *Discours, figure*. Paris: Klinksieck.

—. (1974). *Économie libidinale*. Paris: Minuit.〔リオタール『リビドー経済』杉山吉弘・吉谷啓次訳，法政大学出版局，1997年〕

—. (1983). Answering the Question: What is Postmodernism? In Ihab and Sally Hassan (eds.), *Innovation / Renovation*. Madison: University of Wisconsin Press, pp. 329-41.

—. (1984 [1979]). *The Postmodern Condition: A Report on Knowledge*. Trans. Geoffrey Bennington and Brian Massumi. Minneapolis: University of Minnesota Press.〔リオタール『ポスト・モダンの条件——知・社会・言語ゲーム』小林康夫訳，水声社，1986年〕
—. (1985 [1979]). *Just Gaming*. Trans. W. Godzich. Minneapolis: Minnesota University Press.
—. (1986). Complexity and the Sublime. In Lisa Appignani (ed.), *Postmodernism: ICA Documents 5*. London: ICA, pp. 10-12.
—. (1988 [1983]). *The Differend: Phrases in Dispute*. Minneapolis: University of Minnesota Press.〔リオタール『文の抗争』陸井四郎ほか訳，法政大学出版局，1989年〕
McAlpine, Alison. (1996). Interview with Robert Lepage. In Maria M. Delgado and Paul Heritage (eds.), In *Contact with the Gods: Directors Talk Theatre*. Manchester: Manchester University Press, pp. 130-57.
McCarthy, T. (1991). *Ideals and Illusions: On Reconstruction and Deconstruction in Contemporary Critical Theory*. Cambridge and London: MIT Press.
McDaniel, Ellen. (1981-82). *The Magus*: Fowles's Tarot Quest, *Journal of Modern Literature*. 8.2, 247-60.
McHale, Brian. (1986). Change of Dominant from Modernist to Postmodernist Writing. In D. Fokkema and H. Bertens (eds.), *Approaching Postmodernism*. Amsterdam and Philadelphia: John Benjamins, pp. 57-79.
—. (1987). *Postmodernist Fiction*. New York: Methuen.
—. (1992). *Constructing Postmodernism*. London: Routledge.
McLaughlin, Martin. (1998). *Italo Calvino*. Edinburgh: Edinburgh University Press.
Malachowsky, A. R. (ed.). (1990). *Reading Rorty: Critical Responses to Philosophy and the Mirror of Nature (and Beyond)*. Oxford: Blackwell.
Mandel, Ernest. (1975). *Late Capitalism*. London: Verso.〔マンデル『後期資本主義』(1-3) 1・2の訳者：飯田裕康・的場昭弘訳，3の訳者：飯田裕康・山本啓訳，柘植書房，1980-1981年〕
Mannoni, Octave. (1956 [1950]). *Prospero and Caliban: The Psychology of Colonization*. Trans. Pamela Powesland. London: Methuen.
Marchand, Marianne H. and Parpart, Jane L. (1997). *Feminism, Postmodernism, Development*. London: Routledge.
Marcus, G. (1989). *Lipstick Traces: A Secret History of the Twentieth Century*. Cambridge, MA: Harvard University Press.
Markey, Constance. (1999). *Italo Calvino. A Journey Toward Postmodernism*. Gainsville: University Press of Florida.
Martin, R. (1984). An Interview with Ishmael Reed. *Review of Contemporary Fiction* 4, 176-87.
—. (1998). Addressing the Dress. In M. Berger (ed.), *The Crisis of Criticism*. New York: The

New Press, pp. 51-70.
Massumi, Brian.（1992）. *A User's Guide to Capitalism and Schizophrenia: Deviations from Deleuze and Guattari*. Cambridge, MA: MIT Press.
Mellard, James M.（1980）. *The Exploded Form: The Modernist Novel in America*. Urbana: University of Illinois Press.
Mellors, John.（1975）. Collectors and Creators: The Novels of John Fowles. *London Magazine*（February / March）, 65-72.
Mikics, D.（1991）. Postmodernism, Ethnicity, and Underground Revisionism in Ishmael Reed. *Postmodern Culture* 1, 40 paragraphs.
Miklitsch, Robert.（1994）. The Rhetoric of Post-Marxism: Discourse and Institutionality in Laclau and Mouffe, Resnick and Wolff. *Social Text* 45, 167-96.
Minwalla, Framji.（1992）. Postmodernism, or The Revenge of the Onanists. *Theater* 23.1, 6-l4.
Mitchell, W. J. T.（1991）. An Interview with Barbara Kruger. *Critical Inquiry* 17.2, 434-8.
Montag, Warren and Stolze, Ted.（eds.）.（1997）. *The New Spinoza*. Minneapolis: University of Minnesota Press.
Mooney, William.（1991）. Those Pears His Eyes: Paul West's Blind Monologuists and Deaf Auditors. *Review of Contemporary Fiction* 11.1, 267-79.
Morley David and Robins, Kevin（1995）*Spaces of Identity: Global Media, Electronic Landscapes, and Cultural Boundarles*. London: Routledge.
Morris, Meaghan.（1988）. *The Pirate's Flancée: Feminism, Reading, Postmodernism*. London: Verso.
Morrison, Blake.（1980）. *The Movement: Poetry and Fiction of the 1950s*. Oxford and New York: Oxford University Press.
Morrison, Toni.（1972）. *The Bluest Eye*. New York: Pocket Books.〔モリスン『青い眼がほしい』大社淑子訳，ハヤカワepi文庫，2001年〕
―.（1973）. *Sula*. New York: Plume.〔モリスン『スーラ』大社淑子訳，早川書房，1995年〕
―.（1977）. *Song of Solomon*. New York: Knopf.〔モリスン『ソロモンの歌』 金田真澄訳，早川書房，1980年〕
―.（1981）. *Tar Baby*. New York: Knopf.
―.（1987）. *Beloved*. New York: Knopf.〔モリスン『ビラヴド――愛されし者』（上・下）吉田廸子訳，集英社，1990年〕
―.（1989）. Unspeakable Things Unspoken: The Afro-American Presence in American Literature. *Michigan Quarterly Review* 28.1, 1-34.
―.（1992a）. *Jazz*. New York: Knopf.〔モリスン『ジャズ』大社淑子訳，早川書房，1994年〕
―.（1992b）. *Playing in the Dark: Whiteness and the Literary Imagination*. Cambridge, MA: Harvard University Press.〔モリスン『白さと想像力――アメリカ文学の黒人像』大社

淑子訳，朝日選書，1994年〕
—. (1994). *Lecture and Speech of Acceptance Upon the Award of the Nobel Prize For Literature*. New York: Knopf.
—. (1997). *The Dancing Mind*. New York: Random House.
—. (1998). *Paradise*. New York: Knopf. 〔モリスン『パラダイス』大社淑子訳，早川書房，1999年〕
Moses, Michael Valdez. (1991). Lust Removed From Nature. In Frank Lentricchia (ed.), *New Essays on White Noise*. Cambridge: Cambridge University Press, pp. 63-86.
Mouffe, Chantal. (1988). Radical Democracy: Modern or Postmodern? In Andrew Ross (ed.), *Universal Abandon? The Politics of Postmodernism*. Minneapolis: University of Minnesota Press, pp. 31-45.
Mudimbe, V. Y. (1988). *The Invention of Africa: Gnosis, Philosophy and the Order of Knowledge*. Bloomington: Indiana University Press.
Munslow, A. (1997). *Deconstructing History*. London and New York: Routledge.
Murphy, Margueritte. (1992). *A Tradition of Subversion: The Prose Poem in English from Wilde to Ashbery*. Amherst: University of Massachusetts Press.
Murphy, Timothy S. (1997). Bibliography of the Works of Gilles Deleuze. In Paul Patton (ed.), *Deleuze: A Critical Reader*. Oxford: Blackwell.
Musarra, Ulla. (1986). Duplication and Multiplication: Postmodern Devices in the Novels of I. Calvino. In In D. Fokkema and H. Bertens (eds.), *Approaching Postmodernism*. Amsterdam and Philadelphia: John Benjamins, pp. 135-55.
Natoli, Joseph. (1997). *A Primer To Postmodernity*. Cambridge, MA: Blackwell.
— and Hutcheon, Linda (eds.). (1993). *A Postmodern Reader*. Albany, NY: SUNY Press.
Nattiez, Jean-Jacques. (1993). *The Boulez-Cage Correspondence*. Cambridge: Cambridge University Press.
Newman, Robert D. (1986). *Understanding Thomas Pynchon*. Columbia: University of South Carolina Press.
Newquist, Roy. (ed.). (1964). John Fowles. In *Counterpoint*. Chicago, IL: Rand McNally, pp. 218-25.
Nietzsche, F. (1986 [1878]). *Human, All Too Human*. Lincoln: University of Nebraska Press. 〔ニーチェ『人間的，あまりに人間的』ニーチェ全集5・6, 池尾健一訳，ちくま学芸文庫，1996年〕
Nilson. L. (1983). Q & A: Cindy Sherman. *American Photographer* (September), 70-7.
Norris, Christopher. (1982). *Deconstruction: Theory and Practice*. London: Methuen. 〔ノリス『ディコンストラクション』荒木正純・富山太佳夫訳，勁草書房，1985年〕
—. (1983). *The Deconstructive Turn: Essays in the Rhetoric of Philosophy*. London: Methuen. 〔ノリス『脱構築的転回——哲学の修辞学』野家啓一ほか訳，国文社，1995年〕
—. (1987). *Derrida*. London: Fontana Modern Masters. 〔ノリス『デリダ——もうひとつの

西洋哲学史』富山太佳夫・篠崎実訳，岩波書店，1995年〕
—.（1990）. *What's Wrong with Postmodernism: Critical Theory and the Ends of Philosophy*. Hemel Hempstead: Harvester Wheatsheaf.
O'Brien, Flann.（1986［1939］）. *At Swim-Two-Birds*. Harmondsworth: Penguin.
Onega, Susana.（1989）. *Form and Meaning in the Novels of John Fawles*. Ann Arbor and London: UMI Research Press.
—.（1993a）. British Historiographic Metafiction in the 1980s. In Theo D'haen and Hans Bertens（eds.）, *British Postmodern Fiction*. Amsterdam and Atlanta, GA: Rodopi, pp. 47-61.
—.（1993b）. The Passion: Jeanette Winterson's Uncanny Mirror of Ink. *Miscelánea* 14, 112-29.
—.（1994）. "Self" and "Other" in Jeanette Winterson's *The Passion. Revista Canaria de Estudios Ingleses* 28（April）, 177-93.
—.（1995）. Self, Text and World in British Historiographic Metafiction. *ANGLISTIK. Mitteilungen des Verbandes Deutscher Anglisten* 6.2（September）, 93-105.
—.（1996a）. An Interview with Peter Ackroyd. *Twentieth-century Literature* 43.1（Summer）, 208-20.
—.（1996b）. Self, World, and Art in the Fiction of John Fowles. *Twentieth-century Literature*, special John Fowles issue, 1.42（Spring）, 29-56.
—.（1997）. The Mythical Impulse in British Historiographic Metafiction. *European Journal of English Studies* 1.2（August）, 184-204.
—.（1998）. *Peter Ackroyd: The Writer and His Work*. Plymouth: Northcote House and the British Council.
—.（1999）. *Metafiction and Myth in the Novels of Peter Ackroyd*. Columbia: Camden House.
—.（2000）. Mirror Games and Hidden Narratives in Charles Palliser's The Quincunx. In Richard Todd and Luisa Flora（eds.）, *Theme Parks, Rainforests and Sprouting Wastelands*. Rodopi: Amsterdam and Atlanta, GA, pp. 151-63.
Ortega y Gassett, José.（1961［1914］）. *Worlds Beyond: Meditations on Quixote*. Trans. E. Rugg and D. Marín. New York: W. W. Norton.
Owens, Craig.（1984a）. The Allegorical Impulse: Toward a Theory of Postmodernism. In B. Wallis（ed.）, *Art After Modernism: Rethinking Representation*. Boston: Godine, pp. 203-35.
—.（1984b）. The Medusa-Effect, or, the Specular-Ruse. *Art in America* 72.1, 97-105.
Parry, Benita.（1987）. Problems in Current Theories of Colonial Discourse. *Oxford Literary Review* 9, 27-58.
Pasler, Jann.（1994）. Inventing a Tradition: Cage's "Composition in Retrospect." In Marjorie Perloff and Charles Junkerman（eds.）, *John Cage: Composed in America*. Chicago: University of Chicago Press, pp. 125-43.
Pavis, Patrice.（1992）. *Theatre at the Crossroads of Culture*. Trans. Loren Kruger. London: Routledge.
Paxton, S.（1997）. Rauschenberg for Cunningham and Three of his Own. In W. Hopps and S.

Davidson (eds.), *Robert Rauschenberg: A Retrospective*. New York: Guggenheim Museum, pp. 260-7.
Pepper, Ian. (1997). From the "Aesthetics of Indifference" to "Negative Aesthetics": John Cage and Germany 1958-1972. *October* 82, 30-48.
Perloff, Marjorie. (1981). *The Poetics of lndeterminacy: Rimbaud to Cage*. Princeton, NJ: Princeton University Press.
—. (1990). *Poetic License: Essays on Modernist and Postmodernist Lyric*. Evanston, IL: Northwestern University Press.
Pfeil, Frank. (1990). *Another Tale to Tell*. London: Verso.
Pifer, Ellen. (ed.). (1986). *Critical Essays on John Fowles*. Boston, MA: G. K. Hall.
Plimpton, George. (1963). The Whole Sick Crew. *New York Times*, April 21.
Plotnitsky, A. (1997). Un-*Scriptible*. In J.-M. Rabaté (ed.), *Writing the Image after Roland Barthes*. Philadelphia: University of Pennsylvania Press, pp. 243-58.
Pritchett, James. (1993). *The Music of John Cage*. Cambridge: Cambridge University Press.
Pynchon, Thomas. (1975 [1973]). *Gravity's Rainbow*. London: Picador. 〔ピンチョン『重力の虹』(1・2) 越川芳明ほか訳, 国書刊行会 (Contemporary writers), 1993年〕
—. (1984). *Slow Learner: Early Stories*. Boston: Little, Brown. 〔ピンチョン『スロー・ラーナー』志村正雄訳, ちくま文庫, 1994年〕
—. (1990 [1965]). *The Crying of Lot 49*. New York: Perennial Library. 〔ピンチョン『競売ナンバー49の叫び』志村正雄訳, 筑摩書房, 1992年〕
Purand, R. (1996). Cindy Sherman: le caméléonisme mélancolique des Film Stills. *Art Press* 210, 50-5.
Rankin, Elizabeth D. (1973). Cryptic Coloration in *The French Lieutenant's Woman*. *Journal of Narrative Technique* 3 (September), 193-207.
Ruschenberg, R. (1987). *An Interview with Robert Rauschenberg by Barbara Rose*. New York: Vintage Books.
Re, Lucia. (1990). *Calvino and the Age of Neorealism: Fables of Estrangement*. Stanford: Stanford University Press.
Reed, Ishmael (1967). *The Free-Lance Pallbearers*. Garden City, NY: Doubleday.
—. (1982). *God Made Alaska for the Indians: Selected Essays*. New York and London: Garland.
—. (1988 [1969]). *Yellow Back Radio Broke-Down*. New York: Atheneum. 〔リード『ループ・ガルー・キッドの逆襲』飯田隆昭訳, ファラオ企画, 1994年〕
—. (1989 [1976]). *Flight to Canada*. New York: Atheneum.
—. (1989 [1978]). *Shrovetide in Old New Orleans*. New York: Atheneum.
—. (1989). *New and Collected Poems*. New York: Atheneum.
—. (1994 [1993]). *Airing Dirty Laundry*. Reading, MA: Addison-Wesley.
Resch, Robert Paul. (1992). *Althusser and the Renewal of Marxist Social Theory*. Berkeley:

University of California Press.
Resnick, Stephen A. and Wolff, Richard D.（1987）. *Knowledge and Class: A Marxian Critique of Political Economy*. Chicago: University of Chicago Press.
Ricci, Franco (ed.).（1989）. *Calvino Revisited*. Ottawa: Dove House Press.
—.（1990）. *Difficult Games: A Reading of "I racconti."* Waterloo: Wilfred Laurier University Press.
Rincon, C.（1995）. The Peripheral Center of Postmodernism: On Borges, García Márquez, and Alterity. In J. Beverley, M. Aronna, and J. Oviedo (eds.), *The Postmodern Debate in Latin America*. Durham, NC and London: Duke University Press, pp. 223-40.
Roberts, Mathew.（1989）. Poetics, Hermeneutics, Dialogics: Bakhtin and Paul de Man. In Gary Morson and Caryl Emerson (eds.), *Rethinking Bakhtin*. Evanston, IL: Northwestern University Press, pp. 115-34.
Robinson, Cedric.（1993）. The Appropriation of Frantz Fanon. *Race and Class* 35, 79-91.
Rokek, Chris and Turner, Bryan. (eds.).（1993）. *Forget Baudrillard*. London: Routledge .
Rorty, Richard.（1979）. *Philosophy and the Mirror of Nature*. Princeton, NJ: Princeton University Press.〔ローティ『哲学と自然の鏡』野家啓一監訳，伊藤春樹ほか訳，産業図書，1993年〕
—.（1982）. *Consequences of Pragmatism* (*Essays: 1972-1980*). Minneapolis: University of Minnesota Press.〔ローティ『哲学の脱構築——プラグマティズムの帰結』室井尚ほか訳，御茶の水書房，1994年〕
—.（1987）. Thugs and Theorists: A Reply to Bernstein. *Political Theory* 15, 564-80.
—.（1989）. *Contingency, Irony and Solidarity*. Cambridge: Cambridge University Press.〔ローティ『偶然性・アイロニー・連帯——リベラル・ユートピアの可能性』齋藤純一・山岡龍一・大川正彦訳，岩波書店，2000年〕
—.（1991a）. *Objectivity, Relativism, and Truth: Philosophical Papers*. Vol. 1. Cambridge: Cambridge University Press.
—.（1991b）. *Essays on Heidegger and Others: Philosophical Papers*. Vol. 2. Cambridge: Cambridge University Press.
—.（1996）. Response to Ernesto Laclau. In Chantal Mouffe (ed.), *Deconstruction and Pragmatism*. New York: Routledge, pp. 69-77.〔ムフ編『脱構築とプラグマティズム——来たるべき民主主義』青木隆嘉訳，法政大学出版局，2002年〕
—.（1998a）. *Achieving Our Country*. Cambridge, MA: Harvard University Press.〔ローティ『アメリカ未完のプロジェクト——20世紀アメリカにおける左翼思想』小澤照彦訳，晃洋書房，2000年〕
—.（1998b）. *Truth and Progress: Philosophical Papers*. Vol. 3. Cambridge: Cambridge University Press.
—.（1999）. *Philosophy and Social Hope*. London: Penguin.〔ローティ『リベラル・ユートピアという希望』須藤訓任・渡辺啓真訳，岩波書店，2002年〕

Ross, Andrew. (1988). *The Failure of Modernism: Symptoms of American Poetry*. New York: Columbia University Press.

Rushdie, Salman. (1980). *Midnight's Children*. New York: Avon Books.〔ラシュディ『真夜中の子供たち』寺門泰彦訳，ハヤカワノベルズ，1989年〕

—. (1983). *Shame*. New York: Alfred A. Knopf.〔ラシュディ『恥』栗原行雄訳，ハヤカワノベルズ，1989年〕

—. (1999). *The Ground Beneath Her Feet*. New York: Henry Holt.

Russo, A. (1994). Picture This: Pleasure and Terror in the Work of Cindy Sherman. *Art Monthly* 181, 8-11.

Rylance, R. (1994). *Roland Barthes*. Hemel Hempstead: Harvester Wheatsheaf.

Saatkamp, H. J. (ed.). (1995). *Rorty and Pragmatism: The Philosopher Responds to His Critics*. Nashville: Vanderbilt University Press.

Sage, Lorna. (1974). John Fowles, Profile 7. *New Review* 1.7, 31-7.

—. (1992). *Women in the House of Fiction*. New York: Routledge.

—. (ed.). (1994). *Flesh and the Mirror*. London: Virago.

Sartre, Jean-Paul. (1965 [1948]). Black Orpheus. Trans. John Maccombie. *Massachusetts Review* 6, 13-52.〔サルトル「黒いオルフェ」『植民地の問題』多田道太郎・鈴木道彦・浦野衣子・渡辺淳・海老坂武・加藤晴久訳，人文書院，2000年〕

Sassoon. Anne Showstack. (1987). *Gramsci's Politics*. Minneapolis: University of Minnesota Press.

Saussure, Ferdinand de. (1959 [1916]). *Course in General Linguistics*. Trans. Wade Baskin. New York: McGraw-Hill.〔ソシュール『一般言語学講義』(改版) 小林英夫訳，岩波書店，1972年〕

Savran, D. (1986). *Breaking the Rules*. New York: Theatre Communications Group.

—. (1991). Revolution ... History ... Theater: The Politics of the Wooster Group's Second Trilogy. In S.-E. Case and J. Reinelt (eds.), *The Performance of Power*. Iowa City: University of Iowa Press, pp. 41-55.

Sayre, Henry M. (1989). *The Object of Performance: The American Avant-garde since 1970*. Chicago: University of Chicago Press.

Schacht, Richard. (1996). Alienation Redux: From Here to Postmodernity. In F. Geyer (ed.), *Alienation, Ethnicity, and Postmodernism*. Westport, CT: Greenwood Press, pp. 1-16.

Schechner, R. (1987). Ways of Speaking, Loci of Cognition. *Drama Review* 31.3, 4-6.

Schütze, Anke. (1995). "I think after More I will do Turner and then I will probably do Shakespeare." An Interview with Peter Ackroyd. *EESE* 8, 163-79.

Scott, A. O. (2000). The Panic of Influence. *New York Review of Books*, February 10.

Scott Brown, Denise. (1984). Learning from Pop. In Peter Arnell, Ted Pickford, and Catherine Bergart (eds.), *A View from Campodoglio: Selected Essays, 1953-1982*. New York: Harper and Row.

Sharpley-Whiting, T. Denean. (1998). *Frantz Fanon: Conflicts and Feminisms*. Lanham, MD: Rowman and Littlefield.

Sherman, C. (1992). *Fitcher's Bird: Based on a Tale by the Brothers Grimm*. New York: Rizzoli International Publications.

Shoptaw, John. (1994). *On the Outside Looking Out: John Ashbery's Poetry*. Cambridge, MA: Harvard University Press.

Siegel, J. (1988). Cindy Sherman. In J. Siegel (ed.), *Art Talk: The Early 80s*. New York: Da Capo Press, pp. 268-82.

Silverman, Hugh J. (ed.). (1989). *Derrida and Deconstruction*. London and New York: Routledge.

—. (ed.). (1990). *Postmodernism - Philosophy and the Arts*. New York and London: Routledge.

—. (1994). *Textualities: Between Hermeneutics and Deconstruction*. New York and London: Routledge.

—. (1997). *Inscriptions: After Phenomenology and Structuralism*. Evanston, IL: Northwestern University Press.

—. (ed.). (1997). *Philosophy and Non-Philosophy since Merleau-Ponty*. Evanston, IL: Northwestern University Press.

—. (ed.). (2000). *Philosophy and Desire*. New York and London: Routledge.

— and Aylesworth, Gary E. (eds.). (1989). *The Textual Sublime: Deconstruction and its Differences*. Albany, NY SUNY Press.

Smith, Anna Marie. (1998). *Laclau and Mouffe: The Radical Democratic Imaginary*. London: Routledge.

Smith, Evans Lansing. (1990). *Rape and Revelation: the Descent To the Underworld in Modernism*. Lanham, New York and London: University Presses of America.

Soja, Edward. W. (1989). *Postmodern Geographies: The Reassertion of Space in Critical Social Theory*. London: Verso.〔ソジャ『ポストモダン地理学——批判的社会理論における空間の位相』加藤正洋ほか訳，青土社，2003年〕

Spector, N. (1997). Rauschenberg and Performance, 1963-67. In W. Hopps and S. Davidson (eds.), *Robert Rauschenberg: A Retrospective*. New York: Guggenheim Museum, pp. 226-45.

Squiers, Carol. (1987). Diversionary (Syntactics - Barbara Kruger Has Her Way With Words. *ARTNews* 86.2 (February), 77-85.

Stafford, B. M. (1997) *Good Looking: Essays On the Virtues of Images*. Cambridge: MIT Press.〔スタフォード『グッド・ルッキング——イメージング新世紀へ』高山宏訳，産業図書，2004年〕

Stearns, William and Chaloupka, William. (eds.). (1992). *The Disappearence of Art and Politics*. New York and London: St. Martin's and Macmillan Press.

Steinberg. L. (1972). *Other Criteria: Confrontations with Twentieth-century Art*. New York: Oxford University Press.

Stivale, Charles J. (1998) *The Two-Fold Thought of Deleuze ard Guattari: Intersections and Animations*. New York: Guilford Press.
Stuckley, C. F. (1997). Rauschenberg's Everything, Everywhere Era. In W. Hopps and S. Davidson (eds.), *Robert Rauschenberg: A Retrospective*. New York: Guggenheim Museum, pp. 30-41.
Stückrath, J. and Zbinden, J. (eds.). (1997). *Metageschichte. Hayden White Und Paul Ricœur. Dargestellte Wirklichkeit in Der Europäischen Kultur Im Kontext Von Husserl, Weber, Auerbach Und Gombrich*. Baden-Baden: Nomos Verlagsgesellsachft.
Suleiman, Susan Rubin. (1990). *Subversive Intent: Gender Politics and the Avant-Garde*. Boston: Harvard.
Swift, Graham. (1980). *The Sweet Shop Owner*. London: Allen Lane.
—. (1983). *Waterland*. London: Heinemann.〔スウィフト『ウォーターランド』真野泰訳，新潮社，2002年〕
—. (1992). *Ever After*. London: Pan Books.
—. (1996). *Last Orders*. London: Picador.〔スウィフト『ラストオーダー』真野泰訳，中央公論社，1997年〕
Tanner, Tony. (1971). *City of Words: American Fiction, l950-1970*. New York: Harper and Row.〔タナー『言語の都市——現代アメリカ小説』佐伯彰一・武藤脩二訳，白水社，1980年〕
Taylor, John Russell. (1962). *Anger and After: A Guide to the New British Drama*. London: Methuen.〔テイラー『怒りの演劇——イギリスの演劇の新しい波』喜志哲雄・中野里皓史・柴田稔彦訳，研究社出版，1975年〕
Taylor, P. (1990). Robert Rauschenberg. *Interview* 20.12, 142-7.
Tihanov, Galin. (2000). *The Master and the Slave: Lukacs, Bakhtin, and the Ideas of their Time*. Oxford and New York: Oxford University Press.
Trachtenberg, Stanley (ed.). (1991). *Critical Essays on John Hawkes*. Boston: G. K. Hall.
Trinh T. Minh-ha. (1990). If Upon Leaving: A Conversation Piece. In R. Ferguson et al. (eds.), *Discourses: Conversations in Postmodern Art and Culture*. Cambridge, MA: MIT Press, pp. 44-64.
—. (1991). Interview with Linda Tadi'c. *Release Print* 14.10 (January), 92-9.
—. (1992). Interview in *Film News* (June).
—. (1995). Script of Reassemblage. In Scott Macdonald (ed.), *Screen Writings*. Berkeley: University of California Press.
Tucker, Lindsay. (ed.). (1998). *Critical Essays on Angela Carter*. New York: G. K. Hall.
Unsworth, John M. (1991). Practicing Post-modernism: The Example of John Hawkes. *Contemporary Literature* 32.1, 38-57.
Van Reijen, Willem and Veerman, Dick. (1988). An Interview with Jean-François Lyotard. *Theory, Culture and Society* 5.2-3, 277-309.

Vanden Heuvel, M. (1992). *Performing Drama, Dramatizing Performance*. Ann Arbor: University of Michigan Press.
—. (1995). Waking the Text: Disorderly Order in the Wooster Group's *Route 1 & 9* (the Last Act). *Journal of Dramatic Theory and Criticism* (Fall), 59-76.
Vattimo, Gianni. (1980). The End of History. *Chicago Review* 34.4, 20-30.
—. (1984). Dialectics, Difference, Weak Thought. *Graduate Faculty Philosophy Journal* 10.1, 151-63.
—. (1988 [1985]). *The End of Modernity*. Trans. J. Snyder. Johns Hopkins University Press.
—. (1989). Nihilism: Reactive and Active. In T. Darby et al. (eds.), *Nietzsche and the Rhetoric of Nihilism*. Ottawa: Carleton University Press, pp. 15-21.
—. (1991). *Al di là del soggetto: Nietzsche, Heidegger e l'ermeneutica*. Milan: Feltrinelli.
—. (1992 [1989]). *The Transparent Society*. Trans. D. Webb. Johns Hopkins University Press.
—. (1992). Optimistic Nihilism. *Common Knowledge* 1.3, 37-44.
—. (1993 [1980]). *The Adventure of Difference*. Trans. C. Blamires. Johns Hopkins University Press.
—. (1994 [1989]). *Etica dell'interpretazione*. Bari: Laterza.
—. (1996). *Credere di credere*. Milan: Garzanti.
—. (1997 [1994]). *Beyond Interpretation*. Trans. D. Webb. Stanford, CA: Stanford University Press.
—. (1998). The Trace of the Trace. In J. Derrida and G. Vattimo (eds.), *Religion*. Stanford, CA: Stanford University Press, pp. 79-94.
— and Rovatti, P. A. (eds.). (1983). *Il pensiero debole*. Milan: Feltrinelli.
Venturi, Robert. (1972 [1966]). *Complexity and Contradiction in Architecture*. New York: Museum of Modern Art (1966); London: Architectural Press (1972). 〔ヴェンチューリ『建築の多様性と対立性』伊藤公文訳，鹿島出版会，1982年〕
—, Scott Brown, Denise, and Izenour, Steven. (1972). *Learning from Las Vegas: The Forgotten Symbolism of Architectural Form*. Cambridge, MA: MIT Press. 〔ヴェンチューリほか『ラスベガス』石井和紘・伊藤公文訳，鹿島出版会，1978年〕
Vipond, Dianne L. (ed.). (1999). *Conversations with John Fowles*. Jackson: University of Mississippi Press, pp. 119-33.
Voloshinov, V. N. (1973 [1929]). *Marxism and the Philosophy of Language*. Trans. L. Matejka and I. R. Titunik. New York: Seminar Press. 〔ヴォロシノフ，バフチーン『マルクス主義と言語哲学——言語学における社会学的方法の基本的諸問題』桑野隆訳，未來社，1976年〕
Vonnegut, Kurt. (1952). *Player Piano*. New York: Dell. 〔ヴォネガット『プレイヤー・ピアノ』浅倉久志訳，ハヤカワ文庫，1975年〕
—. (1963). *Cat's Cradle*. New York: Dell. 〔ヴォネガット『猫のゆりかご』伊藤典夫訳，ハヤカワ文庫，1979年〕

—.（1965）. *God Bless You, Mr. Rosewater*. New York: Dell.〔ヴォネガット『ローズウォーターさん，あなたに神のお恵みを』浅倉久志訳，ハヤカワ文庫，1982年〕
—.（1966）. *Mother Night*. New York: Dell.〔ヴォネガット『母なる夜』飛田茂雄訳，ハヤカワ文庫，1987年〕
—.（1969）. *Slaughterhouse-Five*. New York: Dell.〔ヴォネガット『スローターハウス5』伊藤典夫訳，ハヤカワ文庫，1978年〕
—.（1973）. *Breakfast of Champions*. New York: Dell.〔ヴォネガット『チャンピオンたちの朝食』浅倉久志訳，ハヤカワ文庫，1989年〕
—.（1976）. *Slapstick*. New York: Delacorte / Seymour Lawrence.〔ヴォネガット『スラップスティック――または，もう孤独じゃない！』浅倉久志訳，ハヤカワ文庫，1983年〕
—.（1985）. *Galápagos*. New York: Delacorte / Seymour Lawrence.〔ヴォネガット『ガラパゴスの箱舟』浅倉久志訳，ハヤカワ文庫，1995年〕
—.（1990）. *Hocus Pocus*. New York: Putnam.〔ヴォネガット『ホーカス・ポーカス』浅倉久志訳，ハヤカワ文庫，1998年〕
—.（1991）. *Fates Worse Than Death*. New York: Putnam.〔ヴォネガット『死よりも悪い運命』浅倉久志訳，早川ノベルズ，1993年〕
—.（1997）. *Timequake*. New York: Putnam.〔ヴォネガット『タイムクエイク』浅倉久志訳，ハヤカワ文庫，2003年〕
Wallace, Michele.（1991）. *Invisibility Blues: From Pop to Theory*. New York: Verso.
Waugh, Patricia.（1984）. *Metafiction: The Theory and Practice of Self-conscious Fiction*. London and New York: Methuen.〔ウォー『メタフィクション――自意識のフィクションの理論と実際』結城英雄訳，泰流社，1986年〕
—.（1992）. *Practicing Postmodernism / Reading Modernism*. New York: Edward Arnold.
—.（1995）. *Harvest of the Sixties: English Literature and its Background, 1960 to 1990*. Oxford: Oxford University Press.
Webb, Kate.（1994）. Seriously Funny. In Lorna Sage（ed.）, *Flesh and the Mirror*. London: Virago, pp. 279-307.
Wehle, Philippa.（1996）. Robert Lepage's *Seven Streams of the River Ota:* Process and Progress. *Theatre Forum* 8, 29-36.
Weiss, Beno.（1993）. *Understanding Italo Calvino*. University of South Carolina Press.
Wellmer, Albrecht.（1985）. On the Dialectic of Modernism and Postmodernism. *Praxis Inter National* 4, 337-62.
Westfall, Suzanne R.（1992）. Ping Chong's Terra in / Cognita: Monsters on Stage. In S. G. Lim and A. Ling（eds.）, *Reading the Literatures of Asian-America*. Philadelphia: Temple University Press, pp. 359-73.
Wheeler, Wendy.（1995）. After Grief What Kinds of Inhuman Selves. *New Formations* 25（Summer）.
—.（1999）. *A New Modernity Change in Science, Literature and Politics*. London: Lawrence

and Wishart.

White, Hayden. (1973). *Metahistory. The Historical Imagination in Nineteenth-century Europe.* Baltimore and London: Johns Hopkins University Press.

—. (1974). The Historical Text as Literary Artifact. *Clio* 3.3.

—. (1978). *Tropics of Discourse: Essays in Cultural Criticism.* Baltimore and London: Johns Hopkins University Press.

—. (1987). *The Content of the Form: Narrative Discourse and Historical Representation.* Baltimore and London: Johns Hopkins University Press.

—. (1993, 1994). Metahistory Twenty Years After, Part I: Interpreting Tropology. *Storia della Storiografia*, 24; Part II: Metahistory and the Practice of History. *Storia della Storiografia,* 25.

—. (1998). Twenty-five Years On. *History and Theory*, 37.

—. (1999). *Figural Realism*: *Studies in the Mimesis Effect*. Baltimore and London: Johns Hopkins University Press.

Whiting, Steven Moore. (1999). *Satie the Bohemian: From Cabaret to Concert Hall.* Oxford: Oxford University Press.

Williamson, J. (1983). Images of "Woman": Judith Williamson Introduces the Photography of Cindy Sherman. *Screen*(November / December), 102-6.

Wolfe, Peter. (1979). *John Fowles, Magus and Moralist.* London: Associated University Press.

Wood, E. Meiksins and Foster, J. Bellamy (eds.). (1997). *In Defense of History: Marxism and the Postmodern Agenda.* New York: Monthly Review Press.

Wood, Michael. (1984). The Apprenticeship of Thomas Pynchon. *New York Times*, April 15.

Woodhouse, J.R. (1968) *Italo Calvino. A Reappraisal and An Appreciation of the Trilogy.* Hull: Hull University Press.

Woolgar, S. (1988). Reflexivity is the Ethnographer of the Text. In S. Woolgar (ed.), *Knowledge and Reflexivity: New Frontiers in the Sociology of Science.* London: Sage, pp. 14-34.

Wooster Group. (1978). Rumstick Road. *Performing Arts Journal* 3.2, 92-115.

—. (1996). Frank Dell's The Temptation of Saint Antony. In B. Marranca (ed.), *Plays for the End of the Century.* Baltimore and London: Johns Hopkins University Press, pp. 261-314.

Worton, Michael and Still, Juliet. (eds.). (1990). Introduction. *Intertextuality: Theories and Practices.* Manchester: Manchester University Press.

Zamir, S. (1994). The Artist as Prophet, Priest, and Gunslinger: Ishmael Reed's *Cowboy in the Boat of Ra. Callaloo* 17, 1205-35.

Zweite, Andrew. (1994). "Kunst sollte kein Konzept haben." Anmerkungen zu Rauschenbergs Werk in den 50er und 60er Jahren. In *Robert Rauschenberg.* Cologne: Dumont Buchverlag, pp. 17-60.

カーリス・ラシウスキス Karlis Racevskis　オハイオ州立大学
フランス・ルイター Frans Ruiter　ユトレヒト大学
ヒュー・J・シルヴァーマン Hugh J. Silverman　ニューヨーク州立大学ストニー・ブルック校
マデリン・ソラピュア Madeleine Sorapure　カリフォルニア大学サンタ・バーバラ校
ジェイムズ・A・スタイントレーガー James A. Steintrager　カリフォルニア大学アーヴァイン校
ガリン・チハーノフ Galin Tihanov　マートン・カレッジ（オックスフォード大学）
ウェンディ・ホイーラー Wendy Wheeler　ノース・ロンドン大学
リチャード・D・ウルフ Richard D. Wolff　マサチューセッツ大学

＊翻訳分担

土田知則

1アクロイド／2アルチュセール／5バフチン／7バルト／8バタイユ／10ボルヘス／12カルヴィーノ／17ドゥルーズとガタリ／21エーコ／23フーコー／27グラムシ／32クルーガー／34ラカン／35ラクラウとムフ／37レヴィナス／49ヴァッティモ／52ホワイト

時実早苗

4オースター／6バース／16クーヴァー／18デリーロ／26ギャス／28ホークス／30ジェイムソン／40ミンハ／41モリスン／42ピンチョン／46ラシュディ／51ヴォネガット

篠崎　実

序／11ケイジ／14チョン／15コーエン兄弟／29ホルツァー／31ジェンクス／33クーン／36ルパージュ／38リンチ／43ラウシェンバーグ／50ヴェンチューリとブラウン／53ウースター・グループ

須藤温子

20デュラス／22ファノン／25フェンテス／47シャーマン

竹内康史

3アシュベリー／9ボードリヤール／13カーター／19デリダ／24ファウルズ／39リオタール／44リード／45ローティ／48スウィフト

執筆者一覧

イーヤル・アミラン Eyal Amiran　ミシガン州立大学
マルティーヌ・アントル Martine Antle　ノース・カロライナ大学
ピーター・アタートン Peter Atterton　サン・ディエゴ大学
フィリップ・オースランダー Philip Auslander　ジョージア技術研究所
ロバート・ベルナスコーニ Robert Bernasconi　メンフィス大学
ハンス・ベルテンス Hans Bertens　ユトレヒト大学
ロナルド・ボウグ Ronald Bogue　ジョージア大学
ピーター・ボンダネッラ Peter Bondanella　インディアナ大学
ロッコ・カポッツィ Rocco Capozzi　トロント大学
ジム・コリンズ Jim Collins　ノートルダム大学
トッド・F・デイヴィス Todd F. Davis　ゴーシャン大学
セオ・ダーエン Theo D'haen　ライデン大学
エヴァ・ドマンスカ Ewa Domańska　アダム・ミッキーヴィッツ大学（ポズナニ）
クリストファー・ダグラス Christopher Douglas　ファーマン大学
イーヴリン・フィシュバーン Evelyn Fishburn　ノース・ロンドン大学
ロイ・C・フラナガン Roy C. Flannagan　フランシス・マリオン大学
ジャン＝フランソワ・フルニー Jean-François Fourny　オハイオ州立大学
ジョアン・ガス Joanne Gass　カリフォルニア州立大学
ポーラ・ガイ Paula Geyh　南イリノイ大学（カーボンデイル）
グレッグ・ギーゼカム Greg Giesekam　グラスゴー大学
フィリップ・ゴールドスタイン Philip Goldstein　デラウエア大学
ジェニファー・ハーヴィー Jennifer Harvie　ゴールドスミス・カレッジ（ロンドン大学）
ジョン・G・ハッチ John G. Hatch　西オンタリオ大学
デイヴィッド・ハーマン David Herman　ノース・カロライナ州立大学
ショーン・ホーマー Sean Homer　シェフィールド大学
トマス・B・ホウヴThomas B. Hove　イリノイ大学アーバナ＝シャンペイン校
E・アン・カプラン E. Anne Kaplan　ニューヨーク州立大学ストニー・ブルック校
ダグラス・ケルナー Douglas Kellner　カリフォルニア大学ロスアンジェルス校
マーシャ・ランディ Marcia Landy　ピッツバーク大学
ロバート・L・マクラフリン Robert L. McLaughlin　イリノイ州立大学
スティーヴン・モント Steven Monte　シカゴ大学
ジョウゼフ・ナトーリ Joseph Natoli　ミシガン州立大学
デイヴィッド・G・ニコルズ David G. Nicholls　ビルケント大学
スザーナ・オネガ Susana Onega　サラゴザ大学
シェルドン・ペン Sheldon Penn　ライセスター大学
ナンシー・パーロフ Nancy Perloff　ゴッティ研究所
ドミニク・ペットマン Dominic Pettman　ジュネーヴ大学
ニコレッタ・ピレッドゥ Nicoletta Pireddu　ジョージタウン大学
アーカディ・プロトニツキー Arkady Plotnitsky　パデュー大学

訳者紹介

土田知則（つちだ・とものり）

1956年長野県生まれ。東京大学大学院人文科学研究科博士課程単位取得退学。現在，千葉大学文学部教授。専攻，フランス文学・文学理論。主な著書：『現代文学理論――テクスト・読み・世界』（新曜社，共著），『プルースト　反転するトポス』（新曜社），『間テクスト性の戦略』（夏目書房）。

時実早苗（ときざね・さなえ）

東京教育大学大学院文学研究科修士課程修了，筑波大学文学博士。現在，千葉大学文学部教授。専攻、アメリカ文学。主な著訳書：*Faulkner and/or Writing: On* Absalom, Absalom!（Liber Press），*The Politics of Authorship*（Liber Press），　Ch. ノリス『ポール・ド・マン』（法政大学出版局）。

篠崎　実（しのざき・みのる）

1959年神奈川県生まれ。東京大学大学院人文科学研究科英語英文学専攻修士課程修了。現在，千葉大学文学部助教授。専攻、イギリス文学（特にエリザベス朝文学）。主な著書：『ベン・ジョンソン』（共著，英宝社），『エリザベス朝演劇の誕生』（共著，水声社）。

須藤温子（すとう・はるこ）

1972年神奈川県生まれ。千葉大学大学院社会文化科学研究科博士課程修了，千葉大学文学博士。現在，千葉大学非常勤講師，日本学術振興会特別研究員。専攻，ドイツ語圏文学・文化。

竹内康史（たけうち・やすし）

1977年愛媛県生まれ。筑波大学大学院人文社会科学研究科文芸・言語専攻在学中。専攻，サルトル研究・文学理論。

新曜社

キーパーソンで読む
ポストモダニズム

初版第1刷発行　2005年6月20日©

編　者　ハンス・ベルテンス
ジョウゼフ・ナトーリ

訳　者　土田知則・時実早苗・篠崎　実
須藤温子・竹内康史

発行者　堀江　洪

発行所　株式会社 新曜社

〒101-0051　東京都千代田区神田神保町2-10
電話（03）3264-4973㈹・FAX（03）3239-2958
URL　http://www.shin-yo-sha.co.jp/

印刷　光明社
製本　光明社

Printed in Japan

ISBN4-7885-0949-0　C1098